Franz Blei

Erzählung eines Lebens

Mit einem Nachwort von
Ursula Pia Jauch

Paul Zsolnay Verlag

Die erste Ausgabe dieses Buches erschien 1930
im Paul List Verlag, Leipzig.
Wir danken der UBS Kulturstiftung Zürich
für die großzügige Unterstützung dieser Neuausgabe.

1 2 3 4 5 08 07 06 05 04

ISBN 3-552-05310-7

Satz: Satz für Satz. Barbara Reischmann, Leutkirch
Druck und Bindung: GGP Media GmbH, Pößneck
Printed in Germany

Einleitung

> … a tale, told by an idiot and
> signifying nothing.
>
> *Shakespeare*
>
> Und jeder glaubt ein All zu sein
> Und jeder ist im Grunde nichts.
>
> *Platen*
>
> Patience! Patience! Patience!
>
> *Paul Valéry*

Ein Schriftsteller tut nichts anderes, als daß er das Wesentliche seines Lebens und Erlebens – oder das, was er dafür hält – schreibend mitteilt. Rückt er sich mit einem besonderen autobiographischen Versuch gewissermaßen noch näher auf den Leib, so problematisiert er sich auf eine höchst ungewöhnliche Weise. Er soll, immer des schreibenden Mittels sich bedienend, durch den Schriftsteller durch, über ihn weg, unter ihm vorbei gelangen zu einer Art höheren Privatperson, die den Schriftsteller nur als einen Teil einbegreift. Wo befindet er sich also?

Das Leben ist zu kurz, als daß man das Haar viermal zu spalten Zeit hätte. Und das Leben ist wieder zu lang, als daß man den Überfluß an Zeit besser verwenden könnte als damit, das Haar viermal zu spalten. Damit ist vielleicht die Paradoxie der Schriftstellerexistenz umschrieben.

Ich muß den Leser, an den die Einladung dieses Buches ergangen ist, an einigen Überlegungen teilhaben lassen, die ich anstellte, bevor ich es zu schreiben mich entschloß. Ist es immer gut, sich vor einem solchen Unternehmen einige Gedanken zu machen, so ist es in diesem Falle ganz unerläßlich.

Ich mußte mich, als meinen Biographen, doch vor allem

fragen, ob er auch sicher ist, den nackten »Autos« im Netz seiner schön hintereinander aufgereihten Sätze zu fangen. Nicht als ob er diesen »Autos« für ein Wunder an hechtischer Geschicklichkeit im Entschlüpfen hielte oder als ob dieses nackte Ich an der ihm fremden Filetkunst des Wortemachens zweifelte oder daran, daß es dem Biographen nicht gelänge, das Falsche, womit ein Simultanes durch das im Erzählen nur mögliche Nacheinander um sich selber kommt, zu verbergen. Die Frage ist, ob man sich als Autobiograph nicht in der auf den Kopf gestellten Situation befindet, daß der Fisch den Angler fängt, der nur so tut, als angle er den Fisch und suche ihn dabei auf dem Grunde, wo er sich zu verbergen sucht als in einer Ruhe, die er nun endlich haben will, um ungestört zu sterben, mit allem Desinteressement, wie es mählich versagendes Funktionieren mit sich bringt. Überschauen eines Lebens von einer vermeinten Höhe der Erfahrung aus – welch ein schlimmes Wort! Ist das noch Leben, das sich mitteilt? Wenn das Herz versagt... welch klare, schonungslose Bildung, dieses Wort »versagen«!

Ein Freund, pascalischer Christ und Mathematiker, hebt den Blick, und der sagt, daß dieses irdische bornierte Leben nicht anders zu betrachten sei denn als ein infinitesimaler Bruchteil eines ewigen Lebens. Und deshalb gäbe es kein »ich selbst«, das erkennbar wäre in dem Ephemeren so kurzer Belichtung, wie es das menschliche Leben auf dieser Erde sei. Aber, lieber Freund, meiner und Pascals, dieses gegebene Leben ist unser Ganzes! Um zu leben und gelebt zu haben, suche ich eine Zeit, und in deren Momente suche ich meine ganze Kraft und alle meine Hoffnung zu legen; und je kürzer diese Momente werden, um so mehr erhöhe ich ihren Wert. Was ist dagegen irgendein Moment einer Ewigkeit, und wäre sie mit unendlichem passiven Glück erfüllt! Möchte eine Mutter das Leben ihres einzigen Kindes verwetten gegen mehrere, gegen eine Unendlichkeit von Kindern? Nein, das Zittern des Eingeweides vor dem Tode soll da keine Entscheidungen treffen. Der große Lehrer wollte nur zeigen, daß wir, indem wir das Opfer unseres Lebens bringen, nichts verlieren und daß wir den Lohn dafür nicht irgendwann einmal, sondern in diesem Leben, hic et nunc, selber finden. Man kann sich für oder gegen die Wahl entscheiden, die Jesus getroffen hat, aber doch nur aus freien Stücken und ohne Hoffnung und ohne Angst. Das Zittern des Eingeweides soll unsern Geist nicht verwirren und nicht drängen.

»Die Erfahrung«, sagt ein katholischer Romancier, »ist für die meisten Menschen nach einem langen Leben nur das Ende einer langen Reise um ihr eigenes Nichts.« Ich habe keinerlei Erfahrung, und auch das hinter mir herkläffende Hündchen der Gewohnheit, dieser Megäre, soll mich nicht dazu ermüden, um eines durchaus fraglichen sehr allgemeinen Begriffes das immer Besondere um seine Eigenschaft zu bringen, ein Skelett dem Fleisch vorzuziehen. Man hat es im Leben ja immer mit der unbekannten Größe des Partners zu tun, wäre der auch nur ein junges Mädchen von achtzehn Jahren. Man ist nie sicher vor den Überraschungen, welche das Allgemeine über den Haufen werfen zugunsten des Besonderen. Eben dieser Überraschungen und dieses Besonderen wegen unternimmt man ja das Ganze, nachdem die embryonale Grundfrage »Wozu lebt man?« damit beantwortet wurde, daß man zur Welt kam und lebt. Wer würde noch einen elften Schritt machen, wenn sich nach den ersten zehn Schritten die auf das Identische gegründete Rationalität der Welt herausstellte? Nichts ist schon dagewesen, solange man lebt.

Es müßte hier einiges stehen über die Antinomie der mathematischen Zeit und der psychologischen Dauer, und daß Qualitatives nicht in mathematische Cadres zu bringen ist. Aber ich möchte den Eintritt in das Buch nicht mit Stacheldraht schwierig machen. Ich bin weit vom Zynismus des Debütanten, der nur für sich selber zu schreiben erklärt, gewiß ein nobles Ideal. Auch das ist nicht meine Sache, zwischen der oft bemerkten Geringachtung des Lesers durch den Schreiber und der Einsicht in die doch unumgängliche Notwendigkeit des Lesers ein brauchbares Abkommen zu treffen. Nichts liegt meiner konziliaten Natur ferner, als Schwierigkeiten zu machen und Dunkelheiten zu schaffen. Ich habe bemerkt, daß viele Autoren nur deshalb dunkel und unverständlich sind, weil sie sich nicht Zeit genug zur Klarheit nehmen. Oder weil sie fürchten, daß bei klarem und nicht getrübtem Wasser die Seichte dieses Wassers offensichtlich würde. Im Dunkeln ist gut dichten. Wie viele Lyriker das wissen! Ich verrate damit ein Berufsgeheimnis – aber ist nicht solches, auch solches, der eigentliche Sinn eines Buches, das ein Schriftsteller über sich selber schreibt? Wenn er schon bekennen soll, was sonst sollte er denn bekennen als Berufsgeheimnisse? Sollte er fortfahren, den Spezialisten, den Fachmann mit der Würde eines Geheimnisses zu umgeben, wo er doch nichts tat und tut, als daß er aus dem Universum des Vorhandenen gewisse Elemente formte, deren Existenz einem Publikum wenn nicht vertraut, so doch von ihm geahnt oder gefühlt wird und die sich deutlicher zu machen ihm nur die Zeit und die Technik fehlen? Weshalb das Spezialisten besorgen. Musiker haben unter sich die Gewohnheit, auf die ordinärste Weise von ihrer Kunst zu reden, von der F-Flöte, von Synkopen, von beziffertem Baß und so weiter. Laien ärgert das sehr. Sie zu trösten, schreiben dann Nicht-Musiker jene gedankenreichen, tiefsinnig deutenden Bücher strotzend von Weltanschauung. Maler reden vom Chromgelb. Hätte Rembrandt soviel über sich gedacht wie Simmel über Rembrandt in seinem Buche, der Maler hätte sicher kein Bild gemalt. Eher schon ein Buch über Simmel geschrieben.

Apologetisch zur Sache gesprochen. Es sind ein paar Freunde, die den Verfasser kennen und trotzdem nicht aufhören, ihn zu lieben. Um sie legt sich ein schmaler und wenig konsistenter Ring, dem mehr Mißverständnis und Legende als sonst etwas einiges Gefüge gibt: die Leser, wie solches eben jede, auch die geringst auffallende Öffentlichkeit einer

Person herbeiführt, die sich schreibend mitteilt. Und gleich nach diesen paar Lesern beginnen die Millionen der Sprachgenossen, denen des Verfassers Name, wenn sie ihn vernehmen, nichts bedeutet als ein Zufall von vier zusammengefügten Buchstaben. Und dieses Leben, das also nahezu ein Privatleben ist, ein Nichts von Schatten wirft, das als Leistung anzusprechen wäre, dieser Autor nimmt sich heraus, sein Leben zu erzählen und in Druck zu geben? Welche Anmaßung eines Podestes! Auch einem nicht allzusehr mit dem europäischen Vorurteil Belasteten, daß der Mensch sein Leben durch eine erfolgreiche Leistung zu rechtfertigen habe, könnte es als Vordringlichkeit erscheinen, als Wichtigtuerei, als schwatzhafte Eitelkeit, die sich selber ihr Echo macht, das der allzu schwachen Stimme immer versagt geblieben ist. Wie soll ich es rechtfertigen? Indem ich den Leser zu überreden versuche? Die Überredung ist ja des Schriftstellers spezifische Kunst.

Ich könnte mir ein weises Gesetz denken, das die Bürger eines Staates verpflichtete, sich an ihrem fünfzigsten Geburtstage hinzusetzen und mit der Feder in der Hand die Summe ihres Lebens zu ziehen, kurz und gut, wie sie es eben treffen, sich zu erinnern, zu besinnen, mit einem gewissen Eigensinn zur »Wahrheit« Bericht zu erstatten über die gehabten Erwartungen, eingetretenen Enttäuschungen, die Erlebnisse und deren Ablauf, ihre Geld-, ihre Liebesaffären, Liebhabereien und Vorurteile, Erfolge und Mißerfolge. Man erfährt doch recht wenig aus der Statistik, die mitteilt, daß in diesem Jahre so viele Menschen geboren wurden und so viele gestorben sind. Wenn das auch der heutigen Verliebtheit in die Zahl entspricht. Wenn das auch der physiognomischen Ähnlichkeit, fast Gleichheit der heutigen Millionen entspricht, deren latenter Wunsch ist, irgendeine Uniform zu tragen. Meine akademische Karriere wurde mir zu ihrem Beginn odios, als man mir eröffnete, daß ich neben meiner Theorie der reinen Wirtschaft auch ein Pflichtkolleg über Statistik zu lesen haben würde. Ich liebe die Zahl wie die Pythagoräer, fast wie Planck in Berlin, aber nur innerhalb der Welt der Zahlen. Ein bißchen mehr als eine Ziffer, wenn auch bald nicht mehr viel, ist sogar der geringste heutige Mensch. Dieses fast vergessene, kaum beachtete Bißchen erführe man aus diesen gesetzlich verlangten Autobiographien, aus diesen Habilitationsschriften der Humanitas, wenn die meisten von ihnen auch nichts sonst als den melancholischen Satz enthielten, daß man ein Schweinehund oder ein Narr gewesen. Aber vielleicht würde der Umstand, daß man sich mit fünfzig auf die Bank des öffentlichen Bekennens zu setzen habe, nicht ohne Rück- und Vorauswirkung auf dieses Leben selber sein, das sich berichten muß. Vielleicht würde dieser Umstand die Kunst der Lüge wieder hochbringen. In den Lügen über sich haben ja bis heute die Menschen immer mehr Wahrheit ausgesagt als in den »Wahrheiten«.

Ich will diesem Satz eine andere Fassung geben, in der er den Leser, der als in Beziehungen lebend auf die sittlichen Stabilimenta Wert legen muß, nicht ärgert. Ich will ja nicht im Trüben des Lesers fischen. Ich will mir große Mühe geben, ihn nicht in den verwirrten Zustand zu bringen, in dem er nicht mehr genau zwischen den eigenen Affekten und jenen unterscheiden kann, die ihm die Kunst eines Autors vermittelt. Ich will nichts auf seine unbewußte Mitwirkung abstellen, wie es die gefühlereichen Romanciers und stimmungsgeübten Theatraliker tun, die ein Tönchen anschlagen, von dem sie wissen, daß es der Hörer sich schon aus Eigenem zu mächtiger Fülle würde anschwellen lassen. Ich denke an ganz korrekte und saubere Leser, die es in diesen Sachen genau nehmen und keinerlei Konfusion wünschen, sondern nichts weiter, als daß der Verfasser sie mit den ihm eigenen Mitteln unterrichte. Ich bin ja auch meinerseits ein Leser und bin es immer in diesem Sinne der Genauigkeit gewesen, welche eine Lektüre ablehnt, deren Verfasser in meinem Trüben zu fischen versuchen. Man wird so begreifen, daß ich kein begeisterter

Leser der meisten modernen, zumal deutschen Belliteratur war und daß ich jene, welche man als »stimmungsvoll« auszeichnet, für einen glatten Schwindel erkläre.

Vielleicht hat man die Diagnosen gelesen, welche die moderne Psychiatrie über den Betten der Memoiristen und Tagebuchschreiber auf die schwarzen Tafeln geschrieben hat. Danach sind sie Glieder einer psychopathischen Familie, der Paranoiker, welche sich durch eine Vierzahl von Eigenschaften unangenehm bemerkbar machen: hochmütigen Stolz, tiefes Mißtrauen, sicheres Fehlurteil und völligen Mangel jeder Anpassungsfähigkeit. Eine Hypertrophie des Ich bringe, so heißt es, diese Paranoiker zu einer fatalen Mischung von Narzißmus und mentalem Exhibitionismus und so weiter und so weiter.

Der Leser braucht nicht zu erschrecken. Die Medizin dürfte, um sich wissenschaftlich zu erreichen, einen so weiten Einbezug der Phänomene und deren systematische Zwangsbehandlung nötig haben. Es ist ja auch nicht so schlimm gemeint. Pedanten und professionelle Wahrheitssager besorgen die Hölle, an der sie, weil hingehörend, interessiert sind, gute und nette Leute arbeiten den Himmel aus. Der jung verstorbene Psychiater Mignard, der sich mit der Demenz beschäftigte, erklärte diese nicht für Dissoziationen, sondern für Desaggregationen des mentalen Lebens und sagte: je mehr er sich in das Verstehen dieser kranken, heiter-stillen Seelen versenke, um so näher fühle er sich Gott. Ich will da weiter nicht einen gefährlichen Schluß auf Gott ziehen lassen. Denn die serenitas scheint mir seine schönste Eigenschaft. Und der stille Narr also seinem Herzen näher als der geschäftige Beschwörer, der die Welt zum Orchester umschafft, um zu seinem Ohr zu dringen.

Es würde nicht ganz stimmen, gäbe ich Herrn Doktor List, den vortrefflichen Verleger dieser Denk- und Gedenkschrift, als deren einzigen Veranlasser an, denn ich hätte mich ja seinem zuredenden Wunsche vor Jahren weigern können, wäre die innere Abneigung, diese Schrift zu verfassen, stark genug gewesen. Und dieses war nicht der Fall; wenn auch die Neigung dafür kaum übermächtig und sicher sehr weit entfernt von jener Linie, wo nach der Meinung der Psychiater der paranoische Egozentrismus beginnt. »Der Krieg macht Ernst mit der Eitelkeit, Unsicherheit und Unbeständigkeit aller menschlichen Dinge und läßt dem, was von der Natur das Zufällige ist, dem Besitz und Leben, das Zufällige erfahren.« Mit diesem Satze Hegels begann ich etwa vier Wochen nach dem Ausbruch des Krieges Aufzeichnungen, die so etwas wie eine Beschreibung einer Periode am Leben einer in ihr enthaltenen aufmerksamen Einzelperson sein sollten. Ich zitiere aus diesen vor sechzehn Jahren geschriebenen Seiten, was mir hinreichend erscheint, auch diesen zweiten und ausgeführten Versuch etwas zu rechtfertigen. »Durch eine eiserne Mauer vom übrigen Europa getrennt und ganz auf uns selber geworfen, sind wir uns bei stärkstem, subjektivem Handeln nächstes Objekt geworden, und jeder einzelne ahnt sich stärker als je im Frieden in eine Gemeinschaft höherer Art eingeordnet als der des bloßen Staates, den man in tiefster Umwandlung weiß. Mehr als je im Frieden wird Gesellschaft als ein Artifizielles und etwas Unmenschliches deutlich. Vielleicht wird brutale Not, als Effekt von Dauer und Intensität dieses Krieges, den die Soldaten führen und den die Zivilisten verlieren müssen, an das Menschliche der Gemeinschaft erinnern. Vielleicht. Aber man kann immer solche brutale Not und ihren Effekt vorwegnehmen und den Zwang spüren, sich zu besinnen auf das, was man ist und was man sein kann. Was sich so in einem ganzen Volke vollzieht oder als erhofft vollziehen soll, das vollzieht sich auch im einzelnen Menschen. Man revidiert seine Posten, sieht nach, ob die immer nur beiläufig geschätzte Summe auch stimmt. Es könnte jetzt jedes Verrechnen Untergang bedeuten, denn die Wahrheit der Not ist ohne Erbarmen. Jetzt sein Leben aufschreiben, heißt darum, es ohne ausgezeichnete persönliche Bedeutung sehen, ohne die unwillkürlich falschen Akzente, also in höchster Weise individuell. Der Augenblick kann nicht günstiger sein. Am Tage der Reichsgründung geboren, bin ich so alt, so jung wie dieses Reich, das dieser Krieg zertrümmern kann, ohne daß in der Historie diese Episode ›Deutsches Reich‹ mehr bedeutete als den Bruchteil eines Wimperzuckens. Doktor Riezler, den ich gestern Abend mit Max Scheler besuchte, ist ein Mathematiker. Aber auch der Sekretär Bethmann-Holwegs. Aus allen beiden Eigenschaften schloß er, um von anderem dann zu sprechen, eine aus dem Tage sich ergebende Unterhaltung mit dem Satz: ›Was weiter, wenn das Reich zu existieren aufhörte?‹ Die Frage bekommt nur davon so etwas wie einen zynischen Reflex, weil sie in dem Raum dieser Reichskanzlei gestellt ist, wo die Aktien dieser Gründung in den Regalen an den Wänden stehen.«

Zwischen dem Kriege der Reichsgründung und diesem der Reichsbedrohung verlief mein Leben, und die Tatsache des Reiches spielte mannigfach in meine Existenz wie in die eines jeden, der in dieser Zeit seine Tätigkeit fand, – keiner aber weiß, wie und ob ihn die kommende Zeit noch brauchen wird oder er sie. Denn es erscheint einem diese Zeit von 1871 bis 1914 nicht als irgendwelche vierzig Jahre, sondern als eine Periode, begonnen und geschlossen und überschaubar. Darstellbar. Stunden und Tage erzwungener Muße sind vielleicht nicht besser zu verwenden, als indem ich mich in dieser tumultreichen und besinnungsarmen Zeit besinne auf mich und meine Zeit. Das Schicksal hat die Warte so hoch gestellt, wie es keine individuelle Anstrengung unter Wahrung ihrer Ehrlichkeit vermöchte. Schreibender und Beschriebenes bekommen vom Schicksal ihr natürliches Maß in dieser Stunde, wo man fast weiß und nicht nur fühlt, daß der Einzelne dem Ganzen nicht nur verpflichtet, sondern völlig verbunden ist, was nur Staat und Gesellschaft, die beide der Einzelne nicht kümmert, kritisch machen können. Erst in der Gemeinschaft gibt es den Einen und den Andern und das Du, das der gesellschaftliche und staatliche Mensch dem andern sich nicht zu sagen traut und nur zum Hunde sagt, mit dem er Gemeinschaft hat. Der Frieden macht reich, aber es ist nicht ausgemacht, daß man den Reichtum auch besitzt. Der Krieg macht arm, aber er lehrt vielleicht, das, was man hat, wirklich zu besitzen. Jede Vernunft ist gegen den Lehrer Krieg, wie gegen die Liebe und gegen das Leben. Aber so viele Instinkte sind dafür. Vielleicht alle guten Instinkte.

Die älteren Leser erinnern sich vielleicht noch an jenen skandalösen Vortrag, mit dem die Konzertagentur Gide & Blei vor etwa zwei Jahrzehnten Prometheus samt seinem Adler in den europäischen Städten auftreten ließ. Der sprach davon, wie er um den Preis seiner guten Gesichtsfarbe den Adler genährt hätte, wie er darunter litte, daß diesem das Gefieder schäbig würde, wenn er, der Nährvater, mit seinem edelsten Eingeweide geize, und daß er, und sei es um den Preis des eigenen Lebens, den Adler schön und stark haben wollte, aber daß ihn das eben das Leben koste und dem Adler also doch nichts nütze, denn der lebe, so problematisch seine Realität auch sei, von seinem Leben. Jeweils hob sich während des Vortrages der schöne Vogel von der Schulter des Redners und rauschte eine Runde durch den halbvollen Saal. Aber Prometheus wußte vom ersten Auftreten an, daß sein Vortrag über das Gewissen ein modernes Publikum, so nötig es ihn auch habe, rasch zu langweilen beginne und unruhig mache. Sowie er nun solche Zeichen der Unruhe merkte, ließ er immer einige Dutzend pornographischer Photographien im Publikum zirkulieren, um es wieder munter zu machen und weiter sprechen zu können. Der ältere Leser erinnert sich, daß trotz dieses Mittels Prometheus vor keinem Publikum bis zum Ende seines Vortrages kam und die Sache immer mit Flucht oder Skandal schloß. Prometheus hat, wie ich verrate, in der Folge seinen Adler geschlachtet und verspeist. Damals aber kannte er die lehrreiche Fabel vom Pelikan noch nicht, der sich die Brust auf- und das Eingeweide herausriß, um sein Junges damit zu füttern. So am ersten, am zweiten Tag, am dritten. Am vierten aber verzog das Junge den Schnabel und raunzte: »Schon wieder Eingeweide…«

Aber ich weiß mir keinen andern Ausweg als den des Prometheus, – konnte er die finale Katastrophe auch nicht vermeiden, so doch hinausschieben, und das ist schon etwas. Ich tat also wie die erfahrene Köchin und fädelte die kleinen Speckstücke der drastischen Anekdote durch den Braten, ihn zarter und genießbarer für schwächere Zähne zu machen. Indem ich sie drastisch nenne, habe ich ihren Wahrheitswert wohl genügend gekennzeichnet.

Man kann übrigens von der Wahrheit, der »ungeschminkten Wahrheit« solcher Bücher wie diesem hier nicht gering genug denken. Mit der besten Absicht, sich zu zeigen, wie man ist, und ginge dies auch bis zum Äußersten einer zynischen Selbstzerfleischung, wird man immer nur zeigen, wie man zu sein glaubt, sei es, um sich zu propagieren, sei es, um sich zu entschuldigen, sei es, um zu skandalisieren oder sich zu rühmen, oder nur, um sich recht zu geben. Wie man zu sein glaubt: das ist schon viel, ist schon das überhaupt erreichbare Maximum. »Wer sich bekennt, der lügt und flieht das wahrhaft Wahre, das gleich null ist oder ungeformt oder, wie zumeist, indistinkt«, bemerkt Paul Valéry, der, ein Mathematiker und ein Dichter, am weitesten den Stollen in diese durchworfene Materie getrieben hat, in einer Notiz über Stendhal, der sich hundert Pseudonyme gab, nicht um sich dahinter zu verbergen, sondern um sich in einigen Dutzenden von Exemplaren leben zu spüren. Denn das Ich hat Grade. Wer sich ein ungradiertes Ich zuschreibt, wahrhaft »zuschreibt«, tut damit mehr, als ihm erlaubt werden darf. Nicht, weil er damit die andern düpiert, sondern sich selber. Es leistet sich die Tendenz, sich mit individueller Originalität über die Identität mit den Mitmenschen hinauszustellen, das Äußerste. Denn diese Tendenz, anders zu sein als die andern, ist bei jedem einigermaßen kräftig lebenden Menschen vorhanden. Mit ihr überwindet er vielleicht die Todesfurcht. An den Gott sind Qualitäten gegeben, die ihn völlig verschieden vom Menschen machen, also unsterblich auch dann, wenn er den gewaltsamen Tod erleidet, von dem er »aufersteht«. Da die alten Götter der Griechen sich immer mehr vermenschlichten, starben sie.

Als ich ein zwölfjähriger Bub war, erkrankte meine Mutter auf den Tod. Aber daß sie sterben könnte, sterben müßte, das versuchte ich mir in meiner hilflosen Angst damit auszureden und zu widerlegen, daß ich sie anders als alle andern Menschen machte, ihr ungeheure eigentümliche Fähigkeiten zuschrieb, die sie von den andern Menschen so unterschieden, daß es mir nicht möglich schien, daß sie das allgemeine Schicksal, zu sterben, teilen sollte. Anders zu sein als die andern, mehr zu sein, tüchtiger zu sein, könnte an dieser Wurzel des Stolzes nicht die Furcht vor dem Tode liegen, psychologisch gesprochen? Die ruhige Hinnahme des Todes durch Sokrates wird durch sein Alter erträglich. Vielleicht auch durch seine Schwatzhaftigkeit. Schwiege er die letzten Tage und Stunden, es würde uns stark bedrücken. So macht er Lärm der Worte über das Klopfen seines Herzens weg und unseres. Nietzsche muß von einer starken Todesfurcht besessen gewesen sein sein Leben lang. Die schauervolle Art seines Sterbens muß weit voraus Schatten in seine Seele geworfen und ihn im Anderssein bis zum Kreischen gebracht haben. Wie kam dieser stille, schüchterne Lehrer zu Dionysos? Die gute Hälfte seines Schreibens ist rasender Stolz – bis zur Auferstehung im Übermenschen. An wen anders als an sich kann er, könnte er bei der Konzeption dieses Halbgottes gedacht haben?

Der bekennerische Zynismus mancher Werke bezeichnet im allgemeinen einen bestimmten Punkt verzweifelten Stolzes und ungeheuerlicher Ambition. Wenn man nicht mehr weiß, womit Erstaunen machen und überleben, dann liefert man seine Secreta et Pudenda aus und bietet sie dem Blick. Es ist größte Schwäche, die sich sich selber überläßt und nichts mehr tun kann, als ein Kleidungsstück aufzuknöpfeln mit der Geste, als würde damit, wie einer sagte, Amerika entdeckt. »Alle Welt weiß genau, was man nach dem Aufknöpfeln zu sehen bekommt. Aber es genügt die Geste, und alle Welt ist bewegt. Das ist die Magie der Literatur.«

Erinnern? Vergessen ist wohltuender. Je mehr erinnert wird, um so größer wird die Konfusion in unseren geschichtlichen Kenntnissen. Man sollte in unseren Archiven die Mäuse züchten und nicht fangen. Wie glücklich sind die Völker, die nichts aufschreiben und denen das Ereignis von gestern morgen schon zur Legende wird!

Ich habe das, was meine Person, diese fingierte Einheit, enthält, in soundso vielen schriftlichen Äußerungen mitgeteilt, und ich kann nicht behaupten, daß es sehr viele Leute interessiert hat. Ich füge mit diesem Buche den andern Büchern noch eines hinzu, das sich von ihnen wesentlich nicht unterscheidet, denn ich habe keinerlei Geheimnisse aufzudecken, weder eigene noch fremde. Ich war in keinerlei weltbedeutende Ereignisse verwickelt, zu deren besserer Kenntnis ich etwas durch Mitteilungen beitragen könnte. Ich war keines Gottes und keines Genies Eckermann. Ich habe keine besonderen Rätsel zu lösen, denn es sind mir keine besonderen aufgegeben worden. Und zu den Rätseln aller Welt habe ich keinerlei originelle Lösungen. Ich kann keine Schlüssel zu komplizierten Schlössern liefern, denn es sind mir solche nicht gezeigt worden. Ich weiß nicht einmal, ob ich, wie ich gern möchte, den überreichten Faden feiner spinnen und dem Nächsten weitergeben kann. So komme ich zum Schlusse, daß ich nichts weiter tue, als einiges vom Leben in einer bestimmten Zeit zu erzählen, wobei ich mich an den Erzähler als den nächsten besten wie an einen Faden halte. Es wird nur manchmal so aussehen, als ob ich das Leben um diesen Faden lege. Absicht ist es nicht. Einen Vorteil, der mir hilft, will ich dem Leser aber nicht verschweigen.

Ein zu geringes, zu wenig gefälliges und interessantes Talent hat mich vor der großen Zahl unbekannter Leser bewahrt. Der vielgekannte und vielgelesene Mensch verliert immer mehr sich selbst, um Effekt seines Effektes auf Zahllose zu werden, die ihn eigensinnig nach einem monströsen Bilde fingieren, das der davon Betroffene schließlich auch für sich selber wird. Haben wir nicht in unsern Tagen einen Dichterfürsten, einen zweitgeborenen Goethe, der gänzlich in dieses Klischee eingegangen ist, Effekt seines Effektes so sehr wurde, daß sich alsbald auch das bürgerliche Idyll einstellte, das humpelnd in die Druckerpresse hexameterte? Die Eifersucht auf das geheime »Ich selbst« wird abgedrängt und zum Verschwinden gebracht, und es war dieser Eifersucht eigentümlich, daß sie davon besessen war, sich zu publizieren, Zeugnis von sich abzulegen, um die Einzigartigkeit, die Besonderheit zu zeigen. Man liebt ja die Identität mit dem Schulze nicht. Man sucht sein Anderssein hervor, das unterscheidet. Man übertreibt es. Um weiter nicht verglichen werden zu können. Aber die Menge nimmt dich an. Sie macht dich zu einem der Ihren nach den Figuranten ihrer Größen, den zu einem »Napoleon«, den zu einem »Goethe«. Und der Betroffene endet damit, sich selber so zu sehen, sich im aufgedrängten Klischee zu verlieren. Das ist als Autor mein eminenter Vorteil: die Menge hat mich nicht angenommen. Ich wurde nicht der Effekt meines Effektes. Ich kann mich aufführen, wie ich will. Ich brauche mich überhaupt nicht aufzuführen.

Der Leser wird es mir daher nicht übelnehmen, wenn ich im Verlaufe dieser Erzählung immer wieder zu ihr das Wort nehme. Denn diese Einleitung schreibt sich nie zu Ende. Sie schließt nur vorläufig.

1.

Vom Sparen als einer Tugend – Die Kräfte der Armut

Bei dem Kanzelredner Bourdaloue steht dieser Satz: »Am Ursprung aller großen Vermögen gibt es Dinge, die erzittern machen.«

Als um die Mitte der sechziger Jahre des vorigen Jahrhunderts die Eltern heirateten, geschah es in der Sakristei der Pfarrkirche von Sankt Joseph im zweiten Wiener Stadtbezirk um sechs Uhr morgens. Zu dieser frühen Stunde kostete es, ohne Glocken und Orgel, nur zwei Gulden. Es war die geringste Taxe, und das Brautpaar war ganz arm. Als im Jahre 1899 der Vater und ein Jahr darauf die Mutter starb, hinterließen sie ihren vier Kindern – ein fünftes, das erstgeborene, war früh gestorben – ein beträchtliches Vermögen. Nur das einer Tochter mehrte sich in den Händen des Mannes, eines Maschinenfabrikanten, den sie geheiratet hatte. Das Erbe der andern drei zerging zu nichts im Lauf der Jahre. Das eine vertat in Jahren ein Schwiegersohn am Spieltisch in Monte Carlo. Er hat sich dann, als kein Heller mehr da war, in Toulouse erhängt. Das andere vertat ein Schwiegersohn in wilden geschäftlichen Spekulationen. Das dritte gab einer aus, der seinen Kopf nicht im Geldschrank haben wollte, aber keineswegs die smarte Hoffnung nährte, er würde einmal den Geldschrank in seinem Kopfe finden. Er war ein schlechter Wirt, aber kein Verschwender, was Geiz von der andern Seite her ist.

In der Geschichte der neueren Privatvermögen dürfte es der typische Ablauf sein: Erwerb in der einen Generation, Verlust in der zweiten, spätestens der dritten. In der dritten Generation ist das Erbe oder diese Generation selber verschwunden. Die zunehmende Besitzmehrung ist bei christlichen Familien, die bei uns in Österreich aus handwerklichen oder kleinkaufmännischen Ständen in das kapitalistische Bürgertum eintraten, eine kaum zu nennende Ausnahme. Diese Erwerber von 1860 hatten keine implizierten kapitalistischen Fähigkeiten, wie sie erst den Neureichen von etwa 1890 ab auszeichnen. Die von damals folgten nur einer allgemeinen Tendenz, dem, was man den wirtschaftlichen Aufschwung nannte, aber keinem sonderlich bewußten Willen, keinem ausgebildeten energetischen Sinn der Wirtschaftlichkeit. Zum Erwerben langten ihnen hinreichend Tüchtigkeit und Fleiß im Beruf, zum Mehren Sparsamkeit und Anspruchslosigkeit in der Lebensführung, also durchaus Bauern- und Handwerkertugenden, die aber zum immer um ein weiteres Stück zu mehrenden Besitz oder gar zu dem, was man die Spekulation nennt, nicht ausreichen. Ohne besondere Einsicht nahm man teil an dem Aufschwung der Geldwirtschaft in günstigen Zeiten, um in kritischen Zeiten meist alles wieder zu verlieren. Die Börse erschien dem Vater als ein Schwindel, mit dem nur Leichtsinnige und Spieler zu tun haben. Er legte sein Erspartes in Staatspapieren an, und das Vertrauen zu ihnen erschütterte ihm nicht, daß sie immer dreißig Prozent unter dem Nennwert notierten. Als er einmal für zehntausend Gulden Aktien der Österreichischen Kreditanstalt in Zahlung nehmen mußte, deren Kurs gerade etwas unruhig war, konnte die ganze Familie nicht schlafen, so aufgeregt waren die Eltern acht Tage lang. Dann war wieder mit dem Verkauf der Aktien und dem Erwerb österreichischer Silberrente die Ruhe im Hause.

In den, kapitalistisch gedacht, rückständigen Ländern wie Österreich, wo man nicht nur arbeitet, um zu leben, was nichts weiter als gut essen und trinken heißt und angenehme Feierstunden haben, und wo man nicht wie etwa in Sachsen lebt, um zu arbeiten; wo die politischen Bindungen locker sind und ein besonderer Gemeinsinn kaum über das gute Verhältnis zum Nachbar hinauskommt, weil für das Gemein-Humane die Katholizität sorgt, da wird die bemerkte Erscheinung des Vermögensverfalles sich nicht nur auf die neuersparten Vermögen beschränken, sondern es werden auch ältere Vermögen in dem Maße zerbröckeln, als der männliche Nachwuchs nur auf einem Sohn ruht, dem verwöhnten »Muttersöhnchen«, und nicht auf mehreren Söhnen, von denen einer »das Geschäft übernimmt«, das die übrige Familie erhält. Öfter als anderswo hört man im deutschen Südosten den Vater, der erworben hat, sagen, sein Sohn solle es besser haben als er, und er entläßt ihn in die freien, selbstgewählten Berufe, welche Wahl entweder die Neigung, die Eitelkeit, ein kleines überschätztes Talent oder sonst eine nachgiebige Schlamperei der Eltern bestimmen. Trägt nicht unsere neuere Belliteratur sehr charakteristische kleinbürgerliche Züge aufgepäppelten Talentes, ist ohne Welt, und das besonders dann, wenn sie genialisch exzediert?

Jene handwerkliche Generation des Vaters hatte ihren Geldbesitz und dazu in Lehren und Warnungen die handwerklichen Tugenden zu vererben, mit denen sie ihren Besitz geschaffen zu haben meinte, da sie, als Typen unkapitalistisch, dem Kapitalismus keinerlei Verdienst an ihrem Erworbenen zuschrieb. Nicht einmal persönliches Glück. Die Mutter war eine sehr gescheute Frau und hob die Arbeiterfrage immer mit der naiven Antwort auf, daß die Arbeiter weder arbeiteten noch sparten und es daher zu nichts brächten.

Diese Reichen, die sich mit einer Jahresrente von zwanzig oder mehr tausend Gulden und nach einer an ein paar Töchter ausgezahlten Mitgift in gleicher Höhe in ihr privates und von allen Geschäften entbundenes Leben zurückzogen, sie vermachten die Fleiß- und Spartugenden als die allein echten und guten Rezepte ihren Kindern. Dem entsprach, was die Mädchen zu lernen hatten: den Haushalt mit den Verzierungen, welche als Klavierspielen oder Singen die Mode der Zeit abverlangt. Und sollte der Sohn schon einen nichts eintragenden Beruf lernen, obzwar jeder Beruf bei Fleiß etwas einbringe, so würde ihm Sparsamkeit sein Erbe erhalten. Und dann würde dieser Sohn ja auch seinem Vermögen entsprechend heiraten. Mit solchen Tugenden hatte man selber sehr tapfer und unter tausend Entbehrungen den Kampf aufgenommen und gewonnen, und so müsse es auch für Kinder und Kindeskinder das Richtige sein.

Sparsamkeit kann erhalten, nicht mehren. Wer nicht etwas über seine Verhältnisse lebt, der verliert. Und das Erhalten ist bei fortschreitender Minderung des Geldwertes ein Verlieren. Der Erbe kommt mit den Zinsen nicht aus und verlebt das Kapital. Spareltern haben selten Sparkinder. Die jungen Leute erleiden das Sparen der Eltern, die es sich, wie die Kinder ja bald merken, »anders leisten können«. Sie erleiden es oft mit Verbitterung. Der Vierzehnjährige konnte sich von zehn Kreuzern wöchentlichen Taschengeldes kein Buch kaufen, wie er es wollte. Er stahl aus dem väterlichen Portemonnaie, das da lag. Und immer wieder. Da fiel die nach einigen Monaten stattliche Bibliothek von Reclambändchen auf, und die Inquisition nach dem »Woher« führte zur Entdeckung. Es gab weiter keine andere Strafe dafür als die Beschreibung einer Zukunft, die den Schuldigen ganz sicher erwarte und an deren Ende der Galgen den Schatten in das Jetzt und Heute warf, so drastisch, daß man es selber glaubte, man sei ein Verworfener, was man ja, wenn auch da schlechten Lernens wegen, von den Lehrern in der Schule jeden Tag zu hören bekam. Aber schon Geringeres als ein entdeckter Diebstahl schuf Erbitterung über das Sparen. Oh, die auf den Vierzehnjährigen von der Mutter umgearbeiteten Vaterhosen mit ihren lächerlichen Weiten, die sich, saß man, als ein aus der Schamgegend aufsteigender Sack blähten!

Diese leichtbemalte wirtschaftliche Tapete ist kein großartiger Hintergrund. Aber es spielen sich davor ja auch weder die Leben von Heiligen noch von Helden ab, und so muß man schon statt des Goldglanzes großartiger Gefühligkeiten die schmutzigere Farbe der Banknotenzettel hinnehmen, jener Guldenzettel, die zu jener Zeit in Österreich das Geld waren. Das Leben der damals wie heute in die große Stadt geworfenen armen Leute, die da ihre Arbeit suchen, weil sie sie in der ärmlichen Heimat nicht finden, ist nichts als Sorge um den Erhalt dieses Lebens, worein alle Anstrengungen so restlos gehen, daß diese Sorge und ihre Überwindung davon oft etwas Heroisches bekommen, so geringfügig man auch das Ziel achten mag und so zu bedauern auch solcher Verbrauch von Tugenden und Kräften ist. Wo die Seele bis in ihr Letztes, wo dann nichts mehr ist als die verwirrte Flucht zu Gott, im Dienst der zu bezwingenden Not steht, da bekommt diese Not oft eine außerordentliche Geistigkeit und entbindet Kräfte, die man vorher nicht kannte und nicht ahnte. Ohne damit ein beliebtes Theorem umschreiben zu wollen, das mit der Allüre eines Gesetzes metaphysischer Observanz auftritt, möchte ich nur sagen, daß Armut und Reichtum in dieser Zeit wie nie zuvor wirkende Kräfte geworden sind, gegeneinander nicht nur, nach außen nicht nur, sondern nach innen. Wo die Armut nicht, wie meist, alle geistigen Kräfte zerstört hat, wo sie nicht bares Elend geworden ist, da gibt sie eine Kenntnis nicht nur, sondern eine Intensität des Erlebens, tiefer, reicher und weiter als irgend je der Reichtum sie erreichen kann, der ja zumeist, genau wie das Elend, die Zerstörung der geistigen Kräfte bedeutet.

Die Not der Armut entbindet vorhandene geistige Kräfte, nicht, um sich als Not zu beseitigen – dieses Ziel des Anfanges wird bald aus den Augen verloren sein, wenn es überhaupt da war – sondern weil sie und nicht die Unnot des Reicherwerdenwollens vollendet werden muß. Die Übung dieser geistigen Kräfte ist nicht Mittel, sondern einziges Ziel. Sie allein sind der Auftrieb. Sie können Verlassen der Not, Aufhören der Not mitbedeuten, müssen es aber nicht. Es ist ihnen im Grunde gleichgültig, wenn sie in der Not weiter eingebettet bleiben. Im Leben des Vaters machte die Not das wirkliche

Leben dieses Mannes frei, nicht um die Not zu besiegen, sondern damit er die Freiheit seines wirklichen Lebens habe. Dann kamen die äußeren Dinge, die von ihm die bitterste Armut nahmen.

2.

Bauern – Weber – Ein Prophet – Läuse und Zahlen

Als Bursch von vierzehn Jahren verlebte ich Sommerferien in den abgelegenen schlesischen Winkeln gegen die Sudeten hin, von wo vor Jahrzehnten der Jüngste unter vielen Geschwistern mit zwanzig Jahren ausgezogen war. Von jeder dieser letzten Bergkuppen aus sah man nach Norden zu ins flache schlesische Land, wo keine halbe Stunde von der Grenze das kleine Städtchen Leobschütz liegt, aus dem etwa zur gleichen Zeit und nur wenig jüngeren Alters mit sechs anderen Mädeln jenes die Wanderstraße nach Wien eingeschlagen hatte, das ein paar Jahre darauf der Bursch in der Pfarre Sankt Joseph heiraten sollte. Da im gebirgigen österreichischen Schlesien hausten die verwandten Sippen des Vaters, drüben im flachen preußischen die der Mutter. Alles arme Leute, kleine Bauern, Tuchscherer, Töpfer, Lehrer, ein Katechet. Ein bißchen weiter weg hatte eine Schwester der Mutter geheiratet, ins obermährische Kuhländchen, einen Kleingütler, der jeden Morgen um sechs mit seinen zwei großen Söhnen eine gute Wegstunde weit in die Waggonfabrik marschierte, wo sie Schmiede waren, der Alte Werkführer. Daheim besorgte das große knochige blonde Weib das Haus, den Stall, die paar Äcker. Ihr achtjähriges Mädel hütete zwei Kühe auf der Weide, und der Kleinste trieb ein paar Gänse in den Bach. In der Dämmerung kamen die Männer heim und taten die Männerarbeit des Bauern bis in die Nacht hinein. Diese Mutter starb an ihrem fünften Kind, das sie, mitten in der Arbeit überkam es sie, in einer Ackerfurche zur Welt brachte. Sie hatte nur noch soviel Kraft, es abzunabeln; man fand es lebend in den vom verschütteten Blut roten Schollen.

Für die Vatersbrüder, die daheimgeblieben waren, hatte der inzwischen in der Fremde der Hauptstadt zu Wohlstand gekommene Jüngste gesorgt, wovon jedes Jahr zu Weihnachten eine Kiste zeugte, die der Onkel Anton nach Wien schickte und die ein Schwein in allen Formen von Würsten und Geräuchertem enthielt. Diese Kiste machte das Menü der nächsten drei Wochen so eintönig, daß wir Kinder wünschten, sie wäre besser in Schlesien geblieben. Und von einem Weihnachten ab kam sie auch nicht mehr. Die Eltern hatten diese hausgemachten Delikatessen wohl auch überbekommen oder des Onkels Sohn, der sich verheiratet hatte, gedacht, es sei nun genug an Zinsen für das einst seinem Vater geschenkte Gütlein gezahlt. Der hatte abgegeben und lebte im Ausgedinge bei Sohn und Schwiegertochter. Zwischen dem Alten und dem Jungen gab es oft schweres Ringen und Hauen. Der Alte war ein rüstiger Kerl noch mit sechzig, und die Schwieger war eine hübsche Dorfkokette. Ich verstand es damals auf dem Ferienbesuch nicht, was es bedeutete, daß dem jungen Anton der weiße Kiefer zu zittern begann und sein Weib so lachte, wenn der alte Anton seinem vierjährigen Enkelbuben scherzend zurief: »Kumm har, Sohnala.« Ich fühlte nur eine bös geladene Luft in der niedern Stube, an deren Decke die Männer, beide fast ein Meter neunzig hoch, mit den Köpfen gestoßen wären, hätte sie nicht die Arbeit auf den Bergfeldern ein bißchen krumm gebogen. Wenn auch nicht so bischofstabhaft krumm wie den Onkel Johannes in Würbental, den ältesten Bruder, der aber auch meist Weber gewesen war und den nun mein Vater längst in ein Altmännerhaus eingekauft hatte. Um mir ins Gesicht zu sehen, mußte er die Augen aufwärts drehen, denn den Rücken konnte er nicht ein bißchen gerade strecken. Da war dann noch weiter unten im Tal gegen Hermannstadt zu eine Vatersschwester. Der hatte der Wiener

Bruder die Mitgift gegeben, daß sie den Bauer Schittenhelm heiraten konnte, der Witwer war, eine kleine Einkehrwirtschaft hatte und eine Frau brauchte, so tüchtig und hübsch wie die Bleische Katherin. Und da war noch ein Bruder, Hermann, aber dem war nicht zu helfen gewesen, denn er hatte sich selber geholfen, auf seine Weise. Er war nicht seßhaft zu machen, zog herum, deutete den Leuten den Weltlauf, kurierte das Vieh mit Kräutern, ging in keine Kirche und las sich, wie er sagte, seine Messe selber, im Wald mit sinnlosem Gesinge. Er suchte gern Streit mit den Geistlichen, nannte das disputieren, aber nur Frischherversetzte und junge Kooperatoren fielen auf ihn herein. Er hieß »der Prophet« und hatte alles Reden der außerordentlich schweigsamen Brüder auf sich genommen.

Ging man das Tal in einer gemachen Steigung aufwärts, an Antons Anwesen vorbei, das auf einer kleinen Anhöhe zur Linken der Straße stand, so kam man über einen Riegel auf so was wie eine Hochwiese, ein kleines schiefes Vorland vor einem höhern Ansteigen der Berge. Da waren vier ganz armselige Bauernhütten, und der Ort hieß Kühdorf. In einer dieser Hütten, Holz und Mauerwerk nur für gerade zwei kleine Fensterchen, hatte das frühverwitwete Weib gelebt, das ihre Söhne, den Hannes, den Anton, den Hermann, den Karl und die Tochter, einen nach dem andern in Dienst und Arbeit ausziehen sah, wenn's soweit war. Am längsten blieb und allein mit ihr der Jüngste, der Karl, hütete die eine Kuh mit den zwei andern der Dörfler, strickte wollene Strümpfe dabei und wartete den Tag ab, wo er in die Lehre käme zu einem Schuster in Olbersdorf, einem Örtchen, drei Wegstunden weit; ein paar Dutzend Häuser waren das um einen Marktplatz und noch zwei Dutzend, die sich in Gassen verzogen. Wie eine Stadt also, so hatte er gehört. Denn dahin konnte man nicht des Sommers zur Schule, da waren die Kühe zu betreuen. Und nicht des Winters, denn da war der hohe Schnee, und die alte Mutter hatte Angst um den jüngsten Buben.

Mein Vater hat also weder lesen noch schreiben gekonnt. Was ihm auch die Mutter in dem ersten Ehejahrzehnt zureden mochte, er ließ sich nicht zu mehr herbei, als daß er ein Gekrixel malen lernte, das er für einen geschriebenen Vor- und Nachnamen hielt und als Unterschrift setzte, wenn das durchaus nötig war. Er drängte sich mit diesem einen Beispiel seiner Schreibkunst nicht vor, denn für alles das, was mit Lesen, Schreiben und Rechnen zu bewältigen war, hatte er seine darin sehr gewandte Frau, die es im Rechnen zu solcher Fertigkeit brachte, daß sie Zinseszins im Kopfe ausrechnen konnte. Sie war sehr stolz darauf, und da ich im Rechnen recht schwach war, paradierte sie mit ihrem Können und setzte alles daran, mich darin zu höchster Vollkommenheit zu bringen. Wie enttäuschend kann eine Mutter für einen sechsjährigen Buben sein, der, weil es verlockende Dämmerung ist, sich auf den Schemel zu Mutters Füßen setzt und den Kopf in ihren Schoß legt, nichts als eine streichelnde Hand erwartet. Wenn statt dessen sofort zwei Martern des Geistes und Leibes damit losgehen, daß die Hände der Mutter Haar um Haar nach möglichen Läusen durchsuchen – man war schon in der Schule und konnte da leicht was mitbringen – und sich Zahl an Zahl subtrahierend und addierend – wieviel ist elf mehr sieben mehr vierzehn weniger drei weniger eins mehr acht – zu nicht enden wollender Kette reiht; hart und unbarmherzig wird ausgefragt, bis das letzte der langen silberblonden Haare ebenfalls geprüft und für richtig befunden ist. Und das Gesicht ist naß von Tränen.

Ohne die Wissenschaften der Mutter wäre der Vater wohl nicht zurechtgekommen in seinen Geschäften. Als ein ganz kleiner Schuster, als der er in Wien nach seiner Gesellenzeit und jungverheiratet anfing, hätte er das Zeug nicht gebraucht. Auch dann nicht, als er, fasziniert von der Tätigkeit der Maurer und Zimmerleute, sich nach Feierabend auf Bauten schlich und sich neugierig das Eingeweide der Häuser, die da wurden, ansah und dies und das abzeichnete zum besseren Merken und um zu Hause über die Zusammenhänge nachzudenken. Aber dann wäre ein Moment gekommen, wo er Lesen und Schreiben hätte lernen müssen, um vieles vielleicht zu verlernen. Davor bewahrte ihn seine Frau. Die war in einem guten Tuchschdererhause von bescheidenem Wohlstand geboren und groß geworden und hatte auf der Schule alles gelernt, was man und wie man damals lernte. Zu unserm Spaß ließen wir sie als alte Frau aufsagen, wie viele Pflanzen es gäbe und wie sie hießen und wie sie ausschauten. Sie konnte das dem Alphabet nach, wie sie es als Mädchen gelernt hatte. So mit den Mineralien, den Tieren. Und da diese katholische schlesische Ecke damals immer noch österreichisch tendierte, weshalb man auch nach Wien wanderte, nicht nach dem protestantischen und noch nichts bedeutenden Berlin, so wußte sie auch alle Geschichtszahlen, aber dem alten Reiche nach. Die Hohenzollern kamen gar nicht vor. Mit solchen vielen Kenntnissen und allen hauswirtschaftlichen Tugenden ausgerüstet, konnte sich das Mädchen, als es mit der Tuchschererei zu Hause zurückging, schon nach Wien in der Hoffnung auf eine gute Stelle als Kindererzieherin wagen, die es auch gleich bei einer Fünfkinderfamilie gab. Da war, als man das erstemal miteinander redete, keinerlei sozialer Abstand zwischen dem Kindermädchen und dem Schustergesellen, und man war fast aus derselben Gegend, das blonde, über keine Arbeit klagende Mädchen, und der schwarzlockige Bursch, der etwas ungeschickt freite, weil er nur wenig Worte hatte; aber in einem waren sie ganz gleich: in der Armut und in der Sicherheit, daß man sie schon nicht zum Elend werde verkommen lassen. Und dann: der Karl trank nicht, er rauchte nicht, er spielte nicht; die Agnes konnte schreiben, lesen und rechnen...

Man sollte meinen, einen Analphabeten beschämt und geniert solche elementare Unkenntnis, besonders wenn sie inmitten eines schulmäßig ausgebildeten Milieus als sein Einzelfall sich dutzende Male im Tage abhebt. Aber das war gar nicht so. Keinerlei Eitelkeit bemühte sich bei diesem Manne, diese Unkenntnis zu verbergen. Er nahm sie so natürlich hin, empfand sie so wenig als einen Defekt wie ein Historiker, wenn er nicht Skifahren kann oder ein Skifahrer, wenn er in der Urgeschichte der Tinklit-Indianer nicht Bescheid weiß. Es muß ihm ein großer Teil dessen, was wir durch Gelesenhaben wissen, als höchst unwissenswert erschienen sein und jener Omar, der die Bibliothek von Alexandria verbrannte, als ein sehr gescheiter Mann. Aus Gespräch und Erzählung erfuhr er ja immer, was sich so in der Welt zutrug. Daß darüber nun des langen und breiten alltäglich in vielen Zeitungen geschrieben wurde, muß ihm, nach dem, was die Lesenskundigen da herausredeten, nicht sehr klug erschienen sein. Als junger lern- und lesegieriger Mensch konnte ich mit diesem Umstand, daß der Vater diese elementaren Kenntnisse nicht besaß, nicht zurechtkommen. Er müsse, so dachte ich, nur ein höchst bizarres Bild der Welt und nur das Fragment eines Lebens haben. Ich konnte mir ein solches außerhalb der geistigen Kontinuität – wie sie das gedruckt Überlieferte herstellt – geführtes Leben nicht als ein richtiges Leben vorstellen. Aber noch rätselhafter erschien mir, daß diese ungewöhnlichen Mängel die einheitliche und starke Wirkung, die in sich ruhende Sicherheit dieses Mannes, in keiner Weise alterierten. Und es war nicht väterliche Autorität, die uns Kinder mit Blick, Wort oder Hand im Zaum hielt. Denn er übte sie nicht. Dies war ganz der immer vigilanten, immer korrigierenden und erziehenden Mutter Ressort. Der Vater war still, milde, zuschauend, eher lächelnd, gewähren lassend. Heute weiß ich es, daß ihm und uns Kindern kein größeres Glück werden konnte als diese ihm von keinerlei erlesenen Kenntnissen gestörte Ruhe. Das Kind, der Bub wurde weder auf Anschauungen noch Meinungen dressiert, die sich auf Zeugen des Gedruckten beriefen, denen die Autorität eines Erwachsenen Nachdruck verlieh. Es gab nur das unmittelbar Lebendige, Gelebte, Gesehene. Daß man schulmäßig etwas lernen müsse, empfahl sich als praktisch, aber nicht darüber hinaus.

Bevor ich die Reclambändchen in alle Winkel einschmuggelte, gab's in unserm Hause außer dem Kalender kein Buch und kein Zitat, das als höhere Weisheit angerufen wurde. Doch, eines! Eine kurze Beschreibung der österreichischen Nordpolexpedition, ein Heftchen, das der Vater dem Sechsjährigen einmal heimbrachte. Ein Hausierer dürfte es ihm angeschwätzt haben. Als ich mir mit siebzehn Jahren zu Weihnachten die zwei dicken Bände von Schopenhauers Welt als Wille und Vorstellung wünschte – es gab damals nur die Originalausgabe bei Brockhaus –, da bekam ich sie, aber hinweiter kein Weihnachtsgeschenk mehr in den folgenden Jahren: ich war mit diesem Geschenk als ein Erwachsener vom Kinderfest entlassen.

Wahrscheinlich wäre der Vater ohne die Schulkenntnisse der Mutter mit allen Gaben in seiner Tätigkeit steckengeblieben, aber menschlich hätte er dadurch nichts verlieren können. Ich glaube, es wäre für die Menschheit ein sehr großer Gewinn, wenn sie einige Generationen hindurch weder lesen noch schreiben, noch rechnen lernte. Die Gehirne würden sich prachtvoll ausruhen. Das nunmehr mündlich Weitergegebene würde sich höchst ausdrucksstark gestalten und würde nur das Wesentliche formieren müssen, das Schicksalshafte. Die mythenbildende Kraft würde wieder gewonnen werden, die mir wichtiger zu sein scheint als die wissensbildende. Und die Körper würden regenerieren aus dieser gesäuberten geist-seelischen Substanz heraus. Was liest denn schon heute der durchschnittlich gebildete Schafskopf? Was schreibt er denn? Nicht einmal für die paar persönlichen Erlebnisse, wie Verliebtheit, Kinderkriegen, Tod, findet er den einfachen Ausdruck, sondern redet und schreibt es daher in Redensarten, die das Echo seiner nichtigen Zeitungslektüre sind.

3.

Der Mehrwert – Die Rivalin –
Von Tugenden

Im ersten Jahr meiner marxistischen Lehrjungenschaft, das auch das Jahr aller anderen erwachenden Vehemenzen des Jünglings war, muß ich meine Eltern nicht wenig geärgert haben. Daß ich mich keiner häuslichen Ordnung fügte, keine Zeiten einhielt und polizeiliche Verwarnungen an den Vater kamen, dafür zu sorgen, daß sein Sohn es lasse, in ›subversiven‹ Arbeiterzirkeln zu verkehren und Vorträge zu halten, solches mußte ich rechtfertigen durch Erklärung und Beweis einer wissenschaftlichen Doktrin, die aus meinem Vater einen ganz gewöhnlichen, dem Gesetz seiner Klasse unterliegenden Ausbeuter machte, und ich betrieb das mit um so größerem Fanatismus, weil ich in Sachen der Grundrente – der dritte Band des »Kapitals« war ja noch nicht erschienen – nur so auf eigene Faust, also etwas unsicher, theoretisierte. Und nur mit der Grundrente konnte ich ja gegen den Hausbesitzer, der mein Vater war, angehen! Es tat mir so leid, daß er kein Fabrikant mit Arbeitern war, denn darin war ich höchst beschlagen. Aber inwiefern er vom Mehrwert lebte, indem er jedes Vierteljahr bei den Parteien von Sechszimmerwohnungen den Hauszins behob, das war mir ein intrikates wirtschaftspolitisches Problem, auf das mich einzulassen ich möglichst vermied, um mich lieber in der allgemeinen Mehrwertstheorie aufzuhalten, der meine streitgewandte Mutter ihre ebenso allgemeinen Anschauungen von Fleiß und Sparsamkeit entgegensetzte. Der Vater ließ sich auf keine Debatte ein und begnügte sich, mich ganz ruhig einen dummen Buben zu nennen.

Um meine Position zu stützen, ließ ich nicht nach, immer wieder darauf zurückzukommen, auf welche Weise Vaters Vermögen aus den anfänglichen vierzehn Gulden damals, als man heiratete, angewachsen war zu einem Besitze von etlichen Zinshäusern. Ich suchte hart und eigensinnig, um nichts als das zu erfahren: daß dieser junge Mensch wohl das Handwerk eines Schusters gelernt hatte, aber kein Schuster, sondern ein Baumeister war. Was es da für ihn zu lernen gab, das erwarben sich rasch Auge und Verstand.

Es war eine lebhafte Bauperiode, als der Schuster seinen kleinen Flickladen verließ, um zu bauen. Was er nicht anders anfangen konnte als mit dem Gröbsten, dem Ziegeltragen, um nach Feierabend Baupläne zu zeichnen. So traf ihn, sah ihn ein großer Bauunternehmer, Besitzer vieler Ziegeleien, ein Ritter von Draasche. Der nahm den seltsam tätigen Ziegelträger in sein Zeichenbureau. Aber da war nichts mit ihm anzufangen. Was der Mensch zeichnete, stimmte, war aber über die sicher treffende Teilung und Einteilung eines als Baufläche gegebenen Raumes nicht hinauszubringen in jenen zeichentechnischen Sinn, den ein regulärer Bauplan haben muß, damit Arbeiter danach arbeiten können. Lieber als im Bureau war der Mensch auf dem Bau selber, bei den Deichgräbern und Schlossern, den Zimmer- und Tischlerleuten, den Malern, Gipsern und Anstreichern, den Dachdeckern und Ofensetzern.

So ging ein Jahr hin. Geschustert konnte während der Zeit nicht werden. Aber etwas Geld, das der Bauherr lieh, half zu einem Laden, in dem die tüchtige Frau fertig bezogene Stiefel und Schuhe verkaufte, ein kleiner Laden für kleine Leute, wie damals eben solche Geschäfte betrieben wurden, mit einer Klingel an der Tür, die schepperte, wenn ein Kunde eintrat.

Nach Feierabend kam der Mann heim. Man sperrte das Gewölbe, machte die Kasse, besprach, was das Geschäft verlangte. War das Wetter sommerlich, ging man mit dem Kind in den nahen Prater, aß im Gartenwirtshaus zur Schäferin, was man sich mitgebracht hatte, und trank ein Glas Wein dazu. Ein simples, zwischen viel Arbeit und kleinen Freuden hingehendes Leben, dem im Fasching ein Ball beim Sperl den Glanz gab.

Sparsamkeit und Fleiß, das waren nur die äußeren Erscheinungsformen, das rasch Wahrnehmbare zweier Tugenden, die heute verlorengegangen sind. Die eine ist die innere billigende Zugewandtheit zu der Arbeit, die man tut. Ich möchte sagen, das Liebesverhältnis zu seiner Arbeit. Gewiß, auch damals wußte man, daß man damit sein Brot verdiene. Aber man stahl sich nicht das Salz darauf damit, daß man die Arbeit nur nach ihrem Geldgewinn wertete und, während man sie tat, auf eine andere bessere Möglichkeit des Gewinnes schielte. Um sie so gut als irgend möglich und allein dadurch auch gewinnbringend zu machen, gab man sich ihr viel ungeteilter hin als heutzutage, wo der allmächtig gewordene Nenner Geld den Zähler »womit« gleichgültig hat werden lassen. Nie wäre dem Vater eingefallen, seinem Wechsel vom Schuster zum Häuserbauer die Deutung zu geben, daß er den größeren Verdienst beim einen dem geringeren beim anderen vorgezogen hätte, denn davon, »etwas zu unternehmen«, wobei sich rasch viel Geld verdienen ließe, war er gar nicht besessen. Er wechselte seine Tätigkeit nur seiner Anlage entsprechend, nicht einer Ambition, sein Einkommen zu vergrößern. Er hat bis an sein Lebensende darauf gehalten, von der Schusterei was zu verstehen, vom Leder und von der Machart, und war, als er starb, schon gut über dreißig Jahre kein Schuster mehr gewesen.

Die andere Tugend, mit der Liebe zu seiner Arbeit verwurzelt, ist die Bescheidung. Die Eltern führten ihr Leben, äußerlich gesehen, immer unter dem Niveau ihres Einkommens, aber durchaus auf dem Niveau ihres inneren Ausmaßes, dessen, was sich für Leute ihrer Art schickt und gehört. Sie nannten es Sparsamkeit, wenn sie sich der Pferdebahn bedienten, wo sie sich durchaus hätten einen Fiaker leisten können. Aber sie blieben damit nur in ihrem Rang. Sie fanden es nicht verschwenderisch, aber durchaus unpassend, Dinge zu tun, nur weil sie das Geld dazu hatten, aber nicht den Rang. Etwas drastisch ausgedrückt: ein Graf konnte Fiaker fahren, auch wenn er von Schulden lebte, aber für einen Menschen aus der breiten Masse des Volkes schickte sich das nicht, auch wenn er genügend Geld dafür besaß. Der bloße Geldbesitz hob das Gefühl der Würde nicht auf, das in Menschen dieser Art sofort schwankend geworden wäre, wenn sie sich in eine Lebensführung begeben hätten, die ihrem durchaus gewerteten inneren Rang nicht entsprochen hätte. Man bezog des Sommers nie eine Landwohnung. Und die kränklich gewordene Mutter war schon eine alte Frau, als sie die böhmischen Bäder besuchte. Der Vater trug, nur weil ihn als mageren Menschen fror, einen Pelz. Man aß, was die Mutter vortrefflich kochte, und hatte eine Magd für die groben Arbeiten, aber der Speisezettel änderte sich nicht mit dem wachsenden Vermögen, weder in mehr Gänge noch in besondere Genüsse. Pomeranzen gab es nur zu Weihnachten, und die Ananas in der Auslage von Tommasoni in der Wollzeile hielt der kleine Bub mehr für ein Schaugericht als für eine Sache zum Essen. Jedenfalls kam sie uns nicht zu. Was zu solcher Sparsamkeit führte, war eben diese Tugend der würdigen Bescheidung in einen Rang und dessen Etikette, woraus man jeden Halt bezog.

Zum Laden kam ein Grundstück und Ziegel, darauf zu bauen, zu billigen Bedingungen geliehen von jenem Ziegelgroßherrn, der an dem Vater ein Gefallen gefunden haben muß. Das fertige Bauwerk wurde rasch verkauft und ein neues aufgeführt. Beim dritten solchen Verkauf war die Schuld getilgt. So kam das Vermögen zustande, von dem dann dieser Mann eines Tages sagte, es sei hinreichend für seine Kinder, ein Mehr sei nicht nötig, und setzte sich in einem Landstädtchen im Österreichischen zur Ruhe. Er hatte etliche Dutzend solcher Wohnhäuser gebaut, nicht besser, nicht übler als die andern errichteten, immer nach seinen Plänen, immer unter seiner Leitung und nie höher als drei Stockwerke: das war das einzige, was er an schönem Aussehen seiner Häuser aufbringen konnte und woran er hielt. Aber vielleicht hatte er nur die Materialberechnung der Tragfähigkeit eines vierten Stockwerkes nicht in die Fingerspitzen bekommen.

Daß der Mann, der bald sechzig wurde, mit seiner Arbeitsstätte auch Weib und Haus verließ, hat der mit äußerster Lebhaftigkeit reagierenden Mutter um so größeren Schmerz bereitet, als sie in der Frauensperson, die dem Manne in jenem Städchen die bescheidene Wirtschaft besorgte, eine Geliebte sah. Sie aber war nichts als eine Magd, die sich, als bei einem reichen alten Herrn in Dienst, gewisse Rechte und Freiheiten gern bewilligte; gab, wie das bei älteren Dienstboten der Brauch, mit der stillen Hoffnung auf ein reichliches Legat, vielleicht auch anderes und mehr und jedenfalls mit einigem Plus an Würde, die von andern Mägden abhebt, da man ja Wirtschafterin ist. Aber die plötzlich verlassene, einsam gewordene Frau kämpfte drei Jahre lang, bis zum Tode des Mannes Tag und Nacht gegen diese verachtete »Rivalin« um die Rückkehr des Gatten mit einer an grotesken und tragischen Zwischenfällen reichen Besessenheit, von der sie, ein Jahr nach dem Hingange des Mannes, erst der Tod erlöste. Denn über den Tod des Mannes hinaus blieb sie mit nichts anderem beschäftigt als mit diesem ihr rätselhaften Aufbruch des Mannes in die Einsamkeit, dieser Flucht vor der jahrzehntelangen Arbeitsgenossin, die durch die ihr zugefallene Arbeit des Verkehrs mit den Lieferanten und Behörden aus einem stillen, fast scheuen Mädchen eine energische, höchst aktive und laute Frau geworden war, ganz Wille, ganz Verstand, unfähig eines zärtlichen Wortes, nicht imstande, die Hände ruhend im Schoß zu halten, sich zu entspannen. Nicht nur ihre eigene ganze Person stellte sie unter dieses Ziel: den Mann wieder zurückzuhaben, sondern forderte das auch von ihrer Umgebung, von den Kindern, von Bekannten und Fernstehenden, daß sie sich ihr dafür zur Verfügung stellten. Wir waren nur mehr zwei Kinder im Hause, die jüngste Schwester und ich. Das ganz nur um dieses eine kreisende Leben der Mutter lag schwer auf uns, und jedes dachte an Flucht. Die Schwester tat's in eine Ehe. Ich ging in die Schweiz. Aber zwei Jahre hatte ein ganz junger Mensch aus größter Nähe sehen und erleiden müssen, wie ein Mensch, der zudem seine alte Mutter war, alles Tun und Denken einem Affekte unterordnete, der durch seine Dauer manisch geworden war. Die Liebe schlechthin konnte nicht gut als das treibende Motiv angegeben werden. Diese Frau kämpfte um den ihr nicht zuteil gewordenen Lohn, der für sie darin bestand, daß man in Gemeinschaft zu Ende lebte, nebeneinander und miteinander. Sie kam sich wie mit einem schlechten Zeugnis entlassen vor im Augenblick, wo auch mit einem guten Zeugnis kein neuer Dienst anzutreten gewesen wäre. Da war alles Leben bisher Arbeit gewesen. Nun sollte es Ruhe sein, eine Hand in der des andern. Und diese des andern entzog sich. Entlassen, ohne Lohn, einsam, dem Tode entgegen. Der, mit dem man allein ein ganzes langes Leben in der Erinnerung hätte immer wieder besitzen können, entzog sich, wollte nicht. Die Kinder waren von ihr gegangen, das war natürlicher Lauf der Welt. Aber daß auch der Mann von ihr gegangen, das schien ihr gegen alle Natur.

Solange ich noch bei der Mutter im Hause lebte, habe ich den Vater, der nun über ein Jahr weg war, nicht besucht. Sie hätte es als Abfall von ihr angesehen, und es war ihr nichts zu verheimlichen. Ein Dutzend bezahlter Spione und Zuträger unterrichtete sie von allem. Es hätte Szenen gegeben, ich gebrauche bewußt diese Bezeichnung, denn hier wurde auch, der stärkeren Wirkung wegen, mit jedem theatralischen Mittel gearbeitet, Szenen, mit dem oft erlebten Schluß eines Selbstmordversuches, dem versuchten Sprung aus dem Fenster, dem mit dem Kopf an die Wand Rennen, – es war nie »ernst« gemeint in dem stillen Sinne eines, der Gift nimmt mitten in der Nacht. Sondern der Wirkung auf die Umgebung wegen. Es war ein Rasen mit höchster Vernünftigkeit, auf ein Ziel gestellt. Wahrhaft eine Tragödie, kein Trauerspiel wie dort, wo der Mensch im völligen Verluste sich den Tod gibt. Wer nur in solchem kümmerlichen Verschwinden das große Gefühl vermeint, der weiß nichts vom Menschen. Und noch weniger weiß der, der in Affekten, die sich arrangieren der stärkeren Wirkung wegen, nichts als eine »Komödie« sieht. Während sie in Wahrheit die Tragödien sind.

Von der Schweiz aus habe ich den Vater zwei-, dreimal besucht. Der Tag mit dem schweigsamen Mann war immer sehr lang. Er wurde nur ein bißchen kürzer, wenn ich meine Schulden beim Buchhändler, meine einzigen, beichtete. Denn Schulden machen war für den Vater erster Schritt auf eine schiefe Bahn. Warum er von der Mutter getrennt lebe, ich fragte ihn nur einmal und da ohne lebhaftere Teilnahme, denn es war mir durch das ungeheuerlich übertriebene Wesen, das die Mutter darum machte, unwichtig geworden und auch unmöglich erschienen, daß dieser stille, einfach auslebende Mensch mit dieser vulkanischen, immer explosiven Frau unter einem gemeinsamen Dache hausen könnte. Er gab mir auf meine Frage nur die Antwort, es sei besser so. Er wich gar keiner Begründung aus, denn es gab keine andere, als daß es eben so besser sei. Nachgiebiger als früher war er dem schlesischen Dialekt in manchen Worten und Wendungen geworden. Immer wie früher ein korrekter und genau gekleideter städtischer Herr ging er durch die Felder, aber ein bißchen interessierter als früher für die bäuerliche Arbeit. Er ging, so glaube ich, wieder in seinen Anfang zurück, den armen Buben einer Häuslerin. Jene Sprödigkeit des Bauern, die sich geniert, Gefühle zu zeigen, hat er immer gehabt.

Wiedersehen und Abschiednehmen machten ihn äußerst verlegen. Ich stand am Kupeefenster des Zuges zurück nach Wien, er zwanzig Schritte weit weg davon auf dem Perron. Sah ich nicht zu ihm hin, war sein Blick auf mich gerichtet. Schaute ich zu ihm hin, blickte er zur Seite. Wir liebten uns hilflos.

4.

Haus und Garten

Schon ein ganzes Jahrzehnt lebten die Eltern in einem Wohlstand, dessen geldliche Voraussetzungen nur zu mehren, aber nicht mehr zu erschüttern waren, ging alles den normalen Gang, als ihnen der Bub als viertes der Kinder zu den zwei Schwestern – die älteste war jung gestorben – geboren wurde.

Die Welt, in die er kam, war ein Garten, so groß, daß heute ein kleines Stadtviertel darauf steht. Als der Vater das einstöckige Haus mit dem sich hinter ihm weithin streckenden Grundstück erwarb – eine Villa nannte man ein solches Gebäude, das so acht bis neun Zimmer hatte –, war solches Sichniederlassen in dem stillen Vorort Wunsch nach behaglichem Genießen bei geringem Aufwand, gar nicht Bedürfnis, so etwas wie ein Haus zu machen. Einmal im Tage, zu Mittag, wackelte ein von zwei Pferden gezogener Stellwagen, wie das umständliche Fuhrwerk hieß, vom Stadtinnern nach diesem entfernten Döbling, traf sich mit dem von Döbling nach der Stadt zu fahrenden Stellwagen an der Mautgrenze, wo der Kutscher ein Viertel Wein trank, während die grünen Zöllner nachschauten, ob man nichts mit sich führe, das verzehrungssteuerfällig zu behandeln sei. Man hatte damals was zu tun und daher Zeit; man brauchte sich von der Schnelligkeit der Verkehrsmittel noch keinerlei Wichtigkeit dessen suggerieren zu lassen, was man zu tun vorhatte. Man oblag einer Arbeit, und das warf Geld ab. Man oblag nicht dem Gelde und hetzte sich auf das Suchen, wie es zu schaffen. Da noch keinerlei Betrieb war, lag das Geld nicht auf der Straße, und man mußte nicht früh aufstehen, um es zu finden, sondern mußte früh aufstehen, weil die Arbeit das mit sich brachte. Verwandte lebten nicht in der Stadt; und die elterlichen Bekannten – es waren wenig genug – hatten ihre Tätigkeit, die ihre Zeit in Anspruch nahm. Kam einmal ein Besuch, so war es des Sonntags am Nachmittage, und eine fremde Person tat vertraulich mit dem kleinen Buben, patschte ihm ins Gesicht, fuhr ihm übers viellockige blonde Haar, nahm ihn auf den Schoß, – lauter sehr unangenehm empfundene Intimitäten, begleitet von ganz überflüssigen Fragen, auf die man keinerlei Antwort gab; worauf man die Mutter bedauernd sagen hörte, der Bub rede so wenig und sei ein Stummerl. Der Sonntag wurde bald als nicht geheurer Tag empfunden, nach dem Mittagessen bekam man das schöne Gewand angezogen, und zuvor wurden Hände, Hals und Ohren einer peinlichen Untersuchung durch die Mutter unterzogen. Ein Besuch warf so seinen lästigen Schatten voraus, ein Eindringling, wie man es empfand, ein Störer. Also verschwand man gleich nach dem Mittagessen aus dem Haus in den Garten. Um erst, wenn es dämmerte, wieder sichtbar zu werden und erstaunt zu tun, das Rufen nicht gehört, die Sucher nicht gesehen zu haben, wo man sowohl hörte wie sah aus sicherem Versteck, wenn gutes Wetter war aus dem Gipfel eines leicht erklimmbaren Birnbaumes, dem man dafür nicht übelnahm, daß seine harten kleinen Birnen nicht zum Essen taugten; oder, wenn es regnete, im niedern, mühsam ausgeforschten Dach eines Treibhauses oder in einem leeren Hühnerstall; oder, wurde man überrascht und mußte über die Planke klettern, in den Nachbargärten zur Rechten oder Linken, wo man dann mit Herzklopfen im Gestrüpp lag und wartete, bis das rufende Unheil vorüber war. Alle diese Gartengründe breiteten sich in der gleichen Ordnung. Vorne an der Zeile der Hirschengasse lagen die Häuser mit der großen Einfahrt, durch deren Öffnung ein Wagen gehen mußte und auf den geräumigen, schön gepflasterten Hof mit seinen Schuppen und Remisen zur Rechten, oft auch in der Mitte mit einer großen, zweiflügligen Falltüre in den vermieteten Weinkeller, der sich weit unter dem Garten hinzog, für Wein in Gebinden. Da und dort im Garten kauerte dann ein bißchen über dem Gras ein gerundeter Steinbuckel mit so was wie Nasenlöchern, aus denen diese untere Kellerwelt den feuchten, weinduftenden Atem ließ. Zum Garten zu schloß ein zierliches Gitter den Hof, der sich mit seinem Getriebe, das der Haushalt hier auftat – Enten, Hühnern und Gänsen, Wäsche an Leinen zum Trocknen, den Küfern, die zweimal im Jahre im Keller hantierten mit Hebern, Schläuchen und Fässerrollen –, dem Paradiese des Gartens nicht vermischen durfte, zu dem übrigens das Tor immer offenstand, weil die Angeln, verrostet, den Dienst versagten.

Der Garten! Wie wohlwollende Herbergsväter schauten die beiden langgestreckten Treibhäuser zur Linken im Sommer auf das von ihnen, die nun leer waren, mit Blumen und seltenerem Baum- und Strauchwerk versorgte Stück Gartenland, ausgelegt wie ein kostbarer, bunter Teppich, den sie, wurde es winterlich, wieder in sich hineinrollten, wo er dann, weil ja nicht Platz genug war, auch die Wände und Stellagen bedeckte. Da drinnen war es immer feucht und warm, daß es einem ein bißchen auf dem Atem lag, und es war auch ein wenig anziehende Unheimlichkeit in dieser strotzenden Üppigkeit pflanzlichen Für-sich-seins; der alte taube Gärtner, der da hantierte, sprach leise, und der Bub traute sich nur zu flüstern. Es war mir ausgemacht, daß es dort auch Getier geben müsse, anders als jenes, das man aus dem Garten kannte. Es gab Winkel, wo es sich vielfüßig und schlüpfrig verbarg, in die man sich deshalb nicht traute, hinter der hohen, grün gestrichenen Wassertonne zum Beispiel oder hoch oben an den irisierenden Scheiben der schiefen gegen die Sonne gestellten Glaswände, bei den Stecklingen der Pelargonien, da mußte es die farbigsten Schmetterlinge geben, groß wie eine Hand.

Noch heißer aber war es in dem kleinen Treibhaus, wie wir das niedere nannten, das mit dem großen durch einen dunklen Gang verbunden war, in dem den Winter über der Ofen glühte und die Fühler seiner Röhren in vielen Windungen nach den beiden Glashäusern streckte. Im Sommer war der geräumige Ofen das Hexenhaus, in dessen Ruß der Bub die kleine vierjährige Schwester steckte, weil es der Ablauf eines Spieles so verlangte oder weil sie was anderes wollte als der Bruder, oder bloß, um sie für ein paar Stunden los zu sein; denn sie schlief vor Angst da drinnen immer ein. Das kleine Treibhaus war die Kinderstube der Pflanzen. Hier legte der Gärtner oder der Vater den Samen in die schwarze Erde der Kästchen oder pflanzte die Stecklinge in die irdenen Töpfe. Aber auch der Friedhof der Blumen war da. Kakteen, die im Sterben lagen, kleine Palmen, deren Wedel vergilbten. Dann lag auf den Gestellen, was zu überwintern hatte, die Knollen der Georginen, die Zwiebeln der Tulpen und Hyazinthen. Oder was mit faulendem Fruchtfleisch seinen Samen hergeben mußte wie die Paradiesäpfel, die Gurken und Kürbisse, oder bloß trocknen sollte, wie die Nüsse von den drei hohen alten Bäumen im Hof, in deren duftendes Geäst man zur Erntezeit mit hohen Stangen schlug – das Nußpaschen hieß das – woraufhin es gackerig hagelte auf das Pflaster und die gern hingehaltenen Köpfe, auf die, man war überzeugt, der Baum zielte.

Das Kind, das auf einem Gutshof aufwächst, lebt mit den Tieren. Das Kind eines Gartens wird Baum, Strauch und Blume eine weit größere Lebendigkeit geben als dem kriechenden und fliegenden Getier, das scheu ist, zappelt, flieht. Unser Viehstand war ein schwarzer Hund, der etwas vom Dackel hatte; er hieß, obgleich er ein Männchen war, weiß Gott warum, Lady und wurde von uns Kindern ganz zu den Menschen gerechnet. In der Nachbarschaft lebte ein Bub, ein Bengel von zwölf Jahren, der, ein bißchen verblödet, an Tauben den Narren gefressen hatte. Immer auf neue Sorten aus, lockte und stahl er die Tauben der engeren und weiteren Nachbarschaft in seinen Kogel, in dem er am liebsten schlief mit Tauben in den Armen. In seinem Hof pläderte er fuchtelnd und »stürzend« herum, wie seine Tauben, ja, er sprach wie die Tauben mit einem Gurgeln in der Kehle. Er roch nach Tauben, ein unangenehmer Geruch wie bei allem Federvieh. Aber kein Tier roch ja gut. Der Hund stank, was man an den

Händen abriechen konnte, wenn man ihn gestreichelt hatte. Das kleine kriechende Getier sonderte meist etwas Ekelhaftes ab. Fand man in einer Rose einen Goldkäfer, schmiß man ihn aus seinem Bett, so schön er auch glänzte. Die weißen Lilien, so einladend auch ihre schmachtende Klarheit war, gewannen sich wenig Sympathie, da man sie zu oft mit kleinen flinken roten Käfern intim sah. Wie abscheulich waren doch auch die Blattläuse, wie widerlich die Ketten der roten schwarz besprenkelten Baumwanzen und gar die andern heimtückisch grünen, die man erst merkte, wenn man sie mit den Himbeeren im Munde zerdrückte! In dem Quadratmeter Miniaturgarten, den der Kleine sich angelegt hatte, damit man in dieser Welt was habe, das nach eigenem Willen ginge, gedieh nichts, weil er die Erde immer umgrub, um sie von den Regenwürmern freizuhalten. Daß die Kohlweißlinge zu vernichten seien als Schädlinge, das bekam man gesagt und handelte um so lieber danach, als sie in widerlichen Büscheln an den Dolden hingen. Die selteneren Pfauenaugen und Schwalbenschwänze, die Segelfalter, das sah ja prächtig aus, aber die Phantasie des Gartenkindes war nicht lebhaft damit beschäftigt. Da ist die abgestreifte Schlangenhaut, die man im Gestrüpp eines Hügels fand – es war ein Berg, damals! – weit merkwürdiger gewesen, und wochenlang suchte man nach der neubekleideten Schlange. Nistende Vögel durften nicht gestört werden. Warf ein Sturm Junge aus dem Nest, stand man klopfenden Herzens hilflos vor den kleinen Leichen, aber der vom Sturm abgerissene grüne Ast bewegte mehr, als was der lebendigen Kreatur geschah. Das Getier eines Gartens hat weder Ausmaß noch Lebensgewohnheiten, die ein Kind in sein Leben bedeutungsvoll einbeziehen könnte. Wie mysteriös und vieldeutig dagegen ist alles, was sich mit seinen Wurzeln ins Unsichtbare senkt, im Dunkel der Erde verhaftet, mit Stiel, Blatt und Blüte und endlicher Frucht zum Licht kommt, sich flüsternd, rauschend darin bewegt, voll wechselnder Farbe ist und einen Atem von sich gibt, der in Hunderten von Nuancen nicht anders als durch sich selber zu benennen ist, wie das Salbei eigensinnig und streng nach Salbei riecht, Rose süß nach Rose und das Nußblatt nach Nußblatt so, daß man es ganz nur mit geschlossenen Augen wahrnehmen konnte. Es gab Gerüche im Garten, die nur bestimmten Stellen eigentümlich waren und nicht bestimmbar aus einer Ursache – nach der man jedenfalls nicht weiter forschte, um das Wesentliche nicht zu verscheuchen. Da mochte es gärende schwarze Erde sein. Dort abbröckelnder Kalk von einer gelben Mauer. Jenes roch feuchtlich und kühl, dieses trocken und warm. Unter einer wie ein breiter Schirm weithin ausgespannten seltsam gestutzten Esche roch es immer, als ob es gleich regnen müßte. Bei einem Brunnen hörte man aus dem Geruch das Gequake von Fröschen, wenn auch nie welche da waren. Gemieden war der unheimliche Dunst eines verfallenen Gänsestalles; er roch, wie die zerlumpten Kittel einer alten Hexe riechen mußten. Da war ganz unten im Garten, wo er schon Wildnis wurde, ein altes Lusthaus, wie man die Gartenhäuschen nannte. Darin roch es ein bißchen nach altem Leder und nach »weiter Welt«. Dessen mochte wohl das Gemälde Anlaß sein, das mit Wasserfarben über die ganze Hinterwand gemalt war und einen exotischen Strand mit halbnackten braunen Eingeborenen darstellte, die unter Kokospalmen tanzten.

Dann wieder gab es Gerüche, die nur bestimmten Tageszeiten eigen waren. Brannte mittags die Sonne, duftete der Buxbaum, der die Beete einsäumte, stärker als alles andere. Gegen Abend wieder war es die Vanille, die sich besonders verströmte, nicht so gutmütig ernsthaft wie der Bux, eher wie hinter einem Fächer lächelnd und ein bißchen perfide. Lag noch der Morgentau, dann triumphierte der Duft der Resede, in den man die Wange legte wie in ein zartes Kissen.

Wie war der Garten belebt von Gestalten und Geschehnissen, die aus den Gerüchen kamen und vergingen! Daß die Flieder- und Holderbüsche nah zueinanderrückten, war, weil sie sich ihres dürftigen, zu dünnen gestrüppigen Unterholzes schämten und es verbergen wollten wie Mädchen schiefe Beine. Wie der freistehende Kirschbaum stolz war auf seinen glatt aus dem Boden drängenden Stamm voll zärtlicher bastiger Rinde, die sich streicheln ließ. Die Bäume redeten eine gute tiefe Stimme. Das Buschwerk der Hecken stotterte und sibberte, wenn es überhaupt sprach. Nobler waren alle Blumen, denn sie waren durchaus stumm. Allenfalls gaben sie mit dem Blatt die Pfote, eine weichbehaarte, eine glatte kühle, eine scharfkantige, eine wie aus Leder, eine wie aus Glas. Geschlossenen Auges erkannte man aus dem Gefühl, ob man in der Hand ein Birnblatt, eines vom Apfelbaum oder der Kirsche abtastete. Aber anders als die Blumenblätter sagten die Baumblätter nichts, wohl der gesprächigeren Früchte wegen. Nur ihre Laubmasse beschäftigte, besonders wenn sie im Herbst abfiel, und die kahler werdenden Bäume dem Garten eine Weite nach dem Himmel zu gaben, in den sie dann zu streben schien, bis sie der fallende Schnee wieder auf die Erde drückte. Der Schnee machte den in alle Weiten ziehenden, ganz hell gewordenen herbstlichen Garten wieder weit kleiner, als er im Sommer war, man bekam ihn förmlich in die Hand zum Tragen. Oder es erschien so, weil man dann nicht mehr in seine hintersten Tiefen schweifte, wo er Wildnis war, unzugängliche jetzt, da der primitive Schneepflug, aus zwei in den Winkel gefügten Brettern und einer verstoßenden Stange gefertigt, nur die Wege des vorderen Blumengartens gangbar machte. Der kleine Bub saß vorn auf dem Pflug, und der Vater drängte die sausende Fuhre durch das in die sonntäglich geputzte Vormittagssonne aufstäubende Zauberweiß, daß man vor Glück schrie. Aber der Winter währte immer viel zu lang. Die gebratenen Äpfel in der Ofenröhre weckten mit ihrem Geruch nur die Sehnsucht, daß es schon wieder vorbei sein sollte mit diesem Zimmerhocken durch so lange Zeit, in deren Mitte nur eine einzige Freude war, der Christbaum zu Weihnachten, das viele Licht einer Nacht für vieler Nächte Tage und Dunkel. Zum Nikolaustag gab es ja allerlei, was gut zu essen war, Lebzelten und Obst und Nüsse, aber es war mit der Angst vor dem als Krampus vermummten Vater etwas zu teuer erkauft. Der Überirdischkeit der Erscheinung war man ja nicht ganz sicher und vermutete immer ein bißchen den Vater dahinter, aber auch der Vater war schrecklich anzuschauen in Stroh und seltsame Lumpen gehüllt, mit Hörnern und einer roten meterlangen Zunge, die aus dem kohlschwarzen Gesicht hing. Aber man erkannte doch diesen unheimlichen Geist, den so toll gefärbten Apfel, der beschert wurde, wieder, denn man war bei der Ernte dabeigewesen, hatte unten an der Leiter gestanden, das vom Vater Gepflückte und Heruntergereichte sorgsam in den Korb gelegt, daß es sich nicht stieß und Flecken bekam. Und die Weintrauben, eine ganze lange Planke gezogen, von der Mutter jetzt im Dezember aus einer Kammer geholt, wo sie an Fäden in der Luft hingen, sie schmeckten so, wie man sie am liebsten hatte, ein bißchen faulig in ihrer verschrumpfelten Süße. Aber diese gütige Vorsorge des Gartens, mit der er im Winter an sich erinnerte, war ja nichts gegen ihn selber, jetzt, wo er sich unzugänglich machte dem Kinde und es in die Stuben befahl, zu allem Gequältwerden durch Erziehen und Lernen und die Nähe aller Hausbewohner. Daraus gab es nun keine Flucht mehr, für lange Monate und noch längere Tage.

5.

Erste Abenteuer – Nachbarskinder – Die Frau

Erinnerungen dieser Kindheit zu sentimentalisieren und damit zu Schmackhaftigkeit zu fälschen, dazu veranlaßt mich nichts. Ausgestattet mit dem völligen Mangel an poetischem Talent unterstützen mich weder Tropus noch Figur darin, mir Flügel wachsen zu lassen, die mich über die erinnerte

Wirklichkeit hinaustragen in ein poetisches Nirgendwo, das ich mir und meinem Leser als meine wahre Heimat einreden möchte. Ich verweile, sie erzählend, nicht, weil mir diese meine Kindheit ungewöhnlich und viel anders als andere erscheint; aber vielleicht war sie für mich bedeutungsvoll und für mein weiteres Leben so etwas wie eine Gnade, die mir zuteil wurde. Wofür spricht, daß ich mich immer dieser Zeit mit einer fast therapeutischen Wirkung auf mich erinnere: Freiheit, Einsamkeit, Kontemplation und Indifferenz gegen das Alltägliche und Unfreundliche des Lebens, – diesen Zuständlichkeiten assoziiert sich mir immer ein Landschaftliches und am intensivsten der Garten meiner Kinderzeit, in dem ich frei und allein war, gleichgültig das Menschliche, womit ein Kind im Hause zu tun bekommt, gerade erduldend, und aufgehend in einem pflanzlichen Leben, das, nur mit den Sinnen wahrnehmbar, für das Kind ohne jede Analogie zu dem tierischen Leben ist und ihm beschaulich vorkommen muß. Auch wenn Menschen in es eintreten.

Eltern und Geschwister, Hausgenossen und gewohnte Gäste, das hebt sich dem Kinde, das die Schule noch nicht kennt und im Lehrer noch nicht den Feind erlebt, nicht ab als das Erlebnis Mensch und Fremdes. Das Haus und seine Bewohner, da fügt sich alles eins ins andere, wird das immer und durchaus Vertraute und Selbstverständliche. Es war immer so und da und wird immer so und da sein. Der Gärtner hatte mitten auf der Stirn eine Beule, aber sie gehörte so sehr zu ihm, daß er ohne sie nicht der Gärtner gewesen wäre, dieser nicht vom Vater, sondern von den Gewächsen im Garten Angestellte. Auch der Briefträger gehörte zum Hause, den der Hund nicht leiden konnte, wie er nicht den Hund. Man nahm es als lästige Störung seufzend hin, wenn man in der herrlichen Fieberstunde der abendlichen Dämmerung ins Haus gezwungen wurde und ins Bett, erlitt es kaum als die Gewalt der Erwachsenen gegenüber dem Schwachen und Wehrlosen, sondern als eine Einrichtung. Als das immer wiederkehrende

Unvermeidliche nahm man den Unverstand der Erwachsenen hin, die für ihr Tun manchmal so ganz komische Gründe angaben, die aus einer andern Welt waren. Sicher nicht aus der, in der man lebte: dem Naturdasein des Gartens und dem wechselnden Himmel darüber. Und aus diesem Garten kam auch das erste Erlebnis des Menschen, des Fremden.

Zur Linken lief der nachbarliche Garten so weit in die Tiefe wie der unsere, und die hüben und drüben mit Weinreben dichtbewachsene Bretterplanke stand an keiner Stelle streng und aufrecht, sondern gab jeweils dem Drängen der stärkeren Rebe nach, neigte sich hierherüber und dahinüber, gutmütig und alt wie sie war, silberig grau, wie sie, zumal im Herbst, wenn das Laub fiel, ihre herzliche Art zeigte, die um Schonung zu bitten schien. Wir haben dieses altmütterlich verschämte Wesen von Planke damit respektiert, daß wir sie nie erkletterten. Sie half unserer spähenden Neugier nach dem Drüben damit, daß sie, was ganz morsch und zerschlissen an ihr war, fallen ließ. Man konnte den Kopf durchstecken. Man sah in gepflegte und sich verlierende Laubengänge, wo manchmal junge Damen langsam und gemessen promenierten. Auf die Lichtung eines schönen Rasenplatzes sah man. Da spielten zuweilen junge Mädchen Reifen schlagen. Oder zwei junge Männer, den Kopf im Drahtkorb und auf den Brustplastrons ein rotes Herz, gingen mit dem Florettdegen aufeinander los. Einmal gab es ein Feuerwerk. Eine der jungen Damen des Gartens, so erzählte man am nächsten Tage um den Eßtisch, hatte geheiratet. Es war spät in der Nacht, als man von den Schüssen geweckt aus dem Bett ans offene Fenster lief und die farbigen Kugeln und Garben zum dunkeln Himmel fliegen sah, und ein kleiner Wind wehte so Fetzchen von Musik her und zuweilen ein Stückchen Lachen. So müsse das sein, was die Erwachsenen das Theater nennen, empfand der Bub, und es war ihm ausgemacht, daß diese sich so korrekt bewegenden jungen Damen und diese fechtenden jungen Herren das Theater spielen. Mit der elterlichen Erklärung, daß es die Töchter und Söhne eines Bankdirektors seien, wußte er nichts anzufangen. Es war ja auch das nachbarliche Haus, wie man es von der Straße her sah, ein durchaus phantastisches Bauwerk mit Türmchen und Balkonen, gedrehten Säulen und grellfarbigen Marquisen, was alles nur eine ganz ungewöhnliche Welt beherbergen konnte, wie unser braves, altes, braungeöltes Haus ohne irgendeinen Zierat der Fassade eine gewöhnliche. Das bekam gerade in der Zeit, da man Zäune zu überklettern beginnt, zur Rechten, wo bisher nichts als verwilderter Garten war, ein Bauwerk nüchternster Maurerpolierarbeit hingestellt, und dem entsprach auch das hergerichtete Gartenstück dahinter, das alsbald in der halben Tiefe des unsern eine Mauer, lotrecht auf unsere Planke stoßend, abschloß gegen die schöne Wildnis dahinter. Eine englische Familie bezog dieses Haus, deren Kinder um die Turngeräte spektakelten, die unten im Garten errichtet waren. Unsere Schaukel hing, ein Strick und ein Brettchen, an einem Baumast. Wir bestaunten die Gerüste und Geräte und den Buben in meinem sechsjährigen Alter, der auf einem schwebenden Reck saß und zum großen Vergnügen seiner beiden Schwestern, so zehn und zwölf Jahre alt, schaukelnd Pipi machte. Die Gouvernante guckte durch ihr Lorgnon und sagte etwas, das indigniert klang. Aber auch sie schien die doppelte Geschicklichkeit des Jungen zu amüsieren. Im übrigen war sie mehr als mit den ihr anvertrauten Kindern mit einem Flirt beschäftigt, den sie mit dem jungen Mann des nächsten Nachbargartens hatte, über die Mauer weg, an die sie sich einen Stuhl gestellt hatte, wie wohl der junge Mann drüben auch, dessen Lockenkopf man gut sah, denn das englische Gartenstück war, da man alle Bäume hatte umhauen lassen, flach wie eine Hand, war Rasen, um dessen Schur sich ein Gärtner mit einer kleinen Maschine täglich bemühte, waren wohlabgezirkelte Blumenbeete und rotleuchtende Sandwege dazwischen, ein höchst fader Garten wie hinter Glas, – künstlich und unbrauchbar kam er einem vor wie die Schautorte, die, seit man sich erinnern konnte, in der Auslage des Zuckerbäckers Semmelmeier stand und so viele Risse hatte.

Mit diesen Nachbarskindern kam es zu keinem Vertrautsein. Das stritt und raufte miteinander, zeterte und heulte. Ich erinnere mich des Buben nicht anders, als daß er immer im Gesicht wo blutete. Und die ersten deutschen Worte, die sie sich gemerkt hatten und brauchten, waren Schimpfworte, die sie sich zuschrien. Und als mich, wir hockten auf dem Zaun, die Mädchen einmal baten, ihnen doch zu zeigen, was sie, wenn ich nein sagte, bei ihrem kleinen Bruder und seinen Kunststücken jeden Tag sehen konnten, da ließ ich mich heruntergleiten ohne ein Wort und lief davon. Die Mutter sagte, als ich es ihr am selben Abend erzählte, es sei besser, mit diesen Kindern nicht mehr zu sprechen. Also bewarfen wir sie, ich und meine kleine Schwester, die nächsten zwei Tage mit harten Winterbirnen, worauf sie Steine zurückschmissen. Dann kannten wir einander nicht mehr.

Ich habe noch das Leise, Stockende, aus der Kehle Gesprochene der beiden Mädchen im Ohr und ihr wie wegwischendes höhnisches Auflachen, als ich davonlief, durch den auf einmal ganz beängstigend still gewordenen Garten ins Haus, und da etwas bedrückt und beschämt herumsaß, bis mich die Mutter fragte, was ich habe. Es war schon Abend, und die Hängelampe über dem Tisch brannte, aber in dem Winkel, wo ich saß, war es so dunkel, daß ich den Mut fand, etwas zu erzählen, das ich nichts als unsauber fand, aber ganz passend zu den häßlichen Kindern.

Von einem andern Erlebnis aus dieser Zeit habe ich der Mutter nicht berichtet. Weil alle Worte fehlten, es mitzuteilen. Weil alle Worte fehlten, es zu entzaubern. Die Engländer hatten sich nur ein kleines Stückchen von der langen Schleppe des Gartens, die an ihrem Haus hing, abgeschnitten und ihm den Saum der Mauer gegeben. Was dann kam, war die schöne Wildnis geblieben, verwachsener noch als unser Garten da unten und, wie es schien, ganz sich selber überlassen, von niemandem bewohnt oder besucht. Was wir bei uns an flüchtigem Getier aufscheuchten, Eichhörnchen oder einen Igel, das nahm dahinüber Reißaus, unter der morschen Planke durch oder auf den Ast drüben. Wie in die große Sicherheit.

Es war um die Stunde, wo die brennende Sonne die Aprikosen so schläfrig macht, daß sie den Halt verlieren und auf den Rasen fallen – es ist ein kleiner gedämpfter Paukenschlag in der panischen Stunde eines Gartens – da zwang dieses Mischgefühl von Neugier und Furcht vor dem Unbekannten den Buben, sich durch eine Lücke zu zwängen. Es stand da dichtes Holz, man hatte alle Mühe, und der Boden war von vermorschten Zweigen bedeckt. Ganz vorsichtig trat man auf, um das Unbekannte nicht aufmerksam zu machen, die eindringliche atemnehmende Stille nicht laut werden zu lassen, die man am Pfeifen eines Vogels abhörte, eines gelben Pirols. Ein Weg, den man überschritt, in neues Dickicht zu treten, war ganz grün von Flechte und Moos. Das blaugrüne Dunkel hier war voll Augen, und es roch nach Moder, daß der Fuß schwer davon wurde. Es zog ihn zu einer durch die Baumstämme und Büsche schimmernden Helle. Da fand man am Rande dieser Helle ein großes Eirund Wiese, baumumstanden, und mit dem Rücken ans Dunkle der Bäume gelehnt einen Pavillon, ockergelb. Vom Rasen führte eine niedrige Steinstufe zu der Türe, die breit, hoch und ganz aus Glas war. Wie eine Vorderwand aus Glas sah es aus, so schmal war rechts und links von dieser Wand das Pfeilerwerk, ganz übersponnen von wildem Wein und Kletterrosen, die auch über die seltsam geformte braune Dachkuppel krochen. Vier Figürchen am vorderen Dachrand standen bis zur Hüfte im Gerank. Es sah wie ein Schlößchen aus gegen unsere simplen Saletteln.

Hier in der Sonne war alle Furcht weg und nur die Neugierde geblieben, ob man eindringen könnte. Ich schritt nicht geradeaus auf den Pavillon zu, sondern ging ihn, am Baumrand entlangschleichend, von der Seite an. Jetzt stand ich vor seiner gläsernen Türwand und schaute. Da stand, nichts sah ich als das, eine große schlanke Frau, ganz nackt und hatte die Arme zu ihrem schwarzen Haar gehoben. Die Füße sah ich nicht. Mit ihnen stand sie in einem weißen Nest von Wäsche. Nicht viel mehr als drei Schritte, und ich hätte die Gestalt berühren können, denn die dreiflügelige Glastür, die dem Blick nichts verbarg, war wie nicht mehr vorhanden, so eindringlich und bedeutend stand diese schlanke Frau in ihrer Stille. Da wandte sie den Kopf aus dem Profil in den Garten, erblickte mich, und ihr Mund zeigte lächelnd die Zähne.

Ich lief fort. Verwirrt nach der andern Seite, rannte beinah an einen Liegestuhl, in dem ein Mann schlief, das Gesicht der Sonne zu, daß Kinn und graugelbe Bartkoteletten in die Luft stachen. Nicht mehr als das sah ich von dem Mann, der sich nicht rührte.

Der schlummernde Drache dieser Andromeda war, das erfuhr ich viel später, ein Börsenspekulant und hieß Grünhut. Es galt als der älteste Schutzpatron der Damen vom Ballettkorps. Welche jeweils an der Reihe war, davon bekam die Stadt Kunde aus dem Umstand, daß die betreffende junge Dame über das mit hellblauer Seide ausgeschlagene Kupee des alten Herrn verfügte, den ich noch über ein Jahrzehnt später zur Mittagsstunde am Graben spazieren sah, immer aus seinen gelbgrauen wehenden Bartkoteletten lächelnd, mehr schlürfend als gehend, in Beinkleidern, so lang, daß er mit den Absätzen drauftrat. Er sah aus wie Jacques Offenbach oder dessen Mumie und lebt, ein gut erhaltener Hundertzwanziger, wohl heute noch. Wenigstens im Andenken der ältesten Koryphäen vom Ballettkorps.

6.

*Das kleine Fräulein – Cendrillon –
Der Schulweg – Thron oder Altar*

Ich weiß nicht, welche Welle dieses bucklige zwerghafte Geschöpf gerade an unsern Strand geworfen hatte, denn daß ein so einfach bürgerliches Hauswesen wie das unsere etwa durch eine Annonce in der Zeitung eine französische Demoiselle gesucht und dieses kleine Fräulein Erdeye sich als eine solche beruflich gemeldet haben sollte, kommt mir nicht wahrscheinlich vor. Sie kam nicht eines Tages, sondern war eben immer dagewesen. Sie diente nicht im Hause, sondern sie gehörte dazu, sie bekam nichts geheißen, sondern fand immer ganz von selber die passende Stelle, sich einzufügen mit der unendlichen Bescheidenheit ihrer winzigen Person, die nicht um einen Strich größer war als der sechsjährige Junge, dem sie das Lesen beibrachte. Und zwar das französische Lesen und auf die Weise, nach der sie es wohl selber einmal gelernt hatte, und mit den gleichen Hilfsmitteln der auf weiße kleine Pappstückchen gemalten Buchstaben, den großen und den kleinen, den e's mit scharfen, stumpfen und zirkumflektierten Akzentzeichen, – es ergab eine hohe Säule, wenn die Buchstabentäfelchen genau übereinandergeschichtet sich von der Unterrichtsstunde ausruhten, und der Fußboden des Zimmers war übersät davon, wenn der kleine Schüler, schlecht gelaunt, sie der kleinen Lehrerin an den Kopf warf. Und die Kinderhände nachfuhren in das Haar des engelsmilden Kobolds, der lachend und weinend auf dem Boden herumkroch, das Alphabet zu sammeln, das vielleicht ihr Ausweis fürs Leben war, in dem Köfferchen mit ihren paar alten Schulbüchern bewahrt, mit dem Märchenbuch von der Mère d'Oie, dem halben Dutzend Romane der von ihr über alles verehrten George Sand, mit Schönschreibheften und Zeichenbüchern. Ich bekam später dieses Leinenköfferchen von ihr vermacht, gerade als ich im pietätlosen Alter des vierzehnjährigen Bengels stand, wo einem das nur ein dummer Kram ist, den man verschmeißt wie alten Plunder – und er war das Kostbarste gewesen, das die nun kaum mehr erinnerte verhutzelte Freundin des Knaben diesem zu schenken hatte in ihrer letzten Stunde. Sie war in einer Art Fräuleinstift in Frankreich gestorben, wo die Eltern das gebrechliche Wesen unterbrachten, als ich ins Gymnasium nach Melk kam. Ich hatte sie vergessen zusamt dem Französisch, das ich, als ich mit sieben Jahren in die Volksschule kam, besser sprach als das Deutsche, in dem ich gerade nur so was sagen, aber nicht so reden konnte, wie ich es den Lippen der guten Lehrerin abgelauscht hatte, wenn sie mir aus ihrem alten Märchenbuch, von Perrault war es, die Geschichten von Cendrillon und Chapeau Rouge und der Belle au Bois dormant vorlas. Die alten Geschichtenbücher der beiden älteren Schwestern, Herzblättchens Zeitvertreib oder so hießen die zerrissenen Albums, das war dem Jungen dummes Zeug, weil es dumme Mädchen lasen, keines Blickes wert. Das Ungewöhnliche, Zauberische stand nur in den Büchern der Mademoiselle, und es waren französische Bücher, in denen das Wunderbare aufgeschrieben war, das als Wort und als Bericht dem Garten konform es mit ihm aufnehmen konnte. Was bald die dürren deutschen Schulbücher bestätigten. Als man den Jungen eines Vormittags zur Schule brachte, gab es so was wie ein Examen, denn der Bub sollte, da er zu Hause vorbereitet worden war, gleich in die zweite Klasse kommen. Im Rechnen gab's Fehler an der Tafel. Im Lesen ein deutsches Stück über Rudolf von Habsburg, das nicht sehr glattging. Mademoiselle stand neben mir vor dem Lehrer, und immer, wenn ich an einem Wort ein bißchen hängenblieb, half sie weiter, indem sie es mir auf französisch soufflierte. Es war eine jämmerliche Prüfung, aber ich kam doch durch und in die zweite Klasse, denn dem Lehrer wurde zugesagt, daß er mir Nachhilfestunden geben dürfe. Dazu ging ich dreimal in der Woche in seine Wohnung:

sie war mit ihrer Dürftigkeit und ihren Gerüchen nur ein weiteres Stückchen Schule, die, vor kurzem erbaut, ganz diese Kasernenart zeigte, wie man sie für Schulen eben als die richtigste erkannt hatte, einen auf das kommende Leben vorzubereiten.

Man hatte sich vom Zuspruch verlocken lassen, und Mißtrauen war vor dem Lachen nicht geschwunden, aber im Widerstand schwach geworden. Man spürte sich als Lamm, das nun geopfert werden sollte, und der nahe Weg zur Schule hatte viele Stationen des sich sträubenden Kindes, das sich festhielt an einer Regenrinne, an einer Portalklinke, an einem Laternenpfahl. Immer wieder wurde man weitergelockt. Bis in diese Falle. Jetzt schlug sie zu, und wie ein ungeheures Gewicht senkte sich auf die Seele nicht bestimmtes Wissen, aber so stark gefühltes Ahnen: da bist du nun erlegen für deine nächsten nicht abzuzählenden Jahre, die sich in nicht endender Perspektive vor das innere Auge stellten, Schule zur Rechten und Linken wie ein schnurgerader immer schmaler werdender steinerer Weg zwischen Steinmauern, die sich in der Ferne trafen, hinter der dann etwas liegen sollte, um dessentwillen man das Kreuz trug. Es war am besten, die Augen zu schließen.

Das Kind, das zum erstenmal zur Schule geht, verläßt seine ganz mythologische Welt. Das ist die des Spieles, bei dem das Resultat für nichts gilt, weil dieses Resultat nur in der kindlichen Politik zählt, wo Trotz oder Schmeicheln einen Widerstand beseitigen können, den die Mutter setzt, und wo auch oft schon genügt, daß man wie verlangt zuvor das Zauberwort »bitte« ausspricht, damit sich die unbegreiflichen dunklen Mächte günstig zeigen, die, Feen und Zauberer, mit unverstehbaren Dekreten ja oder nein sagen und ohne die alles ganz leicht und alles ganz unmöglich wäre. Denn das Kind macht sich ja nicht seine physikalische Welt aus seinen einzelnen Erfahrungen, sondern ist nicht auf die Welt, aber auf die Menschen gekommen, ihre Gesetze, Befehle, Leidenschaften.

Es lernt immer das Wort vor dem Ding und erhält fast immer sein Gedächtnis von dem an andern Gelernten. Seine Welt ist eine der Irrtümer aller Arten, und so ist sein Geist religiös oder magisch. Es hängen Glück und Unglück von den Zeichen ab.

Die Taferlschule konnte den ersten Schrecken, den sie wohl mehr als unheimliches drückendes Bauwerk denn als Institution auf das Schulkind ausübte, nicht aufrechterhalten, die drei in ihr verbrachten Jahre lang. Das Gebäude war wohl neu, aber die Lehrer waren es nicht und dürften noch aus der dörflichen Zeit des Vorortes gestammt haben mit ihrer unterwürfigen Nachsicht gegenüber den Kindern der Reichen und streng nur gegen die bloßfüßigen Schulbuben, die das Staberl zu spüren bekamen, das wir reichen Kinder verdienten. Aber wenn, wie jeden Sonntag, die Eltern mit den beiden ältesten Schwestern, die nun schon in dem Alter der Tanzkränzchen waren, so gegen fünf ausgingen und Haus und Garten uns zwei Kleinen gehörten, dann waren es die bloßfüßigen Buben, die wir einließen, denn sie hatten viel phantastischere Einfälle im Spielen und weit größere Ausdauer darin als die Buben vom Bürgermeister oder Arzt, für die ja auch ein Garten, und war er noch so groß, nichts Besonderes war, da sie deren selber hatten. Jeder dieser Buben kam mit seiner »Braut«, einem Mädel gleichen Alters, an. Das hatte aber nichts weiteres zu bedeuten, als daß die unvermeidlichen Schwestern eben mitgenommen werden mußten – wo sollte man sie lassen? – und mit diesem auszeichnenden Erwachsenentitel so etwas wie eine Rechtfertigung ihres Dabeiseins bekamen, mit dem man eigentlich nicht einverstanden war, da man von der völligen Untauglichkeit dieser Mädchen zu sämtlichen Bubenangelegenheiten überzeugt war und sie darob verachtete. Die Bezeichnung Braut sprach so was wie Duldung aus. Da ich keine hatte, brachte man mir einmal eine Braut fix und fertig mit, ein langes Mädel, gut um sechs Jahre älter als jeder von uns sechsen oder achten. Ich akzeptierte das Faktum und tat wie die andern mit ihren Bräuten: kümmerte mich gar nicht um sie. Es war die Meine ein stilles und über alle Maßen gefräßiges Mädel. Sie aß von allen Bäumen, bekam immer Bauchweh und verschwand, wenn es dunkel wurde, weil sie sich fürchtete. So jeden Sonntag zwei Sommer lang.

Mit diesen heimlich eingelassenen Schulbuben und Mädeln kam das äußere Leben in das bislang von Garten und Haus umschlossene und definierte Innere, und dieses Draußen nicht nur einzulassen, sondern selbst aufzusuchen, lockte die Neugier. Mit den Buben des Nachmittags die vorliegenden Rebenhügel, die Hänge und Tälchen des Kahlenberges zu durchstreifen, bachaufwärts zu waten, halbreife Trauben zu stehlen, zerschunden und dreckig mit einem Einsiedeglas voll Viehzeug heimzukommen, das war schon etwas. Aber mehr noch, in der Dunkelheit des Abends durch die Gassen zu hetzen, in erleuchtete Parterrefenster um den Tisch sitzenden Familien zuzuschauen, sich in Häuser einzuschleichen, im Hof einem Regenbottich den Zapfen rauszudrehen, daß das Wasser herausstürzte, an verschlossenen Türen zu läuten und mit verlorenem Atem vor schimpfenden Stimmen um die Ecke zu flüchten: das alles waren erhebende Eroberungen fremden Daseins, die man mit großem Herzklopfen genoß. Zu solchem Lausbubenleben verhalf in aller Unschuld der junge Katechet mit seinen Preisen, die er für den Besuch des Segens aussetzte, der, wie man weiß, so etwa gegen sechs abends statthat. Für jeden Segen gab er ein Heiligenbild, für zehn Heiligenbilder ein kleines Kreuz, für drei kleine Kreuze einen großen Rosenkranz aus Ölbaumholz und in Jerusalem geweiht. Schon der Segen selber war ein großer Spaß, da man das sechzigmal wiederholte »Bittfüruns« nach jeder Anrufung in allen Stimmlagen quietschen und singen konnte, sehr zum Ärger der meist alten Weiber, die den Segen besuchten. Und nach dem Gottesdienst, der etwa eine halbe Stunde dauerte, begann das wundervolle, jedesmal überraschend Neues in sich tragende Gassenlaufen. Es trug mir einen langbewahrten, aber nie gebeteten Rosenkranz vom Ölberg ein, und es brachte mir die Masern, die einzige regelrechte und bezeichnete Erkrankung in meinem Leben, mit vier Tagen im Bett, in das man auch gleich die kleine Schwester steckte, damit es in einem hingehe. Weil man so als das kranke Kind leise angesprochen wurde von den Erwachsenen, kam man sich sehr wichtig vor und erzählte dann von seiner Krankheit mit einigem Stolz. Man war doch was, daß sie von einem Notiz und sich überhaupt die Mühe genommen hatten. Daß die Masern eine Kinderkrankheit seien, bekam man gesagt und war ein bißchen enttäuscht und geärgert über die Entwertung.

Darüber kam der letzte Schultag der letzten Klasse, und alles da Lernbare war gelernt, wie eine etwas schmächtige Bestätigung erklärte, das Anrecht an die nächste Schulstaffel auf der endlos scheinenden Leiter all dessen, was zu lernen war, damit etwas aus einem würde. Besondere Neigungen schien der Bub nicht geäußert, bestimmte Fähigkeiten nicht merkbar gemacht zu haben, und die Eltern, handwerklich-bäuerlicher Herkunft, aber nicht mehr solcher Lebensführung, ließen sich beraten, was mit dem Zehnjährigen anzufangen sei. Da gab es einen blonden Oberleutnant bei den Jägern, der als schöner Mann von der achtzehnjährigen Schwester mit stiller, doch nur zu bald zerstörter Hoffnung angeschwärmt wurde, und einen schwarzen Leutnant bei den Dragonern, Bruder einer Schulfreundin der beiden Schwestern, der die gleiche Rolle bei der siebzehnjährigen einnahm. Solche Offiziere schienen damals, wenn sie nicht vom Train oder der Infanterie waren, die Männer zu sein, an die wohlhabende bürgerliche Mädchen zwischen siebzehn und achtzehn dachten und umgekehrt, um nach einer Weile solchen Hoffens, wenn es über Tanzen und Anstandsbesuch hinaus kritisch wurde, das tränenbegossene Ende in der elterlichen Entscheidung zu finden, daß man Offiziere, die nichts hätten als ihre Gage, nicht heirate. Die beiden hübschen Herren ritten an unserem

Hause vor, wobei sie gern ihre Pferde steigen ließen, was sehr kühn und heldisch aussah, daß den Mädchen am Fenster die Herzen klopften. Aber bevor sie als unerwünschte Freier immer seltener wurden und schließlich ganz verschwanden, hatten sie sich über meine Zukunft geeinigt, indem sie den Rat gaben, mich in die Kadettenschule zu stecken, aus der ich im Laufe der Zeit ja sicher einmal als General hervorgehen würde. Gegen eine Offizierskarriere, die nicht bloß von der Gage bestritten würde, schienen die Eltern nichts zu haben, und so brachte man mich zur Assentierung in die Kadettenschule. Ich erhob keine Einwendungen, weder dagegen noch gegen sonst etwas, das man auf dem Lernwege mit mir vorhatte. Außerdem wurde ich da weder gefragt, noch hätte man mich angehört. Aber ich war nicht unzufrieden darüber, daß man mich für einen Kadetten noch zu schwächlich befand und mit dem Rat entließ, ordentlich Knödel zu essen und in einem Jahr wiederzukommen. Nicht unzufrieden darüber aus nichts als Neugierde, was man weiter über mich beschließen werde. Schule würde es ja doch immer sein. Den Schulentlassenen ein Jahr lang mit nichts weiter als den empfohlenen Knödeln zu beschäftigen, dafür hatte man um so weniger übrig, als die beiden Ratgeber mit ihren Personen auch das Bild eines militärischen Berufes aus dem elterlichen Gesichtsfeld brachten und nun die Mutter mit ihrem schon vorher gehabten, aber nicht durchgesetzten Plan das Jahr und mich rettend einsprang. Sie hatte in ihrer Verwandtschaft einen Geistlichen, der es bis zum Domdechanten gebracht hatte, das war eine sichere schöne Laufbahn. Irgendwelche Frömmigkeit, die das Kind, das man als Stütze des Thrones zu schwach befunden, nun zu einer Stütze des Altares erziehen wollte, spielte da gar nicht mit. Ob mein Vater regelmäßig zur Kirche gegangen ist, kann ich mich nicht erinnern. Die Mutter tat es, weil es sich so gehörte, wie sie auch die Kinder dazu anhielt. Auch dazu, des Abends zu beten: »Schließe meine Augen zu«. Man mußte von der Schule aus zu Beichte und Kommunion und wurde mit vierzehn gefirmt, aber alles das bekam weder durch Darüberreden noch sonstwie eine Bedeutung über die des guten Brauches hinaus. Als ich, ohne zu fragen oder was zu sagen, mit siebzehn Jahren von einem österreichischen Recht Gebrauch machend aus der Kirche austrat und zu Hause das Faktum mitteilte, sah ich zum ersten und auch einzigen Mal meinen Vater über mich erzürnt. Du hättest auch gleich deinen Namen ablegen sollen, sagte er. Und die Mutter so was wie: ich würde die Strafe dafür schon noch erleben. Ein Weihbrunnkessel hing am Pfosten der Eingangstür, als ich ein Kind war. Später in den Stadtwohnungen sah ich ihn nicht mehr, war er verschwunden. Über dem Bett der Eltern hing eine Madonna in Öldruck, die ich durchaus und immer nur grauslich und gar nicht religiös fand, die sehr beliebte Sedia von Raffael. Was man als Schulbuch las, war die kleine biblische Geschichte, ein Geschichtenbuch, kein heiliges Buch. Es gab keinerlei Kranksein und Kränkeln in unserer Familie, und so kam es aus keiner solchen Not zu privaten Bemühungen einer Gottanrufung. Man tat alles, was die Kirche zu tun vorschrieb, weil das eben befolgt werden mußte und auch, weil es sich immer mit einem schönen Sinn oder einer schönen Geste verband, wie das Stecken der frischen Palmkätzchen hinter den Bilderrahmen oder das Errichten eines Gassenaltares vor dem Hause zu Fronleichnam, oder in Predigt und Hochamt zu gehen, was dem sonntäglichen Ausruhen die schöne Weihe und Billigung gab. Das Interessanteste an der ganzen Kommunion war, daß man von zwölf nachts ab bis um acht nächsten Morgens, wo man zum Empfang der Hostie an den Altar trat, nichts essen durfte. Und an der Beichte der Umstand des kleinen Vorhängchens, hinter dem sich der Geistliche halb das Gesicht verbarg. Warum er das tat und wie er nach dem Bekenntnis die Anzahl der zur Buße zu betenden Vaterunser und Glauben bemessen würde, beschäftigte uns Kinder weit mehr als der Beichtinhalt, den wir vom Zettel des Vorhergehenden im Beichtstuhl ablasen, wobei wir, damit es nicht auffiele, immer eine Sünde wegließen.

Der Domdechant muß ein vernünftiger Mann und liberaler Geistlicher gewesen sein, denn sein Rat schloß die Möglichkeit eines klerischen Berufes ein, aber nicht alle andern durch ein akademisches Studium zu ermöglichenden Berufe aus. Er empfahl, mich in das Konvikt eines geistlichen Gymnasiums zu geben. Die Jesuiten scheinen ihm nicht sympathisch gewesen zu sein, sonst hätte er wohl das nah bei Wien liegende Kalksburg empfohlen, wo die Jugend des österreichischen Adels auf ihre politische und sonstige Karriere vorbereitet wurde. Die Kapuziner in Tirol erzogen ihm wohl zu einseitig auf Eintritt in den Dienst der Kirche. Die Benediktiner schienen ihm also am besten zu entsprechen. Da gab es Kremsmünster und Melk. Für das letzte entschied wohl die bequemere Bahnverbindung, denn es ist im direkten Zug in etwa zwei Stunden von Wien aus erreicht. Es war die Mutter, die ihren Sohn dahin begleitete.

7.

Die Mönche – Die Lehrer – Die Buben

Weil ja vor dem Klassenzimmer auf dem Korridor die Mutter mit den anderen Müttern der etlichen zwanzig neu eingetroffenen Buben auf das Ergebnis der Aufnahmeprüfung wartete, die über Bleiben oder Wiederheimfahren entschied, drückte einem die falsche Antwort auf eine Examensfrage nicht das Herz ab. Da würde einen eben die Mutter bei der Hand nehmen, und man würde wieder abziehen, den Stiftsberg hinunter durchs Dorf unten und an die Bahn zum Heimfahren. Das würde ein bißchen beschämend sein, und daraus allein nahm man sich einige Mühe, die richtigen Antworten zu finden. Da war das ganze Examen auch schon zu

Ende, und die Mütter umdrängten den Pater Isidor, den Direktor des Gymnasiums, mit ihrer einen Frage, und das überaus rote blatternarbige Gesicht, über dem die gefärbten Haare in leicht grünlichen Büscheln standen – der Bub sah bei der Prüfung immer in diese Haarwiese hinein, durch die vom Fenster her das Licht fiel – dieses Gesicht verzog sich in ein Lächeln, gab sich als eine zu verteilende Spende, denn alle Buben waren durchgekommen. Plötzlich spürte man das Herz, wie es ganz dick wurde und dann scharf und schmerzend an einem Faden hing wie in windigen Leeren. Es war also entschieden, man würde hier ausgesetzt werden, und die nächsten Stunden würden sich immer rascher zum Abschied hinbewegen, und man würde zum erstenmal völlig und außerordentlich allein sein.

Da saß der Bub im siebenten Schlafsaal auf einem der zwanzig Betten, dem seinen, und die Mutter füllte aus dem Koffer das vorschriftsmäßig Mitgebrachte an Wäsche und Kleidern in den Schrank am Kopfende, sprach, was man nur wie durch ein dickes Tuch von fern her hörte. Die Sonne war noch am Himmel, aber ihr Licht fiel kalkig von der weißen Mauer gegenüber in das Gemach, dessen Fenster alle in einen viereckigen Hof gingen mit einigen Linden in der Mitte um einen Brunnen. Sich die Hände zu waschen, drehte die Mutter nun einen der acht Hähne an der Wand auf, und aus dem Blechbehälter oben lief dünn das Wasser in das Blech unten. Da würde man nun jeden Morgen und Abend mit den andern Buben seine Toilette besorgen, und die Mutter sagte Eindringliches von Zähneputzen und Halswaschen. Und noch viel Verlegenes und Überflüssiges auf dem kleinen Spaziergang im Stiftspark, der, den Jungen des Konvikts sonst unzugänglich, nur für die Mönche da war, denen man in den Alleen begegnete, einzeln oder zu zweien. Wie Raben kamen sie einem vor. Dann kam man vor ein niederes Mäuerchen, und da lagen unten die graugrünen Auen des Stromes weithin, und die Donau silberte in weiteren und engeren Bändern hindurch, und die Weite der Landschaft ließ schwerer noch die Verlassenheit vorausfühlen, die sich – der die Mutter entführende Zug ging um acht – bald ungeheuerlich auf einen legen würde wie mit bleiernen Flügeln. Stand man nicht schon ganz in Tränen? Da half auch nicht das rundliche Weib, einziges weibliches Wesen unter etlichen hundertdreißig Buben und einer nicht zu zählenden, aber wimmelnden Schar von Mönchen, als unheimliche Zwitterwesen zwischen Mann und Frau empfunden, denen beim Gehen Röcke um die Beine unten schlugen, – half auch nicht, daß diese gutmütig redende Frau Marie, die den beiden Krankenzimmern vorstand, einem übers Haar fuhr und lachte, als ob es das Alltäglichste von der Welt wäre für einen zehnjährigen Buben, so von den Eltern ausgesetzt und verlassen zu werden. Jetzt saß man in dem hohen langen Speisesaal und würgte beim Essen. Und die Mutter erhob sich nun, drückte ihr nasses Gesicht an das nasse des Jungen, und man konnte dem, was sich da fortbewegte, nicht nachstürzen, denn man würde hinfallen, wußte man aus den Beinen. Da war nun alles ganz verloren, und man legte den Kopf in die Arme auf den Tisch und heulte laut.

Zu meiner Kinderzeit war »das Kind« noch nicht entdeckt, sein Zeitalter noch nicht angebrochen. Eltern und Erzieher hatte jene Rage noch nicht überfallen, dem Kinde ihr besonderes Interesse zu schenken. Der Erwachsene gab sich allein allen Respekt, und das Kind möglichst rasch in das Erwachsensein und den Respekt zu bringen war einzige Sorge. Wer ein gescheites Kind hatte, tat sich Rühmens damit und erzählte Beispiele. Das war in meiner Familie, wo wir ja auch vier Kinder waren, glücklich temperiert. Es kam nicht auf ein Kind alles an Zärtlichkeit und Erziehlust, sondern verteilte sich hübsch auf viere. Man nahm nicht in Zucht, sondern ließ wachsen.

Die Heutigen erlauben sich da mehr Pathos, als schicklich ist. Der Schultyrann unserer Bubenzeit, so wertvoll er auch als Widerstand und Spielknochen, sich daran die Zähne herauszubeißen, gewesen sein mag, – er soll natürlich nicht wieder den kameradlichen Lehrer verdrängen, wie ihn heutige Jugend kennt, ganz gleichgültig, ob jener oder dieser der richtige Vorbereiter fürs Leben ist. Es ist schon viel, wenn die Schulzeit nicht mehr eine Hölle ist und ein Ort der Qualen. Wenn auch die Qual oft in nichts sonst bestand als in der permanent vom Erzieher erinnerten, nichts zu sagen, sondern zu schweigen habenden Jugend, die einem dadurch so verekelt wurde, daß man justament gewissermaßen erwachsener tat, als man war, eine natürliche Tendenz der Jugend noch übertrieb, etwa mit Stolz wenn auch schlechtem Gefühl im Magen als Zwölfjähriger rauchte. Der neuere kameradliche Erzieher läßt die Jugend jung sein, oft mit einem so sehr betonten Wohlgefallen daran, daß er sich selber zum Jungen verstellt, welchen »ausgewachsenen Jungen« die Buben ein bißchen kopieren.

Auf der Melker Klosterschule, die nach dem Plan der staatlichen Gymnasien die Jungen in acht Schuljahren für die Hochschule vorbereitete, war nicht der Lehrer der Feind. Die geistlichen Herren, die den Unterricht gaben, hatten weder die Sorgen um ihre Beamtenkarriere noch die Jämmerlichkeiten eines zu geringen Gehaltes, weder den Ärger mit einer Gattin noch den Kampf um eine solche, um das alles zusamt einer bei Beamten üblichen ständig sich aufspielenden Autorität an den Jungen auszulassen. Auch verlorene oder als minderwertig erkannte Männlichkeit brauchte sich nicht mit der gespielten Männlichkeit vor Buben zu kompensieren, und keine Hausfrau hatte beim Frühstück Krach geschlagen, der nun an die Klasse weitergegeben werden mußte, zur Entlastung überlasteter Nerven. Was unsere geistlichen Herren an Privataffären haben mochten, das lag weit zurück oder war, noch gegenwärtig, nicht in einen kleinen Haushalt mit allen seinen Ärgernissen gebannt. Man wußte, Pater Isidor hatte eine Freundin im Dorf, und Pater Hermann, der Direktor des Konviktes, fuhr des öfteren auf Abenteuer nach Wien ohne die Abzeichen seines Standes. Aber das waren Ausnahmen, und es wäre ganz falsch und töricht, daraus auf eine laxe Klosterzucht zu schließen. Wie das ja überhaupt nur so Phantasien sind, die sich in der Vorstellung gefallen, die Mönche eines Klosters seien entsetzlich von der bösen Lust geplagt. Wäre das so, gäbe es längst kein Kloster mehr. Das Sexuelle wird und ist in den Klöstern eine so abgewöhnte und längst vergessene Sache geworden, daß man selbst den Klosterinsassen, der da sündigt, nicht sonderlich beachtet. Vielleicht bedauert, aber gewiß nicht verfolgt oder verdammt. Die Klosterkrankheiten sind anderer Art und Effekt des mehr oder weniger eingeschlossenen Zusammenlebens immer der gleichen Menschen: Kleinlichkeit, Klatschsucht, Mißgunst, Neid, Überempfindlichkeit und derlei Nervositäten körperlich fast nicht beschäftigter Männer oder Frauen. Weniger als andere Orden erliegen die Benediktiner diesen Krankheiten: sie haben ein breiter geführtes Leben, das sich nicht auf das Gottesdienstliche einschränkt. Sie sind Lehrer, Gelehrte, haben Felder und Wälder, also noch andere Berührungspunkte mit der äußeren Welt als die bloß mönchischen. Und der jeweilige Abt war Mitglied des österreichischen Herrenhauses. Man hatte für den jovialen, in sein Fach verliebten Pater Ivo, der Naturwissenschaften unterrichtete und dazu lustige Geschichten von seinen Wanderfahrten erzählte, mehr Sympathien als für den Lateinlehrer Pater Laurenz, der sich in ironischen Bemerkungen gefiel, wenn man nichts konnte. Man fand die altweiberhaft himmelnde, dünnstimmige Art des Pater Cölestin, des Religionslehrers dünne und schwankende Gestalt komisch, nützte aber weiter seine Hilflosigkeit nicht aus. Und es war einem, man wußte nicht warum, in der Geographiestunde wohl, die Pater Romuald gab, der einmal vor den Blattern ein schöner Mann gewesen sein mochte, oft lang schweigend über die Klasse schaute, um dann wieder schnaubend seinen mächtigen Leib durch die Bankreihen zu schieben, etwa einen Buben in die Bank drängte und sich da selber niederließ und so Schule hielt. Etwas empfindlicher war man gegen die Präfekten, die im Turnus sich ablösend in den beiden Studiensälen, die Museen hießen, Aufsicht über die Jungen vor ihren Pulten führten: daß man nicht heimlich einen Roman las oder in den Arbeitsstunden von acht bis zehn Uhr abends einschlief. Darüber sah der gute dicke Pater Gustav ja weg, der, statt herumzuwandeln, lieber am Tisch in seinem Aufsichtszimmer saß, von wo aus er das Museum halbwegs übersehen konnte, und da wohl selber nickte. Während der hagere flackeräugige Pater Ernest unermüdlich herumging, alles sah und einem höchst unsanft den aufgestützten Ellbogen vom Tisch riß, so daß der Schläfer mit der Nase auf die Platte fuhr. Passierte es zweimal, mußte man zur Strafe knien. Auch das »Rohrstaberl« hatte er für die niederen Klassen leicht bei der Hand. Gegen ihn fand sich das ganze zweite Museum einmal in einer Revolte zusammen, mit zertrümmerten Hängelampen und Stühlen, die vor der Tür seines Aufsichtszimmers, in das er sich geflüchtet hatte, zur Barrikade getürmt wurden, die man anzünden wollte. Aber da kamen schon Parlamentäre, und man schloß Frieden. Pater Ernest verschwand aus Melk oder jedenfalls aus dem Konvikt, dessen zweistöckiger Trakt im Komplexe des weitläufigen, vielgetürmten und gekuppelten Bauwerkes des Stiftes mit ihm wohl baulich zusammenhing, aber einen Trakt für sich bildete mit dem Gymnasium im ersten, dem Konvikt im zweiten Stockwerk, dem Spielhof und dem Garten, von Mauern und Basteien umgeben, die zu erklettern oder zu übersteigen, was verboten war, dem abenteuernden Wesen von Buben nicht genügte. Weit verlockender war es, ein anderes Tabu zu brechen, das nur zu den hohen kirchlichen Festtagen aufgehoben war, wo man unter Führung der Präfekten in die Stiftskirche mußte zu Beichte, Kommunion und Hochamt oder am Allerseelentag in die Katakombe, den Begräbnisort der abgeschiedenen Mönche. Zu dritt und viert bei einfallender Dämmerung sich auf eine Expedition in die gruseligen Gefühle begeben war höchst verlockend, denn anderes, als daß man eben dieses köstliche Gefühl der Angst und des Unheimlichen und des Verletzens eines strengen Verbotes spürte, war in diesen endlosen Korridoren nicht zu erleben außer dieses noch, daß man sich verirren konnte, was einem herrlich den Atem nahm. Oder es kam einem ein Mönch entgegen, daß man schleunigst kehrtmachte. Im breiteren Staatskorridor hatte dieses Labyrinth den Faden, von dem man wußte, daß er einen heraus- und wieder zurück ins Konvikt führen mußte. Da hingen den Hoffenstern gegenüber an der langen von niedern Türen durchbrochenen Wand die ganz schwarz gedunkelten überlebensgroßen Schwarten, die Bildnisse der babenbergischen Stifter und Gründer Melks und der österreichischen Herzöge und ihrer Frauen, die meisten an ihrem unteren Teil höchst sauber lädiert. Denn seit das Konvikt bestand, hat jeder der hier das Abenteuer seines Fürchtens suchenden Buben sich ein Stückchen aus diesen Leinwanden herausgeschnitten als Trophäe, ohne die der Zug als nicht gelungen galt. Man mußte diesen Skalp vorweisen können, um vor dem Gewalttätigen der Klasse zu bestehen. Dieser selber zog, merkwürdig unromantisch in allen Klassen, den Ausflug in den Obstkeller vor oder zu den Küchenmägden, was für weit gefährlicher und unternehmender galt und es auch war. Wenigstens für die Buben der vier unteren Klassen. Die Fünftler und Sechstler romantisierten weder in den Stiftskorridoren, noch praktizierten sie im Vorratskeller oder bei den Mägden. Die wagten weit Verboteneres, nämlich den heimlichen Besuch des Marktfleckens und ein Glas Bier in einer Wirtschaft. Das hätte sich von uns Kleinen, denen ja auch das Glas Bier noch nicht das Symbol des Mannstumes war, niemand getraut. Aber wem von den Größeren es gelang, der war unserer, wie es sich gebot, distanzierten Bewunderung für zwei Wochen sicher. Die ganz Großen aus der siebenten und achten Klasse bildeten, für uns in jedem Betracht unnahbar, mit ihrer kleinen Anzahl eine Gruppe für sich, – in der Erinnerung kommt es mir vor, als ob sie alle schon ziemliche Bärte und ein höchst gesetztes Wesen zur Schau trugen. Diese etlichen zehn ganz Großen besaßen ja auch ihr eigenes Rekreationszimmer, – kam man gerade vorbei, wenn die Tür aufgemacht wurde, drang daraus eine Wolke von Tabakrauch, und man sah einen dieser Götter etwa stehen mit einem Glas Bier in der Hand. Solches Recht hatten wir vom Untergymnasium nur auf den zwei oder drei großen Ausflügen über Land ins nächste Dorf, und es war eingeschränkt durch den kleinen Geldbetrag, den jeder dafür auf die Hand bekam. Oder am Melker Jahrmarktstag, dem einzigen freigegebenen ganzen Tag des Jahres, wo man sich von früh zehn bis abends um sechs nach Belieben im Markt herumtreiben und zu Ehren des Klosterstifters Koloman sich den Magen verderben konnte, wie man immer mochte. Mit Zigaretten tat ich es erst später, noch später mit Bier. In der Melker Zeit mit Lebkuchen und Traubenzucker. Jedes Alter hat eben seine Prädilektionen und Würden.

Es muß wohl am Mönchischen liegen, das so einen Schulbuben zermalmende Dinge wie Lehrkörper und was im ganzen wie einzelnen mit diesem Schrecken einflößenden Begriff verbunden ist, nicht entstehen läßt. Weder der einzelne dieser geistlichen Lehrer noch ihre Gesamtheit arrogierte sich diese tyrannisierende Macht, welche die meisten Lehrer der weltlichen Gymnasien zu meiner Zeit über ihre Buben ausließen wie über nach Willkür und Laune zu behandelnde Sträflinge. Es ging das alles ziemlich ungefürchtet her, und wurde solch Klassenleben auch keineswegs durch eine ganz besondere religiöse Zucht aufgehoben, wie man vermuten könnte. Es gab vor und nach den beiden Hauptmahlzeiten, die im großen Schülerrefektorium statthatten, das lateinisch gesprochene Paternoster und eben das auch laut und gemeinsam hergesagt, bevor man die Schlafsäle aufsuchte. Und vor dem täglichen Schulbeginn um acht eine rasch gelesene Messe in der Schulkapelle, mit Orgelmusik, deren Spieler, ein oder der andere gewandte Mitschüler, ohne je dessen verwiesen zu werden, sich damit auszuzeichnen hatte, daß er in der weitläufigen Schlußkadenz geschickt weltliche Musik figurierte, einen Walzer etwa. Das war ein traditioneller, von den Konviktisten aufgestellter Brauch, an dem auch einem so überaus frommen Messeleser wie dem langsamen Pater Cölestin zu rütteln nicht eingefallen wäre. Was da an frommen Übungen von uns verlangt wurde, war wenig und trug sich um so leichter, als es sich ganz im konventionell Gebundenen gab. Es ist nicht unwahrscheinlich, daß unsere geistlichen Erzieher ein Besonderes von uns zu verlangen nicht für nötig hielten, weil sie sich auf die Kraft dieses klösterlichen Milieus und den gewaltigen Rahmen, den es hatte, verließen, also auf das sozusagen Klerikale im besten Sinn, das das Religiöse schon ganz von selber mit sich bringen müsse. Das war nun allerdings nicht der Fall. Es ist mit dieser Haltung der Melker Benediktiner als ein Maximum nur das Klerische wenn überhaupt etwas bei den Schülern erreicht worden, sicher nicht das tiefere Religiöse, das, in der Erziehung zu suchen und aufzustöbern, die Kirche ja auch lieber vermeidet und mit gutem Grund. Zum Vorteile der ihr anvertrauten Menschheit will sie lieber für religiös oberflächlich gelten und erscheinen, weil sie aus langer Erfahrung die Gefahren kennt, die den einzelnen bedrohen, der sich einem religiösen Rigorismus hingibt. Wir waren ja auch nicht in einer Mönchsschule und kamen aus der Welt, in die wir nach acht Jahren wieder zurückkehren sollten. Von den hundertdreißig Konviktisten nahmen vielleicht zwei jedes Jahr nach ihrer Matura die Weihen, nicht mehr. Und das Theater, das jedes Jahr, allerdings auch am Faschingssonntag gespielt wurde, agiert von Konviktisten vor den Schülern und Mönchen im großen Stiftssaal, war nie aus der reichen kirchlich-theatralischen Literatur, sondern aus der weltlichen und wo sie für uns Österreicher am lustigsten und weltlichsten ist. Wir spielten die Rekrutierung im Krähwinkel, die Bösen Buben und den Doktor Kampel von Nestroy in den drei Jahren meiner Melker Zeit. Jedesmal waren die Darsteller der Frauenrollen weit besser als die der Männerrollen, und der Viertklaßler, der im ersten Jahr das Mädchen in der Rekrutierung spielte, behielt für den kleinen Erstklaßler lange Zeit den Zauber eines weiblichen Wesens, in aller Distanz natürlich, die zwischen den Klassen de rigeur war. Allenfalls ließ sich ein Bub aus der zweiten oder dritten Klasse herab, einen aus der ersten von oben herunter anzusprechen, ganz selten tat es schon einer aus der vierten, und daß das ein Obergymnasiast je anders als mit einem verhöhnenden Wort getan hätte, war noch nie vorgekommen. Unterhalb uns Erstlern gab es ja noch so sechs Buben, die Präparandisten, wie sie hießen, bei der Aufnahmeprüfung Durchgefallene, die sich ein Jahr lang für die erste vorbereiteten. Aber dieses kleine Häuflein Unglücklicher war ja noch nicht einmal Gymnasiast, zählte in keiner Weise und wurde nicht einmal mißhandelnder Verachtung unsererseits für würdig erachtet. Wir erlitten sie von den höheren Klassen mit zusammengebissenen Zähnen, aber gaben nichts davon an diese Präparandisten weiter, die selbst von den großen Schneeschlachten ausgeschlossen waren, die sich das Konvikt lieferte, die vier unteren Klassen gegen die vier oberen, wo die größere Zahl der Schwächeren gegen die geringere Zahl der Stärkeren stand unter dem Schiedsrichteramt des Präfekten.

Das böse Leben im Konvikt kam nicht von den Lehrern, sondern das gaben sich diese eingesperrten Buben selber einander in allen Graden zwischen der Brutalität eines Faustschlages und der weit schmerzlicher treffenden Bosheit eines verhöhnenden Spitznamens. Jede dieser unteren Klassen hatte so zwei Tyrannen, den einen aus seiner Körperkraft, den andern aus seiner erfinderischen Bosheit, zwei Häuptlinge, die sich als weltliche und geistliche Macht respektierten, und jeder befehligte eine kleine Mannschaft halbschichtiger Buben, die künftigen Subalternen, zu gering, um selber Macht auszuüben, aber gierig danach, dem Befehl der Macht wie Sklaven zu gehorchen und so an ihr teilzuhaben; oder Feiglinge, die sich einfach unter den Tyrannen stellten, um verschont zu bleiben, Augendiener der Macht, immer aufpassend, wo sie sich gerade befindet. Zwei Tyrannen und ihre Leibwachen und Helfer und ein oder zwei, die das Opfer waren und bleiben mußten aus Unfähigkeit zu irgendeiner Wehr, rasch darin vom Tyrannen erkannt und verurteilt, für die Jäger das gehetzte Wild zu spielen. Den der Gewaltige der Faust verschonte, weil er aus sichtbarster Schwäche das Geringste hier nicht vertragen hätte, der wurde die Beute des Gewaltigen im Worte, der ihm das verhöhnende Kennwort gab, zu jedem Anlaß variiert, um den so Gepeinigten nicht stumpf dagegen werden zu lassen. Und die Satelliten, im Worte nicht so erfinderisch wie ihr Herr, übersetzten es in praktische Streiche, die das Opfer trafen, zu deren geringfügigsten gehörte, daß es, stürmte die Schar nach dem Spaziergang die Treppen hinauf ins Museum, wo auf eines jeden Buben kleinem Tisch die Jause lag, ein Butterbrot und ein Apfel, diese Jause nicht mehr vorfand oder das Brot mit seiner Butterseite aufs Pult gequetscht. Es gab Schlimmeres als das. Wie der kommandierte Überfall, die Fesselung und die lächerliche Entblößung der Schamteile des Opfers und die solcher Vergewaltigung nachfolgende Verspottung durch Wochen, daß man sich sie habe gefallen lassen müssen. Ich kam so durch, daß ich nicht Opfer wurde und nicht Partisan zu werden brauchte. Mein am zweiten Tag ausgerufener Spitzname »Lockenprinz« verlor am vierten Tage schon seinen Anlaß in eben den blonden Locken, die mir abgeschnitten wurden, so daß ich aussah wie jeder andere. Und Bleistift, so genannt zu werden, war nur zum Lachen. Der Starke respektierte mich nicht aus Angst vor meinen Fäusten, an denen nicht viel dran war, aber aus meiner Geneigtheit zu jedem abenteuerlichen und sonstwie seditiösen Unternehmen. Was nicht hinderte, daß ich den Starken wegen seiner Dummheit auslachte und den Boshaften mit der Rattenschnauze wegen seiner Häßlichkeit verachtete.

Daß sich das Leben dieser Konviktisten so vergiftete, lag wohl daran, daß dem unruhigen Wachstum dieser Jahre ein zu geringes Leben in der Natur gegeben war, die man auf diesen beaufsichtigten Spaziergängen nachmittags von fünf bis sechs und in einer Kette zu zweit hintereinander, mit gehaltener Ordnung, eher haßte, denn sie bestand aus der Landstraße bis zum soundsovielten Meilenstein, wo man umkehrte. Es war ein ganz seltener Fall und ein Fest, daß man, und jeder wie er wollte, über einen Hügel jagen oder sich in einen Wald verlieren durfte. Und dabei lag dieses Land voll heiterer Anmut der Landschaft, die Wachau, vor einem, bewaldetes Gebirg, Hügel mit Reben bestanden hinunter zum Strom, der sich teilend köstlich geahnte Auen schuf, Ruinen gibt es da, sagenumsponnen, – aber man sah und ersehnte das alles nur so vom Fenster aus. Oder vernahm am Pult über dem Buch sitzend im Sommermittag das »Klik-Klik« der remorquierenden vom Schleppdampfer aufgenommenen Kette, die über das Deck lief und am Hinterteil wieder in das Strombett sank. Oder hörte herfliegende Fetzen einer kleinen Blechmusik von den Personendampfern, die donauabwärts mit kaum sich bewegenden Schaufelrädern glitten. Weithin und voll großartiger Pracht lag über Dorf, Auen und Fluren das Stift, und nichts Muffiges, Enges, Trübes war in ihm und an ihm. Und doch war man darin wie eingesperrt und hatte für den Druck nur ein kleines Ventil, aus dem dann die Bosheit pfiff.

8.

Junge Jugend – Organisierte Jugend

Die gegen das Ende der achtziger Jahre des vorigen Jahrhunderts jung waren, als Gymnasiasten der letzten Klassen, als Studenten der ersten Semester, diese Sechzehn- bis Neunzehnjährigen hatten in der pathetisch-neugierigen Erwartung ihres in jedem Augenblick anhebenden Lebens und bedeutungsvollen Lebens natürlich, wie es sich die jungen Menschen mit dem Mute ihrer Weltspannung immer erwarten müssen, wenn sie eben nur jung sind, – wir damals Jungen hatten einen außerordentlichen Vorteil: es gab keinerlei Jugendbewegung, die uns den Glauben an uns eingeblasen, die Verantwortung von uns genommen und überhaupt diese absurde Idee beigebracht hätte, daß wir in nichts als der stupenden Tatsache unserer Jugend schon jede verlangte Avantage besäßen und daß mit uns, mit unserer Generation alles von vorne und überhaupt begänne. Wir wußten nicht einmal, daß wir jung waren, so jung waren wir mit schwer verhängten Stirnen und verdüsterten Herzen, in welchem Satz ich das »wir« als ein ganz beiläufiges Kollektivum gebrauche, das keiner von uns anwandte. Denn jeder wußte und dachte es nicht anders, als daß er sich ganz allein seinen Weg schlagen müsse und niemand schon gefällig Platz mache, weil man rief: »Platz da, die Jugend kommt!«

Ich glaube, wir aus diesen achtziger Jahren sind so lange jung geblieben, weil wir es waren, so alt wir uns damals auch hielten, als wir achtzehn zählten. Denn richtig jung, jungenhaft jung und zu lieben fähig, wurden wir erst gegen die dreißig. Wir haben, wie das immer so war, unter unserer Jugend ein bißchen gelitten und taten so alt, wie wir nur immer konnten, um das besser zu parieren. Wir schämten uns, wenn uns, wie im erwachenden Sexuellen, unsere Jugend gewissermaßen von rückwärts überfiel. Wir mißhandelten unsere Schwestern. Wir lasen ihnen entsprechende Stellen aus Schopenhauer vor. Wir wollten nichts als spirituell sein. Wir taten alt, weil wir so jung waren.

Zumal vor der Libido lagen wir gar nicht anbetend auf den Knien, sondern hatten eine höllische Angst davor. Das elterliche Schlafzimmer war uns eine verschlossene und so wenig Aufschluß verheißende Angelegenheit, daß wir nicht einmal durch die Schlüssellöcher hineinguckten. Unsere Träume hatten sich noch nicht auf die Psychoanalyse eingerichtet. Man träumte damals andere Dinge. Derlei heutige Geläufigkeiten erleichterten nicht unser Dasein, so phallozentrisch damals auch schon das Leben der erwachsenen Europäer gewesen sein dürfte. Aber nicht das unsere und unserer siebzehn Jahre. Da beschlief einer vielleicht aus dem Zufall einer Zimmerordnung seine kleinere Schwester, aber ohne daß sich daraus für später Komplexe gebildet hätten. Die Schwester wurde eine brave Gattin und bekam Kinder von ihrem Mann und lebt, wenn sie nicht gestorben ist, noch heute ein ungestörtes Familiendasein. Der Bruder tat nichts anderes. Die einen von uns Sechzehnjährigen onanierten, die andern nicht. Die einen gingen klopfenden Herzens und umnebelten Blickes mit achtzehn in eine trübe Gasse, die andern nicht. In Melk lag zuweilen einer beim andern des Nachts im Bett, verliebt. Und verliebt legte an einer Wiener Schule einer seinen Arm um den Nacken eines Geliebten und küßte ihn. Keiner machte sich daraus jetzt oder später ein homosexuelles Wesen.

Ich erinnere mich hier nicht aller jungen Leute von damals, also auch nicht der vielen Avantageure einer vorgeschriebenen Karriere des Lebens, die sie mit den Augen ihrer Väter nur sahen, denen sie folgten. Sie machten eben früher oder später ihre Prüfungen, wurden Beamte, Ärzte, Juristen und Lehrer oder übernahmen die Fabrik. Wie heute und immer. Die Problematik dieser jungen Leute war die von der Zugehörigkeit zu einer Verbindung vorgeschriebene. Wie heute. Sie tranken nach Befehl ihr Bier und unterstützten mit Liedersingen, Aufmarschieren, Mensurschlagen die Politik ihrer respektiven Väter in der ihrem Alter und dem Herkommen entsprechenden Weise. Von daher lief zuweilen einer zu uns herüber, die wir uns nicht als Stützen dieser Gesellschaft fühlten und haben wollten. Er brachte seine Trinksitten und seinen Säbel mit, fand das eine wie das andere auch bei uns, wenn auch nicht so exakt und hauptsächlich. Wir tranken auch Bier nach dem Takt, aber es klappte nicht so gut, und wir lachten dazu. Wir fochten auch mit dem Säbel, aber ohne heiligen Ernst, der damit das Vaterland zu retten glaubt. Wir politisierten ebenfalls, aber etwas gemischtsprachig babylonisch, nicht germanisch. Unsere Vereinigung nannte sich Österreichischer Studentenverein, und man konnte, wenn man wollte, ein gold-violett-goldenes Band um die Brust tragen, heimlich bei Nacht oder, hatte man Courage und Lust, sich mit anderen Farbenstudenten zu schlagen, auch am Tage und in der Aula. Es gab tapfere Raufbolde auch unter diesen etlichen siebzig jungen Leuten, die in seiner umfangreichsten Zeit diesen Verein bildeten, um den sich einige Juden und einige demokratische Politiker bemühten, jene gegen den Antisemitismus mit der geldlichen Unterstützung, diese mit Reden, die sie als bei den Wahlen Durchgefallene im Parlament nicht halten konnten. Verächtlich nannten die Korps und Burschenschaften diesen Verein eine große Blase, aber es gab immer zwei, drei hitzigere Kommilitonen, die solchen Schimpf mit dem Rapier rächten. Sie genossen bei den anderen ein etwas komisches Ansehen, wenn sie so ohne Binden und Bandagen losgingen. Es gab da ein jüdisches Vereinsmitglied, stark wie ein Strizzi, der ging das halbe Semester mit verbundenem Schädel, sprach nichts anderes als Mensur und war ein begeisterter Anhänger des eben auftauchenden Doktor Theodor Herzl. Wir waren ein halbes Dutzend Sozialisten, die ersten damals an der Universität. Einem von den sechsen fehlte das Nasenspitzel, er hatte es bei einer Mensur verloren. Man war, gebot es die Sitte des Milieus, so jugendlich, wie es dieses verlangte, als Zionist wie als Sozialist.

9.

Das Zuchthaus – Der Dieb –
Der Selbstmörder – Richard Wagner

Ein Jugendfreund aus der Wiener Gymnasiastenzeit zeigte mir nach dem letzten Kriege einen durch Zufall erhalten gebliebenen Brief, den der Sechzehnjährige dem gleichaltrigen Kameraden geschrieben hatte, einen von vielen solchen Briefen, acht große aufgeregte Seiten deutlicher formulierte Fortsetzung eines Gespräches ohne Ende darüber, daß man nur eine Möglichkeit des Beweises eines für wahr erkannten Satzes habe: strikt danach zu leben, rigoros zu sein bis zum Äußersten. Anders müsse der Zweifel am Wert der erkannten Wahrheit diese immer begleiten und so den sittlichen Wert einer Erkenntnis überhaupt aufheben. Das war so jugendlich-altklug wie die Tagebücher, die man führte, aber es hatte die gute grüne Farbe des jungen Wachstumes. Was die unmittelbar erlebte und erlittene Umgebung in Haus und Schule an Beispiel und Lehre bot, das lehnte man ja ab, weil es sich einem nur als ein Konvenü lästig aufdrängte – man will ja in dem Alter immer den rechtfertigenden »tieferen Sinn« – als ein »man hat«, als ein »man muß«, hingeworfen einem Alter, das nicht zu mucksen, sondern zu gehorchen habe. Die Lehrer waren Aufseher mit dem Recht auf Bestrafung und Peinigung, der Lehrstoff war nichts als das Mittel dafür. Die schlechte Zensur, der Durchfall drohte hinter jedem Vers Vergils, lauerte in jeder Unbekannten einer Gleichung als Bekannte. Die Erbitterung über das Zuchthausmäßige dieser ganzen Lehr- und Lernanstalt übertrug sich auf das Zuhause, wo die Eltern Teilhaber dieser Anstalt wurden mit ihrer wartenden Angst, ob man, einziger Gedanke, durchkommen oder durchfallen werde. Die wie schlechte Aufpasser vor die strengen Schulherren zitierten Eltern wandelten sich, nahmen Partei der Lehrer, und der Junge war allein gegen eine feindliche Welt um ihn. Der Gedanke an den Selbstmord war ungemein geläufig, die Tat selber bei Schulschluß fast eine Zeitungsrubrik. Wer das überwinden wollte, mußte sich einen Weg suchen, der ihn weg von Schule und Haus führte in eine heimliche Welt, aus Eigenem, wie es einem vorkam, errichtet.

In Melk war über mich und drei andere Jungen des Konviktes mit der Chemie der Tertia eine nicht zu stillende Neugier für diese aufregende Wissenschaft gekommen, in der sich mehr vollzog als bei den unregelmäßigen griechischen Verben. Mit den zwei Unterrichtsstunden in der Woche und dem längst schon bis ans Ende durchstudierten Lehrbuch wollte man sich nicht zufriedengeben. Das chemische Laboratorium zog uns an wie ein Zauberkabinett. Der Plan, da einzubrechen, während der Rekreationszeit, wo man unsere Abwesenheit vom Spielhof kaum merken würde, wurde Ausführung, als einer von uns einen zum Laboratorium passenden Schlüssel in seinem eigenen Schrankschlüssel entdeckte. Eine Woche lang trieben wir es nun mit Retorten und Säuren wie wilde Alchimisten, bis uns ein explodierender Kolben mit Salpetersäure verriet. Spuren davon in meinem und eines anderen Buben Gesicht waren in ihrer Herkunft zu deutlich, als wir der Schmerzen wegen das Krankenzimmer aufsuchen mußten. Acht Tage darauf verkündete man uns das consilium abeundi, und wir flogen zu fünft hinaus als Diebe und Bösewichter, wie uns das Abgangszeugnis schwarz auf weiß bestätigte. Wir waren uns wie Erfinder vorgekommen, wie Neuentdecker einer unbekannten Welt, wenn auch das gleichzeitige Vergnügen, etwas Verbotenes zu tun und den Präfekten einen Streich zu spielen, sicher größer war als unser wissenschaftliches Interesse. Keiner von uns Angeklagten fand ein Wort zu seiner Verteidigung vor diesen vierzehn uns mit Schmähungen verurteilenden geistlichen Richtern, und keiner von ihnen hatte auch nur ein kleines Wort zu unserer Entlastung. Jeder las es in seinem Zeugnis: »ausgeschlossen wegen Diebstahls physikalischer Instrumente«, – eine gläserne Retorte war kaputtgegangen. Mit einer wilden Empörung gegen Gott und seine geistlichen Diener saß man im Zuge, der einen nach Wien brachte, neben der still vor sich hinweinenden Mutter, die, wie sie sagte, überzeugt war, man würde auf dem Galgen enden. Und diese vom Kummer ganz niedergedrückte weinende Frau ließ einen fast selber ein solches Ende glauben, denn man hatte solchen Ausbruch eines Gefühls bei der eher harten als rührbaren Mutter nie zuvor erlebt. Wieviel leichter wären Schläge zu ertragen gewesen als diese Klage! Aber nichts derlei Erleichterndes und Heiteres geschah, auch vom Vater nicht, und die Geschwister lachten einen nicht aus, sondern machten die traurigen Augen der Eltern nach so gut sie konnten, und der Direktor der Schule, in die man gebracht wurde, der verdrehte schon gar durch die Brille seine Augen im Versuch, ihnen was Durchbohrendes, Niederschmetterndes zu geben. So saß dieser vierzehnjährige Junge am kippen Rande der ihm sich in Elternhaus und Schule bestimmenden und allein gekannten Welt, saß da mit dem Rücken gegen diese ihn so zeichnende Welt mit der Aussicht in etwas, das dunkel war und ihm wie der Abgrund vorkam. Er bekam davon ein wenig überscharfe Augen, daß er das Recht seiner Richter prüfte und diese selber an ihrem behaupteten Recht. Man kann nicht sagen, daß er sich damit zu einem unbedingten Optimisten ausbildete.

Ich spreche in diesen Aufzeichnungen zuweilen von einem Menschen aus vermeinter genauerer Kenntnis, als sonst eine Person über ihn besitzen kann. Es geht daher nicht ohne Widersprüche ab. Aber ich wüßte nicht, von welchem Standpunkte aus ich sie aufheben könnte. In einem Romane, schriebe ich ihn hier, könnte ich ja für meinen Helden eine vorgefaßte Meinung haben und mit Eigensinn an ihr festhalten, indem ich bei dem Wesensgesetz bliebe, das ich dem Gebilde meiner Fiktion geben muß, damit es Gebilde bleibt. Aber hier ist es ja anders. Man gehört nicht Einem an und ist nicht aus Einem bestimmt und bestimmbar. Man ist ein zerstörerisches Viel und Alles. Was übrigens kein Gewinn ist gegenüber dem Vorfahr, der in der Armut seines Einen glücklich war, sondern ein Verlust. Wenn ich hier gelegentlich von einem bestimmten Menschen rede, spreche ich von diesem nie anders als wie von einem Zeittypus und tue es auch dann nicht, wenn ich von Individuellem erzähle, denn dies Individuelle ist ja nur Abhebung des einen Zeittypus gegen einen oder mehrere andere. Ich muß den Leser von Zeit zu Zeit daran erinnern, daß er sich hier mitlese, um nicht enttäuscht zu sein, wie er es wäre, wenn er offenen Mundes verblüffende Mitteilung eines höchst ungewöhnlichen Einzellebens erwartete.

Ein Mitschüler des städtischen Gymnasiums hieß Breßnitz, und da ihm ein bloßer Philipp als Vorname nicht genügte, gab er sich noch einen Franz dazu. Er hatte jede Klasse zweimal gemacht, und so war er in der vierten um drei Jahre älter als jeder der andern dreißig Buben, trug schon lange Hosen und auf der Oberlippe flaumte ihm was Rötliches, dem er die Fasson eines Bärtchens zu geben sich mühte. Was man in den vier Schulstunden des Tages an Büchern brauchte, das trug er in der Paletottasche bei sich, immer gerade die Seiten, die dran waren. So bekam er, als eleganter junger Mann, der er sein wollte, die Hände frei, um einen Rohrstock und Handschuhe zu tragen. Fing der Schultag, wie viermal in der Woche, mit einem hilflosen Lehramtskandidaten an, der leicht in Zorn gebracht werden und dann durch eine mit einem künstlichen Schnurrbart verklebte Hasenscharte nur zischen konnte, so kam Breßnitz gern statt um acht um halb neun, denn das gab einen schönen Auftritt. Das steife Hütchen, die Handschuhe und den Stock in der einen Hand, ein lächerliches kleines Blumensträußchen, dem Supplenten auf den Tisch zu legen, in der andern, tänzelte Philipp Franz vors Katheder, lächelte mit liebenswürdiger Suffisance und entschuldigte sein Zuspätkommen mit einer »wichtigen Ehrenaffäre«. Während er sich in seine Bank begab, flog ihm das Sträußchen nach. Oder die ersten Kirschen in ein Bündelchen von zehn Stück gebunden, deren fünfe nur mehr die Kerne zeigten. Philipp Franz wurde wieder einmal wegen Frechheit von dem armen Teufel von Lehrer ins Klassenbuch eingeschrieben, der, wie Breßnitz uns erklärte, einen gewendeten Rock trug, was man daran erkenne, daß die äußere obere Tasche an der rechten Seite sitze. Der elegante Kritiker war für solches um so aufmerksamer, als man bei ihm zu Hause in der Bohemewirtschaft eines ganz kleinen Zeitungsreporters lebte, der sein Vater war und sein älterer Bruder, wovon es Philipp Franz bezog, mit siebzehn in einem Schmierblättchen, das er uns zeigte, als Autor von Gedichten im Ton letzter Dreckigkeit zu debütieren und sich eine Lebensführung zuzulegen, oder vielmehr zu imaginieren, die solcher Tätigkeit entsprach. Er erzählte von seiner höchst verwickelten Liebesgeschichte mit der Operettensängerin Collin, damals berühmt am Theater an der Wien, von amerikanischen Duellen dieserhalb und eine Menge solcher höchst erwachsener Sachen. Nicht daß man sie Philipp Franz aufs Wort geglaubt hätte, man lächelte ihn immer ein bißchen an, wenn er erzählte; aber schon daß er derlei erfand, ließ es nicht die Möglichkeit offen, daß er auch derlei erleben könnte? Alles das aber war nur Ausweg des armen dreimal durchgefallenen, für die Klasse zu alten Jungen, der auch in dieser vierten schon wieder ganz schief lag, die etwas lächerliche Wirklichkeit dieser Schülerexistenz durch eine andere, ganz aus der Phantasie für einen Erwachsenen zugeschnittene Rolle vergessen zu machen. Und eines Tages fiel ihm zu sagen ein, daß er sich erschießen müsse. Er sollte ja wieder durchfallen. Und die Familie wurde wegen nicht bezahlten Hauszinses an die Luft gesetzt. Sie wohnte uns gegenüber, und Philipp Franz war die ihm sicher sehr peinliche Aufgabe zugefallen, unten auf der Straße beim Möbelwagen zu stehen und dem Verpacker aufzupassen, und der grausliche Hausrat, zerlegene und unsaubere Matratzen, Stühle, denen ein Bein oder die Lehne fehlte, stand da herum und er ohne Hut und Stock und Handschuh dabei, bereit, in den Boden zu sinken. Aber er erzählte, er müsse sich wegen einer Liebesaffäre erschießen. Damit hatte sich der Aufschneider in die Hände der Jungen begeben, die ihn nun, von seinen Aufschneidereien gereizt, nicht mehr losließen. Was er auch immer anderes erzählen mochte, um sich zu entwinden, man hörte es nicht an. Fragte ihn immer wieder nur das eine, wann er sich denn nun totschießen würde und womit und wie er es anstellen wolle. In allen Varianten der Grausamkeit lachte man ihn aus und trieb ihn in die Enge. Er brachte vergebliche Opfer, seine Reputation wiederzugewinnen. Er gab den Lehrern die frechsten Antworten, weiß im schweißbedeckten Gesicht. Es nützte ihm nichts. Man ließ ihn nicht los. Noch ein weniges, und er sank in die Verachtung der ganzen Klasse. Also schoß er sich eines Morgens im Bett eine Kugel in die Brust. Die Klasse war zufrieden mit ihm und stolz auf sich, daß einer der Ihren das getan hatte. Philipp Franz lag im Bett und spuckte Blut, glücklich lächelnd, wenn man ihn besuchte. Er hatte ganz dankbare Augen dafür, daß man ihn so dazu gedrängt hatte, jetzt, wo er sich angeschossen hatte, daß er dennoch lebte und seine Tat genoß im staunenden Blick der Buben, für welche nun Philipp Franz gänzlich ins Rätselhafte eines nur ihm gehörigen Lebens rutschte. Von dieser Höhe seines Lebens sank Philipp Franz dann in raschem Fall. Er verschwand aus der Klasse noch vor Schulschluß. Traf man ihn, tat er vielbeschäftigt mit einem Roman. Seine Eleganz war die gleiche wie damals in der Klasse, aber sie ging auf ausgetretenen Schuhen und war vom Bürsten abgenützt, wohl schon damals so gewesen, als wir Tintenflecke auf unseren Hosen nicht beachteten. Dann wieder erzählte er, er gäbe mit seinem Vater eine Zeitung heraus. Von dem Blättchen, es hieß »Schwarzgelb« und glaubte mit verwegener Kaisertreue sein Geschäft zu machen, erschien nur eine einzige Nummer, die weiß Gott was für einer bescheidenen Schiebung des alten Reporter-Journalisten dienen sollte. Hierin hatte, mit bescheidenem Stolz zeigte er darauf, Philipp Franz Breßnitz von Sydakoff, wie er sich von jetzt ab nannte, die »Zehn Gebote des Österreichers« gedruckt, die er, ein anderer Moses, vom Laurenzibergl, wo er jetzt wohnte, heruntergebracht hatte.

Dieser in die Jahre gekommene Schulbub schaukelte sich ein Jahr lang mit mir in der letzten zweisitzigen Bank der Reihe und brachte als Nachbar keine anderen Vorteile als sein bestauntes Aufschneiden und Getue. Man konnte keine Schulaufgabe von ihm abschreiben, denn er machte noch mehr Fehler als man selber. Er roch leise, aber anödend dauerhaft nach der Pomade, mit der er sich einige Strähnen seines gelben, richtig gelben und nicht blonden Haares in die Stirn als Locken klebte, die von der Schmiere bräunlich gegen das andere abstachen. Und er schrieb nur so für sich schwärmerische Briefe an einen Jungen der Klasse, was mir diesen Jungen noch widerlicher machte, als er war, denn er war im Wuchs zwerghaft zurückgeblieben, hatte eine Nase wie ein Knöpfchen und war Vorzugsschüler. Ich fühlte mich durch dieses Gehaben, das ich lächerlich fand, im sentimentalen Ernst meiner Schwärmerei für einen andern Mitschüler irritiert, der graue Augen und schwarze Wimpern hatte und mit seinem weichen Teint und seinem zart hineingelegten Mund wie ein Mädchen aussah. Im Gedränge beim Verlassen des Zeichensaales – es war Winter und es brannten schon die Lichter, aber da an der Tür war es fast dunkel und Wunsch oder Zufall hatte mich ganz nahe an den Angebeteten gebracht – neigte ich mich und berührte mit den Lippen den Hinterkopf des Geliebten, der nichts merkte, und mußte mich gleich am Türrahmen halten, daß ich nicht hinfiel vor überschauerndem Glück. Er hieß Friedrich mit dem Vornamen, und ich wählte mir diesen Namen bei der Firmung. Er war ein ganz unbedeutender Bub in allem, was er sagte und meinte. Eben wie ein Mädchen. Daß er durchfiel, gab die leichte Trennung und den Abschied zugunsten eines, der Emil hieß und lebhaften Geistes war, mit rosigen, weichen Wangen. Mit ihm konnte man das Viele sprechen, das zu sprechen einem not tut, und hatte das Herzklopfen einer Verliebtheit dabei, die so zart ist, daß sie sich jeder Äußerung schämt als etwas zu Grobem. Sie ist wie ein schweigendes Übereinkommen, diese Knabenliebe eines gewissen Alters, die nichts zu tun hat mit der Überraschung des Sexuellen, das zwei Buben an einen heimlichen Ort drängt, an dem sie alles, nur nicht ihr Herz geben.

Unzertrennlich ging eine Dreierbank, wenn auch nicht bis zur Matura, so doch durch ein paar Jahrgänge, und ließ auch weiter nicht von ihrem Jungenfanatismus für das Theater, der sie sechsmal in der Woche auf der vierten Galerie des Burgtheaters glücklich sein ließ zusammen mit einem vierten, der im Gymnasium einer anderen Gasse dort keinen Genossen seiner Leidenschaft gefunden hatte. Dieser vierte war Max, der sich dann Reinhardt nannte. Die anderen drei waren Montor, Kahane und Fritz Handl, spielend, beratend, kritisierend dem Theater verfallen. Mehr auf der Höhe dieser vierten Galerie zu Hause als sonstwo, achteten sie alles um sich herum, das weniger oft oder gar nicht ins Burgtheater ging, für nichts. Und den, der wie ich die Oper vorzog, für einen, dem zu mißtrauen ist. Sie hatten recht damit in meinem Fall, insofern ich nicht einsah, was für künstlerische Offenbarungen, die sie behaupteten, mir vom Schauspieler zuteil werden sollten.

Eine wohl angeborene Geringschätzung des Theatralischen ließ unserem Helden den Schauspielerenthusiasmus dieser Kameraden komisch erscheinen, um dessentwillen sie sich stundenlang in das schauderbare Gedränge des Anstellens vor der Tür des Burgtheaters begaben, um dann oben wie Fliegen an der Decke der niederen Galerie zu kleben. Daß einem der Antonius nur durch Herrn von Sonnenthal und die Lady Macbeth nur durch die Charlotte Wolter zugänglich werden sollte, konnte man nicht einsehen. Noch weniger, daß alle Schauspieler den Gegenstand langer erhitzter Gespräche bilden könnten. Was aber zur Oper zog, war nicht, daß man einmal auf der Geige gekratzt hatte, das musikalische Gehör und eine Singstimme besaß, die den Singlehrer der Schule raten ließ, Sänger zu werden. Man lachte darüber, so wenig entsprechend kam einem das vor wie der Rat des Zeichenlehrers, Maler zu werden. Daß er dumm grinste, als man ihm sagte, man wolle Philosophie studieren, nahm man ihm nicht mehr übel; denn seitdem er einem den während des Unterrichts gelesenen Quintus Fixlein konfisziert und einen beim Direktor angezeigt hatte, daß man Paul de Kock lese, wußte man, daß er ein Idiot war. Und solche Dummheit schien einem mit der Malerei wesentlich verbunden.

Was in die Oper zog, war das Ereignis Richard Wagner. Das war ja um das Jahr 1886 noch keineswegs die meistgespielte Angelegenheit aller Militärmusiken, sondern der letzten erbitterten Entscheidungsschlachten, besonders in Wien, wo der alte Wagnergegner Eduard Hanslick als der Kritiker der »Neuen Freien Presse« noch immer den autoritären Anti-Ton angab und Brahms seinen schönen Bart durch die Salons der Stadt trug und mit jedem Klavierakkord Wagner zu widerlegen meinte. Damals ging man mit dem Klavierauszug ausgerüstet in jede Wagneraufführung wie in eine Bataille, und man brachte auch den Klavierauszug nicht immer heim. Denn zuweilen ging er im Nahkampf, ausgefochten mit den Wagnergegnern, in Fetzen.

Keinerlei nationales Pathos engte dem Sechzehnjährigen dieses aufwühlende Erlebnis Wagner zu einer nichts als »deutschen« Angelegenheit ein, die sich gegen das »Welsche« setzte. Man wußte auch um solche Wagnerianer – sie stammten meist aus Graz – und fand sie lächerlich, hätte sie auch so gefunden ohne den Kosmopolitismus, den eine sozialistische Gesinnung gab. Das Germanische sozusagen, das in diesen Werken zum Symbolträger ganz anderer Dinge als deutscher schlechthin wurde, hatte von sich aus weiter gar nichts Deutsches, auch wenn man imstande gewesen wäre, mit diesem Begriff des Deutschen etwas zu verbinden. Was gegen Verdi entschied, war nicht, daß er »italienische« Musik machte, sondern das Mißverhältnis zwischen dieser Musik und ihren Texten, deren letzterer Sinnlosigkeit oder gleichgültiger Sinn sich einem in diesem Alter um so stärker aufdrängt, als man da das Uferlose und Schweifende, ja Ausschweifende für das von sich aus schon Tiefere und Bedeutendere hält als das Gebändigte und in Formen Begrenzte. Daß es schön klang, konnte einem nicht nur nichts helfen, sondern nur ärgern, wenn Verschwörer ihre bösen Mordabsichten in einer heitern Kantilene unisono und im hüpfenden Sechsachteltakt sangen. So ganz nur Ohr zu sein kam uns wie müßige Wollust vor, und wo man wie bei Mozart ahnte, daß hier mehr als das lüstige Ohr erregt würde, da lehnte vielleicht die Jugend diese determinierte Erotik ab, aus Scheu, aus Unerfahrung, die sich lieber im großen Allgemeinen solchen Gefühlszustandes behausen wollte als im Bestimmten und Konkretierten. Denn dieses alles, was sich da in den Wagnerschen Texten liebte, suchte, paarte, das war ja gleichzeitig wahr und nicht wahr, denn, wenn man von den weniger geliebten Meistersingern absah, stand sichtbar für jeden guten Willen, es zu sehen, die Idee und was sich hier vollzog, ein Kampf der Ideen und nicht zufälliger Einzelschicksale. Senta und der Holländer, Sigmund und die Walküre, Siegfried und Hagen: das waren sie selber und dazu noch ihre Idee. Aber bei Verdi waren alle diese Figuren nichts als sie selber und erschienen einem selbst darum gebracht, weil sie eine musikalische Sprache redeten, die einem weder aus ihrem Charakter noch aus ihrer Situation zu kommen schien. Sie sangen Nummern. Bei Wagner war das alles von stupender Einheit, so sehr, daß man wußte: so und nicht anders kann es und muß es sein. Es überwältigte der wirkliche oder vermeintliche Naturalismus einer musikalischen Diktion: nur in diesen Noten kann Markes Klage ertönen, wenn sie Ton wird, was überbetontes pathetisches Sprechen ist, nicht Singsang der hundertfältig verschieden erfindbaren Arie auf gleiche Worte. Es erschien uns wie eine Probe auf die Richtigkeit dieses gesungenen Sprechens, daß jeder von uns »Wagnerianern« imstande war, einen sprachlich gehobenen Text »wagnerisch« zu deklamier-singen. Und daß wir eine Cavatine nicht erfinden konnten, das entschied nicht gegen uns, sondern gegen das Rechte und Richtige der Cavatine. Dieser Naturalismus allein hätte aber nicht hingereicht, uns zu Wagnerianern zu machen, eine so große Rolle er uns auch im Orchestralen spielte, das uns Gewitter und Frühling, tosende See und tote Fahrt, sinkende Nacht und grauen Morgen erleben ließ wie nichts sonst aus den Künsten. Wir erlagen dem mit den Nerven, die vor dem bis nun nicht gekannten Einstürmen eines solchen Orchesters um so williger nachgaben, als wir in diesem ungeheuren Aufwand von Mitteln das gerade Entsprechende für das ins Werk zu Setzende sahen, eben diese Geburt der Idee aus dem Chaotischen des Gefühles, ihr Werden und ihre Transfiguration ins Metaphysische. Das war etwas ganz anderes als des buckligen Rigoletto kleine Vatersorgen um die Tochter, Angelegenheit einer bestimmten Gasse einer bestimmten Stadt in einer bestimmten Zeit.

Als ein Staatsbürger mochte der deutsche Österreicher meiner Generation die Defekte einer politischen Indifferenz haben, aber das war durch Vorteile in der Richtung des Individuums reichlich kompensiert. Ihm die Monarchie als Vaterland einzureden, das versuchten nicht einmal die Mittelschulen, die sich auf diesem Gebiet mit dem Kaisergeburtstag begnügten. Und die auffallende Nullität jener Politisierer, die mit Bismarckverehrung, Sedan und Ausbruch aus der Monarchie ins Reich nationale deutsche Politik zu machen meinten, ließ einen lieber mit Proletariern aus Böhmen verkehren als mit ihnen. Zu den kuriosen Bestandteilen dieser deutschnationalen Politik in Österreich gehörte außer dem selbstverständlichen antisemitischen Hephep auch das Wagnerische Walhall, und daß die eben im Kriege reich gewordenen und hochgekommenen Nationalliberalen im Reiche lauter so Siegfriede seien, war für die bärtigen frischen Söhne unserer Alpen um so leichter zu glauben, als sie ihre heimatliche Naivität damals noch seltener als heute auf Reisen schickten. Dieser österreichische Deutschnationalismus war der Generation vor uns noch als das Radikale schlechthin vorgekommen, dem sie sich in der Jugend und aus Jugend anschlossen, so Hermann Bahr, so Pernerstorfer und Viktor Adler, die deutschnational gewesen waren, bevor sie Sozialdemokraten wurden. In diese Vorschule brauchten wir uns nicht mehr zu begeben. Daß da ein lauter politisierender Haufen, der deutsch am liebsten mit einem Anfangs-t geschrieben hätte, unter ihren national vermeinten Palladien auch Richard Wagner sich arrogierten, das war für den Erschütterten höchstens ein Anlaß, das Ereignis, das ihm Wagner bedeutete, in einer Weise zu übertreiben, gegen welche die Übertreibung des »Gesamtkunstwerkes« wenig war. Unser Held ließ für eine Zeitlang ein bißchen viel durch Wagner ein für allemal erledigt sein durch definitive Antwort und diese nur in den Opernwerken gegeben. Denn die kritischen Schriften blieben ungelesen, das Biographische unbekannt, und Texte wie der Lohengrins etwa, wo soviel auf Brabant gereimt wird, ließ man diskutiert und gab sich zu ihrer Verteidigung keine Mühe. Aber schon am Stabreim ließ man nicht rühren, und vom Texte des Tristan gesondert zu sprechen kam einem barbarisch vor. Daß diese Musik je einmal, geschmettert und geblasen, die Programme der populären Musikbanden füllen würde, das hätte man damals für ganz unmöglich gehalten, sosehr man sich auch für ihre Bedeutung schlug und so doch wollte, daß sie alle andere Musik übertöne, als die schönste nicht nur, sondern auch als die für die Bühne allein richtige. Gewiß trug sie ihr fatales Schicksal in sich selber, das sie zu solcher Popularität des täglichen Gebrauchsartikels verurteilte, und es hat das Edle keine Vergewaltigung erlitten. Gewiß erlebt der heute Fünfzehnjährige einen Wagner, wenn überhaupt, nicht im geringsten mehr so wie der 1886 Fünfzehnjährige. Aber auch wohl sonst nichts so. Es sei denn das Überfliegen des Atlantischen Ozeans durch drei Mann in einem Luftfahrzeug.

10.

Die Trompeter – Molly – Ellie – Der Revolver

Ich suche die Gründe und Anlässe, die mich und meinen Schulkameraden Joseph Strasser zu jenem Komplott, einer wahrhaften Pulververschwörung, veranlaßten, durch die wir die bestehende Gesellschaft und noch ein bißchen mehr in die Luft sprengen und die etwas undeutlich vorgestellte aurea aetas auf Erden restituieren wollten. Was hatte diese Gesellschaft uns Siebzehnjährigen getan, daß wir so böse auf sie waren? Was hatten wir von ihr gehört, was über sie gelesen? Denn verführt und verlockt hat uns niemand zu diesem Unternehmen. Wir waren gänzlich dessen eigene Urheber und Begründer in ausgeführten Kritiken des Bestehenden, Mitteln, es zu beseitigen, und Plänen einer Neukonstruktion. Gewiß, ich hatte nicht viel Erfolg in der Schule. Ich träumte mehr durch den mathematischen Unterricht, als daß ich ihm folgte. Und die Frage des Aufsteigens in die höhere Klasse war immer mit einer negativen Antwort geladen. Einen mit der Welt, wie sie ist, zufriedenen Gemütszustand schafft das nicht. Der Gedanke, daß alles faul sei und reif zum Untergang, gibt Trost und macht das persönliche Malheur unpersönlich, so daß man dafür sich nicht mehr verantwortlich vorkommt. Was bedeutet schon der eigene kleine Rechenfehler, wenn die ganze Rechnung der Welt falsch ist? Als es Deutschland und jedem einzelnen Deutschen schlechtging, vernahm er begeistert und befreit die Kunde vom Untergang des Abendlandes.

Aber bezog man denn die Aspekte des Lebens so aus der Schule und aus dem Zuhause, daß sie sich einem verdüsterten, wenn dort schlechtes Wetter war? Es gab doch so ungeheuer viel Glück und Beglücktheit, daß daneben eine schlechte Note in der Mathematik in das völlig Lächerliche und Gleichgültige ihres federgezogenen Kringels zusammenschrumpfte. Wenn auch Glück und Beglücktheit dieses Alters immer nur ein schmerzliches Gut ist und ein heiter zu genießendes nicht sein kann aus der leidenschaftlichen Bewegtheit des so unsicheren Herzens, so war doch eine Welt vor einem. Da war die Musik. Da waren die Bücher. Da stand doch die herrliche Revolution bevor. Und da war der Anblick, nichts als dieses, eines Mädchens, fünfzehn Jahre alt und ging zuweilen durch die Gasse, selten allein, meist inmitten zweier anderer, in diese verhängt. Man gab ihr einen vokalisch singenden Namen, keinem nachgebildet, aus dem Schaum der Schwärmerei geformt. War es nicht schwerste Erschütterung, als man sie einmal lächeln sah, ganz nah vor ihr, und darin ein Auslachen meinte? War es nicht Triumph über dieses Ausgelachtwerden, als man erfuhr, dieses nur in Vokalen benannte Himmelswesen hieße Trompeter und wäre die Tochter einer Hebamme aus der Novarragasse? Von diesem lächerlichen Namen und Beruf zu hören, das war die verlorene Distanz, über welchen Verlust die nichts als schwärmen wollende Sinnlichkeit des Knaben sich beklagte, indem sie höhnisch auflachte über ein wahrscheinlich mißverstandenes Lächeln, das wohl nur Mut hätte machen sollen, endlich das Wort zu wagen. Aber es war ja so überaus wichtig, dieses Mädchen nie näher als über die Straße weg zu erblicken, besser noch vom Fenster aus hinter dem Vorhang. Und des Nachts ins Buch zu schreiben, daß man sie gesehen. Nichts als das.

Aber die Sehnsucht insinuierte sich Stärkeres nach diesem wie vom Flügel Gestreiftsein. Da war die Schwester eines Kameraden, so sympathisch dieser, weil er in der Schule gleich schlecht weiterkam wie man selber. Und weil er ein passionierter Opernbesucher und mein geläufigster Anti-Wagnerianer war, dem ich es konzedierte, auch Mozart, Lortzing, Weber und Marschner anzuhören, für die er schwärmte. Mit dem und noch zwei Kameraden sangen wir Quartette, die wir uns selber setzten, denn unser erster Tenor kam nur an seinen seltenen Glanztagen bis zum as. Sonst nur bis zum g. Dieses Quartett klang immer ein bißchen falsch. Wir fanden den Fehler erst nach zwei Jahren. Er lag in unserem zweiten Tenor, der uns mit seinem sicher-vergnügten Gesicht so lang darüber getäuscht hatte, daß er immer eine Viertelnote daneben sang, nicht mehr und nicht weniger. Das unserem Tenor nur erreichbare g drückte die ganze Tonlage und mich in die Abgründe eines zweiten Basses, denen ich kaum mehr einen vernehmbaren Ton entlocken konnte. Es muß ein grausliches Musizieren gewesen sein, aber wir trieben es mit Leidenschaft für uns und für geladene Gäste, die uns nichts übelnahmen. Am liebsten sangen wir in der Dämmerung in den Haushöfen zur Freude der Dienstmädchen, die uns mit in Papier gewickelten Kreuzern dankten.

Da war also die Schwester dieses Kameraden, eine schlanke hohe Dame und hatte den gleitenden Gang, der einen Gott sei Dank nicht an Füße denken ließ, und die ganze für sich behaltene Gestalt hatte überhaupt nichts, das einen an Körper denken machte, und es war so herrlich, daß sie bis auf die grauen Augen, die ein bißchen versonnene Seele blickten, und auf einen schmallippigen Mund, der nur ganz leise lachte und klug zu reden verstand, nichts hatte oder zeigte, das daran erinnerte, daß sie anderes noch als Seele war, als Geistiges, Aufgelöstes. Denn jede Vorstellung, daß dieses eher himmlische als irdische Geschöpf auch nach körperlichen Gesetzen funktioniere, war äußerst schmerzhaft und drang störend in das Gefühl ein. Es war ein ganz altmodisches Haus, in Menschen wie in Möbeln. Eigentlich neu waren nur oder frisch vielmehr die Bilder, die der Vater malte, der, da er malte, so aussah, daß man an den alten Tizian dachte. Er trug ein schwarzes Sammetjäckchen, aus dem der Sohn dann die seinen geschneidert bekam, wenn die Zeit um war. Und einen schönen weißen Bart an einem wohlgebildeten Kopf. Die Mutter in Spitzen und Krausen außer aller Mode, war ein leises, lebhaftes, etwas verknülltes Geschöpfchen voll Zartheit und geheimnisvollem, etwas bizarrem Wesen. Sie war eine Tochter jenes Georg Friedrich Daumer, von dem man in der Brahmsschen Vertonung so schöne Lieder singt wie das »Nicht mehr zu dir zu gehn beschloß ich«. Dieser alte Daumer, der ein paarmal seine Religion gewechselt und dazu immer aufregende Bücher geschrieben, der Kaspar Hauser gepflegt und bei Nürnberg in einem alten Turm gewohnt und Gold gemacht hat und den Heinrich Heine seinen Freund nennt, dieser alte Zauberer spukte in dem Hause, in dem ich fast täglich zu Gast war; der Musiziererei wegen, mehr aber noch der Liebe wegen, nicht nur der für die vom Himmel gestiegene Molly, sondern auch für die irdische Ellie, die andere Schwester, mit der gespaltenen Desparation des Siebzehnjährigen – die dunkle Molly im gebilligten und geliebten Platonismus der Schwärmerei über alles, die ältere blonde Ellie mit dem dumpfen Haß gegen ein weibliches Wesen, das die Sinne erregt, mit denen man sich nicht auskennt und zu denen man in diesem Alter keinen Mut hat und deren Verwirrung einen hinwirft. Diese blonde Schwester war der zeitbedingte Realismus in diesem, wie es schien, ganz dichterisch romantischen Haushalt, war die praktische Fürsorge, das tägliche Um und Auf der ablaufenden Uhr – nicht aus Neigung war sie so, die nicht weniger romantisch war, als aus Lebendigkeit der Sinne, aus größerer Beweglichkeit der Kleinen, Zierlichen, und weil Mama wie Schwester eben dafür nicht den rechten Blick hatten und einer in der Familie es ja auf sich nehmen mußte, für den zu deckenden Tisch zu sorgen und die Kohlenrechnung zu bezahlen. Erst viel später, als alles längst keinen Sinn mehr hatte, wußte ich, daß ich die geschäftige Ellie liebte und die schwebende, bedeutungsvoll schweigende und die Augen aufschlagende Molly davorschob aus Angst und um mich der andern auf diesem Umweg als Liebender zu zeigen, vielleicht ihre Eifersucht zu reizen oder die zum spöttischen Lächeln Neigende zu zwingen, den so höchst leidenschaftlichen Jüngling ernst zu nehmen, der der Schwester solche Briefe schrieb. Mollys verblasene Träumerei genoß die vermeinte Dramatik mit frauenhafter Würde, indem sie zurückschreibend dem Schreiber seine Liebe ein bißchen seufzend und doch geschmeichelt verwies, und ob er denn vergessen habe, daß sie Braut sei und so weiter. Der Bräutigam war eine Tatsache mit einem Buchladen und einem roten Bart und spielte ganz und gar nicht vergessen als vermeinter Rivale keine kleine Rolle in dieser Sache, die ja gerade erst durch diese Komplikation ihre verlangte Bedeutungshaftigkeit bekam. Es braucht wohl nicht mehr gesagt zu werden, daß Molly sechsundzwanzig, Ellie dreißig alt und beide unberührt so alt geworden waren. Bei dem Mädchen, das Trompeter hieß, mußte der Raum, hier mußte die Zeit für die Distanz sorgen, die ich zur Entfaltung meiner Gefühle brauchte und die ich bis zu den Todesschauern auskostete, als ich mir, ohne noch den Werther gelesen zu haben, verzweifelt über den ach so gelegenen Bräutigam einen Revolver kaufte, um mit diesem Leben ein Ende zu machen. Die Vorbereitungen für diesen Sterbensakt dürften wohl zu auffallend gewesen sein, denn eines Tages war die Waffe aus der Schublade meines Schreibtisches verschwunden zusamt den Abschiedsbriefen. Vergeblich reklamierte ich vom Vater mein Eigentum und stürzte weg. Vierzehn Gulden hatte ich in der Tasche, für sechs, das wußte ich, bekomme ich eine neue Waffe. Im Laden, wo ich die erste gekauft hatte, sah man mich so an und wollte mir keine verkaufen. Aus dem nächsten Laden sah ich meinen Vater herauskommen. Ich war aber flinker in diesem Wettrennen und bekam meinen Revolver. Und fuhr nach unserem Schloß Leesdorf bei Baden. Beim Einschießen auf Baumstämme als Ziel stand der Gärtner dabei und rauchte seinen Kachelofen von Pfeife, ahnungslos, was den jungen Herrn mitten im Winter herführen mochte, da über die Nacht zu bleiben. Ob er ein Schlafzimmer anheizen lassen solle, die Frage hatte der junge Herr überhört, ganz mit seiner grenzenlosen Wehmut beschäftigt und mit der Schlußbilanz eines Lebens. Auf zwanzig Schritte Entfernung schlug die Kugel in ihr Ziel. Fünf Schüsse waren abgegeben, die billige Waffe war nicht in der Hand zersprungen. Ob man sie nicht doch ölen sollte für die letzte Kugel? Aber da schlangen sich zwei kräftige Arme um ihn, und zwei Hände packten die Hand, welche den Revolver hielt, und auch der Gärtner half noch den Eltern, die mit unhörbaren Schritten über den Schnee sich an den Schützen geschlichen hatten, der sich ohne Wehr ergab. Es war ja alles schon geschehen und der Schuß längst überholt und das Sterben bis auf den letzten Tropfen ausgeschöpft. Daß man da mit den Eltern im Kupee saß und nach Hause fuhr, war nichts als eine Höflichkeit. Jeder muß sich in seinem Leben einmal so erschossen haben, um zu leben.

11.

Die Bücher – Die kleinen Reisen – Helene

Auch wenn dieser Jüngling den Werther gekannt hätte, würde ihn nur eine schlechte Kenntnis des jugendlichen Menschen bezichtigen, eine praktische Kopie versucht zu haben. Hamlet, Werther, Julien Sorel – sie wären nicht die unsterblichen Grundtypen der Sensibilität des jugendlichen Menschen, wenn nicht wie nach einer psychogenetischen Gesetzmäßigkeit jeder junge Mensch, und sei es auch nur für Augenblicke und geringste Grade, diese wertherische, hamletische, sorelische Substanz produzierte und damit jenen Typ als Typ immer wieder bewiese und dessen Unsterblichkeit nährte. Wie der große Dichter, so kennt und bedient sich auch das Leben geweihter Formen, und es bleibt den kleinen Dichtern überlassen, »originell« zu sein und vergessen zu werden, wie das Ephemere.

Falsch wäre zu behaupten, daß, was der junge Mensch liest, keine formative Wirkung auf ihn ausübte, denn gerade um dieser Wirkung willen liest er, nicht um sich zu unterhalten, nicht um schlechthin »abgeklärt« zu genießen. Da ist ein unbekannter Weg zu gehen, und er ist im Dunkel. Das Buch soll eine Lampe sein, nicht daß sie einem das unbekannte Leben erhelle, sondern damit sie ihr Licht in einen selber werfe, denn man selber, das ist einem in diesem Jünglingsalter weit wichtiger und interessanter, als was man immer das Leben nennen hört, auf das man sich vorzubereiten habe und das einen erwarte und wie man es sonst aufreizend pädagogisch so viel zu hören bekommt, daß man schon gar nicht mehr hinhört.

Die Zerarbeitung der Schullektüre zu Unterrichtsstoff war in den unteren Klassen so entscheidend gewesen, daß es auch in den oberen Klassen bei dem Gefühl blieb, die alten Autoren hätten nur geschrieben, damit spätere Buben an ihren Schriftwerken Latein und Griechisch lernten. Zu keinem anderen Ziel, als etwas später einmal ebensolche Unterrichtsbeamte zu werden für eine neue Generation Buben. Kam in späteren Jahren das Gespräch mit Franzosen auf ihre Lizealzeit, hatte fast jeder von ihnen ihm kostbare Erinnerungen an wirkliche Lehrer, die sie für den Gegenstand begeistert hatten, und man hörte schweigend zu, weil man sich an nichts derlei zu erinnern hatte.

Einer namens Winkler, der einem am Sallust etwas mehr zeigen wollte als die Syntax, war einzige und zu schwache Ausnahme, als daß er einem Lust gemacht hätte, anders und über das Pflichtmäßige hinaus die antiken Autoren zu lesen. Das war übrigens auch bei den deutschen Autoren nicht anders, deren schulmäßiges Traktement einen Begriff des »Klassikers« suggerierte, gebildet aus Wohlanständigkeit und Idealen und einer dicken Isolierschicht Staub darüber. Was man da von Lessing etwa las und wie man es las, das ergab diesen Gipskopf, der neben anderen solchen Gipsbüsten die Fassade des eben erbauten neuen Burgtheaters zierte. Gab man diesem Bildnis das Leben aus der Schullektüre, so war nichts darin von diesem turbulenten aufreizenden Genius, sondern so etwas wie ein pedantischer Besserwisser, der nach dem Rezept so langweiliges Theater schrieb wie den »Nathan«. Und daß man, als ob sie von gleicher Güte wären, neben den Balladen Schillers auch solche von dem Österreicher Johann Nepomuk Vogel lesen und auswendig lernen mußte, stellte diese nicht höher, aber setzte jene herab und verstellte das Wesen der Dichtkunst völlig, das man dann, schon aus Opposition, bei dem heimlich gelesenen Heine zu entdecken meinte. Anders als die geschlossene antike Welt hat diese neuere ja Zugänge, die mit einiger Neugier darauf unschwer zu finden waren. Man ließ sich von der mit Anmerkungen versehenen Schulausgabe der »Iphigenie« nicht vormachen, daß dieser vierzigbändige Goethe, den man in den Auslagen der Buchhändler sah, nichts weiter als solche anmerkbaren Iphigenien enthielt. Und mit vierzehn hatte man »Die Räuber« gelesen und war also immun gegen den »klassischen« »Wilhelm Tell«, mit dem man drei Jahre später von der Schule aus durch acht Wochen lang geplagt wurde. Was man bei der antiken Welt ahnte, wovon man aber als einer indifferenten fremden Welt nicht weiter intrigiert wurde, das war einem bei der neueren Welt durchaus bewußt: daß die Schule einem von ihr ein gefälschtes Bild gab, gefälscht nach ganz verblasenen sittlichen und ästhetischen Begriffen, aufgestellt zu pädagogischen Zwecken und dann insgesamt ausgeübt von Vorgesetzten, die als Pädagogen nichts als einfältige Quälgeister, als Lehrer nichts als Beamte waren, die ohne jedes persönliche Interesse das Pensum ihres Jahres abhaspelten. In solcher Opposition gegen die Lehrer war auch die Opposition gegen den in der Schule gelesenen Dichter leicht eingeschlossen, so daß man also nicht weiter im Lessing und im Goethe las, sondern den Shakespeare, den man in der Schule gar nicht las. Oder den Jean Paul, von dem ein Buch gelesen zu haben genügte, daß man alle seine Bücher verschlang, diese ganzen sechzig in marmoriertes Papier brochierten Bändchen der ersten Ausgabe, die man, ein Geschenk der Gnade, bei einem Buchhändler für bare vier Gulden erstanden hatte, aber sich nach Hause zu bringen nicht anders traute als in kleinen Portionen, denn zwei von den vier Gulden waren nur erspart, die anderen zwei vom Vater stibitzt. Diese trübe Geldquelle wurde dann verstopft und das Wochengeld um einiges erhöht, als man in der Wohnung immer häufiger beim Aufräumen auf meine Büchernester stieß und die aus den Verstecken zusammengebrachten Bücher zwei Wäschekörbe füllten. Die Drohung, alles das zu verbrennen, war weit schrecklicher als das trotzig abgelegte Geständnis, ab und zu sich das Geld für diese Schätze ungefragt entliehen zu haben, denn da konnte man so ausfällige Bemerkungen dazwischenwerfen, wie daß es ja Bücher in diesem Hause nicht gäbe außer dem Krippenkalender der Mutter und den blöden paar Büchern der älteren Schwestern. Ich bekam einen Bücherschrank. Aber der Vater nahm von nun ab, wenn er heimgekommen den Rock gegen einen anderen tauschte, sein Portemonnaie an sich. Und bevor man auf den Erwerb von Büchern kam, jene, die man lesen wollte, gegen andere umzutauschen, die man gelesen, aber für das Bewahren doch nicht wichtig genug gefunden hatte, ergab man sich den imaginierten Genüssen, vor den Schaufenstern der Buchläden zu stehen und die Rückentitel zu lesen. Die abscheulichen Weihnachtswochen, wenn in diesen Schaufenstern die guten Bücher verschwunden waren, um den Weihnachtsgeschenken und Kinderbüchern Platz zu machen! Wie aufregend die Entdeckung einer Volksbibliothek am Anfang der Nußdorfer Straße, wo man Bücher ausleihen konnte und nach Hause nehmen, für nichts! Jeden zweiten Tag brachte ich zurück und holte Neues, und jedesmal schaute mich der Mann hinterm Pult, der das in sein

Buch eintrug, über seine auf der Nasenspitze plazierte Brille an mit Augen größter Bestürzung, und bei jedem Bücherwechsel hatte ich Angst, der Mann würde mir erklären, nun sei Schluß damit, denn ein so intensiver Bücherverbrauch sei unzulässig. Ich habe da wohl sämtliche zweitausend Bücher dieser Bibliothek im Lauf zweier Jahre gelesen. Ich erinnere mich, daß darunter eine vierbändige Verdeutschung des Rig-Veda war. Solches Viel- und Durcheinanderlesen mußte wohl mit der Liebe zu Jean Paul zusammenhängen, der in dem ungeheuren Schwemmsand seiner Lektüre immer ein kleines Korn Gold fand, das ich auch zu finden mir einbildete. Ich füllte Hefte mit Zitaten und Notizen aus meiner Lektüre. Und am ausführlichsten und längsten begleiten solche Notenbücheln die Lektüre eben dieses Jean Paul, nicht nur solche Jünglingsbücher wie die »Flegeljahre«, Freundschaftsbücher wie den »Siebenkäs«, Geniebücher wie den »Titan«, sondern auch so skurrile wie die »Grönländischen Prozesse«. Daß die kleinen schulmeisterlichen Idyllen fremd blieben, zeigt an, was zur Liebe entschied: es ist das Extreme an den beiden Polen, das exaltierte Gefühl und der exaltierte Intellekt. Die enge realistische Mitte fällt mit ihren Humoren durch. An dieser Stelle wurde der Stifter der Studien vorgezogen und auch Gottfried Keller, der eben in Heften lieferungsweise zu erscheinen begann, deren erste den »Grünen Heinrich« enthielten, der einem die Jean-Paulsche Welt um ein halbes Jahrhundert näher zu rücken schien, fast ins Unmittelbare der Zeit, in der man lebte. Erst als man das schweizerische Idiom sprechen hörte, wurde, was man für eine bewußte Eigenwilligkeit in Wortfindung und Satzführung hielt, als eine Art Übersetzungsprozeß des im Idiom Konzipierten ins Hochdeutsche erkannt und verlor dadurch vieles, was beim ersten Lesen so stark beeindruckte als ein nichts als Individuelles. Aber wieviel es doch bedeutete, die geschriebene Sprache aus der gesprochenen zu nähren und nicht bloß aus der geschriebenen, wurde einem an einem anderen Schweizer deutlich, an

Conrad Ferdinand Meyer, dessen ganze »edle« Prosa man leer fand. Man verstand nun, was Männern wie Bodmer, Breitinger, Lavater damals ihre Bedeutung gab: daß sie aus einem gesprochenen Idiom heraus das verfeinerte Ohr für die deutsche Sprache hatten.

Der große Bücherschrank füllte sich in allen Fächern, und keinem als mir, der nie den Schlüssel stecken ließ, erschloß sich diese Welt. Auf dem Tisch im Salon lag eines Tages ein Buch, es war ein neuer Roman von Ebers. Einer der Verehrer der Schwestern mußte es geschenkt haben. Ich las in dem Roman herum und riß dann alle Seiten durch, weil er mir höchst albern vorkam, mehr aber noch, weil es mir unerträglich war, daß im Hause noch jemand anderes ein Buch besitze und sich damit in meine Welt einschleiche.

Als die Verhandlungen über den Tausch zweier Stadthäuser gegen das nahe bei Wien gelegene Schloß Leesdorf gingen, hörte ich von einer Schloßbibliothek sprechen und daß sie der Besitzer nicht mitnehme und sie uns bliebe, und lag dem Vater in den Ohren. Nichts sonst an dem Handel interessierte mich als diese, wie ich mir vorstellte, mit Büchern bedeckten Wände vieler Räume. Es war aber nur die halbe Wand eines Raumes, und das meiste davon wanderte nach und nach zum Antiquar. Und dem, was blieb, fehlte bei den Gesamtausgaben meist ein Band. Es gab da einen Lichtenberg, einen Claudius, den Spinoza von Auerbach, einen bändereichen Voltaire, eine lange Reihe Wieland, – der Besitzer von Leesdorf war ein Herr von etlichen achtzig Jahren gewesen, der für die moderne Literatur, die für ihn mit 1800 anfing, nichts übrig gehabt zu haben schien. Mehr für eine Sammlung diplomatischer Akten, wovon einige hundert Bände den Hauptteil dieser Bibliothek bildeten und ein Ärgernis für den derzeitigen jungen Besitzer. Aber es blieb dabei, diesen dämmerigen großen Raum, in dessen eines breites Fenster die violetten Blütentrauben der Glyzinien hingen, die das ockergelbe Gemäuer dieses Flügels bedeckten, die Bibliothek zu nennen, und das war schon was, das über die fehlenden Schätze trösten konnte, von denen man so ausschweifende Vorstellungen gehabt hatte. Es beglückte, daß die verehrten Bücher einen ihnen geweihten Raum besaßen und daß er von ihnen den Namen hatte.

Da hier auch nebenbei die Jugendgeschichte eines Schriftstellers erzählt wird, muß dieser Umstand mit den Büchern und dem Lesen vor einem naheliegenden Mißverständnis bewahrt werden, als welches wäre, daß sich dieser Jüngling etwa in einer eigenen Dichterei betätigt und die Autoren nur gelesen hätte als erfahrene Kollegen gewissermaßen, aus denen wie man's macht zu lernen. Wenn er überhaupt darauf eingestellt gewesen wäre und nicht einfach gelesen hätte, um in den Besitz dieser Welt zu kommen, die dem eingeschränkten eigenen Jungenleben jede Weite und Tiefe grandioser Aussicht gab, dies wenigstens, – wenn, meine ich, so etwas wie eine Neigung bestanden hätte, das Gelesene nachzuahmen, so hätten diese dichterischen Bekanntschaften solches Leben eher beseitigt als gefördert. Mehr als daß alle diese Lektüre dort, wo es paßte, auf die Schulaufsätze abfärbte, gab es nicht, nicht mehr als jene kleinen Hefte mit den Notizen und Zitaten. Daß er Gedichte herstellte und ein Trauerspiel, das lag vor dieser Zeit des Lesens, bei dem Vierzehnjährigen, und der Anlaß dazu war jener überjährige Kamerad und Selbstmörder in der Bank, der, wie er erzählte und auch zeigte, so Zeug in ein Hamburger Theaterblättchen schrieb. Und schien selbstverständliches Zubehör, ja die Hauptsache in einer Liebesgeschichte der Sommerferien, und sie hieß Helene v. D. und war ein Fräulein aus Ratibor von etlichen vierundzwanzig Jahren, und der Schüler der dritten Klasse gab sich durch bedeutungsvolles Reden und mehr noch Schweigen alle Mühe, seine Lüge zu füttern, daß man Student im ersten Semester und zwanzig vorbei sei, was merkwürdigerweise geglaubt wurde, nicht nur von der Tochter, sondern auch von einem Vater, der mit wohlwollender Nachsicht diese jungen Leute gern allein ließ, die er sich vielleicht als sich demnächst verkündendes Brautpaar vorstellte.

In den Schulferien wurde man zuweilen von den Eltern zu Verwandten geschickt, wie zur Begutachtung einer elterlichen Leistung. Die erste solche Botschaft seines wohlerzogenen Daseins ging die Donau aufwärts, vom frühen Morgen bis in den späten Nachmittag dauerte die Fahrt, und der kleine Junge, zum erstenmal so allein unter Erwachsenen und Fremden, kam erschöpft an, denn er hatte sich nicht in den Speisesaal des Dampfers getraut. Dem Onkel eignete ein sehr fröhliches und lautes, der Tante ein sehr weinerliches und erzieherisches Wesen, und ein gütiges uraltes adliges Fräulein, das noch da lebte, blieb in allem, was sie lächelnd sagte, nur zu ahnen, denn sie hatte keine Zähne im Munde. Das weitläufige schloßartige Haus mit seinen altmodischen Möbeln und die Gärten, die in drei Terrassen bis an die Donau hinunterstiegen, interessierten weit mehr als die Bewohner, die immer in Angst waren, man würde in die Donau fallen. Ich schlief da in einem Empirebett, geformt wie eine Wiege, und der Weg auf die Toilette dieses Schlafzimmers führte durch einen Wandschrank, und es gab da statt des Toilettenpapiers kleine gesäumte Leinentüchel mit rotem Monogramm und Freiherrnkrone, die man nach dem Gebrauch in einen Kasten warf. Die Tante hatte eine zu hohe Stimme und eine Manie für Reinlichkeit. Jeden zweiten Tag schrubberte die Kinderlose mich eine Stunde lang ab und wusch mir die blonden Locken mit Eidotter und Kamillentee, eine mir höchst widerwärtige Prozedur. In einer Remise lackierte ich mir dafür gern meine Stiefel mit Teer und brachte mit dem Gestank und den Flecken auf dem blühweißen sandbestreuten Steinboden des Eßzimmers das Haus in Aufregung. Oder versteckte ich im Hause, bis sie stanken, Fische, die ich in Gemeinschaft mit einem gern streunenden Burschen von der Anlegestelle des Dampfers in den Donauauen mit der Stilgabel gestochen hatte.

Dieser fröhliche Onkel und Taufpate, der einem behaglichen, Rosen züchtenden Rentnerdasein so was wie eine Tätigkeit damit gab, daß er die Agentur der Donauschiffahrt in Persenbeug führte, hat sich einige Jahre danach erschossen. Er war sehr stolz auf seinen wohlgepflegten blonden Vollbart, seine Tenorstimme und seine Rosen. Legte der Dampfer an, vormittags der von Linz, nachmittags der von Wien kommende, stand der kleine Mann, der die fünfzig streifte, in seiner weißen Uniform am Steg, Rosensträuße in den Armen, die er den hübschesten Damen am Schiff überreichte, die vom Kapitän bereits avertiert sich an die Stelle drängten, wo der Laufsteg an das Schiff gelegt wurde. Das war eigentlich alles, was er sich zu tun machte, aber er sprach mit Wichtigkeit von seiner Beamtung. Ich weiß nicht, durch welche Umstände später die junge Magd zu uns ins Haus nach Leesdorf kam, um derentwillen sich dieser joviale Mann umbrachte. Sie war, eine entfernte Verwandte der Schiffahrtstante, in deren Haus bedienstet gewesen, eine gar nicht weiter hübsche Person, die fast nichts sprach und die Lippen aufeinanderpreßte, daß man es gleich merkte, sprechen sei nicht ihre Art. Unter einer hellen Stirn standen die grauen Augen ganz weit auseinander, und ihr Gang war so leise, als ob sie barfuß ging. Wie eine Klosterfrau war sie und erregte mich und Kameraden, die in Leesdorf zu Gaste wohnten, durch eine seltsame unverständliche Lasterhaftigkeit. Kam man spät in der Nacht, wo alles schon schlief, ins Haus und an der Kammer vorbei, wo sie wohnte, da stand die Tür offen, und bei dem dünnen Schein des Nachtlichtes sah man dieses Mädchen völlig angezogen quer über ihrem Bett liegen. Es war wie eine Aufforderung, der man folgte, einzutreten. Aber unter den Leibern der Jungen, die sich über das Mädchen warfen, lag dieses starr wie eine Tote, ganz starr verkrampft in den Gliedern, mit geschlossenen Augen und Lippen ganz in den Mund hinein verschwunden, der so nicht zu küssen war. Keiner von uns wagte seinen Versuch zur Lust über diesem atmenden Steine öfter als einmal.

Den nächsten Feriensommer wurden mir die beiden älteren Schwestern mitgegeben, und die Reise ging zu jener im mährischen Kuhländchen verheirateten Mutterschwester, hell, blond, groß und knochig wie die Mutter; sie hieß Tante Adolphine. Das ganz primitive Bauernhaus war ein bißchen eng für so viele Gäste, denn es gab da schon vier Kinder zwischen vierundzwanzig und vier. An dem fünften, das die alte Tante Adolphine bekommen sollte, ist sie – ein paar Jahre darauf bei einsamer Feldarbeit überrascht – in einer Ackerkrume verblutet. Der Onkel war nur ein halber Bauer. Mit den beiden Söhnen ging er jede Morgenfrühe eine Stunde weit in eine Waggonfabrik, Schmiede alle drei, und kamen gegen Abend heim. Ihre paar Felder bestellten sie in der Dunkelheit. Es war ein Dorf, acht Häuser groß, ohne Kirche und ohne Krämer. Zudem war es ein weiter Weg in das nächste Dorf, um die gedörrten Pflaumen zu kaufen, die ich in diesem Sommer allen anderen Genüssen vorzog. Vielleicht aber hatte der Krämer sonst nichts Genießbares für einen Jungen von dreizehn Jahren. Nach Staub schmeckende billigste Schokolade, hart wie Kiesel, war die Prädilektion des vorigen Sommers gewesen. Das Achthäuserdorf lag in einer Senkung, und viele Bäche liefen da, die man jeden Tag der Himbeeren wegen abwatete mit dem fünfjährigen Cousin, den man auf die Schultern nahm, wenn das Wasser für ihn zu tief wurde. Die so wie man selber alte Cousine Agnes war eine blonde scheue nie ein Wort sprechende kleine Magd, mit großen blauen Augen vor diesen Stadtkindern. Und wo der Krämer schon ungeheißen das Pfund Pflaumen abwog, da gab es die Truba, einen verfallenen hohen Rundturm über unterirdischen Gängen, die man in der spannenden Erwartung eines überraschenden Fundes immer wieder durchkroch. Den gefundenen gebleichten Unterkiefer eines Nagers gab man, um nicht vergeblich erwartet zu haben, einem Tiere aus der Tertiärzeit.

Die dritte Reise ging nach dem österreichischen Schlesien zum Vatersbruder Anton, der in einem nicht viel größeren

Dorf als der mährische Onkel mit Sohn und Schwieger auf einem bescheidenen Anwesen hauste. Ein Kind lag in der Wiege. Die Fliegen fielen in die Suppe, und das junge Weib, das rasch erkannte, warum der städtische Gast den Löffel ließ, sich ein bißchen abwandte und zum kleinen Fenster hinaussah, griff hinein und holte die Fliege heraus. Es war da auch sonst für diesen Jüngling aus Wien etwas schwierig. Er verstand kaum ein Wort dieses Gebirgsschlesisch, das diese in der Einsamkeit noch sparsamer mit der Artikulation gewordenen Bauern sprachen. Und der Bub war zu schüchtern und wußte sich zudem als wohlerzogener Gast, um sich mit seinem Hochdeutsch, das auch mehr geahnt als verstanden wurde, nicht durchzusetzen in langer und vieler Rede. Dann war ja auch das wenige, was da zu reden und erzählen war, bald gesprochen. Und Zeit gab es auch nicht viel dafür. Früh am Morgen stiegen der Alte und der Sohn den Berg hinauf zu ihrer Feldarbeit, und die Base wirtschaftete in Haus und Stall und besorgte das Kind. Sie war als Mädchen weit und breit die Schönste gewesen und das frühe Wissen darum wirbelte dem jungen Weib im Blut. Selbst im recht finstern Kuhstall hatte sie an einem Balken eine Scherbe Spiegel angebracht, und Holzschuhe trug sie gegen jeden Brauch selbst beim Misten und ihm hohen blonden Haarschopf einen Kamm. Säugte sie das Kleine, tat sie es gern auf dem Anger hinter dem Hause, wo es kühl und abgeschlossen sich auf dem hier ganz fein wachsenden Gras lag, und rief mich und tat kokettisch mit ihrer Brust und machte mich verlegen. Oder sie streifte die Schuhe ab und stieg auf den Kirschbaum, stand da oben mit gespreizten Beinen, zwei weißen nackten Säulen im Grün, und ich stand unten, das Maul offen, die heruntergeworfenen Kirschen aufzufangen.

Weit auseinander liegen hier die kleinen armen Dörfer, und die schwere Arbeit in den steinigen Äckern trägt knapp des Lebens Unterhalt und Futter für ein am Markt verkauftes Schwein oder Kalb. Weiter drin im Gebirge muß der Webstuhl, der die Nacht durch seinen humpelnden Takt schlägt, zum Fortkommen helfen. Die Bauern da sitzen selten im Wirtshaus, und ihre nüchterne Art wird auch bei den paar kirchlichen Festen nicht laut und gesellig. Sie sind eher Grübler und Hocker. Der gelüstigen Base muß es da schwer geworden sein, ihre Art zu leben, und es mußte so kommen, daß sich dieses Weibes wegen bald darauf Vater und Sohn Löcher in die Köpfe schlugen. Eine Flucht wohl war des Alten erste Reise in die weitere Welt und bis nach Wien im Jahr darauf. Wie ein Verlorener und Fremder zu allen Dingen ging dieser alte schlesische Bauer auf dem Schloß Leesdorf herum, fand sich nur mit dem Essen und Schlafen zurecht, sonst mit nichts. Um sechs in der Früh stand er im Hof am Schloßbrunnen und wusch sich, denn mit Becken und Kanne umzugehen trauten sich seine Hände nicht. Der Rübezahl hielt es nur drei Tage aus und fuhr wieder heim.

Der Tag war nicht herumzubringen auf Onkel Antons Gehöft, die nähere Umgebung in Wald und Wiesen bald abgestreift. Nichts war, mangels einer Gelegenheit, von der Reisebarschaft verbraucht, und sie schien groß genug, eine achttägige Wanderung in die Sudeten zu tragen. Es war am dritten Morgen dieser Wanderung, daß hinter dem Jungen, der gerade damit beschäftigt war, die bröcklige Steinkuppe des Fuhrmannssteines in sein Skizzenbuch zu zeichnen, drei Wanderer stehenblieben und ihm zuschauten. Und eine knarrige norddeutsche Stimme belobte den Zeichner und gebot aufzuschauen. Es war der Papa eben dieses Fräuleins Helene und eines Jungen meines Alters, der an der bunten Mütze, an Wimmerln und der schlaksigen Gestalt als Gymnasiast erkennbar war. Man zog mit ihnen weiter. Vier Tage und die ganze Sudetenhöhe lang bis zur Einsenkung und trennte sich in Zuckmantel, wo die drei ins Preußische fuhren, ich nach Wallstein heimging.

Was für diesen jungen Wanderer das Bedeutungsvolle der ersten beiden Wandertage gewesen war, dieses schweigende, aber im Innern vielstimmig bewegte Ziehen durch eine Landschaft, aus bewaldeten Hügeln und durch Bachtäler einem Gebirge zu, das bläulich in der Ferne erst gedämmert hatte und einen nun am Fuße aufnahm in ein schwarzes Grün, das immer heller wurde der Höhe zu, bis es jenseits der Baumgrenze nur mehr Himmelslicht war über steiniggrauer Öde, durch die man mit einem Gefühl leiser Angst und eines seltsamen Heimwehs zum Gipfel strebt, unter dessen Kuppe man ein gastliches Haus weiß – das war die anderen Tage wie verstellt von dieser jungen Dame oder wie um sein tiefes Geheimnis gebracht. Diesem Fräulein Helene, das, wie sie erzählte, von Hermann Kaulbach belobte Ansichtspostkarten in Aquarellfarben malte, hatte einen äußerst vertrauten Umgang mit der Natur, kein Wasserfall, kein vom Blitz gespaltener Baum entging ihrer stimmungsvollen Etikettierung und einem schwärmerischen Gehaben, das mich das so Angeschwärmte nur flüchtig wenn überhaupt bemerken ließ, um so mehr aber auf das so gefühlvolle Fräulein aufmerksam machte, wie sie wohl auch wollte. Diese Umsetzung von Natureindrücken in poesiehafte Worte war mir etwas Fremdes, aber ich brachte es als zu jungen Fräuleins gehörig mit ihnen in Verbindung.

Vater und Bruder Helenes waren immer um gut hundert Meter voraus, als ob sie im Auftrage die Gegend zu durchstapfen hätten und rasch damit fertig werden wollten. Dieses zu zweit Alleingelassensein wirkte wie ein Suchen des Alleinseins und überwand ohne eigene Mühe eine Distanz, was Worte nicht vermocht hätten. So gab es dann von Helene her die Gesten, wie daß sie sich stärker als nötig auf mich stützte, war ein Zaun zu übersteigen, oder daß sie mir ihre gepflückten Beeren in der hohlen Hand bot, aus der ich sie nicht mit den Fingern, sondern mit dem Munde nehmen mußte. Aber alles das hatte soviel sentimentale Nebenluft, daß sich in deren angenehmer Vibration der junge Aufschneider seines Alters halten konnte und mochte, weil er so mußte, um nicht in fürchterliche Blamage zu fallen, die den vorgeblich Einundzwanzigjährigen als einen vierzehnjährigen Knaben entlarvt hätte. Welcher Junge noch nicht vor ganzen vier Wochen mannbar geworden und von solchem Umstand scheu und dumpf war und nichts als dieses wußte, daß solches Wesen wie dieses Mädchen hier die von der Natur bestimmte Partnerin in einer Sache sei, deren Details und Funktionen ihm ebenso unbekannt wie unheimlich waren. Hätte diese Vierundzwanzigjährige nur einige Erfahrung gehabt oder ein bißchen Verdorbenheit statt ihrer von den Sinnen überdehnten Jungfräulichkeit, sie hätte sicher Points gesetzt, wenn sie dann überhaupt diesen als Knaben gleich Erkannten beachtet hätte. Der es sich in steter Angst, beim Wort genommen zu werden, gefallen ließ, für einen jungen Mann gehalten zu werden, der voll zarter Rücksicht ist und mit einer großen Neigung für das Sentimentale. Er tat wie ein Freier, der seiner Braut nicht näher kommt als sie ihm erlaubt. Oder sich taub stellt in schwierigen Situationen. So sagte Helene, daß ihre Leute ihr immer untersagten, die Hände in die Seitentaschen des Mantels zu stemmen, weil so die Prostituierten gingen. Das sagte sie derart, daß gesagt sein sollte: Kennst du solche Mädchen und traust dich, so nimm mich für eine solche und trau dich. Da aber sagte dieser also Aufgemunterte nur so was wie, er fände das nicht. Und redete gleich von was anderem. Dieser Vorstoß mit den Händen in den Manteltaschen fand auf einer Promenade in Ratibor statt, in welches garstige Städtchen sich der Jüngling auf die lebhafte Einladung des Herrn Papa beim Abschied einige Wochen später von dem nahen Leobschütz aus begab, wo er bei Verwandten der Mutter weilte. Es war ein fataler Besuch, denn er brachte, wenn auch nicht die offene, so doch die deutlich gespürte Niederlage. Herbeigeführt durch ein lebhaftes hübsches Mädchen aus Berlin, das in dem Hause Helenens zu Gast war. Papa und Tochter müssen in der Zwischenzeit etwas zu viel und zu wichtig von diesem Wiener Reisegefährten, intelligenten und höflichen jungen Mann erzählt und damit eben bei diesem vifen Berliner Mädchen Vorstellungen erweckt haben, als käme nun dieser Herr für nichts Geringeres, als um Helenens Hand anzuhalten. Wartend im Salon, mit dem Hut in der Hand und von seiner eigenen Kühnheit erschreckt, vernahm er aus dem Nebenzimmer Geräusche, wie sie Mädchen machen, wenn sie lachend und hastend sich für den Besuch herrichten. Deutlich flog so was wie ein Schuh an die Tür. Helene hätte es mir auf dem Nachmittagsspaziergang nicht zu sagen brauchen, wie ängstlich gespannt sie auf den Eindruck gewesen wäre, den ich auf ihre Cousine, eben jenes Berliner Mädchen, machen würde. Denn dieses reizende Geschöpf stürzte ins Zimmer, während sich hinter ihr wie verhüllt in schöne Gefühle und Genugtuung Helene nur so hereinwand, sah mir ins Gesicht, hielt eine kurze Zeit den Mund offen und lachte dann einfach heraus.

Ich war in meinen vierzehn Jahren erkannt. Wenn auch noch nicht für Helene oder nicht für deren Zugeben, denn das hätte sie ja komischer getroffen als mich. In einer großen Beschämung fuhr ich am anderen Morgen zurück. Der Alte hatte mich in einem Hotel untergebracht. Er hatte sogar die Zimmerrechnung bezahlt. Wie einem Jungen. Nicht wie einem Gast, fühlte ich.

Aber um auf die Gedichte zu kommen: diese verfertigte ich in den paar folgenden Monaten und legte sie den Briefen bei, die ich an Helene schrieb und die sie mir beantwortete. Es war so eine Art kaschierten Rückzuges aus einer ganz verfehlten Situation, in der die Sentimentalität recht abscheulicher Verse retten sollte, was zu retten war, indem sie sich an den auf der gemeinsamen Wanderung angeschlagenen Ton einer poetisierten Landschafterei hielten.

Was sich dann um etwas über ein Jahr später mit den beiden Schwestern begab, fand schon einen etwas dramatischeren Jüngling, und so gab es keine Gedichte, weder an Molly noch an Ellie. Auch war um diese Zeit auch schon die Erschütterung durch die großen Gedichte über ihn gekommen, die nicht den geringsten Gedanken daran entstehen ließ, daß man sich selber auf solche Weise ausdrücken könnte.

12.

Herder – Basarow – Nietzsche

Wenn etwas auf das Gewissen des Jungen drückte, so eine gewisse Scham darüber, daß er aus etwas so Unsinnigem wie dieser Alterslüge das Sinnvolle zog, als das ihm alsbald, da er sie kennenlernte, Gedichte wurden. Er schämte sich nicht über seinen Schwindel, den er sich aus dem Zwang der Umstände erklärte, sondern über den Schwindel seiner Reimereien. Er gab das Heft, das er damit vollgeschrieben hatte, einem Schulkameraden, mit dem ihn nichts als die Neigung zusammenbrachte, geschwänzte Schultage auf der alten Donau im Schinakel zu verbringen. Zu sonst taugte dieser kurzstirnige blatternarbige und geistig ganz uninteressierte Bursch gar nichts. Ein nichts als kräftiger Kerl, fähig und geneigt, zu helfen, das gemietete Ruderboot über den Damm ins Bett der regulierten »großen« Donau zu bringen und da wohl stromabwärts zu fahren, aber stromaufwärts den schweren Kahn auf dem Steindamm des Ufers heimzuschleifen, worüber über dem früh begonnenen Tag die Nacht hereinbrach. Der Bursch verlor das Heft, und das wurde wie die endgültige Beseitigung eines Unangenehmen empfunden.

Eine so verlotterte Vorstellung von dem gespannt erwarteten Leben als Aufgabe hatte man nicht, als daß man sich darauf nur vorzubereiten brauchte mit Dichterlesen und Musikhören.

In der Leesdorfer Bibliothek fand sich ein Zauberbuch, die erste Ausgabe von Herders »Ältester Urkunde des Menschengeschlechts«, eindringlich schon durch sein abweichendes Format, das ins Breite ging. An diesem Buche buchstabierte sich der Siebzehnjährige aus seiner nichts als musischen Welt in eine gedankliche, der Lichtenberg die blitzenden Lichter aufsetzte. Man nennt das Zufälle. Aber was nicht prädisponiert im Individuum bereit liegt, wird den Eintritt eines Bestimmten nie als »Zufall« auszeichnen. Es gibt nichts Zufälliges. Nur Fälliges. Der Mensch läuft nach dem Gesetz seines Antrittes ab. Da er kein Gott, sondern ein von Dämonen und Schutzengeln gezerrter und gestützter Mensch ist, wird er sein Gesetz im besten Falle nur ertasten, nie aber kennen.

So begannen dann diese langen sommerlichen Wochen, wo man – ich meine: dieser Herderleser und der um zwei Jahre ältere, im gleichen Sturme bewegte Joseph Strasser – im Augarten auf einer Bank rittlings einander gegenübersaß und nach der säubernden Vorbereitung zweier Partien Schach sich aus der Reclamausgabe die »Kritik der reinen Vernunft« in die dampfenden Köpfe hineinexplizierte, die uns das Alpha, das nötige, für ein unbekannt im Fernen liegendes Omega schien, von dem man nur wußte, daß es kein Provisorium sein dürfe, sondern ein Definitivum sein müsse. Daß wir uns nach solcher Arbeit eine kurze Pause des Leichtsinnes bei Büchners Kraft und Stoff gönnten, das der Kamerad wo aufgestöbert hatte, ist begreiflich. Aber nur der eine blieb, seiner Art folgend, dabei und las in der Richtung weiter den Buckle, den Haeckel und so herunter bis auf die kleinsten Aufklärer und dazu die das vermeinte Pendant bildende schöne Literatur bei Turgenjew und Spielhagen, deren so positive Figuren, für die er sie hielt, er mit nicht wenig Hohn und Spott gegen so passive wie den »Grünen Heinrich« setzte, um mit seiner Verhöhnung auch den zu treffen, der seinen träumerisch-törichten Heinrich nicht gegen den hochinteressanten herzenbrecherischen Hauslehrer Spielhagenscher Faktur hergeben wollte – auch als ihm der andere, sich selber Basarow nach dem Roman nennend, den Namen des schwächlichen, bloß so mittuenden, anderen Sohnes des Romanes gab, sosehr ihn diese Spottbezeichnung auch als ungerecht und unrichtig schmerzte. Diese zwei jungen Leute lebten miteinander und unzertrennlich in einer Haß-Freundschaft, einig darin, daß diese Gegenwart unerträglich und zu ändern sei. Basarow glaubte in diesen Materialisten und radikalen Romanciers die Wegweiser in die übermorgen anbrechende Zukunft zu sehen; Dimitri war hingegen der Meinung, daß dieser Weg nicht einen solchen überraschenden Haken schlagen und sich doch schon in der Richtung eines bisherigen weiterziehen müsse.

Basarow wohnte bei seinen Eltern in einer der proletarischen kinderdurchlärmten Gassen in der Gegend des Nordwestbahnhofes. Der erste der drei kleinen Räume, in den man durch die Tür vom Flur trat, war eine schmale Küche. Als eine früh gealterte verkümmerte Magd wirtschaftete und hauste da die Mutter des Freundes, ihm in der versorgten, zerfalteten Miene eines alten müden Dienstboten erschreckend ähnlich. Im nächsten Raum hatte sich der umfangreiche Vater nach dem ihm von der Frau servierten reichlichen Essen, das er allein einnahm – sie aß rasch was in der Küche –, zur Verdauung auf den Diwan hinter den Tisch gestreckt. Er verlag so die vierundzwanzig Stunden Urlaub seines Dienstes als Eisenbahnschaffner. Hatte die Allüre eines Beamten, weil das sein Bauch und der Umstand, daß sein Sohn Jus studieren sollte, verlangte. Sprach auf hochdeutsch geschwollenes Zeug, schimpfte auf Frau und Sohn. Der schlief des Nachts auch auf diesem selben Diwan. Ein dritter enger Raum war Schlafzimmer der Alten.

Man ging gleich wieder fort. Es roch scharf und fade nach Ausdünstung und Essen, und Basarow schämte sich und litt darunter, daß er sich schämte. Das brach auf der Straße in Spott aus, daß es war, als spie er Galle. Er hatte einen einleuchtenden und einfach zwingenden Weg zu jedem Radikalismus und zu jedem allgemeinen Schluß. Dem Intelligenten, der hier ganze Viertel leben sah genau so wie seine Eltern, wurde es rasch genug deutlich, daß er hier nicht ein Einzelschicksal besonders widerlicher Art erleide, sondern das einer Klasse. Blies schon das giftige Ressentiment in seinem Reden mit, so doch nur zur Verstärkung eines artikuliert versuchten Tones. Er litt zu sehr, als daß er das nur für sich als Auftrieb nützen konnte, und er war zu schwach im Willen, als daß er nicht das Bündnis einer allgemeinen Sedition gesucht hätte, gebündelte schwache Willen vieler und Aufteilung der Verantwortung. Sollte es dafür nicht eine Gesetzmäßigkeit geben, die man doch soeben im Denkerischen konstatiert hat? Er war als ein Klassenangehöriger im Blute vorbereitet, die marxistische Taufe zu empfangen, und konnte als deklassierter Intellektueller die ehrgeizige Hoffnung nähren, wenn nicht Papst, so doch Bischof in der marxistischen Kirche zu werden.

Die Sätze des schwarzhaarigen Basarow waren bestimmt und schematisch wie die Verhältnisse und Umstände, die er sah und lebte: dies trug alles schon seine kurze erbarmungslose Definition in sich selber. Der blondhaarige Dimitri hatte es etwas schwerer, seinen Radikalismus zu formulieren. Er war nicht den zynischen Weg gegangen wie der Freund. Er konnte den hier gegebenen Formeln keinerlei Schärfe seines Blutes beimischen, die sie schmackhaft gemacht hätte. Noch war ihm die aufreizende und scharfe Formel des »Kommunistischen Manifestes« unbekannt. Noch war er in der Faszination von der Ethik Schopenhauers so eingefangen, daß er den Schulunterricht schwänzte und in Griechisch durchfiel, um auf der Hofbibliothek Sanskrit zu lernen nach Böckhs Grammatik, und die Upanischaden auf lateinisch zu lesen versuchte. Und erlag, durchaus ein Atheist – gestern war man offiziell aus der katholischen Kirche ausgetreten und besaß darüber eine amtliche Bestätigung –, erlag einer buddhistisch gesteigerten christlichen Ethik bis zur asketischen Selbstqual. Wochen hindurch schlief er auf einem Ausziehbrett des Eßtisches, das er unter das Leintuch des Bettes legte. Um der letzten Erfüllung näherzukommen. Daß der neue Lehrer ganz anders und gar nicht asketisch, sondern als ein Schlemmer und Lüstling gelebt hatte, erfuhr er mit Mißvergnügen, denn man ist rigoros in diesem Alter und verlangt zu ihren höchsten Beweisen, daß die Lehre mit der Lebensweise übereinstimme, und kennt nicht diese seltsamen Tricks des Geistes, die so lehren heißen und so leben lassen, und daß, was einer denkt, das Gegenteil seiner praktischen Biographie sein kann. Dieser vermeinte Widerspruch ließ den jugendlichen Jünger der Lehre in der Schwebe einer quälenden Unentschiedenheit, und entscheidungssüchtig wie er war, ging er, dem ersten Lehrer als Mittler dankend, aber ihn als Erlöser bezweifelnd, zu den Quellen der Lehre selber. Auf dem Wege stieß er auf eine Schrift »Schopenhauer als Erzieher« und erfuhr, daß ihr Verfasser irrsinnig in Naumburg den Tod erwarte, den ihm viele seiner Zeit als Strafe Gottes für Irrlehre und Jugendverderbnis wünschten. Wie auch, daß sich im Fall Nietzsche die Gegensätzlichkeit von Lehre und Lebensführung noch viel ungewöhnlicher äußerte. Daß einer fromm tat und unfromm lebte, war einem ja geläufig. Aber daß einer den Stolz, die Wollust und die Selbstherrlichkeit des Individuums lehrte, in seinem persönlichen Leben aber demütig, keusch und mönchisch war, das erschien doch höchst ungewöhnlich. Beide, dieser Nietzsche und der, von dem er als Erzieher eine Schrift geschrieben hatte, hatten hier spirituelle Welten von größter Eindringlichkeit gebaut, jener die seine krönend mit der heroischen Tugend der gepredigten Abtötung bei lasterhaftem Leben, dieser mit dem heroisierten Laster bei tugendhaftestem Leben im Verzicht, also im Widerspruch mit sich selber, indem sie in der Tat Selbstmord für ihre Welt begingen.

Nietzsche war das zweite aufregende Erlebnis unserer achtzehnjährigen Jugend, und der tragische Glücksfall seiner Verbindung mit Richard Wagner fiel wie eine Fackel in die Nacht unseres Wagnertums und ließ eine weit tiefere und gegliedertere feindliche Front erkennen, als wir sie bisher in den Musikern bloß gesehen hatten, in Meyerbeer, Rossini, Verdi. Was wir bisher musikalisch mit den Nerven erlebt und als eine Weltdeutung nur geahnt hatten, das wurde nun durch Nietzsche offenbar: daß diese Kunst uns wieder dorthin verführte, woher wir gerade geflohen waren, bis zum öffentlichen Bekenntnis unserer Abtrünnigkeit und Ablegung der Bezeichnung Christ. Der uns in Bayreuth unerreichbare Parsifal war uns, was wir Nietzsche glaubten, die zugefallene Klappe der Falle, aus der es nur einen engen Ausweg gab, der in die Messe führte. Gerade hatten wir vor der versammelten Lehrerschaft in ganz christlichem Märtyrerstolz erklärt, die Schulmesse nicht mehr besuchen zu können, da uns dies als Ungläubigen durchaus als ein Sakrileg vorkomme.

13.

Tschandala – Bebel und Viktor Adler – Die Arbeiter

Wir lebten bis zum Zerreißen gespannt und nahmen Entspannungen wie triste Opfer hin, die uns mehr von niederen Dämonen entrissen wurden, als daß wir sie gebracht hätten. War Lust dabei, kam es uns wie Gelüst vor. Unsere vermeinten Einsichten waren voll schwerer gewittriger Luft, und wir gingen darunter wie unter schwarzen tiefhängenden Wolken. Das machte, daß wir uns im Alltäglichen des erdlichen Weges nur stolpernd weiterbewegten auf kritischen Krücken, deren Zerbrechlichkeit wir mit zynischem Zuruf uns zu verbergen suchten. Und das vor einem aufgerollte Feld der Welt war so weithin, daß sich die Wege in Spuren verwischten, die man mehr ahnte und behauptete als sah und feststellte. Die Leuchten waren so hoch, daß davon nur ein schwacher Schein auf die irdische Bahn fiel. Die rationale Welt, die man denkend lebte, und die praktische, die man nicht lebte, aber sozusagen gelebt wurde, versäumten immer ihre Rendezvous. Man machte ungeheure, aber vergebliche Anstrengungen, in die des ordnenden und abgedankten Gottes beraubte und ins Chaotische gefallene Welt eine Ordnung durch die aufgestellten Götter zu bringen, denen man sich selber als ein leidenschaftliches, aber schwankendes Piedestal bot, denn man sah erschreckt, daß diese Götter ihre Bahn zogen und nicht jene Unwandelbarkeit des überkommenen Gottes besaßen. Jene Rendezvous mußten verfehlt werden, denn nur ein Kompromiß hätte sie wirklich zustande gebracht. Aber schon das Jahr zuvor hatten wir die widerrufende Nachgiebigkeit der »Kritik der praktischen Vernunft« mit einer solchen Verhöhnung ihrer Propos gelesen, daß Kant darüber errötet sein muß. Außerdem wird kein Schüler mit schlechten Zensuren geneigt sein, den kategorischen Imperativ als Ethik zu akzeptieren. Da liegt die Flucht ins Nirvana weit näher, in welche Auflösung und Enthebung jeder persönlichen Verantwortung sich der Jüngling ja auch begab. Er zerfloß in das Nichts, aus dem kein Lehrer ihn mehr festzustellen vermochte. War das Klassenbuch erst einmal Tschandala, dann gab es davor nichts mehr zu fürchten in der ideellen Welt des Wesentlichen. In der praktischen des Unwesentlichen gab es Reibungen, deren momentanes Knirschen ins Ohr fiel, aber nicht weiter.

Basarows Radikalismus hatte eine wenn auch simple, so doch solide und jede Stunde überprüfende Grundlage von gröbster Sinnfälligkeit. Aus den allwöchentlichen Konfrontierungen des väterlichen Arbeitslohnes mit dem mütterlichen Wirtschaftsbüchel ergab sich mit der Regelmäßigkeit eines Naturgesetzes ein ungedeckter und undeckbarer Posten im Budget und die Aussicht, daß das Universitätsstudium nur dadurch möglich würde, daß der Student Unterrichtsstunden gäbe. Da war also eine steile mühselige Leiter aufgerichtet, Sprosse um Sprosse zu erklettern, fünf, sechs Jahre lang, um, ist man oben, eine Anweisung darüber in der Hand zu halten, daß man befähigt sei, einen bürgerlich anerkannten Beruf auszuüben, nichts weiter als das. Man hat eine Anweisung auf ein Entreebillett in die bürgerliche Welt, die man mit Zustimmung nicht nur, sondern hier auch noch als deren Verteidiger betritt. Über die Dienertreppe. Basarow fielen die straffen Haare zu ungebärdig in die kurze Stirn, als daß ihn das Kostüm des als Herrn verkleideten Dieners gelockt hätte.

Was Dimitri betrifft, so empfing und umgab ihn ein bürgerlicher Haushalt, den nicht die Not, sondern nur ein hergebrachter Sinn für Einfachheit regulierte. Anders hatte er es nie gekannt. Und wenn der kritische Jüngling seinen Vater einen Ausbeuter nannte, wurde er aus Beschämtheit über das Unglaubliche seiner Kritik so rot wie der Alte aus Ärger über den frechen Jungen.

Es war dieser unzulänglichen Kritik auch gar kein sittlicher Nachdruck zu geben aus einem Begriff der Humanität, wie er heute so geläufig ist und sich im Dienst für die Menschheit zu äußern sucht, das heißt für die Bedürfnisse der vielen. Wir besaßen keinerlei Menschenliebe aus dem gemütlichen Affekt des Mitleids. Ich meine, wir holten uns daraus keine Gesinnung und auch keinen Nachdruck für eine solche. Nietzsches genealogische Durchleuchtung der Moral konnte uns also nicht nur nichts anhaben, sondern, was wir zu denken meinten, nur bestätigen. Was alles natürlich nicht sagt, daß man im unmittelbar erlebten Fall so etwas wie ein sittlicher, dem Affekt des Mitleids unzugänglicher Rohling gewesen wäre. Sowenig wir auch mit der Art einverstanden waren, in der man uns das klassisch-humanistische Ideal auf der Schule beibrachte, so war dieses doch unser geistiges Besitztum geworden, daß ein Begriff der Menschheit sich nur an der menschlichen Höchstleistung bestimmen kann. Der wissenschaftliche Sozialismus hätte unsertwegen gegen den utopischen nicht zu polemisieren brauchen, denn dessen menschheitsfreundliche Voraussetzungen waren nie die unseren gewesen. Keinerlei materielle Not der Menschheit im allgemeinen preßte uns Tränen ab, die wir für Gedanken hielten. Aber daß dort und da und überall gelebt wurde tief unter dem humanistischen Ideale der Menschheit, das empörte uns. Denn darüber mußte ja einmal die geistige Konzeption dieses Ideales selber unmöglich werden und aus den Denkbarkeiten verschwinden.

Daß die Grundfesten dieses mit ablehnender Haltung mitgelebten bürgerlichen Lebens faul seien, war vage theoretische Annahme aus der Sicht eines immer das Elend streifenden proletarischen Daseins, das mit der etwa von der Mutter als Heilmittel gepredigten Sparsamkeit nicht zu ändern oder gar aufzuheben war. Der junge radikale Kritiker konnte in solcher gepredigten sittlichen Anstrengung des Einzelnen nicht die Lösung eines Problemes sehen, das ihm kein sittliches war. Für ein solches hätten ja die christlichen Handhaben genügt, die gelehrten Tugenden des Fleißes, der Demut, der Geduld auf der einen, der Nächstenliebe auf der andern Seite. Die Grundlehre und Definition der katholischen Kirche, der in die Zeit fortgesetzte Leib Christi zu sein, gibt ihrem Klerus höchste Verantwortung mit seiner Bedeutung, dem Laientum aber die Unterordnung. Nicht in einem absoluten Sinne, der es etwa dem religiösen Genie eines Laien verböte, sich kirchlich umformend zu äußern. Wohl aber gebietet die Kirche den Millionen der nichts als unruhigen Schulzes und beunruhigten Meiers des Lebens Schweigen und Gehorsam. Das außerordentlich feinmaschig gewobene Netz der Kultformen und Ritualien hat keine Masche, weit genug, um willkürliche Laienexpeditionen ins Religiöse auf eigene Faust durchzulassen. Es gibt da keine Frage, auf die die Kirche nicht die Antwort längst hätte. Als der Abtrünnige dem Vater das amtliche Papier überreichte, das den Austritt aus der Kirche als zur Kenntnis genommen quittierte – welches Schriftstück im unerforschlichen Ratschluß österreichischer Bureaukratie den sonderbaren Titel »Ratschlag« trug –, da fragte er mit einiger Entrüstung und ganz richtig katholisch den Sohn: »Warum hast du nicht auch gleich deinen Namen abgelegt?« Eltern und einen Namen haben, zwei Beine und eine Nase, katholisch sein, das gehörte zusammen wie ein hingenommenes untrennbares Faktum des Daseins, aus dem man sich, gibt man eines davon auf, hinausbegibt.

Als eine solche Absage an die Familie war die Geste wohl auch von dem Jungen gemeint, als er jenes Papier wies. Ein Christ im evangelischen Sinne ist er dabei nie gewesen und so auch nie mehr geworden, aber katholisch von Zeit zu Zeit immer wieder. Und immer dann, wenn seine Verachtung der Menschen einen Punkt gefährlicher Gleichgültigkeit schon fast erreichte und diese Gleichgültigkeit ihn selber zu erfassen und in die Erstarrung zu zwingen drohte. Da gab es aus der Not der armseligen Selbsterhaltung den fast automatischen Sprung auf die lockende theologische Klippe. Nicht in das Irrationale schlechthin, das Mystische oder dererlei, sondern in das subtil rationierte Irrationale einer kirchlichen Ordnung des trüben, sumpfigen und stickigen Religiösen, das ungeformt und ungeordnet, undrainiert und ungesäubert nur ein ununterscheidliches Gemisch ist aus Schwachsinn und Irrsinn, Lebensfurcht und Todeswünschen, Lüsten und Gelüsten einer etwas schäbig gewordenen Menschheit.

Jener überreichte »Ratschlag« war ein vermeinter Strich unter vielerlei Rechnung. Praktisch gab es Schwierigkeiten, daß man von einem verfassungsmäßigen Rechte Gebrauch gemacht hatte, das dem österreichischen Staatsangehörigen von seinem sechzehnten Jahre ab freistellte, ohne einzuholende Zustimmung von Eltern oder Vormündern aus einer Glaubensgemeinschaft auszutreten, eine andere Konfession anzunehmen oder konfessionslos zu bleiben. In der Schule erklärte man dem Konfessionslosen, daß er sie nicht mehr besuchen könne, sondern sich privatim auf die Matura vorzubereiten habe. Die Ahnung, daß man da, was immer man auch konnte, durchfallen würde, trog nicht. Und es mußte noch ein halbes Jahr darangesetzt werden und eine andere Schule gesucht. Aber man hatte eine kostbare Freiheit gewonnen,

Zeit, über die man selber verfügte. Man konnte schon als außerordentlicher Hörer so was wie ein halber Universitätshörer sein. Das Selbstgefühl des Jünglings mußte nicht mehr Tag und Nacht die schulmeisterlichen Attacken abwehren mit jenem obstinaten Schweigen, dem die Lehrer so viele dumme Bedeutungen und erniedrigende Namen geben, um nicht gestehen zu müssen, daß es Stolz ist. Das Vertrauen zum eigenen Urteil wuchs, und dieses schoß in die Schärfe der so unerbittlichen Jahre. Da waren die beiden Schwestern des Jungen in jenes Alter gekommen, wo bürgerliche Eltern an Schwiegersöhne denken, während die Mädchen erwarten, daß sich nun die schwärmerischen Gefühle der jungen Tanzkränzchenbekanntschaften, die sie Liebe nennen, zu dem verdichten, das man Heirat aus Liebe nennt. Eltern antworten auf solche, gar nicht der ehelichen Kategorie angehörige Schwärmerei mit all den Realien, die sich in dem Worte Gute Partie zusammenfassen, und es geht bei diesem Zusammenstoß einer imaginierten Liebesehe mit einer als allein sich bewährenden genehmigten Vernunftehe nicht ohne Tränen und Szenen ab. Im zarteren Alter war den Mädchen der zu nichts führende Flirt, oder wie man das nennt, als das ihnen Zukommende ja gegönnt worden. Nun handelte es sich um Ernsteres, da man nicht mehr siebzehn, sondern nächstens zwanzig und einundzwanzig ist. Der jüngere Bruder, praktisch gar nicht mit großer Zärtlichkeit für die Schwestern ausgezeichnet, die man ja in diesem Alter zu verachten tausend Gründe hat, nimmt theoretisch ihre Partei gegen die Vernunft der Eltern, die den Gatten wählt: Liebe hin, Liebe her, die käme in der Ehe von selber. Die Mädchen geben nach, erst die eine, dann die andere Schwester. Und fallen den Bruder an, der ihre Abtrünnigkeit und die Lächerlichkeit dieser Bräutigame in allen Farben seiner Verspottung schillern läßt. Er sieht durch die offenen Flügeltüren drei Zimmer durch, wie der etwas kleine korpulente Fabrikant, nachdem er das elterliche Jawort erhalten, nun auch um das der Schwester bittet oder so tut, denn er ist dessen ja sicher. Und der Junge lacht höhnisch in die Komik hinein, da der kleine Mann etwas schwierig vor der Schwester ins Knien kommt auf einem Bein und die Schwester ein Spitzentuch vor die Augen drückt. Das war nicht viel, aber doch hinreichend, um als eine weitere Erfahrung die radikale Kritik zu stützen, die man an der herrschenden Gesellschaft übte. Daß diese Gesellschaft, mehr am Zurechtkommen mit der Liebe als am Sterben daran interessiert, dem Liebesgefühl lieber eine geringe als übermäßige Bedeutung gibt und es kalmiert, falls es vorhanden, durch Beimischung anderer verhaftender Gefühle und Interessen: das war natürlich nicht die Kritik des Jünglings, sondern kurz, scharf und absolut: daß die bürgerliche Ehe nichts als ein Geschäft ist und gegen die Liebe geschlossen werde, von der er zwar nichts wußte, an die aber als an eine alles verzehrende göttliche Flamme zu glauben ihm paßte, wenn er sich überhaupt was vorstellte.

Wir jungen Burschen besaßen, wie man sieht, überaus genaue und sichere Kenntnis von der bestehenden Gesellschaft und deren Verwerflichkeit. Sollte es da Lücken gegeben haben, überbrückte sie ohne weiteres die Leidenschaft unseres Temperamentes. Was immer Radikales wir lasen, wir machten uns noch weit radikaler. Was wir erlebten, wir verstanden es, ihm den gebogenen Haken zu geben, mit dem es sich in unser Weltbild einfügte, das allerdings mehr im Negativen als im Positiven exzellierte. Zunächst sei so ziemlich alles zu vernichten. Solcher Einsicht entsprachen die Mittel, mit denen wir diese Vernichtung besorgen wollten. In unserem Staate, in dieser unserer Stadt. Wir gaben uns in unserer radikalen Gesellschaftskritik keine absolute Originalität. Wir wußten von russischen Nihilisten. Hie und da, wenn auch sehr selten, tauchte in einer Wiener Zeitung der Name Bebel auf mit einem zitierten Satz aus einer Reichstagsrede. Wir wußten also, wir sind nicht allein auf der Welt. Noch ein paar Leute auf ihr wollten wie wir. Nur nicht in dieser Monarchie, die schlief. Streikende Arbeiter in den Vororten wurden von der Polizei beschossen, waren wehrlos. Die Substanz des Aufruhrs war also da, nur ihr Sinn fehlte ihr. Daß es in Österreich eine sozialdemokratische Partei gab, davon ahnten wir nichts. Wußten nicht, daß sie unter dem Gesetz gegen anarchistische Umtriebe ein fast katakombisches Dasein führte. Nie lasen wir in einer Wiener Zeitung davon. Nie hatten wir eine Nummer der »Gleichheit« gesehen, des neuen Wochenblattes dieser eben begründeten Partei. Die Fahne der Revolution in diesem Lande aufzupflanzen war unsere erkannte Aufgabe. Wir wußten, was wir wollten. Wir brauchten nur ein bißchen Rat und Hilfe. Wir erwarteten beides von diesem Manne, diesem »Tischlergesellen«, wie die Wiener Zeitungen ihn verächtlich nannten, wenn sie, selten genug und allzu kurz, von ihm Notiz nahmen. Von diesem August Bebel. An ihn mit der Adresse »Deutscher Reichstag« ging also ein umfangreiches von dem Dimitri verfaßtes Schriftstück ab, das wohlgeordnet alles Wesentliche enthielt dessen, was wir, die zwei Turgenjewschen Söhne, in zahllosen Stunden erregter und noch mehr erregender Gespräche festgestellt hatten. Auf die einleitenden begründenden Sätze von der Notwendigkeit der immediaten Revolution folgte in höchst detaillierter Ausführung, was wir tun wollten, diese Revolution ins Werk zu setzen. Alles hätte höchst geheim zu geschehen: Geheimdruckereien, geheime Bewaffnung, geheimer Unterricht im Gebrauch aller Zerstörungsmittel. Ich glaube, es fehlte nicht einmal das Gift, die angebohrten und mit Dynamit gefüllten Altarkerzen und sonstige solche Grauslichkeiten zur Herbeiführung eines Goldenen Zeitalters, über das wir uns aber in dem Schriftstück nicht weiter ausließen als einer cura posterior. Und daß wir gern bereit wären, unser Leben als Pfand zu setzen.

Vierzehn Tage nach der Absendung dieses seitenlangen Schreibens traf eine Antwort ein. Unter ihren wenigen handschriftlichen Zeilen stand da deutlich und ohne jeden Schnörkel, so als ob solcher Name nichts bedeutete, nicht »August

Wilhelm Bebel«, wie ich nach Meyers Lexikon adressiert hatte, sondern A. Bebel. Und im Briefe: Ich habe Ihren Brief meinem Wiener Parteigenossen Viktor Adler geschickt, der Ihnen weiteres mitteilen wird. Mit bestem Gruß.

Wir waren also drei, die in diesem Lande die Revolution machen wollten. Nach einer Woche höchster Spannung kam ein Schreiben von diesem dritten: »Ich habe den Brief, den Sie meinem Parteifreunde Bebel geschickt haben, erhalten. Wollen Sie mich an einem der nächsten Tage besuchen, ab zwei Uhr nachmittags Berggasse 28. Dr. Viktor Adler.«

Wir waren etwas bedrückt. Es war wie vor einem Examen. In das berauschend Allgemeine unseres Zuzweit und das immer etwas schlechte Gewissen unserer jungen Jahre trat das Konkrete zweier Männer. Der eine tat es nur mit einem Brief, war fern, und es konnte, daß er schrieb, nicht einschüchtern, sondern nur begeistern. Aber dieser andere, dem man nun gleich gegenüberzutreten hatte, das war wie der Arzt, der einem sagt: ziehen Sie sich aus. Aber doch auch wieder nicht ganz so. Denn dieser von dem Bebel avertierte Mann war ja doch ein Verschwörer wie man selber, und es genierte nur die eigene Jugendlichkeit, wo man doch einen, wie es uns vorkam, so höchst erwachsenen Brief geschrieben hatte, und nun nicht nur den Augen zeigen, sondern auch den Ohren werde sagen müssen, daß man eben noch ein Schüler gewesen war. Basarow hat ja als Schwarzhaariger einen sichtbareren Flaum auf der Lippe und ums Kinn als man selber als Blonder, und wenn er da kurz vor dem Auftritt mit dem nassen Finger über das Lippenhaar führe, würde es dunkler und einen erwachseneren Eindruck machen.

Aber über alle diese Bedrückungen half doch sieghaft der gehobene Busen weg. Und so machte man sich eines Nachmittags auf den Weg nach der steilen Berggasse. Aber mit sehr schweren Füßen, die kaum von der Stelle kamen, die kaum von der Stelle kommen wollten. War da wirklich schon das Haus, in das man einzutreten hätte?

Aus der guten Wiener Bauzeit, zweistöckig, ohne Läden im Parterre, die nach außen zu öffnenden Fenster gut in der Front, war es höchst heimlich still, und auf einen Garten sah man durch das Stiegenfenster. Die Sonne schien auch, und es roch ganz leise nach Gurkensalat. Erst die ungewöhnlich mit weißgetünchtem Eisenblech beschlagene Tür im ersten Stock, vor der man stand, weil hier die kleine Tafel mit dem Namen des Mannes befestigt war, sonderte das gute Altväterische dieses Hauses von seinem wilden Insassen, dem wir nun gleich, wir hatten eine Klingel gezogen, gegenüberstehen würden. Das öffnende Dienstmädchen verschwand, ließ uns an der Tür warten, kam nach einer Weile zurück und sagte, wir sollten in einer halben Stunde wiederkommen. Es war wie wenn dem ängstlichen Patienten der Zahnarzt sagt, er könne ihn heute nicht vornehmen, übermorgen. Das war es im Innersten eines jeden von uns beiden, aber ganz für sich. Wir klommen die Berggasse hinauf und fanden unserer Bedrücktheit, unserer Jungenangst und unserer Revolution, einen beides merkwürdig deckenden Gedanken: die Polizei hat uns eine Falle gestellt. Der Brief Bebels ist gefälscht, unser Brief an ihn in die Hände der Berliner Polizei geraten, und dieser angebliche Parteifreund Dr. Viktor Adler ist ein Polizeikommissär, der uns mit den Worten »schön, daß Sie da sind« verhaften wird. Gut. Das mußte man gewärtig sein und riskieren. Was wäre das schon für ein Revolutionär, der nicht jederzeit zum Martyrium bereit ist? Aber man wollte sich nicht kampflos ergeben. Es wäre gut, eine Waffe zu haben. Natürlich würden aus den Nebenzimmern gleich Polizisten herausspringen, aber den ersten, den Kommissär, den hätte man doch niedergeknallt. Wir traten in der Währinger Straße in ein Haustor und zählten, was wir zusammen an Geld besaßen. Unter sechs Gulden, das wußte ich aus früherem Anlaß, gab es keinen Revolver. Wir besaßen zusammen nicht einen Gulden. Nun sprachen wir kein Wort mehr und vergingen langsam, was an der halben Stunde noch fehlte. So oder so, ein Zurück gab es nicht mehr. Man stand schon zu lange, drei Wochen und diese halbe Stunde Ewigkeit, auf der wippenden äußersten Stelle des Sprungbrettes unter tausend Paar wartender Augen. Wir erlebten durchaus einen historischen Moment, dem durch nichts zu entgehen war. Ihm jetzt ausweichen hätte die völlige Selbstvernichtung bedeutet. Man sprang ab.

Als man wieder an die Oberfläche des Wasserdunkels kam, fiel eine Stimme in das Ohrensausen und war wie eine Hand, die einem ans Ufer half. »Sie haben einen sehr interessanten Brief an Bebel geschrieben«, sagte die Stimme, und da saß man, scharf fiel das Licht vom Fenster auf uns knapp nebeneinander vor dem, der das sagte und der das Licht im Rücken hatte. In dem von unseren bleichen Gesichtern auf ihn reflektierten Licht blitzten nur die goldgefaßten Brillengläser, alles andere an dem Gesicht war mehr zu erraten. In dem rundlichen hing wohl ein dichter Schnurrbart, denn man sah den Mund nicht sprechen, rötlich wohl, wie das dichte viele Haar, in den Spitzen aufgehellt vom Fensterlicht. Der Mann sah uns mehr an als er sprach. Und dann redete er langsam, unterstützt darin von einem kleinen Sprachfehler, der zuweilen vor einem auszusprechenden Wort eine Pause einschaltete, wo das Wort eine Weile an die Lippen wie an ein Gefängnisgitter drängte, um dann ohne Hast herauszutreten. Was wir wären, die Eltern, was wir täten, kamen kurze Fragen, leise gesprochen, eine Viertelstunde lang. Um solchen Verhörens willen waren wir doch nicht da! Und dann kam auf einmal der Ton ganz anders.

Ein paar Monate später stellte es sich heraus, daß auch der Dr. Adler, wenn auch nicht ganz so materiell wie wir Buben, an den Revolver gedacht hatte. Mein Brief an Bebel wäre von der Art gewesen, wie er österreichischen Lockspitzeln zuzutrauen, und er hatte, als er ihn las, gedacht, zwei solche Lockspitzel zu empfangen, Anfänger in ihrem Beruf, die zu stark auftrugen mit ihrer Predigt von Mord und Totschlag. Mißtrauend hatte er uns so ins Licht gesetzt, mißtrauisch bemerkten wir, daß er sich im Dunkel verbarg, erwarteten jeden Moment uns von rückwärts umschlingende Polizeiarme und Handfesseln aus dem Ärmel unseres Visavis, uns rasch angelegt.

Der Ton schlug um. Lachte uns diese ganz plötzlich gutmütig-ironische Stimme des Mannes da nicht aus? Bezweifelte er, wie außerordentlich und bis zu jedem Opfer, selbst dem Tode, ernst es uns mit dem war, was uns hergeführt hatte? Weil wir siebzehn und achtzehn Jahre alt waren? Aber diesem schmerzlichen Gefühl, daß man hier von diesem Mann vielleicht nicht so ernst genommen wurde, wie man es zu verdienen glaubte, war in Worten Ausdruck zu geben nicht möglich. Man mußte diese kleinen Klapse und Stiche hinnehmen, denn von dem, der sie einem gab, ging dabei nicht das aus, was man kannte, dieses gewisse Wohlgefallen an sich selber und billige Überlegenheit des Älteren. Man spürte durchaus die menschliche Teilnahme und ein honettes Wohlwollen, dem nur hie und da so was wie ein Spaß die Lichter aufsetzte. So müßte, fühlte man, ein richtiger Vater, ein guter Lehrer zu einem reden. Jetzt sah man auch den Mann in einem Raum: Büchergestelle bis zur Decke an allen Wänden, Bücher auf Tischen. Merkwürdig und etwas unklar an diesem Ort und bei diesem Mann war nur diese blau und weiß bemalte simple Gipsfigur an der schmalen Pfeilerwand zwischen den Fenstern und etwas im Dunkel. Was soll hier der Christus an der Wand? Man sah nicht gern hin.

Was man lese. Und beglückt hörte man ihn sagen, daß man jedes Jahr einmal den Titan und den Faust lesen müsse. Aber meint er das wirklich, kam der Zweifel, frozzelt der dich nicht mit deinem Enthusiasmus? Denn er sprach doch gleich wieder, daß man was lernen und seine Examina zu machen habe, wie es sich gehöre. Besonders wenn man ein Sozialdemokrat wäre. Der Lehrbub in der Fabrik, der braucht den Marx nicht zu kennen, denn der erlebt ihn jeden Tag, ihr aber müßt ihn studieren. Die Bücher würde er uns leihen. Und am ersten Tage gleich bekamen wir, wie als ein Zeichen seines Vertrauens, und sehr anerkannt fühlten wir uns davon, ein paar mit, darunter, weil wir doch, wie wir erzählt hatten, uns mit den Philosophen schon abgegeben, das Elend der Philosophie von Marx, das sich bei der Lektüre dann doch trotz unserer philosophischen Kenntnisse als ein recht harter Bissen herausstellte.

Diese Bücher übergab uns eine Frau. Er hatte geklingelt, und da stand sie plötzlich in einer geöffneten Tür. Ganz weiß zog im blau-schwarzen, an die Ohren gekämmten glatten, spiegelnden Haar der Scheitel eine brave ehrliche Linie, und ein weißer Spitzenkragen lag um den halbbloßen Hals, und an die schmalen Hände schlossen sich weiße Spitzen. Und sie trug ein schwarzes Sammetkleid. Das sind die beiden jungen Umstürzler, stellte er uns seiner Frau vor, die wohl meinen Brief gelesen hatte und ein bißchen neugierig war, wie der Schreiber dieses schauerlichen sinnvollen Unsinns aussah. Sie selber wie eine slavische Madonna, elfenbeinbleich und schwarz, schwer und schwermütig. Und sie lächelte einen Hauch von Lächeln. Vielleicht hat sie im Nebenzimmer was wir sprachen gehört. Auch sie vielleicht besorgt, es könnten zwei polizeiliche Übeltäter was Böses mit ihrem Mann vorhaben.

Wir bildeten uns ein, daß der Dr. Adler, des starken Eindrucks gewiß, den seine Frau machte, sie absichtlich herbeigerufen hatte, um uns zwei höchst wichtige Revolutionäre definitiv für die Sache zu gewinnen. Wir mußten uns so einige Wichtigkeit geben, denn wir wurden nach dem zweistündigen Besuch ein bißchen doch wie Schüler entlassen: arbeiten, lernen, sich jede Woche melden, vom Gelernten berichten. Nie hat uns jetzt oder später Adler irgendeine Wichtigkeit im Ganzen der Partei gegeben, die jung und fast von ihm allein geschaffen war. Sie brauchte Arbeiter, richtige Arbeiter der Fabriken und Werkstätten weit mehr als Leute der intellektuellen Berufe, die ihre Unruhe und Unstetigkeit in eine Masse bringen, die noch nicht groß genug war, um das zu paralysieren, und die gerade ihre anarchistischen Kinderkrankheiten überstanden hatte. Da damals viele Radikale seiner Generation von den nationalen Großdeutschen hergekommen waren, kannte Adler die Misere einer Partei, die mehr Führer als Geführte hat, und beide aus der Intelligenz. Die Sozialdemokratische Partei in Österreich war sein Werk, dem er seine Kraft und sein Vermögen opferte. Er ist neunzehnhundertachtzehn als fast armer Mann gestorben. Und war ein reicher Mann gewesen.

Und ein Arzt. Die vorsichtige Diagnostik, die genau feststellt nach den Befunden, drückte sich auch in seinen öffentlichen Reden aus, die nichts von der rhetorischen Suada juristischer Kasuistik hatten. Seinen Sprachfehler, dieses Stocken vor einem Wort, das als geformtes Lautbild zu erscheinen ein bißchen zögert, hatte er in eine Technik außerordentlich pointierter Rede verwandelt. Diese kleine Pause war wie ein kurzer Gedankenstrich vor einem Blitz, der einschlug. Es war eine Sicherheit, eine Gewißheit in dem Manne, die sich fast familiär und immer ganz ohne aufdringliches Pathos äußerte und den Hörer in ganz gleiche Gewißheit setzte. Weder fauchte noch brüllte er den Gegner an, sondern erledigte ihn mit dem sachlichtesten Spott, ließ ihn wie in eine Grube des Gelächters fallen. Er sprach gegen die Gegner von oben herunter, bellte nie von unten hinauf. Und dieser rastlose Führer, dieses wahrhafte Haupt der Partei verstand es ohne Auffallen, sich unbemerkt zu machen, sich zu geben, wie als ob er nichts wäre als ein Glied des kleinen Fingers. Er saß unter den unter seiner Leitung heranwachsenden Führern wie einer, der von ihnen lernt. Kein Staatsmann: dazu besaß er zuviel Geist. Aber ein eminenter Parteiführer: dazu besaß er alle Klugheit. Daß er bei eingeführtem Sozialismus sofort in die Opposition ginge, war nicht nur so von ihm gesagt. Der Marxismus war für ihn weder eine Welterklärung noch ein Weltbild, sondern nichts als die als tauglichstes Mittel erkannte Methode zur politischen Organisation der Arbeiterklasse, heute und hier. War ihm ein Dogma, das wie ein Kirchliches wohl an seiner Verbrauchtheit absterben, aber nicht widerlegt werden kann. Es fiel ihm nicht ein, der Hegelschen Dialektik den Charakter einer Evidenz zu geben. Sie war ihm nichts als ein gerade brauchbares Theorem, keine Wirklichkeit. Er sagte einmal: »Die materialistische Geschichtstheorie hat ein recht bedeutendes Loch, aber wir können die Arbeiter nicht einladen, durch dieses Loch ins Nichts zu spazieren, denn sie würden unserer Einladung nicht folgen.«

Man hatte sich unter ein formiertes Denken gestellt, das andere mehr als teilten, indem es sie zu einem höher noch als bloß politisch gefaßten Ziele verband. Das Wort Genosse bedeutete mehr als Parteigenosse. Bedeutete Zu- und Zusammengehörigkeit mit nicht zu zählenden, jeden Tag wachsenden Millionen, die, wenn auch von ihrer Not angetrieben, einer Idee folgten oder doch einem Ideale und dafür soviel Wirklichkeit in Tun und Kämpfen einsetzten, daß dieses Ideal alles Ferne und Unerreichbare, also seine ganze Idealität verlor. Außerdem war sein naturgesetzliches praktisches Eintreffen als Wirklichkeit wissenschaftlich erwiesen, wie man alsbald aus vielen Schriften lernte. So daß alles Idealische sich in die siegessichere Arbeitsfreudigkeit begab, den Weg abzukürzen, das Tempo des Marsches zu beschleunigen. Da man damit dem Bestehenden nach Ungesetzliches tat, konnte man heroisch sein und leiden. Aber man war nicht nur gehetztes Wild, sondern selber Jäger, und ein geschickter zu werden reizte die Kräfte an. Man war ein Lernender, aber bald ja auch ein Lehrender wenn auch recht junger Weisheit, und es übte den Takt, daß man Arbeiter als Schüler hatte, von denen man durch Engels lernte, sie für die Vollender, wenn auch die unbewußten, der deutschen Philosophie zu halten, also mit diesem leibgewordenen Geiste so respektvoll zu verfahren, wie es die Katholiken mit der Kirche als dem fortgesetzten Leibe Christi tun. Das Ganze dieser also geheiligten Masse des Proletariates, dieses weiter und zu Ende denkenden philosophischen Leibes war im Verkehr mit jedem einzelnen Proletarier wie ein unterirdisch klingender Ton angeschlagen, was sich in einer schon vor der Bekanntschaft vorhandenen Bereitwilligkeit äußerte, diesen Proletarier gut und herzlich zu finden und ebenso zu ihm zu sein. Solches Verhalten forderte und regelte die Idee, die zwischen vielleicht Ungleichen eine Gleichheit setzte, wobei man außerdem noch gewann, denn man war ja nichts weiter als ein junger Student, und der andere ein ausgewachsener Mann mit einem Schnauzbart, herumgetrieben vom Leben und mit derben Fäusten es zu packen ausgestattet.

Wie erleichternd war es für den freiwillig sich Deklassierenden und wie beziehungsvoll, daß das wöchentliche Blatt dieser Arbeiter »Die Gleichheit« hieß! Das war wie ein herzliches Versprechen, daß man uns unsere windige Herkunft aus dem anderen Lager und dieses Kampieren im Fremden nicht und nie vorhalten würde. Aber wir strengten uns auch sehr an, so rasch wie möglich über ein vermeintes Anfangsstadium der bloßen Duldung hinauszukommen, um uns mit mehr zu legitimieren, als daß wir eben diese Gesinnung hätten, was sich mit der Beteuerung allein ja nicht beweisen ließ. Wir wollten da etwas sicherer kommen und gehen und verweilen und das Herzklopfen verlieren, das uns immer im Anfang der ersten Monate befiel, wenn wir vor dem Redaktionsgewölb in der Gumpendorfer Straße standen, das Eintreten verzögernd aus einer kleinen Sorge, der gutmütige glatzköpfige Redakteur, Herr Brettschneider, der in dem äußerst schmalen Raum hinter dem quer gegen die Besucher gestellten Schreibtisch saß, könne uns anzweifeln und fragen, was wir da suchten. Er tat es nie und ließ auch sonst in seiner gutmütigen Behäbigkeit und Geduld den Revolutionär nicht ahnen. Eher schon der zuweilen aus einem noch kleineren

Nebenloch dieses Gassenladens mit immer melancholischem Gesicht auftauchende andere Redakteur, ein Herr Brot. Wenn auch nur durch das bekümmerte Gesicht. In diesem kleinen Laden holten wir uns jede Woche das Blatt, und war aus Zürich was Verbotenes wie die Heftchen der Sozialdemokratischen Bibliothek eingetroffen, dann langte der Genosse Brettschneider rechts unten in eine Lade und verkaufte es uns, die wir über das uns so bewiesene Vertrauen nicht weniger erfreut waren als darüber, aus diesen Heftchen so Neues zu erfahren wie das »Recht auf Faulheit« von Lafargue oder die gelehrten Ausführungen des Handwerkers Dietzgen. »Das Kommunistische Manifest« konnte man auswendig. Wie zehn Jahre zuvor den Glauben, das Vaterunser und die Zehn Gebote. Das Apodiktische seiner Sätze, das sichere Dahergefahrenkommen seiner Definitionen, das grobe Rufen in die Welt, dessen ungeheure Echostimmen man mit den Ohren zu hören meinte, und nicht zuletzt der Hohn auf den Bürger, das machte einen überaus starken Eindruck. Unter dieser Posaune fomierte sich alles bisher von uns Gedachte, Gelesene und Empfundene zu einem Orchester, das ein durchaus in allen Stimmen übereinstimmendes Stück spielte. Es ergab sich das wie von selbst. Nichts war als widerlegt über Bord zu werfen, alles ordnete sich ein und hatte Beziehung untereinander. Es hatte das natürlich gar nichts mit einer wirklich denkerischen oder kritischen Ordnung zu tun. Sondern es war durch dieses Manifest einem ungeheuerlich erregten Zustande des jungen Menschen das Wort gegeben, dem chaotischen Wogen ein Rhythmus, dem ganz allgemein Revolutionärsein ein Prinzip, dem Angriff eine Methode. Aber auch alles das erklärte es noch nicht, denn zu dieser Erklärung der Wirkung wären wir damals wohl auch selber fähig gewesen, also um diesen Rausch höchster Belebtheit gekommen. Mehr als das war es, so weiß ich es heute, der Umgang mit Arbeitern, der uns diese belebende optimistische Sicherheit gab, daß man den rechten Weg gehe unter dem roten Banner des Manifestes.

Die Arbeiter, das waren für uns, die wir nur Eltern und Schulbeamte als Erwachsene kannten, deren sich auf uns auswirkende Art uns ins Unmenschliche drängte – die Arbeiter waren für uns die ersten menschlichen Menschen, die wir kennenlernten, weil sie uns ohne Allüre entgegenkamen. Ich muß für die folgenden Bemerkungen das »wir« lösen, indem ich Basarow daraus entlasse. Als Sohn proletarischer Eltern, der aus seiner Klasse herauswollte in den bürgerlichen Beruf eines Rechtsanwaltes, war er im Verkehr mit Arbeitern immer ein bißchen ängstlich, sein korrektes schwarzes Röckchen könnte da einen Fleck kriegen. Er hatte ein begreifliches Bedürfnis nach Distinktion und so ein etwas hochmütiges Auftreten. Er wurde ja auch schließlich sozialdemokratischer Parteibeamter. Und ich nichts derlei und überhaupt nichts. Ich glaube, daß ich außerordentlich viel dem Umgang mit Arbeitern verdanke, diesem Glücksfall in meinem Leben. Wenn ich so etwas wie Bildung besitze, dann erwarb ich die Elemente dazu aus diesem Zusammensein mit Menschen, die keinerlei Leistung für ihren persönlichen Wert gelten lassen, sich mit keinem Titel einführen, keiner Würde, sondern mit nichts als dem Gut und Schlecht, Dumm und Intelligent, Sauber und Dreckig ihres unverbildeten Daseins, über das der Arbeitstag in Fabrik und Werkstatt seine einfachen Lineamente legt, Geschehen und Ablauf ordnend und scheinbar recht gleichförmig machend. Aber gerade dieser enge, feste Rahmen treibt das Individuelle hervor, das Eingeborene mit allen seinen Vielfältigkeiten. Die unsophistische Schlagfertigkeit des jungen Eisendrehers erzog und bildete den jungen Bürgersohn nicht weniger als die schwerfällige Wißbegierde und Aufmerksamkeit des alten analphabetischen Ziegelträgers. Diesem im Dialekt höchst pointiert sich ausdrückenden Reden mußte man die eigene Rede sehr deutlich und verstehbar gegenübersetzen, wenn man sich nicht seiner schämen und die kameradschaftlichen Sympathien verlieren wollte. Es gab ja in diesen Frühzeiten der österreichischen Sozialdemokratie, wo Viktor Adler nur »der Doktor« genannt wurde, bei nicht wenigen Arbeitern eine Neigung, den sozusagen Gebildeten, der zu ihnen übergelaufen war, mit einem Respekt entgegenzukommen, der dem Wissen oder der Bildung überhaupt galt, was begreiflich ist, aber ein wenig auch der Person selber, die auf ihre Klassenvorteile verzichtend sich auf die Seite der Besitzlosen schlug. Diese Neigung aber machte den jungen Überläufer befangen und allzu aufmerksam auf das Windige und Wenige seines Wissens und seiner überhaupt geistigen Bedeutung. Daß man auch als Unterrichter, als Lehrer auftrat, das war unvermeidliche Pflicht. Aber man wollte von daher nicht den Ton im Verkehr bestimmt haben. Gewiß wird der lebendige Gewinn aus dem Arbeiterverkehr einer Anlage dafür entsprochen haben, einer natürlichen Neigung entgegengekommen sein. Aber diese Neigung gefestigt zu bekommen in so frühen Jahren war ein Glücksfall. Der bürgerliche Mensch verliert ja lieber seine Gesundheit als sein Geld. Der Arbeiter hat weder Geld noch Reputation zu verlieren, denn er besitzt beides nicht und kann beides nicht besitzen. Wie herrlich unbeschwert ist sein Wesen dadurch! Er entscheidet Meinungsdifferenzen mit einem wunderbaren Faustschlag. Er übertreibt sich nicht Wert und Bedeutung eines Menschenlebens. Er hat kein sittliches Dekorum zu wahren, also ist ihm die Heuchelei fremd.

In dieser guten Schule der Arbeiter wurde man für die Zukunft immun gegen das auf Berechnung, Nutzen und besinnungslose Geschäftigkeit gestellte Leben der Berufs- und Fachmenschen. Ohne diese Schule wäre man vielleicht Einsiedler geworden und dem Nihilismus der Ermüdung verfallen.

Daß diese Masse der Arbeiter der erkannte Träger einer nach vorne gerichteten Idee war, das gab das Pathos, ohne das man nicht jung ist. Und dieses ethische Pathos konnte in keinem einzelnen Falle versagen. Mochten die individuellen Personsäußerungen dieses oder jenes Mannes noch so widerwärtig und unwürdig sein, das Pathos nahm ihn in Schutz vor sich selber und vor einem. Er fiel nicht durch. Er machte den erlebten Begriff des Arbeiters, wie ich ihn hier anzudeuten versuchte, nicht diskutabel.

14.

Der Studentenverein – Der Genosse Lehrer – Bruckner

Darüber verloren die Kommilitonen des studentischen Vereines die geringe Wichtigkeit, die sie besessen hatten. Sie traten in die Kulisse. Teils freiwillig, teils gezwungen von den sechsen, die gegen die hundert anderen ihre höchste Aktivität entfalteten. Denn über die kleine Redaktionsbude in der Gumpendorfer Straße waren zu uns zweien noch vier sozialistische Akademiker gekommen, und wir mochten es uns zutrauen, aus diesem Verein nicht definierbarer Gesinnungen und unbestimmbarer Aufgaben einen sozialistischen Studentenverband zu machen. Der immer bis zum Platzen mit Agitationsstoff angefüllte Techniker Seidel konnte mit seiner angriffslustigen Lebhaftigkeit schon Eindruck machen, denn er imponierte den Paukanten durch ein in einer Mensur verlorenes Nasenspitzel. Auch der phlegmatisch-ironische Freihofner verstand sich auf die Klinge. Elegant und geschmeidig, ganz schon ein Rechtsanwalt, trat der Jurist Rosenberg auf, hielt aber bei Lassalle. Vielleicht weil er ihm ähnlich sah. Eindringlicher wirkte der Mediziner Alfred Adler durch die vorsichtige Langsamkeit seiner Beweisführung. Er kam dem Gegner am weitesten entgegen, um ihn zum Schluß in der Falle zu haben, die sich, so sah es aus, der Gegner selber gestellt hatte. War Seidel der Draufgänger, so Adler der Diplomat. Ich schrieb nach einer Liste an die sozialistischen Zeitungen aller Sprachen um Freiexemplare. Die lagen auf dem großen Tisch im ersten Raum unseres zweizimmerigen Vereinslokales, aber mehr demonstrativ, als daß sie gelesen wurden. Der »Proletarier aus dem Eulengebirge« interessierte niemanden. Mehr schon die »Berliner Volkstribüne«, die Paul Ernst herausgab. Und am meisten natürlich der aus Zürich regelmäßig und unter Kuvert eintreffende auf dünnem Papier gedruckte »Sozialdemokrat«. Mit alldem gewannen wir aus der sehr gemischten Hundertschaft nur noch zwei oder drei, ohne viel Vertrauen zu diesem Gewinn. Aber eines erreichten wir: daß wir den Verein beherrschten. Nur daß dieses seinen Zerfall bedeutete oder doch beschleunigte. Es war nur mehr eine Fassade da.

Die Trauerfeier, die der Verein zum Tode Ludwig Anzengrubers im großen Musikvereinssaal abhielt, konnte wie die bedeutende Veranstaltung einer großen studentischen Verbindung aussehen, aber die Menge, die den Saal füllte, war gewiß nicht gekommen, um sich Seidels gereimte Totenklage vom Hofschauspieler Reimers gesprochen anzuhören oder die Trauerrede des stud. phil. F. B., sondern Lewinski und Martinelli, die Geschichten von Anzengruber vorlasen. Das Ganze kostete uns mehr, als wir einnahmen, und wir waren schon für zwei Monate den Zins für das Vereinslokal schuldig. Und nicht mehr machte sich der Gründer wie früher auf den Weg zu den paar kuriosen Gönnern des Vereins, den bei Parlamentswahlen durchgefallenen Herrn, die sich diese studentische Garde etwas kosten ließen. Denn dieser Gründer, ein jüdisch-nationaler cand. phil. in sehr hohen Semestern, war bei allen Stiftungs- und sonstigen Festen der Hauptredner gewesen, glücklich in einer zweistündigen Suada sich gefallend, die ihm nur so vom Munde lief, etwa im Stile des Achtundvierziger Liberalismus. Und er hatte nun nichts mehr zu reden. Es waren ja nur mehr wir etlichen acht Sozialisten, die so etwas wie Vereinsleben machten – die vielen anderen kamen selten oder gar nicht mehr. Zahlten auch nicht mehr ihre Beiträge. Die Säbel im Fechtraum waren längst nichts mehr weiter als verbogene Eisenstangen. Wir acht bestimmten den Redner zum Stiftungsfest, und es war der Lassalleaner. Und wir luden die Gäste ein, und der beaufsichtigende Polizeikommissar bekam kugelrunde Augen, als er unter diesen Gästen bekannte Parteiführer der Sozialdemokratie sah, und spitzte Ohren und Bleistift, als diese sich gar zum Wort meldeten. Wir arbeiteten auf die polizeiliche Auflösung des Vereines hin, auf den Eklat, um das klanglose Verschwinden zu vermeiden. Der Eklat ließ länger auf sich warten, als wir es mit unseren Vereinsgeldern aushalten konnten. Nur mehr aus Gutmütigkeit räumte die Hausmeisterin auf, nicht mehr für Lohn. Um dieser tristen Liquidation zuvorzukommen, schrieb ich der Polizei eine anonyme Karte, in der ich sie auf das Staatsgefährliche dieses Österreichischen Studentenvereins aufmerksam machte, und zwei Tage später versiegelten zwei Polizisten die Türen: wir waren behördlich aufgelöst. Und alle Tagesblätter der Stadt und der Provinz hatten ihre Leitartikel über die Sensation des Eindringens sozialistischen Geistes in die Hochschule. Das war kein sehr sauberes Mittel, und sittliche Rigoristen werden es gewiß noch stärker ausdrücken. Aber der sozusagen politische Effekt, auf den es ja ankam, war im Verhältnis zu dem Winzigen seines Anlasses bedeutend.

Irgendwelche persönlichen Folgen hatte diese polizeiliche Auflösung für keinen von uns achten, nicht einmal die, daß das aufgeregte Geschreibe in den Zeitungen uns so was wie ein Relief vor uns selber gab, denn wir wußten ja genau, daß das Eindringen des sozialistischen Geistes in die Hochschule gar nichts auf sich hatte und daß wir nichts weiter als acht sozialistische Studenten unter etlichen sechstausend nichtsozialistischen waren. Gern nahmen wir eine Schuld auf uns, um die Schulden loszuwerden, und trafen uns nun allwöchentlich in so einer Art Diskutierklub auf der Bude eines Kameraden, lieber da als in einer einsamen Gegend des unteren Praters, wie der Hugo Schulz mit seinen Verschwörerneigungen wollte, der uns ja am liebsten mit Revolvern bewaffnet gesehen hätte, kriegerisch gesinnt wie er war und bis in den großen Krieg hinein blieb, den er als Berichterstatter der Arbeiterzeitung mitmachte. Wir gaben ihm nur einmal nach, indem wir ein Erdloch in einer Praterau zum Versammlungsplatz wählten, und da vertrieben uns sehr rasch die Gelsen, die da unten groß wie Kälber sind. Die Räuber waren da, also konnten auch die Gendarmen nicht fehlen, wie der Arrangeur dieser Zusammenkunft behauptete. Die zu unserer Beobachtung aufgestellten Polizisten in Zivil müßten schlau hintergangen werden. Einzeln oder zu zweit entstiegen wir der Grube und schlenderten harmlos tuend dem Praterstern zu, wo wir uns wieder trafen, alle acht: keiner war von der Polizei gefaßt worden. Schulzens Verschwörergenie triumphierte. Er beglückwünschte uns dazu, daß wir ihn hätten. Aber er gab verstimmt seine spaßige Räuberromantik auf, als er merkte, daß wir nur des Gelächters halber manchmal darauf eingingen und es keinem von uns einfiel, sich im Gebrauch von Revolver und Schlagring zu trainieren, wofür er einen Kursus einrichten wollte.

Unser Trüppchen bekam nur spärlichen Zuwachs aus den akademischen Kreisen. Alfred Adler brachte den David Bach und ich einen ehemaligen Melker Externisten, der mich auf der Straße getroffen hatte und Schreiber in einer Advokatenkanzlei war, ein derber Bauernkerl, für den Schlagring weit mehr eingenommen als für das »Kommunistische Manifest«. Dann gab's noch einen Buchhandlungsgehilfen, der bald an der Schwindsucht starb. Und noch einen und den anderen Halbproletarier mit ein paar Klassen Mittelschule, und so fiel das, was als eine studentisch-sozialistische Keimzelle gedacht war, bald auseinander. Keiner von uns gab ja dem Studentischen eine Auszeichnung als einem Stande, so daß man von daher so etwas wie eine Bildung bezogen hätte.

Unter dem noch geltenden Anarchistengesetz camouflierten sich die kleinen sozialdemokratischen Arbeiterzirkel als Rauchklubs. In dem Nebenzimmer eines Vorortswirtshauses, wo man zusammenkam, stand auf einem Tisch ein Topf mit Kommistabak als der deutlich sichtbare Zweck der Zusammenkunft, dessen sich jeder bediente, seine Pfeife zu stopfen. Der Redner sprach bald wahrhaft aus einer Wolke, und es mußte für die Abendstunden von sieben bis neun ein Rauchverbot erlassen werden, damit die Schüler auf die Tafel sehen konnten. Diese Schüler waren so etwa ein Dutzend alter Arbeiter, die Lesen und Schreiben lernen wollten. War solcher Unterricht für den jungen Lehrer auch recht mühsam, so beschwerte er doch nicht sein Gewissen und trug ihm sogar einigen Lohn: er bekam als Entgelt ein Vierkreuzerstück, so eine dicke Kupfermünze, und das Nachtmahl konnte er sich umsonst aus dem vom Wirte hergesagten Speisenzettel wählen, den aufzuschreiben sich wegen seiner Einfachheit nicht lohnte. Es gab da immer nur Beuschel mit Knödel, Herz gebraten und Leber. Und der Tabakstopf stand einem zu freier Verfügung. Aber da zog man doch die mitgebrachten Sportzigaretten vor, denn der Tabak war zu bissig. Auch das ist noch als Lohn zu buchen, daß man ein freies Nachtquartier bekam, einmal bei dem, dann bei dem verheirateten Genossen, ein rasch bereitetes Lager auf einem Sofa oder so. Die vier Kreuzer, das Abendessen und das Lager waren für den jungen Menschen wichtige Dinge geworden, denn er ging seit Wochen nicht mehr nach Hause. Es hatte da Auseinandersetzungen gegeben, als bei den Eltern polizeiliche Mahnungen eintrafen zu strafferer Erziehung des Sohnes, der gemeingefährlichen und staatsgefährlichen Umtrieben obliege und von dessen Ahndung man bisher nur abgesehen habe aus Rücksicht auf das Alter des Schuldigen und auf seine Familie. Die sah schon die offene Kerkertür. Aber diese schreckte den Jüngling weniger als die Aussicht auf eine lästige häusliche Kontrolle des Gehens und Kommens und Auseinandersetzungen darüber, die doch zu nichts geführt hätten. Er kam also allen Drohungen damit zuvor, daß er sich gewissermaßen selber an die Luft setzte, die, was das von ihr

Leben betrifft, etwas dünn war. Dem halfen, wenn es schon gar nicht mehr anders ging, heimliche Besuche in der elterlichen Wohnung ab, nachdem man sich versichert hatte, daß niemand außer dem Dienstmädchen anwesend war. Da packte er dann, was ihm unter seinen Büchern überflüssiger Besitz schien, zusammen und trug es zum Händler. Mit nicht geringem Geschick wurde aus solchem Anlaß auch das Taufgeschenk der silbernen Eßbestecke aus der Kredenz eskamotiert und nicht ohne Geniertheit in die Münze getragen, wo es gegen Silbergulden abgewogen und verkauft wurde. Die vierundzwanzig Silbergulden in den zwei Hosentaschen waren ein zu lästiges Gewicht, als daß man sie nicht so rasch als möglich loszuwerden suchte. Man lud zu Essen und Trinken ein und wechselte erst dann etwas erleichtert den Rest in Papier beim Kellner. Beim Bankwechsler fürchtete man unangenehme Fragen. Tagsüber besuchte man die Hofbibliothek oder die besser geheizte Universitätsbibliothek weit häufiger als Vorlesungen. Die salbungsvolle Deklamation des Philosophen und ausgesprungenen Priesters Franz Brentano wirkte um so mehr einschläfernd, als er um acht Uhr früh las. Und man war ja immer erst um zwei zum Schlaf gekommen. Das Dampfbad in der Singerstraße zu besuchen war weit angenehmer. Deutsche Reichs- und Rechtsgeschichte litt an demselben Übel der frühen Stunde und der Langeweile. Und den Nationalökonomen – ich glaube, es war Philippowitsch – lehnte man, da man ja als Marxkenner viel besser Bescheid wußte, ebenso ab wie Karl Menger, den Grenznutzentheoretiker. Interessanter dünkte einem der Bruder Anton Menger. Aber zu lesen war weit wichtiger und der Vormittag dafür die schönste und ruhigste Zeit. Bloß einer Vorlesung blieb man treu, wenn sie zustande kam. Denn das war nicht immer der Fall und mußte von Stunde zu Stunde des zweimaligen Wochenkollegs immer erst zwischen den drei Hörern und dem Dozenten entschieden werden. Die Herren mögen sagen, ob sie auch sicher Zeit hätten und kommen würden, fragte nach jeder Stunde sehr schüchtern und verlegen der alte Herr mit dem kleinen Bauernschädel, aus dem eine Nase wie ein Vogelschnabel sprang. Es war Anton Bruckner, der über Kontrapunkt sprach oder zu sprechen meinte, denn er verlor sich immer am Klavier. Diese Dozentur war so eine Art ehrender Anerkennung des Komponisten, die nichts kostete, und der sich schwer damit tat, denn er war kein Lehrer. Er quälte sich damit, was wir merkten, und so gab es oft statt der Vorlesung eher eine Unterhaltung zu viert. Oder einer las etwas vor, was er über eine Komposition des Meisters geschrieben hatte. So einmal einer ein lyrisch schwärmendes Elaborat über das Adagio der Romantischen. Bruckner hörte, was da von herabsteigenden Engeln und sich auftuenden Himmeln gelesen wurde, mit großer Aufmerksamkeit und etwas angestrengt an. Er hatte vor allen Dingen, die er nicht verstand, höchsten Respekt und war unwissend wie ein Kind. Er äußerte große Bewunderung für das Gehörte und schien sehr geschmeichelt, daß man ihm solche sublimen Vorstellungen bei der Konzeption seiner Musik zutraue. Aber seine Ehrlichkeit drückte ihm das Geständnis ab, daß er bei der Komposition dieses Adagio an nichts derlei wie Engel und Himmel gedacht habe – »sehr schön haben S' das g'sagt« – sondern daß ihn dabei das Bild begleitet habe, Wiener Volk hätte so am Sonntag einen Ausflug ins Krapfenwaldl gemacht und sei nun dabei, sich auf dem Rasen niederzulassen und mitgebrachtes Gebackenes auszupacken. Mir ist erinnerlich, daß mir die Irrelevanz der einen wie der anderen bildlichen Vorstellungsreihe für die Musik deutlich wurde an diesem drastischen Doppelbeispiel und sich dabei zum ersten Male der allgemeine Satz niederschrieb, der immer für richtig erkannte, daß man mit den schönsten Vorstellungen eine sehr schlechte Kunst machen könne.

Die gleichfalls auf die Abendstunden gelegten Vorlesungen von Eduard Hanslick über musikalische Formenlehre besuchte man, trotzdem man ihn zweimal heftig ablehnte, als

Wagnergegner und als Kritiker der »Neuen Freien Presse«. Denn der alte kleine Herr mit den reservierten Hofratsgesten gab so viele Beispiele auf dem Klavier, gar nicht concertando, sondern explicando gespielt, daß es ein unterrichtendes Vergnügen war.

Die paar Stunden Kolleg, die mehreren des Lesens, die Abende und Nächte in den Wirtshäusern bei den Arbeitern, – was da noch an Zeit blieb, vertat man in dem Stammcafé, wo der Zahlkellner einen beschränkten, aber so nötigen Kredit auf Kaffee und Butterbrot, aber nicht auf Billardspielen gab, zu Basarows Schmerz, der es jetzt dem Schach vorzog. Oder man schlenderte in den Gassen. Es gab das ein Leben, durch das etwas der Wind pfiff, auch wenn man nicht wie in den warmen Sommernächten das Morgenwerden auf einer Bank unten im Prater abwartete, sondern auf dem buckligen Sofa bei dem Genossen Wutschel, Eisendreher. Hatte man so wenig Geld, daß es nur für Semmeln reichte, gab es so ein wehendes Gefühl im Magen, und manchmal war die nachts zuvor gegessene Leber nicht mehr die frischeste gewesen, was sich anderen Tages bemerkbar machte. War man da, weil man keinen Kameraden getroffen hatte, allein, strandete man auf einem Gefühl der Verbittertheit, das man sich, um es zum Genuß umzugestalten, ins Größere steigerte. Aber das ging vorbei mit dem Regen, den Kameraden und dem Schinkenbrot. Und mit dem Bewußtsein, daß man mit solchem Leben das Richtige tue, die Revolution zu fördern. Daß man freiwillig so lebte und jederzeit es durch die Rückkehr ändern könnte, dem Gedanken stand der Trotz im Weg. Heimzukommen als der verlorene Sohn, das bedeutete im Gefühle mehr als die Kapitulation vor der Tatsache, daß man außerstande war, sich des Lebens Notwendigstes zu verdienen. Es kam einem wie Verzicht und Verrat vor an einem weit höheren Gute. Man war gebunden an die großen Worte beim Abschied, daß man es nicht länger mehr ertragen könne, »vom räuberischen Gewinne« des Vaters zu leben, und lieber den

Hunger ertrüge. Man gab der Rückkehr das Pathos des Abschiedes, aber mit einem negativen Vorzeichen, denn das Pathos würde ja auf der anderen Seite sein, als Hohn, als Gelächter. Und man könnte nichts als dazu schweigen. Ganz bestimmt würde kein Lamm geschlachtet werden.

Es kam aber alles ganz unerwartet anders an dem Vormittag, da der Flüchtling etwas schlafwandlerisch benommen und mit einem leichten Sausen in den Ohren an dem öffnenden Mädchen vorbei in sein kleines Zimmer ging und sich, als ob er nur gerade für eine Stunde weggegangen wäre, an seinen Tisch setzte und vor ein Buch. Aber er las nicht. Wußte nicht, war es Schlaf oder Schwäche, daß er den Sinn der gelesenen Zeilen nicht fassen konnte. Am Schritt erkannte er die Schwester, die durch das Zimmer nur gerade so streifte und mit ihrem »Du bist da?« gar nicht stehenblieb. Dann kam die Mutter. Als ob sie nur für ein paar Sekunden unterbrochen wäre, sprach sie weiter. Als ob er nicht vier Monate, sondern nur gerade für einen Augenblick weggewesen wäre, sprach sie weiter ein auf den Sohn als ihren Verbündeten gegen den Vater, gab ihm Plan und Anweisung, was er da zu tun habe, forderte, befahl, weinte. Acht Jahre lang sollte von nun ab nichts mehr sonst Thema und Inhalt ihres Lebens sein als der Vater und was zu tun, daß er, der das Haus verlassen hatte, zurückkehre. Erst daran, daß ich nicht wußte, was sich vor drei Wochen zugetragen habe, erinnerte sie sich, daß ich es nicht anders getan hatte als der Vater. Aber ohne Vorwurf, ohne ein kleinstes Verweilen dabei, denn das andere hielt sie besessen und gab sie nicht frei für einen anderen Atemzug.

15.

Das süße Mädel – Erwartung – Erfüllung – Steffi

Aus einer Ende der achtziger Jahre aufkommenden Literatur in Theaterstücken und Erzählungen könnte einer den Eindruck haben, Wien sei damals, was so das Liebesleben betreffe, die Stadt eines Typus gewesen, den Schnitzler, glaube ich, das süße Mädel getauft hat und von dem die Operettentexte noch dreißig Jahre später ihren sentimental-erotischen Aufwand betrieben. Da brauchte man nur in jener gewissen spleenigen Nostalgie für Sonntagnachmittage, Herbst, niedere Vorstadthäuser und Gefiedel in kleinen Gärten über die Linie hinaus in Vororte gehen und an die kleinen Häuser klopfen, damit einem da von anfangs etwas herben, dann aber um so süßeren Mädeln aufgemacht wurde, die nach dem schönen Sträuben einiger schwärmerischer Wochen sich in das Schicksal ihrer Liebe zu dem eleganten Stadtherren und romantischen Hausbesitzerssohn begaben, schmerzlich wissend, daß da ja einmal einer seriösen Braut wegen eine Trennung würde sein müssen, aber in solchem Schmerze nur um so beseligter von einer Liebe, die nichts sonst war als Hochgefühl der Seele und der Sinne und einer Bluse zu Weihnachten und hie und da ein Theaterbesuch mit anschließendem Wirtshaus, wo man ein kleines Gulasch aß. Die süßen Mädeln waren, was das betrifft, so bescheiden wie die Mittel ihrer romantischen Liebhaber, die heimlich dichteten und öffentlich sich eine Locke ihres Haares in die Stirn zogen, um anzuzeigen, daß sie Medizin und Jurisprudenz nur soso als Brotstudium auf Papas Wunsch trieben.

Das Wunschgebilde dieser süßen Mädeln entsprach nur sehr rudimentär einer Wirklichkeit. Diese Töchter kleinbürgerlicher Vorstädtler oder Arbeiter hatten, wenn sie und solange sie jung und hübsch waren, ihren Liebesehrgeiz, der sie so einem eleganten jungen Herrn aus der Stadt geneigter machte als einem Spengler, selbst wenn er ein Galanteriespengler war. Zwischen sechzehn und zwanzig resigniert so ein junges hübsches Ding nicht und sucht ihrem Leben die Spannung zu geben in einem Erleben außerhalb der Klasse. Es kommt ja früh und unvermeidlich genug, daß sie den Tischlermeister heiraten muß oder den kleinen Beamten von der Versicherung, – wenn nicht das Wunder geschieht, einen Sprung in jene Welt zu tun, aus der wie ein lockender Abgesandter dieser junge Herr auftaucht, der aber, sie weiß es, schon mit dem Abschiedsbrief angetreten ist und auch sein Rückberufungsschreiben in die Welt seines Standes schon in der Tasche hat. Der Sprung in die Welt bedeutete, daß man vielleicht ein Talent zum Theater habe oder zum Ballett. Von beidem gab es Beispiele ja die Menge. Er bedeutete nicht, daß man dieses jungen Stadtherren Gattin würde: es gehörte zu den Wesenszügen des süßen Mädels, daß es solchen Ehrgeiz gar nicht hatte. Anders hätte sie den Romantiker seiner ersten Liebe ja sehr inkommodiert und er hätte nie den Typus so umgoldet. Verzicht stand ihr von Anfang an auf die kurze Stirn über der niedlichen kleinen Stupsnase geschrieben. Und Verzicht machte ihr Auge so schwärmerisch verschleiert und gab ihrem lustigen Lachen gerade die richtige Brechung in der Kehle, daß es einem nicht albern vorkam.

Man zeigte sein süßes Mädel nicht und man zeigte sich nicht mit ihm. Es war nur da und Quell alles Entzückens, hauste wie behauptet wie ein Singvogerl im kleinen Käfig seines Häusels da draußen, wo die Häuser in die Knie sinken aus Respekt vor den feinen Leuten in den raschen Fiakern, die zum Roten Stadel fahren oder in die Hinterbrühl oder zum Stelzer. So eine Art Fausts Gretchen, das das Leben nicht schwerer nahm, als es war, und es sich nie nahm, außer in Schnitzlers »Liebelei«. Lieber einen anderen Freund aus der Stadt, wenn sie an der Sorte nach dem ersten, der sich dringender Heirat wegen empfehlen mußte, Geschmack gefunden hatte. So konnte man so ein süßes Mädel, aber schon etwas weniger süß im zweiten Aufguß, im Volksgarten treffen oder im Stadtpark und nicht abgeneigt. Jede andere Kenntnis dieses Typus vermitteln nur eben diese Wiener Poeten von damals, die ihn zu ihrer Freude erfunden haben, wegen der erotischen und poetischen Unergiebigkeit der Strichmädchen, die den Sichtgegenstand der gleichzeitigen nüchternen Berliner »Moderne« abgeben, und wegen der Unzugänglichkeit der anderen Mädchen. Damals war ja das bürgerliche Mädchen von Familie weder eine Freigelassene noch eine Emanzipierte, also jeder illegitimen Eroberung äußerst schwer zugänglich. Sie selber, die Eltern und die Dirnen der Gasse wachten vor ihrer Unschuld, und sie zu Fall zu bringen, hätte einer schon Ausdauer und Geschicklichkeit dransetzen müssen, die zum Ziele in zu auffallendem Mißverhältnis standen, ganz abgesehen von der sicheren Strafe, das verführte Mädchen heiraten zu müssen, zumal es damals noch nicht verbreitete Sitte war, die Folgen zu beseitigen. Die anderen Mädchen waren diesen jungen Romantikern nicht erreichbar, denn sie gehörten einem hohen Adel, der Finanz und der Kavallerie. Das waren die Mädchen vom Ballettkorps. Dazu gehörten weit mehr Mittel, als man besaß. Gehörte die Selbstverständlichkeit, in einem Partikulier bei Sacher zu soupieren nicht nur, sondern auch der Dame Wohnung und Wagen zu leisten. Das überstieg die Mittel des angehenden Dichters um so gut wie alles. Schließlich wollte man ja auch lieben und geliebt werden, wenn auch nur in einem gewissen Ausmaß sowohl was die Leidenschaft betraf wie die Dauer. Es war schöner zu sagen, man habe eine Liebe, als man habe ein Verhältnis, welches Wort einen ja auch zu sehr an die geringen Aufwendungen erinnerte, die man für die Geliebte machte und nur machen konnte. Und man nahm es gerührt hin, wenn einen die Geliebte zu sich zum Kaffee mit Guglhupf einlud, selbstgebackenem, und man von ihr den ehrsamen Eltern als »Bräutigam« vorgestellt wurde, die, ohne sich Gedanken über das

Wort zu machen, es hinnahmen, wie wenn das Töchterchen gesagt hätte: »Hutterer« oder »Rechtspraktikant«. Die erfreuten und geehrten Vater und Mutter waren froh, den Herrn kennenzulernen, damit man doch weiß, mit wem das Mädel umgeht, dem sie es durchaus, die Mutter vielleicht mit einem Seufzer, gönnten, daß es sich seiner Jugend erfreute.

Praktisch ging das Leben dieser jungen Herren ja meist den vielbetretenen Spuren jener Mädchen nach, die immer die Gelegenheit mit sich bringen, trug eine sich selber rührende Sehnsucht nach der Liebe eines solchen süßen Mädel-Wunschgebildes im Herzen, darüber zu trösten fähig, daß man des Nachts an den herabgelassenen Stores beim Sacher, dahinter die große Welt leidenschaftelte, nichts als vorübergehen konnte oder hinter den Scheiben der damals noch sehr exklusiven Konditorei Demel die schönsten Gesichteln der Wiener Komtessen sah, so prachtvolle wie das der Helene Potozka, deren beim Kunsthändler Neumann gekaufte Photographie man im Portefeuille trug.

Daß einer noch jungfräulich ist, spricht sich in seinem Kreise rasch herum, und gegen das Gehänseltwerden und Ermuntertwerden nützt ihm weder Getue noch Aufschneiderei. Es scheint da eine Art Freimaurersprache zu bestehen, an deren Zeichen und Untertönen sich die Eingeweihten sofort und untrüglich erkennen, und wer diese Sprache von einem gewissen Alter ab noch nicht spricht und versteht, gilt für nicht erwachsen mit allen unangenehmen Folgen solcher Zurücksetzung im Alter, für komisch, für lächerlich. Und gegen nichts ist man ja so um die siebzehn empfindlicher, als lächerlich zu wirken. Schwestern neigen dazu, den Bruder so zu finden, und wie unbarmherzig grausam ist man dafür gegen sie. In unserer Zürcher Gesellschaft hatten wir einen, der machte mit seinen etlichen sechsundzwanzig Jahren kein Hehl daraus, noch nie eine Frau erkannt zu haben. Den männlichen Teil unserer kleinen Gesellschaft interessierte das nicht weiter, denn wir waren über die Jahre, die das wichtig nehmen, hinaus. Aber der weibliche Teil unseres Kreises war intrigiert davon. Wie beleidigt von solcher Unempfindlichkeit gegen den weiblichen Reiz fanden die Frauen diesen Mann unappetitlich und schmutzig. Sie vermuteten vielleicht heimliche Laster bei ihm, sahen mit Widerwillen einen Narziß mit schwarzem Vollbart und goldenen Brillen, der außerdem an der Freßkrankheit litt.

Die geschlossenen Etablissements sind nichts für den Anfänger des Liebeslebens. Unvertraut mit dem Einfachsten scheut er sich, ein solches Haus zu betreten, das ihm wie ein Klub vorkommt, dessen Regeln und Bräuche er nicht kennt, und dann ist damit eine wenn auch, so hört er, bescheidene Öffentlichkeit verbunden, die ihm zu dem durchaus Heimlichen, das er vorhat, nicht paßt. Was ihm an Lustgefühlen bevorsteht, dessen ist er ja nicht so sicher wie der Angst, die ihn nicht losläßt, daß er nun gleich etwas tun wird, das ihn, wie man sagt, zum Manne macht, und daß er dies mit einer dieser etwas unheimlichen fremden Frauen tun soll, aus denen eine zu wählen ist nach einem ihm gänzlich unvertrauten Maß des Gefallens, und das er in diesem selben Augenblick der Wahl aufzustellen habe, wobei diese Frau nichts sonst einwenden könne gegen die Wahl als eine zu geringe Bezahlung. Der junge Mensch hatte sich kaum aus einem sinnlich-übersinnlichen Überschwang von am Gefühl sich übersteigernden Gefühlen entlassen in das weniger individuell vermeinte Pathos einer von allem Übel zu erlösenden Welt. Er litt unter diesem Zuge der unteren Gewalten, von dem er wußte, daß er ihn, den Hilflosen, so wie alles lag, zunächst durch diese Kloake einer dunkleren Nebengasse ziehen würde in einen Absturz. Einer dieser geschminkten Frauen nachziehen – keine andere Frau schminkte sich auf der Straße damals –, die ins Leere es verschenkend immer bereit sind, auf den passierenden Mann ein kleines, den Blick begleitendes Lächeln an einem kurzen Fädchen loszulassen, und einen Gang haben, der wie ein Abzeichen auf die Ferne wirkt.

Nur durch die heftigen Krisen, die dem ersten sexuellen Erlebnis des Jünglings vorausgehen, ist dieses wichtig, aber nicht bedeutend. Diese Krisen haben in der ersten Umarmung einer Frau ihre Höhe, aber auch ihr Ende erreicht. Von nun ab besitzt dieser Vorgang für den Mann auch keine andere Wichtigkeit mehr als die einer Funktion mit angenehmen Begleiterscheinungen, was die sensoriellen Gefühle dabei betrifft. Er ist deshalb so glücklich, den Akt rasch zu vergessen. Seine kleine natürliche Rolle ist gespielt, und die der Frau spielt weiter und allein. Das wird nur dann anders, wenn er liebend den Akt mit einer Frau wiederholt und mit ihr eine Ehe eingeht. Aber dann riskiert er bei wachsender spiritueller Beziehung zu dieser Frau, daß sein sinnlicher Appetit nachläßt und verschwindet. Ausgestattet mit der Möglichkeit, tausende Kinder zu zeugen, beschränkt er sich auf drei mit derselben Frau, und die Natur, die in der Liebe ihren Gegner sieht, ist so boshaft, den Mann für diese Exklusivität damit zu strafen, daß sie ihn an dieser Frau immer weniger und schließlich gar kein sinnliches Gefallen mehr finden läßt, und diese Natur drängt ihn zu anderen Frauen ab. Das schafft die fatalen Konflikte des ehelichen Lebens, die nicht zu lösen sind. Die Frau hat keine Eignung oder Neigung, das, was sie den Ehebruch des Mannes oder dessen Untreue nennt, so gleichgültig hinzunehmen, wie der Mann diese Untreue meist begeht. Und der Mann besitzt nicht die Fähigkeit, diese sich abgerungene Treue in die sexuelle Aktivität zu seiner Frau umzusetzen. Es scheint der Frau unbegreiflich zu sein, aus genereller Artung und entsprechender Erziehung vielleicht, daß der sexuelle Akt für den Mann wohl reizvoll ist und um dessentwillen von ihm gesucht wird, aber daß er ihm nichts bedeutet und seiner generellen Art nach gar nichts bedeuten kann, wenn ihm auch die Erziehung durch die Frau da einige höfliche Lügen beigebracht hat.

Die Liebe ist zuweilen eine pathetische Angelegenheit, das Sexuelle nie: das ist immer gewöhnlich. Folgenlos für den

Mann, also auch ganz ohne Wichtigkeit für ihn. Das Geschick erließ es dem jungen Menschen, unserem Helden, daß er den Zusammenbruch des weitläufig aus Ahnungen, Träumen, Wünschen und Hoffnungen sich aufbauenden luftigen Schlosses seiner Erwartungen im muffigen Zimmer des auf einen Wink bereiten Straßenmädchens erlebte, wenn es ihm auch nicht selten ganz das Entsprechende schien, daß Dumpfes zu Dumpfem komme, Verstecktes zu Verstecktem, Verfehmtes zu Verfehmtem. Tauchten nicht immer erst, wenn's dämmerte, die Mädchen auf der Straße auf? Im Zwielicht oder im Dunkel der Nacht vollzog sich das alles, wovon niemand sprach. Das Flügelrauschen der Gefühle, die in den Himmel ziehen, das hätte man erlebt, glaubte, es erlebt zu haben, wenn die Berauschtheit des zweiten Aktes Tristan über einen kam und das kleine Samenkorn einer eingesenkten fernen Liebe unter solchem Rausche aufsprang und wuchs und sprengte. Und das hatte also eine Ergänzung in einem Akte der nichts als chthonischen Mächte, deren Ensemble die Hölle bevölkerte. Dahin gab es eine Brücke? Man selber war die Brücke und der darüber Schreitende. Da war er einmal spät in der Nacht nach Hause gekommen und tastete sich, die Schuhe in der Hand, um die Eltern nicht zu wecken, durch das dunkle Vorzimmer zur Tür. Stolperte, und im Falle hielten einen heiße Hände der Magd fest, die ihre Matratze aus der Kammer hier hergebettet hatte, vor die Zimmertür des »jungen Herrn«, um ihn sich ihrer Lust abzufangen, die ihm in Gerüchen entgegendampfte und in Worten, die mehr ein pfeifender Atem waren als Klang. Daß die Eltern erwachen könnten, entschied als Angst, daß er sich grob den Armen entwand; und daß das Mädchen am anderen Tage war wie sonst und nichts als Magd, die ihren Dienst verrichtet, kam ihm ungeheuerlich vor, denn er erwartete ein wenn auch noch so geringes Zeichen der Liebe als Rechtfertigung. Er war damals sechzehn alt. Er wußte oder glaubte es längst, daß das mit dem, was man Liebe nennt, nichts zu tun habe und von ihr nur einiges entlehne zur besseren Haltung und um ein Gewissen zu beruhigen. Vielleicht nur, um den Partner den eigenen Sturz ins Nichts-als-Funktionelle, dem er dient, nicht merken zu lassen. Um den Partner aus der Hölle des Nichts-als-Funktionellen zu heben, wenn auch nur um einen Zoll über das Geschäftliche eines mit schwarzer Glanzleinwand überzogenen Diwans. Der aber sachlich und unzugänglich blieb wie das Mädchen, das seine Jacke ausgezogen hatte und darunter gleich die schreckliche Nähe ihrer verwelkten Brüste zeigte. Da warf er das Geld auf den Tisch und lief davon. Wie das andere, das nächste Mal, als er die müden Füße der Frau sich die Schneckentreppe des alten Hauses hinaufschieben sah, die Treppen vermuldet, die Absätze schiefgetreten, über dem Abschluß der Schnürstiefel quellende weißbestrumpfte Waden. Das tappte weiter, und er stand still. Und dann flog er die runde Treppe zurück, zu größter Eile getrieben von einem Schimpfen, das er hörte, und lief noch ein ganzes Stück die Gasse lang.

Als dann dieses für den Jüngling so überaus bedeutungsvoll erwartete Ereignis eintrat, war es weder das phantastisch staffierte Traumschloß noch das Geschäftszimmer der eiligen Prostituierten, das diesem Ereignis nicht voneinander trennbaren Rahmen und Inhalt gab, sondern ein Wesen zweifelhafter sozialer Position, aber unzubezweifelnder Jugend, Hübschheit und verliebter sinnlicher Anmut, das am Judenplatz ein Appartement bewohnte, dessen mehrere Räume verschiedenen bürgerlich-wohnlichen Zwecken dienten und das so Abrupte des einen und einzigen Zweckes des Besuches in lokale Übergänge auflöste, die dem Zuständlichen des jungen Mannes entsprachen; der wohl wußte, wozu er da war, aber das aus Unkenntnis der es verdeutlichenden Formen lieber verbarg und mit, wie er meinte, gutgespielter Unschuld eine Einladung zum Frühstück annahm. Aber was dieser Einladung vorausgegangen war, ließ ihm ja keine Zweifel, daß es sich um anderes als das Frühstück handelte – um das andere.

Nicht in der besten Laune, denn er hatte im Café keine Freunde getroffen, die den Tiefstand seiner Börse etwas gehoben hätten, war er eines Morgens durch die Gassen gestrichen, als ihm vor diesem Haustor eine junge blonde und freundlich-äugige Person ein wohlverschnürtes Paket, so was wie eine Schuhschachtel, mit weißbehandschuhter Hand hinhielt: ob er nicht die Freundlichkeit haben wolle, dieses Paket hier im Hause im zweiten Stock bei Fischers abzugeben, sie habe rasch einen Gang zu besorgen und es wäre sehr lieb von ihm. Es war so plausibel. Aber im zweiten Stock gab es weder an der einen noch an der anderen Tür ein Schild mit Fischer. Der Bote wollte gerade in den dritten Stock steigen, als er vom ersten herauf »Sie, Sie!« rufen hörte. Es galt wohl ihm. Es klang wie die kaum vor einer Minute gehörte Stimme am Haustor. Er kam also mit seiner Schachtel wieder die Treppe herunter, und da stand die Ruferin, den Hut in der Hand, an einer offenen Wohnungstüre lächelnden etwas offenen Mundes. Sie sprach rasch eine Menge hintereinander von Irrtum und besser so und Fischer und verstehbar nur den Satz: »Aber wollen Sie nicht eintreten?« Im Vorzimmer befand man sich sofort im wilden Wirbel des Geschmackes einer Theaterdame oder so, mit japanischen Fächern an den Wänden und bunten Schirmen in den Ecken und chinesischen Laternen und eindringlichem Parfüm, das nach Bleistiften roch. Zum Dank für meine Mühe müsse ich die Einladung zu einem Frühstück annehmen, außerdem sei sie so allein und das sei so langweilig. So ganz allein war sie nicht, denn im Schlafzimmer, in das man von dem kleinen Salon aus sah durch die geöffneten Flügeltüren, gab es ein Gespräch, und die andere Person war eine Jungfer, wie man gleich sah, die beim Umziehen half. In den einzelnen Etappen dieses Prozesses eines angezogeneren modischen Zeitalters erschien das zierliche Geschöpf immer an der Tür, ob ich mich auch nicht langweile und gleich wäre sie so weit und ob ich auch schon solchen Hunger hätte und es würde nicht mehr lang dauern. Und dann war es soweit. Viel mehr als den dunkelblauen goldbestickten Kimono und die Seidenstrümpfe hatte das Persönchen nicht an, als wir uns in einem dritten Zimmer zum Frühstück setzten wie zwei junge Leute, die Hunger und Appetit haben.

Daß man Student sei, war auf eine Frage des Geschöpfes bald gesagt und sagte nicht viel. Von allem anderen schwieg man. Vom Theater redete man wichtiger, als es einem in dieser Situation war, denn der Gegenstand fand ihre lebhaftere Teilnahme, und in Angst vor jedem Ungeschick zitterte man vor möglichen Pausen des Gespräches wie vor dräuenden Abgründen. Es gab Tee, und man goß sich viel Rum dazu, mehr als man sonst nahm. Man versprach sich davon eine freiere Geste, denn allzusehr hatte man das Gefühl, nur Ärmel, aber keine Arme am Leib zu haben. Wie gut war es, daß sie jetzt ans Piano ging und einen Walzer spielte, recht hudlig übrigens. Daß sie einem nur ja den Neuling nicht anmerke! Das hätte in eine desastreuse Verlegenheit geführt, fürchtete man. Vielleicht würde sie ein Gelächter darüber anschlagen. Und darüber würden einem aus Wut Tränen kommen, einzige Hilfe in einer Situation, die man als Mann beherrschen soll und doch nicht weiß wie. Man gab sich einen Ruck, stand auf, trat hinter die Spielende. Nahm sie beim Kopf, küßte sie ins Haar. Man sah sich zu dabei und stellte fest, daß was und wie man es machte blöde war. Man hätte von Liebe sprechen können, aber das hätte alles verraten. Also nur ja kein Wort derart. Das wäre übrigens alles viel einfacher gewesen und man hätte sehr gut eine Rolle gespielt, wenn nicht dieses leise Sausen in den Ohren gewesen wäre, das den gesprochenen und gehörten Laut in ganz falsche Distanzen legte. Was man selber sagte, klang wie ein Echo aus der Magengegend. Was man hörte, kam aus einer verschleierten Ferne.

Sie drehte den Kopf, daß der Mund, der in ihrem Haar wühlte, auf ihren Mund kam. Viel länger hätte es nicht dauern dürfen, denn dann hätte man das Gleichgewicht dieser schwierigen Position nicht gehalten und wäre mit der Stirn auf die Klaviertasten gefallen, auf die man an den geschlossenen Augen des Geschöpfes vorbeistarrte, bis sie verschwammen. Denn nun hatte ihre Zunge sich durch die Lippen geschoben und die Zahnreihen getrennt. Nun hätte man auch stürzen können.

In diesem Augenblick der feuchten inneren Berührung, der die Bewußtheit aufsog wie Löschpapier eine Schrift, in dieser plötzlich eintretenden Leere des Denkens stand wie übriggeblieben und gestrandet, Oase in einer Wüste, sonderbarerweise ein Wunsch da, der den jungen Mann diesen Morgen stark beschäftigt hatte, aber, weil er die vielleicht Geld habenden Freunde nicht traf, nicht befriedigt werden konnte: der Wunsch nach einem Bad. Und in diesem Augenblick, wo ganz unpassend und lächerlich sich dieser Gedanke löste, so deutlich, daß man meinte, man hätte ihn ausgesprochen, kam es von der Frau her, die sich nun erhoben hatte: »Möchtest du nicht baden?« Begreiflicher Wunsch einer sauberen Person, die sich mit einem Unbekannten zu Bett legen will, daß der zuvor ein Bad nimmt. Unbegreiflich, daß sie dem eigenen plötzlich aufbrechenden Gedanken die Worte gibt. Auch peinlich, daß sie einen vielleicht als einen vermutet, der es nötig hat. Aber das Du, mit dem sie vertraulich den neuen Abschnitt des Frühstückes einleitet und das in ihm zu Erwartende andeutet, mildert den erst feindlichen Chok. Und der junge Mann sagt vielfach erleichtert: »Es wäre köstlich.« Er wird also das seit dem frühen Morgen gewünschte Bad zusamt der gar nicht erdenkbaren Lösung der Entkleidungsfrage bekommen.

Durch eines großen Wandschrankes eine Hälfte schob sie den jungen Mann in das winzige blanke und heiße Badezimmer und warf ihm Handtücher nach. Merkwürdig, daß der Ofen bereits glühte. Vielleicht war das Stubenmädel so abgerichtet, das Bad zu heizen, wenn die kleine Gnädige nicht allein nach Hause kam. Durchaus mehr dem Genuß als Gedanken hingegeben lag man in der Wanne, als die Türe, aber eine andere, wohl vom Vorraum aufging. Es war der dunkelblaue Kimono, der rasch versicherte, nicht hinzuschauen, meine Kleider und Schuhe packte und schon wieder draußen war. »Zum Bürsten«, rief sie an die Tür hin.

Dieses Bürsten meiner Kleider brauchte zwei Tage und zwei Nächte. Erst am Morgen des dritten Tages in der äußersten Stunde – denn sie sagte »jetzt mußt du wirklich schauen, daß du weiterkommst« – waren Kleider und Schuhe wieder da, die sie versteckt hatte, aus Angst, ich könne mich früher entfernen, als es ihr paßte. Es war aber nur Höflichkeit, was den jungen Mann am Abend des ersten Tages zu sagen veranlaßte, daß er jetzt gehen müsse. Denn er mußte gar nicht und gab gern nach.

Diese Steffi war ein munteres Wesen, das den kleinen Kram ihres Lebens drastisch und kurzweilig auszubreiten verstand und ohne weitere Gedanken das Leben nahm, wie es sich gab: als eine große Hetz. Chormädel am Karltheater bei der Operette war sie vor kurzem noch gewesen unter lauter älteren Schachteln, und da habe sie ein reicher älterer Herr herausgeholt und in diese Wohnung gesetzt. Der Herr sei noch älter als reich und verreise oft. Frau und Kinder habe er auch. Es war gar nicht interessant, was sie erzählte, aber sie gab ihm den Witz ihrer Klasse und ihrer Ottakringer Heimat. Steffi hatte eine feste goldbepuderte rosige Haut, spazierte nackt mit der natürlichsten Grazie herum und setzte durch ihre starke, aber gar nicht raffinierte Sinnlichkeit den Genossen ihrer Freuden in keinerlei Verlegenheit. Das gab sich wie von selbst, als er mit nichts als einem Handtuch um die Lenden durch eine schmale Tür aus der Badestube trat: Steffi lag im weiten Bett wie ein ganz Kleines und streckte die Arme aus.

Tag und Nacht gaben diesen achtundvierzig Stunden keine Teilung, Zeit lief nicht mehr wie Zeit ab mit dem Schlag einer Uhr, man aß, wenn man Hunger hatte, und mochte es drei

Uhr des Nachts sein, man schlief, wenn man ermüdet war, über die Mittagszeit weg. Es war eine Fahrt, eine Reise auf einem verhängten schaukelnden Boot, ein dem Willen entzogenes zwischen Abfahrt und Ankunft. Daß der Jüngling nunmehr was man einen Mann nannte geworden, beschäftigte nicht weiter seine Gedanken. Das war weder Geschenk noch Gewinn, sondern eben ein natürlicher Vollzug, über dessen lustvolle Begleitumstände nichts zu denken war. Einmal fragte er Steffi: »Liebst du mich?« Und ohne seinen Verstand für diese ungeheure Frage sagte sie darauf: »Aber das siehst du doch!« Das sagte sie ganz ohne jenen funkelnden Blick der Hysterischen in den Augen. Der junge Mann konnte jedoch in dieser einfachen, ihm allzu einfachen Definition der Liebe nicht unterbringen, was er alles damit verbunden hatte. Vielleicht etwas von den Wagnerischen Trunkenheiten des zweiten Tristanaktes, aber nicht das Waldhorn Eichendorffs und nicht den Glockenton Mörikes. Daß die körperliche Umarmung nicht das Ziel der Liebe sein konnte, war ihm ganz deutlich, denn er hatte diese Frau ja nicht einmal begehrt. Aber auch, daß solches sinnliche Begehren am Anfange der Liebe sein sollte, bezweifelte er, denn er empfand keinerlei solches Liebesgefühl zu diesem Wesen, das doch alles tat, was seinerseits an Liebe auszudrücken war. Da lag er wach auf dem Rücken und starrte ins Dunkel. Er hätte jetzt fortgehn können, ohne das Schmerzliche eines Abschiedes zu empfinden. Wo stimmte da etwas nicht? Bei ihm oder bei dieser Frau? Sein Hochmut entschied nicht geradezu gegen die Frau neben ihm. Aber er sonderte sie, dieses kindliche Geschöpf, von der Möglichkeit anderer Frauen, die es auf der Welt geben müsse und die einen nicht mit der Liebe an diesem Korallenriff der Lüste stranden ließen, so reizvoll es auch für die kurze Weile war. Ich glaube, dieser junge Mann verlor in seiner ersten Umarmung mehr als seine Unschuld. Aber das wußte er nicht.

Ich habe in meinem Leben Männer getroffen, die ihre Erziehung in Liebessachen von den Dirnen bekamen, wobei ich nicht geradezu die Mädchen der Straßen meine. Ich habe besonders einen gekannt, der sich über diesen Umstand befragte und Antwort suchte. Umfang und Inhalt seiner individuellen Variante waren ihm so weit bekannt, daß er den Rechenfehler, den seine in müden Situationen angestellten allgemeinen Feststellungen machten, nicht zu groß einzustellen brauchte. Er besaß Kontrolle. Was er an ihnen liebte und was ihn zu diesen Frauen zog, war – es klingt nur lyrisch – bei dieser die von Erinnerung verschleierten Augen, bei jener der müde Mund, die zerstörte Stimme, die verwunderte Zärtlichkeit, die sich nichts mehr zutraut. Bei allen diese schwankende und kränkliche Schönheit, wie sie ihnen eine Atmosphäre von Lust und Verzweiflung gibt. Jener Mann war gar nicht weit von der christlichen These, daß man von diesen Frauen die hinnehmende Duldung, die indulgentia, lernen könne: daß man von der Welt nicht mehr verlange, als sie zu geben vermöge. Er sagte mir einmal: »Diese kurzen Geschichten der Dirnen, diese heißen Dialoge, bei denen sie immer der am wenigsten interessierte Teil sind und bei denen sie doch am meisten dadurch gewinnen, indem sie ihnen zeigen, wie die Männer immer dieselben Bewegungen machen: davon sind sie kühl und von aller sexuellen Begeisterung freigeworden. Die geheuchelte Lust, über die sie in einem stillen Winkel ihrer Seele lächeln wie etwas altkluge Kinder, wenn sie mit Kleineren spielen, das gibt, das hinterläßt ihnen, ohne daß sie es wollen, eine Mattigkeit und eine Schwermut, die ihre Schönheit erhöhen.« Und er las mir vor, was ihm einmal eine solche Frau gesagt und was er sich aufgeschrieben hatte: »Weil die Männer in einer gewissen Stunde und in der Befreitheit ihres Verlangens in unseren Armen manchmal Worte wie Kinder, manchmal aufreizende Gemeinheiten reden, haben wir keinen Grund, daß wir notwendig über das Maß teilnehmen. Zuschauen, sich enthalten, lächeln: das ist allein würdig, der Rest ist vulgär.«

Entscheidend für die Lebensläufe solcher Frauen und dieses Mannes ist vielleicht, daß sie unfruchtbar sind und sein müssen. Sie treten in einen Herbst ohne Frucht, erleben nicht ihre natürliche Abnützung und ihren Verbrauch. Sie haben den schmerzlichen Trost des buntverfärbten Laubes. Tragische Schatten ohne Gegenspieler sind sie. »Weißt du«, sagte mir jener Mann, »wann ich das größte Vergnügen an einer Frau empfinde? Wenn ich ihr zusehe, wie sie schläft.«

Als der junge Mann dieser Erzählung das Haus am Judenplatz verließ, etwas gedrängt wohl, weil der Herr des Hauses in Sicht kam, wie er meinte, und nach einem Abschied, der die Worte »Wiedersehen« und »Wann« in Küssen zerbiß und ganz recht so, denn das »weg« war ganz lebendig in ihm über ein nur mattes »zurück« – da fand er in seiner Hosentasche einen Zehnguldenschein und war beschämt und geärgert. Das Mädel hatte seine Taschen durchstöbert, des armen Studenten leere Taschen. Ich glaube nicht, daß er die Zärtlichkeit des Gefühles begriff, aus dem ihm das gute Geschöpf vielleicht alles gegeben hatte, was es gerade besaß. Denn diese zehn Gulden waren der Grund, daß der Idiot das Haus und das Mädel nicht mehr aufsuchte.

16.

Abschied und Aufbruch

Jene Flucht aus dem elterlichen Haus griff, um solche Entscheidung zu rechtfertigen, die sich wie von selber bietenden Worte auf, die aus einem nichts als persönlichen Akte so etwas wie eine von dem Geiste der Zeit verlangte Notwendigkeit machten, der man sich nichts als zu unterwerfen hätte. Man präsentierte den Zettel, der einen zur Armee einberief, in der zu dienen man sich entschlossen hatte. Der Entschluß lag schon etwas zurück und war nicht mehr zu diskutieren, jetzt, wo ganz automatisch die Folge eintrat. Aber das war, ohne daß er darum wußte, nur Vordergrundsmanöver des Sohnes, der aus der natürlichen Liebe zu seinem Erzeuger und dem ebenso natürlichen Schrecken vor der Identität, in die er da hineinleben sollte, keinen anderen Ausweg fand als das Davonlaufen und die Deutung dieser Flucht als Einberufung. Er behauptete eine Aufgabe, ohne eine zu haben, wies einen Auftrag vor, den er selber geschrieben. Ganz durchdrungen davon, sich zu verwirklichen, lehnte er die Stützen ab als nicht zu seinem Leibe passend, ahnend, daß der Wille der Älteren sie so konstruiert hat, daß sie ihnen und nur ihnen bequem sind.

Aber das war kein Aufbruch mit Sack und Pack und übergeschnalltem Spaten gewesen, und es war deshalb auch, rechnete man alles in allem, nicht mehr dabei herausgekommen als ein Herumtreiben in Gassen und Wirtshäusern, zweifelhafte Schlafstätten, sehr unzulängliche Mahlzeiten und eine Tätigkeit, die nur von dieser neuen Welt der Arbeiter, für die man sie aufführte, so etwas wie Glanz bekam, nicht aus sich selber, wo in nicht zu verscheuchenden Stunden Zweifel und Katzenjammer diesen billigen Glanz auffraßen. Man war frei, aber man wußte nicht recht wozu. Lief man nicht vielleicht einem Blendwerk nach? Und immer noch am diesseitigen Ufer und gar nicht, wie man sich einzureden versuchte, am jenseitigen? Man kam doch immer wieder in die elterliche Gasse zurück, heimlich, aber doch mit dem in den Winkel gedrehten Auge auf die vertrauten Fenster schauend. Man sah die Mutter, wie sie das Haus verließ, langsam und wie als die Letzte das nun leere Haus. Sah den Vater heimkehrend ins Tor treten wie hineingescheucht, um nachzusehen, ob niemand, wirklich niemand mehr da, keiner zurückgekommen wäre. Oder ging das alles seinen Gang so weiter, als ob man nicht geflohen wäre? Man konnte dem, was man da getan hatte, keinen Sinn geben. Warum sollten die anderen, die Eltern, einen darin finden, der in besseren Worten als »dummer Bub« auszudrücken wäre? Aber der Sinn des kaum geahnten

Anlasses war so ungeheuer stark gefühlt worden, daß man doch jeden Fluch dafür getragen hätte. Und nicht nur geahnt, denn man konnte ihn vielfach ausdrücken. Nicht aber den Sinn einer erreichten Erfüllung: da war nichts. Für das Fort gab es Gründe, für das Wohin kein Ziel.

Das Ganze mußte nochmals getan werden. Abschied und Aufbruch mußten auf der höheren Stufe wiederholt werden. Im Kampf, dem zu nahen, gegen die zurückziehende Liebe und ihre Fallen verlor man zuviel anders gebrauchte Kraft. Aufbruch und Abschied: das mußte fürs Leben sein, nicht nur für eine Zeit. Und jetzt mehr als je, wo die Eltern, verstrickt ins Unentwirrbare eigenen Schicksales, ins erschreckend Einzelhafte ihres Seins sich auflösten, in die Zeit vor ihrer ehelichen Bindung zurückgingen, Ehe also nicht mehr war, aber doch an die Frucht dieser Ehe appellierten, Partei und Zeuge zu sein, Richter und Mitkläger im Streit, die Mutter ihn über sich setzte als einen mit imaginären Kräften ausgestatteten Restaurator dieser Ehe, die alle ihre Zwecke ja schon erfüllt hatte und nichts mehr sonst bedeuten konnte als das gemeinsame Abwarten des Sterbens. Und der Vater, der zu alldem kein Wort sprach und mit allem, was er tat, nichts sonst ausdrückte als den Instinkt des alten Tieres, das sich von der Gemeinschaft absondert in eine Einsamkeit und Stille, geeigneter den Tod zu erwarten und Gedanken an das Sterben freundlicher zu machen als Geschäftigkeit inmitten der Menschen. Erreicht war, was ihm durch Arbeit zu erreichen sinnvoll und nötig schien. Das weiterzutreiben hätte ihm die Sinne verwirrt und seinem Leben die Rechtfertigung genommen. Nicht um nun sein Leben auch zu genießen, wie der Ausdruck geläufig ist, zog er sich in diese dörfliche Einsamkeit zurück, denn er genoß im gewöhnlichen Sinn dieses Wortes hier weniger als je zuvor. Außer den Frieden nach einem tätigen Leben, dem er sein Teil gegeben hatte, ohne das zu überschätzen. Und vielleicht genoß er das höchste menschliche Glück: die Einsamkeit.

Nun war für den Sohn nicht mehr Haus und Herd zu verlassen mit der Aussicht auf Rückkunft. Es gab nicht die Familie mehr. Und was sich von ihr löste, war also nicht mehr als der Sohn zu definieren. Als er seine Absicht mitteilte, Stadt und Land zu verlassen und nach der Schweiz zu gehen, gab es keinen Anlaß mehr, diesen Entschluß mit allgemeinen Redensarten zu inszenieren, denn das Visavis war nicht mehr das starre System Familie, das seinerseits mit so allgemeinen Redensarten operierte. Auseinandergefallen war das System in den einen väterlichen Teil, damit beschäftigt, sich als Teil und gesondertes Stück zu behaupten, und den anderen mütterlichen, der solches zu hindern trachtete – da war eine Lücke, durch die man fast unbemerkt verschwinden konnte. Man packte seine Habe; fast nur Bücher füllten diese graue Kofferkiste, aber den Spaten ließ man zurück, denn man hatte in jenen herumtreiberischen Monaten das Erdreich, das er öffnen sollte, doch etwas zu hart und des Spatens Härte für zu weich befunden, als daß man sich in der Fremde etwas davon versprochen hätte, da mit eigener Arbeit sein Brot zu verdienen. Man tauschte ihn gegen ein monatliches Geldstück von etlichen achtzig Gulden. Das ging alles leichter, als man erwartet hatte, für das Gefühl des Aufbrechenden vielleicht etwas zu leicht. Denn das war ja nicht eine Reise, die er antrat mit einem »Auf Wiedersehen in sechs Wochen«. Das war ein kardinaler Abschnitt. Nicht eine Reise in die Schweiz, sondern ins eigene Leben, nicht eine Ortsveränderung, sondern eine Wesensänderung. Sein Gefühl fröstelte etwas, daß man für dieses Adieu nicht etwas mehr Zeit aufwendete als zwischen Tür und Angel und den Zurückbleibenden jeder Sinn für die große Entscheidung zu fehlen schien, die einer eben zu treffen bereit war. Sein sentimentaler Egoismus hätte es gern erlebt, daß man mit vermeinter Zärtlichkeit die letzten bindenden Fäden zerschnitt. Jetzt kam es ihm so vor, als hätte man sie, ganz nur um sich selber bekümmert, einfach zerrissen. Und da war er plötzlich außerordentlich allein.

Dieses Alleinsein lag schwer und auch wieder leicht auf ihm. Es hatte ein Gewicht und wieder keines. Es erschütterte und war beseligend. Ganz undeutlich war die Vorstellung des nichts als genannten Zieles. Die Schweiz – das war weder ein landschaftlicher noch ein politischer Begriff, sondern schlechthin die Weite. Aber auch das Ungewisse, das Gewagte, in das man sich begab und das zu verantworten war. Für dieses undeutlich im Dämmerlicht des Künftigen Liegende gab man die vertraute Realität hin, dieser Stadt, dieser Landschaft, in die man sich wie ein Stückchen eingefügt fühlte, das vom Ganzen gehalten wurde. Man würde sicher Heimweh bekommen. Vielleicht weniger, wenn man es vorwegnähme durch einen verlangsamten Abschied, der Stück um Stück einer so vertrauten Landschaft Adieu sagte und der auch mehr dem leisen Schmerz entsprach, den man darüber empfand, daß sein Weggehen nicht schwerer genommen wurde, und man sich stellte, als ob das Ganze nichts als ein Ausflug wäre wie mancher frühere und die Eskapade der Monate. Der Schnellzug, das fuhr mit einem Hui seine achtzehn Stunden, und man wäre plötzlich am Ziel, zu plötzlich nach vergafften, verschlummerten, verschlafenen Stunden im Kupee. Das glich doch zu sehr einer Reise und entbehrte des Pathetischen, das man am Grunde dieses Ab- und Aufbruches fühlte und deutlich haben wollte.

Also bestieg der junge Mensch an einem frühen Septembermorgen etwas übernächtigt, da man alle Stunden zuvor im Abschied von den proletarischen und studentischen Freunden verbracht hatte, an der Weißgärberlände das Schiff, das den Kanal hinauffuhr. In Nußdorf setzten die Passagiere auf den größeren Donaudampfer über, und da hatte die Sonne auch die herbstlichen Nebel aufgesogen, und gegen den blaßblauen Himmel stand dunkel der Leopoldsberg, deutlich hell wie ein etwas im Zickzack gezogener Scheitel im Haar der oft aufwärts und abwärts gekletterte Weg der »Nase« vom Babenbergerschloß zum Dörfel.

Stärker als die etwas sinnlos tumultuösen Gesten der zurückbleibenden Bekannten und Freunde, von denen er ja wußte, daß sie gleich wieder und als ob nichts geschehen wäre, ihren Tag aufnehmen, wirkt die nun ganz sentimental empfundene vertraute Landschaft, die den gleichsam Fliehenden mit einem stummen Stolze ansieht – wie lang und schwer war ihr Blick, denn langsam ist der Kurs des stromaufwärts fahrenden Schiffes – und ihn entläßt und das Auge schließt. Dorf und Städtchen, Hügel und Burg und landeinwärts in die Berge sich öffnende Täler – dem Donautal fehlt der geschäftige Mensch, der die etwas melancholische Grazie des Stromes mit Betrieb und Schornstein, Ackerland und fröhlichem Lärm stört. An den alten Namen entlang fährt man das Nibelungenlied aufwärts, und wie von solchem Alter in die Erde gedrückt sind die lehmgelben, niederen, dickgemauerten Siedelungen, grellgelb in der Sonne, tiefblau in den Schattenwinkeln, daraus dann dort und da ein barocker Kirchturm sich dreht oder auf einem weinbewachsenen Burghügel die ältere Ruine zerbröckelt. Gralsburghaft dann wieder türmereiche riesige Bauten von Mönchen, Göttweig, Melk, davor die paar menschlichen Häuser nun ganz winzig und nichtig werden wie ängstliche Hütten.

Immer wieder sah er in dem sich langsam aufrollenden Landschaftsbilde die Orte, die ihn mit ihrer stummen Unverändertheit überscharf erinnerten, wann und unter welchen Umständen seine Füße da gegangen waren, und er gab sich mit einem schmerzlichen Hunger danach diesem Erinnern hin. Über diesen Landungssteg hatte ihn als Kind die Hand des Onkels geführt. Es waren viele Leute in dem Haus, das man betrat, es gab viel Guglhupf und Schokolade, es muß eines Geburtstag gewesen sein. Den Berg hinauf zu der Wallfahrtskirche Maria Taferl zog einen die Tante und duldete nicht, daß der kleine Bub den nur mit der Andacht bei allen Stationen des Kreuzweges zu verrichtenden heißen, schattenlosen Weg mit Trompetenblasen heiterer zu machen suchte.

Sie nahm ihm das im Ort beim Jahrmarkt gekaufte Blechding weg, zerschlug es an einem Stein, und hin war es. In dieser Fähre brachten einen die Schiffer einmal im Frühnebel von Ybs nach Persenbeug, wo man die Verwandten hatte, die weiterhelfen sollten. Denn er hatte gerade nur mehr die zwei Kreuzer für den Fährmann, gänzlich abgebrannt war er von einer Wanderung im Gebirge mit zwei Kameraden nur bis zu diesem Ybs gekommen. Aber da hatte man auch Jahre zuvor einmal den Rest einer Nacht mit der Mutter im Postwagen verbracht, bis der Tag anhub, wo man dann durch das enggassige Städtchen ging, das so stark nach Gerberlohe roch. Die alte Mühle sah man wieder, die man damals in sein Skizzenbuch gezeichnet hatte, und die Buben dazu, die einem dabei zuschauten.

Der junge Mensch auf dem Schiff gab sich mit schmerzlicher Wollust dem seelischen Vibrato des Abschiedes von einer Landschaft hin. Bis Linz. Da war der Schnellzug zu besteigen, und man konnte sich dem Rausche des Unbekannten hingeben, das man erwartete. Da würde das weichlich aufgelockerte Herz wieder fest und hart werden. Und das letzte Adieu nach rückwärts gewinkt sein.

17.

Zürich – Gottfried Keller – Der alte Bodmer

Geschäfte und Geschäftigkeiten vielerlei Art gaben während des Krieges der Stadt an der Limmat und dem See eine hektische Fieberröte, die sich mit den internationalen trüben und dunklen Personagen wieder verlor. Zurück blieb wie in allen nicht am Kriege anders als geschäftlich beteiligten Ländern ein zu Reichtum gekommener Mittelstand, der sich großbürgerlich einrichtete, aber hier so schweizerisch blieb, wie er immer war. Was den jetzt gänzlich mit Villen besiedelten Hang des Zürichberges bewohnt, ist so in sich verschlossen und dem Fremden mißtrauend geblieben, wie es damals war, als dieser selbe Mittelstand noch eine Wirtschaft oder einen Laden in der Altstadt betrieb oder von Zimmervermieten und Pensionhalten in den drei Gemeinden Oberstraß, Fluntern und Hottingen lebte, wo die fremden Studenten der Hochschule und der Technik zu hausen pflegten, in der Nähe ihrer Anstalten. Der Zürichberg war in dem der Stadt sich zuneigenden Hange um 1890 ein ziemlich wüstes Gelände gewesen, mit mehr undeutlichen zerschründeten Wegen und Regenrinnsalen als Rasen oder Strauch, die zu den paar einsamen Wirtshäusern am Scheitel führten, wo dann erst der weite Wald begann, oder zu dem Denkmal, das Georg Büchner da errichtet war und das halb zerfallen war. Das erinnerte den Studenten in seiner fahlen Kahlheit an den Bisamberg bei Wien. An seinem Gegenüber, dem Zug des bewaldeten steileren Uetli, auf dessen Spitze Fenster blinkten, konnte er an den Leopoldsberg denken. Aber unvergleichlich war der See und das silberige Schimmern der Hochalpen in der Ferne: da war das weite und tiefe Atmen für den Fremden an diesem Ort und all dessen Fremdes, fast Feindliches. Wohl waren die Kirchen schön, weil aus der guten katholischen Zeit. Aber hart und unfreundlich abweisend war ihr kahles Inneres mit den großen Ziffern neben der Kanzel, die den Christen da anzeigten, was für Psalmen heute gesungen würden. Man entbehrte nichts, daß diese Kirchen sich nur zu den Gottesdiensten öffneten, stellte der fremde Student fest, der bei all seinem Unglauben in den protestantischen Eignern der Kirchen Usurpatoren sah, denen ihrem Kult gemäß ein nackter Betsaal besser entsprochen hätte als eine gotische Kathedrale. Und der es als widersinnig und beschämend immer empfand, wenn er in einer protestantischen Stadt auf eine kleine schmucklose katholische Kapelle der Diaspora stieß: das drückte ihm die katholische Kirche auf den Rang einer Sekte herunter. Mit Geburt und Kindheit bekommt man das wohl ins Blut und werden die spezifischen Formen einer religiösen Übung ein Konvenü, das zum Gesamtleben und Wohlbefinden gehört als das Vertraute und Freundliche. Man kann am Aussehen der Dörfer in der Schweiz erkennen, ob sie katholisch oder protestantisch sind. Jene sind verwahrloster und dreckiger, diese sauber und blank. Aber die Neigung gehörte den dreckigen Dörfern trotz allem. Das Vorurteil ist stärker als das Urteil. Jenes hat eine biologische Bedingtheit, dieses nur eine nationale Entschuldigung. Der kleinste katholische Kaplan hat ein religiöses Cachet; der größte protestantische Superintendent hat keines. Jener ist mir immer ein Priester, dieser kommt mir immer als ein Beamter vor. Und wie eine die Sonne verstellende Wolke legt der Protestantismus einen trübenden Schatten auf das Leben und Lebenlassen dieser Welt. Auch auf alles, was das gute Essen und den feinen Gaumen betrifft, dachte der Wiener Student, wenn er sich die nicht in der Küche geschälten Fäden der Bohnen aus dem Munde fischen mußte und auch sonst wenig Herzlichkeit in diesem Schweizer Essen fand, denn hier will ja keine Köchin dem Mitmenschen mit ihrer Kunst eine Freude machen, sondern ihm nur, weil's nötig, den hungrigen Magen stopfen. Von Kirche und Küche kamen die ersten Eindrücke, beide waren unfreundlich und abweisend und ließen den Fremden spüren, daß er der Fremde. Vom Konstitutionellen solcher geistlichen und leiblichen Nahrung aus erlebte er nicht ohne begreifliche Voreingenommenheit die Eingeborenen oder ließ er, richtiger gesagt, ihr Äußerliches auf sich wirken, denn zu mehr als solcher Beziehung des gesellschaftlich nichts bedeutenden jungen Menschen wäre es auch bei andern Charaktereigenschaften der Schweizer nicht gekommen, die, das wenige haltend, was sie haben an Land, an Volk, an Besitz, gegen den Fremden mißtrauisch und ablehnend voll chthonischer Erdgebundenheit sind und einem troglodytisch lebend vorkommen. Das hat sogar innerhalb der deutschen Sprachfamilie so etwas wie ein nationales Ressentiment des Schweizers ausgebildet als eine Schutzform gegen den flinkeren bluts- und sprachgleichen Nachbarn, den dieser schwerfällige Hochalemanne einen »chaiben Schwob« schimpft, mit dem er nichts zu tun haben will. Nicht nur weil er der geschicktere Konkurrent in der Wirtschaft ist. Sondern er mag auch das Geistige, Erdentbundene der andern nicht – denn was bliebe ihm, liebte er diese harte Heimat nicht mit dieser eigensinnigen Hingabe, die das berühmte Schweizer Heimweh erzeugt hat, an dem man stirbt?

Nur in einem unbedeutend Beiläufigen ist er auch ein Deutscher, was sich aber bei dem ganz aufs Praktische, Faktische, Erdliche gerichteten Schweizer nicht weiter auswirkt, der gewissermaßen gegen seine deutschen Sprachverwandten ein Für-sich-Sein als Schweizer übertreibend betont und nicht nur, was begreiflich ist, politisch. Überall spricht die Masse des Volkes den bodenbedingten Dialekt. Aber nur die Schweizer haben ihr Hochalemannisch zur fast offiziellen Staatssprache gemacht und wollen in dem abscheulich klingenden Schwyzerdütsch keinen Dialekt, sondern eine richtige Sprache sehen und ein spezifisches Nationalgut. Also spricht es der Bundeskanzler und der Philosoph, und der Professor der deutschen Literaturgeschichte an der Universität, Jakob Baechthold, sprach es in den Vorlesungen, wenn er es auch für Hochdeutsch hielt wegen einiger Konzessionen, die er an seine nichtschweizerischen Zuhörer machte. Er ermahnte einmal in einem Seminar seine Schweizer Studenten, untereinander auch Hochdeutsch zu sprechen, um sich darin zu üben und die Schwerfälligkeit zu verlieren. Und er sprach diese Ermahnung auf schwyzerdütsch. Er merkte das aber gar nicht. Denn es war ihm ernst mit seiner Mahnung, er brachte sie mit einer gewissen heftigen Eindringlichkeit vor und kam daher in den ausdrucksstärkeren Dialekt. Die politische Geschichte der Schweizer erklärt es, daß sie in der betonten Ablehnung eines Deutsch-Gemeinsamen weiter gehen, als es jenen paßt, die in den sogenannten großdeutschen Vorstellungen schwelgen und sich davon weiß Gott welche Rettung versprechen, alle Deutschen unter einem politischen Hut zu haben. Die schweizerische Sonderung begriff sich um so mehr gegenüber dem Deutschland unter dem letzten Hohenzoller, gegen dessen Verflachung in Phrase, Fanfaronade und Fassade man die sparsame Solidität und karge Nüchternheit des Schweizerischen lieber sich übertreiben ließ, um die Distanz gegen solches deutsche Wesen zu vergrößern. Der deutsche Schweizer befand sich wie der deutsche Österreicher im Auslande immer in der Situation, der Mitteilung, daß er Deutscher sei, hinzufügen zu müssen: aus Zürich, aus Wien. Das war nicht politischer Partikularismus, sondern erledigender Wunsch, nicht für etwas verantwortlich gemacht zu werden, woran man kein Teil hatte, nämlich an einem metökenhaften Deutschtume Heraufgekommener, die das Erbe vergeudeten oder verachteten.

Die Empfindlichkeiten des jungen Studenten gegen die ihm nicht sympathischen Lebensformen des Volkes, dessen Gast er werden sollte, und gegen ein hartes, häßliches Idiom, das der es sprach nicht aus Konvenienz gegen ihn, der es schlecht oder gar nicht verstand, aufzugeben geneigt war, sondern, so dünkte ihn, mit einem gewissen Hohn nun erst recht unverständlich sprach – diese Empfindlichkeit bekam weder Zeit noch Gelegenheit zu besonderer Verhärtung und gab damit nicht den Anlaß, den Stab weiter zu setzen. Es wurde in den geringfügigen Berührungen, die der junge Mensch mit Zimmervermieterinnen, Dienstboten, Kellnern und anderem Volke nur hatte und haben konnte, hingenommen. Sein Leben führte er ja in andern, nichtschweizerischen Kreisen, worüber er zunächst die Schweizer übersah und kurz annahm, daß sie als ein wesentlich bäuerisches und nicht städtisches Volk und als ein eher armes als reiches eben keine urbane Politesse hatten ausbilden können, wie ihm, dem Wiener, solche als ein geselliger Wert geläufig war. Sprach man nicht in Wien, auch bis hinauf, ein Idiom, das gar nicht Papierdeutsch pathetisierte und als nicht erlerntes Deutsch keine

Angst weder vor der Grammatik noch vor allerlei fremden Worten hatte, die sich dieses Idiom assimilierte?

Des Studenten letztes dichterisches Entzücken vor der Ausreise war Gottfried Keller gewesen, der zwei Monate vor seiner Ankunft in Zürich Verstorbene. Als der junge Mensch den Keller in Wien las, konnte er dieser etwas bedächtigen, langsam schreitenden und überaus genauen Schreibweise keinen Vergleich finden. Sie kam ihm durchaus original und etwas artifiziell vor, was letzteres ihren Reiz nicht verminderte, denn man hatte von Jean Paul herkommend viel übrig für das Sonderliche und Schrullige, weil es einen wie ein Persönliches traf. Etwas preziös altjungferlich kamen einem die häufig gebrauchten Diminutiva vor, bis man eine Absicht darin zu entdecken glaubte, nämlich die ironische oder humorige, Mittel einer Charakterisierung. Nun in Zürich löste sich das rätselhaft Aparte und Originale dieses Schreibens aus dem Umstande, daß Keller hochalemannisch konzipierte und ins Hochdeutsche übersetzte. Er schrieb Züridütsch auf Hochdeutsch, und dieser Prozeß steigerte sein Sprachgefühl und verfeinerte sein Ausdrucksmittel. Im Kleinen und Kleinsten konnte man dasselbe aus jeder Schweizer Zeitung sehen, wo es der Schreiber mit mehr oder weniger Glück versucht, hochdeutsch auszudrücken, was er im Idiom-Deutsch spricht. Die Bodmer und Breitinger hatten, immer gezwungen, sich aus ihrem Idiom in das Deutsche zu übersetzen, eine höchst lebendige Beziehung zur Sprache und daher zu den Dichtern. Diese Bodmer und Breitinger waren es, die den deutschen Minnesang wiederentdeckten, den Milton übersetzten, den Shakespeare, Klopstock trotz seines ihnen zu leichtfertigen Treibens feierten und dem jungen Goethe einen großen Willkomm bereiteten und den jungen, die Bürger verachtenden Wieland durchfütterten. Diese alten, etwas pedantischen Herren zeigten so, ohne selber Dichter zu sein, ein starkes Wertgefühl für die Dichtung auch dort, wo sie ihnen ohne die Autorität des Überlieferten entgegentrat – sie konnten dieses

Wertgefühl aus nichts anderem haben als aus ihrer Nähe zum Sprachlichen. Als sich etwas später die Zürcher ihres Bodmer zu erinnern einen zentenaren Anlaß fanden und allerlei dazu ausstellten auf ihrer Stadtbibliothek, da nahm dieses der Student zum Anlaß, über diese sprachlichen Umstände einiges niederzuschreiben und in der Berliner Wochenschrift »Die Nation« zu veröffentlichen. Es war sein erster Versuch derart. Aber wichtiger als der festgestellte philologische Umstand war ihm der sozusagen soziologische, daß er sich einmal leichter mit dem Züridütsch abfand, und daß er aus dem Falle Keller sich ein schönes Beispiel für den auch heute noch möglichen Zusammenhang zwischen Volksgenossen und Dichter machte, einen andern als den, daß jene offenen Maules und ahnungslos warten auf das, was ihnen so von oben herunter der gebildete Dichter beschere, erhebend, belehrend und unterhaltend, dieses vor allem.

18.

Die Genossen – Böcklin – Vor Sonnenaufgang – Die schöne Schwarzwälderin

Die Wiener Gumpendorferstraße hatte dem Ausreisenden eine Empfehlung an die Münchner Schillerstraße mitgegeben, wo sich die Redaktion der sozialdemokratischen Zeitung befand. Aber das Schreiben, in dem Genossen einen Genossen den Genossen empfahlen, kam in niemandes Hände, sondern wirbelte in Fetzchen über eine Brücke in die Isar.

Es ging in einem, daß auch ein Empfehlungsschreiben an einen Zürcher Genossen zusamt dem andern in die Isar flatterte. Aber als man im Schlendern durch die Zürcher Gassen ein Schild las, fiel einem ein, daß der Name dieser Straße auf jenem Umschlag gestanden hatte, und so bog man in diese Hottinger Gasse, wo bis vor einem halben Jahre und vor der Übersiedlung nach Tottenhamstreet der »Sozialdemokrat«

hergestellt wurde, gedruckt auf diesem verschwörerisch dünnen Papier, so oblatendünn, daß einen schon der Stoff, auf dem hier gedruckt war, in jenen Zustand versetzte, den die Hindus das bahkthu nennen, so eine Art devotionaler Schauer des Eingeführten. Daß um 1922 ein Narr »Das Kommunistische Manifest« als Luxusdruck auf Bütten herstellte in Großfolioformat, konnte man als ein äußeres Zeichen ansehen für die Verwirrung des Begriffes Revolution selbst bei den Revolutionären. Damals venerierte man dieses Palladium auf gemeinstem Holzpapier, schlecht gesetzt und gedruckt, mit einem schmalen roten Fälzchen, und es kostete zwanzig Pfennig und im Hundert zwölf Mark. Der Buchbindermeister Grimm in der Hottinger Straße dachte sich weiter gar nichts Luxuriöses, als er den ersten Jahrgang der »Neuen Zeit« in gelbes Kalbleder band mit einem roten und einem blauen Rückenschild und vielerlei gutgemeinten, aber gar nicht passenden Stempeln. Es war nur sein Gesellenstück gewesen, und da hatte er halt alles daran ausgelassen, was er gelernt hatte. Der Band stand aufrecht unter Broschüren im schmalen Schaufenster neben den zwei Stufen, die zum kleinen Laden führten. Eine Rarität, alsbald für sieben Franken von dem Genossen Grimm erstanden, der ehrlich genug war, aufmerksam zu machen, daß in dem seltenen Jahrgang die Nummer zwei fehle. Es war der Mann, an den ich empfohlen war, als letzter hier noch tätig, die letzten Geschäfte des Exodus abzuwickeln, ein kleiner Mann, aus dessen vielem Bart es nach neuem Wein roch und der erzählte, daß es nun sehr still in Zürich geworden sei und die große aufregende Zeit vorüber mit ihren gefährlichen Spitzeljagden und den nächtlichen Raids über die Grenze, im Tender die Brotlaibe, die in ihrem Innern Nummern der Zeitung enthielten und über den Damm geworfen wurden in voller Fahrt, wo andere warteten. Oft auch Bajonette der Gendarmen. Der Verschwörer Grimm vermißte diese ihm lieb gewordenen Gewohnheiten seines Lebens sehr. Die feuchtbraunen Partien seines Schnauzers waren über dem Reden heller getrocknet, und in der Kammer daneben stand weit wichtiger als dieser fremde Student da ein guter Liter Federweißer. So nannte er, Schluß machend, den Namen einer kleinen Kaffeewirtschaft im Spiegelgäßchen, wo der Genosse zu Mittag wohl immer akademische Genossen treffen würde.

Zürich war keine Hauptstadt der deutschen Sozialdemokratie mehr. Das wußte man. Aber daß sie, an diesem braven Heurigentrinker Grimm als Statthalter gemessen, nicht einmal mehr ein marxistisches Provinzstädtchen war, betrübte den jungen Sozialdemokraten aus Wien, der aus den schweizerischen Arbeiterblättern wußte, mit welch geringem Radikalismus die Schweizer Arbeiter ihre nichts als gewerkschaftliche Politik trieben und vom Marxismus gar nichts wissen wollten. Er hatte schon in Wien diesen »Grütlianer« eng und borniert gefunden und kaum verstanden, wie eine nichts als lokale Angelegenheit ohne Perspektiven in eine größere Welt. Und was dazu in Polemik und Debatte die mehr sozialistische Züricher »Arbeiterstimme« schrieb, war ihm sonntagspredigerhaft und schulmeisterlich vorgekommen; das entsprach, wie er nun glaubte, der Enge der Stadt, der Viereckigkeit ihrer Bewohner, dem groben materiellen Alltag ihres zur Erde stierenden Lebens, dem die Berge den Blick verhängten. Von solcher grauen Folie hatte sich die eine rote durch das Sozialistengesetz hierhergebrachte Fackel in seiner Vorstellung um so lebhafter abgehoben, und nun hatte man diese Fackel nach London getragen. Nicht als ob dieser junge Mensch, wenn überhaupt ein Programm, so dieses sich vorgesetzt hätte, in einer revolutionären Geschäftigkeit aufzugehen, für die er weder Artung noch Neigung besaß. Aber in dieser gar nicht entgegenkommenden Bürgerstadt eine politische Spannung revolutionärer Art zu wissen hätte sie ihm sympathischer gemacht, als sie sich anließ. So wie es ihm lieber gewesen wäre, Gottfried Keller hätte noch in ihr gelebt. Als man ihm am Zeltweg das Haus zeigte, in dem Böcklin wohnte, war es ihm, als reichte ihm die widerspenstige Stadt zum erstenmal die Hand und stellte sich auf eine menschliche Art vor. Und als Böcklin ein Jahr später nach Florenz siedelte, war es gleich wieder, als kehrte einem die Stadt unhöflich den Rücken. Man hatte ganz wenig von den Bildern des Meisters im Originale gesehen, aber vieles in den photographischen Reproduktionen, so daß sich ein erster unfarbiger Eindruck des bloßen Gegenständlichen und Kompositionellen auch dann noch als der stärkere behauptete, als das Glasige und Harte dieser Kolorierung, die sich zum Malen anstrengte, unerträglich wurde. Aber inmitten dieser Welt gefälliger Nichtigkeiten, wie man sie in Wien als zeitgenössische Malerei nur zu sehen bekam, erschien einem Konzeption und Wille dieses Mannes bedeutend, und man war als Sechzehnjähriger begeistert gewesen von den heroischen Landschaften, die der Schulfreund Hans Kestranek, der Böcklin liebte, mit der Feder zeichnete, und gab ihrer Art allein Wert und Würde als Kunst. Alle Debatte ging damals allein unter uns über Feuerbach und Böcklin und mit keinem Wort über Liebermann etwa, den wir wahrscheinlich nicht einmal dem Namen nach behalten hatten, weil der und sein Werk sich auflöste in das Flimmern des Lichtes, die Parole aller. Die Sonderung erscheint einem ja im Jünglingsalter schon als ein Wert schlechthin. Daß die realistische Illustrierung der Wagnerschen Musik überall dort, wo die Natur auftritt, Wald, Meer, Rheinwogen, Sturm, Frühlingswind, Weben der Nacht, Morgengrauen, viel verwandter mit dem malerischen Impressionismus ist als mit irgendeiner Symbolik, das übersah man, genau wie das Malen bei Böcklin, um des durch das Leitmotiv noch überbetonten Heroischen willen, und so erschien es einem Wagnerianer des Jahres 1890 ganz in der Ordnung, Böcklin in die Nähe des Bayreuther Meisters zu setzen. Daß sie auch eine theatralische Verwandtschaft besitzen, merkte man später, als man kein begeisterter Wagnerianer und schon längst kein Schwärmer für Böcklin mehr war.

Das »frohmütige« Zimmer, wie mit einer hübschen Metathesis hier die Vermieterinnen ihre Stuben anzeigen, war gefunden und gemietet, bei einer alten Funsel, die mit einer noch älteren Magd hauste. Größer sah es aus, als es war, weil man von den beiden Fenstern der Eckstube auf Gärten und über Bäume hinsah. Die Ankunft eines gemieteten Harmoniums machte das Gesicht, das vergrämte, der Hauswirtin, noch unfreundlicher. Aber ich gab weniger ihrer deutlichen Unmusikalität nach damit, daß ich nur selten und bald überhaupt nicht mehr auf dem Instrument spielte, sondern meinen eigenen Ohren. Denn der Quietschkasten machte mit seinen dreieinhalb Oktaven einen abscheulichen Lärm in dem zu kleinen Raum, der sich mit allem, was drin war, gegen so bewegte Luft sträubte. Nach vier Wochen ließ ich den Kasten wieder abholen und zog gleich mit, denn die gelbe Alte war alles, nur das nicht, was sie von ihrem Zimmer behauptete. Den Besuch »von Frauenzimmern« dulde sie nicht, – es war aber nur an einem hellen Mittag eine Studentin dagewesen, die helfen wollte, die kleine Wirtschaft einrichten, die zu einem Studenten gehört: Spirituskocher, Teemaschine, Eierbecher und so. Schon beim Einkauf von Salz war des jungen Wieners hauswirtschaftliche Unfähigkeit eklatant geworden, als er auf die Frage der Verkäuferin, wieviel er wolle, sagte »für einen Franken« und statt des dafür erwarteten Stanizels ein Paket mit einigen Kilo bekam. Er erzählte das in jener ihm empfohlenen Kaffeewirtschaft, und da bot das junge Fräulein im zweiten Semester ihre Hilfe, brachte, was sich gehört, und er spielte ihr zum Dank, was sich aus dem bescheidenen Umfang seines Harmoniums am besten herstellen ließ. Das junge Mädchen war so höflich, sich das fünf Minuten lang anzuhören. Aber dann ging sie. Und der Mieter mit Sack und Pack am anderen Tage. Weiter gegen die Hochschule zu, im Viertel Oberstraß waren die Vermieterinnen nicht verarmt, sondern arm, also nachsichtiger.

In wenigen Tagen begannen die Vorlesungen. Ihr Verzeichnis sagte mit den Namen der unbekannten Dozenten gar nichts weiter als die traktierte Disziplin. Pflichtmäßig Kollegien in Hinsicht auf ein Examen zu belegen, bestand keine Notwendigkeit. Es handelte sich um die Personen der Lehrer weit mehr als um das zu Lernende. Die Studenten in jener Wirtschaft der Spiegelgasse würden da raten können. Der äußere Anlaß war einem inneren willkommen. Drei Wochen seit der Abreise hatte der junge Mensch und zum erstenmal in seinem bisherigen Leben in einer gewissen Einsamkeit verbracht, immer unter Menschen wohl, aber ohne andere Beziehungen zu ihnen als solchen, die sich in den paar nötigen Redensarten erschöpften, die zu bestimmten und immer gleichen Anlässen nötig sind. Die Umgebung leistete als gänzlich indifferent keinerlei merklichen Widerstand gegen jedes Recken der Arme, und was man dachte, das hatte so einen stillen selbstverständlichen Start, den kein dreinredendes anderes Denken wie sonst in Unordnung brachte. Man hatte jede Zeit und jeden Raum, um sich selber herumzugehen wie um ein Monument, baute ganz aus eigenem die Perspektiven einer Zukunft, eines Lassens und Tuns. Ich erinnere mich sehr deutlich dieses Wohlbehagens und wie es nach drei Wochen solcher Aufweichung allmählich zum Mißbehagen wurde und was erst wie Ruhe schien, sich in eine leise Unruhe wandelte, weil die Entspannung ihr Maximum, den Nullpunkt nämlich, erreicht hatte, bei dem wie im Fieber alles ganz gleich merkwürdig wird und alles ganz gleich uninteressant. »Mich drängt es zu Männern und Frauen«, hätte der junge Wagnerianer am Ende dieser drei einsamen Wochen zitieren können, als er sich nicht, wie er vielleicht meinte, an der Stadt langweilte, sondern jene Irritation eintrat, die mißtrauisch macht gegen das, was man denkt. Das Hirn hatte Appetit nach etwas zwischen den Zähnen bekommen. So ging der junge Mann eines Mittags nach der engen, buckligen Spiegelgasse und wurde von der behaglich runden Wirtin in das hintere Zimmer gewiesen, wo die Gesellschaft, die er suche, zwischen zwölf und eins immer zusammenkomme und schon da sei.

Die gleich bemerkte Anwesenheit eines durch seine aparte Schönheit auffallenden dunklen und spanisch aussehenden Mädchens unter diesen sechs oder sieben jungen Männern gab dem Fremden, der nur seinesgleichen da zu treffen erwartet hatte, jenen kleinen Stich ins Rückgrat, der eine komplexe Eitelkeit weckt und zunächst nach dem Kragen greifen läßt, ob der Schlips auch wirklich da und der Hemdknopf unsichtbar ist. Verlegenheit führt dann gleich die Hand durchs Haar, dessen Gelock, nun spürt man's, die Schere braucht. Und resigniert alsbald, da man ja auch diesen fremden Männern gegenüber in dieser ersten Stunde nicht beibringen kann, daß man mehr und anderes ist als ein Wiener, der hier studieren wolle, und politische Ökonomie; und daß man Marxist sei, war ja hier weiter nichts Besonderes, wo es jeder war, und man also schwieg und höflich hinhorchte, wenn das Gespräch Allgemeines betraf, und höflich nicht hinhorchte, wo es auf ein Gestern und Früher anspielte, das nur diesem Kreise als ein gemeinsam Erlebtes oder Bekanntes gehörte. Der Name Viktor Adler war ein gut aufgenommenes Paßwort, aber nicht mehr als das, wie man auf beiden Seiten wußte. Alles andere war aus eigener Münze zu bezahlen, und die Prägung würde den Kurs entscheiden.

Der junge Mann aus der Fremde, der bis jetzt wie alle Burschen sozusagen nackt gebadet hatte, merkte bald – und nicht nur, weil eine Frau in der Gesellschaft war –, daß es an der Zeit sei und sich schicke, seine Blöße zu decken.

Es war nur erst ein Lendenhöschen, das man hier trug, schmal bei dem nur um einen Tag älteren Rostocker Hinrichsen, der noch nicht wußte, ob er Schauspieler werden oder Chemie studieren sollte, welche beide Fragen noch fraglicher wurden durch das Dichterische, dem man Ausdruck gab. Schon völlig ein Leibchen bis zur Brust bei dem blonden großen Mann aus Kiel, der – und weil er – als Ingenieur in einer

Maschinenfabrik schon Geld verdiente. So mußte er auch der erste sein, der – man erfuhr es später – jener schwarzwäldischen Andalusierin dieses Kreises Herz und Hand anbot und den sein Mißerfolg nicht weiter erschütterte, denn er hatte in seiner Anstellung seine Würde. Ihm folgte gleich drauf auf demselben Wege des Freiers und auch ohne das Ziel zu erreichen der in den Jahren nächste, ein kleiner Graubündner, vorsichtig, spitznäsig, ein Bauerngut im Bergell als Hintergrund. In die Rolle des etwas väterlichen Freundes resignierte der mit vielen Semestern beladene Kandidat der Chemie aus Karlsruhe, aber er nannte sie als einziger mit ihrem Vornamen Maria, aus Landsmannschaft, aus stiller Hoffnung, aus dem Genießerischen einer solchen kleinen Intimität. Wie in ein Amulett hatte er alles ihm Erreichbare dieses Mädchens in den Namen geschlossen. Sprach er ihn aus, war es, als küßte er die Kapsel. Es war das ein verwelkter Mann, dem die Narbe einer Quart aus ersten Studententagen ein kleines Lächeln auf die Lippen fixiert hatte, was seinen Charme erhöhte. Eine paralytische Zukunft, die er von sich annahm, gab ihm unter uns jungen Leuten so etwas wie ein weises Alter mit einem latenten Lächeln vielleicht zu unsern extremistischen Debatten. Mehr als die Angst vor jener Krankheit zerfraß ihn die Musik, der er sich wie einem Opiat hingab. Auch so mäßiger und bunter, wie sie jeden Abend in der Tonhalle von einem mittelguten Orchester exekutiert wurde, wozu man Kaffee oder Bier trank. Sonst auf dem Piano im Spiegelgäßchen. Chopin und Wagner natürlich. Es machte uns nichts aus, in zwei Stunden nach dem Mittagessen die Walküre oder den Tristan klavierlich vorzuführen, wobei ich alle Partien sang vom Baß bis zum Sopran. Als wir zwei Jahrzehnte später mit Verdi solchen Unfug trieben und mit Strawinsky, waren wir immerhin zu dritt daran beteiligt, indem Alma Mahler das Klavier meisterte und ich mich mit Werfel in die Singerei teilte, wo diesem der Sopran zufiel.

Den so exekutierten Verdi entschuldigte der Wein, den

man reichlich getrunken hatte. Bei dem Wagner in Frau Künzis Hinterstube war es musikalische Hingabe, so rein wie das Wasser, das man in diesem kleinen Kreis unter Professor Forels Führung mit prinzipieller Ablehnung des Alkohols trank. Der verehrte Apostel dieser Abstinenz, ein Doktor Ploetz, war in diesen Tagen mit einem nicht weniger, aber aus andern Gründen verehrten Anhänger, einem Dichter namens Gerhart Hauptmann, abgereist, und beide hatten einen Statthalter in einem Arzt Simon hinterlassen, der sich zu alldem, der Autorität in Abstinenz, der des Dichterischen in seiner Freundschaft für Hauptmann noch eine sozialdemokratische damit geben konnte, daß er Bebels einzige Tochter, ein schwächliches blondes Geschöpfchen, geheiratet hatte. Sich in die Abstinenz zu finden war für den auf das Trinken nicht erpichten Wiener keine besondere Tugend. Der Arzt nahm es ihm etwas übel, daß da nicht mit schweren Kämpfen ein Säufer kapitulierte, sondern einer sich eben in einen Brauch schickte ohne Worte darüber und zugesteckte Broschüren über den Alkoholteufel wie vergessend liegenließ.

»Vor Sonnenaufgang«, eben erschienen und durch die kürzliche Anwesenheit des Verfassers und durch die in dem Stücke als Loth verewigte Figur des Freundes Ploetz in erhöhte Beziehung zu der kleinen Gesellschaft gekommen, mußte natürlich von dem Ankömmling gelesen werden, dem man das Stück als so eine Art Prüfstein seiner Brauchbarkeit und Wertigkeit hinhielt. Und dabei fiel der junge Mensch bei dem sozusagen seriösen Teil der Gesellschaft abscheulich durch. Es sei sicher höchst traurig, daß sich die Schlesier bis zu solchen düsteren Effekten betränken, und es sei wohl auch ganz gut, wenn sie darüber auch durch ein Theaterstück die Leviten gelesen bekämen, das natürlich mit solcher Absicht nicht anders sein könne, als es sei, nämlich höchst drastisch, aber mit alldem sei es noch kein Drama und wenn dieses eben, wie man sage, das neue, das moderne Drama sei, so sei diese Zeit um solche Kunst nicht zu rühmen. Es war nichts als Eitelkeit, was den jungen Mann veranlaßte, die Freunde und Verehrer des Verfassers mit einer Meinung zu reizen, an deren Äußerung am bloßen Anlaß gemessen ihm nichts lag oder sicher nicht so viel, als er dazu sprach. Aber auch daran lag ihm gar nichts, hier ein eben nur mitgenommener Genosse des Mittagstisches zu sein mit keinem andern Recht als dem eines Stammgastes, der kam und ging und mit allen andern sich unterschiedslos recht und schlecht vertrug. Das wenig aufdringliche Genossentum und die Abstinenz schienen ihm nicht genügende Rechtfertigung für die Bildung dieses kleinen Kreises zu sein, und gerade jene, die wie der Ingenieur und der Arzt den Sinn dieses Zusammenkommens in dieser langweiligen Propaganda der Abstinenz sahen, waren dem jungen Wiener auch die menschlich uninteressanten Figuranten, – »norddeutsch«, wie er sich kurz sagte, um zusammenzufassen, daß sie alles wußten, traurige Humore, aber gar keinen Sinn für den Witz hatten, gesperrt redeten, gebildet waren, aber nur so im Aufputz und ohne, daß diese Bildung sie durchdrungen und sich in ein Weltbild eingefügt hätte. Es gibt ätzende Flüssigkeiten, die Glas nicht angreifen, wenn man sie hindurchleitet. Aber diese starren Männer da ließen ihren Verstand in der Glasröhre stehen. Das dachte in übernommenen Kategorien und ohne Übergänge. Hier schnitt sich alles im rechten Winkel, und der junge Wiener mit seiner eingeborenen Liebe für die Kurve seiner heimatlichen Gassen hatte eine kühle Bewunderung für diese Zucht zum einfachsten System, aber auch einen leisen Schauder davor.

Schon in den ersten Tagen war er durchgefallen. Eine Schrift von Björnson über Monogamie und Polygamie, gerade herausgekommen, wurde lebhaft debattiert. Von allen Standpunkten aus, was um so leichter war, als nach der Zusammensetzung der kleinen Gesellschaft es junge unverheiratete Studenten gab und die anderen Herren eben geheiratet hatten, so der Arzt, so der Zürcher Richter Lang, so Hans Müller, der andere Rostocker. Sie haben übrigens im weiteren

Verlauf ihres Lebens andere Frauen geheiratet, bis auf den Doktor Simon, der zu jung dafür starb. Vielleicht hatte der Umgang mit den Arbeitern dem Wiener den Geschmack an Debatten über solche Gegenstände genommen, die gar keine sind, sondern Wunschgebilde. Oder es blieb ihm, da theoretisch sozusagen alles von den anderen schon gesagt war, nichts zu sagen übrig. Oder, und das wird das Wahrscheinlichste sein, er wollte sich älter und erfahrener zeigen, als er war: er stülpte die Sache über die Anwesenden, lachend, um es so belustigend empfinden zu lassen, wie es gemeint war. Aber gerade das Lachen trug es ihm ein, daß ihn der Arzt einen frivolen Wiener nannte, wie man sie ja kenne. Bei einem Gespräch über »Die Kreutzersonate« von Tolstoi ging es ihm nicht viel besser.

Ohne daß sie es ganz bewußt taten, sprachen aber diese Männer, bis auf den ganz von seiner wissenschaftlichen Sachlichkeit erfüllten Hans Müller, der kam, aß und ging, auf das faszinierende Zentrum des Kreises hin, das dunkle Mädchen, das sich für das Maturum vorbereitete, um Medizin zu studieren, und das bis auf das kurz geschnittene schwarze Haar in gar nichts den paar deutschen alten Jungfern glich, die in Zürich studierten, aber auch nicht den russischen Studentinnen in der korrekten Eleganz ihrer Kleidung und den soignierten Manieren eines Mädchens aus gutem bürgerlichen Hause. Kaum daß sie rauchte. Oder sonst irgendeine Allüre nachahmte, um die Befreitheit zu betonen oder was man damals die Emanzipation nannte. Die Kameradschaftlichkeit im Verkehr mit den männlichen Genossen ergab sich ohne Krampf und ohne Spiel aus dem natürlichsten Takte. Nach einem Jahre vom älteren Bruder unterstützten Kampfes um diese Freiheit, der mit einer nächtlichen Flucht aus dem Elternhaus und einem ihr folgenden Jahr Erzieherin in Spanien geendet hatte und gesiegt, war dieses große schöne Mädchen ganz erfüllt, noch ganz erfüllt von dem errungenen ihr eignen Leben und seinen ganz andern Perspektiven als den von den Eltern aufgestellten und an der etwas älteren Schwester gesehenen, welche brave Frau eines braven reichen Spießbürgers geworden war, der sich die Taschentücher vor der Benützung am Ofen wärmte, um keinen Schnupfen zu bekommen. Jahr um Jahr gab's da ein Kind und ein langsames unvermeidliches Verdämmern in wehleidige Nichtigkeit und falsche Geschäftigkeit einer Kleinstadt. Noch ganz erfüllt war dieses Mädchen davon, dem allen endgültig entronnen und Kamerad unter Kameraden zu sein, so daß sie im aufreizenden Gegensatz zur sinnlichen Ladung ihres geschmeidigen und köstlich sich in den Kleidern modellierenden Leibes sich aus all dem sinnlichen Wirken gar nichts machte, weder daß sie sich daraus Träumereien hingab noch nach Wirkungen gierte in der koketten Freude, die sonst ein junges Mädchen daran hat. Etwas verlegen und etwas unwillig über die Störung hatte sie die vergeblichen Freier zur Tür begleitet und die Geschichte ausgelöscht wie Kreidegekritzel an der Tafel. Wie nicht gewesen war es am anderen Tage, und keiner, wahrscheinlich nicht einmal der Betroffene, merkte etwas. Dem dritten, dem Dichter Hinrichsen, der dann den Versuch machte, kam es sofort wie eine Vermessenheit vor: er bat mit dem Liebesgeständnis sofort um Verzeihung, weinte und floh ans andere Ende des Sees, um seine höchst unwürdige gemeine Person wenigstens für die nächsten Tage den Blicken jener zu entziehen, die er so beleidigt hatte. Und auch die vermeint Beleidigte wollte es dem guten Jungen erleichtern und fuhr für ein paar Tage nach Straßburg zu ihrem Bruder. So hatten beide Gegner aus zarter Rücksicht füreinander das kurze und vermeinte Schlachtfeld geräumt und sich selber überlassen.

Die Anwesenheit des Mädchens in diesem mönchischen Kreise entzündete und beruhigte gleichzeitig. Das eine tat die äußerst belebte und gepflegte Schönheit dieses Wesens, die, eine immer neue Überraschung, einen nicht an die Leine des endlich Gewohnten legte, das andere, das Beruhigende, kam von der entwaffnenden und unbekümmerten Sicherheit, mit der sich dieses Wesen bewegte genau so, als ob sie hier keine Frau und nicht anders zu behandeln wäre wie irgendein junger Mann, der studiert. Daß eine Frau studierte, war damals, um 1890, sehr ungewöhnlich und besaß noch den Elan einer Idee, einer Überzeugung, und war keineswegs verkümmert in so etwas wie ökonomische Notwendigkeit aus Mangel an Mitgift oder Flucht vor dem Mann aus sexueller Insuffizienz oder Abneigung. Es gab unter den deutschen Mädchen, die zu der Zeit in Zürich studierten – ein halbes Dutzend war es, kaum um eine mehr –, welche, die, durchaus mit einem Studierverstand ausgerüstet, lieber den als hausfrauliche Tugenden ausbilden wollten. Sie waren alle, was man häßlich nennt, und ihre Chancen, mit dem nichts als Weiblichen durchs Leben zu kommen, höchst gering und gar nicht verlockend. Die sechs bildeten einen Verein, lauter tüchtige Frauenspersonen, die nicht nach rechts und links, sondern nur in ihre Kollegienhefte und auf ihr anatomisches Präparat schauten. Sie legten Wert darauf, nicht mit ihren russischen und polnischen Kolleginnen zu verkehren, deren ihnen unsympathische politische Motive des Schweizer Aufenthaltes sie für wesentlicher hielten als die wirtschaftlichen. Was so um 1890 auch meist stimmte. Politisch unkompromittierte russische Bürgermädchen kamen erst später und waren so fleißig wie ihre deutschen Kolleginnen. Abseits von diesen hielten sich zwei unzertrennliche Freundinnen, wie es schien: die eulenäugige Ricarda Huch, schlank und aufrecht hinter ihrem Pult in der Stadtbibliothek stehend, ein bißchen verträumt, ein bißchen vage und immer mit großer Delikatesse gekleidet. Und ihre kleinere Freundin, eine schweizerische Ausnahme, denn das lebhafte lachlustige Persönchen Hedwig Waser hatte rote volle Lippen und dunkle heiße Augen im blaßbraunen Oval und geschüttelte Locken. Die übermütige kleine Schwester, die gleich wieder was anstellen wird, neben der dadurch in etwas wie Ängstlichkeit und Würde gedrängten Ricarda, was ihre Stirn immer ein wenig fältete.

Es war ja kein einfacher, vom zehnten Jahr ab bestimmter Weg wie heute, der damals ein Mädchen zum Studium führte. Auch jene sechs werden alle einen nicht einfachen und immer persönlichen Weg gegangen sein, wenn sie auch alle aussahen wie irgendwelche ältere Mädchen, die man nicht beachtet. So sah ja auch, dick, unförmig und viel zu rot im breiten Gesicht diese Studentin Clara Neumann aus, die sich im dritten Semester erschoß. Sah aus wie ein Dragoner, schlug sich verzweifelt mit ihrer schweren schlesischen Frömmigkeit und war empfindsam wie ein zartes Kind. Keiner wußte was rechtes über Grund und Anlaß des Selbstmordes. Sie mied die paar Freunde, bis auf einen, der dreißig oder sechzig sein konnte, ein ewiger Student war und unter seinem Bett ein dickes Bündel vollgeschriebener Seiten verbarg, einen Roman »Der rote Heinrich«. Schauspieler hätten nach ihm die Maske des Schigolch aus dem Stücke Wedekinds nehmen können. Aber auch den Helden in Hamsuns »Mysterien« könnte man sich so aussehend vorstellen. Hinter den übermäßig dicken Brillengläsern ahnte man mehr die immer entzündeten Augen, als daß man sie sah. Und nur wenn er lachte, tauchte aus dem vielen schwarzen Bart ein erschreckendes Rot auf, das wulstige Lippen waren. Immer blieb unbestimmt, was er tat, wie er lebte und wovon. Nur daß er nicht so arm war, wie er sich kleidete, und hatte, wußte man. Dieser mysteriöse baltische, immer schwarz gekleidete alte Student war bis zur letzten Stunde bei jener Clara Neumann gewesen. Er hat, nicht zu entscheiden ob wahr oder erdichtet, Wedekind das Geheimnis dieser Toten erzählt, und Wedekind hat das Erzählte wieder erzählt in einer interessanten Geschichte, von der sich aber nicht durchaus sagen läßt, daß sie die der Clara Neumann gewesen ist.

19.

Die Hochschule – Julius Platter – Richard Avenarius

Universitäten sind längst überholte Institute im Sinne ihrer Gründung, sind nötige Fachschulen in den Disziplinen, die auf Kliniken und Laboratorien als wichtige Lehr- und Lernmittel angewiesen sind. Die zunehmende Zahl der deutschen Universitäten bedeutet keineswegs eine zunehmende gelehrte oder sonstige Bildung oder ein Bedürfnis darnach, sondern ist nur ein Zeichen dafür, daß ein stärkeres Bedürfnis nach den sogenannten akademischen Berufen, Arzt, Anwalt, Lehrer und alle Arten angewandter Naturwissenschaften, mit der wachsenden Volkszahl Schritt hält. Es müßte auch ein wunderlicher Zustand eines Landes sein, wenn alle die vielen Professoren der Philosophie wirkliche Philosophen wären. Oder alle Geschichtsprofessoren Historiker. Die Herren haben davon meist nur den Dünkel und das Gehabe. Aber es ist eine Beamtenkarriere und weiter nichts und den Studenten so eben recht, die ja auch ihrerseits nichts anderes wollen als ihre Karriere. In solchem universitätlichen Beamten- und Prüfungsbetrieb sind die Gelehrten, die wir besitzen, eingesprengt wie Fremdkörper und suchen sich so gut es geht mit Hilfe vieler Urlaube zurechtzufinden. Man hat sie, um das Prestige der Anstalt mit einem klangvollen Namen zu erhöhen, berufen. Jedoch, was sie zu sagen haben, läßt sich nur in grober Verfälschung auf den Prüfungsgegenstand herunterbringen, der ja nur für einen Beruf, nicht für eine Berufung was ausmacht. Arrivierte Beamte können solche, die es werden wollen, abhören, nicht aber Gelehrte. Arzt zu sein ist ein Beruf. Nicht aber Philosoph zu sein. Medizin kann jeder lernen. Die Philosophie niemand. Man kann sie auch nicht lehren. Man kann nur philosophieren.

Der Gelehrte wird immer mehr sein als sein Buch. Und

der junge Gelehrte wird immer die lebendige Persönlichkeit aufsuchen, den großen Lehrer, und nicht nur in den Vorlesungen. Was zu lernen ist als lernbar, das findet er in den Büchern, wenn er es sucht. Was er im Lehrer sucht, ist der Meister, der ihn adoptiert, die faszinierende Person, die für die Gifte des bloßen Wissens die Gegengifte bietet. Der einem nicht unterrichtend sagt, was ist, sondern urteilend, was man ist. Solche Lehrer zu suchen, treibt es heute den so bestimmten Schüler von einer Universität zur andern. Denn überall ist einer, geht's ganz gut, sind zweie, die er braucht und die ihn brauchen, unter vielen Bakelschwingern des Wissens und Examinierens. Der Zwanzigjährige hat hundert Talente, und gerade darum bezweifelt er alle. Das, was er ist und hat, ist ihm das Nichtigste auf der Welt. Ganz im Affekte lebend, kann er sich nicht rationell eine Pflicht aufstellen, ihm nur daran erkennbar, daß sie alles das bedeutet, was ihm widerwärtig ist, keinerlei Vergnügen macht und seine Affekte kontrekariert. Selbst das Leben selber erscheint ihm nicht als Pflicht. Der Lehrer ist es, der dem Zwanzigjährigen die Pistole aus der Hand zaubert, nicht durch den Appell der Tränen wie die Mutter, sondern in einer Art überparteiischem Richteramt kraft seiner Personsbedeutung, dem Schüler nicht im Dunkeln des Blutes verbunden, sondern im Hellen des Geistes.

Einer Zeit, welche die Universitäten nur kennt als betriebsame Institute zur Ausbildung von Beamten und Fachmännern, besorgt von eben solchen Beamten und Fachmännern, wird die Forderung einer hohen Schule der Lehrer und Schüler utopisch vorkommen müssen. So einfach es schließlich wäre, eine der vielen und zu vielen deutschen Universitäten zu einer Hochschule der sozusagen unangewandten Wissenschaften zu machen, einem Ort wahrer Schüler und wahrer Lehrer. Wo man sich weder darauf vorbereitet, ein praktischer Arzt noch ein Rechtsanwalt, weder ein höherer Postbeamter, noch ein Industriechemiker, weder ein Gymnasiallehrer noch ein Pfarrer zu werden, und wo man keine

Dissertationen verfaßt und keine Examina ablegt. Wo Verlöbnisse mit älteren Professorentöchtern keine Rolle spielen und auch nicht gute Beziehungen zum Ministerium unterhalten werden müssen, keine Gutachten einen gesuchten Nebenverdienst bieten und auch keine Pfeile vergiftet werden, um einen Kollegen abzuschießen. Und auch nicht Privatdozenten einen lächerlichen Unfug mit zweistündigen Kollegien über Frank Wedekind treiben und ähnlicher Wissenschaft, um ihren Hörsaal mit einigen hysterisierten Frauenzimmern und Jünglingen zu füllen. Man wird wohl noch einige Zeit auf diese Hochschule warten müssen; aber vielleicht drängt der Umstand, daß immer mehr die praktisch-technischen Wissenschaften an den Hochschulen ausgebaut werden, die reinen Geisteswissenschaften automatisch aus ihnen hinaus und an den Rand, so daß man den Verlust, den der alte Begriff der Universitas litterarum erleidet, merkt, und was zu retten und bewahren ist an einer Hochschule vereinigt, die nichts als eine Gelehrtenschule ist.

Die neuen Kameraden berieten den jungen Wiener Studenten aus ihrer Kenntnis der beiden Zürcher Hochschulen und brauchten sich da nicht erst auf seine besonderen Ansprüche und Anschauungen einzustellen, denn diese waren auch die ihren. Es handelte sich um Lehrer, nicht um die Professoren. Um die lebendige Mitteilung einer denkerischen Person, nicht um den Ableser eines Kollegienheftes. Man gab sich wohl die Einschränkung auf die Disziplin, die man besonders studieren wollte, aber hätte zur Zeit da ein bedeutender Mathematiker gelebt, würde man auch seine Vorlesungen besucht haben, sicher eher als den näher liegenden Historiker Meyer von Knonau, der im Staube des diplomatischen Aktenerklärens erstickte. Da zog man den Psychologen Gaule vor, der kein bedeutender Gelehrter, aber als ein honetter Mann einem anschaulich und übersichtlich ein Wissen vermittelte, das zu besitzen wertvoller schien als etwa Baechtolds Ausführungen über die Schweizer Minnesänger. Der junge, eben an die Universität berufene Ordinarius Julius Wolf war es nicht, bei dem man Theorie der Wirtschaft lernen konnte, die er, besser im Bankwesen zu Hause, eher von den zwei Studenten – der andere war Hans Müller – in einem Seminar lernte, das während eines Semesters sich mit Marx beschäftigte, den man im kleinen Finger hatte, auch in den wahrscheinlichen Deduktionen des noch nicht erschienenen dritten Bandes und der in ihm zu lösenden Probleme. Was man so an der Universität nicht fand, das bot die Technische Hochschule in einem ganz ausgezeichneten Lehrer, dem Tiroler Julius Platter, der Geschichte der politischen Ökonomie las und über Börse und Banken, über Zeitungswesen und mittelalterliche Wirtschaft. Er hatte keinerlei Vorurteile für eine wirtschaftliche Theorie, denn er besaß keine. Er dachte eher etwas verächtlich von den Versuchen, die Wirtschaftsphänomene auf eine absolut gültige Theorie zu bringen. Er bezweifelte mit guten Gründen die Möglichkeit einer solchen Theorie, wenn auch nicht gewisse zeitbestimmte Gesetzmäßigkeiten. Aber der Aplomb, mit dem sie in der Blütezeit der ihr zugehörigen Wirtschaft auftreten, sei kein Grund, darauf hereinzufallen als auf echte Gesetze wie solche der Physik. Die Materie sei dem Gelehrten, der sich mit ihr beschäftigt, als selber einer wirtschaftlich interessierten Person zu nahe, daß es nicht ohne Affekte abginge. Platter war ein Klassizist mit den marxistischen Konsequenzen und Korrekturen. Der russischen Kolonie, die sein großes Auditorium füllte, galt er als Sozialdemokrat, der er nicht war. Viel, aber nicht alles, ließ er aus der jeweiligen Wirtschaftsform herausspringen und besaß die junge Elastizität des Lernenden, gar nicht die Würdigkeit eines Lehrenden, der es nun ein für allemal weiß und seine Sätze repetiert. Das Heft, das er in seine Vorlesung mitbrachte, um, ein bißchen verlegen wie er war, etwas in der Hand zu halten beim Eintritt, warf er mit seinem kleinen Hütchen auf den Tisch und schaute es nicht mehr an. Brummte erst so ein paar Sätze wie für sich selber, schaute auf und ließ die Stimme deutlich werden. Nach der Stunde lief er rasch hinaus und zurück in sein sehr verschlossen geführtes Leben. Ohne Ehrgeiz oder Geltungstrieb hat er nichts als ein paar von ihm abgeforderte Aufsätze zu bestimmten Anlässen veröffentlicht. Als Hans Müller seinen Buchverlag anfing, kostete es ihn viel Zureden, daß Platter ihm diese Arbeiten für eine Buchpublikation überließ. Von dem unansehnlichen kleinen Mann, der sich gar keine Attitüde gab, ging eine starke Wirkung aus, eine menschliche Wärme und Zugeneigtheit, was um so seltsamer war, als man ihm außerhalb des Kollegs nie begegnete, ihm kaum sah und so gut wie nichts von ihm wußte. Man hörte ihn mit höchstem Vertrauen zu dem, was er sagte. Er gab seinem Wissen ein bedeutendes sittliches Gewicht durch das wie Weggewischte seiner Person. Er machte immer ein etwas erstauntes Gesicht, wenn man ihn grüßte. Wie erstaunt darüber – trotz aller Versuche zum Gegenteil –, bemerkbar zu sein.

Der von einer humanistischen sowohl wie humanen Klugheit regulierte und belebte Eklektizismus dieses Lehrers gab dem aufmerksamen Schüler mehr als die bloß schematische Ordnung eines weitläufigen Stoffes, der in manchen seiner Teile nicht gerade sehr fesselnd und spannend ist für einen jungen Menschen von zwanzig Jahren. Aber bei diesem Manne bekam auch so Dürres wie das Bankwesen bewegtes Leben, da er über dem Mechanismus nie die ihn manipulierenden Menschen versäumte. Seine Abneigung gegen finalisierende Theorien hatte da etwas von der Vorsicht des modernen Physikers, der darauf verzichtet, die künftige Geschichte eines Atoms theoretisch aus dessen gegenwärtigen Bedingungen zu errechnen, und das nicht wegen der Insuffizienz unseres Wissens, sondern weil die physische Welt nicht so streng deterministisch ist, wie man das in den letzten zweihundert Jahren geglaubt hat.

Aus allen seinen philosophischen Anstrengungen, vielleicht mehr aus geistiger Unruhe getrieben als aus Artung, hatte der junge Mensch ein wenig beschämt ob solcher etwas mageren Resultate nichts eigentlich sich gewonnen als einen allzu handfesten Begriff des historischen Materialismus. Aber er diente ihm mehr als eine Abwehrformel gegen Verlockungen, die das Imaginative ausübte in allen seinen so unkontrollierbaren Formen eines metaphysischen oder religiösen Systems oder eines künstlerischen Gebildes. Er hatte in der Leidenschaft seines die Welt denken Wollens Angst vor diesen emotionalen Kurzschlüssen als wie vor Lügnern und Betrügern. Mitten im musikalischen Taumel Wagnerscher Akkorde oder im Rausche des letzten Satzes der Neunten hob sich in ihm etwas wie eine ganz helle, klare Stimme, die rief: das ist nicht wahr! Beherrscht vom Verlangen einer wissenschaftlichen Disziplinierung seines Denkens, sah er ohne starkes Vertrauen auf den etwas rauh eingefärbten roten Faden jenes Theorems, das so einfache Rekonstruktionen des Geschehens vornahm, daß die sozialistischen Schüler des Meisters dialektische Positionen für historische Evidenzen genommen hatten; das erklärte er sich aus der politischen Brauchbarkeit solcher Mißverständnisse, aber es nahm ihm doch etwas Vertrauen zur Wissenschaftlichkeit ihrer Methode. Und da außerdem mit dem Wissen, das er auf dieses theoretische Gerüst hängen konnte, nicht viel los war, packte er das die Aussicht etwas verquerende Gestell in den Hintergrund seines bescheidenen wissenschaftlichen Daseins. Er radierte nicht geradezu dieses Netzwerk einer Raumteilung von seinem Globus, aber er ließ es stark verblassen. Das sauber geputzte Skelett jenes Theorems funktionierte mit seinen Scharnieren und Federn ja ganz leidlich, aber ob das auch bei ordentlich darum gelegtem Muskelfleisch des Wissens um die Fakten der Fall sein würde, war nicht ausgemacht. Nur ungern erinnerte er sich an die naive Vordringlichkeit eines Vortrages vor Wiener Arbeitern, in dem er Gottfried Keller in die Zwangsjacke der materialistischen Theorie gesteckt hatte, an diese und ähnliche Fälle, in denen ein deutendes Prinzip so gründlich mit dem zu Deutenden fertig geworden war, weil es eigentlich nur sich selber glorifizieren wollte. Der Gegenstand selber kam bei diesen Konfrontierungen immer ziemlich unbeschädigt weg. Aber sehr hingerissen vom Pathos der Aufgabe, die Revolution hieß und das einzige Urgente war, kam es nicht dazu, daß man nachdenklich das, was man da sagte, als ein Geflunker sich entwertete. Man wußte ja auch schließlich nichts Besseres, und es wäre einem schwer geworden zu sagen, was man Wichtiges so vortragenderweise unterschlüge.

Deutlicher, als es in der Heimatstadt sein konnte, markierten sich in dieser fremden und auch fremdartigen Stadt dem Studenten die Konturen von Zweck und Sinn seines Aufenthaltes, verbildlichten sich ihm in dem etwas über der Stadt hängenden weiten und hohen Semperschen Bauwerk, das Universität und Technische Hochschule in einem beherbergte. Um zu lernen, war er hierhergekommen, um anzufangen. Er trat in die wie frisch geharkte Arena mit einiger Skepsis nur gegen das, was er zu wissen oder gelernt zu haben glaubte, aber ohne solche Skepsis gegen das, was er hier zu lernen hoffte, wo sich ihm deutlicher als je zuvor eine universitas litterarum impostierte, Lehrer, Schüler, ein lateinisches Viertel, dies zusammen als das Zentrum, um das herum Landschaft und Stadt lag, als eine bloße Staffage. Der junge Adept war ein Enttäuschter von allen Philosophen, aber nicht vom Philosophieren. Wohl skeptisch, aber nicht in der verdrossenen Art, die sich im Skeptizismus zufriedengibt. Schon darauf aus, seinem Wissen einen größtmöglichen Umfang zu geben, und solches in den Wissenschaften suchend, aber doch sich bewußt, daß zunehmende Kenntnis wissenschaftlicher Fakten nicht schon einen besseren Philosophen bedeutet. Denn der hat es ja nicht mit den originalen Fakten zu tun, welche die Wissenschaften mit Hilfe von Gesetzen in Bündel zusammenbringen, sondern eben mit diesen Gesetzen selber, und so ist seine kritische Haltung keine andere als die des Wissenschaftlichen. Er war sich nicht klar darüber, ob gewisse traditionelle Probleme der Philosophie ihr wirklich zugehörten, wohl aber darüber, daß sie wissenschaftlich nicht traktiert werden können, weil sie unser Erkenntnisvermögen transzendieren. Aber von andern Problemen schien es ihm durchaus möglich, die Richtung, wo ihre Lösung liegen konnte, zu suchen, selbst dann, wenn diese Lösung im Augenblick nicht möglich war und die finalistischen Systembauer das Problem rasch in ein theologisches Dogma verkehrten. Der junge Mensch, der nichts wußte und mit Leidenschaft wissen wollte, war nicht einmal mehr vom formal-ästhetischen Vergnügen an manchen dieser Systeme einzufangen.

So im Negativen war der junge Mensch, der wissen wollte, vortrefflich auf den Lehrer vorbereitet, den er in keinem andern besser als in Richard Avenarius finden konnte und in dessen philosophischer Grundhaltung: sich klar zu sein, daß wir nicht soviel wissen, als wir denken, daß wir wissen. Und vor allem nicht das dem Descartes evidente »ich denke«. Mit dem »ich« macht sich nur ein philosophierender Herr ein fatales Kompliment, denn dieses »ich« scheint nur eine Reihe von Vorgängen zu sein, deren jeder einzelne sicherer ist als das Ganze, und das »denken« deckt als ein Wort komplizierte Beziehungen zwischen den Vorgängen. Nie festzustellen ist, wann ein solcher Vorgang ein »Gedanke« ist. Der philosophierende Mensch erschrak mit Descartes' Wissenstheorie der kritischen Untersuchung der Voraussetzungen vor den allzu materialistischen Effekten, denn, gewisse Data gegeben, waren ja die Bewegungen der Materie mathematisch berechenbar, also auch unsere körperlichen Akte. Davor sollte der Wille helfen, der von sich aus die Richtung der Bewegung leiten könnte oder doch physikalische Effekte beeinflussen. So waren wieder die zwei von Gott geschaffenen Substanzen, Geist und Materie, da und das Wesen jenes der Gedanke, das Wesen dieser die Ausdehnung. Jedes ohne Einfluß auf das andere seinen eigenen Gesetzen folgend. Es gab einen mysteriösen Parallelismus, den Spinoza nicht damit auflösen konnte, daß er nur eine Substanz mit zwei verschiedenen Attributen, Gedanke und Ausdehnung, behauptete. Auch sein Determinismus löste das nicht. Wenn alles, was wir aussagen, von physischen Ursachen bestimmt ist, sind wir mit unseren Gedanken nur dann frei, wenn wir Lügen aussagen; und wenn wir nichts, als was wir denken, aussagen, so können auch unsere Gedanken schon vom Physischen losgemacht werden. Avenarius, dessen Habilitationsschrift sich mit Spinoza beschäftigte, suchte dieser Konsequenz damit zu entgehen, daß er in der Kausalität nicht ein Zwanghaftes, also Metaphysisches sah, sondern nichts als ein Gesetz der Folge: wenn a gesetzt ist, so ist b mitgesetzt. Laufen »physische« und »mentale« Geschehnisse parallel, so kann nicht von kausaler Unabhängigkeit voneinander gesprochen werden, wohl aber, daß jedes das andere »kausieren« kann.

Als Avenarius auftrat, begann kaum noch jener Prozeß, der die Physik weit weniger deterministisch machte, als sie es zweihundert Jahre lang gewesen war. Aber er ahnte, daß es richtiger sei, sich mit einem statistischen Mittel zu behelfen. Er suchte dafür in einer höchst differenzierten Terminologie den Ausdruck, was ihn schwieriger erscheinen ließ, als er war. Er wußte, daß Sprache und Grammatik philosophisch in die Irre führen, und sein Gesicht zeigte schmerzliche Kontraktionen, wenn einer seiner jungen Schüler, eitel auf solchen Wortbesitz, die höchst genau und vorsichtig geführte Unterhaltung mit solchen Wortgebilden unterbrach wie Substanz, Ding, Person, intelligibler Charakter und so ähnlichen Überkommenheiten, imaginiertes Wasser für imaginierte Mühlen. Solchen Selbstgefälligen gegenüber riskierte er es lieber, für gar keinen Philosophen zu gelten, als daß er ihnen den Gefallen tat, sich anzustrengen, bei diesen Worten sich etwas zu denken und eine Klopffechterei aufzuführen, bestritten mit den Schulranzen. Das hieß nicht, daß er alles bisherige philosophische Denken gewissermaßen durchfallen ließ als nichtig. Das wäre ja auch gegen den Sinn seines wissenschaftlichen Philosophierens gewesen. Wenn ihm das Ding an sich in keiner Weise etwas bedeutete, so doch Kants Gedanken über den Raum. Und Leibnizens theologische Erwägungen, die ihn glauben ließen, er hätte sich in völliger Unabhängigkeit von allem andern Geschaffenen entwickelt und es blieben so seine Erfahrungen unänderbar auch dann, wenn alles um ihn zunichte würde, hinderten ihn nicht an der Reverenz für seine wissenschaftliche Feststellung, daß Raum und Zeit bloß aus Relationen bestünden. Aber die jungen Welträtsellöser aus mißbrauchten Vokabeln, die sich in die Dienstag- und Freitagsgesellschaften dieses methodischen Meisters begaben in der gläubigen Annahme, hier eine Pumpstelle zu finden, kamen und gingen bald wieder, enttäuscht, daß sie in ihre leeren Attrappen keine Luft geblasen bekamen, die den Geruch ihres eigenen Atems trug. Es waren meist so Ethiker wie der junge Herr Holzapfel, die sich in dieser einfach-klaren Luft unwohl fühlten und vor dem »Mechanischen« dieses Denkers befürchteten, daß er ihnen das zartstolze Gebilde ihrer philosophischen Emotion zum Absterben bringe. Es gibt einen philosophierenden Typus Mensch, der in der puren Bedeutung, die er sich gibt, zu kurz zu kommen fürchtet in einem wissenschaftlichen Pluralismus. Sie werden, die Logik ein bißchen mystisch verfälschend, als Monisten sehr ambitiöse Metaphysiken aufstellen und darin ihre Bedeutung gesichert glauben.

Die Avenarius waren mit jenem Schauspieler, Dichter und Maler Geyer verwandt, der die verwitwete Mutter Richard Wagners zu einer Zeit heiratete, da dieser noch nicht geboren war. Ein gut gemaltes Selbstporträt dieses mit achtundzwanzig Jahren verstorbenen Geyer, das auffallend Wagnersche Züge hatte, hing in dem Sälchen in Avenarius' Hause, wo sich die kleine Schar jener seiner Schüler, die mehr von ihrem Lehrer haben wollten als ein Kolleg, zweimal in der Woche des Abends versammelte um einen langen Tisch, in dessen Mitte immer unberührt ein Tellerchen mit Keks und eine Flasche

Rotwein mit zwei Gläsern standen. So unberührt da standen, wie die weißblonde Frau des Lehrers, eine geborene Semper aus Hamburg, unbeweglich und wortlos am Tische im Kreise dieser jungen Leute saß mit einem etwas eingefrorenen kleinen Lächeln und den Blick über die weitvorstehende Kante eines Korsettes weg auf jenen Kuchenteller gerichtet, über den im Laufe dreier hier erlebter Jahre nur ein einziges Mal das Verhängnis kam, geleert zu werden – worüber alles erstarrte. Als ob sich einer über die Schaubrote des Tempels hungrig hergemacht hätte. Es war der immer und bis ins Abnorme eßlustige Anarchist Gumplovicz, des Grazer Soziologen Sohn, der, ohne was er gerade sagte zu unterbrechen, aufstand, um den Tisch ging und sich den Teller vor seinen Platz holte und leerte, wobei er immer weiter redete. Auch mit dem Trinken passierte einmal etwas ganz Ungewöhnliches bei einem der Abendessen, die es jeden Monat bei Avenarius gab. Als vor die Gäste die Schale mit dem Glase Spülwasser hingestellt war, erhob sich ein junger Student aus der Innerschweiz, ergriff das Glas mit dem Mundwasser, ließ die Hausfrau leben und trank es aus. Auch hier sorgte die äußerste Korrektheit der hellblonden unbeweglichen Hausfrau dafür, daß man nicht einmal lächelte, sondern nur wie beim Kuchenteller höchst betreten war. Wovon Avenarius nicht die Spur besaß, das produzierte seine übrigens vortreffliche Frau über alle Maßen: professorale Würde bis zum Grade nahe am Gefrierpunkt. Dazu schien sie als Hamburger Patriziertochter schon vorverpflichtet. Es war immer bedeutend wärmer, wenn man mit dem lebhaften und zu einem graziösen Mutwillen geneigten Mann allein war, dem auf dem für ihn toten Punkt dieser Universität an nichts als an echten Schülern lag, so sehr, daß er auch die unechten zuließ. Denn wie die Dinge lagen, war dieses hier die Endstation seiner Hochschulkarriere, da auf den Universitäten des Reiches jede Stelle mit einem Wundtschüler besetzt war oder wurde. Der bedeutendste Gegner der »experimentellen Psychologie« hatte nichts zu hoffen. Nichts als die Schüler. Er zitterte für jeden und übertrieb sich jeden von ihnen. Er wußte, daß sein Vortrag stockend, fast stotternd war und daß er selber den Führer durch die etwas stachelig eingezäunten Pfade seiner Schriften machen mußte. So lud er zu sich, herzlich, aufmerksam und durchaus wie einer, der auch lernen will. Und aus einer Teilnahme, die über das Sachliche eines solchen Verhältnisses hinausging, hatte man das Gefühl wie von einer Freundschaft, einer ein bißchen gefährlichen Freundschaft, die schmerzliche Vorwürfe machen konnte. Der vereinsamte und zu frühem Tode bestimmte Mann, den keinerlei Eitelkeit trösten konnte, brauchte diese kleine Welt der Schüler, von denen er als Vater dieses seines geistigen Kindes erwartete, daß sie ihm zur Anerkennung seiner königlichen Geburt verhelfen würden, ein jeder dieser Schüler ein Gelehrter in seinem Fache und den Begriff einer wissenschaftlichen Philosophie erfüllend, deren Grundzüge – und nur diese – der Lehrer aufgestellt hatte. Avenarius empfand es wie Desertion, als Carl Hauptmann seine Untersuchungen über die »Metaphysik in der modernen Physiologie« einen Torso sein ließ und sich ins Dichten begab. Und daß ein anderer Schüler, der Dozent Rudolf Willy, über die biologischen Stränge schlug. Und als ihm der junge Wiener eines Tages ein Drama brachte, ging das linke Augenbrau ängstlich in die Höhe darüber, daß hier wieder einer der jungen Freunde und künftigen Kindsväter der Faszination einer anderen Welt erliege als der denkerisch-abstrakten. Und so sah man sich mit dreiundzwanzig Jahren und recht schlechtem Gewissen als Mitarbeiter an des Lehrers »Vierteljahrschrift für wissenschaftliche Philosophie«, die auch bald nach Avenarius' Tod entschlief.

Als die zweifelhafte Personage, die hier dem Leser als der Held dieser Schrift ausgeredet wird, in den Lichtkegel jenes Geistes trat, erfuhr sie erlösend die Auflösung falscher Konsistenzen, wie eine solche auch die Annahme der Philosophie als einer, was ihren Inhalt betrifft, unabhängigen Disziplin ist.

Nicht ein System, das ja eben nur wieder ein System gewesen wäre, sondern ein Prinzip machte ihm deutlich, daß es so etwas wie eine spezielle Quelle der Weisheit nicht gebe, welche die Philosophie speise und nichts als sie, und daß es philosophische Resultate gebe, die von den Resultaten der Wissenschaft radikal verschieden seien. Sie ist kritischer, das ist alles. Und sie ist es nicht von außerhalb der Wissenschaft her, sondern von innen her. Sie sucht das immer vorhandene Risiko des Fehlers zu vermindern und auf ein praktisch Gleichgültiges zu bringen. Wer mehr versucht, springt aus, denkt nicht mehr, sondern glaubt.

20.

Der deutsche Naturalismus und der Fortschritt

Jenes bürgerliche Trauerspiel »Die rechtschaffene Frau« war in allen Hinsichten ein Gelegenheitsstück, womit es aber intentional nicht entwertet werden soll zugunsten einer Anschauung, daß das Kunstwerk sich gewissermaßen gegen den Willen als so eine Art mystisches Müssen dem Hersteller aufdränge, der solchem Vorgange zusehe wie ein Trottel, der mit sich geschehen lasse, was dunkle Mächte über ihn beschlossen haben.

Der namenlose junge Mann, den ich nun genügend oft und offenlassend den jungen Mann, den Wiener, den Studenten genannt habe und den ich nach dem Sobriquet, das ihm eine junge Russin gab, Loge für eine Weile nennen will – vielleicht paßte das blonde flammig stehende Haar, Ausdruck seines Mundes, Ton seiner Stimme, Worte, die er und wie er sie sagte, am besten zusammen, wenn er jenes ironische »immer ist Undank« mit mehr Betonung als Tenor sang –, dieser Loge war also in diesen ersten Zürcher Wochen mit dem zusammengestoßen, was man den literarischen Naturalismus nannte.

Der immer demolierfreudige Strasser hatte schon das Jahr zuvor auf den Titel hin die Schrift »Revolution der Literatur« von Bleibtreu erstanden und ein paar ähnliche derart von Alberti oder Conradi. Darin nahmen Leute, die offensichtlich keine Dichter waren, gegen andere Leute wie Dahn, Ebers, Spielhagen, Baumbach, Heyse den Mund voll, und die waren auch nie Dichter gewesen. Und den Programmen entsprach das wenige, was man von Erfüllungen dieser ersten sozusagen deutschen Naturalisten las. Adam Mensch etwa, der keine andere Natur äußerte als die aufgeregt deklamatorische seines Verfassers. Man war aber jung genug, um diesen Altersgenossen den größten Kredit auf ihre Zukunft zu geben, unterdrückte das Gähnen und las nicht zu Ende. Von diesen ersten Äußerungen war allerdings in der kleinen Zürcher Gesellschaft nicht mehr die Rede. Sondern von Hauptmann, Holz, Schlaf und, vielleicht dem Herrn aus Wien zuliebe, auch ein bißchen von Bahr. Von der eben gegründeten »Freien Bühne« und ihrer ersten Schlacht, der Aufführung von »Vor Sonnenaufgang«. Es kamen auch schon die ersten grünen Hefte der Wochenschrift »Freie Bühne« heraus, und die Namen der großen Taufpaten Zola, Ibsen, Dostojewski sollten beweisen und einschüchtern. Das steht heute nun alles an seinem richtigen historischen Platz unverrückbar und deutlich. Aber um 1890 waren das schwankende und leidenschaftlich diskutierte Figuren und fast immer mißverstandene Beispiele. Man akzeptierte aus dem epigonischen Leerlauf einer gängigen deutschen Literatur der siebenziger Jahre das Novum eines Stofflichen, das romantisierte Milieu bei Zola, den Psychologismus des Russen, die sogenannten neuen Ideen bei Ibsen. Daß und wie sich dieses stofflich Neue in den gegebenen und neu nicht zu erfindenden Formen ausdrücke, beschäftigte bei der höchst lockeren Form des Romans nicht weiter und war im Theater Ibsens so reibungslos wie möglich gelöst, da man auf das Bewegungsmittel der rekapitulierten Vorgeschichte dessen, was sich nun in den Effekten vollziehen würde, keine insistierende Kritik wandte, weil es sich ja im Stücke selber um den Kampf der Ideen handle. Denn man hielt das damals noch für Ideen, was nur Zeitanschauungen waren. Aber es war keinerlei Bruch sichtbar; Ibsen setzte das Drama dort fort, wo es aufgehört hatte: bei Goethes »Natürlicher Tochter«. Nicht, wie es äußerlich scheinen mochte, bei Dumas Fils oder gar bei Hebbel. Es war da nicht die Rede von einem fürs Theater verarbeiteten sensationellen Fait divers im traditionellen Prosadialog oder in der schon dreifach abgeleiteten und abgeleierten metaphorisch verblasenden Jambensprache eines vermeintlich damit erhöhten Dichtens, wie man es, weil es ganz von selber ging, mit fünfzehn geliebt und getrieben hatte. Nun, da man über zwanzig war, verflüchtete sich diese eh' so wichtige Frage nach dem Leben im allgemeinen, und an ihre Stelle trat eine leidenschaftliche positivistische Neugierde nach den Lebewesen und ihrer Geschichte im besonderen. War der Weg, der zu den Arbeitern, ihren Geschicken, Lebensweisen und Vorstellungen führte, nicht wesentlich solche Neugier nach den Realitäten, wenn auch so etwas wie eine Gesinnung als Stern dabei leuchtete? Aber in einem bestimmten und sehr wesentlichen Punkte war dieser Positivismus der um 1890 Zwanzigjährigen ganz anders als der jener Naturalisten, deren Werke man nun las. Man besaß nicht mehr den stolzen oder resignierten darwinistischen Blick, mit dem jene gesehen und geordnet hatten. Jammer und Jubel über den Darwinismus war einem zwischen sechzehn und achtzehn sehr laut an die Ohren gegangen, in der von Haeckel für die Deutschen besorgten Artikulation und Instrumentation. Man wußte nun wohl, daß da in dem Theorem nicht alles stimmte, aber man nahm es nicht weiter tragisch. Seit es auf der Erde auftrat, arbeitete das Leben wie ein tastender, aber hartnäckiger blinder Wille. Auch wenn man mit der Gewissenhaftigkeit das Wort »sinnvoll« wegstreicht – es bleibt im Gefühle ein Rest, eine Spur davon. Auch beim Anti-Darwinianer Nietzsche in seiner Konzeption des Übermenschen, der ja den Menschen als einen oder den Höhepunkt der Evolution voraussetzt. Wenn auch nichts weiter dahinter ist als dem, was man die Natur nennt, etwas abzugewinnen, was sie nicht besitzt: dramatisches Interesse. Dieser nun endlich auch sich in der Literatur ausdrückende darwinistische Evolutionismus mit seinen Departements von Anpassung, Milieu usw. kam, wie immer, etwas zu spät über diese Herren Dichter. Diese tröstende Konzeption der Natur war keine mehr, die standhielt, woran auch korrigierte Details nichts änderten. Nichts evoluierte in irgendeinem Sinne. Nichts paßte sich an und spielte Harmonie. Nichts bildete Typus und Norm. Der Zufall, das Prinzip der physikalischen Welt, ist auch das der organischen. Es fördert zutage, zerstört, erhält sich in einem Teil, das Ansatz für ein Neugebilde wird, ähnlich dem vorherigen Ganzen oder unähnlich. Das Milieu, bei Zola eine mythologische Hydra wie bei Ibsen, ist kein Gegner, dem man sich verteidigend und fortschrittlich sich deckend anpaßt, um sich lebend zu erhalten, es ist nichts als tolerant nach seiner Tragfähigkeit. Und der Organismus behauptet sich nicht dank höchster Präzision seiner solidarischen Teile durch ein System günstiger Reaktionen auf die geringste Bedrohung, sondern er ist nichts weiter als ein Konglomerat des Nicht-Unmöglichen – das Absurdeste kann sich in Ewigkeiten perpetuieren.

Ich versuche den Zustand des Unbehagens zu erklären, welches dieser Zwanzigjährige um 1890 vor den Bemühungen der Naturalisten, besonders der deutschen, empfand. Man war nachgiebig, weil jenes Dichten in einem bestimmten Punkte der Gesinnung konform war, soweit sie das Soziale und Politische betraf. Aber das genügte nicht, um ein ästhetisches Unbehagen zu nehmen. Da stand und stolzierte mit großem Selbstbewußtsein der moderne Lyriker Karl Henkell in diesem Kreise, vieler Gedichtbände und immer neuer solcher Bücher Verfasser und nur in der Allüre ein Dichter. Nicht viel anderes als Geibel stand auch in dem »Buch der

Zeit« von Arno Holz, und die Rhetorik der Achtundvierziger Dichter war der Klang in John Henry Mackays Freiheitsgesängen. Und Loge wollte konkret in seinen Begründungen sein, aber dazu war er nicht imstande, nicht anders als in Ansätzen dazu, denn er war verworren, seiner Behelfe unsicher, auch im Modernen nicht so beschlagen, wie man es von sich verlangte, um ein konklusives Urteil zu haben. So konnte man, was man einzuwenden hatte, nur improvisieren und schenkte mit der Linken wieder, was man mit der Rechten genommen hatte. Man wußte, daß gegen das behauptete Neue der Natürlichkeit in der Wiedergabe des Sprechens schlesischer Bauern es nicht ganz stichhaltig war, Anzengruber zu nennen, der das ohne viel Prinzipienhaftigkeit da und dort auch erfolgreich und sicher praktiziert habe, wie etwa im vierten Gebot. Dagegen stellte man ein bewußt gebrauchtes Stilmittel als eine höhere künstlerische Kategorie bei Hauptmann. Daß der in dem Stücke hochdeutsch sprechende Antialkoholiker Ploetz von diesem Stilmittel auch innerlich gar keinen Gebrauch mache, sondern Papierdeutsch rede, dagegen erinnerte man diesen Loge, daß bei seinem Anzengruber vierzeilige Lieder in den kritischen Situationen gesungen würden. Und das Gespräch zerging in Unwillen, wenn dieser Loge bemerkte, daß diese vierzeiligen ebenso tragfähig seien wie jene Deklamationen. Auch mit Nestroy, dessen gesammelte Theaterstücke eben in Lieferungen erschienen, hatte er gegen diesen neudeutschen Naturalismus kein Glück, als er die synthetische »Natürlichkeit« dieser zur Bedeutung gesteigerten Natur bei Nestroy Kunst nannte und das Büchlein »Papa Hamlet« bestenfalls Farbenreiben des Handwerkers. Man stapfte in Mißverständnissen herum. Denn der Gegensatz lag gar nicht in der verschiedenen Meinung darüber, ob und inwiefern diese Moderne Kunst sei, mehr oder weniger gelungen, mehr oder weniger gut, sondern darin, daß die einen der liberal-fortschrittlichen Meinung waren, jede Zeit habe ihre Kunst, auch sie, neben allen andern Komforts und

Werten des Daseins, und drücke sie »ihre Zeit« aus, so sei sie eben deshalb schon die richtige Kunst, gleichgeltend neben jede andere früherer Zeiten zu stellen; die Kunst sei eine der schmückenden Dreingaben und Erfordernisse des jeweiligen Daseins, habe die Zeitinhalte aufzunehmen und auf bestimmte erhebende oder erheiternde Weise wiederzugeben, sich zu entwickeln mit allem, was sich sonst entwickelt; und wer das wahrnehme, der sei bis hinauf zum Genie der Künstler seiner Zeit. Mit dieser liberalen Zuteilung eines Stückes Fortschrittskuchen an den Dichter wußte der katholische und gar nicht liberale junge Mensch nichts anzufangen. Einem so schwankenden undeutlichen Objekt wie dem individuellen Kunstwerk des Liberalismus gegenüber blieb auch dem kritischen Verhalten dazu nichts anderes übrig, als das Wesentliche des Kritischen zu unterschlagen, weil ihm keine Wesenheit im Objekte entsprach. Man redete also Handwerkliches, Professionelles, wie die Kunsthervorbringer selber. Oder notierte Impressionen, wobei es ganz auf die Impressionabilität und die partis pris des Impressionierten ankam, also auf ein Ensemble von Emotionalem, zufälligem Wissen, Vorlieben, Neigungen und Absichten, – ein fortwährend schwankendes, seine Teile nie verbindendes Ensemble, das, wie es sagte, sein Gesetz aus sich selber bekam. Und zu dessen Wesen es sich selber damit auszeichnend gehörte, daß es heute so, morgen anders sein konnte.

Für einen jungen Menschen, der sich gerade die Armatur anlegte, die im Kampfe um ein wissenschaftliches Weltbild verlangt wird, war solche leichtfertige Aufstellung und billiges Traktement des ästhetisch imaginierten Weltbildes ein Anlaß zu Unbehagen, um so mehr, als er die Gleichwertigkeit des imaginierten Weltbildes durchaus nicht bestritt. Was ihm da aber an Werk wie Urheber bekannt wurde, erschien ihm in gar keiner Weise dafür ausgezeichnet, ein neben dem wissenschaftlichen gleichwertiges imaginiertes Weltbild auch nur in Annäherung an das Traditionelle dieses Begriffes aufzustellen. Man glaubte einen gleichwertigen Ersatz darin zu finden, daß man von einem Zeitbild sprach, womit man dem Vorgang Bedeutung gab, der darin bestand, daß das Zufällige der Zeit an der engen Optik zweier dichterischer Augen vorüberstolperte und rasch in einem sogenannten Werke eingefangen wurde. Oder man reihte das biographische Nacheinander von Büchern und Stücken zur behaupteten Ganzheit eines Œuvre, das man nun als die Offenbarung eines besonderen Individuums behandelte, von dessen »Weltanschauung« man sprach, die man sich »kritisch« aus diesen Büchern und biographischen Umständen zusammenflickte. Das ging so weit, daß man solches sogar bei Dante versuchte, da man eben den Begriff des imaginierten Weltbildes verloren hatte und das ganze für eine Talentfrage oder für eine privatpersönliche Angelegenheit hielt.

21.

Liebesgeschichte – Alfred Adler – Die Graburne

Nicht damals, aber Jahre später las ich im Journal Intime von Maine de Biran diesen dramatischen Zustand des Lebens notiert, in dem man zwischen den schwebenden Schalen der Gegensätzlichkeit der Balken der Waage zu sein sucht, der die messende Skala trägt. Am 9. Oktober 1814 notiert er: »Wenn unsere Fähigkeiten etwas Konstantes und Festes wären, dann wäre es in gewissen Fällen möglich, sein Leben auf eine Weise zu arrangieren, daß das Schicksal, welches das Glück konstituiert, dauert. Aber unsere Fähigkeiten und unsere Neigungen, unsere Art zu fühlen und das Leben zu beurteilen, wechseln mit dem Alter, während unsere Situation und unsere Beziehungen die gleichen bleiben oder vice versa.« Das Faktum, fast immer im Rapport mit sich selber zu sein, trägt eben gar keine Garantie in sich für die innere Stabilität.

Weiter schreibt er: »Selbst in der tiefsten Einsamkeit und nur sich selber gegenüber kann man ein ganz äußerliches Leben führen und von sich so weit weg sein wie inmitten der Welt.«

Die Erkenntnis der Willkürlichkeit der gedanklichen Dekrete, das bittere Gefühl der unmerklichen schrittweisen Minderung, der jedes Wesen durch das simple Faktum, daß es sich in seiner Dauer ablebt, unterworfen ist, – ich möchte für diesen immer begleitenden Ton nicht den zu christlich gefärbten Begriff Pessimismus gebrauchen, sondern mich begnügen, diesen Ton als eine immanente Disposition für einen Pessimismus zu bezeichnen, der seine Schatten zeitlich vorauswirft. Man merkt, daß ich dabei bin, in diesem Paragraphen eine Liebesgeschichte zu erzählen, das heißt, der ältere Leser wird es merken, aber der moderne wird den einleitenden Aufwand als einen lästigen Aufhalt empfinden mit der ihm eigentümlichen nervösen Neugierde nach dem, was er, mit dem Hintern gegen einen von ihm verachteten »Intellektualismus« gekehrt, als die Leidenschaft, das Unmittelbare, die Bewegtheit, kurz als »das Leben« verehrt. Der zeitungsgenährte, beamtenhaft mechanisch ablaufende und so überaus hungrige und sachliche Zeitgenosse versichert einem ja bei jeder Gelegenheit, daß er nichts mehr liebe und anbete als »das Leben«, und sind es Frauen, so verdrehen sie dabei die Augen wie angewandte Bacchantinnen, und sind es Männer, so zeigen sie unter gefalteten Stirnen ein amerikanisch strahlendes Gebiß, das ins »Leben« wie in ein saftiges Beefsteak zu schlagen sie jeden Augenblick so bereit wie fähig sind.

Da waren zwei junge Leute ohne alle Erfahrung des Herzens …

Nein, es ist noch nicht so weit, daß ich an diesen Satz den nächsten fügen könnte, der den Faden weiterspinnt. Ja, wenn ich dichtete, wenn ich heuchelte! Aber durchaus nur der Wahrhaftigkeit verpflichtet als dem Einzigen, das dieser Niederschrift vor mir selber Wert und Interesse daran gibt, kann ich es mir nicht so leicht wie die Dichter machen, die, selbst ihr Greisentum noch unterschlagend, aus dem Allerlei ihrer vagen Erinnerungen an gehabte Leidenschaften oder an queren Beobachtungen solcher bei andern eine Liebesgeschichte zurechtzimmern, so als ob sie selber zu einer Liebesgeschichte noch durchaus imstande wären in jedem vom Schicksal bezeichneten Augenblick. Es ist mir nicht möglich, mich erinnernd zu erinnern, daß ich mich als einen stelle, der noch alle seine Zähne und alle seine Haare hätte, wo mich doch in jedem Augenblick die Wirklichkeit dieser Tatsache festhält, daß die Zähne und die Haare immer seltener werden, als welches ein Umstand ist, der, wenigstens unterirdisch sozusagen, eine ständige Aufmerksamkeit provoziert. Glücklich die Dichter, die mit der Ausrede ihres »jung gebliebenen Herzens« weiter so tun, als sprängen sie Knaben gleich über die blumenbunte Wiese ihres kindlichen Daseins, so wenigstens in ihren Fabulierungen. Aber was man das Herz nennt, ist wie das Licht in der Turmuhr: es zeigt die Stunde, aber auf den Gang der Räder hat es keinen Einfluß. Man kann wahrnehmen, daß man lieben konnte, nur, indem man von neuem liebt. Aber was hier das im Vergessen fixiert Gewesene wiederbelebt, ist nur ein Reflex, der an die Stelle des alten Glanzes einen etwas einsamen Strahl von dem neuen Glanze setzt, was aber die Natur des alten Glanzes nicht nur nicht wieder herstellt, sondern ändert. Das gilt aber nur für jene, die ihr Gefühl bis zu jenem Grade verdichten und steigern können, daß es eine bestimmte Person mit höchstem Egoismus der Wahl auszeichnet mit einem: diese und keine andere auf der Welt. So wenigstens bis zum andern und drittenmal.

Denn öfter dürfte es nicht passieren, daß man so auszeichnend liebt im Laufe eines Lebens, wenn man an der etwas krankhaften Exorbitanz dieses überaus komplexen Gefühles festhält, wie man muß, um es überhaupt noch Liebe zu nennen. Daß es ein überaus komplexes Gefühl ist gegenüber seinem höchst einfachen Anfang, dem des sinnlichen Verlangens, wird man ja nicht bestreiten.

Nun gibt es aber Menschen, die, nirgendwo eingeordnet, unfähig sind, für eine Frau gegen alle andern Frauen Partei zu ergreifen. Man kann von ihnen schlankweg sagen, sie seien der Liebe nicht fähig, wenn auch immer im Zustande der inneren Disponibilität. Vielleicht leiden sie an einem übertriebenen Gerechtigkeitsgefühl. Oder an einer Leidenschaft für die Wahrhaftigkeit, die, wie man weiß, den Willen schwächt bis zur völligen Indifferenz. Von der Frau her gesehen, die ihr Urteil von dem Umstande diktiert bekommt, daß sie die Kinder im Leibe und am Leibe trägt, wird dieser Mann, dem die Frau nur etwas Phantomatisches ist, als der Ungetreue empfunden, als der distinkt männliche Typus, der Herr, der sich nicht versklavt, weder in der Liebe noch in der Ehe. Das Glück ihrer Liebe wird so immer das Unglück bedeuten. Alles andere ergibt sich als das Soziale von selbst. Aber die abenteuerliche Ausnahme reizt wie ein Sporn die Flanke. Weniger als der Mann gefügig begibt sich ja die Frau, deren Leistungen da auch nicht liegen, in die sozialen Cadres. Sie nimmt sie mehr hin. Ihrer Brut wegen braucht sie Stabilitäten. Aber diese Cadres zu durchbrechen, ist sie immer geneigter als der Mann, der sie ja auch geschaffen hat. Der Frau größter Reiz liegt in ihrer sozialen Gewissenlosigkeit: immer wird der Mann von dieser lockenden Gefahr fasziniert sein, es mit ihr aufzunehmen.

Der Mann, und das heißt die Person. Nicht der Jüngling, und das heißt das Individuum. Keines Zwanzigjährigen Liebesgeschichte beginnt mit der Liebe. Das heißt nicht, daß sie mit nichts als dem bewußt gewordenen sexuellen Appetit beginnt, – mit ihm vielleicht am wenigsten, denn keinem Zwanzigjährigen sind, außer er hat einen Knacks, die Mädchen wichtig. Aber er wird nicht versäumen, sich ihnen wichtig zu machen. Er will ja Person werden. Ganz abgesehen von seinem sexuellen Ungeschick, das ihn, so fürchtet er, tölpelhaft gerade dann wirken läßt, wo er als wie ein ausgemachter Herr und Mann auftreten will, ahnt er auch die Gefahr, die im Sexuellen, das des Individuums ist, droht gegen das Erotische, das als eine bewußte Formgebung der Person gehört. Solche aber will er bedeuten, wenn er als Zwanzigjähriger bei einem Mädchen liegend sagt, er liebe dieses Mädchen. Anders käme er sich gemein, das heißt ohne Distinktion, vor. Ich meine hier nicht gemein in einem moralischen Sinn. Sondern ohne persönliches Wertgefühl, das ihn, wie er meint, Wahl treffen läßt, wo er nichts als erliegt. Es bereitet sich ja ein Mann vor! Und Person zu sein, das nimmt er in der sexuellen Situation vorweg. So erzählte unser junger Mensch einem des Nachts auf dem Heimwege begegneten Kameraden, dem Dichter-Schauspieler aus Rostock, daß er von einer Geliebten käme, und nannte, um es drastischer zu machen, deren Namen: den einer Sängerin, die im Pfauentheater das Ännchen im »Freischütz« sang, wie er aus nichts als aus dem Theaterzettel wußte, denn er war noch nie in diesem Theaterchen gewesen, wo man zu Bier alte Opern aufführte, schloß aber auf eine gewisse Jugend der Dame aus ihrer Rolle. Er erzählte das, weil er wußte, es würde weitererzählt werden und auch zu jener jungen Studentin Ohren kommen, für die dieses Ganze erfunden war. Er wollte sich damit Person geben und gehorchte dabei nur dem Mechanismus, der den jungen Menschen regiert. Das Ännchen traf man ein Jahr später in der üppigen Person ihres zarten Alters von etlichen vierzig Jahren in einer Pension beim Mittagessen, und da blieb nichts anderes übrig, als der Freundin den Schwindel aufzudecken. Nur eben des Alters und einiger sonstiger Fehler der Dame wegen, anders hätte man wohl die Sache dabei belassen. Wie andere Lügen, die Welt geben sollten und damit Bedeutung, um eben anderes und mehr noch zu sein als ein junger Mensch wie alle andern jungen Menschen, die es mit Worten und Tränen versucht hatten oder mit Kniefall und Heiratsantrag und durchgefallen waren. Da wollte man erst recht gewinnen, aber die Mittel waren zu überlegen, die einem einen schlechten Ruf schaffen, der hier der gute war.

Dort jene Frau, – kein Zweck liegt sonst im Leben
Als einzig sie erringen …,

des Jünglings Geschicklichkeit oder Frechheit sind seiner geringen physiologischen Übung entsprechend nicht groß genug, als daß er sich dies als ihn beherrschend sagen könnte. Er wagt den Fall bloß so ungeschickt-geschickt wie er kann, mit einer kleinen Eitelkeit als Einsatz.

Der Jugendgefährte Alfred Adler war schon längst der konivente Methodiker seiner sozialintegrierten Psychologie, als er vom Verfasser dieser Schrift sagte, er habe »den sozialen Anschluß versäumt«. Nur sagte er das seiner Anschauung entsprechend mit Bedauern, denn ihm sind fehlender sozialer Anschluß und Psychopath gleichbedeutend. Während der so Diagnostizierte darauf mit einem »glücklicherweise« antwortete, ohne sich im übrigen darauf einzulassen, was es nun mit dem Psychopathen auf sich habe. Keinen sozialen Anschluß zu haben, also kein Glied in dieser Kette von bindenden Wechselbeziehungen, Entschuldigungen und Kompromissen zu sein, das bedeutet ein außerordentlich hohes und vielleicht das einzige menschliche Gut: die geistige Freiheit. Sie bedeutet nicht stumpfen Egoismus, ethische Barbarei und Roheit, als Parade oder sonstwie politisch in allen Dingen, die der Tag verlangt. Mit dieser Freiheit ist ein geistiger Zustand glückhaftesten Alleinseins gemeint, besser: berauschenden Alleinseins. Denn glücklich im gebräuchlichen Wortsinn ist es weiter gar nicht, weil es eben nicht sozial, nicht meßbar am sozialen Glück oder Unglück ist, die als völlig akzidentiell ohne Bedeutung für diesen Zustand der Freiheit sind. Möglich, daß es bei solcher Artung nicht ganz ohne so etwas wie neurotische Nebenfolgen abgeht; aber was bedeutet das schon! Die absolute Gesundheit ist ja nur eine medizinische Hilfskonstruktion und außerhalb der Heilkunde wertlos.

Winckelmann berichtet von einer Graburne, die er in Rom gesehen und auf der eine Liebesszene – er gebraucht ein kräftigeres Wort – dargestellt war. Von der Inschrift waren nur diese Worte erhalten: »...was liegt mir daran?« Mit diesem Wort, das den bezaubernden Zufall begrüßt, ohne den nach Montaigne rien de noble ne se fait, hätte unser junger Mensch sein Gefühl vor diesem Mädchen – und sie das ihre vor diesem jungen Menschen – ausdrücken können, wenn Rechenschaft Bedürfnis gewesen wäre.

Das wenigste und geringste im Leben tut man mit der Vernunft, und käme es dazu, nur nach ihren Dezisionen zu leben, müßte das ein höchst verrücktes Produkt geben. Sinn, Ordnung und Verstand in das Gelebte hineinzubringen sind immer posteriore Bemühungen aus der Täuschung heraus, dem leiblichen Kontinuum müsse auch so was wie eine geistige Kontinuität entsprechen, von der gar keine Rede sein kann. Sicher ist der Zufall nicht das Zufällige schlechthin. Daß einem dieser Zufall passiert und ein anderer nicht passieren kann, das dürfte das Erbgut wie in einer Art magnetischer Anziehung bestimmen, dem Potentiellen also Grenzen setzen, die später das, was man Charakter nennt, noch enger zieht. Wer aber seinen Charakter im sozialen Anschluß findet – um aus dem Kontinuum des Sozialen auf die Kontinuität seiner geistigen Person zu schließen –, der wird in jenem Zufall, von dem Montaigne so Großes sagt, nur das Böse sehen, das Böses auswirkt.

22.

Zwei junge Tiere

Daß Liebesgeschichten in die Tragödie kamen, schien mir schon immer ein Mißverstehen der Grimasse, welche Liebe unter Umständen schneidet. Darum las ich mit Vergnügen unlängst einen guten Satz des Grammatikers Diomedes: in tragoedia introducuntur heroes duces reges, in comedia humiles atque privatae personae: in illa luctus exilia caedes, in hac amores virginum raptus. Aber gleich hinzugefügt: es kommt die feinste Komödie der Tragödie am nächsten. Man kennt das Phänomen, das paradox, aber genau beschrieben die Voraussage des Vergangenen genannt werden könnte. So sagt etwa der Spieler: »Ich habe vorausgewußt, daß Rot kommen werde«, wenn er auf Schwarz gesetzt und verloren hat. Balzac wollte jedesmal ein höchst erfolgreiches Buch schreiben, und es gelang ihm nie. Aber er erklärte jedesmal nach dem Mißerfolg: »Ich habe diesmal den Erfolg noch nicht richtig gewollt.«

Einer ganz gleichen Täuschung dürften wir in Sachen der Liebe erliegen, wo wir als Pedanten des überaus verehrten Sinnvollen, als welches wir gewollt haben, den Zufall nicht als Zufall gelten lassen und ihn als vorausgewußt behaupten. Während wir nichts sonst tun als uns auf ihn einrichten. In dieser Affaire eines nichts als Instinktiven so, daß wir gegen diese uns überraschende Wirklichkeit unsere Gegenschöpfung setzen, – das, was wir Liebe nennen. Oder zu setzen versuchen, vorsichtiger gesagt, denn nicht immer gelingt dieser schöpferische Akt, und dann ist er auch nicht jedermanns Vermögen, sondern der wenigsten. Den mehreren kommt ja schon ein gelegentlicher Kontakt im Bett als die Liebe vor und als deren Ende, wenn sie kein Vergnügen mehr daran haben. Etwas aus der Art geschlagene Tiere, die wir als Menschen sind, scheint uns der nichts als sexuelle Vorgang der Funktion so etwas wie eine Adelung nötig zu haben, als welche eben die Liebe ist. Nicht das allein nur. Denn sie ist, wie unsere organisierte Ökonomie gegen die individuelle Not, eine Schutzform gegen das immer zum Einbruch auf der Lauer liegende Individuelle des sinnlichen Triebes. Gehört also zu den Inhalten der Personalitas. So sehr, daß Paare, die nichts miteinander haben als ihre gelegentliche Brunst, diese dennoch Liebe nennen. Sie leben mit dieser Bezeichnung sozial komfortabler und stehen für sich selber in einem schöneren Lichte. Denn stärker noch als was uns treibt, Persönlichkeit zu sein, ist, sie vorwegzunehmen und sich in ein Absolutes zu flüchten, bevor man Person ist, und früher sich einer Seele zu erfreuen, ehe man es sich verdient hat.

Ohne alle Erfahrung des Herzens zwei junge Tiere, ein dunkles und ein blondes, die sich die Wunder ihres Leibes ertasteten und im agonischen Augenblick den Tod hingenommen hätten wie eine höchste Gnade: das ist das Nichts und das Alles, hiezu zu sagen. Man schämte sich nicht im geringsten seines lebhaften Blutes, ja, man hielt es durchaus für seinen köstlichsten Besitz. Das Mittelbare des Lebens war in ein so vages Künftiges gerückt, daß es wie in einem Nebel verschwand. Nichts galt als dieses Unmittelbare, das keinerlei Ökonomie kennt und nicht einmal ahnt, daß es so etwas geben könnte. Keinerlei Künftiges warf auch nur den leisesten Schatten in diese währende Gegenwart. Ein weiser, aber so auch ein alter, also ein ungehörter Mann hätte diesem Paare prophezeien können, daß es sich um die Gnade und den Wert des gemeinsamen Alterns bringe, das aneinander so etwas wie einen lächelnden Trost findet und diese Katastrophen vermeidet, welche jene treffen, die, ohne den Genossen der Jugend zur Seite, die Linie überschreiten, jenseits welcher die ausfallenden Haare und Zähne beginnen und diese kleinen gelben Fleckchen erschöpfter Haut an den Händen, und wo eine letzte Liebe verlieren soviel zu bedeuten scheint wie das Leben verlieren; und wo dann die große Probe auf das Leben gemacht wird: das Alleinseinkönnen ohne Unruhe, ohne Angst und ohne gewendete Kissen in den Nächten.

Als man sich zu den Ferien trennte, wird es der Frau wie dem Manne gegangen sein, der, so ausdrucksstark und ungewöhnlich es auch war, völlig das Gesicht der Freundin vergaß, wie er erschreckt feststellte, da er doch in seinem Blute ganz die Gegenwart ihres Leibes fühlte.

Der Erinnerung blieb nichts als diese verschleierte Altstimme des Mädchens, reizvoller Effekt eines zur Zeit der Mutation im Kloster mit Singen überanstrengten Organs, und nicht einmal sicher war dem Berauschten, ob diese Stimme nicht nur das Ohrenklingen seines eigenen rauschenden Blutes war. Daß er das Individuelle – und das ist das Gesicht – so gänzlich vergessen hatte können, machte ihn aufs äußerste unsicher, was seine Liebe betraf. Denn dafür hielt er und mußte er mit seinen zwanzig Jahren das, was da zwischen ihm und dem Mädchen geschehen war, halten, in der glücklichen Unwissenheit dieses Alters, die das wechselseitige Geschenk der Leiber für die Liebe hält, schon für die Liebe. Dieses, damit das Wechselseitige Geschenk werde, nicht wissen können und nicht wissen dürfen, daß der Rausch des Blutes blind macht, die Liebe aber sehend ist. Wie konnte der bestürzte junge Mensch wissen, daß es der heiße Atem der Gattung war, der nicht nur das Individuelle des Gesichtes weggeblasen hatte, wovon in Sturz und Umschlingung ja kaum was haftengeblieben, sondern daß ihm nun in der Trennung und ohne die Geste und das gesprochene Wort auch das fehlte und sich nicht mehr einstellte, was er als die Gefühle für die Liebe charakteristisch meinte? Mit einer verzweifelten Aufrichtigkeit, zu der ihn Art und Dauer dieses ersten Erlebnisses und das adelige, geradlinige und schwere Wesen dieses Mädchens zwangen, sagte er sich – und warf so sein begreiflich kleines Lot ins Unergründliche –, daß er weder besondere Gedanken noch besondere Gefühle, solche der schwärmerischen Art, für das Mädchen habe, sondern nichts als diesen Zustand gestauten Strömens im immer süchtigen Blute und ein Briefwissen von der andern fernen Seite her, daß es dort nicht anders. Er mußte es, wie sollte er anders, Liebe nennen und war verzweifelt, daß sie nichts als das war. Käme eine andere in die Nähe und spräche mit den Augen das rechte Wort, so ergösse sich… Es war nichts als Zufall, daß diese andere nicht kam und daß es so dem jungen Manne und dem jungen Mädchen als die Gnade zuteil wurde, daß sie in der Zeit eine um die andere die kleinen Inseln wirklicher und vermeintlicher Liebe aus dem Gischt ihres Schäumens auftauchen sahen, diese Inseln mit den bitter-süßen Früchten.

23.

Edouard Rod – Amiel – Bakunin – Georg Karageorgewitsch

Wie die Tränen verschimmerten, die den sich für den Sommer Trennenden in die Augen traten, als den einen der Bodenseedampfer nach Friedrichshafen, den andern nach Bregenz brachte, verschwand das Bild dieses Gesichtes, war erst wieder da, fremd, neu, überraschend, bezaubernd, als es vor einem stand auf dem atmenden und lebenden Ganzen dieses Leibes und lachte. Und man packte erst nicht die Koffer aus und fuhr gleich weiter nach Genf, um ganz und nichts als bei sich zu sein und mit sich, einen Herbst, den Winter und einen Frühling. Man wollte sich mit seiner jungen Liebesgeschichte verstecken vor den jetzt inopportunen Zürcher Freunden, weil man ja nicht wußte, daß Liebe isoliert.

Es wird heute in Genf wie damals sein, als die jungen Deutschen, die Schullehrer werden wollten, dahin gingen, nicht der unbedeutenden Universität wegen, sondern um Französisch sprechen zu lernen. Die das später nicht in Frankreich korrigierten, hatten dann Genferisch gelernt, das ein bißchen singt und ein wenig dehnt oder sich das angewöhnt hat, um den Fremden verständlicher zu sein. An der Universität las damals Edouard Rod über die Literatur, sehr deutlich artikulierend vor seinem meist deutschen Auditorium, aber etwas platt in den Gedanken, da er wußte, daß seine meisten Zuhörer auch im Geistigen von Mollés kleiner Grammatik herkamen. Herr Rod war ein Romancier in Bourgets Spuren, soweit sich das mit dem Genfer Moralismus vertrug, aber er riskierte in seinem Genfer Roman »La seconde vie du Michel Tessier« doch einiges gegen Genf, denn es lag ihm an der Pariser Geltung mehr als an der Genfer. Er fuhr auch alle drei Wochen dahin, um sich in Erinnerung zu bringen. Rod kannte das Deutsche und die deutsche Literatur gut, vielleicht zu gut, um als französischer Autor nicht Schaden davon zu nehmen. Seine deutschen Kenntnisse machten ihn schwerfälliger, als er seiner Natur und seiner etwas engbrüstigen Begabung nach war.

Auf ein paar gemeinsamen Spaziergängen erzählte er von Amiel, dessen Tagebücher wenige Zeit vorher in einer sehr kastrierten und auf ein Viertel des Vorhandenen reduzierten Ausgabe erschienen waren, von einem testamentarisch dazu bestimmten Fräulein Mercier herausgegeben, welche diese Angelegenheit mehr als eine der Pietät betrachtete. Rod hatte alle siebzehnhundert eng beschriebenen Quartseiten des Manuskriptes gelesen. Es enthielte für alle Zeiten Undruckbares, meinte er. Und deutete dafür als ein Beispiel an, daß Amiel von seltsamen Erfahrungen genauen Bericht gebe, die er, der nie eine Frau gekannt hatte bis zu seinem vierzigsten Jahr, mit dieser ersten, einen und letzten macht. Rod, der Genfer Professor, wollte sich nicht weiter mit dem einundzwanzigjährigen Studenten darüber einlassen, aber er schickte mir einen jungen Franzosen, der in seinem Seminar über Amiel arbeitete und Abschriften aus dem Journal genommen hatte, in dem dieser Philosophieprofessor, der seinem Publikum nichts zu sagen hatte, zu sich selber und über sich selber alles sagte, »ohne durch die pedantische und brutale Dazwischenkunft meines Willens irgend etwas zu derangieren«.

Philosophieren heißt sich auf den Tod vorbereiten. In dieser Definition Platos war Amiel ein Philosoph, in keiner andern. Jeder Aktivität sich versagend aus Furcht, aus Gewissenhaftigkeit, geht er in seine Ewigkeit ein: »C'est donc bien mourir, mais non pas être anéanti! C'est redevenir virtuel.« Ein Jahr vor seinem Tode schrieb er: »Ich glaube, der Fluch meines Lebens ist das Geschlechtliche gewesen, alles was mit der Scham der Wollust zu tun hat. Diese physiologische Funktion ist für mich eine unausgesetzte Misère gewesen. Die vorzeitige Heirat oder selbst die Libertinage wären besser gewesen als die Enthaltsamkeit und der Zölibat.« Er war seit seinem zwanzigsten Jahr immer nur der Vertraute gewesen und »lebte in der Intimität der weiblichen Seele«. Sechsmal wird er durch eine deutliche Erklärung versucht, von »starken und willenskräftigen Frauen«, die er »magnetisierte«. Aber Amiel war vierzig, als er seine erste körperliche Erfarung in der Liebe machte. Ich las die Aufzeichnungen darüber in den Abschriften des Studenten. Es war eine Unbekannte, die ihm schreibt. Nach dem dritten Brief voll »leiser Resignation« beginnt ihn diese Frau zu interessieren, und er glaubt sie in einer Person mit sympathischem Gesicht zu erkennen, die in der Kirche Saint-Pierre einer Nachbarin einen Stuhl anbietet. Er notiert drei Monate später, daß er an diesem Morgen entschieden töricht war. »Das ist übrigens das Inkonveniente des anachoretischen Lebens, daß es eine nicht vorstellbare Naivität bewahrt. Man nimmt die Dinge als das, was sie sich geben, ohne sie zu interpretieren. Kommt dann aber darauf, daß sie nicht ein Hundertstel dessen sind, was man mit der Phantasie von ihnen träumte. Der Kontakt vermindert alles, wie die Perspektive alles vergrößert. Die Konsequenz: daß man entweder mit allem Verlangen durch Verzicht auf alles, was es erregen kann, Schluß machen muß oder die Ruhe wiedergewinnen durch Unterdrückung des Unbekannten. Absolute Entwöhnung oder experimentelle Entpoetisierung sind die zwei Mittel zum Ziele.« Am andern Tage: »Ich glaubte, heute Mann zu werden und meine Frau von Warens gefunden zu haben. Aber es war nichts. Die ruhige und leicht egoistische Klugheit brachten sie über den Affekt weg. Man war weder zärtlich, noch brennend, weder leidenschaftlich, noch hingebend. Man war vorausschauend, vor allem überlegt ruhig und riskierte nur seine Blätter, nicht seine Blüte. Das war vielleicht auch besser so. Auch ich glaube, die innere Freiheit durch Verzicht wiedergefunden zu haben. Ich habe eine bedeutende Erfahrung verfehlt, aber eine andere gemacht, an die ich nicht dachte. Bin dafür bestraft, ehemals von der weiblichen Freundschaft geträumt zu haben, bestraft durch ihre unversöhnliche Verwirklichung. Ich bleibe zurück mit meiner unbefriedigten sinnlichen Neugier und meiner nicht entdämlichten männlichen Ungeschicklichkeit. Aber es liegt nichts daran. Eine Lösung erleichtert immer.« Zwei Monate später: »Unglück über den, der die schlafende Katze aufweckt und die eingeschlummerte Phantasie. Mein Denken ließ sich gestern abend von Cypris locken. Ich las Parny, Bertin, La Fontaine bis nach Mitternacht. Diesen Morgen Apuleius und Ovid. Das verfehlte Treffen gestern abend – das Billett kam erst heute morgen – spielte in dieser Erregtheit ebenfalls mit. Venus versuchte mich wie einen Jüngling, und die knabbernden Neugierigkeiten der Lust kitzelten mir die Imagination wie dem heiligen Antonius. Es scheint, je diskreter, enthaltsamer, skrupulöser ich in der Praxis und vor der Wirklichkeit bin, um so stärker versucht mich libertinage Lektüre. Meine Unkenntnis der lebendigen Frau läßt mich weniger erröten, wenn ich mich mit den Eroten Mann fühle, jung und leidenschaftlich, der Freuden Aphroditens fähig und des Fortgerissenseins durch die Sinne. Mich meiner faktischen Unschuld schämend und fast stolz darauf, sie im Geiste recht durchzubeuteln, geht's mir wie den Frauen, die unter ihrer Scham leiden; ich nehme meine Revanche in petto, ich bezahle mich mit verbotenen Lüsten im Heimlichen einer einsamen Lektüre. In diesem Sinn muß die Besessenheit eine Freiheit sein. Die Keuschheit also viel reiner als die Enthaltung … Merkwürdig zu beobachten, wie sich mit wachsender Leichtigkeit vor den befehlenden Sollizitationen des natürlichen Instinktes die moralischen Hindernisse in Rauch verflüchten, ganz konventionell und rein fiktiv erscheinen.« Und eine Woche darauf: »Nichts hat sich in meinem allgemeinen Gesichte durch mein instruktives Akzidens geändert. Um den Preis meiner Erstlinge erkaufte ich mir einige nützliche Lichte, j'ai fait plaisir, je me suis déniaisé. X. ist hübsch und schön gewachsen, sie war vergnügt, diskret und hat mich leichter gemacht für jetzt und alle Zukunft. Und trotzdem sag ich mir: ist das alles? Es gibt glücklicherweise noch ein anderes, denn ohne das wäre die Heirat ein formeller Betrug. Und sie muß ein edles Opfer sein. Der Zölibat erscheint mir nun weniger verteidigbar... Traf heute morgen X., ganz Lachen und Grazie. Was den Mann erschöpft, nährt die Frau. Hat sie nur erst einmal die Scham überwunden, so ist ihr Instinkt ganz Jubel. Sie will sich geben, will genommen sein. Sint ut sunt.«

Ich fand diese Aufzeichnungen aus den unveröffentlichten Tagebüchern Amiels in meinen Skripturen aus jenem Genfer Halbjahr wieder. Sie unterbrechen eine mit bibliothekarischem Fleiße betriebene umfangreiche Arbeit über die Wirtschaft des Mittelalters, die mich als einen gelehrten Historiker vorstellen sollte. Das war ein Irrtum Platters in Zürich, mir zum Abschied mitgegeben, der mit solchem Gepäck meinen, wie er meinte, zu leichtfertig bepackten revolutionären Wagen ins richtige Tempo bringen sollte. Wie mein anderer Lehrer Avenarius ein Jahr später in Besorgtheit, daß ich ihm wie sein Schüler Carl Hauptmann in das Dichten entweichen könnte, mir als die dringendste und nur von mir zu leistende Arbeit vorstellte, der Metaphysik in der politischen Ökonomie an den Leib zu gehen und eine Theorie der reinen Wirtschaft aufzustellen. Das tat ich ja dann auch mit aller Versessenheit auf Avenarius' Erfahrungskritik. Und mit gar keinem Glück bei Platter, dem ich meine Theorie zu lesen gab, bevor sie in den Conradschen Jahrbüchern zum Teil gedruckt wurde. Aber die Aussicht, die sich mir damit öffnete, diese Theorie nicht nur als Lehrer Semester um Semester vorzutragen, sondern alles weitere des Lebens nur als meine Theorie bestätigend zu sehen, – diese Aussicht auf einen künstlich entlaubten Wald war so entmutigend und freudlos, daß ich alles das aufgab. Ich verkaufte dem nächsten Händler die zweitausend Bände meiner ökonomischen Bibliothek, die eigentlich einzige Voraussetzung meiner gelehrten Karriere, auf die ernste Leute so große Hoffnungen setzten. Ich bin nicht sicher, ob die Wissenschaft an mir was gewonnen hätte, aber sicher hat mein Leben davon profitiert, daß ich sie aufgab.

Das geschah zwei Jahre später. Noch nicht in Genf. Aber hier dürfte sich dieses gelehrte Desinteressement vorbereitet haben im Hintergrund einer wissenschaftlichen Betätigung, die nichts als das und als gewissenhafte Untermauerung einer politischen Anschauung gedacht war, von der aus gerade diese Disziplin von dem Achtzehnjährigen gewählt worden war. Im Historischen hätte es ja noch lange so weiter getrieben werden können, ohne daß ein guter Drill im Marxismus davon Schaden gelitten hätte. Einem jungen und eifrigen Marxisten, der man war, wären da keine Schwierigkeiten entstanden. Jedes historische Sesam hätte sich vor dem gut gelernten Zauberwort erschlossen. Durch die Wirtschaft des karolingischen Zeitalters sich durchzufinden, Regesten und Kapitularien zu deuten, Siedlungsprobleme und Heidenbekehrungen auf ihre letzten Gründe zu bringen war für einen solchen Sozialisten eine Kleinigkeit, eine Fleißaufgabe, weiter nichts. Und wurde gelöst, hier in Genf, in vielen hundert engbeschriebenen Seiten, heute vergilbt in jedem Betracht. Aber die dazwischenliegend aufgefundenen Blätter mit den Auszügen aus Amiels Journal sind mir bis heute lebendig geblieben, weil sie es damals waren, als sie mich mit ihrem Leben anatmeten, während ich damit beschäftigt war, das Tote der Karolingerzeit mit meinem wissenschaftspolitischen Spiritus lebendig zu machen. Amiel war mein erstes spirituelles Abenteuer, wie ein Jahr darauf Kierkegaard mein zweites und wieder ein Jahr darauf Stendhal mein drittes. Seltsam, daß alle drei zum invertierten Typus gehören und daß gerade dieser den mit einer Frau wie auf einer Insel lebenden jungen Menschen anzog.

In Zürich hatte man mir gesagt, es gäbe in Genf noch Reste aus Bakunins Gründung, der Fédération jurassienne. Sie dem Dr. Nettlauer, dem blonden schweigsamen Bakunin-Biographen, nach Wien zu schicken, als Reliquien für seine Verehrung des Russen, wäre eine Aufmerksamkeit gewesen, die ihn gefreut hätte. Aber er kam auch ohne meine genferische Mithilfe, Jahre später, mit seinem großen Buche zu Ende. Und die Spuren, die ich suchte, verliefen sich oder hatten sich schon lange im Gewäsch des Deutschen Arbeitervereins in Genf verlaufen, wo ein alter Schuster das große Wort führte, der Bakunin und Marx noch gekannt hatte, wie er sagte, und sich dabei einen mächtigen Hans-Sachs-Bart strich. Das war aber auch alles. Und doch besuchte man seinetwegen das Lokal des Vereins öfter, denn der Meister Sauerwein produzierte in Reden, deren er an jedem Abend gern zwei oder drei hielt, das erstaunlichste Quodlibet. »Der Morgen wird aufbrechen, wo das Schwert des Damonkel die Tore des Paradieses öffnen wird. Und dann wird mit der Borschoasie tabla rabla gemacht werden, daß kein Stein dieses Tempels...« In dieser Weise konnte der Mann eine Stunde lang weitermachen. Er war das große Licht des Vereins, beliebt und verehrt als Veteran von weiß Gott was. Das Pathos, mit dem der wohlgenährte, behaglich dreinschauende Schuster seinen Unsinn in immer neuen Variationen donnerte, in einem Raum, der nicht mehr als die drei, vier Dutzend Leute faßte, die da eng an Tischen saßen und ihr Bier tranken, dieses Pathos ließ weder bei mir noch bei den zwei norddeutschen Studenten, die ich hier kennenlernte, das Lachen aufkommen. Die zwei hätten keine Deutschen sein müssen, um nicht, als sie nun mit mir zu dritt waren, die Gründung eines Vereins zu beschließen. Der Mangel einer natürlichen Geselligkeit läßt, so scheint es mir, die Deutschen, die eigentlich in Einzelzellen hausen, aus denen sie nur von Zeit zu Zeit den Kopf herausstrecken, zu diesem Mittel einer zwangsmäßigen Geselligkeit greifen.

Ich konnte nur mit meinem nicht sozialistischen Franzosen, der den Amiel studierte, als viertem aufwarten. Aber die beiden anderen Mitglieder unseres Klubs, wie ich statt des Wortes Verein vorschlug, brachten noch einige Russen, die für die Lebhaftigkeit der Diskussion insofern sorgten, als die einen auf Plechanow schwuren und Marxisten waren, die andern zu Narodnja Wolja gehörten, also mehr von Attentaten hielten als von Broschüren. Dann kamen noch zwei Polen, von denen einer sich aber gleich empfahl, da er im andern einen Juden erkannte.

Zu der dritten oder vierten Zusammenkunft dieses Internationalen Sozialrevolutionären Klubs, wie wir jung und hoffnungsvoll diese etwas windige Sache nannten, die sich allwöchentlich in einer Kneipe der Route Carouge zu realisieren anstrengte, brachten die Russen einen aus Sibirien eingetroffenen Genossen mit und der gebliebene jüdische Pole einen schon etwas älteren vergilbten und schief blickenden Herrn, der beinahe so etwas wie Gesellschaftstoilette gemacht hatte, denn er trug als seltsam kontrastierenden Gegenpart zu seinem harten, verschlagenen Bauernschädel weiße Gamaschen. Nur um dieser beiden Besuche willen erwähne ich unsern Klub, der, wie der mitgebrachte Genosse aus Sibirien sagte, aus Teetrinken und Schwätzen bestünde. Sein hängender Tatarenschnurrbart feuchtete ja auch im Tee, aber das wenige, was die festen Lippen des ganz in Sachlichkeit getunkten Mannes sprachen, gab ihm schon einiges Recht, unser Klubleben hinsichtlich unseres Redens über Taktik und derlei nicht ganz auf der Höhe politischer Debatten zu finden.

Was der sibirische Genosse mit seinem blassen und ein bißchen verschlafen aussehenden Gesicht uns sagte, erinnerte mich in Art und Inhalt an Viktor Adlers sachliche und gutmütige Ironie, die gar nicht aus der Lust kam, auf unsere Kosten witzig zu sein. Er sprach uns in eine völlige Nichtvorhandenheit, wenn wir nicht vollkommen im Begriffe des Proletariates aufgingen als dessen geringfügigstes und gleichgültigstes Detail. Weiter gefragt wurde dieser Begriff Proletariat Partei und rutschte bei völlig rationalen Zielen ins Mystische eines geheimnisvollen Wesens, das aus sich heraus sich seine Organe als seine Diener schafft.

Dieser Mann, der uns auf einer kurzen Zwischenstation einer Reise Berlin–Lyon die marxistischen Leviten las, war der Genosse Uljanow, der sich dann Lenin nannte. Und der ihm am höflichsten zuhörte, weil er mit der Höflichkeit am besten sein Nichtverstehen zu verbergen glaubte, der andere Gast an diesem Abend, der in den weißen Gamaschen, das war ein serbischer Verschwörer gegen die regierenden Obrenowitsche gewesen, der auf den Thron prätendierende Familienälteste des Hauses Karageorgewitsch, zwanzig Jahre später dann König der Serben. Er lebte mit seiner Sippe seit Jahren in Genf, von zaristischem Gelde, das durch die vorsichtigen Hände jenes Juden aus Polen ging, der als Sekretär auch seinerseits ganz hübsch davon lebte, en attendant.

24.

Lenin

Der verschlagene serbische Bauernschädel, der in den Genfer Cafés abwartete, wer in den balkanischen Affären die robustere Hand haben würde, Österreich oder Rußland, und dem im diplomatischen Kampfe der Großmächte ein kleines Terrain gestattet war, auf dem er mit den landesüblichen drastischen Mitteln des Umbringens seinen großbäuerlichen Ambitionen genügen konnte – dieser Herr Karageorgewitsch, der bald als König Peter in die Geschichte seines Landes trat, weil der eine Spieler mit seinem Königsbauer die Partie gewonnen hatte, besaß gewiß nicht mehr den ideologischen Glanz von ehemals, in dem des Königs kleine private Person unsichtbar blieb. Daß er der König seines Landes werden müsse, das ließ sich dieser Peter nicht von seinen russischen Freunden erst einreden, und er verzichtete auch sicher gänzlich auf jede legitimistische Theorie, die seiner ihn beherrschenden Leidenschaft nach Grundbesitz das Recht gab. Denn diese war stark und ausschließlich genug da, als daß sie solche Legitimierung brauchte. Mit dem starken Freund für die Kompetenzen der großen Politik besorgte er seine kleine mit den alten Mitteln eines Sippenhäuptlings gegen die herrschende andere Sippe, gut mittelalterlich.

Wie seiner Leidenschaft unsicher erscheint dagegen ein Parteichef, der sich darauf beruft, daß, was er will und tut, auf einem erkannten »Sinn der Entwicklung« beruhe und im notwendigen Ablauf eines historischen Gesetzes stehe, das triumphieren müsse gegen alle Widersacher, die nichts als ephemer sein könnten, denn der Triumph sei nicht die Folge einer persönlichen Anstrengung, sondern historisches Gesetz, das sich durchsetze. Die Alten arrogierten für das, was sie wollten, das Schicksal: die Modernen, wissenschaftlich gedrillt, formulieren das Schicksal als auf Beobachtung gegründetes wissenschaftliches Gesetz. Diese scheinbare Entpersönlichung der politischen Leidenschaft hat deren kontagiöse Kraft außerordentlich gesteigert: nie zuvor in der Geschichte waren solche Massen davon ergriffen; nie zuvor spielte die Masse eine solche Rolle im Kalkül des politischen Chefs. Als der Mensch der Masse in die Historie trat, beschrieb ihn Stendhal als den, der nicht umgebracht werden und einen warmen Winterrock haben will. Er geht in den Krieg, um sich gegen einen Feind zu verteidigen, der ihn umbringen und ihm seinen Winterrock nehmen will. Es ist eine Sache der politischen Geschicklichkeit, ihm diese Absichten seines Nachbarn einzureden, der damit der Feind wird. In einem Notizbuch, das ich zeitweilig führte, finde ich unter dem 27. Oktober des Jahres 1901 die folgende Eintragung: »Bei meinem Schwager zur Begrüßung. (Er war zusammen mit dem Russen, der sich als Journalist Parvus nannte, fünf Monate in den Hungerprovinzen Rußlands gereist und hat darüber in einem Buch »Das hungernde Rußland« berichtet.) Bebel war noch da, müde und abgespannt aus Zürich vom Besuch seiner kranken Tochter eingetroffen; er ging bald. Fritz Adler, Dozent der Physik in Zürich, samt seiner Frau. Adolf

Müller von der ›Münchner Post‹. Und ein Russe, immer als Meier angesprochen, unter welchem Namen er in Schwabing lebt und in der Druckerei der Post ein russisches Blatt Iskra drucken läßt. Mit dem Sack russischer Lettern immer unterwegs. Ob wir uns nicht schon einmal in Genf gesehen hätten, fragt er mich, deutet Ort und Umstände an. Uljanows gutes Gedächtnis. Er hat inzwischen alle Haare verloren. Nicht seine Verehrung Plechanows. Denn er nahm es mir noch übel, daß ich eine sozusagen philosophische kleine Schrift von P. in Avenarius' »Vierteljahrschrift für wissenschaftliche Philosophie« sehr wegwerfend besprochen hätte, vor zehn Jahren, als Student. Ich sagte, ich würde heute wohl das gleiche, nur besser sagen. Ob ich denn immer noch »Machist« sei, fragt U. Ich darauf, daß ich nicht recht wüßte, was das sei und was es mit Marx oder Plechanow zu tun hätte. Adler kommt nervös ins Sprechen. Russische Debatte, wie ich sie aus der Schweizer Studentenzeit her kenne. Mit Leidenschaft wird alles, was man im Wesen philosophisch denkt, auf den Nenner Marx gebracht. Am Prüfstein der materialistischen Geschichtstheorie gerieben... Aber es stünde fatal um die Befreiung der Arbeiterklasse, wenn sie von der Richtigkeit oder Unrichtigkeit einer Theorie abhinge. Diese russischen Marxisten sprechen von der russischen Arbeiterpartei. A. Müller bemerkt, es gäbe in ihr mehr Führer als Geführte. Also Uhren ohne regulierende Gewichte. Herrlich für den Revolutionär, den Verschwörer! Er kann Diktator sein. Braucht keine Ausschüsse, Sitzungen, Kommissionen. Meier ist unwiderlegbar. Was er sagt, ist weder falsch noch richtig. Ein solcher Mensch braucht nur eine Stunde. Keine Theorie. Egal ob Marxismus oder Machismus, von dem U. spricht als wie von einer sozialistischen Parteisekte, die es in Rußland gäbe und die eine zu bekämpfende Gefahr sei. Adler, immer nervös an seinem rötlichen Spitzbart ziehend, blieb nichts als Physiker in der Debatte und verteidigte Mach. Ich ging um zwei.«

Im dreizehnten Bande der seit 1927 erscheinenden vielbändigen Schriften Lenins erklärte sich das gute Gedächtnis und der Gegenstand jener Debatten: der Titel dieses Bandes lautet »Materialismus und Empiriokritizismus«, und des sechsten Kapitels erster Abschnitt heißt »Der Streifzug des deutschen Empiriokritizisten in das Gebiet der Sozialwissenschaften«. Darin polemisiert Lenin gegen eine kleine Arbeit, die ich als Student im Jahre 1895 bei Avenarius veröffentlichte, einen Versuch zu zeigen, daß alle ökonomischen Theorien unkritisch seien, weil sie von einem gesicherten Anfangswert politischen oder weltanschaulichen oder religiösen Charakters ausgehend immer nur eine Theorie finden können, die diesen Anfangswert als gefundenen kritischen Endwert behauptet.

25.

Der politische Führer

Die äußeren Umstände waren glücklicherweise nicht mehr derart, daß sich bei den paar zufälligen Gelegenheiten eines Zusammenseins mit Lenin solche unwissenschaftliche Debatten über Wissenschaftliches eingestellt hätten. Man aß ein mit den Fingern zerteiltes Brathuhn auf der Oktoberwiese und trank dazu das Bier aus dem Kruge. Damit vertrugen sich Falten auf der Stirne nicht. Eher schon allerlei Spaß, der gar nicht bloß so nachgiebig klang, sondern diesem Russen eigentümlich war. Er konnte mit einem nicht geringen Charme von einer groben Humorigkeit sein, wie man das oft bei Menschen trifft, die sowohl ihrer Person wie ihrer Sache ganz sicher sind. Hier richtiger gesagt: der Zweckdienlichkeit ihrer Person für eine von ihnen vertretene und zu schaffende und im wesentlichen gar nicht mehr zu diskutierende Sache.

Ich erinnere mich nur eines einzigen Falles, daß bei diesem mehr zufälligen als absichtlichen Treffen das Gespräch auf Politisches kam. Ein sozialdemokratischer Entwicklungsbeamter, der an den Tisch gekommen war, an dem wir zu sechs oder sieben saßen, auf einem Keller, wie man in München sagt, dürfte mit einer etwas patronisierenden Bemerkung zu Lenin hin der Anlaß gewesen sein; er sagte so was wie »russische Filiale der deutschen Partei«. Und jemand am Tische produzierte den Gemeinplatz, daß dem Proletariat jenes Landes die Vergesellschaftung der Arbeitsmittel zufalle, in dem die Akkumulation des Kapitals am weitesten gediehen sei. An dieser Stelle war es, wo der russische Marxist römisch in den klaffenden Erdspalt sprang und aus dem mythischen Entwicklungsgesetz heraus in eine aus nichts als bestimmten zufälligen Konstellationen sich ergebende Möglichkeit der Diktatur des Proletariates. Das Bewußtsein seiner historischen Aufgabe, daß ihm einmal das Erbe zufallen müsse, sei bestenfalls ein Vorfall, der aber nicht überschätzt werden soll. Von der Stärke der menschlichen Intelligenz sei nicht viel zu halten. Und als das gesagt war, sprach Uljanow mit seinem andern Tischnachbarn vom Bier. Und der Beamte sagte auch nichts mehr zum Gegenstand, wie immer solche Politiker, die, haben sie ihre Vorurteile befriedigt, glauben, ihre Pflicht erfüllt zu haben.

Lenins Vorurteil, das Stimulans seiner Aktivität, war zum geringsten die bis zum Glauben getriebene Erkenntnis eines wirtschaftlichen Gesetzes von der notwendigen Umwandlung der privaten in eine gemeine Wirtschaft und der sich daraus ergebenden außerordentlichen kulturellen Folgen. Daß er so viel davon erwartete, entsprach genau der verantwortungsvollen Ablehnung, die er für den heutigen bürgerlichen Kulturstand empfand; aus dem ihm nichts wertig erschien bis auf dieses eine: die Maschine. Daß er lieber den alten Puschkin las als Gedichte des neuen Proletkults, war ihm, der, ohne damit etwas Kritisches äußern zu wollen, sagte, er verstünde diese Gedichte nicht, ein Beweis der Inauguration eines absolut Neuen durch den Kommunismus, den er mit den Mitteln der alten Welt wohl herbeizuführen geholfen, aber den als neue Welt naiv zu erleben ihm nicht möglich sei, denn er sei nur der Geburtshelfer des Kindes, nicht das Kind.

Des Atheisten Lenin Vorurteil war der ganz christliche Glaube an ein unter den Menschen zu verwirklichendes Heil. Dieses seines Übermorgens gläubig sicher, beschäftigten ihn eben als den Politiker nur die rationalen Mittel des Heute, das Morgen herbeizuführen. Da er die Wahrheit zu haben glaubte, diese Reliquie des Lebens, bildete er eine Kirche: die Partei. Er hielt, wie immer die Dogmatiker, nichts von den Menschen und den Humanitäten und war doch besessen von einer Idee der Menschheit und der Humanitas. Er hielt durchaus pessimistisch so wenig von den Menschen, daß er sich nur vom Zwange der Diktatur das definitive Glück versprach. Zwanzigtausend, hunderttausend jetzt Gehenkte und Erschossene – was bedeuten sie gegenüber den Abermillionen, die sich danach aus den künftigen mütterlichen Schößen in ein Leben lösen würden, welches das befreite und freie Leben wäre, das dem Menschen seine Würde lasse!

Meint es das Schicksal gut mit dem politischen Führer, so läßt es ihn im Augenblick seines größten Erfolges sterben, vor der vermeinten Vollendung des nie zu Vollendenden und vor dem immer vergeblichen Versuch der Einlösung des letzten Versprechens. Allem Bezweifelnden entrückt durch solchen Tod, ist er Heros nun und Gott. Meint es aber das Geschick schlecht mit ihm in einer ironischen Laune, dann läßt es ihn diesen gloriosen Augenblick überleben, damit er zum »Verräter« werde. Nichts kann er gegen die Beschuldigung des Verrates anrufen als sich selber, und das ist immer nur Zeugenschaft für das, was war, aber nicht für das, was ist. Das politische Gericht ist ohne Appellation. Der wegen seiner Vorliebe für Puschkin vertriebene Lenin ist denkbar. Denn »es bleibt unter Freunden der nämliche Geist nicht wahr«, heißt die sophokleische Zeile.

26.

Die Studentenrevolte –
Der Kongreß – Die Achse des Lebens

Ich setze die unterbrochene Erzählung fort, um von dem ersten Auftreten einer radikalen Opposition innerhalb der deutschen Sozialdemokratie zu berichten. Die offizielle Partei hatte für jene erste Opposition sofort das ihr passende Wort gefunden, indem sie diese eine Studenten- und Literatenrevolte nannte, des Erfolges solcher Charakteristik bei allen »Werktätigen« sicher. Die deutsche Partei war im Laufe der Zeit etwas alt geworden, wenig wählerisch auf die Qualität der Wahlstimmen zum Reichstag bedacht, sondern nur auf die Menge. Zürich gab als erster internationaler Kongreßort gute, weil leicht erreichbare Gelegenheit einer imponierenden deutschen Delegation, welche zugleich die Studentenrevolte abtun sollte, die in Zürich ihr unangenehmstes Mundstück besaß. Man hatte schon einmal Karl Kautsky dagegen aufgeboten. Und danach kam Bebel selber, um Ordnung zu schaffen, aber die unmittelbare faszinierende Wirkung seiner Person verschwand mit ihr und gab der Mittelbarkeit seiner Ausführungen keine nachwirkende Dauer. Über den Ausgang unserer Angelegenheit auf dem Kongreß gab es aber keinen Zweifel. Hans Müller, das Hirn der Opposition, hatte jedes Mandat abgelehnt. Es hätte gar nicht des aus London nach Zürich aufgebotenen alten Friedrich Engels bedurft und der gefühlsmäßigen Wirkung dieses lebenden Stückes Marxischer Tradition in dem alten Herrn, der auf das Podium gebracht vom jubelnden Zuruf wie aus dem Schlummer geweckt dreinsah, aber doch weinfroh blinkende Äuglein dazu machte. Das Weiß von Haar und Bart stand ihm etwas strupplig um die stark überbrauten Augen, die rosigen Bäckchen und die lustige Stupsnase. Er sah aus wie ein etwas zerzauster heiliger Nikolaus vom Weihnachtsmarkt, der schon ein paar Feiertage Dienst bei den Kindern getan hat.

Die Schlacht von Zürich war gegen uns entschieden, bevor sie angefangen hatte. Die Deutschen, die Amerikaner, die Österreicher, die Engländer bildeten gegen uns die geschlossenen Cadres, zu denen noch alle die kleinen Nationen der Bulgaren, Serben, Rumänen, Griechen, Polen usw. kamen, die ihren Sozialismus in Berlin studiert hatten und längst wußten, was sie zu tun hatten. Bei den Italienern war es Turati, bei den Franzosen der alte Vaillant, der ein schönes Pfälzisch als Deutsch sprach – er war 1870 kriegsgefangen gewesen –, die für Majoritäten sorgten. Dagegen konnten uns die Stimmen der Spanier, der Südamerikaner, Portugiesen nichts nützen, dieser »Anarchisten«, als welche sie den orthodoxen Marxisten von je galten; sie waren ja immer auf allen Kongressen die Ruhestörer des ersten Tages.

Die Prüfungskommission hatte unsere elf oppositionellen deutschen Mandate beanstandet, und es begann die Kongreßtagung mit der Debatte darüber, ob unsere Mandate gültig oder ungültig wären. Der vorangeschickte Berliner, den man Elefantenwilhelm nannte, tat Mächtiges in der Stimme, Ohnmächtiges in der Sache. Es kostete nicht viel, ihn lächerlich zu machen, was der Schwede Branting, der schon immer Minister war, mit dem Witz besorgte, die Opposition wolle ein gekochtes Gefrorenes. Die Deutschen rechneten schweigend damit, daß dem Kongreß bald die Geduld ausgehen würde, sich mit uns elfen zu befassen. Die Hoffnung der drei Berliner Oppositionellen hinwieder war, den Kongreß durch Spektakel zu sprengen. Vielleicht hatten sie nicht genug Vertrauen zu ihren Argumenten und wollten lieber das Temperament wirken lassen, mit dem Organ und der Muskelkraft der Arme. Jener Elefantenwilhelm zog sich schon des öfteren den Rock aus. Sein Stiernacken war nicht mit dem Wort zu biegen, daß elf Mann Opposition plus zwölf Mann verschiedener Spanier usw. es nicht fertigbringen würden, etliche dreihundert Sozialdemokraten aus dem Saal hinauszuwerfen. Der starke Mann ließ es wenigstens für sich darauf ankommen und lag zwei Minuten später auf dem Platze vor der Tonhalle. Und eine Stunde später wurde der Antrag auf Schluß der Debatte angenommen – sie dauerte schon in den zweiten Tag hinein, und den Angelsachsen riß die Geduld unter Nachhilfe der Deutschen. Der uns wohlwollende französische Tagespräsident Argyriadès, neben dem ich als letzter gemeldeter Redner schon stand, um, was ich zwei Tage lang auf deutsch und französisch vorbereitet hatte, endlich zu sprechen, versuchte es, mich noch zum Wort kommen zu lassen. Aber schon sprangen hundert gebrüllte Proteste in die Höhe, und ich legte mein Mandat, das mir zwei Metallarbeiter aus Magdeburg-Buckau überbracht hatten, wieder in deren Hände zurück.

Die Ausgeschlossenen taten sich mit den Anarchisten und einigen Kongreßbummlern als ein internationaler Parteitag zusammen, auf Veranlassung Gustav Landauers, der seit einigen Monaten in Zürich lebte. Er hat es mir, wie ich zu hören bekam, damals und Jahre später noch übelgenommen, daß ich an diesem Kongreß so verschiedenartiger Dissidenten nicht teilnahm. Er nannte mich, wie man das immer tut, einen Verräter. Ich hatte schon meine sozusagen prinzipiellen Gründe, nicht an diesen deklamatorischen Übungen teilzunehmen, die teils anarch-, teils sozialistisch und zusammen überaus unverbindlich abliefen. Aber es waren damals mehr persönliche Antipathien gegen Landauer, die mein Fernbleiben entschieden. Er hatte gerade einen kleinen Roman »Der Todesprediger« veröffentlicht, der mir weder als Roman noch als Tendenz gefiel. Dazu war ich im Blute zu katholisch, in den Sinnen zu formgebunden und konnte nicht als ein »Todesprediger« das Fleisch des Lebens abdorren lassen an meiner dürren Tugend. Zum Sittlichen im liberalen Sinne hatte ich keinerlei Verhältnis. Daraus war ein Wert nicht abzuleiten, denn zu diesem liberalen Gut und Böse gab es kein Wertgefühl. Das waren ambiante Begriffe, immer im müßigen Streit, mit Opfern zur Rechten und Linken: Verzweiflung da, Überhebung dort. Ich fühlte weder Verzweiflung darüber, daß »die Sache des Proletariates verraten« sei, noch blähte sich Überhebung, daß der Tag kommen würde, an dem usw. Deckte man alles ab, so fand man als unsern Sozialismus eine enthusiastische Hingabe des Herzens und des Geistes an eine fast asketisch einfache Existenz. Nichts gab es, auf das wir als ererbten Besitz mit Bedauern verzichtet, das wir aus Generosität nicht sofort aufgegeben hätten. Wir jungen Enthusiasten eines anders zu ordnenden Lebens hatten damals in Zürich nichts als eine Idee, die wir gegen eine internationale Assemblée von Parteibeamten, Gewerkschaftssekretären, Parlamentariern und Redakteuren verteidigen zu müssen glaubten. Wir wandten den orthodoxen Marxismus auf die Partei, die ihn zu vertreten behauptete, als Untersuchungsmethode an und konstatierten – so höchst scharfsinnig Hans Müller, unser bester Kopf – einen Klassenkampf innerhalb der Sozialdemokratie, in dem die kleinbürgerliche Klasse gegen die von Marx als die führende designierte Klasse immer mehr Terrain gewinne. Der Wunsch nach der möglichst großen Zahl Wähler machte aus einer revolutionären Arbeiterpartei eine auf ihre Erhaltung bedachte Partei der Spießbürger.

Zehn Jahre nach jenem Kongreß, als Bebel die Sorgen um die von uns vorhergesagten Revisionisten drückten, sagte er mir in München, daß wir ja seinerzeit so unrecht nicht gehabt hätten mit unserer Opposition, nur seien wir zu frech gewesen und hätten keine Disziplin gehalten. Wogegen ich die Ansicht aussprach, daß wir auch nicht recht gehabt hätten, denn die Sozialdemokratie befände sich als eine demokratisch-liberalistische Partei mit dem Revisionismus auf ihrem ganz richtigen Wege, und der Kommunismus sei, wenn nicht eine marxistische Sache, dessen ich nicht ganz sicher, so doch bestimmt keine sozialdemokratische, denn diese Partei lebe in ihrer Politik vom Nächstbesten, nicht vom erkannten Besten einer bestimmten Lebensform, die nicht aus sich selber werde wie ein Organisches, sondern sich inauguriere – mit Gewalt, wenn es die Umstände so verlangen. Bebel sprach vom gesunden Menschenverstand und begnügte sich, was die Revolution betraf, seine schönen, lebhaft brennenden stahlblauen Augen sprechen zu lassen. Ich holte mir vom Bücherbrett einen Band Hegel und fand die angestrichene Stelle, las sie ihm vor: »Die Spekulation versteht den gesunden Menschenverstand wohl, daher der gesunde Menschenverstand nicht das Tun der Spekulation.«

Der prächtige Mensch war müde. Er holte sich seine Hoffnung aus der Vergangenheit in den Gefängnissen. Daß er so für eine Idee hätte leiden müssen und viele mit ihm, war ihm Garantie für die Bedeutung dieser Idee nicht nur, sondern auch für deren Richtigkeit und endlichen Triumph. Er blätterte in dem Bande, fand eine andere Stelle angestrichen und las sie laut: »Die Individuen verschwinden vor dem allgemeinen Substanziellen, und dieses bildet sich seine Individuen selbst, die es zu seinem Zweck nötig hat.«

Ich entsinne mich nicht im geringsten mehr meiner ungehaltenen Rede. Sehr lebhaft aber in der Erinnerung ist mir der gefühlte Zustand einer sich steigernden Unbeteiligtheit geblieben, vielleicht als Distanz aus dem Übermaß des gegen einen abgeschossenen Pathos entstanden, mit dem die Gegner nicht nur, was sie dachten, vortrugen, sondern aus dem sie holten, was sie dachten oder zu denken glaubten.

Auf einem kulminierenden Punkte muß wohl die Konstitution es wie ein nunmehr akut gewordenes Gebot befohlen haben, sich im Unorganischen nicht länger aufzuhalten, als welches sich diese meine soidisant politische Tätigkeit herausgestellt hatte. Was sicher schon ein vorbereiteter Prozeß war, trat nun wie ein bislang unterirdischer Fluß ans Licht, wurde in seinem raschen Laufe sichtbar bis zur Übersichtlichkeit und schoß wieder ins Dunkle. Aber ich ihm nicht nach. So nicht vorhanden war die Verlockung dazu, daß ich dem Verschwindenden nicht einmal den Rücken kehren mußte, sondern ihm nachschaute und ohne Erstaunen. Als ich in meinem Raum des Lebens wieder zurücktrat, schien er mir etwas enger geworden nach den Seiten hin, aber deutlich sah ich: er war um einiges höher geworden. Es hätte mir damals schon ahnen können, daß die Achse des Lebens nicht quer, sondern durch das Oben und Unten des Menschen gelegt ist, mit dem Gott und dem Teufel an beiden Polen und jeder sie nach der andern Richtung drehend, was eben die Tatsache des Lebens bedeutet.

27.

Das Examen – Galiani – Das ancien régime

Um sich ein sauberes Verhältnis zu dem wissenschaftlichen Weltbilde zu bewahren und dieses in leidlicher Konkurrenz zu jedem andern Weltbilde sich behaupten zu lassen, muß die Wissenschaft oder vielmehr deren Gegenstand einer sein, der sein exaktes wissenschaftliches Traitement in sich trägt. Zu diesen Gegenständen gehört die politische Ökonomie bestimmt nicht. Sie zu betreiben nach allen vorhandenen Methoden und einer von mir noch dazuerfundenen Weise war ich aus einer politischen Einstellung gekommen, die es mir als einem Nicht-Proletarier zur Pflicht machte, diesen Dingen der Wirtschaft theoretisch an die Nieren zu greifen. Als nun der politische Anlaß, gerade diese Studien zu betreiben, seine unmittelbare Heftigkeit verlor, fehlte mit dem zureichenden Grunde, den Geist gerade damit zu beschäftigen, auch jeder andere und vor allem auch jeder wissenschaftliche Anlaß, da trotz der reizenden eigenen Theorie einer reinen Wirtschaft das bessere Gewissen einem sagte, daß in diesen ökonomischen Angelegenheiten so etwas wie eine Wissenschaftlichkeit im strengen, d. h. im noblen Sinne nicht zu etablieren, also spirituell nichts zu gewinnen sei. Jene aufgestellte eigene Theorie erkannte man als ein viel zu weitmaschiges Netz, als daß man darin mehr als die allergröbsten ökonomischen Fakta hätte einfangen können. Das wäre mit einer psychologischen Theorie ebensogut gelungen. Sogar mit einer juristischen.

Zum Vorteil für das begreifliche Bedürfnis von Eltern, die ihren Sohn Studierens und Waswerdens halber in der Fremde wissen und darüber gern ein amtliches Pergament erfolgreichen Tuns in Händen halten wollen, trat dieses Desinteressement erst nach dem Doktorexamen ein und dieses selber mit ganz negativem Effekt auf die interessierten Eltern, insofern der Vater, wie sich nun herausstellte, immer der Meinung gewesen war, der Sohn studiere Ökonomie und sei nun ein gelernter Landwirt, dem ein Landgut zu kaufen wäre. Und die besser unterrichtete Mutter die Meinung gewann, hier sei Geld und Zeit auf eine durchaus brotlose Kunst vertan, da von der mühseligen und langwierigen Karriere eines Dozenten gar nichts zu halten sei. Worin ihr der Sohn, zwar aus andern Gründen, durchaus zustimmte. Wenn er auch die nötigen paar ersten Schritte zu dieser Karriere tat, um aber gleich wie die Andernacher Springer ein paar Schritte mehr zurück zu tun.

Das Examen in Zürich zu machen bedeutete größere Schwierigkeiten, als die Sache verdiente, die alles in allem dem Kandidaten nicht mehr bedeutete als einen Titel auf der Visitenkarte. Um den hier nur möglichen Doktor juris publici zu erwerben, dazu hatte man sich staats- und völkerrechtlich etwas zu wenig umgetan, weil Philosophie, Physiologie und Mathematik mehr anzogen. Und Julius Wolf, den Professor im ökonomischen Hauptfache, hatte man – der Kandidat, Hans Müller und Rapaport, der Russe, der Jahre später die schöne Biographie seines Freundes Jaurès schrieb – in einem Seminar, das Marx-Exegese trieb, allzusehr mit recht ungebührlichen Verhöhnungen seiner geringen Kenntnisse des Marx geärgert, als daß man von diesem Examinator besonderes Wohlwollen erwarten konnte. Hans Müller war aus ähnlichen Überlegungen nach Bern gegangen, um hier zu doktorieren, und ich folgte ihm im andern Semester nach. Hier konnte man zum Doktor phil. promovieren mit einem Hauptfach und zwei Nebenfächern. Man entschied sich in letzteren für Geschichte und Literaturgeschichte als einem Schulkinderspiel und brauchte, was das ökonomische Hauptfach betraf, eine theoretische Gegensätzlichkeit mit dem Professor August Oncken, dem Bruder des Historikers, nicht zu fürchten, denn Oncken war ein auf die Physiokraten spezialisierter Literarhistoriker der Ökonomie, ein überaus liebenswürdiger Herr. Ein guter Zufall hatte mich bei Nietzsche auf den Namen Galiani stoßen lassen, den mehr als witzigen Verfasser der »Dialoge über den Getreidehandel«. Daß sie antiphysiokratisch waren, hinderte den liberalen Professor nicht, sie als den Gegenstand meiner Doktorarbeit willkommen zu heißen. Als welcher er auch mir aus dem Grunde war, daß dieser neapolitanische Abbé und Pariser Gesandtschaftssekretär mehr und anderes noch bedeutete als einen ökonomischen Autor. Die beiden examinierenden Historiker in alter und neuer Geschichte waren nur so Randfiguren am Tableau dieses Doktorsemesters. Der eine von ihnen war über achtzig Jahre alt, und daß er einmal, etwas jünger, so erzählte man, bei Nacht und Nebel und nur sehr dürftig bekleidet seiner ihm durchgegangenen Frau durch die Lauben Berns nachgelaufen war, gab diesem verhutzelten Greislein eine skurrile Komik über seine wissenschaftliche und examinatorische hinaus, die schon nicht gering war. Dafür fügte sich der Literaturhistoriker gut ins Bild, dessen Ton das achtzehnte Jahrhundert stellte; er hieß Hirzel und blieb durchaus bei den Traditionen seines noblen Namens, die ihn bei Wieland so sehr festhielten, daß er sich nur ungern zu Jean Paul hin bewegen ließ, von dem er mir bei meinem ersten und einzigen Besuche eine schöne Handschrift wies. Es erübrigt sich zu sagen, daß auch dieser Hirzel schon ein betagter Herr war, wie, so kam mir vor, alle Professoren wenigstens der artes liberales an dieser stillen kleinen und nichts weiter bedeutenden Universität. Sie machten, bis auf den lebhaften und ambitiösen Ludwig Stein, alle den Eindruck, als wären sie hier in dauernde Pension gegangen. So was wie eine Berühmtheit gab es nur an der medizinischen Fakultät, den Chirurgen, der als erster den Kropf operierte und, als ich da studierte, das Jubiläum seines tausendsten herausgeschnittenen Kropfes feierte.

Wer sich die Mühe macht, jene zuerst in Bern gedruckte Schrift des Doktoranden über Galiani anzusehn, der wird, neben der Übersetzung jener Dialoge, wie es sich gehört, auch ein langes und breites über die französische Getreidehandelspolitik jener Zeit finden. Auch über die Physiokraten natürlich. Fleißig zusammengebracht und aufgeschrieben, nicht ganz, wahrscheinlich aber immer noch genug – ich hab es nie mehr wieder gelesen – in dem Tone eines gelehrten Mannes, wie solchen dieser unsinnige Brauch der Dissertationen von einem Jüngling verlangt, der sich dann also, um die gewünschte Figur zu machen, die Allongeperücke jener pedantischen Schreiberzeit aufstülpt, in der dieser Brauch aufkam. Aber den besseren und größeren Platz in diesem Buche nimmt der Versuch ein, die Person Galianis zu umreißen und ihren zeitlichen Hintergrund anzutuschen. Hier lagen, so unzulänglich er ihnen auch noch mit seiner Arbeit genügen konnte, die stärkeren Interessen dieses jungen Kandidaten, der sich ja schon in einer frühern das Mittelalter betreffenden Arbeit historisch bemüht hatte mit aller Unterschlagung der Personen, Gottes und des Teufels, um nichts als die Materia inana sich auswirken zu lassen; und dies gewiß nicht nur einer Methode folgend, sondern einem Alter verbunden, das gar nicht imstande sein kann, Figuren wie etwa Bernhard von Clairvaux oder Roger Bacon wahrzunehmen und den Lebenssinn und die hierarchisch-geistige Ordnung dieses Zeitalters zu begreifen. Selbst wenn einem solcher Gedanke gekommen wäre, nach einem

Platze in dieser Ordnung zu suchen, man hätte keinen gefunden.

Ganz anders zugänglich bot sich diese Kultur des ancien régime dem sich mit ihm beschäftigenden Geiste. Hatte man von der mittleren Zeit, welcher der Begriff der Zivilisation vollkommen fehlte, den Eindruck eines ungeheuerlich gegen die umwohnenden Heiden ummauerten christlichen Europas, so glich das achtzehnte Jahrhundert einem heiter-einladenden Bauwerk, in das tausend Türen hinaus- und hineinführten. Wo immer man eintrat, überraschte ein wohlüberlegter, alle Räume höchst reiz- und sinnvoll miteinander verbindender Plan. Der Prozeß der europäischen Desillusionierung, von der Reformation begonnen, fand in der Synthese dieses Jahrhunderts so etwas wie einen Ruhepunkt in dem lebbaren Kompromiß zwischen Religion und Philosophie, zwischen natürlichen Instinkten und christlicher Ethik. Der von Rousseau behauptete Ego trug noch Schminke, die er erst mit Stendhal ablegte. Oder bei diesem Galiani, der, ganz ein Kind dieser Zeit, was die Formen des Lebens betraf, diese Zeit so scharfsichtig durchschaute wie Nietzsche die seine, deren Kind er war. Die Verwandtschaft zwischen den beiden ist in diesem Punkte keine geringen Grades.

Ich kam zu diesem kleinen Exkurs über das ancien régime, weil ich in der Folge der Zeit mich noch öfter mit diesem Jahrhundert beschäftigte als dem zeitlich nahen Beispiel einer seitdem nicht mehr wieder erreichten synthetischen Form geistigen und geselligen Lebens. Nicht aus Prädilektion für diese Zeit, wie eine Legende sich verbreitete, die hier mit etwas operettenhaften Vorstellungen von dieser Zeit operiert, rosaroten Rokoko-Fadheiten und Alkoven-Erotismen und Verleihung der Abbéweihe. Dazu hätte der Verfasser des »Faublas« als Führer genügt, und Galiani hätte nicht bemüht zu werden brauchen. Die gute Kenntnis dieser Zeit, die ihre Form aus dem Kompromisse bestritt, erwies ihrem Betrachter nicht nur das Wesen der nie zu beugenden spirituellen und passionellen Elemente, sondern auch ihre radikale Bedeutung. Vielleicht hat er gerade hier gelernt, sich auf dem glatten Parkette mit einem Pferdefuß zu bewegen, so unauffällig wie jederman mit zwei Füßen in Pumps.

28.

Gäste in Zürich – Grenze – Die Blätter

Es wäre eine höchst undankbare Aufgabe, befaßte ich mich in diesem Paragraphen mit Anspruch, Leistung und Mißlingen jenes Wilhelminischen Zeitalters deutscher Literatur, das man das naturalistische nennt, aus dessen Schutthaufen einige freundlich gestützte Fassaden zum schaudernden Erinnern in diese Zeit hinein noch stehengeblieben sind. Nicht anders stehengeblieben wie das Marmorgreuel der Berliner Siegesallee, deren offiziös oppositionelles Pendant der Literatur das war, was diese Freigelassenen eines liberalen Bürgertumes, aus der eindeutigen Bestimmtheit ihrer Bürgerlichkeit ins Grenzenlose aller Beschreibungsmöglichkeiten ausschwärmend, zusammendichteten. Aber daß diese Literatur mit der ihr so sehr verwandten natürlich nicht Georges, wohl aber seines »Kreises«, wie er sich so um 1900 etablierte, für ihre Zeit repräsentativ war, hat diese Zeit selber rasch erkannt. Nach einem ersten kleinen Schrecken schloß sie die verloren geglaubten Söhne an ihre Brust, erkannte sie als Geist ihres Geistes, und ob nun ein versifizierter Galimathias aus dem »Kreise« oder von Hauptmann kam, das machte ihr keinen Unterschied, weil eben kaum einer da war. Welch boshaftparodistischer Witz, daß Natur eine Physiognomie nachformte, die auf einige Distanz aussieht wie jene des bedeutendsten Deutschen! Aber auch welche scherzhafte Tröstung die Natur hier mit einem solchen Spiel gab, damit eine povere Epoche aus ihm später die kindliche Meinung gewinne, ihm sei gewissermaßen jener größte Deutsche wiedererstanden und es besäße nicht nur eine Weimarer Verfassung, sondern auch ein Weimar, um das uns die Welt beneidet.

Um 1896 mußte eine norddeutsche Literaturzentrale in die Luft gegangen sein; eine Menge Sprengstücke flogen nach Zürich. Weibliches war das Ekrasit gewesen, wie sich aus mehr und weniger diskreten Andeutungen herausstellte. Aber es kamen nicht alle aus Friedrichshagen, das bis auf den Grund zerstört sein mußte. Der rundlich-zierliche, zum Lächeln geborene rheinländische Wilhelm Bölsche fand, als er nach Zürich übersiedelte, seinem seelischen Schmerz bald entsprechenden Trost. Er zog in der Landschaft herum und sammelte Käfer in sein Fläschchen, das erst Spiritus, später aber meist Kognak enthielt. Da sammelte er aber auch schon keine Käfer mehr und machte sich hinter die ersten seiner Bücher über Mutter Natur und ihre Kinder, ohne weitere Ansprüche, als neugierige Laien mit ihnen angepaßten Kenntnissen und Verständnissen zu ergötzen. Sein Freund Hauptmann begann damals, was er so in philosophicis denken zu müssen glaubte, aus diesen Bölsche-Büchern zu beziehen. Aber man kann das dem arglosen Willi nicht zum Vorwurf machen, dem wundergläubigsten und naivsten Atheisten, der mir je begegnete. Auf einer Fahrt nach den Vereinigten Staaten, wohin sich eine der beiden Schicksalsfrauen des Dichters begeben hatte, kam Hauptmann über ein paar Tage nach Zürich, wo er bei seinem Freunde Bölsche wohnte. Hauptmann hat sein zehn Jahre währendes unentschiedenes Hin und Her zwischen zwei Frauen vor kurzem den neugierigen Lesern mitgeteilt mit der Ausführlichkeit vieler hundert Seiten, wie das so ein formidabler seelischer Konflikt verlangt. Einfacher löste der ebenfalls in Zürich eintreffende Julius Hart seine Angelegenheit, indem er, die eine Frau in Berlin lassend, sich eine andere gleich mitbrachte, wenn auch in gespannter Angst, die Verlassene würde nachkommen. Es war, wie man sieht, eine aufgeregte Zeit, gegen die auch der ruhig-stattliche Bauch eines Mannes namens Bruno Wille nichts vermochte, der im Kreise dieser norddeutschen Schriftsteller als Entdecker einer Art Naturphilosophie galt, deren lyrische, gefühlvolle Plattitüden sie für Tiefe hielten. Er war so was wie ein freidenkerischer Sonntagsprediger. Der Verfasser der »Jugend« hatte mit seinem zweiten Theaterstück bei den Berlinern Malheur gehabt und sich grollend nach Stein am Rhein zurückgezogen. Aber war ein allwöchentlich pünktlicher Gast in Zürich, immer mit einem Stadtplan ausgerüstet, in dem gewisse Häuser mit einem Kreuz ausgezeichnet waren, wo sie aber eher ein Herz verdient hätten. Halbe war damals ein schlanker, nervös an seinem blonden Bärtchen kauender Mann, der nicht, wie der Erzkritiker dieser Moderne, Herr Hart, gestikulierte und sich mit seiner Zwickerschnur verwickelte und mit seinen Thesen. Er saß schweigend, wie über Plänen brütend. Oder über dem Stadtplan.

Hartleben brauchte als von einem bequemen Konservativismus solchen Plan nicht, denn er hatte sich ein für allemal für ein kleines Haus in der Nähe des Limmatquai entschieden, in dem er verehrungsvoll seines geliebten Maupassant gedenkend durchaus eine Maison Tellier sah. Als durch einen Volksentscheid die Bordelle im Kanton Zürich aufgehoben wurden, verbrachte dieser Otto Erich die letzte Nacht vor Schluß der freundlichen Tore in dieser seiner Maison Tellier und las den verwaisten vier Mädchen, die auf ihren für einen andern Kanton gepackten Koffern saßen und Veltliner mit dem Poeten tranken, Gedichte aus seinem Goethe-Brevier vor. Und Verse von dem jungen Hofmannsthal, die er auswendig kannte.

Freundschaftliche Liebe, auf gemeinsamen Wegen entstanden, hat alles Recht, sich des hingegangenen Freundes mit aller Überschätzung nicht dessen, was er war – denn Liebe kann nie überschätzen –, aber dessen, was er hinterlassen, zu erinnern. Wer ihn nah und liebend gekannt hat und in solchen Gefühlen mit ihm umging, dem weitet sich aus solcher Kenntnis das Fragmentarische zum vollendeten Werk, wird das Skurrile erhaben, das Gestammel zur Tiefe und das nichts als Dilettierende zum schlechthin Genialen. Ich denke an Peter Hille, der wie ein Irrstern auftauchte, verschwand, wiederkam, mit Nachdruck schwieg, um dann wieder »mit Zungen« zu reden, und dem Mackay, dieser Gentleman, dem auch sein Dichten nicht ein Jota davon nahm, dreimal das gewünschte Billett von Zürich nach Berlin mit vergeblichem Reiseeffekt bezahlte, denn in der Nähe des Bahnhofes gingen so Hille wie Geld verloren. Schließlich gab er ihm eine Fahrkarte, und Berlin hatte seinen Hille in einigen Tagen wieder, um ihn langsam, aber sicher verhungern zu lassen. Auch dieses, daß er seine Dichter zuweilen verhungern läßt, muß sich der Liberalismus zuweilen leisten. Auch zum Beweise des liberalen Idealismus, seines immer noch Vorhandenseins, ist das nötig. Man muß nicht vergessen, daß diese Poeten ja, auch wenn sie Bohemiens sind wie Hille, nicht außerhalb, sondern innerhalb dieser Bürgerlichkeit leben, als schlecht bezahlte, weil ungefährliche »Rebellen«. Eine Schwärmerin, was das Verzückt-Stammelnde betrifft ihm Verwandte, Frau Lasker-Schüler, hat diesem ihren Freunde Hille eine kranzumwundene Stele errichtet als einem prophetischen Kind-Manne, das in einem nichts als rationalen Zeitalter lebend alle ratio von sich abtat, um – ja was? Es ist aber nur so, daß Hille wie alle seiner Zeit keinerlei ratio besaß, die er hätte abtun können, also ohne Leiden und Verzicht etwas opferte, das er gar nicht hatte. Ich möchte es nicht gerade auf Hille sagen, aber was in jenen und auch heutigen literarischen Kreisen meist als ihre so überaus wertvolle und trächtige Irrationalität ausgegeben wird, ist, schaut man es an, fast immer nur ein invertierter leerer Rationalismus.

Daß Hartleben, der die doppelten Vornamen für Schriftsteller eingeführt hat, sich eine Anthologie aus Goethes Lyrik gemacht hat, sprach für ihn, wenn auch nicht viel, da es nur seinen Geschmack vorstellte. Mehr schon, daß er begeistert war von den Gedichten Hofmannsthals, die eben bekannt wurden. Es mußte ihm dazu, was ein Gedicht von innen her zum Gedichte macht, deutlich gewesen sein. Wenn ihm auch selber bei einer geringen bildschöpferischen Kraft kein Gedicht gelang. Und eigentlich überhaupt nichts. Ein einmal beliebt gewesenes Stück hat in der Hauptsache ein anderer gemacht, der Conrad hieß. Um etwas zu erzählen, fiel Hartleben nichts ein, und sah er was, sah er es in der Blendung des Rausches, woraus beim Erwachen nichts übrigblieb. So bastelte er, wie Maupassant im geringsten seiner Œuvres, an Anekdoten, die er zu lang und zu breit erzählte und dadurch um ihre Art brachte. Aber er besaß eine amüsante Allüre und keinen üblen Witz. Seine parodistischen Akte auf Ibsen und Hauptmann zeigten einen starken kritischen Verstand, der die Hauptsache trifft. Seine Gesellschaft erschwerte der Umstand, daß er abends sich erhob, jeder eigenen Fortbewegung abgeneigt, in eine Kneipe sich fahren ließ und da sitzen blieb bis zum andern Morgen. Von zwei Uhr ab glaubte er sich Li Tai Po oder Villon und improvisierte rollende, aber völlig unsinnige Verse, die ihm, wie er sagte, »des Blödsinns titaneske Wogen« zutrugen. Er war sehr stolz darauf, Gedichte in antiken Metren zu verfertigen. Eigentlich haben ihn nur der Zufall seiner Lebensweise und sein Witz davon ausgeschlossen, Mitarbeiter der Blätter für die Kunst zu werden, deren erste Folge 1892, deren zweite 1894 erschienen war, – Mitarbeiter nicht neben Hofmannsthal und George natürlich, wohl aber neben Paul Cassirer und vielen andern.

Das kritische Gerede in den Blättern für die Kunst war mehr hochmütig als überzeugend, mehr Gestus als Gedanke. Aber da standen die Gedichte. Und 1894 war Tor und Tod erschienen, 1897 das Jahr der Seele. Dazwischen lag die versunkene Glocke, die zwiefache Katastrophe ihres Verfassers: Aufgabe seines bescheidenen Naturalismus und Schiffbruch eines Versuches zum Gedichte, das schlimmer war als der vor ein paar Jahren noch bekämpfte Epigonismus der P. Heyse und J. Wolff. Daß sich die Halbbildung der Nation dafür entzückte, erstaunte nicht, denn es entsprach dem, was man von ihr hielt und wußte. Aber das war jetzt gleichgültig geworden, nachdem die Dichtung in Dichtern wieder in ihr Amt gesetzt war. Man brauchte sich ein rekurrierendes Beispiel, Mörike etwa, um nicht weiter zurückzugehen, nicht mehr mit der Bemerkung aus der Hand schlagen zu lassen, dieser Dichter sei nicht »von dieser Zeit«, die sich, was das Lyrische betreffe, eben kongenial in A. Holz ausdrücke.

Wie sehr George »von dieser Zeit« war, das wurde ja etwa von der vierten Folge seiner Blätter ab deutlicher, als sich die ersten Weggenossen wie Hofmannsthal von ihm trennten und an deren Stelle die imitierenden Schüler, Epheben, schwärmenden Privatdozenten traten. Was Georges schönste Gedichte ausdrückten, verhaltene Trauer, stille Heiterkeit, Entsagen, das trat von da ab immer mehr zurück zugunsten einer von jenem Kreise errichteten Bühne, inmitten deren Kulissen mit seltsamstem Requisit ein Theater aufgeführt wurde, das von sich behauptete, es sei das aus dem Erscheinen Georges abgeleitete und von ihm inaugurierte Weltbild. Schon die Zeitgrößen, denen hier Nischen geweiht waren, Wagner, Böcklin, Klinger, Lechter, Nietzsche »der Orator« – also nicht der Moralkritiker – machte dieses Weltbild bedenklich, in dem immer zelebriert wurde, man wußte nur über lauter Purpur und Königtum, Schwert, Zepter, Krone, Kelch, nicht wem. Deutlich war nur, daß immer, wenn von Päderastie hätte gesprochen werden sollen, Abrakadabra gesagt wurde. Ein Geist der Zeit, der jedes Sein ins Scheinen jonglierte, war stärker als dieses Lyrikers große Begabung, die sich selber mit einer erworbenen Routine aufhob, sowie mehr Worte über ihn kamen, als seinem innern Wesen entsprachen, die er nur handhaben, aber nicht beleben konnte. So kam es, daß die repräsentativen Prunkfassaden des Wilhelminischen Zeitalters alternieren: die eine liefert die Versunkene Glocke oder »die Natur«, die nächste der Georgekreis oder »der Stil«.

Wenn ein Historiker dieses Kreises über das erste Treffen und Trennen Georges von Hofmannsthal erzählt: »Er schloß sich diesem Jünglinge voll Feuer und Anmut und scheinbar vom gleichen glühenden Triebe wie er beseelt ohne Rückhalt an und glaubte einen Augenblick, seinen höchsten Traum der Freundschaft verwirklicht zu sehen. Doch mußte er bald erfahren . . .: daß es Menschen gäbe, für welche das klarste Wissen um das Höchste und Nötigste nicht auch die Norm ihres Handelns sei, daß man in Wien mit großem Ernste von Dingen sprechen und sie mit ebenso großem Leichtsinn bald darauf verleugnen, verlieren und verraten könne . . . George glaubte jeden Bund des Vertrauens mit ihm schließen zu können. Als Hofmannsthal sich sogleich diesem Glauben versagte, sich ohne verdeutlichende Erklärung geschickt dem liebenden Zugriff des Freundes entzog und dann brüsk die Freundschaft zerriß, bereitete dies George die erste furchtbare Enttäuschung usw.« – Wenn man solches liest, meint man, es handle sich um die Entlarvung eines geschickten Literaturlümpchens. Aber es ist nichts weiter als eben jenes Abrakadabra, das auch unter den günstigeren Umständen des Jahres 1930 hier noch immer dann gesprochen wird, wenn sich eben einer dem liebenden Zugriff entzog oder nicht entzog, welche geringen Fakten das Leben Georges so einförmig gemacht haben müssen und auch so sonderbar in der eigenen Auszeichnung, daß dieser strotzende Aufwand von Requisiten und Kulissen, Gesten und Gestikulationen nötig war, eine bedeutende Welt sich selber vorzutäuschen. Hierophanten und solche, die es werden wollten, fanden sich ja eben unter jenem Zauberwort genug zur Errichtung und zur Einrichtung dieser Welt.

Der Anspruch, rechte Ordnung und würdiges Bild der Welt vom Georgeschen Gedichte her zu geben, trat etwas später erst auf, als Statisten genug da waren, diese umfassende Scheinwelt zu manövrieren. Um diese Zeit der ersten Blätterfolgen begnügte man sich noch damit, dem lyrischen Gedichte, unzweifelhaftem Kristalle in der mit Worten bildenden Kunst, innerhalb des Ästhetischen so absolute Geltung und einzigartigen Wert zu geben, daß neben ihm die erzählende Prosa, als wie sie's auch immer anstelle, so gut wie nichts galt. Darin sah man wie im eben gängigen Theater nichts als gedehnten, auf außerkünstlerische Ziele gerichteten Bericht eines emphemeren fait divers der Zeit. Was in den Blättern Georges nun als paradigmatisch doch wohl künstlerische Prosa gedruckt wurde, war aber nichts als Pseudolyrik, und daß man in dieser Sache nur so tat, als hätte man mit Kompetenz etwas zu sagen, bewies auch das Mißverständnis Jean Pauls, von dem George eine Auswahl, Lichtstrahlen sozusagen, herausgab, also einen Romanschriftsteller und gewiß doch einen Romancier bestimmter, nämlich seiner Zeit als solchen ignorierte um einiger detachierbarer schöner Sätze willen. Neben solchen »Gedichten in Prosa«, wie sie die »Blätter für die Kunst« brachten, waren die Prosastücke, wie sie zu dieser Zeit Altenberg in seinem Buche »Wie ich es sehe« veröffentlichte, große Meisterwerke. George aber waren sie verächtlicher Journalismus wie Dostojewski ein Kriminalschriftsteller, Dickens ein Feuilletonist, Balzac eine Kolportage. Die Geste, mit der dieses alles vom Tische weg in die leere Paperasse gewischt wurde, konnte Äußerung eines persönlichen Geschmackes sein, aber auch mit wirklicher und besserer Begründung, als sie die ›Blätter‹ gaben, war es kein Kunsturteil. Daß die Formen der Erzählung, der Novelle, des Romanes weniger eindeutig bestimmt sind als die des lyrischen Gedichtes, bedeutet nicht schon, daß sie überhaupt keine Form haben, also aus der Sprachform herausfallen. Andrians fadendünne Erzählung »Garten der Erkenntnis« war das einzige Stück erzählender Prosa, das als eine Art Schaubrot aus dem Georgeschen Backofen gezogen wurde. Aber solcher Gebilde gab es vorher und nachher an die Dutzende und kamen von Leuten, die gar nichts, weder mit der Person noch mit der Lehre Georges zu tun hatten. Damit war also kein sonderlicher Staat zu machen, und daß jenes Andrian kleine Erinnerung aus dem Kalksburger Jesuitenstifte Georges Unterschrift wie eine königliche Gegenzeichnung trug, erhöhte den Anspruch, ließ aber den bescheidenden Wert der Arbeit noch geringer erscheinen, als er war. Die negative Georgesche Kritik an dem, was sich als zeitgenössisches Drama vermeinte, war nicht neu und nicht besonders. Daß der nun vielgespielte Hauptmann eher ein idyllischer Erzähler sei, das glaubte man schon seit der dialogisierten Familiengeschichte der »Einsamen Menschen« zu wissen. Und allerlei Geschicklichkeiten, die auf die Rührung der Zuhörer ausgingen, konnten wohl das Glück des Theaters, aber nicht des Mannes machen. Immerhin war da Ibsen gewesen und noch da, aber George schwieg dazu, bedauerte vielleicht, daß da nicht immer in der Gegend von »Kaiser und Galiläer« geblieben worden war. Es stimmte nur mit Georges sittlicher Haltung und seinem Kunsturteil überein, daß er einen eigenen dramatischen Versuch aufgab. Denn was er davon in Stücken veröffentlichte, zeigte ihn so als Lyriker, wie »Das Friedensfest« und »Die Einsamen Menschen« Hauptmann als Erzähler vorstellten. Als Hofmannsthals dramatisches Werk begann, war der schon ein Abtrünniger des »Kreises«. Und ein Verräter, als er für Strauss Texte schrieb.

29.

Wedekind

Länger als mich heute daran irgendein Interesse fesselt, verweilte ich bei diesen Angelegenheiten, weil sie damals, Mitte der neunziger Jahre des vorigen Jahrhunderts, in einem Kreise aufmerksamer und überaus gespannter junger Leute nicht wenig bedeuteten. Und von dieser Zeit, auch von ihr zu erzählen, gehört ja zum Inhalt dieser Schrift. Die Feldsignale der neuen Literatur tönten aus vielen und vielerlei Lagern zusammen, man suchte die führende Stimme und hielt sich dabei an den währenden Orgelpunkt der Tradition als den basso ostinato. Da gab es den kaum mehr genannten Keller und das Wunder seiner stetigen und gehaltenen Prosa. Aber auch den nur aus Übersetzungen gekannten Russen und das Außerordentliche seiner Leistung, psychische Komplexe durchzukonstruieren. Und erinnerte man sich an den eben gelesenen »Lucien Leuwen«, so geriet diese ganze Sache der modernen Literatur ins Wanken, denn dieses Buch war vor fünfzig Jahren geschrieben, aber für heute. Und war auch ein Konflikt wie der des »Frühlingserwachens« einer aller Gassen, und mochte er auch einem in sublime Höhen versteckten Jakobiner reiner Dichtung ordinär verkommen wie die dem Volkslied oft so nahen Schauerballaden, die Frank Wedekind im Zürcher Schwertkeller zur Guitarre sang, wenn es spät in der Nacht wurde – dieses Kinderstück ergriff, ohne mit groben Händen zu fassen, und erinnerte mit der genauen Sparsamkeit seiner Worte an den jung verstorbenen Büchner, der am Zürichberg begraben lag. Aber es war etwas anderes noch, was an Wedekind erregte – er besaß das, was uns an allen andern diesen Literatoren, wie wir sie nun nicht nur ihrem Tun, sondern auch ihrem Leben nach in Zürich kannten, fehlte. Und daß es ihnen fehlte, entschied jetzt und später immer gegen sie.

Ich erinnere mich aus Gesprächen eines einzigen Kunsturteils des damaligen Wedekind. Als man von Hauptmann sprach, meinte er, das eben nichts als Vorhandene, oder was man bei den Naturalisten als Natur vermeine, sei es nicht, das in irgendeiner beiläufigen Annäherung wiedergegeben Kunst werde, sondern nur das Bedeutungsvolle. Die Entscheidung treffe die Person in ihrer augenblicklichen Gesamtheit. Es komme ganz auf die Wesenheiten oder auf den Umfang der Person an. Das war ein Bekenntnis zur Kunst als Bekenntnis. Überraschend inmitten der Kunst als Betrieb, als vorgesetztes Ziel vieler Bücher und Stücke, als Manifestationen einer vorgefaßten Idee von Kunst, die sich außer und über dem Leben telle qu'elle installiert.

Wo einer als Ziel und Sinn seiner Existenz die Formation seines ihm bestimmten Ich erkannt hat – es brauchen und werden diese Tendenzen durchaus nicht immer bewußte sein – da wird alles, was man Werk nennt, immer nur ein Ergebnis, ein Effekt dieser Anstrengung sein, ein ausgezeichneter Effekt, der diese Anstrengung nicht hinter sich läßt. Diese ist vielmehr immer prävalent. Die Leistungen mögen mehr oder minder sein; die spezifischen Inhalte des Ich mögen diskutabel sein; die absolute Wertigkeit der Anstrengung zu diesem Ich ist es nie. Dies wird dem formal-ästhetischen und dem soziologischen Kritiker nicht seine Selbständigkeit nehmen, aber wird ihren Urteilen die nie zu vergessende Bindung an die Humanität geben.

Als Frank, immer sehr korrekt in Schwarz gekleidet und nie einen andern Hut tragend als einen Seidenzylinder, zum erstenmal in Zürich auftauchte, war er unterwegs nach Paris. »Ich will mich da zugrunde richten«, erklärte er, die ihm noch unbekannte Pariser Blague vorwegnehmend. Als er nach drei Monaten zurückkam, war er nur finanziell etwas reduziert, denn er hatte in Paris ein gutes Stück seines väterlichen Erbteiles verbraucht. Um wieder beim Suppen-Maggi als Verfasser von Reklamegedichten einzutreten, dazu war der Mai zu schön und waren die Motive erschöpft. Und der Trick nicht mehr zu wiederholen, sich mit dem Versemacher der Konkurrenz ins Einvernehmen zu setzen und sich eine genau überlegte Schlacht in Versen zu liefern, die den Unternehmern die Unentbehrlichkeit ihrer Dichter demonstrieren sollte. Jetzt trat Frank als Rezitator auf, und unter dem Namen Minehaha sagte er auswendig »Die Gespenster« und anderes von Ibsen auf. Eine immer gesuchte Stelle bei einem Zirkus fand sich nicht. Als Stallmeister einer weißen Flocke mit rosafarbenen Beinen auf das Nudelbrett zu helfen, erschien ihm auch viel später noch als eine exquisite Tätigkeit, in der sich Realität, Schwärmerei, Dichterei und Imprevü auf das Reizvollste verbänden. Er fand dann etwas bescheideneren Ersatz dafür in seiner Schauspielerei, aber ihm entsprechend auch nur dann, wenn es gleich nach der Vorstellung die Koffer zu packen gab, um bei »Nacht und Nebel« in eine andere Stadt zu fahren, wo man zu spielen hatte. Ganz spät, die letzten Jahre seines Lebens, war Wedekind es etwas seiner Reputation schuldig, den Exzentrischen zu machen, so wie es Verlaine der Almosen wegen, von denen er lebte, schuldig war, sich zu betrinken. Aber es war bei beiden erst so im Alter, wo die das Ich bildenden Energien versagen und in einer Art Leerlauf gerade nur hinreichen, dieses Ich in Regie zu nehmen oder dessen Denkeffekte zu dogmatisieren. Weil nachlassende Kraft diese Fiktion, die lebensbedingend ist, nicht mehr nähren kann, wendet sie sich und hebt die Fiktion wohltuend auf.

30.

Carl Hauptmann

Das sich lang hinziehende Sterben Avenarius' veranlaßte seinen ehemaligen Schüler Carl Hauptmann ein paar Wochen in Zürich Aufenthalt zu nehmen, und häufigeres Zusammensein schloß sich an die Stunden, die wir bei dem Sterbenden verbrachten, den Hauptmann im tröstenden Glauben ließ, er führe seine wissenschaftlichen Arbeiten weiter. Woran er, ganz mit seinen dichterischen Plänen beschäftigt, nicht im geringsten mehr dachte. Carl Hauptmann litt, wie jedes Wort verriet, außerordentlich darunter, vom Erfolg seines Bruders in den Schatten gedrängt zu sein, wo man seine Umrisse gerade nur wahrzunehmen geneigt war als die des weniger begabten Bruders. Von seiner weit größeren und originaleren Begabung, deren äußere Beweise bald dasein würden, war er um so überzeugter, als er, wie er sagte, der Lehrer und Erwecker seines Bruders Gerhart gewesen sei. Ohne ihn wäre der immer noch ein verblasener Spätromantiker voll subjektiver Nichtigkeiten. Und ohne ihn sei er nun das geworden, was er mit seinen letzten Arbeiten gezeigt habe: ein Abtrünniger und Verlorener. Dramatiker sei Gerhart überhaupt nicht. Und das sei er, Carl.

Schwer zu sagen, was diesen schmächtigen, gelblichen Mann stärker ins Feuer setzte: seine Eifersucht auf den Bruder oder seine eigenen dichterischen Vorhaben, die sich in Art und Begabung gar nicht von den Arbeiten seines Bruders unterschieden, die vor den seinen nur dieses voraushatten, daß sie mit größerem Geschick das Publikum bedachten, indem sie es mit den Gefühlen mitspielen ließen. Das ist dem hier spröderen Carl nie gelungen. Der Druck auf die Tränendrüsen der Zuhörer – »Was muß das Mädel gelitten han«, sagt einer zum Schlusse der Rose Bernd –, solche Geschicklichkeiten in der Dirigierung des Emotionalen lagen nicht in der gefügteren Art Carls, der etwas mehr bei seiner Sache blieb. Vielleicht nur aus Mangel an einem Publikum, also an Verlockungen. Er gehörte wie alle seine schreibenden Zeitgenossen – und nicht nur die deutschen – zu jener »modernen« Literatur, für die der Primat des affektiven Lebens feststand. Ob sie Gedichte machte oder Stücke oder sozusagen philosophierte, Ziel und Ende war immer ein gefühliger Nebel. Spürte nur der Leser und Zuhörer diesen und geriet davon in jene Ekstase, die ihn »bedeutend« und »höchste Kunst« gerade noch stammeln ließ, so hatte der Verfasser seine Sache gewonnen, gleichgültig, womit er diese emotionale Ekstase hervorgerufen hatte. Die Verwandtschaft mit einem gewissen malerischen Impressionismus, der alles Gegenständliche und die diesen entsprechenden ideellen Abhebungen auflöst zugunsten eines vagen Stimmungshaften, ist deutlich. Auch im Musikalischen gab es das damals in allen Derivaten von Wagner.

31.

Swinburne

Ein sehr schlanker, sehr eleganter junger Mann in Pepitahosen, einem gelben runden Strohhütchen und ein ganz dünnes Rohrstäbchen moulinierend: das war der Visitationsbischof der englischen Hochkirche, mit dem ich im März 1894 in Meran spazierte und dem ich es verdankte, daß ich einen Mann von Victor Hugo sprechen hörte so, als ob er ihn gestern besucht, und von Rossetti, als ob er sich für übermorgen mit ihm verabredet hätte. Es war Swinburne. Völlige Taubheit hatte diesem Manne nicht die Stimme verdorben, aber der schöne Jüngling, der er nach allen Bildern gewesen sein muß, war in diesen zerfetzten Zügen nicht mehr in einer Spur wiederzufinden. Aber noch immer das Feuer seiner Jugend, das ihn durchglühte, als er, the fairest first-born Son of fire, mit der »Atalanta in Calydon« vor seine Zeit trat, verehrt und bewundert als der Initiator eines neuen Goldenen Zeitalters der Poesie. Mit diesem Feuer rezitierte dieser Jüngling-Greis auf dem Wege nach Schloß Tirol Catull oder Verse der Anthologie, in unserer, nicht in der englisch verunstaltenden Aussprache. Ob er völlige Unkenntnis der zeitgenössischen Literatur nur affektierte, das war nicht festzustellen. Swinburne erzählte Schnurriges von Browning und dessen Frau, von Rossetti, von Burne Jones, in einem privaten Stil des Sich-gehen-Lassens, etwas unverständlich, weil aus einem nur ihm vertrauten Zusammenhang genommen. Und wie einer, dem Taubheit schon seit langem das Fragen abgewöhnt hat und der das Mittel der aufgeschriebenen Antworten nur für das Alltägliche benützt. Es war etwas Gespenstisches am hellen Tage und in der vollen Sonne eines südlichen Märztages, diesen alten Mann mit dem großen Kopfe auf zu kleinem Leibe zu sehen und sprechen zu hören, diese letzte prunkvolle Zauberblüte der Romantik, aus deren Stamm nach ihm nichts mehr trieb, weder Blüte noch Blatt, und der an ihm selber erstarb und in ihm. Dieser Unnachahmliche imitierte, wie als ob er selber für eine Nachfolge sorgen wollte, in späteren Jahren sich selber ohne Gelingen und ohne diese papierenen Simulakra der Wunderblume auch nur färben zu können. Er war dreißig alt, als die Poems und Ballads erschienen – man hielt ihn für einen Jüngling von zwanzig, und er hat es dabei gelassen. Das Eruptive, Spontane seiner Art entsprach diesem Alter. Dieses vulkanische Wesen kündigte sich nicht mit Rauch und Donner an – man weiß nichts von ihm vor der »Atalanta«, dieser auf einmal ganz plötzlich himmelhoch steigenden Flamme. Im selben Jahr kam Chastelard. Die Poems des nächsten Jahres ergaben den puritanischen Skandal der »fleischlichen« Dichtung, seit Byron in England nicht mehr erlebt. Was man für ihn tun könne, berieten die Freunde. Die »Songs before Sunrise« von 1871 – Freiheit, Tyrannenmord, Mazzini, Republik – minderten das große Ärgernis nicht. Dann aber ging die Sonne nicht auf. Es folgten Bücher, Dramen, Epen, Prosa, aber nur mehr in Fragmenten ist der Dichter der Poems darin zu finden. Mit dem äschyleischen »Erechtheus« des Jahres 1875 hat Swinburne sein letztes ihm eigentümliches Gedicht geschrieben, der fünfte neben den vier großen Lyrikern seines Zeitalters, Hugo, Browning, Baudelaire, Carducci. Als die Meister verehrt von den Fünfen des nächsten Zeitabschnittes: Verlaine, Rimbaud, George, Hofmannsthal, Borchardt.

Vor einem Bilde Bellmanns, das den schwedischen Dichter zu einer Laute seine Lieder improvisierend darstellt, rief Swinburne begeistert, das hätte er tun mögen, auf einem Felsen der Insel Sark, im vollen Licht der Sonne seine Verse singen, bis alle Vögel des Ozeans gekommen wären, zu seinen Füßen zu ruhen. Das wäre besser gewesen als eine malpropre Feder über Papier kratzen zu lassen. Seiner ausdrucksschwachen, linkischen, oft banalen Prosa – nie würde Landor eine Seite davon signieren, seufzte er – liest man es ab, daß das

Schreiben dieses fleißigen, kenntnisreichen Arbeiters Amt nicht war. Seine Kenntnisse betrafen nur die Dichtkunst. Wissenschaften interessierten ihn nicht im mindesten. Das Politische erschöpfte sich ihm in einem vagen Freiheitsbegriff des leidenschaftlichen Menschen. Nach seinem vierzigsten Jahr blieb ihm auch alle neu kommende Literatur ein gänzlich Gleichgültiges. Über Stevenson, Flaubert, Dostojewski, Kipling hat er nie ein Wort verloren. Über Whitman, über Zola sagte er belanglose Banalitäten. Der mit fünfundvierzig taub Gewordene – er war immer das gewesen, was man unmusikalisch nennt, so ganz erfüllte ihn die innere Musik – schloß sich völlig in seiner Welt ab, die Griechen, Catull, Shakespeare und dessen Zeitgenossen. Ohne moros zu werden, ohne alt zu werden, ohne den Zauber seiner hinreißenden glücklichen Rede zu verlieren.

Borchardt hat etliche zwanzig seiner Gedichte verdeutscht, wie nur ihm das gelingen konnte, dem Stil und Sprache so eigen sind wie dem Engländer, und mehr als das noch: eine Verwandtschaft im edelsten Blute, wovon Zeugnis Borchardts Strophen an Swinburne geben, die seinen Übertragungen vorangestellt sind. Hofmannsthal schrieb über George. George verdeutschte die »Fleurs du Mal«. Nicht aus Wahl, sondern aus Wahlverwandtschaft vollzog sich das.

Die radikale Dogmatik der »Songs before Sunrise« kann in ihrer Einfachheit über den Dichter kein Mißverständnis schaffen, wie dies das »Before a Crucifix« im Religiösen tut. Meredith war ein naiver Heide, der nie die Taufe erfahren hat. Swinburne war es nicht. Seine Revolte gegen das »lebentötende Christentum« hat nirgendwo bei ihm das positive Gegenspiel in der Seligkeit natürlichen Lebens, von dem er selber vielmehr sagt, was Meredith nie hätte sagen können: daß es Sorge sei. Die Chöre in der »Atalanta« sind auf christliche Noten gesetzt, sind getauft, sprechen christlich-entsagend, nicht heidnisch-bejahend. Man kann an den zuweilen mürrischen, zuweilen unwahrhaften Anschauungen Swinburnes – und ich spreche jetzt nicht nur von ihm – ermessen, wie in jedem denkbaren Maß bedeutend die Diktion des Dichters ist, daß man über dem Ausdruck völlig das Ausgedrückte vergißt, kaum aufnimmt. Vielleicht vergaß er es selber. Ließ sich tragen. Dabei ist der Stil Swinburnes nicht etwa bloß musikalisch oder sensuell, berauschend oder verzaubernd, durch Glanz blendend, durch Klang verwirrend, durch Duft betäubend. Diesem Improvisator kunstvoll gebauter Strophen ist bei aller Spontaneität größte Bestimmtheit des Ausdruckes, Anschaulichkeit und Sicherheit des Bildes eigentümlich wie keinem andern Dichter seiner Zeit. Daß es so und nie anders hier stehen müsse, dieser Eindruck ist so zwingend, daß man sich Arbeit an der Strophe nicht vorstellen kann: sie sprang plötzlich hoch wie ein Geysir. Das seltenste Wort ist nie gesucht. Nie die unangenehme Überraschung durch den ungewöhnlichen Reim, der dem danach suchenden Browning so oft mißglückte. Nie schlingert der Vers in verlorener Spur. Nie verliert die Bogensehne die Spannung. Glücklich diente ihm der ungeheure Vorzug des Englischen mit seinem Reichtum einsilbiger Worte, welche eine Dichtigkeit im Lyrischen schaffen, die keine andere Sprache erreichen kann, und die in sich nicht die billige Möglichkeit besitzt, ins musikantisch Klingende zu fallen wie das Italienische. Die ganz großen Verse haben und halten ihre Musik so ganz in sich eingeschlossen, daß nur ein Narr von Musiker glaubt, hier ein- und aufbrechen zu können mit seinen Notenschlüsseln. Nur ein kurzes e enthält die ganz aus Einsilbern gebaute Verszeile: I have lived long enough to have seen one thing, that love hath an end. Die deutsche Form dafür, die das wiedergeben wollte, könnte es nur durch syntaktische Änderung in dem grausamen Satzgebilde: Lebt' lang genug um eins zu sehn, daß Lieb' ein End' hat.

32.

Robert Walser

Im Briefkasten des »Berner Bund«, in welcher Zeitung er das Departement der Literatur mit Ansehen und nicht ohne Einsichten verwaltete, druckte Josef Victor Widmann im Mai 1897 einige Strophen und gab dem nicht genannten Dichter wohlgemeinten Rat, daß und wie es besser zu machen. Als Bodmer und Gottsched in einer Person. Vor diesen Strophen hatte der Praeceptor in litteris die Grenze seiner kritischen Fähigkeiten erreicht. Diese Gedichte waren ungewöhnlich schön und hatten ihren eigenen Ton. Auf eine Anfrage gab der Berner Redaktor Antwort, wie der Dichter hieße und wo er wohne, in Zürich wie man selber. Ich bat ihn in einem Briefe um seinen Besuch. Und ein paar Tage drauf öffnete ich auf ein Klingeln die Türe, und davor stand ein ganz junger Mensch, sah aus wie ein wandernder Handwerksbursch in einer etwas zu knappen Jacke, aus deren kurzen Ärmeln große, etwas rote Hände kamen, die den Hut hielten, und über dem geröteten, schweizerisch knochigen Jungensgesicht struppelte ein Weizenfeld von Haaren. »Ich bin der Walser«, sagte der Wanderbursch.

Er sah in der Tat nicht nur so aus. Immer nur wenn es gerade nötig war, um ein paar Franken für ein sehr einfaches Leben zu verdienen, verdingte er seine geringen Kenntnisse, aber seine überaus schöne feine Handschrift an ein Bankgeschäft und war da ein Schreiber. Nicht ungern, nicht aufsässig. Nur wenn das Wetter mailich wurde und die Sonne schien, litt er ein wenig darunter, »verlegen kratzen zu müssen am Hals unter dem strengen Blick des Prinzipals«, gab die Winterstelle auf und zog über die Landstraßen, ein sehr sauberer und gar nicht robuster, eher zierlicher Wanderbursch, wie aus der Geschichte von Eichendorff herausspaziert. Oder wie ein Kaspar Hauser, der nach seinem Schicksal unterwegs ist. Ganz und gar nicht wie ein Dichter mit dem Schreibtäfelchen im Busen und hungrig nach dem Vers. Als Walser zum zweitenmal zu mir kam, brachte er ein in schwarzes Glanzleinen gebundenes, hübsch liniertes Schulheft mit. Darein hatte er mit seiner sauberen Hand, der des Bankkommis, seine Gedichte geschrieben, etwa vierundzwanzig waren es, keines die Pastiche eines andern; jedes war etwas und stand für sich, Klage nicht lauter als ihr Anlaß, Freude nicht stärker als ihr Grund. Voll Zartheit in der Farbe, nie im Undeutlichen verschwimmend, immer gehalten von einer guten Struktur schweizerischer Jungensknochen, die sich um nichts in der Welt in Stimmungssülze legen lassen. Nirgends auch nur um Geringstes mehr, als was geführtes Leben in Stoff, Wort und Bild hereinbrachte, nichts zu irgendwas Verstelltes. Ganz aus dem Innern dieser Gedichte war der Vers, nirgends von außen appliziert, und er hatte etwas leise Bebendes wie das Zittern eines Pappelblattes. Und auf jedem Worte lag der Tau, als ob es eben aus der Hand Gottes in den Morgen dieser Welt gesetzt worden wäre, und es waren ganz gewöhnliche Worte, nicht »erlauchte«, wie man sie in der damaligen Mode gern – dieses erlaucht inbegriffen – soviel las.

Diese zwei Dutzend Gedichte hatte Walser als ein Siebzehnjähriger aufgeschrieben und von da ab keinen Vers mehr, bis auf einige kleine dramatisierte Gedichte. Ich lese nach dreißig Jahren wieder dieses Schulheft in Glanzleinen. Die Gedichte haben in der langen Zeit kein Fältchen bekommen. Er selber sicher auch nicht, stell ich mir vor, denn ich habe ihn seit langem nicht mehr gesehen. Aber unlängst gehört, wie er als ein Fünfziger den Besuch eines Herrn empfing, der ein Buch von ihm verlegen wollte. Er ließ ihm durch seinen Kammerdiener schreiben, sein Herr sei da und dort in Bern zu sprechen. Der Verleger fuhr nach Bern, kletterte drei Treppen, und auf sein Klingeln öffnete ihm ein blonder Bursch in Hemdsärmeln. Ja, sein Herr, Herr Walser, sei zu Hause;

und führte den Mann in ein Zimmerchen, wo er einen Moment zu warten gebeten wurde. Und gleich darauf trat bei der andern Tür Robert Walser herein, er hatte sich nur einen Rock angezogen. Der Herr war sehr geärgert. Wo doch Walser nur einen seiner Jungenstreiche so für sich selber aufgeführt hatte, indem er sich in sich selber einen Kammerdiener gab, um den Geschäftsmann vielleicht durch ein Lachen menschlicher zu machen. Was ihm mißlang. Aber sonst nichts, weder sein Leben, noch was dieses an Frucht trug. Walser hat in seinen Büchern eine Welt hingestellt, die immer und nichts sonst ist als seine Welt. Er ist mit einer passionierten Hartnäckigkeit bei sich geblieben. »Was dachte ich neulich darüber? Man müsse vom geringsten Gegenstand schön reden lernen, was besser wäre als über einen reichlichen Vorwand sich ärmlich ausdrücken«, schrieb er unlängst. Gibt es für ein solches Selbst ein Geringes? Der sublime Egoismus, – es gibt ja nichts anderes. Man ist ja in diesem Leben hinreichend allein, als daß man sich auch noch seines Selbst berauben könnte.

In seinen jüngern Jahren, seinen noch jüngern, wie man bei ihm sagen muß, war Walser auch ein Page, und sein Traum, einer jungen Dame zu dienen, ihr die Schleppe zu tragen. Nicht so mit Redensarten romantischer Schwärmerei, nicht in banaler Übersetzung etwa einer »dichterischen« Haltung, höchstens ein kleines bißchen außer und abseits der Welt, wie sie in diesen Ephemeriden abläuft. Vielleicht wäre Gärtner der beste praktische Beruf für ihn gewesen, Ziergärtner. Er hat schreibend so viele Sträußchen gebunden, mit Delikatesse, Anmut und heiterer Täuschung über den Busen, den das Gebilde schmücken sollte. Praktisch erfuhr er ja gröbste Widerlegungen. Als er einmal von Zürich nach Berlin zu Fuß wandern wollte und ohne Geld, brach er auf der Straße vor Treuchtlingen zusammen über seinen blutenden Füßen. Und als er sich auf eine Annonce hin, wo für eine Schloßherrschaft in Schlesien ein Diener gesucht wurde, meldete in der Erwartung, dem jungen Fräulein die Schleppe tragen zu dürfen, da kam er durch die zwei sinistren Wintermonate dieser schlesischen Schloßherrlichkeit zu nichts anderem, als daß er die Öfen heizen mußte, von den Korridoren aus, und das Fräulein des Hauses war ein junger Fratz von nur fünfzig gewesen, das Traktätchen für die Innere Mission verfaßte und auch so aussah.

Auch bei Heymel wollte Walser gern Diener werden, aber es stellte sich heraus, daß er weder Silber putzen noch Zylinder bügeln konnte. Allen weiteren Versuchungen dieser Art entging er dann damit, daß er nach dem kleinen Schweizer Städtchen Murten zog und diese Bücher schrieb, die eine so konforme Einheit, ein wirkliches Werk bilden, aus dessen jeder Zeile der Walser erkennbar ist, anmutig, ein bißchen ironisch, ein bißchen weise verspielt, kapriziös und wehmütig gerade nur so viel, wie einem wird, wenn man im Spätsommer die ziehenden Fäden sieht. Oder die Stare sich sammeln zum Abflug.

Dieser Mensch und Dichter, dem ich hier diese Stele des Erinnerns und der Freundschaft aufrichte, hat nie etwas für großes Orchester gesetzt, das auf dem offnen Markt zu spielen wäre. Nur Kammermusik für drei und vier Instrumente. Nie hat er sich in die Hände gespuckt, um auffällig die Kesselpauke zu bearbeiten. Er hat ein zu feines Gehör. Nur feine Ohren können ihn hören.

33.

Aubrey Beardsley

Auf einer Stufe der etwas engen Treppe des Hôtel Quai de Voltaire saß oder lag ein junger Mann, der mir die Passage versperrte. Als er das merkte, zeigte dieser schlanke Pferdekopf in einem kleinen Lächeln die Zähne und sagte excuse me. Raffte einige ihr entfallene Photographien in eine Mappe, sagte etwas, sie sei seiner Hand entglitten, und sah mich an, als ich ihn fragte, ob ich ihm helfen könne, und ihn dabei mit seinem Namen ansprach. Wir saßen nun beide auf der Treppenstufe, legten die Bilder in die Mappe, und ich antwortete auf seine Frage, woher ich ihn kenne, daß er gestern und ich heute angekommen sei und ich seinen Namen im Hôtelbuch gelesen habe, und wen er bedeute, das wüßte ich seit zwei Jahren aus dem Yellowbook und dem Savoy und seinen Büchern. Das höfliche vraiment? klang so zweifelnd, daß ich die Titel nannte. Er lachte auf wie ein Junge, dem ein Streich geglückt ist. Aber alle diese Gaminerie war ein forcierter Versuch gewesen, nicht merken zu lassen, daß er vor Erschöpfung auf der Treppe niedergesunken war, dieser vom Tode gezeichnete Aubrey Beardsley, unterwegs nach Mentone, wo er einige Monate später starb. Er lud mich ein, den Tee bei ihm zu trinken, und sank, kaum daß wir in seinem Zimmer waren, auf einen Stuhl. Es ist das abscheuliche Wetter, sagte er. Ob ich etwas für ihn tun könne? Nach dem Tee klingeln, sagte er und lächelte. Da trat seine Schwester aus dem andern Raum; er stand auf und stellte mich vor. Zu ähnlich ihrem Bruder, um hübsch zu sein, hatte sie herrliches Haar. Davon sagte der Bruder eine Weile später: das Gold ihrer Haare sei das einzige Echte in dieser künstlichen Welt.

Der Wille dieses sterbenden Menschen, gesund zu sein oder es zu scheinen, muß außerordentlich stark gewesen sein. Wie die Liebe zu dieser Schwester, vor der seinem Willen völlig gelang, was er mir, dem Fremden gegenüber, versucht hatte: den Gesunden zu spielen. Er schien sehr vergnügt, mich als willkommenen Anlaß zu seinem Theater im Zimmer zu haben. Das Gespräch kam auf Wilde, der im Frühjahr dieses Jahres 1897 aus dem Gefängnis entlassen worden war und in Frankreich seinen Aufenthalt genommen hatte.

»Er hat für unsere ganze Bande büßen müssen. Wir haben ja auch die Dombys und Grundys nicht wenig gereizt, so am Englischen gemessen, aber sie uns noch weit mehr. Wir sind alle daran ein bißchen gestorben. Auch daran. Sie kennen meine Landsleute nicht und diese Pest, die englische respectability. Sie und das Klima treiben uns immer wieder aus diesem Lande. »The Savoy« ist in Dieppe gegründet worden. Aber in London erschienen und an London gestorben. Im ehrwürdigen Alter eines Jahres, wie Sie wissen. Man hat bei uns alle Arten von Fachzeitschriften, nur eine solche für die Literatur duldet man nicht. Man hält es für lasterhaft, wenn sich die Literatur um sich selber kümmert, denn sie ist für jeden Engländer, der etwas auf sich hält, nur ein Mittel, die Moral von der Seite des Schönen her zu stützen. Kennen Sie die Geschichte des »Yellowbook«? Eine eigentlich ganz harmlose Zeitschrift für Literatur, aber daß sie nichts als das war und nicht ein betont kommerzielles Unternehmen mit einem Börsenteil als ernstem Rückgrat für das Schöngeistige, ärgerte den englischen Philister und seinen Dichter, den Herrn William Watson, der von der vierten Nummer ab erklärte, nicht mehr mitzutun, wenn mein Unfug nicht aufhöre. Da wurde also der fertige fünfte Band mit meinen Zeichnungen eingestampft, und es gibt darauf sicher noch zehn weitere Bände Yellow für die respektable englische Familie. Und denken Sie, wie wenig schlimm doch diese unsere ersten Yellowbände waren, wo dieser Schwätzer Gosse darin schrieb und die der englischen family so teueren Bilder des Pompiers Lord Leighton reproduziert wurden. Nein, nicht eine Zeile von Oscar. Auch im Savoy nicht. Er hatte aus dem Schockieren schon so eine Art komische Spezialität gemacht, nicht im Schreiben, aber sonst mit allerlei Dummheiten. Er hielt das für eine Art griechischen Satanismus. Diesen Abfall aus der höllischen Blumenbinderei. Schade. Er hat unsere beste Komödie geschrieben, »The Importance of being earnest«, – und hätte er, und er konnte es, noch drei, vier solche Stücke gemacht, wir hätten gewonnen. Aber er ging lieber und tat wie ein Tenor. Jetzt wird sich Mr. Shaw, ein irischer Journalist – kein Schade, wenn Sie ihn nicht kennen – auf die flinken Beine machen und seine Zeitungsartikel für verteilte Rollen schreiben, weil das wirkungsvoller ist. Wissen Sie, wenn in England einer einen Gemeinplatz äußert, dann gilt er schon für einen paradoxen Geist. Er braucht eigentlich nur zwei mal zwei ist vier zu sagen. Sie ahnen nicht, wie oft man das bei uns sagen muß! Man hört nicht hin. Man hält es für eine unsittliche Behauptung. Unsere Bande – notre bande, sagte er französisch, wie alles, was er mehr als witzig meinte –, unsere Bande war zu frech, nicht vom Kontinent, nicht von Frankreich her gesehen, sondern von England aus. Denken Sie doch, Dowson schreibt ›subtile‹ und nicht ›subtle‹ und ›an‹ vor einer Aspirata! Und ein Trunkenbold ist er zudem noch. Wie Francis Thompson ein Bettler und Opiomane! Und Lionel Johnson macht Kommas und Semikolons dort, wo sie nie ein Engländer macht! C'est trop, n'est-ce pas?«

Ich meinte, daß mir diese Bande der Neuerer, die ich allerdings nur aus den Bänden des »Yellowbook« und dem »Savoy« kenne, nicht das Verdienst beanspruchen dürften, den konservativen englischen Leser so überaus stark zu reizen, sondern daß ich das nur bei dem Zeichner A. B. wahrnehmen könne. Sosehr sich auch die sachliche Kritik Symons von dem Drumherumgerede Gosses unterscheide, so hübsch erfunden auch die Geschichten von Crakenthorpe seien und so schön nach elisabethanischen Mustern die Gedichte von Johnson, so sei das alles doch gar nicht in jenem, den Bürger aufreizenden Sinne originell, wie es diese Zeichnungen, dieses Schwarz in Schwarz und Weiß in Weiß sei und diese Vernichtung bürgerlicher Ideale durch die Groteske. Ich nannte Blätter, an die ich mich erinnerte, als Beispiele und versuchte, um das Banale nichts als entzückende Bewunderung äußernder Worte zu verbergen, die tauglichsten und kundigsten Begründungen zu improvisieren. Beardsley machte ein Gesicht dazu, das Belustigung hinter so was wie Würde zu verstecken suchte, lachte manchmal auf, kramte wie verlegen in den Photos nach Mantegna, die auf dem Tisch herumlagen, und drückte in den zuweilen eingeworfenen c'est curieux, c'est très curieux ça mehr eine Freude über das Allgemeine aus, daß ein Unbekannter aus dem mittleren Europa sein Werk kenne und schätze, als über das Besondere der Begründungen, die dieser Fremde da zu geben versuchte.

»Als wir geboren wurden, verschwand gerade die Krinoline und kamen die vielen Monumente in London auf, die man, da sie ja mit Skulptur nichts zu tun hatten, von Steinmetzen besorgen ließ. Da stand nun der steinerne Politiker Mr. Smith, und man konnte die aufdringliche Abscheulichkeit dieses Zeitgenossen so recht inne werden. Sie werden staunen über die vielen steinernen und bronzenen Smithe teils in Uniform, teils in Bratenrock, wenn Sie nach London kommen. Den Auftrag zur Illustrierung zum Morte d'Arthur bekam ich durch den Lord Lighton, der ein dummer Maler, aber ein gescheiter Mann war. Der Apuleius wäre mir lieber gewesen. Morte, das wäre W. Morris' Sache besser gewesen. Tapeten mit großen Blumen und so. Aber ich hatte unsere monumentalen Smithe gesehen. Es kam so ein anderes Leben in die Zeichnungen. Mehr kranke Nerven in die Gesichter, wie Sie vorhin sagten. Aber die von jenen Smithen gereizte Intelligenz beteiligte sich am Imaginativen, indem sie es – kritisierte, wenn Sie wollen. Eine vorgefaßte Absicht hatte ich gar nicht. Es ergab sich das so gewissermaßen von selber aus dem Vergleich der Seele, zu der man vordrang, mit der Substanz. Aber alles war nichts als ein Spiel mit dem Effekt des Dekorativen. Es steckte keine lehrhafte oder moralische Absicht dahinter als höchstens die, nichts derlei zu haben. Kennen Sie, aber natürlich kennen Sie Gautier. Und Baudelaire und dessen schöne dem Poe nachgedachten Sätze über die Kunst. Komisch, daß die Bürger die Kunst immer domestizieren wollen. Die vollendete Form ist Tugend, sagt Gautier. Bei allen seinen Gegenständen, seinen Nähmaschinen und Dreschmaschinen, sagt das der Bürger auch. Nur für die Kunst will er's nicht gelten lassen. Eine Maschine, ein Arbeitsvertrag, eine Bilanz, davon verlangt er die Vollkommenheit der Form. Aber von den Künsten, daß sie ihm das bequemste, unverbindlichste, also formloseste Vehikel seiner Gedanken und Gefühle sei, wenn er sich derlei zum Vergnügen leistet. Er muß sein Vergnügen dabei finden, nicht der Künstler seine Lust zu leben. Sie verstehen die Rache, die der Bohemien nimmt: er affektiert Überzeugungslosigkeit in allen dem Bürger wichtigen Dingen. Wir von der Bande haben, Mayfair auf Bohemia setzend, versucht, die heiligen Götter der Bürgerlichkeit zu ästhetisieren, wie man das nannte. Das will sagen, wir haben sie nur und auf nichts sonst als ihren künstlerischen Effekt hin gewertet und anerkannt. Eine Geste der Notwehr vielleicht. Sie müßten unsere insularen Tabus kennen, um es ganz zu begreifen. Wir mußten unsere Revanche haben. Tugend und Sünde sind identisch, wie Blake festgestellt hat. Man hat uns allzusehr mit einer temperierten und öde Konvention gewordenen Tugend inkommodiert, und der Gegenschlag war die Sünde als Sport, wie bei Oscar. Die victorianische Verschwörung gegen die Instinkte, diese einzige Quelle menschlicher Energien, bestand darin, daß sie im Namen der Dezenz das Schweigen darüber gebot. Man eliminierte die Worte mit dem Erfolg, daß man die Fakten ignorierte. Der victorianische Mensch verlor seine Vision des Bösen, weil er in seiner Seele eine Lüge hatte. Hypokrisie wurde eine geübte Tugend. Gehen Sie in die Bureaus unserer Fabians, Sie werden Eau de Cologne riechen statt Sozialismus. Wir haben nicht, wie man uns anklagte, das Böse in einem tugendhaften Zeitalter erfunden, wir haben es nur unter der Oberfläche entdeckt. Man sagt mir, seit meinen Zeichnungen gebe es Frauen, die den Beardsleytypus zeigen, und redet den Unsinn weiter, daß sich das Leben nach der Kunst forme. Gilbert machte die Operette »Patience« daraus. Der Nebel war immer in London. Aber erst als ihn Whistler malte, sahen ihn die Leute. Wenn ein Künstler nicht Palimpseste lesen kann, was ist er da schon?

Ich erinnere mich, als Kind ein Buch mit erbaulichen Kindergeschichten gelesen zu haben, Anekdoten und so. In allen englischen Familien verbreitet. Da fragt ein Vater: ›Bist du bereit zu sterben?‹ – ›Noch nicht‹, sagt das Kind. – ›Noch nicht?‹ fragt streng der Vater. Das Kind merkt, seine Antwort war falsch, und hat Angst vor der Rute. Es erklärt: ›Nicht früher, als bis ich ein neues Herz habe.‹ So wurde erzogen. Übrigens nicht bei uns zu Hause. Schwester und ich, wir waren Wunderkinder auf dem Piano. Wir gaben Konzerte. England… ich hoffe, niemals mehr dahin zurückkehren zu müssen.«

So leise bei diesem fatal deutbaren Wort die Schwester auch den Blick änderte, Beardsley spürte es. Und begann, damit ja keine Pause entstünde, sofort wieder zu sprechen, als ob er gerade nur ein Komma gesetzt hätte.

»Denken Sie, Oscar wollte meine Blätter zu Salome nicht in seinem Hause dulden. Er fand sie abscheulich. Er war eifersüchtig. Er ahnte wohl, daß sie länger am Leben bleiben würden als seine Gewandstudie nach Flaubert. Wir können uns nicht leiden. Dies und das ist ihm gewiß gelungen, ja. Aber er ist in seinen sozialen Idealen schrecklich altmodisch und konventionell. Wie ein fashionabler Held in Disraelis Romanen. Sein ganzer Antinomismus, auf den er so stolz tut, ist nichts als Pedantrie der Konvention, gar nicht ihr Gegenteil. Das hat ihm auch seinen guten Einfall des »Dorian Gray« verdorben. Denken Sie, was Hawthorne daraus gemacht hätte! Oscar ist ein Rhetoriker, ein Melodramatiker. Denkt immer an den Effekt, wobei nur Vulgäres herauskommen kann. Er kriegt das Material, in dem er arbeitet, nicht unter, sondern das Material ihn. Und er gefällt sich in einer nicht zu ertragenden Weise. Er hat keinerlei Geschmack.«

»Er ist jetzt ein armer Mensch«, sagte die Schwester, und Beardsley streichelte ihr die Hand. »Ja, mein Liebes, aber ich meinte es nicht so. Oscar muß schrecklich gelitten haben, ja. Aber man kann ihm das nicht leichter machen damit, daß man ihn jetzt zu einem außerordentlichen Dichter ernennt. Da sind andere, deary, du kennst sie, und man wird sie vergessen über

Oscars menschlichem Schicksal, und sie sind wirklich Dichter. Aber über ihnen wird Oscars fatales Geschick liegen wie ein Grabstein. Denk an unsern John Gray und an Lean back, and press the pillow deep, Heart's dear demesne, dear Daintiness. Er traute seinen Versen nicht«, wandte er sich mir zu, »und ist Priester geworden. Oder denk an A. E. Housman«, und zu mir hin: »Er hat Verse geschrieben, nur mit der griechischen Anthologie vergleichbar.« Und die Schwester rezitierte:

»The lads in their hundreds to Ludlow come in for the fair,
There's men from the barn and the forge and the mill and
the fold,
The lands for the girls and the lads for the liquor are there,
And there with the rest are the lads that ...«

hier stockte sie. Und Beardsley fiel ein: »Sag nur den Schluß: that never be old. Zu diesen lads gehört unsere ganze Bande. Bis auf mich natürlich, deary, ich werde ein uralter Großvater werden oder ein Heiliger, du weißt ja, Heiligkeit verlängert das Leben, wie Francis Thompson sagt, unser Dichter, was immer auch Johnson daherredete, daß seine Verse niemals edel, immer nur sublim seien. Johnson ist katholisch geworden, immer schon ein Scholastiker, weil der Katholizismus eine bessere Plattform für die Kontroverse sei. Ein schrecklich streitsüchtiger Junge. Aber er konnte herrliche lateinische Gedichte machen, wirkliche Gedichte. Er dankte Oscar für den übersandten Dorian mit einer langen lateinischen Hymne. Ich hab nur die erste Strophe behalten:

Benedictus sis, Oscare!
Qui me libro hoc dignare
Propter amicitias:
Modo modulans Romano
Laudes dignas Doriano,
Ago tibi gratias.«

Beardsley sprach das Lateinische wie ein Italiener aus, gar nicht wie ein Engländer. »Aber Lionel säuft. Er ist so schrecklich allein. Jeder von uns. Lauter Hamlets. Das protestantische Ende.« Die Schwester war, kurz bevor er das sagte, aus dem Zimmer gegangen.

Wir hatten verabredet, anderntags Herrn Marcel Schwob zu besuchen.

Beardsley ohne Überzieher fand trotz des schlechten kalten Windes eine Droschke zu nehmen nicht nötig. Es sei ganz nah in der Rue du Bac. »Schwob liegt seit einem Jahr im Sterben«, sagte er, »ein auf den Tod Kranker«, sagte er, wie einer vom andern Ufer der Gesundheit. Ich hatte nur den Kinderkreuzzug gelesen. »Er ist ein richtiger Zauberer«, sagte Beardsley.

Unser Besuch war sehr kurz. Schwob hatte einen schlimmen Tag. Er lag in einem teppichverhangenen Zimmer auf einer Couchette. Seine Freundin saß an seinem Lager. Er sprach kaum ein paar Worte, dankte für den Besuch. Ein überaus bizarres schneeweißes Gesicht. Darin wie Blut ein großer Mund. Auf einem kleinen Gestell an der Wand glänzte die vergoldete Büste eines jungen Männerkopfes. Als wir nach Hause fuhren, sagte mir Beardsley, es sei das Porträt eines jungen Dichters namens Claudel.

34.

Interessante Begegnung

Rückwärts blickend sehe ich ihn. Er kommt langsam auf mich zu, ich gehe ihm entgegen, mittwegs treffen wir uns: er wird nächstens dreißig Jahre alt sein, aber man gibt ihm mehr Jahre. Am Seeufer lädt er mich in sein Boot ein. Er greift nach Steuer und Segelleine. Es ist sehr früh am Tag, und der Wind bringt langsam Farbe auf das etwas blasse schmale Gesicht, um dessen deutlich linierte rote Lippen ein blondrötlicher

Bart steht. Kreuzend nimmt man die Fläche. Zuweilen wendet er, ganz unkorrekt mit dem Winde. Das habe ihm der Hamburger Peter Behrens gezeigt, der schwere, so gern betrunkene Mann.

»Er hat hier seine Bilder ausgestellt, die nach dem pleinairistischen Rezept gefertigten und die andern, wo so was wie ein Stil das fehlende Talent ersetzen sollte. Aber Zeichen künftigen Tuns war, daß er sich weniger um das Gemalte als um dessen Rahmen und das Monogramm bekümmerte. Das Herstellen gerahmter Ölgemälde scheint mir ein weitergetriebenes Kinderspiel zu sein, etwas komisch bei erwachsenen Menschen. Und überaus tragisch bei leidenschaftlichen Naturen, die für ihren ungeheueren Druck nur gerade dieses eine kleine Ventil haben. Behrens will Glocken gießen, Reliefs aus Bergwänden hauen, Lettern schneiden, also was tun. Er wird Häuser bauen. Das Ornament ist barer Unsinn, wenn keine Bauform da ist, die es sich schafft. Das mit Gemälden geschmückte Heim ist ein Greuel, finden Sie nicht?«

Mit der indulgentia meiner doppelt so vielen Jahre und jeder Nachsicht menschlichen Schwächen gegenüber sagte ich etwas von therapeutischen Werten, die den Bildern vielleicht für deren Beschauer innewohnen, aber er unterbrach mich.

»Ja, wie den Liedern, die erwachsene Frauenspersonen einem vorsingen mit einer stimmlichen Inbrunst, die ihr Herz, ihr empfindendes, vorstellen soll, etwa ›Er, der Herrlichste von allen‹. Oder ein dicker Tenor ›Guten Morgen, schöne Mühillerin‹ und ist weit und breit keine da und gibt's überhaupt gar nicht mehr. Ich kann Ihnen gar nicht sagen, wie dumm und gelogen mir das vorkommt. Weil kein Auftrag da ist wie in der Oper und im Oratorium, wo diese pathologischen Kehlköpfe wie Beamte beschäftigt sind.«

Ich machte die Bemerkung, daß der Respekt des Menschen vor sich selber auf mirakulöse Weise die Rechnung der sentimentalen Schulden übertreibe. Da wendete er mit einem stark aufgekommenen Wind, und ich ging über Bord. Als ich wieder im Boot saß, entschuldigte er sich: »Anders wären wir bei Goldbach an Land gefahren.« Und sprach gleich weiter: »Wenn eine junge Dame aus dem Zürcher Bahnhof tritt, bis an die Augen arabisch bekleidet, einen soeben auswaggonierten arabischen weißen Zelter besteigt und am sonnlichten Tage die Bahnhofstraße hinunterreitet und weiter das rechte Seeufer entlang bis Goldbach, um da vor einem gemieteten Häuschen am Wasser abzusteigen und zu verschwinden, so kann man sagen, daß es dieser jungen Dame an guter Laune nicht fehlt, wenn sich herausstellt, daß sie an der Universität etwas ganz brav studieren will, sich Nejma nennt, was der Stern heißt, und von einem längeren Aufenthalt in Algier etwas braun, aber sonst aus Freiburg i. B. und von einem Manne geschieden ist. Die Pferde seien da unten billig, dieses ganze hier habe nur zweihundert Francs gekostet. Mit diesem Einzug durch das Spalier der erstaunten Zürcher hatte sich der Übermut erschöpft, dem auch der Mut bald nachfolgte, wenigstens was das Studium betraf. Aber die nicht geringen Reize der abenteuerlichen jungen Frau, gehandhabt mit dem Geschick eines Fischers, der sein Netz wirft, hielten doch so lange vor, bis sich darin was verfangen hatte. Als aber das Geräusch hantierter Pfannen verriet, daß man die Absicht habe, den Fang brav bürgerlich und ehelich zu braten – weckte das auf, und der Fisch schnellte ins Wasser zurück. Ohne Metapher gesprochen: er kam zurück.«

»Sie meinen: zu Ihrer jungen Frau?«

»Ja, zu ihr, zu meiner Geliebten, die meine Frau geworden und meine Geliebte geblieben war.

Nicht einen Gedanken gab man der Möglichkeit, daß die kleinen äußern Unbequemlichkeiten, denen man durch eine Eheschließung entging, in gar keinem Verhältnis zu den inneren Schwierigkeiten eines ehelichen Lebens mit gemeinsamem Dach, Tisch und Bett stehen könnten. Jenen Unbequemlichkeiten zu entgehen, tat man, was Gesetz und Sitte verlangen, wenn man sie nicht erleiden wollte. Man hatte sich in die Liebe gestürzt als ein Elementares und ganz nur den Instinkten vertrauend, daß sie schon die ihnen korrelaten Ideen sich schaffen würden. Die Eheschließung erschien beiden dabei beteiligten Personen in gar keiner Weise als so was wie eine definitive und feierliche Besiegelung, daß es mit der Liebe stimmte und sich ein Irrtum nicht herausgestellt hätte. Wenn es auch der Mann an Versuchen auf eine solche Probe wie Goldbach nicht hatte fehlen lassen – Probe wenigstens in der metaphysischen Wirklichkeit, denn in der praktischen war es nichts weiter als die sehr bekannte, weil so überaus häufige und gewöhnliche Nachgiebigkeit eines jungen, seiner bezüglichen Wirkung nicht ganz sicheren und, wenn er eine solche merkte, zu Nachgiebigkeit seiner sogenannten Schwäche gegenüber geneigten Menschen männlichen Geschlechtes, wenn ein etwas auffälliges Wesen des andern Geschlechtes in seine sozusagen physiologische Sphäre tritt. Natürlich hatte sich das Liebes- und jetzige Ehepaar in den stilleren Stunden nach den stürmischen immer wieder die lachend-ernste Versicherung gegeben, daß jedes von beiden durchaus frei sei und daß man sich eben in aller Freundschaft trennen würde, wenn der Fall einträte, daß... Sie werden wissen, daß man sich das nur so sagt, wenn der Himmel überaus klar ist. Und daß man das nie so tut, wenn er sich bewölkt hat. Und man da geneigter ist, die Lösung des Tränenregens vorzuziehen mit nachfolgender Sonne. Eine reiche Frau sagte einmal: ›Wenn ich kein Geld mehr habe, geh ich nach Sizilien Orangen stehlen.‹ Aber es ist ein weiter und beschwerlicher Weg nach diesem Sizilien. Kommt es schließlich einmal dazu, so ist man meist viel zu müde, um ihn anzutreten. Oder bleibt unterwegs liegen.«

Die überaus intime Beziehung, die zwischen mir, dem Sechzigjährigen, und mir, dem Dreißigjährigen, besteht, erlaubte mir die Frage, der ich die landläufigste Fassung gab, die fast triviale:

Und was sagt Ihre junge Frau dazu?

Und er darauf: »Liebe müßte doch wohl alles verstehen oder alles vergessen, so verworren es auch wäre, nicht? Und Worte, miteinander gesprochen, reichen für vieles nicht hin, gibt es für vieles nicht. Und was von der beweisenden Kraft der Küsse zu halten ist, mein Gott! ... Und dann liebt man ja nicht, wie man will, sondern wie man ist. Und da man nie ist, sondern immer nur wird ...«

Könnten Sie nicht etwas konkreter werden? fragte ich.

Er verzog es bewußt zum Aufseufzen, als er sagte: »Wenn die Frauen ahnten, auf was man alles verzichtet, wenn man bei ihnen liegt! Und dennoch Liebe, diese berauschende Banalität!«

Der Wind war vor der steigenden Sonne abgeflaut. Das Segel flappte. »Warum denn nur in einer Frau Schoß? Damit geb ich doch diesem Akt ganz qualitätsloser Schwäche eine individuelle Auszeichnung, für die ich mich anderswo beraube, nicht? In vieler Frauen Schoß: damit lasse ich den nichts als generellen Akt das sein, was er ist, nicht weniger – und er ist viel! –, aber vor allem nicht mehr. Dieses Unmäßige am Gefühl, womit man den Akt Liebe überfrachtet, das ist doch nur eine Zeiterscheinung spiritueller Unsauberkeit und zunehmender Minderung.«

Und Sie sind da so eine Art Atavismus, bemerkte ich.

»Vielleicht. Der Gegenstand ist nicht derart, sich Gedanken darüber zu machen. Ich wollte nur sagen, daß sich aus der einen Tatsache, die Haut einer Frau zu berühren, also sie zu begehren, schon in Erfreudungen und Erleidungen genug ergibt, als daß man da noch mit Gefühlen Aufwand treiben sollte, die unmittelbar gar nichts mit dieser Tatsache zu tun haben. Ich bringe sie nicht zustande.«

Wie Frauen einmal sind, muß Ihre Art für die Ihre nicht gerade sehr angenehm sein, denn ich setze voraus, daß Sie sie nicht anlügen.

»Mit Worten kann man ja gar nicht lügen. Nur mit Handlungen. Und das täte ich, wenn ich meiner Art nicht folgte.

Wenn ich mir vorstelle, daß ich alle diese intimen Feigheiten begehen sollte, deren Ensemble man Pflicht nennt…«

Sie sprechen sehr rigoros. Aber ich könnte mir doch vorstellen, daß sich eben aus diesem Übermaß meinetwegen für die Liebe entlehnter Gefühle so etwas wie eine Abriegelung gegen die Verlockung durch andere Frauen ergäbe, eben das, was man die Treue nennt.

»Wahrscheinlich produziert die Mehrzahl der Menschen diese Schutzform gegen den andern Einbruch, um Ruhe zu haben. Um besser den Geschäften nachgehen zu können. Um ein Werk zu leisten. Einer beamtlichen Funktion zu genügen. Geht ein solcher beamteter Mann zufällig zu einer andern Frau als der seinen, so wird er diese andere nachher sich verächtlich machen. Die Prostituierten haben die Last solcher Verachtung schon vorher und ein für allemal auf sich genommen. Aber darum handelt es sich wohl nicht mit dem, was Sie sagen wollten.«

Menschen wie Sie sollten nicht heiraten, sagte ich.

»Da sind Sie in einem fundamentalen Irrtum. Daß ich die lüstige Sinnlichkeit nicht als eine immer hetzende Peitsche hinter mir fühle, brauch ich Ihnen nicht zu sagen. Wär es so, dann hätte ich mich wohl nicht mit einer Frau zusammengetan. Und ginge mir von Frau zu Frau immer mehr verloren. Ich hätte am Ende nur mehr weniger viele Frauen umarmt, und das ist nichts. Ich meine als Erfahrung, als Befriedigung einer Neugierde nach sich selber. Es wäre, arithmetisch gesprochen, ein Bruch, dem der Nenner fehlt.«

Um die Rolle des Nenners ist Ihre junge Frau gewiß nicht zu beneiden.

»Wenn sie darunter leidet, so ist das eben Ausdruck ihres Lebens. Die Lose sind so gezogen. Und ist leiden nicht auch lieben?«

Der Wind war wieder aufgekommen. Er hielt scharf an ihm, und es gab im Gespräch eine Pause. Sein Gesicht zeigte eine fast schmerzliche Spannung. Vielleicht beschäftigten ihn

Gedanken an diese Frau und ihr Los. Daß sich ihm diese Angelegenheit so übersichtlich geordnet hätte, wie seine Äußerungen dazu vielleicht nicht mich, aber ihn glauben machen wollten, das drückte dieses Gesicht gar nicht aus. Was denken Sie, fragte ich ihn.

»An einen Satz bei Pascal, daß man niemals die Personen liebe, sondern nur Qualitäten. Alle Konflikte kommen daraus, daß man auf einer Qualität, um derentwillen man liebte, besteht und sie zunehmend sehen möchte, während sie gerade abnimmt. Körperliche Schönheit zum Beispiel. Oder die Konflikte kommen aus einer Täuschung, daß man für geliebte Qualität hielt, was nur Laune und Zufall eines Augenblickes war, Konstellation von Umständen. Oder daß man, der gemeinste Fall, eine als gerade geliebte Qualität zu haben vorgibt, sich im Zustande des Verlangens zu ihr forciert, um bei befriedigtem oder schwindendem Verlangen so Kraft wie Lust verliert, diese Qualität als vorhanden zu behaupten.«

Ja, und?

»Für mich muß ich dazu noch etwas hinzufügen. Daß man, aus Jugend, aus daraus sich ergebender Unerfahrenheit, oft sehr geliebte, mit dem Instinkt geliebte Qualitäten ahnt und daß man ihres großen Wertes erst so nach und nach inne wird, auch durch den Vergleich. Das sind die in der Liebe über alles zu schätzenden Qualitäten des hautumschlossenen Leibes. Ich kann es Ihnen, zu dem ich ja Du sagen könnte, so nah stehen Sie mir, sagen, daß ich mit Zwanzig nicht wußte, wie schön der Leib meiner Geliebten ist und daß ich es erst jetzt mit bald Dreißig weiß. Das wird immer in der Erinnerung bleiben, weil es das Wesentliche ist. Was denn sonst sollte mich veranlassen, mit einer Frau gemeinsame Sache zu machen? Was sonst als dieses Anima-lische? Doch nicht das Animus-ische? Könnte man nicht etwas grob feststellen: wenn die Frau spricht, hat sie nichts mehr zu sagen?«

Meine sechzig Jahre disponierten mich nicht dazu, dem zu

widersprechen. Es waren aber auch die Erfahrungen der andern Hälfte dieses Lebens nicht derart gewesen, daß ich einen bedeutenden Einwand hätte dagegen vorbringen können, daß die Frau alles für die anima und nur mittelbar etwas für den animus des Mannes bedeute und auch dieses Mittelbare nur dann, wenn die anima eine starke Erschütterung erlebe. Ich sagte so was, aber der Dreißigjährige unterbrach:

»Das Wort Erschütterung ist zu stark für den Vorgang. Besser beschreibt ihn das Wort Durchschauerung. Was mich betrifft natürlich, denn ich will keinen kindlichen psychologischen Positivismus treiben, sondern nur aussagen, was ist, aber nichts davon ableiten.«

35.

Variation der interessanten Begegnung

Oder ich treffe den Dreißigjährigen, wie er sich von einem Fahrrad schwingt, ein damals aufkommendes Vehikel, das die Stadtbewohner entzückte, denn es erweiterte ihnen die Landschaft. Er sagte: »Man kommt ohne viel Mühe recht weit damit, nicht nur so an der zurückgelegten Strecke gemessen, sondern an dem, was an der mit Aug' und Ohr abgetasteten Strecke liegt, das Kleine, Alltägliche, Gemeine. Es tut sehr gut, das zu sehen und zu hören, ich meine uns Jakobinern der Ideen. Es kupiert die Gefahren der Sonderung. Es weicht auf.«

Wir traten in den Raum, der seine Bücher enthielt. Auf Tischen und in Regalen. Der Blick wird da immer vom Zerlesensten angezogen. Er merkte das und kommentierte:

»Ja, Nietzsche lehrte mich die Vorsicht im Umgang mit den Philosophen. Wie der Kierkegaard die Vorsicht im Umgang mit den Gläubigen.«

Ich hatte die »Pensées« von Pascal aufgeschlagen, die auf einem Tisch lagen, und fand da einen Satz am Rande angestrichen. Auf meine Frage sagte mir der Gastgeber in meinem alten Heim:

»Pascal rät hier, wie Sie sehen, den Glaubensfremden so zu tun wie jene, die mit dem Glauben angefangen haben: ›sie taten ganz so als ob sie glaubten, nahmen das Weihwasser usw.‹ Nichts anderes tun die heutigen Geistlichen der Kirche, wenn sie raten, in die Messe zu gehen und so zu tun, als ob man glaubte. Aber mir fiel bei dem Satz ein, daß es sich mit der Liebe wie mit dem Glauben verhalte. Also zunächst ein Theater, als ob. ›Er tat ganz so, als ob er liebte ...‹ Dann kann der Gnadenakt der Liebe kommen oder nicht. Zunächst also Investitionen, welche die Gnade als eine Möglichkeit in sich tragen. Der Mensch ist sparsam in allem. Hat er einmal investiert, kommt ihm eine kleine Gunstbezeigung schon als die Gnade der Liebe vor, und so bleibt er dabei. Aber wir wollen dieses interessante und so überaus unergiebige Thema doch lieber lassen, nicht? Es ist mehr eine Angelegenheit für die Frauen, die im unerzogenen Durcheinander ihres Wesens alles in diesen Komplex Liebe münden lassen, womit sie dann den Mann überströmen, der erst davon entzückt, dann gelangweilt und schließlich entsetzt ist, in diesem Punkte so überaus wichtig genommen zu werden.«

Und – was tun Sie?

»Man streift im Dunkeln an den Faden eines Spinnwebs und hat einen Schlag davon, als ob man an einen Balken stieße. So wirkt diese Frage, deren moralische Qualität ich nicht überhöre.«

Ich beeilte mich, ihm zu versichern, daß mir nichts ferner läge, als moralischen Einfluß zu üben, was nichts anderes bedeute, als einen andern zu überreden, daß man ihn noch unangenehmer zu machen fähig sei, als er es selber trifft. Es sei nur so gefragt, weil alle Menschen eben was täten. Darauf er:

»Ich werde mich hüten, Ihnen darauf zu antworten: ich lebe. Denn nicht Sie werden mich hier mißverstehen, aber es könnte einem unbemerkten Zuhörer einfallen, den Radius der ›Erlebnisse‹ abzumessen und klein zu finden. Oder der ›Leistung‹ das Gewicht abzumessen und es gering zu finden. Oder meine ›Gefühlstiefe‹ zu loten und eine Untiefe festzustellen. Da ich alle diese von meinen deutschen Landsleuten so überaus geschätzten, ja an die Spitze gestellten Fähigkeiten eigentlich nicht besitze, mache ich unter ihnen eine schlechte Figur. Aber Sie haben recht, man soll etwas tun, wenn man in einer Ehe lebt und das vor einem halben Jahr geborne Kind zwei Zimmer weiter schreien hört. Man hat sich instituiert, und das hat Folgen. Darunter die, daß man was tun soll. Die Frage ist nur, was. Wenn man eine Menge gelernt hat und also weiß, daß man nichts kann. Aber glauben Sie nicht, daß ich mit meiner Unzufriedenheit zufrieden bin und mir im Augenblick gefalle. Dem ist gar nicht so. Wäre das Ganze des Lebens nicht absurd, sondern sinnvoll, so wäre alles, was man tut, ein verzweifelter Wahn. Aber da man das Absurde des Ganzen wohl hinnehmen, aber nicht im Absurden leben kann, setzt man das Sinnvolle seines Lebens gegen das Absurde der Welt. Und zum sinnvollen Leben gehört Tun, Sie haben recht.«

Ich machte eine Anspielung auf seine früheren schriftstellerischen Versuche, mit dem Effekt, daß er in ein Lachen ausbrach, etwas zu stark für seine eher lächelnde als lachende Art, so daß ich den Eindruck hatte, es wäre, da er diese Anspielung erwartete, vorbereitet und wie hinter einem Stauwehr parat gehalten worden. Das Lachen war etwas hypokrit.

»Der Bergsteiger lehnt sich rastend mit dem Rücken an eine Felswand und schnauft sich aus. So tun auch die klassischen Dichter wie Dante. Er findet das objektive Korrelat einer schon vor ihm konzipierten Doktrin wie eine Felswand vor, daran sich zu stützen – diese Doktrin bestimmt durchaus das Emotionale seines persönlichen Verschnaufens. Wo ein solcher Rahmen traditioneller, in seinem Geiste naturalistischer Ideen nicht oder nicht mehr vorhanden ist, wird sich der Dichter – ich denke an die reichsten wie Hölderlin und

Blake – in die Hervorbringung einer persönlichen Philosophie begeben, die immer nur Verwirrung und Versprengung sein kann. Die philosophische Arbeit muß vor ihm getan sein, damit er das Maximum dichterischer Konzentration realisiert. Das war der Fall bei Lukrez, nicht bei Empedokles, der ein philosophisches System in Versen konzipierte. Eklektisch wird sich George ein behauptetes System konstruieren – es könnte bedeutender sein, als es faktisch ist –, nie schafft es ein Werk, es bleiben immer nur ein paar schöne Gedichte. Bei höchster Begabung bleibt der heutige Dichter ein Fragmentist. Als Ganzes erscheint er mir nicht möglich. Daher gibt's eben das, was man Literatur nennt, als einzige Zeitmöglichkeit. Ich will damit die Zeit gar nicht ablehnen oder gar heruntersetzen. Aber ich möchte nicht auf die Dogmatik eines radikalen Klassizismus verzichten, denn ohne ihn blieben mir so Dante wie Shakespeare unzugänglich und überaus fremdartig und ich fände mich auch auf keine Weise in den Hervorbringungen der Literatur zurecht.«

Ich bemerkte, daß die katholische Doktrin als eine Bindung und Verbindung der dichterischen Person heute auch noch vorhanden sei und Figuren wie Baudelaire oder Patmore oder Thompson – aber er ließ mich nicht ausreden.

»Der protestantische Riß geht auch durch uns deutsche Katholiken, vielleicht durch die ganze Kirche, die sich vom Protestantismus weit mehr, als ihr zukommt, auf das ethische Glatteis hat locken lassen... Machen Ihnen diese katholischen Dichter, die Sie nannten, nicht den Eindruck von Häretikern? Ich glaube, die heutige Kirche hat zum Teufel nur mehr eine Beziehung über die Dienstmädchen weg, die an ihn glauben.«

Also Sie schreiben nicht mehr?

»Was wir denken, ändert sich ja unausgesetzt, und es wäre doch sinnlos, etwas zu schaffen, dessen Anfang wir nicht mehr verständen, wenn wir das Ende schreiben. Ich neige dazu, die Seiten, die man schreiben wollte, für viel anziehender zu halten als jene, die man geschrieben hat. Es gibt Sätze, welche über die umfangreichsten Bücher lächeln machen. Alles Schreiben ist doch meist nur ein Aufhören des tiefen Denkens. Oder Verzicht auf das Schreiben die Nährung eines Aberglaubens, daß man tief denke. Man möchte eben nicht vor sich selber durchfallen.«

36.

Metaphysische Schwermut

Die etwas nonchalante Tönung, die der fast Dreißigjährige den Formulierungen seiner Zuständlichkeiten gab, konnte nicht darüber täuschen, daß er in einem Fieber verwirrender und lähmender Skrupel und Bedenken lebte. Gar nicht mehr der Jüngling, der an der Schwelle des Lebens dieses für leichtes Spiel hält, weil aus dem Vergangenen des mühlos Gelernten sich rasch alle Zukunft konstruiert, mit allen Hoffnungen verschwenderisch ausgestattet, die den Jüngling fortreißen – bis in diese Jugendlichkeit eine Frau tritt, die unter dem herrlichen Betrug des Metaphorischen unsere Instinkte zauberhaft verschönt. Diese Erweckung ist Generalprobe auf allen Besitz des jungen Mannes, und was sich nun vollzieht, dafür möchte man die Worte, die es beschreiben sollen, in ein Zwielicht ihrer selbst tauchen können, denn im Lichte werden sie falsch. Es ist Trauer und Abscheu, Ekel und Angst, wachsende Anziehung bei größer werdender innerer Entfernung, Schlag und Streicheln, Sturz und Flug. Die in der geschlechtlichen Erregung nur ich weiß nicht welche Gefälligkeiten finden, werden dies nicht verstehen, aber jene vielleicht, deren verwirrte Delikatesse unschuldig in den Armen einer Frau bebt und vor allem jene, die verwirrt sind über das Vergnügen an sich selber und daß sie durch die Frau Lust am eigenen Leibe empfanden. Aus den Armen wieder in ihr Einzeldasein entlassen, verlangt es diese Männer, sich ein Ziel zu setzen.

Bei manchen ist das, worauf sie erzogen und gerichtet wurden, im Herzumdrehenden der Generalprobe Liebe trocken und dürr geworden oder sie ahnen diese kommende Dürre. Aber sie käuen doch ihre Ambitionen wieder und machen sie sich ein wenig saftig. Andere jagen Träumen nach. Alle nehmen sich heftige Tätigkeit vor, forcieren einen Appetit danach, bringen Opfer oder sind nur so mitgerissen vom Gefühle, ein Ziel im Leben zu haben. Aber die meisten dieser Einzelnen beim Start werden bald formlose Masse und Teil jener Bewegtheit, die man Gesellschaft nennt. Bloß mit den äußeren Realitäten beschäftigt, kennt keiner von ihnen jene zurückgelehnte Ruhe, in der man in sich auf die wundervolle und langsame Vollendung dieser Zerstörung lauscht, die in uns geboren ward und sich leise erfüllt. Sicher sitzen auch die andern am Abend ihres Lebens, am Kaminfeuer ihres Zieles nicht aufrecht; aber sie affektieren eine Art Skepsis, ermüdet von ihrer Ohnmacht, und von ihren verbrauchten Lippen rinnt ihnen ein fadendünnes Lächelnwollen, das nur schlecht ihre Angst verrät, etwas zu verlieren, das sie gar nicht mehr besitzen: das Leben.

Dieser fast Dreißigjährige, ein bißchen sophistisch, ein bißchen degoutiert, stand vor einer Periode seines Lebens, wo sich im nicht von einem Ziele besessenen Manne die volle Hinnahme des äußern Lebens und gleichzeitig damit der volle Verzicht darauf erheben. Rückgewandt das Zweifelhafte des durchmessenen Weges erkennend, taucht etwas wie Gewißheit auf, daß alles Kommende auf eine bestimmte Weise am Wahne des Gewesenen teilhat und mit ihm verhaftet ist. Der psychologische Zustand ist etwas wie eine metaphysische Schwermut.

Dann traf ich ihn mit Weib und Kind wieder in Bremen, kurz vor seiner Abreise nach dem andern Kontinent. Wie Auswanderer, wenn sie nicht Billette für die erste Kajüte gehabt hätten. Auf meine Frage nach dem Grunde dieser Reise kam die Antwort so, daß sie vieles, was er mir bei den früheren Begegnungen gesagt hatte, berichtigte.

»Eine Seefahrt von Bremen nach New York ist nicht rein physikalisch durch Addition der in jedem Knoten aktiven mechanischen und meßbaren Kräfte erklärt. Sie haben mich so oft expektoriert und zu Antworten gezwungen, wo Schweigen eine richtigere Antwort gewesen wäre, und ich muß das in Ordnung bringen. Was ein Organismus in jedem einzelnen Zeitmoment tut, ist Folge eines unmittelbaren Vorhers und Ursache eines unmittelbaren Nachhers, aber diese Zeitteilungen sind ganz künstliche Konstruktionen. Es ist da ein nicht zurückführbares Minimum von so was wie Laune, etwas durchaus ›Mentales‹ in der sichtlich höchst automatischen Reaktion, und wenn es auch nur so gering ist wie die relativistische Korrektur des euklidischen Raumes. Um es für das Psychologische zu sagen: der Organismus reagiert nicht auf die Summe der verschiedenen Elemente einer Situation, sondern auf die Situation als Ganzes, auch das, was sie bedeutet.«

Sie meinen, bemerkte ich, die Schwierigkeiten vieler unserer psychologischen Zustände liegen daran, daß wir nicht gewillt oder vielleicht auch nicht befähigt sind, unbewußte Zwecke und Absichten wahrzunehmen?

»Ich meine, etwas zu wünschen, was wir nicht wissen, scheint noch viel leichter zu sein, als etwas tun zu wollen, was wir nicht wissen. Mythologisch hübscher, aber undeutlicher können Sie dasselbe sagen, wenn Sie vom unsichtbar dirigierenden Finger Gottes sprechen. Was mich zu dieser Reise veranlaßt, könnte ich Ihnen sagen. Aber was sie begründet, darüber hat der liebe Gott bessere Auskunft, indem er schweigt.«

Die Schiffspfeifen heulten zum drittenmal, und er eilte, ein verspäteter Passagier, den Laufsteg hinauf.

37.

Lächerliches Abenteuer

Der Amerikafahrer tröstete die seekranke Frau und ließ das lebhafte Kind, wenn er mit ihm auf Deck spazierte, nicht aus dem kleinen Halfter, das man ihm umlegen mußte, um Angst und Schrecken zu vermeiden, als es am ersten Tage der Fahrt verschwunden war. Nach zwei Stunden Suchens brachte eine Mannschaftsperson die kleine Sybill, die eine Strickleiter hinaufgeklettert war, da oben an einem Mast wo hockte und sich das Meer ansah. Sich ihm verlobte, möchte ich sagen, denn das Wasser, in ihm zu tauchen, es mit dem Segel zu befahren, seine Bewohner mit der dreigezinkten Gabel wie eine Jägerin zu stechen, ist die große Prädilektion ihres Lebens geblieben, allem Naturhaften und Elementaren verwandter als dem Menschhaften und dem Abgesteckten seiner kleinen Weide.

Beim Augustin steht wo ein Satz vom Reisen als vergeblichem Fluchtversuch aus dem immer bekümmerten Innen nach dem unbekannten Außen, und daß man sich selber doch nie loswerde und überallhin mitnehme. Für das meditative Alter wird das ja stimmen. Aber der Dreißigjährige, dem nie ein Kranksein den Leib so gelockert hat, daß er durch dessen dünn und durchsichtig gewordnen Wände auf das in Todesfurcht zitternde Häufchen Seele schauen mußte, um das nun alle seine Gedanken kreisen, der wird sich wie ein guter Schwimmer ins fremde Wasser, in das Fremde von Ländern und Menschen stürzen, nur scheinbar aus Neugierde nach ihnen, aber eigentlich nach seinen eigenen Kapazitäten. Man variiert die Widerstände zur bessern Bestimmung vermeinten Besitzes, zur Korrektur nicht ganz genauer Grenzen. Sieht man vom Wimmern der erlösungssüchtigen anima christiana ab, hat Augustin schon recht. Columbus glaubte, in Indien gelandet zu sein und war in der vermeinten Bestätigung seines Wahnes glücklich.

Noch zu kurze Zeit im Lande, um mit dessen Institutionen vertraut zu sein, verbrachte ich einmal eine Nacht im Polizeigefängnis von Baltimore. Ich hatte einen Polizisten, der auf einen zu Boden liegenden bewußtlosen Mann einschlug, zur Rede gestellt, stieg als freiwilliger Zeuge in den Patrullwagen, der den Bewußtlosen abführte, und stand nun vor dem Kommissar, hinter mir der aussagende Polizist. Ich hätte ihm, dem zweihundert Pfund schweren Mann, so sagte der, mit der Faust ins Gesicht geschlagen. Es sei ein schwerer Fall, sagte der Kommissar, und er riete mir, mich mit dem Polizisten zu arrangieren. Ich verstand nicht, weil ich nicht wußte, daß in diesem Lande nicht die Polizei als eine Institution klagte, sondern der beleidigte Polizist als Mensch. Hinter mir machte ein mitgefahrener Reporter sich vordringlich und flehte mich an, mich nicht mit dem Mann zu arrangieren, sondern mich einsperren zu lassen. Seine Zeitung würde für mich den Polizisten verklagen. Also arrangierte ich mich nicht. Ob ich einen in der Stadt nennen könne, der für mich bürge, fragte der Kommissar. Am Grabe des einzigen, den ich in dieser Stadt kannte, war ich an diesem grauen, nebligen Dezembernachmittag gewesen. Ich hatte gerade die Worte Edgar A. Poe auf dem Grabstein entziffert, als genau über ihm in einiger Ferne auf einem Hausdach eine riesige Lichtschrift aufblitzte: Gimbels Gin the Best. Wie ein Ruf aus dem Grabe. Eine posthume Groteske des Dichters. Ich konnte keinen Bürgen und keine Bürgschaft stellen und wurde in den Kotter gebracht und am nächsten Morgen entlassen.

Drei Wochen später saß ich als unterschobener Kläger vor dem Richter. Neben mir der verklagte Polizist. Und als ich mich befragt als einen vorstellte, der Studien halber in diesem Lande reise, gab es eine kleine Pause für die erstaunten Augen des Richters, der vielleicht zum erstenmal einen Fremden sah, der nicht in seinem Lande verdienen, sondern sein europäisches Geld ausgeben wollte. Und er ließ, um dem Fremden zu zeigen, daß man sich in diesem Lande auf Gerechtigkeit verstände, auf den Polizisten ein Donnerwetter von gröbsten Beschimpfungen niedergehn und suspendierte ihn für zwei Monate vom Dienst.

Etwas später unterrichtete mich ein Staatsanwalt, daß dem Polizisten natürlich gar nichts geschehen sei, denn der sei als wichtigster Wahlagent eine viel bedeutendere politische Persönlichkeit als irgendein Richter der U.S.A. Nicht direkt er, aber sein politischer Boß. Und wenn ich künftig einen Polizisten dabei treffen sollte, wie er aus einem Menschen Filet schneidet, rate er mir, umzukehren, wenn ich den Anblick nicht ertrüge, aber um Gottes willen nichts zu unternehmen, was den Mann bei seiner Arbeit stören könnte.

Ich erzähle dieses lächerliche Abenteuer nicht um seiner selbst willen. Sondern weil ich im Augenblick, da ich sie aussprach, fast mit einem Lachen über die dreiste Behauptung gestolpert wäre, daß ich Studien halber mich in diesem Lande reisend aufhalte. Welcher Studien denn? Und für welches Wissen denn? Ich kam mir vor wie ein Bankrotteur, der behauptet, irgendwo ein Bankdepot zu haben und jeden gewünschten Kredit darauf. Oder Handelsschiffe in imaginären Gewässern. Immobilien auf dem Monde. Hätte ich die Medizin gelernt oder den Brückenbau, so wäre es im ordentlichen Wege gewesen, mich nun für eine Tätigkeit zu stellen, die man einen Beruf hätte nennen können. Aber was ich gelernt und getrieben hatte, kam mir dafür ganz ungeeignet vor. Ob ich mich auf das prinzipiell Unzulängliche jedes solchen Wissens ausredete oder ob ich meinen erworbenen Kenntnissen nicht traute oder nur im allergewöhnlichsten Sinne faul war, das macht nichts aus. Vielleicht waren es die marxistischen Jahre, die mich mißtrauisch gegen alle überstürzten eiligen Lösungen der Probleme gemacht und mich damit hinterlassen hatten, es weit wichtiger und interessanter zu finden, ein Problem gut zu definieren, als es überhastet und beiläufig zu lösen. Es also lieber mit den mehr geahnten als gewußten Schwierigkeiten des Lebens aufzunehmen, das seine Delegationen an das Denken abordnet, als in einen Beruf zu kapitulieren, der die Existenz auf Kosten des Lebens gewährt.

Gegen Vorhaltungen der Verwandtschaft, meiner und jener der Frau, war nichts einzuwenden. Daß weder die zu erwartenden Erbteile noch meine allem Anschein nach nicht sehr erwerbstüchtige Person sichere Garanten für eine bürgerliche Existenz seien, mußte man zugeben. Und daß es daher besser wäre, die Frau schlösse ein begonnenes Studium mit Aussicht auf selbständige erwerbende Tätigkeit ab, auszuüben, falls eins über Bord ginge, Gatte oder Geld. Auch daß die wirtschaftliche Selbständigkeit der Frau ihre moralische Freiheit in der Ehe bedeute, wurde von einer ärztlichen Schwägerin programmatisch richtig, aber praktisch bedeutungslos, ins Gewicht geworfen. Man packte die siebzehn Koffer.

Aus den während der zwei Jahre Aufenthaltes in den U.S.A. aufgeschriebenen Notizen wähle ich aus, was mir für die Spur des hier erzählten Lebens charakteristisch erscheint. Und nicht nur dieses, sondern jedes Lebens, denn jedes Leben ist notwendige ununterbrochene Auseinandersetzung darüber, ob Verstehen nichts weiter ist als eine raffinierte Art der Hinnahme oder ob es die Befähigung verleiht, das Verstandene zu ändern. Nicht weiter demonstrierbare Vorbedingung, daß man die Intelligenz nicht zur bloßen indifferenten Registrierkasse macht, die Wirklichkeit in Fakten, das Denken in Gesetze zerschneidet und sich trotzdem einredet, man schreibe oder handle unter dem Diktat der Natur.

38.

Notizen aus einem amerikanischen Tagebuch

Es macht mir den Eindruck, als ob hier die Zivilisation ihr Objekt, den Menschen, verloren hätte und sich selber diente mit dem Menschen als goldnem oder schwarzem Sklaven dieses Gottesdienstes. Es gibt Analogien dazu im Denkerischen. Ich erinnere mich des baren Unsinns eines gegenstandslosen Denkens in dem, was man auf der Schule als Logik vorgetragen bekam. Dann etwas später als Theologik kennenlernte. Kein Zufall, daß hier in diesem Lande der Pragmatismus aufkam und als Metaphysik hingenommen wurde. Kein Unterschied, ob man sich mit den einen oder den andern Sklaven der Maschine unterhält, – beide haben die gleiche, fast liturgische Antwort, Unternehmer wie Arbeiter, die deutlich macht, daß sie der Maschine Messen zelebrieren wie einer Gottheit. Was ich in diesem Lande als zu ihm sich in Opposition vermeinend kennenlerne – Professoren abseitiger Gelehrsamkeiten, aus Tradition des Wissenschaftsbetriebes übernommen, schwärmerische ältere Frauen, Sonntagsprediger, Nichtstuer oder bloß Höfliche, die sich mir als dem Europäer gegenüber verpflichtet glauben, vermeintlich Europäisches gegen Amerikanisches höher zu halten – sie sind alle Atavismen, Denkspieler oder noch weniger. Was sie sagen, ist am Maße dieses Landes gemessen von stupender Gleichgültigkeit. Sie belieben einem Primat des Geistes das Wort zu reden, weil es sie, ganz der Materie doch unterworfen, nichts kostet, und weil sie dabei die Illusion haben, frei zu sein, keinen Bedingungen zu unterliegen. Höchst hybrid kommt mir diese Freiheit vor. Fast wie eine Nervenkrankheit.

Jene Antwort ist stereotyp: daß der maschinelle Fortschritt die Demokratisierung der von der Maschine erzeugten Produkte fördere, der gesteigerte Absatz der gesteigerten Produktion größeren Gewinn bringe, welcher wieder zur Verbesserung der Maschine oder für neue Maschinen verwandt werde. Es ist ganz theologisch. Nur steht da nicht mehr »um Gottes willen«, sondern: »um der Maschine willen«. Die Maschine nährt sich von den Bedürfnissen, die sie in dem Maße schafft, als sie sie befriedigt. Der Mensch ist eine Schöpfung Gottes zu dem Zwecke, Gott zu dienen, auf daß er der ewigen Seligkeit teilhaftig werde. In der neuen Variante dieses Satzes steht für »Seligkeit« der Komfort. Das ist psychologisch dasselbe: Unruhe, Zweifel, Unsicherheit. Denn der Gott hüllt sich, du kannst anstellen, was du willst im Frommsein, was die dir zufallende Seligkeit betrifft, ins Dunkle. So die Maschine, die du ölen, schmieren, putzen mußt – da hat sie schon ein Junges geworfen, wie sie wollte, und dein Komfort ist schon wieder keiner mehr. Man lebt nirgends unkomfortabler als in diesem Lande, dessen Bewohner aus hundert verschiedenen Völkern auf einen allen gemeinsamen Rhythmus gebracht werden müssen, den allein die Maschine gibt. Der sozialistische Traum wird hier von der andern Seite her Wirklichkeit. Du sollst der Maschine dienen, auf daß du lange lebst und es dir wohl ergehe auf Erden. Aber als was nur? Als Diener am Ganzen, sagt der Sozialismus und läßt das Ganze im Vagen des Nicht-Definierbaren. Hier hat es sich konkretiert: als die Maschine. Wo blieb der Mensch? Ich möchte fast sagen, ich habe den Menschen hier nur bei den Negern gefunden. Diese Rasse kann sich, wie die Juden, außerordentlich assimilieren, aber nicht aufgeben. (Wie es die Deutschen tun trotz ihrer ideologisch-naiven Schwimmgürtel aus gespensterhaften Sentiments.) Den Weg auf ein weites Ziel geben diese kurzdenkenden Schwarzen immer wieder auf, um zu lachen, um Unsinn zu treiben, um exuberant ihren paar Instinkten zu leben, um zu tanzen in einer frenetischen Raserei, um gut und viel zu fressen, kurz, um Menschen zu sein. Ich glaube, die Neger dieses Landes werden einmal, ohne es zu wollen, den wertvollsten Exportartikel dieses Landes herstellen: die menschlichen Wirklichkeiten ihres Daseins, überall begehrt als Stimulanzien eines automatisierten Lebens, überall aber auch gleichzeitig dem Automatismus des Maschinellen erliegend. Denn so scheint sich die Menschheit aufteilen zu lassen: in die große Menge, die automatisiert wird, und eine kleine denkende Minderheit, welche aber nichts denkt als das Mittel der Mechanisierung, die Maschine, zu perfektionieren – auch wenn sie nichts als reine Mathematik zu treiben scheint. Denn die Maschine schützt und fördert ihre Eroberungen, indem sie sich mit dem Abstrakten camoufliert. Wer das bestreitet, tut wie die Gebildeten in Boston, die von ihrem Stadtheiligen Emerson einen transzendentalen Atheismus geerbt haben, der in nichts weiter besteht, als in den sittlichen Vorurteilen eines Kalvinismus aus dem 18. Jahrhundert, die sich aber für frei halten.

Es stimmt: kaputte Stiefel werden nicht gesohlt, sondern weggeworfen. Einen gestrandeten Einsiedler zu finden, der das Sohlen noch besorgte, könnte ja mit großem Zeitaufwand noch gelingen, aber wozu? Die Arbeitsteilung zerreißt immer mehr diese durch Jahrhunderte so überaus fruchtbar gewesenen Freundschaften zwischen Mensch und Materie, die er in wundervollem Zusammenklang mit seinem innern Rhythmus bearbeitete, mit der Hand, mit dem Kopf. Kann man denn diese Funktionäre an der Maschine noch Arbeiter nennen? Sie sind Sklaven wie ihre Herren. Gibt es darum seit 1789 nur Revolten, aber keine Revolutionen? Sklaven? Nicht einmal das. Die Maschine ist ein erbarmungsloser Gott.

In dem ganz mittelalterlichen Dokument, mit dem 1776 dreizehn amerikanische Staaten ihre Unabhängigkeit erklärten unter Berufung auf Gott als einer »selbstverständlichen Wahrheit«, der den Menschen einer dem andern gleich geschaffen und jeden mit unbestreitbaren Rechten auf Leben, Freiheit und Verfolg seines Wohlstandes geschaffen – in diesem Dokument hatte Jefferson, der erwählte Chairman des Drafting

Committees, auch den Sklavenhandel abgeschafft. Aber das paßte weder dem Süden, der an der Sklavenarbeit profitierte, noch dem Norden, der an der Sklavenschiffahrt profitierte. Man strich also den Passus. Ohne Diskussion. Denn aus einem benachbarten Pferdestall waren durch die offnen Fenster des Sitzungssaales Schmeißfliegen eingedrungen, was die Herrn des Komitees zu rascher Flucht veranlaßte. Das war das erste Auftreten der Schmeißfliegen in der amerikanischen Politik. Professor B. von Harvard meint zu einer Bemerkung eines Kollegen, daß die Schmeißfliegen in den letzten dreißig Jahren konstitutionell geworden seien, Amerika sei ein junges Land und werde im Wachstum das überwinden. Komisch, wie ernste Leute wie B. aus solchen nichtssagenden Analogien sich nicht nur Trost holen, sondern damit sogar ihre Wissenschaft betreiben. Er baut Gedanken über einer Metapher. Nirgendwo dürften sich die Bürger eines Staatswesens weniger mit der Politik beschäftigen als in diesem Lande, wo sich alles mit dem Gelde beschäftigt, sogar die Politiker: diese mit dem Gelde der andern und wie sie es zu ihrem eigenen machen. Mit dem Wort Freiheit und daß ein jeder Mensch von Gott die Freiheit habe, Geld zu machen soviel er kann, wie und womit immer er kann, wird nichts als ein monströser und unverantwortlicher Kapitalismus, Geldmacht in den Händen weniger, verteidigt. Wie mit dem Worte Gleichheit »der Staat als Ausdruck von des Bürgers wirklichem Willen«, was de facto sich als Einführung von allerlei Polizeibestimmungen ausdrückt und als eine Tyrannei der sogenannten öffentlichen Meinung, schlimmer als die jedes Gesetzes. Liest man die Reden der Hamilton, Jefferson, Webster, Lincoln und Douglas, so hat man immer den Eindruck, daß sie vor Zuhörern sprachen, die überzeugt zu werden wünschten. Hört man heutige Politiker reden, wollen sie mit Schmeicheleien das Publikum gewinnen.

Die europäischen Voraussetzungen zur Besiedlung dieses Kontinentes waren schon mit dem Zusammenbruch der mittelalterlichen Welt gegeben, und wie mit Figuren vom Typus eines Thomas Münzer die Geschichte dieses Landes einen robusteren Start bekommen hätte als mit den verraunzten Sektierern zweier Jahrhunderte später, ist nicht auszudenken. Jetzt befindet sich diese Zivilisation mit ihren drei Mythen: Geld, Materie, Menschenrechte in einer Sackgasse voll Katzenjammer. Als in der heroischen Epoche die Planwagen nach dem Westen zogen, über die Prärie und das Felsengebirge an die andere Küste, da hieß bei uns das Echo davon Atala, das den Dichter Lenau verlockte. Während es dem schärfer hörenden Edgar Poe nichts als Träume von Grauen und Grausamkeit bedeutete. Und einer wie Cooper elegische Epopöen dichtete vom letzten Waldläufer, letzten Huronen, letzten Baum und letzten Büffel. Die Planwagen waren nicht im mindesten rousseausche Vehikel von Naturschwärmern, sondern Kriegswagen gegen die Natur. Sie wirkten wie die indischen Tchandalawagen, legten die Spuren für die eisernen Schienenbänder, die diese Zivilisation ins Nichts führen. Emerson hatte da zuweilen prophetische Augen, aber zu feine Manieren. Und Thoreau, dem Naturburschen von Concord, war es zu nah bei Boston und eine Kuriosität, vielleicht auch er selber. Man fuhr hinaus, ihn sich anschauen, wie heute den Ort, aus dem man so was wie einen winzigen Naturschutzpark gemacht hat. Es scheint schon so zu sein, daß die Fähigkeit des Menschen, zu erfinden, im umgekehrten Verhältnis zu der Fähigkeit steht, seine Erfindungen zu beherrschen. Das Maximum, das er da trifft, ist sich anzupassen. Also à la longue zu erliegen.

Einwanderer von 1500 hätten in groben festen Händen noch gutbewahrte Heiltümer in dieses Land gebracht. Einwanderer ab 1700 aber brachten das mit, was zersetzt und zerfallen in diesem Europa seit hundert Jahren herumlag, Überbleibsel und Verfaultes oder Versteinertes. Zusamt dem, was man den »neuen Geist« nannte, inkarniert etwa im Erfinder des Blitzableiters und der »moral competability«, die den jungen Tolstoi faszinierte.

An der Romantik der Indianerbüchel fand ich als Bub keinen Geschmack. Ich glaube, dazu muß man auf dem Steinpflaster einer Stadt aufwachsen, nicht in einem Garten. Als ich jetzt Indianer in einem Reservat sah, hatte ich keinerlei sentimentales Aufstoßen. Eher empfand ich etwas wie Mitleid mit diesen letzten ihrer Rasse darüber, daß sie nicht in ihrer heroischen Geschichte gefallen waren, sondern unter den dezimierenden Bedingungen der amerikanischen Indianerpolitik des Sonntags gewissermaßen Indianer spielen dürfen und sechs Tage in der Woche gezwungen sind zu leben, wie sie nicht wollen, und es ihnen, auch wenn sie wollen, von Washington aus schwergemacht wird. Ein ihnen sehr freundlich gesinnter Professor in Philadelphia hat mir eine Menge davon erzählt. Ich traf indianische Studenten, einen Arzt, einen Rechtsanwalt. Von Amerikanern neuester Art nicht mehr zu unterscheiden. Sie müssen es einem selber sagen, daß sie Indianer sind. Ausnahmen. Ein deutscher Großbauer in Ohio, über siebzig alt, erzählte mir, wie er mit achtzehn herübergekommen war. Und wie sie die Wälder »ausgerodet« hätten. Er sagte ausroden und sprach als Breisgauer das d wie zwei harte t – »ausrotten«. Es stimmte so. Der ausgerodete Wald bedeutete den ausgerotteten Indianer. Es liegen Millionen Leichen rechts und links auf dem Wege des Fortschritts – das zu rechtfertigen und das Gewissen zu beruhigen, muß man ihn wahrscheinlich so vergotten und anbeten, wie es geschieht.

In den Vaudeville-Burlesken der kleinen Theater gibt's zwei stehende Figuren: den dummschlauen Irländer, der die Witze macht, und den nichts als dummen deutschen Jokel, auf den sie gemacht werden. Dem stereotypen Schoßrock, den in die kurzen Röhrenstiefel gesteckten Hosen und der ihn immer begleitenden bestickten Reisetasche nach muß sich dieser Jokel so vor 1870 typisiert haben, nach deutschen Einwanderern aus ländlichen und kleinstädtischen Kreisen, Bauern und Handwerkern. Der Typ ist überaus simpel, sperrt das Maul auf, zählt den Pfennig und ist gern gerührt, besonders wenn sentimental gesungen wird. Man muß die Deutschen hier in ihren Vereinen aufsuchen, in den Gesangsvereinen, die jede Stadt mit deutschen Einwanderern hat. Wenn sonst auch nirgends haben die Deutschen ihre Einheit immer in den Kehlköpfen gefunden. Daß die deutschen Einwanderer in auffallend kurzer Zeit ihr Deutsch verlernen, soll man ihnen nicht weiter vorwerfen. Sie haben auch, als sie noch im Vaterland weilten, nicht viel oder nicht sehr sicher Deutsch gekonnt. Schon deshalb, weil der einfache Mann die Worte hochdeutsch nur las, aber in seinem Heimatdialekte sprach. Treffen einander hier ein Bayer und ein Holsteiner, so verständigen sie sich in einem hochdeutsch-amerikanischen Kauderwelsch über die paar Sachen, die, wären die Deutschen ein Volk der Gesten, auch ohne Worte zu erledigen wären. Daß sie sich das für den geschäftlichen Verkehr weit besser geeignete, grammatikalisch und syntaktisch viel einfachere Englisch angewöhnen müssen, wenn sie Sinn und Zweck ihrer Auswanderung überhaupt erfüllen wollen, das ist selbstverständlich, und so tun es auch die Schweden, die Italiener, die Polen. Aber diese verlernen und vergessen darüber nicht die Sprache, in die sie geboren wurden. Es ist schon viel, wenn ein Italiener im italienisch geführten Gespräch einmal all right sagt, wie man einen Punkt macht.

Es waren so an zweihundert Menschen in dem Raum, der einer Scheune glich, schmal und lang, und vorne saßen die Weiber mit ihren Kindern auf Stühlen oder hockten auf dem Boden, rückwärts standen die Männer auf gestampfter Erde. Eine Bretterbude auf einem Baugrund. Ich ging da zufällig vorbei, ein Umweg auf dem Heimweg, und Luigi, der Kellner eines kleinen Ristorante, hatte mich erkannt und eingeladen, da mit hineinzugehn, es gäbe Theater. Es war gegen elf nachts, und die Vorstellung lief schon seit einer Stunde oder so. Die Bühne sah aus wie eine bunt staffierte Kiste, deren dem Zuschauer zugewandten Deckel man nach unten heruntergeklappt hatte, um die Beine und Füße der Akteure zu verbergen oder vielmehr der Akteure der Akteure, denn diese waren Puppen. Brust und Kopf derer, die sie an Fäden dirigierten, konnte man im Halbdunkel über der beleuchteten Kiste sehen, nur die Hände nicht. Und man spielte und sprach Szenen aus dem Orlando. Die Angelica ein Junge, der noch nicht mutiert hatte. Die Zuhörer waren mit lebhaftestem Interesse dabei. Das ganze lange Gedicht schien ihnen durchaus vertraut zu sein. Ungeduldige unter ihnen sagten die Verse dem oben Deklamierenden voraus, wie davon hingerissen, was ein kleines Durcheinander erzeugte, das aber niemanden weiter störte. Es war überaus heiß und stinkend in dem Raum, und ich ging nach etwa einer Stunde. Aber niemand sonst. Man spielte bis gegen Mitternacht.

Vor dieser Stunde bei den Italienern war ich bei einem deutschen Gesangsverein zu Gast gewesen. Etliche vierzig vierstimmig aufgeteilte Männer probten da ein strophenreiches Lied, stiegen mit Stimme und Seele in die Ansichtskartengefilde einer Rheinlandschaft mit entsprechendem blond bezopften Mädchen. Darauf repetierten sie das schon gut gekannte Lied Kriegers Abschied. Und etwas vom Lenz. Welcher Art vermeinter oder wirklicher Gefühle dieses Singen so überaus armseliger Texte und süßlicher Klänge hier Ausdruck gab, war nicht zu erraten. Aber da man es einlernte, um es vorzusingen, muß es wohl für die nicht stimmfähigen Zuhörer emotionalen Wert haben. Aus der Art des Anlasses läßt sich auf den Wert dieser Emotion schließen. Wie beziehungslos die Elemente dieser Deutschen doch untereinander sind! Kaufmännisch haben sie den Ruf, Pfennigfuchser zu sein, kleinliche Sparer, was Erbe aus dem dürftigen heimatlichen Boden sein dürfte, wie ihr kulihafter Fleiß, ihre Genügsamkeit. Zu Reichtum gekommen sind sie wie der Amerikaner possidentes, aber nicht beati. Ohne den Gemeinsinn vermögender Angelsachsen oder Iren, der sich in Stiftungen ausdrückt. Sie sind Amerikaner geworden der Geschäfte wegen. Und bewahren sich in der Herzgrube für ihren Feiertag ein Gemisch sentimentaler Erinnerungen an die deutsche Heimat als eine Art Auszeichnung und Abhebung gegenüber dem Yankeetum, wie sie das eben so vermeinen. Keiner von ihnen denkt aber nach erworbenem Reichtum an die Rückkehr ins Vaterland. Er begnügt sich mit den Erfahrungen seiner paar Besuche im heimatlichen Städtchen, das er klein und eng und für seine vermeinten Maße nicht mehr passend findet. In einem großen Berliner Hotel amerikanischen Zuschnitts, wo er nur mehr Amerikaner ist, fühlt er sich wohler. Unter Amerikanern seiner Klasse versteht sich. Besonders wenn er erwachsene Kinder hat, die sich ein bißchen schämen, wenn Vater oder Mutter in einem deutsch-amerikanischen Jargon zu sprechen versuchen, und die daher jede andere Sprache lieber lernen als das Deutsche, das sie an die kommune Herkunft der Eltern erinnert. Wie ähnlich ist dieses Volk doch den Juden, die unter einem Gastvolk lebend so ungern für Juden gelten oder gehalten sein wollen, und, so wie die Deutschen ihren »patriotischen« Sentimentalismus, einen kultischen für die Familie pflegen und eine »Idee« des Judentums, auch wenn sie ganz ungläubig und liberal geworden sind.

Ganz uninteressant das seriöse Theater, so Stück wie Spiel. Meist englischer Import. Eine seltsam aufregende japanische Theatertruppe mit einer außerordentlichen Schauspielerin, Madame Sada Yakko, spielt im New Yorker Bijoutheater vor leeren Häusern. Ihr amerikanischer Manager flucht. Nicht auf das Publikum, sondern auf die Truppe. Ich rate dem Hauptdarsteller, nach Paris zur Ausstellung zu gehn. Ein Neuerer, dieser Herr Kawachami. Erzählt mir, daß seine Frau die erste

Frau auf dem japanischen Theater sei. (Ich sah die Truppe wieder in Paris, im Theaterchen, das die Loie Fuller da hatte. Sie spielte leider nur mehr eines ihrer Stücke und dieses auf eine einzige gedehnte Szene reduziert.) Die tänzerische Stilisierung aller Bewegungen der japanischen Schauspieler, besonders der Kampfszenen, müßte eigentlich das Gefallen der Amerikaner finden, denn sie haben etwas Ähnliches in der Operette, wahrscheinlich vom Cakewalk der Neger her. Die Couplets der Sänger, die Tänzer und Exzentriks sein müssen, begleitet immer eine Theorie reizender Mädel, nicht mit Gesang, sondern mit rhythmischen Bewegungen. Bei uns versucht die Regie diesem Genre einen Realismus zu geben, der die Absurdität des Vorganges übertreibt und oft unerträglich macht. Hier geht die Regie den bessern Weg, der über das Triviale ins Exzentrische führt, dem keinerlei wirkliches Leben mehr entspricht. Daher erlaubt man sich wohl auch in diesen Stücken Freiheiten, die das sittliche Publikum nicht dulden würde, gäbe man dem Spiel auch nur die geringste Wahrscheinlichkeit, daß derlei »im Leben« möglich wäre.

In New York spielte man eine englische Übersetzung der »Heimat«, einmal und nicht weiter. Die Entrüstung über die Unsittlichkeit des Stückes war groß und allgemein. Nun spielt man in dem Theater wieder wie zuvor die Dame von Maxim, sehr entgiftet und als ein Konvenü des eben verdorbenen Paris hingenommen, als einen lokal beschränkten, nicht infektiösen Spaß. Doch spricht kein Besucher dieser »Dame« davon in der Gesellschaft, so nicht wie von den Damen in den Bordellen der Greenstreet. Oder von Walt Whitman. Man gibt dem Europäer den Rat, diesen Namen zu vermeiden, wie alles, was auch nur entfernt mit dem Sexuellen zu tun haben könnte. Kunst und Moral sind Departements, die der amerikanische Mann, ganz damit beschäftigt, im Dschungel seiner Fabrikschornsteine und Hochhäuser seinen Gott anzubeten, der amerikanischen Frau überlassen hat, die sie durchaus im Interesse ihrer Ehelichkeit verwaltet. Es muß das ein Rest aus der Zeit der ersten Einwanderer sein, die bei ihrem etwas wilden und räuberischen Hantieren in Konflikte mit ihrer religiösen Gesinnung kamen, sie nicht zu lösen vermochten und es ihren Frauen überließen, da einen Ausweg zu finden. Es entstanden da gewisse frauliche Heiligtümer sittlichen Lebens, wovon eines die Ehe und was Geschlechtliches damit im Vorher und Nachher zusammenhängt. Bei den handfesten und religionssteifen ersten Kolonisten dürfte dabei was ganz Brauchbares zustande gekommen sein. Heute ist's nur mehr Hypokrisie. Aber sie scheint mir das einzige Mittel, der Masse der auf diesem Kontinent lebenden und ihm mit jeder Schiffsladung zugeführten Menschen, die weder Volk noch Nation, sondern nur Bevölkerung sind, so etwas wie das nötige Konvenü einer formalen Bindung zu geben. Es ist eine Art Kinderstube für diese kindlichen Menschen, die sich in allem, was nicht das Geschäft betrifft, dem auch die Politik dient, von den Frauen leiten lassen ohne Widerspruch. Daß in diesem hohen Rat die sauer gewordnen Gattinnen herrschen, ist natürlich; sie herrschen als heimliche Feindinnen des Mannes.

Die Architekten der Hochhäuser geben der Fassade jedes Stockwerkes einen andern historischen Stil. Die Direktoren der Museen, wovon jede Stadt über 100 000 Einwohner eines hat, kaufen alte Meister in Europa. Händler alter Möbel importieren, was sie können. Mit alldem, scheint mir, versucht sich der Amerikaner, der nichts als eine Zivilisation hat, zu geben, was er nicht besitzt: Traditionen. Was er im Puritanismus davon besaß – wenig genug, da der Puritanismus ja negativ ist –, ist längst geschwunden. Wie werden die Schriftsteller dieses Landes einmal sein, die man amerikanische nennen kann? Irving, Cooper, Hawthorne, Poe waren englisch. Auch Emerson. Selbst Melville. Bleibt nur Whitman. Der war amerikanisch-alttestamentlich für helle Trompete gesetzt. Von

Mark Twain sagen mir Eingeweihte, es stecke mehr hinter und in ihm, als er zeige, als ihm seine dumme Frau zu zeigen erlaube. Und noch einen Amerikaner gibt es da: Bret Harte. Ihm also und Whitman dürften die Kommenden verwandt sein: Männer also mit der Kraft und der Schwäche Primitiver. Feinde und Hasser der großen Städte. Wilde. Vielleicht Erotomanen aus übersteigertem Protest des Blutes gegen das sittliche Getue. Anarchisten gegen dieses plutokratische Staatswesen. Sicher sehr interessante Gestalten. Bestimmt also keine New Yorker und Bostoner. Es könnte sein, daß sie gerade aus dem Umstand, keinerlei Traditionen zu besitzen, das Werk gewinnen, das zu schaffen dem Europäer immer weniger gelingt, weil er seine Traditionen immer mehr verliert, ohne vergessen zu können, daß er einmal so was gehabt hat. Der Effekt davon ist eine Art Lähmung.

Im Seebad Atlantic City treffe ich zwei Brüder, Studenten aus Philadelphia. Ihre Eltern halten da ein gutbesuchtes Boardinghaus, in dem ich für einige Wochen wohnte. Der eine ist Jurist, der andere Dentist. Hier fahren sie, es sind Sommerferien, vormittags mit einem Wagen, Gemüse und Obst verkaufen. Abends spielen sie in einem Hotelorchester das Klarinett und die Geige, was sie auch in Philadelphia während der Saison im Opernorchester taten. Sie sagen mir, daß sich zwei Drittel der amerikanischen Studenten durch solche Arbeit das verdienten, was sie zum Studium brauchen, das in der dafür vorgeschriebenen Zeit erledigt werden müsse, um zum Verdienen zu kommen. Die einem Europäer auffallende Unbildung dieser Juristen, Ärzte, Pastoren usw. erklärt sich. Sie büffeln sich durch den Stoff wie Handwerker durch ihre Lehrjungenzeit. Sehen darin nur das materielle Mittel zum künftigen Gelderwerb, keinerlei Geistiges, das sie mit dem Geiste verbindet. Lesen kein Buch in ihrer freien Zeit, die sie nützen, um etwas zu verdienen: Vorschule künftigen Verdienens auf breiterer Basis. Die Eltern, die ich kenne, sind auf die

Tüchtigkeit ihrer beiden Söhne sehr stolz, wie nicht weniger die Söhne, daß sie ihren Eltern keinen Pfennig kosten. Bauern haben diesen Kontinent von Ost nach West erobert in schwerer Arbeit: immer wieder merkt man das. Söhne dieser Bauern und Handwerker bauten die Fabriken oder »kontrollieren« deren Produktion. »Was ist Ihr Mann wert?« fragt man Frau B., will damit fragen: Was verdient er? Man lügt schließlich eine gewaltige Summe, um im Landesüblichen nicht mit der richtigen Antwort »nichts« aufzufallen und Mitleid zu erregen. Zwei Richter und ein Verklagter sahen mich für eine Minute sprachlos an wie ein Monstrum, als ich auf die Frage, was ich in diesem Lande tue, antwortete, daß ich darin zu meinem Vergnügen reise, also nur Geld ausgebe. In der weiteren Verhandlung blieben ihre Stimmen gedämpft wie in Rücksicht auf einen Kranken.

Nachricht, daß die Mutter auf den Tod erkrankt sei, läßt mich dieses Land um einige Monate früher verlassen, als vorgesehen war. Die Nachricht traf mich in Saint Louis, und statt nach dem Westen, wie ich wollte, fuhr ich zurück nach dem Osten durch das unermeßliche Land der weiten Felder, über das Gebirge, an breiten Strömen hin. Darüber vergißt sich der erste Eindruck von der Ostküste, an der man landet, als ob dies ein Land der großen hochgebauten Städte wäre und ihres überall ganz gleichen Lebens, ob die Stadt nun Chicago heißt oder Saint Louis. Fast zwei Monate zog ich einen Sommer durch Wälder und hatte vergessen, daß sie Urwalddickicht eines Landes waren, in dem es New York gab. Und kam man wieder in diese Städte, schienen sie einem wie eine Krätze dieses Bauernkontinentes, etwas seltsam aussehender Bauern allerdings, wie abgetragene Städter gekleidet und vom geistigen Pofel der Städte wie von Abfall hinlebend, von städtischen Tentakeln umklammert und auch ihrerseits solche Tentakel produzierend, die nach der Stadt hingreifen, Söhne, die in die Fabrik, Mädchen, die ins Kontor abwandern.

Zwei Jahre ohne anderes Tun, als reisend die Orte zu wechseln und sich den Eindrücken zu exponieren, beginnen diese einförmig zu werden oder die Membran sich abzustumpfen. Das Schiff hat stille Fahrt und, wie ich nach zwei Tagen feststelle, keine Passagiere, die einem auf interessante Weise die Zeit vertreiben könnten, die auf Seereisen so langsam wird. Ich lese mein amerikanisches Notizbuch und mache die Bilanz. Sie ist durchaus zugunsten Europas auch dort, wo Amerikanisches ein positives Vorzeichen hat. Anders müßte man ja als Geschäftsmann dieses Land aufgesucht und gute Geschäfte mit ihm gemacht haben. Das Schiff ist die Turaine, und die meisten Passagiere sind Franzosen. Sie haben schlechte oder gar keine Geschäfte gemacht, brauchten mir das gar nicht erst zu sagen, denn ihre Kritik Amerikas besorgte das schon. Ein Schotte nimmt gegen sie Partei für die U.S.A. So geizig er ist, zahlt er immer eine Runde an der Bar. Er hat gute Geschäfte gemacht. Zwei kleine amerikanische Familien sind damit beschäftigt, ihre Vorbereitungen für ihre erste Reise nach dem old country zu komplettieren aus kleinen Wörterbücheln, Bädekern, Gesprächen. Die Damen üben Florenz, die Männer heimlich und wenn die Damen nicht dabei sind mit den Parisern Moulin Rouge. Das menschliche Hin und Her auf dem Atlantischen Ozean ist etwas armselig. In den engsten Satzraum gepreßt etwa so: man macht drüben Geld, um es herüben im Moulin Rouge auszugeben.

Als ich jünger war, nützte ich das Vorrecht dieses Alters, gegen das Lächerliche ausfällig zu werden. Älter geworden begnügte ich mich, es von mir zu distanzieren. Man hat das hochmütig gefunden. Es dürfte aber nur einer Sensibilität entsprochen haben, die mißtrauisch gegen starke Gesten und falsche Attitüden macht. Ich gebe zu, daß ein so sehr ausgesprochener Geschmack an der Wahrhaftigkeit etwas Krankhaftes bekommen kann. Man ist da immer in einem Zustand der Überempfindlichkeit, und das schwächt den Willen und konterkariert, was man unternehmen will. Man maskiert das nach außen mit dem, was man Geist nennt oder Witz. Man verbirgt dahinter seine Verwundbarkeit. Vielleicht ist der Ironiker ein heimlicher Träumer. Und bekommt gesagt, er sei ein gefühlloser Mensch. Nur scheint mir da ein Mißverständnis über das, was man Gefühl nennt, zu bestehen. Am Begräbnistage der Mutter traten einer nach dem andern die mir zumeist ganz unbekannten Trauergäste auf mich zu und sagten durch eine verstopfte Nase, vor die sie ein Taschentuch hielten, gewisse Formeln, mit denen sie sich so rasch als möglich von ihrem Schmerz befreien wollten. Alle diese Leute schienen von Gefühl bewegt. Sie nahmen, so hörte ich, es mir übel, daß ich nicht weinte. Nannten mich gefühllos. Ich sah in diesen Gefühlsäußerungen nur eine sehr unvornehme Art, sich vom Schmerz zu befreien. Daß Gefühle demonstrativ auftreten müssen, um zu zeigen, daß sie da sind – und um sie in Worten oder Tränen rasch loszuwerden –, das sehe ich nicht ein. Vielleicht aus Gefühl. Die Mutter starb, ohne darum zu wissen, an Brustkrebs. Vier Wochen vor ihrem Tode hatte sie ihr Sprechvermögen verloren. War zu einem Skelette abgemagert, erstarrt. Nur die Augen bewegten sich wie um Hilfe immerzu. Es war entsetzlich zu sehen. Ich habe es den Geschwistern nie gesagt, daß ich, es war acht Tage vor ihrem Tode, mit der Mutter über eine Stunde lang vom Tode, von ihrem Tode sprach als dem Unvermeidlichen und mit aller Kraft meines Herzens sie zu trösten suchte oder zu beruhigen oder zu erheben, ich weiß es nicht, was ich wollte. Nur daß sie nicht entsetzt und wehrlos immer diese Grimassen sehen und diese Redensarten hören müsse, daß nun der Sommer komme und sie bald gesund sein werde, und schon war, der so redete und lächelte, aus dem Sterbezimmer draußen, hatte sein lächerliches Reis Trost auf die Bettdecke gelegt, daß die Sterbende damit spiele. Ich habe selber wie in Todesangst mit der sterbenden Mutter von ihrem Tode gesprochen, und der Schweiß lief mir übers Gesicht, und ich konnte mir ihn nicht abwischen wie nicht die Tränen, denn sie hielt immerzu meine Hände in den ihren, ganz fest, bis ich nicht mehr sprechen konnte. Da lockerten sich ihre Hände, als ob sie mich nun freigeben und entlassen wollte, nachdem ich alles gesagt hatte. Und von da ab war nicht mehr dieses furchtbare Rollen ihrer Augen, die immerzu im Raum herumsuchten, die Decke, die Wände, die Winkel abtasteten wie nach einer Öffnung ins Freie, durch die man fliehen könnte. Die Lider senkten sich halb über diese Augen, wie zum Einschlafen. Flößte man ihr etwas ein, gingen die Lider langsam in die Höhe, und der Blick war ruhig auf einen gerichtet.

Ich glaube, die Geschwister hätten mich für den Tod der Mutter verantwortlich gemacht, hätte ich ihnen von dieser Stunde erzählt.

39.

Die Insel und ihre Bewohner

Es war in S. Antonio in Texas, wo mich in der Sommerhitze 1899 ein Brief aus München erreichte über Baltimore, New York, New Orleans. An Zeit, ihn zu beantworten, fehlte mir's nicht, aber an Laune. Ich war mit einem finnischen Tramp in den Wäldern von Oklahoma gewesen, und das Leben, das wir da zehn Wochen geführt hatten, stand in einem zu aufdringlichen Gegensatz zu der Aufforderung dieses Briefes, etwas für eine deutsche Zeitschrift zu schreiben, welche »Die Insel« heißen sollte. Den Briefschreiber Bierbaum hatte ich als einen rundlich-kleinen lächelnden Herrn, teils höheres Semester, teils Kaplan, in nicht sehr lebhafter Erinnerung an einen Maiabend vor zwei oder drei Jahren, den man bis in die Nacht hinein in einem Weinschank über Schloß Tirol gesessen war. Der andere war Peter Behrens gewesen, tags zuvor als von seiner Neigung, mehr Wein als bekömmlich zu trinken, völlig kuriert aus einem Sanatorium bei Meran entlassen. Aber in diesem heitern Sanatorium konnte man sich keinerlei Laster abgewöhnen. Darin lag der Erfolg dieser mehr für Amateure des Krankseins als für Kranke eingerichteten Anstalt.

Der krankeste Gast war während der vier Monate, die ich da zur Beruhigung der Nerven verbrachte, der siebzigjährige Georg Ebers gewesen, dem man etwas das Morphium abgewöhnte. Bei Tisch ein nie ermüdeter Anekdotenerzähler. Aber da er sie in seinen schön gestrichenen weißen Bart babbelte, hörte man erst gar nicht hin und lächelte nur höflich, wenn er auflachte, was das Zeichen war, daß er seine Geschichte beendigt hatte. Um gleich eine andere anzufangen. Man nannte den alten Herrn aus verstaubten Zeiten die Tafelmusik.

Peter hat es ein Jahr darauf am Bodensee versucht, sich sein Trinken als eine böse Krankheit einzureden, und gab sich arge Mühe damit. Sie wurde nach einem Jahr Wassertrinken damit belohnt, daß er wieder Wein trank bis ins hohe Alter. Das tat er an jenem Tage seiner geheilten Entlassung ausführlich in einer Meraner Kneipe zusammen mit dem Otto Erich Hartleben, goetheisch wie jedes Jahr unterwegs nach Italien. Hatte dann den Otto Julius Bierbaum, Schloßherrn von Eppan bei Bozen, getroffen. Man beliebte damals mehrere Vornamen, um wenigstens mit einem auf die Nachwelt zu kommen. Und die drei holten mich aus den guten Vorsätzen meiner Anstalt, und nun saßen wir in dem über dem Felsen hängenden Gärtchen der Schenke und tranken den berühmten Muskateller aus den kleinen Krügen, die ein altes Weiblein brachte. Des abstinenten Bierbaum Quantum übernahm Hartleben, der wie immer, wenn er ein Weinglas hielt, die Worte redete, die aus dem harmlosesten Weintrinken ein pompöses Gelage machten, wie aus dem lächerlichsten Zürcher Bordellchen ein römisches Lupanar mit Messalinen zu Besuch. Ein worterollender Enthusiast des Lebens, wenn er trank, ein zusammengefallenes Häuflein melancholischen Fleisches, wenn er es nicht mehr konnte.

Der kleine Otto Julius wurde von seiner Limonade an der Nüchternheit und damit am literarischen Rotwelsch festgehalten. Er sprach mit seiner belegten, heiseren Stimme vom Pan, den er herausgegeben und aus dem ihn einflußreiche Leute verdrängt hatten, die immer nur die »Hofräte« genannt wurden. Um einen Herrn Flaischlen dafür hinzusetzen, ebenjenen Cäsar, der etwas später dieses überaus beliebte deutsche Gedicht »Hab Sonne im Herzen« verfaßte und von dem der Dr. Friedländer als Mynona sagen sollte: »das Flaischlen ist stark, aber das Geistlen ist schwach.« Ich weiß nicht, wie es praktisch mit der Sonne im Herzen Cäsars beschaffen war, denn ich habe den Mann nie gesehen. Aber daß es mit dem Hirn im Schälchen bei ihm nicht weit her war, mußte man anerkennen, wenn man seine dichterischen Ausarbeitungen las.

Bierbaum war heitern Mutes, denn schon plante er die Gründung einer neuen Zeitschrift, die den Pan aufs schwach gewordne Haupt schlagen sollte, was aber schon der Cäsar besorgte. Er notierte sich dafür auch gleich mein Buch über Galiani, das ihm zusamt meiner schreibenden Person Hartleben empfahl. Und nun war es also so weit gediehen, wie der einladende Brief zeigte. Die Laune, die mir zu seiner Beantwortung im Süden gefehlt hatte, kam eine Weile später, wo mich dringendere Mahnung wo im Norden erreichte, ich möchte über Galiani was schreiben. Es regnete seit Tagen. So schrieb ich's also, und es stand in den ersten beiden Heften. Im dritten ein Aufsatz über E. T. A. Hoffmann als ein Versuch, diesen dichterisch so merkwürdigen und originalen Mann oder sein Andenken von seinem dummen Ruf zu befreien, nichts als ein Schauergeschichtenerzähler zu sein. Einen Aufsatz über Mechthild von Magdeburg fürs vierte Heft schrieb ich bereits in München, wo ich mein Wanderzelt in ein festes Haus zu verwandeln beschlossen hatte, aus einigen Gründen und auch aus diesem, daß hier diese Insel aufgetaucht war.

Ein weitläufiges Parterre der Leopoldstraße am Siegestor, mit Sälen und Sälchen im etwas kokettischen Geschmack von dem zarten und zärtlichen, wie ein Sentimentalist aus dem Jahre 1830 gekleideten Heinrich Vogler eingerichtet, aber vom eher klassizistischen Schröder dahin korrigiert, daß es doch mehr wie eine Manns- als eine Jungmädchenwohnung aussah – bis auf die Bar, in der sich Heymel und die unänderbare Tradition solchen Raumes durchgesetzt hatten: in dieser nie ganz fertig gewordenen Wohnung Heymels wurde in deren kleinstem Raum die Insel redigiert. Man empfing den amerikanischen Mitarbeiter mit einer heiteren Feierlichkeit. Der kleine Bierbaum gab sich wichtige Mühe, die Zufriedenheit zu verbergen, die er über das ihm geglückte Unternehmen empfand, das weit mehr geworden war als eine bloße Zeitschrift, nämlich auch ein Bücherverlag, ein gastliches, immer zu Festen bereitetes und bereites Haus. Vielleicht würde man nächstens auch ein eigenes Theater haben, vielleicht auch einmal Salzburg kaufen und weiß Gott noch was alles.

Vom Pan her besaß der um gut das Doppelte ältere Bierbaum für die beiden jungen Herren aus Bremen, Heymel und seinen Vetter R. A. Schröder, alle Autorität eines bekannten Literaten, dessen Namen die Flagge über der unbekannten Insel sein sollte, die sich nicht näher benannte und bloß so »Insel«, nicht um eine unnahbare Abgeschlossenheit anspruchsvoll auszudrücken, sondern aus einem Zufall: ihre Gründer hatten sich im Inselhotel in Konstanz getroffen. Die bierbaumische Flagge war ja von etwas verwaschner eklektischer Farbe, aber doch erkenntlich für des Otto Julius alte Kameraden, für Falke, Liliencron, Scheerbart, Dehmel. Kein Programm, aber eine Vorliebe. Kein Wille, aber ein entgegenkommendes Wünschen. Im übrigen besaß man, was den beiden Bremern sehr entsprach, Erfahrungen und Kenntnisse in buchtechnischen Dingen, wenn auch nicht immer den besten Geschmack. Bierbaum war immer mehr vom schönen Papier als vom schönen Druck bestochen und liebte die Abundanz im Schmuckhaften, Verzierten. Er hielt das Geschnörkel für Barock, was sich ja auch in seinen Schreibereien und Reimereien ausdrückte. Wie in seiner Lebensführung. Er ließ sich auf den Flügeln des Metaphorischen vagabundieren, zerging im Kleinen, im Anekdotischen, im Ornament und wurde profus, indem er aus allem nichts machte, statt der einzigen Regel zu gehorchen, die heißt, aus wenigem alles, aus dem mindesten das meiste zu machen. Für Heymels jungen Enthusiasmus konnte das wie Persönlichkeit aussehen, was sicher auch eine Einheit war, aber eine aus lauter gleich schwachen Teilen. Und die Persönlichkeit wurde ihm, was ja dasselbe ist, zur Autorität. Früher als er erkannte der kritisch-spröde Schröder, der ganz alt auf die Welt kam und mit den Jahren immer jünger wurde, daß sich bei Bierbaum Defekte für ein Programm gaben und daß ein lyrischer Schlendrian keine Dichtung sei, so jung-goetheisch das auch tat. Schröder bestand auf der Mitarbeit Hofmannsthals, und Bierbaum machte die Konzession. Aber blieb ganz ungläubigen Herzens, als die ersten großen Elegien von Borchardt eintrafen und im zweiten Jahr der Hefte gedruckt wurden, deren Inhalt nun Schröder allein bestimmte. Dieser Jahrgang schloß mit achtzig Abonnenten. Dem dichtenden Heymel war bei seinen vielen Distraktionen durch Frauen, Pferde und Geldausgeben Bierbaums nachgiebige Art bequemer als die des rigorosen Vetters, der Alfreds Verse gänzlich überflüssig fand und es ihm sagte, während Otto Julius sie überflüssig fand, es ihm nicht sagte, sie korrigierte und in Druck brachte. Bei den achtzig Abonnenten und den verlegten Büchern, die niemand lesen und kaufen wollte, kam es zu Schröders gänzlichem Verzicht auf seinen Einfluß, und Bierbaum erhielt von dem desinteressierten Heymel das Geld für den dritten kontraktlich festgelegten Jahrgang, den ich besorgte, ohne immer Bierbaums Allotria verhindern zu können.

Bei allem Respekt vor Schröders Urteil hielt Heymel damals doch immer noch Bierbaums Pikkoloflöte für Pans Hirtenschalmei. Mit diesem Glauben überwand er wohl die

Zweifel an seiner eigenen dichterischen Begabung, die gering war und zu nicht mehr als kleinen Gelegenheitsversen hinreichte, die an Bierbaums Maß gemessen gerade noch bestanden. Aber Heymel war durchaus nicht ein dilettierender junger Mann, der sein eben ererbtes Vermögen hingab, um sich so was wie einen Namen als Dichter zu machen. Er war ein Begeisterter, immer zu jedem Opfer bereit, nie Dank fordernd, ihn kaum je auch nur denkend. Ein Genie der Freundschaft in Wirken und Tun, nicht im Wortemachen. Mit einem verschwenderischen Optimismus glaubte er die Kräfte seines Leibes ebenso unerschöpflich wie die seines Geldes. Er verschenkte sich bis zur Vergeudung in einem ganz unverborgen geführten, überaus unbekümmerten Leben, setzte in jedem Spiele mit echtem Gelde, und die geringste Münze trug die Prägung seines intensiven Temperaments. Er konnte tobend und laut sein, betrunken in Wein oder Weibern, er verlor nie die außerordentliche Delikatesse seines Herzens. Nie hat Laune seine Beziehung zu einem Menschen bestimmt. Für Antipathien suchte er die schmerzlichsten Gründe immer nur bei sich selber. Vor jeder Niedrigkeit war er hilflos und geschlagen; er verstand sie im Gefühle nicht. Jahre nach der Trennung schrieb Bierbaum einen weitläufigen Romanschmöker. In die erdachte Fratze seines Helden und in den äußern Ablauf von dessen Leben hat der ehemalige Freund und Berater Züge und Geschehnisse hineingezeichnet, die Heymels waren und seines Kreises, – damals schon beobachtet und zu späterer Verwendung von Bierbaum notiert, als er noch der freundliche Mentor war. »Er hat mir die schönste Erinnerung meines Lebens verdorben«, sagte Alfred, und das war alles. Ein von der Rache erpreßtes Pamphlet hätte er, auch bei Fehlen jedes Anlasses dazu, nicht übelgenommen. Aber übel machte ihm diese Desertion aus einer menschlichen Beziehung, die da nur einen sensationellen Stoff sah. Daß Heymel ein Findelkind war, von einem alten kinderlosen Ehepaar adoptiert – er machte nie ein Geheimnis daraus, sprach davon je nach Laune der Stunde als von etwas Komischem, wenn er zwischen den Photographien zweier ihm als möglich mitgegebnen Väter schwankend saß und einen Dresdener Polizeipräsidenten des ihm widerlichen Berufes wegen ablehnte zugunsten des andern, der ein sächsischer Baron war. Oder melancholisch an eine nie gekannte amerikanische Mutter dachte, die aus Angst, enterbt zu werden, das unehelich empfangene und geborne Kind weggab. Vielleicht war es diese dunkle Geburt und ein stolz tuendes quand même, das ihn in eine Ehe drängte, die ihn, wie er meinte, gesellschaftlich lozieren sollte, aber unglücklich war von der ersten Stunde ab. Dieser sich immer aufs neue improvisierende und wagende Mensch, der über ein Konvenü wegspielte, weil er es beherrschte und sich nicht von ihm beherrschen ließ, kam durch die Ehe in den Zwang, einer Fassade zu leben. Der kleine Beamtenadel des Schwiegervaters, der kleine Erbadel der Schwiegermutter, die Karriere der Söhne – einer wurde der deutsche Außenminister, der beim Friedensschluß von Brest-Litowsk dem General Hoffmann unterlag, der ihn mit der Faust diktieren zu müssen glaubte –, die als Um und Auf erachtete Notwendigkeit der Hoffähigkeit: im schwachen Gegenspiel lagen nur die paar Millionen Heymels und er selber, der elegante, aber etwas ungebärdige Bremer Adoptivsohn, der sich mit Literatur abgab, allerdings auch ein sehr erfolgreicher Herrenreiter war. Er begab sich in was man verlangte und verlor Stich um Stich. Er mußte, es kostete ihn eine Million und die Schwiegermutter einen Kniefall vor dem Prinzregenten, den bayrischen Erbadel kaufen, dessen »von« er nie seinem Namen beifügte. Er mußte sich in München ein Haus bauen, als dessen seltner Gast er sich fühlte. Ein Jahr vor dem Kriege wurde eine Ehe geschieden, die nie eine gewesen war. Heymel hatte dabei Nerven, Gesundheit und fast sein ganzes Geld verloren. Auf einer amerikanischen Reise spekulierte er auf der Wollbörse wie ein ahnungsloses Kind und verlor. Er besaß nur die königliche Phantasie des Verschwendens, nicht die Sklaventugend des Erraffens. Seine schönen Toulouse-Lautrecs verschwanden zu Cassirer, einer um den andern. Aber immer noch kaufte er ein Buch, das ihm gefiel, in zwei, drei Dutzend Exemplaren, schenkte es Freunden und Bekannten und schrieb enthusiastische Briefe dazu. Immer waren seine Zimmer in der Berliner Rohnstraße voller Blumen, ritt er seinen alten Schimmel in den Tiergarten, mit dem ihm in München einmal beinah das Kunststück gelungen war, frühmorgens gegen sechs nach einer durchtrunkenen Nacht durch ein offnes Fenster in mein Schlafzimmer zu klettern, einen kritischen Moment für alle Dauer trennend, da sich gerade eine junge Dame mit mir verloben wollte.

Heymel erwartete, erhoffte den Krieg. Er rechnete mit ihm als einem Abzugsrohr für die stickige Luft, die über einem Deutschland lag, das unter dem Schutz eines militärischen Apparates etwas faulig geworden war. Wie so viele seiner lebhaften Art war er für die Probe aufs Exempel dieser schreckenden deutschen Kriegsmaschine und rationalen Überlegungen unzugänglich. »Sollen die andern rechnen, wir wollen reiten« – als ein vom Tode Gezeichneter war er am 5. August bei seinen Oldenburger Dragonern. Er kam bis vor Paris, sah im Grau eines heißen Frühmorgens den Eiffelturm und brach zusammen. Drei Pferde waren ihm in Belgien unter dem Leibe weggeschossen worden, mit ihm hatte keine Kugel Erbarmen gehabt. Vier Monate lag er im Sterben. Für eine Stunde von vierundzwanzig weckte ihn eine Kampfereinspritzung aus dem Koma, und er erkannte den, der an seinem Bett saß und ihm den Eiter vom Munde wischte. Er sprach von der Zukunft.

40.

O. J. Bierbaum

Der wenigstens in seinem Kunstteil weit anspruchsvoller auftretende Pan hatte sich auf der stillen Tummelwiese, die jenes Flaischlen dichterisches Terrain war, längst alle Hörner abgelaufen und verendete, als die ersten Inselhefte als zweiter Versuch einer Zeitschrift für die Dichtkunst erschienen und von der deutschen Öffentlichkeit wie eine Beleidigung ihres schlechten Geschmackes empfunden und kritisch quittiert wurden. Walsers Gedichte druckten die Tageszeitungen als ein Beispiel für den Irrsinn ab, den die »Insel« für Dichtung ausgebe, Schröder galt für das Pseudonym einer alten Dame und Galiani für eine freche Erfindung dessen, der über ihn schrieb. So stand es in den großen Berliner Tageszeitungen, der »Vossischen«, dem »Tageblatt«. Gegen die Mitarbeiter bot man den Witz auf, aber gegen Papier, Satz und Druck die Wut, als ob Holzpapier und schlechter Satz zu den Erbgütern deutschen Wesens gehörten, gegen das man sich hier sakrilegisch vergangen habe. Ein flinker Journalist nützte die Konjunktur und gab rasch eine »Insel der Blödsinnigen« heraus, die man in den Schaufenstern der Läden weit häufiger sah als die im Aussehen parodierten Hefte der »Insel«.

Was man den Jugendstil nennt, war gerade die letzte deutsche Akquisition geworden, nicht ohne Bierbaums Nachhilfe, der einen sehr typischen Ausarbeiter dieser Makkaroni-Ornamentik, Eckmann, favorisierte als eine bedeutende Begabung. Auch den Belgier Van de Velde, der im Ornament dem Jugendstil näher stand, als er selber glaubte. Schon gab es Fassaden von Zinshäusern in den Städten, übervoll mit sich gebärdenden Akten dieses Stiles und Wirtshäuser und Schuhläden mit Inneneinrichtungen der gleichen Art. Es war nicht sehr kostspielig, derlei anzubringen, und sah nach was aus. Man vermutete wohl, daß die Insel einen neuesten Stil propagiere, wo man sich gerade auf den letzten neuen eingelassen hatte. Oder ärgerte sich über einen reichen jungen Mann, der, statt gute Geschäfte zu machen, sein Geld für literarische Allotria ausgab. Oder über den Titel, den sich die Zeitschrift gab. Ja sogar darüber, daß sie alle drei Monate ihr Gewand wechselte, es einmal von E. R. Weiß, dann wieder von Th. Th. Heine bekam. Das Neue, das auf solchen Widerstand stieß, lag ganz auf dem drucktechnischen Gebiet, gar nicht im Inhalt dieser Hefte. Weder eine neue noch eine neuerungssüchtige Literatur trat in diesen Blättern auf den Plan oder verkündete sich in Programmen. Am neuesten der deutschen Literatur, dem eben verendeten naturalistischen Wechselbalg, gemessen, war die »Insel« eher konservativ als radikal, wie das ja auch ihrem spiritus rector entsprach, der radikal weder in forma noch in spiritu war, sondern nur so viel Instinkt besaß zu ahnen, daß so etwas wie ästhetische Entscheidungen weder auf dem Theater noch im Romane möglich sind, sondern, wenn überhaupt, im Gedichte. So gab er, was er schon in der kurzen Zeit, da er die »Neue Rundschau« herausgab und da zum Entsetzen Fischers sehr viel Lyrisches, besonders von Dehmel, veröffentlichte, dem Lyrischen einen großen Raum, das dann allerdings ganz andere als Bierbaumsche Wege ging, die, wenn überhaupt wohin, in die Reimereien der Kabarettchansonniers führten. Denn diesem biedermeierlichen Bonhomme allerlei kandierter Künstlichkeiten, der seinen Goethe über Falke und Liliencron entdeckte, um doch nur immer diese beiden in Goethes Lyrik wiederzufinden, war ein Dichter wie George eine kalte Künstelei, gegen die er respektvoll, aber ohne Überzeugung das unentwegte Pathos Dehmels stellte.

Bierbaum war von außerordentlich weitgehender Nachsicht gegen sich selber. Das machte ihn wenig rigoros gegen andere, und so erschien er liebenswürdig. Ein läppischer Singsang, den man duettisch auf der Bühne mimte, machte ihn von Berlin aus populär über ganz Deutschland, und einigen Theaterunternehmern schien die Zeit gekommen, wo sich mit einem »lyrischen Theater« und Bierbaum Geld verdienen ließ. Das war, als Frau Eysold in Reinhardts Schall und Rauch-Theater sentimentale Gedichte aufsagte und dem Herrn von Wolzogen der Kabarettpalast gebaut wurde. Bierbaum machte keine Schwierigkeiten und ließ sich gründen. Aber Couplets haben wie die Damenmode das Schicksal, ihr kurzwährendes beliebtes Dasein mit einer darauffolgenden Zeit großer Verachtung zu bezahlen; man schämt sich der verblödeten Hingabe und sucht ein Opfer. Man fand es in Bierbaum. Über ihm gingen die Trümmer dieses Bankerottes einer Mode nieder. Er war nicht davon abzubringen, die Fadheiten und Naivitäten seines Trianontheaters und dessen einziger Vorstellung in einem Inselheft des dritten Jahres mit der Geste eines Mannes abzudrucken, dessen Bedeutung seine Zeit nicht versteht.

41.

R. A. Schröder

Es war ein bißchen viel lyrisches Dichten in der Leopoldstraße. Es konnte wie ein Gesellschaftsspiel anmuten, besonders auf Bierbaums gefällig gestimmter einsaitiger Leier, der er immer wieder Varianten seines simplen Schemas entlockte; was er alsbald in einem Buche sammelte, wohl dem dicksten und leersten Buch Lyrik der deutschen Literatur und für das ich als Titel nichts Besseres als ein Stück aus Schnabels altem Schmökertitel vorzuschlagen wußte: »Der im Irrgarten der Liebe herumtaumelnde Kavalier«. Auf Bütten abgezogen war dieses in Schweinsleder gebundene Buch ein vollkommener Würfel in Duodez.

Aber es stand ihm zu dieser Zeit Schröder an Fruchtbarkeit nicht nach und bot damit ein schönes Gegenbeispiel für das Unsinnige gewisser ästhetisch vermeinter Werte, wie zum Exempel »Erlebnis«, nicht des Gedichtes, das vom Dichter eben durch das Niederschreiben erlebt wird – anders kein Gedicht –, sondern das sozusagen als notwendige Vorbedingung private Erlebnis für das Zustandekommen des Gedichtes, so was wie ein Chok von außen, der vom Dichter nicht anders pariert werden könne als durch dessen Versifizierung. Nicht zu fassen, wo Schröder Zeit und Ausdauer zu solchen praktischen Choks als Erlebnissen hätte finden können, um in so rascher Folge wielandisch gereimte Erzählungen in Langzeilen höchst kunstvoll zu schreiben und Sprüche in Reimen bücherweise und dreihundert Seiten Gedichte »An Belinde« und elegische Strophen in der Art des Salis-Seewis und dreihundertfünfzig »Sonette an eine Verstorbene«. Die Pressen konnten trotz kleinster Auflage nicht schnell genug arbeiten. Und die Zuhörer nicht genug aufmerken. Schröder liebte es, seine Gedichte vorzulesen, und konnte das stundenlang aushalten. Nicht ganz so lang die Zuhörer, die bald erschöpft auf ihren Stühlen inmitten schönen Papieres gegen den Schlummer kämpften und nicht immer mit Glück. Denn der vorlesende Dichter sah in der kurzen Pause, wo er ein gelesenes Blatt zu Boden gleiten ließ, streng in die Runde, ob auch alles aufpasse. Und sagte da einmal: »Wenn die Herren, welche sich unterhalten, etwas weniger Lärm machen würden als die Herrn, welche schlafen, würde das den Herren, welche zuhören wollen, nicht unangenehm sein.«

Bei solcher Leichtigkeit der Produktion, wie sie Schröder in diesen Jahren besaß – er hatte da noch nicht das andere Ventil ausgebildet, die Architektur –, mußte natürlich sehr viel Leeres und Schwaches sein und vieles, das nur vom guten Geschmack zeugt, nicht vom Genius. Aber auch in diesem Nichtigen fiel auf, was dem Wichtigen seines Werkes die Bedeutung geben sollte: er verkleidet sich nicht, nimmt keine Maske vor, polstert sich nicht mit Metaphorischem auf, wird nie rhetorisch, treibt keinerlei symbolischen Aufwand, läßt nie das Gefühl die Form überlaufen, zieht sparsam die Grenzen lieber enger, als daß er einem Eindruck falscher Weite oder Tiefe zuliebe auf die Vollendung der Form verzichtete. Vielleicht kommt daher die Abundanz seiner frühen Produktion, daß er sich ihm zugefallenen Besitz auch erwerben wollte als sein Persönliches, und so daß keine Nachgiebigkeit an die hinspielende Hand da herrsche, wo nichts als ein bewußter Wille der Herr ist und zu sein hat, wo man als ein Dichter höchster Subjektivität auch höchste Verantwortung trägt.

Mit dieser Verantwortung dem eigenen Werk gegenüber meine ich nicht nur ein ästhetisches, sondern auch ein literarethisches Prinzip. Was das bedeutet, hat Valéry in einem ausgezeichneten Satz gesagt: »Lieber schriebe ich mit voller Bewußtheit und in einer völligen Klarsichtigkeit ein schwächliches Werk, als daß ich unter der Gnade einer Trance und eines Außer-mir-Seins ein Meisterwerk zeugte.« Dreißig Jahre zuvor hat Wilde dasselbe so gesagt: »Die Imagination ahmt nach, bloß die Kritik erfindet.« Der Gedanke des Dichters ist indirekt für ihn wie für den Leser; er existiert verborgen in der Schau einer bestimmten Situation. Die Reflexion kann ihn aus dieser Verborgenheit hervorholen, aber sie muß es nicht. Es kommt nicht auf diese Versifizierung an; es genügt, daß man eine vage Gewißheit vom Vorhandensein des Gedankens spürt sowie das Gedicht aufruft und die Kraft der Suggestion besitzt. Jene Reflexion muß virtuell im Werk vorhanden sein, anders keine Suggestion. Es kommt hier weder auf die absolute Bedeutung noch auf die Neuheit des Gedankens an, sondern nur auf das Vorgefühl seines Vorhandenseins, beim Dichter wie beim Hörer.

Diese mehr andeutenden als definierenden Sätze aus dem Anlasse Schröder stehen hier, weil sie durch sein Werk Bestätigung über das Wesen des Gedichtes erfahren wie kaum an einem bessern Beispiele aus der neueren Dichtkunst der Deutschen. Es gibt größere als ihn, wie Borchardt, tiefere, wie Konrad Weiß, intensivere, wie Hans Schiebelhut. Aber er ist in seiner Verhaltenheit, in seiner bildlichen Sparsamkeit, in seiner sprachlichen Strenge ein Paradigma des Dichters schlechthin und äußerste Widerlegung dessen, was man so als das Dichterische anspricht, das Stottern der Gefühligkeiten, das exzentrische Rasen in Wortgebilden, das Pseudo-Kosmogonische durcheinandergeworfener Vorstellungsreihen eines unsauberen Geistes, der alle Türen aufreißt und Zugluft für Sturm hält.

42.

Max Dauthendey

Ich weiß, wie unzeitgemäß diese ästhetischen Distinktionen einem Volke vorkommen müssen, das sich aus unerfindlichen Gründen immer noch als das der Dichter und Denker dekoriert, wenn es die sonntägliche Tribüne besteigt, und das sich eine Akademie der Dichtkunst gerade in dem Augenblicke gab, wo nichts seltener und unbekannter war als der Dichter und nichts in größere Verächtlichkeit gesunken als die Dichtkunst. Aber ein Zeitalter, das jeden Wirtshausdemagogen für ein politisches Ingenium, jeden parteipolitischen Drahtzieher für einen Staatsmann nimmt und jeden Philosophieprofessor für einen Philosophen, dem entspricht ja die Verwirrung aller Kategorien auch in Tätigkeiten, die es am allerwenigsten beschäftigen. Ich las bei einem deutschen Literaturprofessor als den positiven Wert der deutschen Schriftstellerei gebucht, daß ihr eine Tendenz zum Weltanschauungshaften ganz besonders eigentümlich sei. Vielleicht war das einmal so und richtig so, als es für die Deutschen kein anderes Reich gab, darin zu herrschen und sich zu behaupten, als das des Geistes. Damals, als das herumliegende Europa stolz darauf war, in seiner Mitte dieses Reich zu haben mit seiner Hauptstadt Weimar. Gewiß datiert sich auch heute noch der geistige Mittelstand daher und macht seine Feiertagsausflüge nach dem Goethehaus, um unter die Bettdecke zu gucken, unter welcher der Genius zu schlafen pflegte. Es hat sich darin nichts geändert, daß man in diesem Lande gern den Dilettanten feiert, wenn er seinem Unvermögen nur mit so was wie Weltanschauung eine Untiefe gibt, in die er sich kleinbürgerlich von Herkunft, wie er zumeist ist, flüchtet aus Mangel an Welt wie an Weltkenntnis. Hier wie sonst begibt sich diese kuriose deutsche Emigration nach einem »Innen«, das von einem Außen bedrängt immer mehr zu dem Nichts eines Aberglaubens zusammenschrumpft. Redet man hier dem Verfasser einiger spielbarer Theaterstücke oder lesbarer Unterhaltungsromane nur zu und ein, daß er ein Dichter sei, so wird der alsbald seine beherrschte kleine Substanz hintanstellen, sich in die Locken fahren und des »Altmeisters« sich erinnernd ein episches Gedicht herunterhexametern, daß die Versfüße nur so fliegen. Und eine Nation wird sich erfreut bestätigen, daß sie in ihrem X. einen Dichter besäße, der sich neben die Größten zu stellen vermöge.

Keinerlei Aussicht auf eine Zeit, die einmal kommen könnte mit höchstem Anspruch auf saubere und genaue Kategorien des Geistes und seiner Äußerungen, soll mir als Ausrede dienen dafür, daß ich hier und heute und in diesen Angelegenheiten so genau zu sein versuche, als es mir meine Fähigkeiten dazu erlauben. Ich übe diese handwerkliche Genauigkeit und verlange ihre Konzession nicht anders wie ein Techniker, der Wert darauf legt, daß man eine Stanzmaschine nicht mit einer Fräsmaschine verwechselt, oder – um einer Lieblingsfigur der Zeit näher zu bleiben – wie ein Boxer, der jeden verächtlich finden wird, der einen Kinnhaken mit einem upper cut verwechselt. Nach diesen notwendigen Beleidigungen des lautesten Teiles derzeitiger deutscher Nation will ich ihn zu unterhalten fortfahren.

An einem der ersten Inselabende bei Heymel, der in seinem jungen Reichtum nervös war über einen neu engagierten Diener, ob er die schwierige Sache korrektesten Servierens verstünde, nervöser noch durch Thomas Theodor Heines bescheiden-unschuldige Fragen bei jedem Gang, welches der vielen rechts und links vom Teller lagernden Bestecke man benutzen müsse, an einem solchen Abend -- sie begannen zeremonieller, als sie endeten – sah ich als neue Gäste zum erstenmal Max Dauthendey und seine Frau, eine hellfarbige große Schwedin. Gut um zwei Köpfe kleiner und vom Aussehen eines Javaners war dieser innerlich ganz hellfarbige Franke, um dessen leuchtend braune Gesichtsfarbe blauschwarz das Haar glänzte wie geölt; und er hatte Hände und Füße zartgebildet wie bei einem siebzehnjährigen Mädchen. Aus dem Weiß seiner Augäpfel glänzte feucht eine dunkle Iris. Er sprach wenig und wie etwas verschüchtert, und was er sagte, begleitete das kleine anmutige Lächeln des Orientalen. Annie Dauthendey trug die flachsten Absätze und ging, wenn es sich irgend tun ließ, im Rinnstein neben dem geliebten Mann, um in ihrer zärtlichen Liebe zu ihm um das niedriger zu werden, was sie den kleinen Max hoch in ihrem anbetenden Herzen trug.

Die beiden waren gerade aus Mexiko gekommen, ein etwas lamentables Abenteuer, denn es kostete Max sein väterliches Erbe, das er dabei verlor und verbrauchte. Mit nichts als seiner jungen Ehe beschäftigt, hatten ihn in Paris zwei polnische Schnapphähne für eine kommunistische Kolonie in den Tropen gewonnen. Das Land sei erworben und zur Hälfte bezahlt; es fehle nur die andere Hälfte. Die zahlte Max. Er hatte dafür das Kunstdepartement der Kolonie zu leiten, und um sich in dieses Amt richtig einzuführen, erwarb er einen Gipsabguß der Venus von Milo. Den ließ er aber samt dem Brettergehäuse, in dem er steckte, im New Yorker Zollhaus stehen, denn er sollte mehr Zoll dafür zahlen, als die ganze Göttin gekostet hatte, und das Geld war schon etwas knapp geworden. Mit dessen einer Hälfte hatte er sich eingekauft, und die Hälfte der andern Hälfte verlor er an seine beiden Reisegefährten auf der Überfahrt im rasch beigebrachten Poker. In Mexiko verschwand der andere Pole. Der eine war in New

York nicht mehr aufs Schiff gekommen. Dem Präsidenten Diaz, den Dauthendeys besuchten, war von einer Kolonie nichts bekannt. Aber, so sagte man ihnen, Land könnten sie im Innern haben soviel sie wollten, unbebautes schönes Land mit herrlichen Kaktussen darauf. Um derentwillen war Max sofort bereit aufzubrechen. Aber Annie war diesmal besonnener. Man blieb in Mexiko-City, solange das Geld reichte, sechs Monate oder so. Nicht weil es da schön war, sondern des faszinierenden Gegenteils wegen. Man kam aus dem Fieber nicht heraus. Es gab jeden Tag ein bißchen Erdbeben. Fuhr man über Land, sah man die verhungerten Indios in ihren spitzen Hüten wie böse Zauberer an der Straße hocken. Und auf allen Zäunen saßen die Geier und warteten auf Aas. Die fliegenden Töne der Moskitos übertönten die Militärmusik, die des Nachts auf der Plaza spielte. Man schlief nicht. Dämmerte nur so. Spürte die leise kochende Erde. Der Franke Max empfing seine tropischen Weihen.

Nun war er in München, mit einem Kistchen seiner Gedichte. Heymel übernahm das und gab ihm dafür eine Rente. Sie erlebten beide nicht viel Freude daran. Max hatte in Mexiko seine erste pointillierende Periode, die ultraviolette, abgeschlossen und packte aus dem Kistchen seine zweite, die aztekische, aus, kleine episch-lyrische Dinge kosmisch-mythischen Inhalts, voll rauchender, brennender Bilder, die alles Figürliche verschlangen. Denn dieser immer »in vegetativer Ergriffenheit« lebende Mensch – so heißt es vom Niels Lyhne – war eigentlich ein Maler. Seine vielen später gefertigten Aquarelle zeigten es, daß sie sein weit unmittelbarerer Ausdruck waren. Bei einer großen lyrischen Produktion gab es nie ein reines Gedicht. Immer nur oft höchst eindringliche Bildabfolgen. Ganz ein Mensch der Stimmung, mißtraute er jeder geistigen Struktur und mißverstand sie für ein ihm odioses rationalistisches Element. Mit erschreckend unzulänglicher Begründung behauptete er einmal, daß die lyrische Substanz nur die Liebe zur Frau abgebe oder vielmehr die Verliebtheit.

Er bekam Tränen in die Augen, als man ihm das nicht gelten ließ, und war wochenlang in schwerer Verstimmung über den Widerspruch. Solcher Empfindlichkeit seiner Seele – er hatte eine und nichts als das – entsprach seltsam eine des Leibes. Rührte man ihn etwas stärker am Arme an, bekam er da blaue und grüne Flecke. Ich habe nie einen wehrloseren und unbewehrteren Menschen getroffen. Wehrte er sich nicht mit Tränen, so mit einem wundervollen Kinderlächeln um den Mund, wenn etwa Wedekind ebenso Unglaubhaftes wie Unwahrscheinliches aus ihrem gemeinsamen Leben in London erzählte, wo Franks hochstaplerischer Abgott Gretor vom Schwindel einer gar nicht existierenden Rohrmöbelfabrik lebte, deren Direktor Frank und deren junger Mann Max war.

In der Generation, der Dauthendey zugehörte als ihr Jüngling, dem Altern nichts anhatte, zeichnete ihn eines aus, das wahrscheinlich mit seinem wildblühenden und nicht fruchttragenden Wesen zusammenhing: er besaß keinerlei literarischen Ehrgeiz, gar keinen Willen zu einem Werke. Er war außerordentlich unproblematisch und ohne jeden Vorsatz. Er war jahrelang dichterisch ganz untätig, saß in der Dürre und wartete auf den Regen, wie eine Pflanze. Er verspielte diese Zeit wie ein Kind. Saß über einem Rahmen und stickte in Wolle bunte Vögel. Oder baute sich seltsame Möbel, die sich kaum vom Boden erhoben. Oder tat gar nichts, immer von seinen Augen beschäftigt. Er glich seinen in Furcht geliebten Vulkanen, von deren Erstorbenheit man Jahrzehnte spricht und die eines Tages wieder höchst lebendig Feuer speien. Aber auch Rauch und Asche und Schlacke. Ihm galt das alles gleich. Daß es aus ihm herauskam, ließ ihn alles als vortrefflich finden. Da er so etwas wie überlegenden Verstand nicht nur nicht besaß, sondern auch gar nicht besitzen wollte, konnte er auch keinen Gebrauch davon machen. Er hat mehr als ein Dutzend Sachen geschrieben, von denen er auf dem Titelblatt behauptete, es seien Dramen. Es sind Spielereien, alle, und nicht nur das eine Stück, das so heißt. Er hat neben einigen schlanken Bändchen Gedichte voll heimatlichem Duft einen umfangreichen Folioband lyrischer Dithyramben von Kontinenten und Meeren geschrieben, in welchem lyrischen Ozeane die paar glücklichen grünen Eilande immer wieder vom Wasser überspült werden. Er war von einer Reimlust besessen wie die Kinder. Aber ohne alle Musikalität. Einen Singsang zuweilen wie Kinderreime, wenn Erwachsene sie erinnern.

Dauthendey starb an einer Krankheit, die ihn in allen Ländern, die er bereiste, nicht verließ: am Heimweh nach seinen fränkischen Weinhügeln, dem Main, der barocken Stadt. Der Begriff Deutsches Reich, der ihm immer sehr gleichgültig gewesen, bekam nur während des Krieges und als dieser ihn in Java festhielt, so etwas wie eine sentimentale Realität. Was er mit seinen äußern Augen nicht sehen konnte, das hatte für ihn nur eine ganz schattenhafte Existenz. Er reiste, um seinen hungrigen Augen Genüge zu tun. Aber nur in die heißen Länder ungebrochner Farben und der brütenden Schwüle eines Treibhauses, das sein vegetatives Wesen brauchte. Für Holland, den Norden hatte er nur Schauder. Auch weil man da Schnaps trank und nicht Wein. Die Schatten zogen ihn nicht an. In der Dämmerung bekam er eine Gänsehaut. Um in der Heimat, im Lande seiner Kindheit zu sterben, ließ er den katholischen Geistlichen rufen, einen blonden französischen Missionar, der diesem kindlichen Heiden vom lieben Gott erzählen mußte in der Weise seiner fränkischen Amme.

43.

Nicht unwichtige Zwischenbemerkung

Pascals Insinuation, daß man angenehm überrascht sei, wenn man auf der Suche nach einem Autor einen Menschen finde, wird heute, vielleicht aus demokratischer Gefälligkeit, oft in der Weise stattgegeben, daß man ausgehend von einiger biographischer Kenntnis der Autorsperson damit wie mit Brecheisen operierend deren Werk auseinanderstemmt – was man kritische Analyse nennt –, um es nachher scheinbar synthetisch wieder erstehen zu lassen. Faktisch tut man aber dieses: man konfrontiert die speziellen Anekdoten eines bestimmten privaten Lebens plus den dieses Anekdotische bestätigenden und erweiternden »Inhalt« des Werkes mit vagen Anschauungen über das Leben und die Kunst im allgemeinen, schüttelt über davon Divergierendes mißbilligend das Haupt und tut erfreut über damit sich Deckendes. Etwas zu großartig nennt sich das dann literarhistorische Kritik. Autoren, die wie Homer und Shakespeare so vorsichtig waren, sich der Möglichkeit des biographischen Zugriffs zu entziehen, werden wie im Falle Homer für ein Sammelwort und als Person für nichtexistent erklärt oder wie im Falle Shakespeare entweder mit immer neuen biographischen Konjunkturen versehen oder zugunsten eines Mannes verleugnet, dessen Biographie man kennt.

Versucht man das Wesentliche zu bestimmen, so muß man immer etwas schematisch werden. Die drei Wege, auf denen ein zunächst nur usurpiertes Ich zu Ausdruck und Erfüllung kommt, die vita meditativa des analytischen, die vita activa des tätigen und die vita transposita des künstlerischen Menschen, sie überschneiden sich und kreuzen sich wohl, aber im wesentlichen sind sie nicht miteinander verwandt, und es hat jeder eine vom andern divergente Richtung. Es dürfte das, was wir eine Persönlichkeit nennen, am stärksten und deutlichsten jenem zukommen, der nur im Leben selber und in der Tätigkeit des Einzelnen die Rechtfertigung seines Lebenswillens sieht. Männer wie Napoleon oder Lincoln sind der ideale Stoff der Biographik. Am andern Pole steht das Leben des Künstlers, des Dichters, denn das Spezifische seiner Artung drückt sich darin aus, daß er gänzlich uninteressiert an der bewußten oder unbewußten Ausbildung der Persönlichkeit alle deren Werte transponiert in das von ihm geschaffene Werk, so daß man den positiven Ausdruck seines Ich eben nur in diesem Werke finden kann. Je radikaler diese Transposition der Werte statthat, um so weniger wird vom »Leben« des Künstlers im engern Sinn übrigbleiben.

Diese prinzipiellen Bemerkungen waren nötig, weil ich jetzt ihren Rigorismus lockere, aber nicht nur um das Anekdotische zu rechtfertigen, das ich hier in dieser Schrift aus dem Leben der Schriftsteller zuweilen erzähle, was man immer so auslegen mag, als wollte ich, wie ich etwas weiter oben sagte, die Neugier der Zeitgenossen unterhalten. Sondern weil das Leben des Geistes sich nicht in so starr abgezirkelten Grenzen der Wahrnehmung vollzieht. Weil also ein Werk nicht nur ein ästhetisches Dasein führt und eine ästhetische Geschichte hat, sonden auch eine psychologische. Weil es auch bei bedeutenden Dichtern vorkommt, daß sich nicht das Ganze ihres Lebens in ihr Werk absondert. Da kann die Kenntnis dieses Lebens als ein Mittel dienen, den schöpferischen Akt des Künstlers in ein helleres Licht zu setzen. Als ein Mittel unter andern Mitteln. Sich hier nicht mit dem Biographischen zu beschäftigen und sich seiner als eines psychologischen, ja psychoanalytischen Mittels zu bedienen bedeutete eine Fälschung und ein Sich-dümmer-Stellen als andere Wissenschaften, welche diese kritischen Mittel gebrauchen.

44.

Die Scharfrichter – Ein Theaterprogramm – Lautensack

Ein M. Henri, der gemeinsam mit Leo Greiner und mit kleinen Geldunterstützungen der beiden Regierungen ein gutgemeintes, aber bedeutungsloses deutsch-französisches Annäherungsblatt herausgab, regte mit seinen Erinnerungen vom Montmartre und dem guten Glauben, daß sich ähnliches aus der Münchner Boheme gestalten ließe, die zehn jungen Maler, Dichter, Musiker, Architekten oder wofür sie sich sonst hielten, so lange auf, bis sie sich mit Henri zu dem Ensemble der Elf Scharfrichter zusammentaten und zu kunterbunten Vorstellungen in einem höchst bescheiden zum Theatersaal umgestalteten Pferdestall, dem Annex einer kleinen Kutscherkneipe, durch deren Gerüche die Besucher zweimal in der Woche, dann allabendlich waten mußten, um in schrecklicher Enge das Sälchen zu füllen. Mehr als achtzig hatten nicht Platz. Aber etwas mehr als hundert waren immer da. Frau Delvard sang die Dirnensentimentalitäten jener Zeit, aber auch Lustigeres, das ihr Herr von Gumppenberg dichtete und ein anderer Scharfrichter vertonte. Es gab kleine Stückchen, von Bernard, von Courteline, von Paul Schlesinger, von Herrn Henri selber, von Keyserling, Aram, Falkenberg, Leo Greiner – es war ein bißchen frech, was damals unter dem Druck der Zensur und nicht unter der polizeilichen sich schon als sehr radikal vorkam, spaßig, weil mit Hingebung und Laune gespielt von den elfen, unter denen keiner ein Schauspieler war. Die kamen erst im dritten Jahr, als es die elfe nicht mehr aushielten, jeden Abend den Unsinn zu treiben für ein paar Mark, und mit den regulären Schauspielern war auch der ganze Spaß zu Ende. Er wurde leere Grimasse.

Vom Übermut der Jugend war nicht zu leben, in keiner Weise. Dem einen und andern wurde er Mut, dem zu einer Oper, jenem zu einem Trauerspiel, dem zu einem richtigen Theater und der zwei Jahre lang die Kulissen gemalt hatte, der wollte als Architekt auch einmal Häuser bauen. Und das war das Beste an diesen jungen Leuten, daß sie aus ihrer Laune nicht ihren Beruf machten und jeder wieder seinen eigenen Weg einschlug, als sich ihnen der Spaß erschöpft hatte. Bloß der Begründer, Herr M. Henri, der nach München versprengte Pariser, dem diese Scharfrichterei äußere und innere Existenz bedeutete, aufgerichtet auf das lustige Kauderwelsch seines Conferenciertumes und die noch weiterhin als exploitierungsfähig erkannte Singkunst seiner Freundin Delvard, einer deutsch-elsässischen Yvette – bloß Herr Henri hielt weiter an der Sache, die sich selber erledigt hatte. Ratsuchend kam er zu mir. Doch es war da nichts zu raten. Aber da er nun ja Schauspieler haben werde, könne man vielleicht an richtiges Theater denken. Allerdings ohne bayrische Soldatenlieder und ohne Dirnenlieder als Zwischenakt-Intermezzi. Aber gerade davon wollte der Kabarettist nicht lassen, konnte auch nicht, ohne sich überflüssig zu machen. So gab es als komisch-tristen Kompromiß den Satyros von Goethe, eine antidynastische Burleske von Hermann Bahr, garniert mit Liedern. Das gefiel niemandem mehr. Einmal las Ludwig Scharf, der Prolet, der nichts dafür kann, wie eines seiner Gedichte sagte, eine unter den Troglodyten vor sich gehende Sintflutgeschichte vor. Als er nach drei viertel Stunden geendigt hatte, war der kleine Saal leer. Ich lud 1901 in einem Prospekte zum Abonnement auf zehn Vorstellungen ein. Gespielt sollte werden: Büchners »Dantons Tod«, Wildes »Bunbury«, »Candida« von Shaw, Lenzens »Engländer«, Wedekinds »Büchse der Pandora«, »Die Natürliche Tochter«, Hermann Bahrs »Die Mutter«, das »Bergwerk von Falun« Hofmannsthals, »Volpone« von Ben Johnson und »La Casa Nova« von Goldoni. Es war kein Irrtum, daß ich in diesem Programm die Spielbarkeit dieser Stücke behauptete. Ich irrte mich nur, was auf dasselbe herauskommt, in der Zeit. Auch im Ort, der nicht München sein konnte. Es kommt ja nur darauf an, die richtige Zeit und den rechten Ort zu treffen. Schon immer etwas gesagt zu haben ist keinerlei Verdienstliches.

Niemand meldete sein Interesse an diesen unzeitgemäßen Veranstaltungen eines Theaters, das mit diesen zehn Stücken nur Richtpunke, Sichtpunkte auf einem Wege geben wollte, der aus dem Alltagsrealismus des naturalistischen Trauerstükkes, in Stück und Spiel und szenischer Gestaltung, herausführte, welchen Weges Notwendigkeit keiner, der sich damit beschäftigte, um diese Zeit bezweifelte. Der Plan blieb ein Blatt Papier, und die elf waren gewesen. Ohne den Titel Scharfrichter, der eine Auszeichnung bedeuten sollte, behauste die Bude in der Türkenstraße zweie, um derentwillen sie erinnert bleiben wird. Der eine war Wedekind, der sich hier mit dem Vortrag seiner Balladen zur selbstgezupften Gitarre seinen täglichen Notpfennig verdiente, der fünf Mark betrug, der andere war Heinrich Lautensack aus Niederbayern, der sich fünfzehn Jahre später im ausbrechenden Wahnsinn in Wedekinds offenes Grab stürzen wollte, nach seinem Meister schreiend. Dessen Bewunderer wohl, aber dessen Schüler er nie und mit keiner Zeile gewesen war. Er hat immer mit seiner eignen Hand geschrieben. Bei den Scharfrichtern war Lautensack Faktotum, soweit dieses Totum alles Unangenehme bedeutete, das sonst niemand zu tun Lust hatte. Er war Souffleur und Billetteur, Rollenausschreiber und Sekretär. Er hatte die anstürmenden kleinen Gläubiger abzuwehren, die Explosionen der Diva auszuhalten, Mitspieler aus der Kneipe zu holen. Er hätte, außerordentlich bescheiden, wie er war, in christlichster Demut und Kameradschaftlichkeit auch den Mann auf der Toilette gemacht, wenn es so was wie eine Toilette in dem Theater gegeben hätte. Es war nur ein dunkler Hof da. Im Kreise seiner Kollegen galt Lautensack für nichts oder für einen gutmütigen Tölpel. Als ich in der Insel eines seiner Gedichte druckte und nicht eines von Leo Greiner, kannte er sich vor Stolz und Dankbarkeit nicht aus. Und sein Gedicht war wirklich nicht so gut wie eines von Greiner, und ich gab es zum Druck wie aus einer Schuld gegenüber diesem, wie mir schien, zu Unrecht mißhandelten und sich selber mißhandelnden Menschen. Ich wußte nicht, wie ich ihm anders die Hand reichen sollte. Wie ein Legitimationspapier trug er das Inselheft bei sich, dieser Mensch, der nie klagte und sich nie beklagte, wenigstens nie anders, als daß er sich manchmal besoff. Welches Ziel dieser immer leere Magen rasch genug erreichte.

Keiner seiner Freunde, wenn er welche hatte, fand Zeit oder Anlaß, das von Lautensack Geschriebene zu sammeln und in Druck zu geben. Von der Bühne her wurde zu seinen Lebzeiten nur die »Pfarrhauskomödie« bekannt, »Das Gelübde« ist nur ein paarmal in München gespielt worden. Ein drittes Stück, »Der Hahnenkampf«, blieb vergessen. Wie eine groteske Bußtagslitanei. Wie manches noch. Wie alles sonst. Ein üblicher Literarkritiker wird dies Opus in die Nähe Wedekinds stellen, der es überschattet, oder gebildeter in jene Klingers oder Lenzens. Damit ist nichts gesagt. Lautensack hat keines seiner Bauerndramen hergestellt, um seiner Vorliebe für Lenz ein jugendliches Opfer begeisterter Dankbarkeit zu bringen. Sie wären in solchem Falle auch weit korrekter ausgefallen. Wenn es so wäre, dann fände der davon schockierte Kritiker allerorts in diesen Szenen nicht diese oft bis zum Skurrilen sich steigernden, oft wie Allotria aussehenden Verhaftungen, Bindungen mit der Autorsperson, die bei Lautensack nicht epigonische Jean-Pauliana eines soi-disant Humoristen sind, sondern das »Objektive« erhöhen und steigern. Die Subjektivität der Beibemerkungen ist nicht ein bewußter originell wirkend gedachter Subjektivismus, sondern begreiflicher Drang, die Atmosphäre zu weiten und über das hinaus das offenbar werdende integrale Leben eines dichterischen Menschen, der in Leidenschaft sich verschüttet. Und: alles, was wir nicht fühlen, begrenzt uns. Die nie klagende Armut, die katholische Demut dieses ländlichen Dichters gaben ihm unendliches Gefühl, aber sein guter eigensinniger niederbayrischer Bauernschädel aus alter Rasse ließ sich davon nicht durchdringen. Dieser Mensch, der die längste Zeit seines kurzen Lebens aus Häßlichkeit und Armut, Neigung und Delikatesse der Empfindung ein Onanist gewesen war, verirrte sich dann einmal in ein Frauenbett und starb an der Lues, die im Wettlauf mit dem Hunger gewann.

Es ist sentimentale Deklamation, der Gesellschaft solchen Ablauf zum Vorwurf zu machen, denn die Gesellschaft gibt ja den Dichtern gar nicht ihr bestimmtes Leben, ist also nicht dafür verantwortlich zu machen, auf welche Weise sie es leben und nicht mehr leben. Irgend auf eine Weise sterben alle menschlich Geborenen, aber sie leben nicht irgendwie. Dieses ihr Leben haben sie niemandem zu danken oder zu verdanken. Es würde ein garstiger Gedanke sein, daß der Dichter in seinem Leben auf die Mithilfe irgendwelcher Art der Gesellschaft angewiesen wäre, wozu der Routinier sie heute manchmal veranlaßt. Aber man wird dann höchstens von Büchern und Stücken sprechen können, nicht von einem Leben oder einem Werk, das ein Leben ist.

45.

O. Krzyzanowski

Trotz des konsonantenreichen Namens ein deutscher Dichter, Ottfried Krzyzanowski war Lautensack in der Häßlichkeit seines Gesichtes ähnlich, in der Not seines Daseins übertraf er ihn. Lautensacks Leben pfiff aus allen Löchern einer oft wüsten Leidenschaft, aber dieser Ottfried, der sich seinen bescheidenen Unterhalt von den Stammgästen zweier Wiener Cafés stumm erbettelte – nur wenn einer durchaus nicht den Blick seiner Augen hören wollte, sagte er: »Zahlen Sie mir einen Pfiff Wein« –, dieser Mensch von etlichen dreißig Jahren, der jede bürgerliche Arbeit verabscheute, war in seinen zwei oder drei Dutzend Gedichten, die er hinterlassen hat, keusch, verhalten, fast puritanisch streng, sparsam. Jedes dieser Gedichte kam und trug die Marke eines gästelosen, eng und reinlich umzirkten Haushaltes adeliger Aszendenz. Er hatte klassische Philologie studiert. Rezitierte er Catull, blieb seine etwas schwere Zunge liegen. Sein Respekt vor der Dichtkunst war so groß, daß er in ihrem Dienst jede Erbärmlichkeit seines fleischlichen Hungerdaseins hinnahm ohne irgendwelches Ressentiment gegen die Reichen. »Herr Werfel«, sagte er, »Sie nehmen die Partei des lieben Gottes, aber der hat Sie nicht gebeten. Der große Herr hat Ihre Anwaltschaft, Herr Werfel, nicht nötig.« Vom Bettel zu leben schien diesem rigorosen Manne die einzig erlaubte und noble Lebensform des Dichters heute. Ihr mußte dann auch die Form seines Sterbens entsprechen. Durch einen Katarrh unfähig, sein Lager zu verlassen und sich sein Brot zu erbetteln, von einem versorgten alten in den Tagesdienst gehetzten Weib vergessen, das ihm die Kammer vermietet hatte, fiel den Gästen der zwei Cafés – es waren die unruhigen Zeiten Frühjahr 1919 – erst am dritten Tage die Abwesenheit Ottfrieds auf. Um ein paar Stunden zu spät. Denn er war bereits verhungert und tot. In zwei Droschken fuhren wir, acht oder neun, auf den Zentralfriedhof. Die rivalisierenden Stammgäste der beiden Cafés hatten sich wohl in den Beerdigungskosten zusammengefunden, aber den Leichenredner wollten sie einander nicht gönnen. So ernannten sie mich dazu, der ich weder dort- noch dahin als Stammgast gehörte. Die zwei Arbeiter, welche den Sarg in die Grube gelassen hatten, stellten sich ein bißchen abseits, der eine zündete sich eine Pfeife an, der andere pflückte Hagebutten von einer Staude und kiefelte daran. Es ging ein feiner Regen nieder, und der heraufgeschaufelte Lehmhügel gab ein bißchen nach, auf den ich mich stellte, um vor den acht Leidtragenden, die sich auf mich geeinigt hatten, die Trauerrede auf einen Dichter zu halten, den ich am wenigsten von diesen achten gekannt hatte, so wenig, daß ich ihn immer Ottmar statt Ottfried nannte. Ich hörte wohl während meiner Rede, daß man mir was zuflüsterte aus der kleinen Ansammlung um das Loch, aber erst beim dritten Male, als ich gerade erzählte, wie der liebe Gott die Bettlerhand des Dichters mit den Worten ergreifen würde: »Ottmar…«, da verstand ich, daß man mir immer leise »Ottfried« zugerufen hatte. Nun war's aber nicht mehr zu reparieren, und ich blieb dabei: »Ottmar, wird er sagen, denn der Erbarmer ist auch allmächtig…« Ich glaubte, mit diesem Scherz die ernste Situation retten zu müssen, denn es war von fernher auch eine Schwester des Verhungerten gekommen, die da frierend und weinend stand, nicht wußte warum, denn sie hatte den Bruder seit zehn Jahren nicht mehr gesehen.

46.

München – Der Simplicissimus – Heine – Gulbransson

Eine zehnjährige Wanderzeit schien vorbei und auf Koffern zu leben nicht mehr das Bequemste. Das Kind war fünf Jahre alt geworden, und die Frau hatte einen Beruf erlernt, der auszuüben war, um die darauf verwandte Lernzeit zu rechtfertigen. Dieses mindestens, denn es war weder materielle Notwendigkeit noch besondere Neigung, den D. D. S. zu praktizieren. Die Tätigkeit wurde ja auch nach einem Jahre aufgegeben wie Jahre zuvor das medizinische Studium.

Daß man sich in München niederließ, hatte vielerlei Anlässe. Was entschied, war wohl das Heimelige eines dem Österreichischen verwandten Dialektes, die Katholizität der Bevölkerung nach vielen unter Protestanten verbrachten Jahren und die Landschaft vor den Toren, Gebirg und Seen. Eine Vorstellung wie ein Nachhausekommen nach langem Unterweges verband sich dem nicht auszulöschenden Gefühl, das sich in der Kindheit und ersten Jugend bildet. Sprache, Kult und Landschaft – fast war es das der frühen Seele eingeformte Wienerische. Nicht die Stadt mit ihren Bauten und Straßen, die nichts weiter Besonderes hatten, als da und dort ein altes Gewinkel von Gäßchen, das mehr an den Wiener Vorort Lichtenthal erinnerte als an die innere Stadt. Der Fleiß bürgerlichen Handwerks hatte sich in diesem München einfache Häuser gebaut, aber der Adel sich keine Paläste wie in Wien. Und das Haus Wittelsbach sich erst in einem eklektischen Spätling auf das Bauen besonnen, teils antikisch, teil frühflorentinisch.

Was ihr Stadtbild betraf, konnten sich ja die Münchner dazu gratulieren, daß der zweite Ludwig sie nicht leiden mochte und seine grausliche Bautätigkeit ganz auf dem Lande in jenen fatalen Schlössern übte, an denen sich die Reisegesellschaften gegen ein Entrée entzücken, mit dem der Konkurs der königlichen Bautätigkeit abgezahlt wird. Das Haus Wittelsbach gehörte nicht zu den reichen Dynastien, und die Familie ist groß. Man mußte sparsam leben. Des Prinzregenten Zigarren waren bei allen, die er damit beschenkte, gefürchtet. Und wenn sein bäuerisch-geiziger Sohn Ludwig, der, ungeduldig auf den Thron wartend, den uralten Luitpold nur »das ewige Licht« nannte, eine Einladung gab, wurden Hofbräu und Würstel serviert. Die diensttuenden Hofdamen bei Frau Ludwig und deren vielen Töchtern mit den walhallischen Taufnamen ließen sich ihr Mittagessen aus einer kleinen Kneipe ins Schloß holen, im Abonnement zu einer Mark.

Bis auf den abseitigen Rupprecht, den intelligentesten Kopf der zahlreichen Familie, taten die andern »Bäcken«, wie man in München die Wittelsbacher dieser Birkenfelder Seitenlinie nannte, ihr möglichstes, sich mit dem Volke gemein zu machen, von keinem strengen Hofzeremonial darin gehindert und von so volkstümlichen Festen wie Anstich des neuen Bräus oder Eröffnung der Oktoberwiese gefördert, an welchen Gelegenheiten der ganze Hof teilnahm wie Volk im Volke. Aber es wirkte nicht wie was Besonderes auf das Volk, das seinen Regenten an Sommertagen in den Gassen spazieren sah, den Hut abnehmen, sich mit einem Taschentüchel den Schweiß wischen und zu einem Passanten sagen: »Heiß is heut.« Daß der nicht geradezu antwortete: »Recht hast, alter Bazi«, war alles. Weit volkstümlicher und geliebter war, weil er die Phantasie mit legendenbildender Kraft beschäftigte, um 1900 immer noch des zweiten Ludwig Leben und Sterben bei diesen Oberbayern, die gern glaubten, daß die Anbiederung der derzeitig herrschenden Familie aus einem schlechten Gewissen käme.

Um diesen Hof lag kein beim Militär oder im bescheiden geführten Hausdienst untergebrachter Adel, der um die Dynastie einen von der weiteren Umgebung trennenden Ring gelegt hätte. Ein Graf, der beim Leibregiment Oberleutnant oder so was war, das bedeutete gesellschaftlich in München gar nichts. Und wenn er seinen Abschied nehmen mußte und mit Automobilen einen Handel anfing, so bedeutete das gesellschaftlich auch nichts. Im Adelsklub saßen ein paar sehr alte, wackelige Herren und warteten, bis noch einer käme, der ihnen hülfe, auf einen vierten zu warten. Da der nicht kam, gingen sie schließlich nach Hause oder in den Franziskaner, ein Bier trinken.

München war die Stadt der Fremden, die sich ohne Reibung in das Landesübliche der Sitten und Bräuche fanden, denn diese waren locker, leicht, zuweilen ein bißchen komisch, anspruchslos; verbanden alle Kasten und Stände, distinguierten sich nicht danach; die Schichten waren nicht gestaffelt, sondern lagen auf der gleichen Ebene eines sozusagen demokratischen Konvenüs. Es distinguierten sich nicht einmal die Münchner Juden, die, völlig bajuvarisch geworden, gar keine Rolle spielen, wie in Berlin oder Frankfurt oder gar in Wien. Das Wort Bourgeoisie würde das Bürgertum der Sedelmeyer, Pschorr, Guggenheim, Maffey usw. zu einer sozialen und politischen Bedeutung aufblasen, welche dieses Bürgertum nicht besitzt. Und gar nicht besitzen will. Es spielt in der Münchner Komödie keine Rolle à part. Es tut mit. Wie der Hof. Wie der Adel.

Man sucht nach einem Ferment, das dieses Zellgewebe einer Stadt so weitmaschig und locker gemacht hat. Du verläßt einen Kreis, und der nächste nimmt dich auf. Du treibst dich so lange im fünften, bis dich unversehens drei Schritte wieder in den Mittelpunkt führen, während du schon dachtest, wer weiß wo zu sein. Jeder ist zugleich, wo er ist, und überall. Jeder ist bei jedem. Jeder hat alle Kreise. Alle Kreise haben jeden und keinen. Wenn man zu Ende ist, ist man wieder am Anfang. Wenn man sein Kleid nicht mehr zeigen kann, verkleidet man sich. Wenn man keine Verkleidungen mehr hat, verkleidet man sich in das Kleid, das man gestern glaubte nicht mehr zeigen zu können. So beschrieb Borchardt das Münchnerische. Und so war München die Stadt einer gefühlsmäßigen Demokratie und auch des Karnevals. Das Ferment, das dies zuwege brachte? München ist sei drei Generationen oder so eine Stadt, die sich Isarathen nennt. Eine einmal von einem Monarchen so befohlene und instaurierte Maler- und Dichterstadt, in der man trotz der außerordentlich klaren Luft zwei Jahrzehnte lang wie die nebligen Schotten malte, mit Stolz darauf. Man entdeckte das konturlose Schottland im scharf konturierten Dachau. Aber auch anderes. Überhaupt jedes. Mit den Dichtern ging es genauso.

Die Münchner Maler zählten in jeder Jahreszahl nach Tausenden. Sie stellten die Münchner Malerei her, eine geschätzte Handelsmarke, wie das Nymphenburger Porzellan. In allen Genres. Als die Räume des abscheulichen Glaspalastes dafür zu eng wurden, sezessionierten jene, die sich da schlecht gehängt fanden oder sich mit den alten Herrn der Allotria nicht vertrugen. Dort hieß man Len- oder Kaulbach. Hier hieß man Stuck. Aber es war da und dort Münchner Malerei – eine große, viele Hände beschäftigende Werkstatt zur Erzeugung eines gesuchten Zimmerschmuckes im bürgerlichen Heim. Das Salz dieses schalen Münchner Kunstwesens, das sich weitertrieb, man wußte nicht wozu, und voller Selbstgefälligkeit produzierte, man wußte nicht aus welchem Drängen – es war weder bei den Malern noch bei den Plastikern, sondern bei jenen paar Zeichnern, die dem Simplicissimus das Gesicht machten. Thomas Theodor Heine hatte sie für Albert Langen, den Gründer des Blattes, gechartert, dessen Motto nach Hartleben, seinem ersten, kurzlebigen Redakteur, ›Lachen, nicht grinsen‹ sein sollte. Das politische Regime des Reiches gab einer aufmerksamen Opposition mehr Stoff zum Lachen, als sie wöchentlich bewältigen konnte. Ein

Prozeß, der Heine und Wedekind auf die Festung und Langen nach der Schweiz brachte, änderte weder die Verurteilten noch das Blatt. Später kam dann das Regime auf die alte Wahrheit, daß Lächerlichkeit in diesem Lande keineswegs tötet, und die Opposition des Simplicissimus wie anderer Berliner radikaler Blätter wurde so etwas wie eine offiziöse Opposition, nachbarlich neben dem Regime eingerichtet.

Das gefällige Auslagefenster des Blattes zu arrangieren, fiel, was die weiblichen Eleganzen betraf, dem Wiener Resnicek, was die männlichen, dem Tiroler Töny zu. Sie bestimmten nicht den Laden und seine Ware, sollten nur die Käufer anlocken. Sie gingen mit der Saison, aber weder mit dem Tage noch mit der Zeit. Courage zur Übertreibung lag weder in ihrem Temperamente noch in ihrer zeichnerischen Phantasie. Bestimmender für den Laden waren schon Bruno Paul, der die bayrischen Bauern monumentalisierte, indem er ihre kleinen Köpfe auf ungeheure Füße stellte, und Rudolf Wilke, der das Zerlumpte und Abgerissene von Bettlern, Landstreichern und allerlei Volkes so grotesk in das Gewirr seiner Linien brachte, wie es ist. Aber das Schwierigste, ein Geschehen der letzten acht Tage in der Zeichnung festzuhalten, fiel den beiden spirituellsten Köpfen der Gruppe zu und den an zeichnerischer Begabung reichsten: Heine und Gulbransson. Die andern zeichneten sozusagen auf Vorrat, und die Redaktionssitzung schwitzte die mehr oder weniger witzige Legende dazu. Bei Heine und Gulbransson lebten Wort und Bild in Symbiose, sie produzierten sich simultan in der Zeichnung, die alles aussagend auf die dazu geschenkte Legende verzichten konnte. Ihre geistige Lebendigkeit, die sie jede Woche auf die Schanze trieb, dreißig Jahre lang, variierte überaus ihr Kunstmittel oder entfaltete, besser gesagt, den großen Umfang ihrer Kunst, eine Klaviatur von vielen Oktaven, ein Instrument, fähig sowohl zartester Lyrik wie drastischsten Spottes. Aber auch der Abstraktizität des reinen Ornamentes.

Das englische Blut der Mutter dürfte Heine, so extravagant bis ins Grausame seine Phantasie war, die immer sehr reservierte Haltung gegeben haben. Gar nichts ließ im Äußern dieses höchst korrekten Mannes auf seine Arbeit schließen. Er bezog keinerlei Allüre daraus. Sah immer aus wie ein überaus soignierter Herr, von dessen privatem Leben man nichts wußte, als daß er eine Frau und ein Kind hatte. In seinem fast unbeweglichen Gesicht teufelten nur die schönen braunen Augen. Er sprach nie von sich oder seinen Angelegenheiten. Man traf ihn nicht auf Bällen und in Gesellschaften. Haus und Garten, Frau und Kind und Hunde, besonders solche aus Porzellan, waren seine gehütete Welt, seine Festung, aus der er mit dem Zeichenstift ausfiel nach rechts und links, denn er war immer ein freier Mann.

Als Gulbransson aus Christiania nach München kam, trieb er es ein paar Monate, daß er auf den Gassen hinter Einwohnern herging und sie zeichnete, wie sie sich ihm boten. Um sich in die ihm neuen Typen einzuüben. Aber auch um einem Spieltrieb zu genügen. Es wird von ihm keinen Brief geben, in dem nicht an den wichtigeren Stellen die Zeichnung das Wort ablöst. Nur seine Zeichnungen signierte er mit seinem Namen. Seine privaten Mitteilungen unterschrieb er mit dem Ideogramm eines je nachdem lachenden oder melancholischen Seehundes, dem er physiognomisch und mit einer gewissen Vorliebe ähnlich sah. Oder einem weißblonden Eskimo, dessen Haarfarbe man nur mehr an Wimpern und Brauen feststellen konnte, denn er war kahl bis in den Nacken hinunter, ohne daß man den Eindruck bekam, als fehlten ihm die Haare: er hat auf dem Kopfe nie welche gehabt; er war wie eine geballte Faust. Wie die Pointe der Kraft seines athletischen Leibes, dem er jeden Exzeß bieten konnte, im Trunk, in der Liebe, im Sport. Erschütterungen der einen Art parierte er mit Erschütterungen durch eine andre. Er tritt ein, man merkt ihm eine schwere Bedrängnis an; sagt, es sei möglich, daß er sich jetzt gleich, nachdem er die Literflasche Kognak ausgetrunken habe, schlecht aufführen werde. Er trinkt die Flasche leer. Fällt hin, schläft. Nach einer Viertelstunde wacht er auf. Kuriert, unbekümmert, vollkommen nüchtern. Als er es einmal durchaus verhindern mußte, daß ein Besuch eine bestimmte Frau bei ihm treffe, nimmt er die Frau auf den Arm und springt mit ihr durch das Fenster in den Garten hinunter. Das Zimmer lag im ersten Stock seines Hauses, gute vier Meter über der Erde. Er trägt eine beim Skifahren schwer verunglückte Frau auf seinen Armen vier Stunden weit ins Dorf zu einem Arzt. Dieselbe geliebte Frau verliert einem geschätzten Gast gegenüber die Haltung in einem lächerlichen Flirt, der den Gast verlegen macht. Gulbransson kommt hinzu, packt in männlicher Scham die Frau beim Schopf und zerrt sie, man war auf dem Lande, über Anger und Hang ins Haus. Denn in diese prachtvolle Anatomie seines Leibes war eine überaus sensible Membran eingebaut, damit diese Kraft nicht das Gleichgewicht verliere. Und diese Kraft wurde geübt und geübt, damit sie diese Membran in ständiger Korrektur ihrer Resonanz erhalte und ihre Empfindlichkeit nicht in Empfindelei entarte. Ich habe keinen Menschen gekannt außer diesen Gulbransson, wo sich das starke Tierhafte und das starke Menschhafte in solchem Gleichgewicht wechselseitiger Bedingtheit befanden und sich in jedem Augenblick dieses Lebens manifestierten. Ist Heines kritischer Verstand gereizt, verfolgt er sein Objekt bis in den verborgensten Winkel, in dem es sich verkriecht, ohne Mitleid, unbarmherzig, grausam, mit jeder Waffe. Gulbransson, der Starke, lacht das Armselige und Verkrüppelte bloß an, mit einem kleinen Almosen Mitleid, aber auch mit Ekel vor soviel Erbärmlichkeit, und läßt es laufen. Als belächelten Lauf der Welt, die nicht seine ist.

Sie hatten als Zeichner mit dem »Simplicissimus« weiter nichts zu tun, lebten in München, häuften Blatt auf Blatt, waren beide, was man hypochondrisch nennt, litten darunter, aber der eine, der die Körperkräfte eines Möbelpackers besaß, indem er sich nur über wirkliche oder vermeinte Krankheiten bedauerte, der andere, der schwächer, nur ein Nervenbündel war, indem er seine nervösen Zustände kultivierte, neugierig, was dabei herauskommen würde.

47.

Alfred Kubin – Max Meyerhofer – Die Kayserlinge

Ich glaube, Dauthendey, der mit Malern Umgang hatte, entdeckte den schmächtigen, immer schwarzgekleideten Jüngling mit dem blassen Knabengesicht, das sich zur Verdüsterung ein bißchen anstrengte und scheu tat wie ein junger Wolf, den man aus seiner Grube ans Licht gezogen hat. Er brachte ihn und eine große Mappe, besser eine große Mappe mit dem zierlich-kleinen Kubin, der so tat, nichts eigentlich dafür zu können, daß er das zeichne, sondern unter Zwängen zu stehen, die ihm die Hand führten. Das mochte als Entschuldigung und Erklärung dafür vorgebracht und ausgebildet worden sein, daß keines dieser vielen Blätter bei allem darauf verwandten Fleiß das Stoffliche bewältigte. Es war alles immer mehr gewollt als gekonnt. Das hatte den großen Reiz der künstlerischen Naivität, sehr unterstützt vom Inhaltlichen dieser Alpträume, Grauen, Schrecken, Poësken und Hoffmanniaden. Und war auf dem festen gelblichen Bütten alter ausrangierter Flurpläne aus Kubins Leitmeritzer Heimat gezeichnet, von dem er, wie er sagte, auf Jahre hinaus Vorrat besitze. Als dieses Papier zu Ende war, konnte Kubin viel besser zeichnen. Aber viele sagten, er hätte dabei nichts gewonnen und mit dem Verbrauch seines Papieres seine Absonderlichkeit verloren, die sein Reiz gewesen wäre, ohne den er, in die künstlerische Diskussion gestellt, nur irgendein Zeichner würde. Als der Expressionismus aufkam, reklamierte er, auf der Ahnensuche, Kubin als einen Vorläufer, und Kubin erklärte zustimmend, er habe das immer gesagt. Worin er sich wohl irrte. Denn so einfach wie der Fall des Expressionismus war der seine durchaus nicht.

Damals, im Anfang des Jahrhunderts und zur Zeit des Flurplanpapieres, markierte Kubin eine Vorliebe für die Krankheit, weil sie ihm eine Hilfe gewährte gegen die Schwierigkeiten des materiellen Lebens. Er hat in gelegentlichen autobiographischen Bemerkungen von einer Kindheit und Jugend erzählt, die recht freudlos war und zu schweren Krisen führte. Jetzt, mit zwanzig, war es ihm eine Gewohnheit geworden, gewissermaßen im zweiten Zustand, dem der krankhaften Überreiztheit, zu leben, was wieder eine Krise war. Möglich, daß diese aktuelle Krise seine frühere kolorierte. Dieser junge, ungeschickte, aber pedantisch Strich an Strich setzende junge Mensch, der etwas atemlos von seinen Visionen und Wachträumen sprach, in Sprüngen und Seitensprüngen, konnte sich in kritischen Momenten, wo er einiger lächelnder Skepsis begegnete, rasch in einen ihm höchst natürlichen Humor begeben, dem die bizarren Elemente nicht fehlten, für die er aber einen drastisch-realen, gut österreichischen Ausdruck fand. Er verstand es, voll Anschaulichkeit Erlebtes zu erzählen. Die Gewohnheit, solchem Erlebten einen tieferen Sinn in okkulten Zusammenhängen zu geben, nahm er erst später an, als er mit größerer Bekanntheit auch repräsentieren mußte. Ohne denkerische Begabung fiel er da auf so amüsante Mystifikateure wie Meyrink herein, haspelte sich zu einem Buddhismus weiter, kam auf die Yoghis und derlei. Aber er war mit einem kindlich-fröhlichen Lachen immer bereit, das alles von der Tafel zu wischen, wenn der Partner nicht Publikum war. Und erzählte dann etwa von dem oberösterreichischen Bauern, der an einer Planke sein Wasser abschlägt und, ohne sich in diesem Geschäfte zu unterbrechen, eine halbe Wendung zu dem von einem Spaziergang heimkehrenden Ehepaar Kubin macht und mitteilt, daß er ein paar schöne Hähndel zu verkaufen habe. In München hielt sich Kubin ganz ungewöhnliche Haustiere. Einen Affen, ein Gürteltier, ein afrikanisches Kukumbi oder wie das Vieh hieß, das nichts lieber trank als, so erzählte sein Herr, den Inhalt des Kubinschen Nachtgefäßes. Es steckte sehr viel von dem in Kubin, was die Franzosen Fumisterie nennen, die sehr gut zu seinem persönlichen Charme paßte. Ich glaube, nur zeitweilig und in der Jugend düpierten ihn selber seine gezeichneten Phantasien als nachtgeschaute Realitäten. Aber er hatte ein Auge für die Dämonen des Skurrilen, ein Gedächtnis für die ineinandergeschobenen Ebenen der Träume und Geschmack genug, seinem zeichnerischen Strich das Improvisatorische, Zufällige zu lassen.

Jahre später, als ich für den Hyperion Graphiker suchte, fand ich einen, der stand im Laden seines verstorbenen Bruders und half der jungen Witwe beim Verkaufen von Wecken und Semmeln, die er für die besten in ganz München erklärte. Von seinen Zeichnungen, die zu zeigen viel Zureden kostete, hielt er gar nichts, das sei »alles ein Bärendreck«, wie er in der einzig von ihm beherrschten Sprache, dem Altbayrischen, sagte. Es waren Hunderte von mit der gespitzten Kreide gezeichneten Blättern, die er unter dem Bette seiner kleinen Stube hervorholte. Jederlei Papier war ihm recht, auch Ränder von Zeitungsfetzen oder Packpapier, um darauf, wie davon besessen, immer wieder Gewisses zu wiederholen: zwei Köpfe im engsten sich küssen, ein kopfloser Mädchenakt intensivster Grazie, auf dem Bauch liegende verfettete Weiber zu Haufen, Strizzis Arm in Arm in langen Reihen, Bildnisse draller oder verhärmter Huren in Holbeinscher Eindringlichkeit. Das alles hatte keinerlei Preis, weil es keinen Wert habe, aber es würde schon noch kommen, wenn nicht – und jetzt war er weit gesprächiger als vor seinen Zeichnungen – dieses Blasenleiden wäre, das ihn an der Arbeit hindere. Ob man kein Mittel dagegen wisse? Die Erklärung, man sei nicht der Medizin-Doktor, mußte ein gutes Dutzendmal dem immer wieder Enttäuschten gegeben werden. Der klein und gedrungen vor einem stand, die wasserhellen Augen vom nur nächtlich geübten Zeichnen etwas gerötet, wie ein Kranker redete und einen einlud, seine Muskulatur aus Granit zu befühlen an Armen und Schenkeln, und nicht nur darauf, sondern auch auf sein Blasenleiden als Distinktion stolz war: Max Meyerhofer. Es kam nie ein Kopf zu dieser Hand, der ihr entsprochen hätte. Ein Kopf, der dieser delikaten Hand und ihrem Können Sinn und Ordnung, also den Geist gegeben hätte.

Etwas rundlicher war Max Halbe in den acht Jahren seit Zürich geworden, münchnerisch behaglicher. Aber nicht verfettet, wie er immer zu beweisen bereit war, durch den gern demonstrierten Prall seiner elastischen Bauchmuskel. Vielleicht verdankte er das dem Kegelspiel, das er mit Leidenschaft betrieb. Daß man ein Spiel ernst nehmen müsse, damit es ein Spiel bleibe – keiner nahm das ernster als Halbe, bis zur grotesken Grobheit, bis zum Wutanfall, wenn einer aus Maxens Partei den Kegel nicht traf oder einen falschen. Er hielt das für eine beabsichtigte Bosheit. Der Ton gefiel nicht jedem. Mancher blieb aus. Halbe rekrutierte sich einen Nachwuchs aus Leuten wie Herrn Dr. Kutzscher oder Dr. Lissauer, die beglückt von den dichterischen Umständen dieses Kegelschiebens stramm standen, wenn der Häuptling sie andonnerte, und es kaum wagten, Entschuldigungen zu stammeln. So schickte man Fremde, die nach München kamen, sich diese Kegelschule anzusehen. Darüber wurde Halbe sechzig Jahre alt, aber zu seinem Glücke nie erwachsen.

Einem Theaterstück seiner Jugend und dessen Erfolg verpflichtet, schrieb er Jahr um Jahr ein weiteres Stück aus dem gleichen engen Umkreis einer sentimentalischen Erfahrung oder wie man das nennen soll, was seine vorgestellte Welt beherrschte: ein schwankendes Mannsbild zwischen zwei Frauen, der sozusagen dämonischen und der ehelich gewohnten, welche das Mahl richtet. Man merkte mit der Zeit immer mehr, daß es Rührstücke waren. Man mußte schon

Wedekinds soupçonneuse Natur haben, um ihn für einen Intriganten oder einen Mißgönner zu halten. Denn Halbe war generös, guter Kamerad, hilfsbereit, aufrichtig. Und nicht einmal eitel. Obgleich er ein bißchen gescheiter war als seine Literatur. Aber doch nicht um soviel mehr, als daß ihm seine Intelligenz sein Schreiben problematisch gemacht hätte. Er besaß eine Bildung, aber sie machte ihn nicht auf sich selber aufmerksam. Nichts setzte ihn über sich in Zweifel. Seine Ambitionen mit seinen Stücken visierten höher, aber er landete immer im Flachland des Familienblattes, in der Versöhnung um den Kaffeetisch.

Halbe hatte einmal ein paar Seiten verfaßt, überschrieben »Wenn der Herbst kommt« oder so ähnlich, einen Schulaufsatz über die Melancholie des Älterwerdens eines Liebes- oder Ehepaares angesichts der sich herbstlich verfärbenden Bäume. Die Sache stand in vielen Zeitungen immer wieder. Sie war von aufreizender Komik in ihrer süßlichen Banalität. Ich erinnere mich dieses Elaborats, weil es sich eine deutschamerikanische Studentin zum Gegenstand ihrer Inauguraldissertation nahm, übrigens der einzigen literarhistorischen Arbeit, die über Max Halbe geschrieben wurde. Die fünfzig Druckseiten starke Schrift über das fünf Seiten starke Original und Thema hat der Münchner Bibliophilenklub ediert, ich glaube zu Zeiten des Karnevals 1908, ich gab den Plan und die erkenntniskritische Einleitung, Carl Georg von Maaßen und Herr Schulze-Strathaus besorgten aufs peinlichste die philologische Akribie. Das Ganze war eine Parodie auf die Doktordissertationen aus dem Stall des Professor Muncker und Halbe ihr Opfer. Er bekam ein Exemplar zugeschickt und war lang im Zweifel darüber, ob es ernst gemeint oder ein Scherz war. Allmählich neigte er dann zu letzterer Auffassung. Sein Witz war etwas langsamen westpreußischen Schrittes.

Die faszinierende Häßlichkeit dieses baltischen Grafen Eduard von Keyserling hat der Maler Corinth in einem sehr ähnlichen Bildnis festgehalten, das er um 1906 oder so am Starnberger See von ihm gemalt hat. Zwei starkrote weit vorgestülpte Lippen unter einem blaßblonden Schnurrbärtchen, das von diesem Munde geschluckte Kinn, an dessen Stelle eine blonde Bartfliege zitterte, etwas verblaßtes Blau schwer besackter Augen hineingetupft in Fältchen und Runzeln, so der entfleischte, gelbliche Kopf, aus dem tief, aus der Kehle her etwas wie eine glucksende, sich aufhaltende und wieder überstürzende Stimme kam, immer sich in einem Lachen zergurgelnd über eine erzählte Bosheit, ein Witzwort. Weitere Reisen über Starnberg hinaus waren bereits verwehrt, denn der Tabetiker war schlecht auf den Beinen. Ja, Venedig leistete er sich noch einmal, unterstützt von Max Halbes immer hilfreicher und besorglicher Reisegenossenschaft. Dann kam eine Zeit, da langte es nicht weiter als vom Hause in der Münchner Ainmillerstraße bis zu Maxens geliebter Kegelbahn, wo Keyserling mit der Kugel tat, was er konnte, den wildernsten Kegelschieber und Meister nicht zu erzürnen. Aber dann begann die Fesselung des Erblindeten an den Stuhl, drei grausame Jahre langsamen Absterbens, betreut von den beiden alten Schwestern, vergessen von allen, außer dem treuen Halbe, der auf den Grafen und halben Landsmann stolz war. Keyserling behielt Haltung bis zuletzt. Dem Gast Zigaretten anbietend und die Tabatière suchend, als ob er sehend wäre. Sich entschuldigend, ihn nicht bis zur Türe begleiten zu können, da er sich den Fuß verknaxt habe. Der Todkranke spielte mit Laune und Grazie jahrelang den Unpäßlichen.

Keyserling, der verarmte Edelmann, mußte inmitten dieses Münchner Milieus dazu kommen, den Grafen ein bißchen auch zu spielen, darin von der lähmenden Krankheit unterstützt. Es gab Situationen, wo er ihn sicher besser spielte als lebte. Ich glaube, er war auch sicher seinerseits eitel auf Halbe, den so Ergebenen, denn der mußte ihm so etwas wie ein untertäniger Gutsinspektor vorkommen mit lettischem oder slawischem Blut, ihm, dem deutschen Johanniter. Er

»protegierte« ihn mit einer gutmütigen Ironie, liebte und förderte alle die vielen drollig-jungenhaften Züge Halbes und fand ihn als Dichter recht gleichgültig, wenn ernsthafter darauf die Rede kam. Schärfer war seine Ironie schon Wedekind gegenüber, dem aus eingeborner Adeligkeit hier gern etwas aufsässigen Frank, der Manieren und Formen lieber übertrieb als bequem fallenließ. Aber Keyserlings schlanke Figur konnte sich Salopperien leichter erlauben als der zu kurze Frank, dessen Anzüge immer wie ausgeliehen aussahen und der den Frack trug wie der etwas dick gewordene Kellner eines Vorstadtwirtshauses.

Auch Keyserlings Schriftstellerei hatte etwas mehr gräfliche Allüre als Adel. Es war das durch das Münchner Dasein etwas gebrochene Erinnern für ihn die einzige Möglichkeit eines Herrensitzes. Das Erinnern: er hat, um nicht indiskret zu sein, was er aus seiner baltischen Jugend wußte, erlebt oder gehört hatte, ins Ostpreußische verlegt mit Namen und so. Aber es blieb baltisch bis in die geringste Nuance. Seine literarischen Vorbilder waren charakteristischerweise zwei Emigranten: Fontane und Turgenjew. Er ist etwas wie ein Mittler zwischen beiden, die er mit einem ihm eigenen Zuschuß von Sensiblerie verbindet und natürlich dadurch etwas mindert. Und wie der unrussische Pariser Russe, wie der französische Brandenburger schrieb er die Geschichten einer Welt, die es schon damals nicht mehr gab, mit den herbstlichen Farben des Absterbens, des schönen Nichtstuns, der amüsanten und amüsierten Degeneration. Sehr soigniert, wie es sich gehört, und ein bißchen altmodisch, wozu Ahnen verpflichten, wenn man sich öffentlich zeigt. Denn Keyserling war viel boshafter, viel gescheiter, auch witziger, als man aus seinen pastellierten Büchern schließen könnte. Die Freuden der Liebe genoß er die letzten zwanzig Jahre seines Lebens ja nur in der Erinnerung, die aber bei diesem sinnlichen Wesen lebhaft genug war, um sein eher melancholisch-nachdenkliches Gesicht in eine prächtig grinsende Faunsphysiognomie zu verwandeln, kam das Gespräch oder ein Anblick in diese Gegenden. Davon ist in seinen Novellen nur der übliche Rest zu merken, etwa, daß der junge Schloßherr oder ein Gast die lettischen Mägde aufsucht nach Recht und Brauch des Grundherren. Aber die Konflikte der Herrschaft sind immer ganz sentimentalischer Natur, wie schicklich. Der nur auf einer Saite konzertierende Keyserling hatte wenige, zu wenige Leser. Er überraschte nicht und verblüffte nicht. War von der stillen Erzählerart, ein anmutiger, gescheiter und kultivierter Dilettant von Familie. Die Unterhaltung mit ihm war reicher als die Lektüre seiner Geschichten, in denen allzuviel abgestrichen, allzuviel Wasser zugesetzt war, um sie durchsichtig zu machen. Mit sich allein war er wohl ein Melancholiker aus seiner Krankheit. Er brauchte Gesellschaft, um zu vergessen, daß er unheilbar, ohne Haus und Hof, ohne Frau und Kind, ohne Diener war, sondern nur ein Schriftsteller in einem Münchner Mietshaus, mit recht bescheidenen Einkünften. Sein zwanzigjähriger Neffe Paul, der die Zoologie trieb und wie ein Junge immer viel Mädchen um sich hatte, der konnte noch lachend sagen: »Ich bin ein Graf, wozu brauch ich Geld?« und ließ immer die andern bezahlen. Dieser Paul war ein charmanter Bursch aus Blond und Sommersprossen. Vier Jahre lang war es ihm im Kriege gelungen, die Front zu vermeiden bis kurz vor dem Ende. Acht Tage vor dem Waffenstillstand traf ihn eine verirrte Kugel. Beurlaubt wollte er noch Kameraden im Schützengraben Adieu sagen. Und da war in einem Augenblick die ganze vierjährige Mühe vergeblich gewesen. Onkel Eduard war dem Neffen höchst respektierter Glanz der Familie gewesen, zumal er selber sich heimlich eine Feder zu schneiden begann.

Der andere Stern der Familie, Hermann, dämmerte noch unter dem östlichen Horizonte auf seinem kleinen Gute Reikûllen und hatte seinen Darmstädter Himmel noch nicht gefunden, um sich auf ihm weltanschaulich zu fixieren.

Einmal hielt ihn München länger auf, aber nicht der Professor Stumpf, sondern einer von der medizinischen Fakultät, bei dem er sich die, wie ihm vorkam, etwas zu knapp bemessenen Augenöffnungen erweitern ließ. Besser sehend suchte er dann auf der Weltreise die Landschaften und Klimate der Philosophen auf. Mehr musikalisch – er spielte sehr eindringlich Bach – als mathematisch, mehr musisch als logisch begabt, wird Hermanns Werk von den wissenschaftlichen Philosophen nicht hoch gewertet, aber den Frauen gefällt es wie sonst keines.

Es gibt auch in der Philosophie so was wie Kapellmeistermusik, was nicht durchaus eine schlechte, sondern nur eine mit Geschmack und Geschick zusammengelesene Philosophie bedeutet. Keyserling spricht von der »Unverfrorenheit, welche noch heute der Schlüssel zum Problem meines schnellen Erfolges ist«. Während Onkel Eduard sich den geringen Erfolg seiner Literatur daraus erklärte, daß er Graf war und die Zeit einem Grafen eine bedeutendere Leistung in litteris am allerwenigsten glaube, wird der Neffe in Darmstadt mit seinem Grafentum so fertig, daß er sich von Dschingis Khan ableitet und von dem abenteuerlichen Ungern-Sternberg in Urga prophezeien läßt, er »werde Attacken reiten und Reiche gründen«. Aber vielleicht gelingt's von Darmstadt aus und mit der Gründung des Reiches der Weisheit. Ein reizender, sehr geistreicher Mensch, weil ein Mensch. Der begriffen hat, daß man heute auch Philosophie als eine A. G. gründen kann.

48.

Germaine und Annette

Es war auf einem Maskenball zu einem wohltätigen Zweck, wo Germaine, ein Loup über der eleganten Nase, an einem Stande Sekt verkaufte, als ein Frack in einem münchnerisch verfärbten Französisch zu ihr sagte: »Je vous connais, vous êtes la Germaine Kolb, et celle-là, c'est votre sœur Annette.«

Germaine protestierte, mit diesen arroganten, unangenehmen Frauenspersonen verwechselt zu werden, und sie verbiete sich das durchaus. Worauf sich der Herr zu Germaines Ohr neigte und auf gut bayrisch zugab: »Sie ham ganz recht. I kann's a net leiden, die zwei faden Mädeln.«

Germaines kapriziöser Kopf hätte bessere Maler gebraucht als den Lenbach, sowohl was die Palette wie den Esprit betraf. Er hat es ein dutzendmal versucht. Van Dongen, der diese silbrige Schönheit voller Finesse getroffen hätte, malte damals wohl noch nicht. Und diesen seltsamen, ganz ihr eigentümlichen Witz des Denkens, das vor allen einfachen und nichts als zu überlegenden Dingen taub und ganz dumm war, zu pausieren schien und erst aufblitzte, wo alle Logik in völlige Unordnung geraten war und ein gänzlich Unerwartetes sie aufweckte zu Sätzen, die nur sie sagen konnte. Und das kam alles völlig unabsichtlich und wie das Natürlichste, das es gab. Wurde fast schüchtern gesagt und blieb durchaus im Gemessenen der Dame von großer Welt, bog keine der edlen Linien dieses jungen Mädchens ins Bizarre oder auch nur Auffallende. Schaukelte auf dem keuschen Atem eines ahnungslos sinnlichen Wesens. Germaine hat später in dem Sinfainer Stockley von der Universität in Cork den kongenialen Gatten gefunden.

Et celle-là, c'est Annette! Damals, 1904 glaube ich, debütierte sie mit ihrem ersten Buch, das sie »Sieben Studien« nannte – es enthielt acht, aber Annette war damals schon ein bißchen zerstreut, das heißt auf anderes höchst konzentriert, damals schon etwas vergeßlich, das heißt, sie schenkte Unwesentlichem keinen Gedanken – sieben oder vielmehr acht Impressionen und eine Geschichte. Zwanzig Jahre später schrieb sie ihr sechstes Buch. Da ihre Bücher weder gelehrten Inhaltes noch großen Umfanges sind, könnte man Annette eine etwas faule oder wenig produktive Schriftstellerin befinden, wenn sie in dem üblichen Sinn überhaupt eine sozusagen Schriftstellerin wäre. Sie war mehr als das. Sie war eine Lady, die mit der Feder etwas mitteilte. Sie hatte weder Kollegen noch Kolleginnen in der Literatur, war in dieser Gesellschaft ein völlig singulares Wesen. Ohne dadurch in der anderen Gesellschaft durch Exzentrizität aufzufallen. Denn daß diese Lady ein Bachelor war – die englische Bezeichnung scheint mir passender als die deutsche ›Junggeselle‹ –, ergab sich nicht als drückender Effekt eines innern oder äußern Konfliktes, sondern war natürlichste Haltung einer Frau, der es nie einfiel, auf dem Umstande ihres Frauentums ihre geistige und seelische Existenz zu gründen, als Geliebte, Gattin, Mutter, vom Manne für den Mann zu leben. Eigene Natur zwang sie nicht stürmisch dazu, und das vielgesehene, nur selten ermunternde Beispiel der andern nachzuahmen, dazu war sie immer zu aufrichtig zu sich selber gewesen, zu einfach, zu natürlich. Auch zu taktvoll gegen sich selber. Siebenzig von hundert Liebesleuten sind das ja nur, weil sie es bei andern sehen, nicht, weil sie es in sich selber als nötig spüren. Früher oder später gehen diese Imitatoren in und an ihren Ehen kaputt.

Die Annette besaß die köstlichsten Tugenden der Frau, soweit sie sich mit den vorzüglichsten Gaben des Mannes einträchtig vertragen. Sie ließ ihre Grazie nicht in Gefallsüchtigkeit wuchern. Sie war eitel nur auf das, was sie an sich schön fand, zum Beispiel ihre Hände. Sie hatte den Geschmack, sich gut und für sich richtig zu kleiden. Hatte die köstliche Gabe der Konversation ohne Spur weiblicher Klatschsucht. Sie besaß Mutterwitz. War so neugierig wie ein lebendiger Mensch, dem kein gedankliches System die Fülle und Mannigfaltigkeit des Lebens verstellt oder skelettiert. Sie hatte die Anmut, sich zu verspielen, mit Kindern, mit Tieren, mit Nichtigkeiten. Hinüberchangierend zu den männlichen Gaben dieses Lady-Bachelor war sie voll unbekümmerter Tapferkeit. Von jener fruchttragenden Tapferkeit, die nicht aus einer bloß individuellen Eigensinnigkeit kommt und sich im Ungewöhnlichen der Leistung sonnen will. Ihre Courage war menschheitlich eingeordnet. Sie war der herzliche Kamerad. War offen, unbekümmert, unbesorgt um sich selber, zu jedem Opfer immer bereit. Von so starkem Pathos der Leidenschaft, daß es jedes Quantum von Selbstironie vertrug, woraus etwas entstand, das ich aus Angst vor deutschem Mißbrauch dieses Wortes nur scheu Humor nenne, lieber Genialität des Gefühles. Die Annette hatte den Typus einer Frau als Vorläuferin vorweggenommen und lebendig hingestellt, wie wir ihn als geläufigen Typus für einmal in dreißig Jahren erhoffen, wo die weibchenhaften Hysterien dank eines sie nicht mehr als Reiz verlangenden Männchens ausgestorben sein werden, ebenso wie die männerhaft grobe Allüre des steifen Hemdes über weicher weiblicher Brust als falscher Protest gegen lächerlichen Manneswillen. Die Vorläuferin jenes erlösten und erlösenden Frauentypus war die Annette.

Gott allein mag wissen, woher sie das hatte. Der Vater ein Münchner, ganz phantasieloser Art. Die französische Mutter, als Virtuosin auf dem Klavier im Paris des zweiten Kaiserreiches gefeiert, voll behaglichem Humor als kleine rundliche Matrone von Offenbach erzählend, der ihr den ersten Unterricht im Klavierspiel gab, ungern in einem nie ganz richtig erlernten Deutsch sprechend, trotz dreißig Jahren München, dessen Bräuche und Bewohner sie nicht kannte, weil sie nie das Haus verließ. Und dieses Haus, wo sich traf, was an Elite in München lebte oder von auswärts dahin zu Besuch kam. Die kleine französische Kolonie, eigentlich immer nur vom Hause des Gesandten repräsentiert, am intensivsten wohl von Barrère. Intime Freunde des Hauses ein Fürst Lippe, der wie eine gute alte Tante aussah und boshaft war wie drei alte Tanten. Habermann, der pariserischeste der Münchner Maler und daher gar kein Münchner Maler. Kühlmann in seinen fleißigen Jahren der Vorbereitung auf Bibliophilie und Diplomatie. Mottl, der ironische Melancholiker. Inmitten der täglichen Gäste – es war immer jour – gern in Hut und mit dem Sonnenschirm, dem Contenance gebenden, in der Hand, um so was wie einen wichtigen Besuch auswärts behaupten zu können, für den Fall, daß etwas ihr in dieser ihrer häuslichen Gesellschaft nicht paßte. Nach zehn Minuten war sie dann wieder da, blieb in Hut und Schirm. Oder setzte sich an Mamas noch immer guten alten Pleyel, spielte Mozart, Rameau, Debussy. Man trank aus kleinen alten Gläsern Limonade, wie es sich für ein so aus Frauen konstituiertes Haus schickte, in dem man Herrn Kolb, den Oberinspektor der königlichen Gärten, nur selten sah, und knabberte an winzigen Kuchen. Hier war wie durch ein Wunder ein Salon erhalten geblieben in eine Zeit hinein, die ihn nur mehr in der faden Parodie kannte oder so, daß die Frau des Hauses ein Restaurant eröffnete, in dem man zwei Stunden lang umsonst aß und trank und die Unterhaltung darin bestand, daß man unausgesetzt animiert wurde, beides reichlich zu tun, zu essen und zu trinken.

Dieses Haus in der Münchner Sophienstraße, hart am Glaspalast und dem ehemaligen botanischen Garten gegenüber, war die Keimzelle von Annettens weiter Welt. Auch die Geburtsstätte ihrer Täuschungen und Enttäuschungen. Sie sah und kannte nur das Geformte der Persönlichkeit, nicht das Ungeformte der Massen. Dazu fehlten ihr alle Zugänge. Nur als zuweilen erheiterte Zuschauerin sah sie, von der Tribüne aus, was man Volk nennt, in seiner münchnerischen, etwas bäurischen, naiv-verschlagenen Spielart. Und sie kannte auch nicht die gefährlichen Organe, welche sich dieses Volk schafft in Parteiführern, Zeitungsleuten, Anwälten jeder Art. Das verkehrte nicht in der Sophienstraße. Dafür aber die schwächsten Glieder in der politischen Kette: Diplomaten, Gesandte, Botschaftsräte. Annette nahm das klingende Beiwort Plénipotentiaire wörtlich. Sie glaubte an die volle Mächtigkeit dieser oft sehr intelligenten Herren. Sie setzte Intelligenz, Anstand, gute Form, Würde, Weltgewandtheit, guten Willen als einzige und entscheidende Faktoren ins politische Kalkül. Sie mußte, in Unkenntnis der wirklichen wirkenden dunklen Mächte, glauben, es gäbe höchstens Mißverständnisse, die bei einigem guten Willen, der bei gescheiten Leuten anzunehmen, durch eine Verständigung der Intelligenzen rasch aus der Welt zu schaffen wäre. Vier Jahre Krieg zerschlugen Stück um Stück diese Illusion. Und während sie, die Annette, wie sie 1914 fertig war, für ihre Illusion von der Macht der einzelnen kämpfte und litt und unterlag, baute sich auf dem Grunde ihrer immer zu Sturz und Flug bereiten Seele à la recherche des forçes inconnues Stück um Stück die Einsicht in die Welt auf, die ihr die Sophienstraße verstellt hatte mit ihrem schönen Zauber einer intellektuellen Kosmopolis. Sie wurde radikal – la précieuse radicale nannte sie damals Schickele –, aber nicht revolutionär. Klarsichtig, aber nicht kühl. Sie hatte ihre Zwiesprachen mit sich selber in einem halb Dutzend Büchern mitgeteilt, die in keiner der üblichen Kategorien unterzubringen sind. Schreiben, sie konnte es, aber es war nicht ihr Metier. Sie erfand nicht, sie fand. Alle femininen oder so tuenden Niaiserien waren ihr fremd. Und werden der künftigen Frau, deren Vorahnerin die Annnette war, fremd sein. Der künftige Mann wird sich in seinem Wesen steigern müssen, da er sich dieser künftigen Frau gegenüber nicht mehr in dem trüben Dunkel jenes Mysteriösen befinden darf, wo es so leicht ist, den kleinen Verführer zu spielen. Sondern in einer Halbklarheit, die, wenn überhaupt, so viel größere Kunst der Verführung, besser Verzauberung, verlangt. Wenn überhaupt: Denn die Mode des Erotismus ist in starkem Verfall. Vielleicht verschwindet sie ganz und gar. Auf Annette fiel schon kein Strahl ihres fahlen Lichtes.

49.
Hermann Bahr

Im Theaterfoyer stand einer und aß eine Schinkensemmel. Es war Hermann Bahr. Jedem von uns, die wir um zehn Jahre jünger waren als er, hat er etwas bedeutet.

Manche haben es diesem vielfach geschichteten Mann übelgenommen, daß er in seinem Heute nicht bei seinem Gestern blieb, weil er schon auf sein Morgen neugierig war. Da nahm er schließlich das Kreuz und hatte seine Ruhe, wenigstens von außen. Denn von innen her hatte er nun das endlose Thema gefunden. Zudem mußte einmal die Stunde kommen, wo er seinem Impressionismus etwas wie einen Widerstand geben mochte, denn bei einem Minimum von Widerständen hatte er die sensibelste Konstitution. Nie erlag einer schneller und bereiter allem, was die bewegte Zeit als Gischt auf ihren Wellenkämmen hertrug. Nie hielten Tiefen einen weniger gebannt, zwangen sie weniger einen hinunter. Nie konnte einer unterbrechungsloser, aufhaltsloser mitteilen, was wieder einmal etwas mit ihm angestellt hatte. Es blieb nichts übrig, als solchen naiven Impressionismus als künstlerisches Grundprinzip auszugeben, solange die Sinne willig waren.

Was aber hat schon ein Mensch von sich auszusagen? Einen guten Satz. Gegen hunderttausend Seiten eines, dessen Sagen nur Erzählen dessen ist, was ihn alles wo, wann und wie beeindruckt hat, bei Landschaften, Lektüren, Menschen, Bildern, Ereignissen. Nur sollte man solches journalistische Vielerlei nicht unterschätzen, indem man es am Definitorischen mißt. Man hat Bahr immer vorgeworfen, er sei ein Verwandlungskünstler, der schon drei Dutzend Überzeugungen gewechselt habe. Ich wüßte nicht, was sonst man mit Überzeugungen anfangen sollte, wenn man sie als falsch oder untauglich erkannt hat. Im Ästhetischen würde ihr Wechsel vielleicht für Unsicherheit des Urteils sprechen, aber im Sittlichen sagt er Ehrlichkeit eines immer zu rasch Gewonnenen aus. Aber Bahr hat nie eine Überzeugung gewechselt, hat sich nie gewandelt. Denn er hat nie eine Überzeugung gehabt. Er ließ sich von ihr haben, weil ihn davon Mitteilung zu machen drängte, etwas schwatzhaft und schwätzend wie sein Wesen war, auch ein bißchen tratschend und gesperrt redend, aus der Unsicherheit des Provinzialen, der herumgekommen war und das Licht, das ihm aufgesteckt wurde, nicht gern unter dem Tisch sehen mochte. Er wandelte seine Plauderthemen, mußte sie wandeln, weil sich ja sonst der Plausch aufhebt und der gewichtige, im Geselligen ungesellige Ernst beginnt, das Vereinsamen, das Vereinsilbigen, wenn der eine Satz sich zu bilden begänne, mit dem der Mystiker den letzten Verrat an seiner Bekenntnis begeht, indem er sie ausspricht.

Ließ man ihn dort, wo er stand, war Bahr eine deutliche und gute zeitgemäße Figur immer gewesen. Setzte ihn Böswilligkeit in den Parthenon, wogegen sich alles in ihm sträubte, mußte er die Figur verlieren. Man könnte ihn den seiner Zeit getreuen Eckehard nennen, wäre er nicht ungebrochner Spiegelreflex alles dessen gewesen, worin sich diese Zeit im Spiegel gefiel, vom Radikalismus der achtziger Jahre bis zum Frommsein von 1914. Bahr war dieses Zeitgefallens an sich selber der die Blague liebende Raisonneur und Resonneur, ohne sich im mindesten zu ändern. Er hat immer die gleiche Haltung bewahrt. Immer kamen ihm Sätze auf die Lippen wie: »gestern wieder einmal« oder »schon vor dreißig Jahren ...« oder »damals haben wir geglaubt, daß ...« Nie hatte einer wirkliche Überwindungen, wirklich erlebte Bildungsstadien des Geistes und der Seele so zitierbar präsent. Das kann nur, wer sich in die übersichtliche Fläche verbreitet, was nicht heißt in die Breite verflacht, wenigstens bei Bahr nicht. Er war in allem, was er schrieb, von der ersten bis zur letzten Zeile immer der gleiche. Nicht einmal so Aufwühlendes wie einen verlorenen Glauben wiedergewonnen zu haben, änderte da das Geringste. Konnte es auch gar nicht, denn es fehlte das

Aufzuwühlende, zu Erschütternde. Im wechselvollen Spiel der rasch von ihm empfangenen, rasch überdachten Eindrücke von Homer bis Herrn Wildgans stand Bahr, ein wahrer rocher de bronce des sehr Mitteilsamen, aber nichts eigentlich zu sagen Habenden, sehr einförmig bei fortwährend wechselnder Beleuchtung. Blieb sie einmal aus, zündete er selber ein bengalisches Streichholz an. Das Opfer vieler Scherzworte, sagte man von ihm, es sei nichts vor ihm sicher, nicht einmal der liebe Gott. Aber das drehte den Sachverhalt um, denn Bahr war es, der vor nichts sicher war, nicht einmal vor dem lieben Gott. Als Bahr wieder katholisch wurde, freute es die Snobs nicht mehr, katholisch zu sein oder werden zu wollen. Sie hielten ihn für einen Snob, der er nie war oder doch nicht mehr als jeder junge Mann, der aus Linz nach Wien kommt und es nicht merken lassen will. Das große Vergnügen an immer wieder was Neuem erhöhte sich Bahr noch dadurch, daß er diesem Neuen von eben diesem großen Vergnügen her, das es ihm als nichts als neu bereitete, immer auch gleich die Größe gratis mit dazugab. Das ist aber nicht mit Urteilslosigkeit zu verwechseln. Soviel Urteil hatte er, wenn das Vergnügen am Neuen vorüber war, irgendeinen Reimer weiter für keinen Dichter zu finden, als den er ihn in der ersten Minute erklärt hatte. Er war ein Enthusiast seines Vergnügens am Wechsel seiner Eindrücke und betonte sein Vergnügen immer stärker als dessen Erreger. War die Sensation stark, so muß der Erreger bedeutend sein: das war sein Schluß, der natürlich falsch ist, aber es doch nicht in der Konstitution dieser Person war. Oft mußte ja bei ihm die Mühle leer laufen – wie groß daher das Entzücken, wenn was zwischen die Steine fiel, sei es was immer! Es war nichts als liebenswürdige Dankbarkeit, wenn Bahr das »was immer« zu einem »etwas« erklärte, das man sich merken, auf das man aufpassen müsse. Worin ein kleiner pädagogischer Tick nachhalf. Bahr war der »Bote für Österreich«, wenn auch oft der hinkende. Aber auch einbeinig kam er in das so mit Hingebung verspätete

Land nie zu spät mit seinem Neuesten, Allerneuesten. Auch hier hat wohl ein bißchen Linz mitgespielt, das es diesem Wien zeigen will, wie es draußen in Europa zugeht. Man redet ja in Linz aus Stillheit der Stadt etwas lauter, um Leben in die verschlafenen Gassen zu bringen, und man hört in Wien aus eingeborener Skepsis etwas schlechter: das mochte Bahrs Tonstärke bestimmen.

Jemand fragte mich einmal nach dem Buche Bahrs, das ihn am besten, also bestimmtesten, darstelle. Es war unter den gut fünf Dutzend Büchern keines zu nennen, das sozusagen den Bahr in nuce enthielte. Diesem gescheiten, außerordentlich fleißigen, im Lesen wie im Schreiben unermüdlich gewesenen Mann fehlte durchaus der Elan jener gewissen Dummheit, die ein Gedicht voraussetzt, aber auch die Tiefe des Blickes, mit dem der Romancier das Licht in die innere Welt bringt. Da war nur immer eine handwerkliche Geschicklichkeit am Werke, wie in den vielen Theaterstücken des ins Theater immer verliebt Gewesenen, der sich nie als ein guter Regisseur bewährte, sooft er es auch versuchte, fasziniert von dieser rasch aufgebauten, rasch wieder abgerissenen Welt der Bühne, heute Bordell, morgen Kirche und immer Theater. Er hatte sich einmal, zum Entsetzen seiner Frau, sämtlichen Bart abschneiden lassen, also gewissermaßen Maske gemacht. Nur die kleinen lebhaften schwarzen Augen desavouierten das übrige Gesicht, das völlig dem eines alten Komödianten glich, verwischt und teigig vom Hersagen vieler Rollen, faltig und schlappig vom Tragen vieler Masken, grau, farblos, ohne Leben. Selber davon erschreckt, ging er in die Einsamkeit und ließ wieder den haarigen Vorhang fallen über leichtsinnig preisgegebene Geheimnisse.

Bahr war eine kurze Zeit Regisseur bei Reinhardt in Berlin gewesen, aber der erstaunte, bei einem, der so viel fürs Theater geschrieben hatte, so wenig Sinn für das Theater zu finden. Als Direktor des Münchner Residenz- und Hoftheaters begann Bahr damit, die älteren Mütter, die hier immer noch die jugendlichen Naiven spielten, zu pensionieren. Aber die von den Erzürnten mobilisierten alten Hofdamen waren stärker als er, so kam er über diesen Anfang nicht hinaus. Am Burgtheater war es nicht viel anders. Bahr war wieder bald in Salzburg, deren viele schöne und nahe beieinanderliegende Kirchen ihn lockten. Und der Untersberg, den er zweimal in der Woche bestieg, in Begleitung seiner Sekretärin, der er dabei diktierte, wie man sagte, zur Erklärung der außerordentlichen Produktivität des Mannes, der im »Wiener Journal« allwöchentlich in einem Tagebuch von seiner weitläufigen Lektüre Bericht gab. Dieses Tagebuch ist der Bahr im Extrakt, ein allerdings etwas ausgiebiger, umfangreicher Auszug. Aber es ist das unentbehrliche Gewohnheit gewordene Plauschen, gezügelt und gezirkelt von dem etwas drauflosphilosophierenden common sense eines nicht ganz sich sündenfrei und gottgefällig, aber immer für brav und ehrwürdig haltenden Herrn, der sich auskennt und zu verstehen gibt, daß er für nicht ganz so charmant gehalten sein möchte, wie er tat, aber es natürlich doch war.

50.

Hugo von Hofmannsthal

Der größte deutsche Dichter der neueren Zeit – es wiegt viele begreifliche Irrtümer Bahrs auf, daß er es war, der ihn früh und an den ersten Äußerungen nicht nur erkannte, sondern im ganzen Umfang begriff, da er von ihm sagte: »Er war von einer leichten, huldvoll zur Schau getragenen, bezaubernden Anmut, Freiheit und Würde des Geistes« und mit solchen Worten den Genius beschrieb – Hofmannsthal kam in einer Untersuchung über das Wesentliche des Preußen und Österreichers zu der Formel, jener sei »aktuelle Gesinnung«, dieser »traditionelle Gesinnung, stabil fast durch Jahrhunderte«, und er sah in einer Synthese dieser gesonderten geistigen Elemente die zu hoffende und zu wollende höhere Einheit deutschen Wesens: daß sich dem ewigen Werden und seiner Unruhe das Sein und seine Ruhepunkte gesellen. Unser vortrefflicher Max Rychner zitiert dazu das Wort von Jacob Burckhardt, das sich in Hofmannsthal so außerordentlich erfüllte: »Die großen Individuen sind die Koinzidenz des Verharrenden und der Bewegung in einer Person.«

»Dann stand die Stadt auf abgeräumter Bühne wieder einsam wie am ersten Tage« – dieser Ausspruch von Wien ist nur solche Wirklichkeit geworden, daß wir noch inmitten dieser Wirklichkeit lebend die Hoffnung auf jene Synthese, von der Hofmannsthal sprach, nicht mehr nähren können, denn das Feldgeschrei »Nichts ist, alles wird« ertönt allerorten. Und wer noch daran zweifelte, der konnte es aus der Totenklage über den Dichter heraushören, wo längst Verstorbene oder sogar Niegelebthabende sich anschickten, das Lebendigste, das wir besitzen, zu begraben als ein Totes. Die dem Dichter verbunden um seinen frühen Tod trauerten, war eine ganz winzige Schar, wenn man zwölfe so nennen kann.

Die Zeit begleitete Hofmannsthal mit Mißverstehen von dem Tage ab, da er, ein sittlicher Mensch höchsten Grades, sich ihr darin versagte, das sechzehnjährige Wunderkind zu perennieren, also für ein Leben lang dabei zu bleiben, jung zu tun und die Welt in Traum und Geflirre aufzulösen, wie es dann Rilke tat, der immer ein Knabe blieb, zum heimlichbrünstigen Ergötzen älterer Damen beiderlei Geschlechtes. Man wollte Hofmannsthal so spielerisch-selbstgenießerisch haben, wie man ihn ganz dem Reiz dieser ersten Verse hingegeben haben wollte oder ihn zu haben glaubte. Daß gerade mit dem Auftritt dieses Dichters alle Form zerfallen oder zerspielt war, gab den Anlaß, in ihm nichts als den bloßen Reiz der Form zu erleben, in die sich eine schwelgerische Zuständlichkeit begebe, ohne weiter was zu meinen. Und dabei blieb man, blieb dabei mit immer mehr abnehmendem Interesse an den folgenden Dichtungen, bis zur Teilnahmslosigkeit am letzten Werke, dem »Turm«: eine kleine Provinzbühne spielte ihn schlecht und recht ein paarmal, also gar nicht. Man blieb dabei, in dem einzigen Dichter des Zeitalters einen weltfernen Ästheten zu sehen, einen in allen Kulturen behausten Artisten, einen gebildeten Dekadenten, einen Neuromantiker, dem, gewiß, wundervolle Worte aus dem Munde wüchsen, nur keines, das auf diese Zeit und dieses Leben irgendwelchen Bezug habe. Nie hat eine Zeit ein vernichtenderes Urteil über sich selbst gesprochen, als diese Zeit es mit dem tat, was sie als ihr Urteil über Hofmannsthal vermeinte. Handelt es sich hier eben doch um weit Größeres als um schöne Verse und deren Genuß, denn dieses allein macht nicht den Dichter aus, wenn er im Maximum seiner begrifflichen Bedeutung Gestalt wird wie in Hofmannsthal. Sein didaktischer Wille aus der erkannten Aufgabe jedes rechten Schriftstellers, daß er sich nicht nur auszusprechen habe, sondern sich auch Pairs in seinen Lesern schaffen müsse, setzte sich nicht durch gegen eine Zeit, die immer stärker dahin tendiert, die einzige Wertbeziehung des Ausgesprochnen im Pathologischen des mitteilenden Individuums zu sehen, wobei praktisch nichts weiter als irgend Salopperie herauskommt, das immer nur überaus Beiläufige des sogenannten Individuellen auch dann, wenn es sich mit etwas wie Gesinnung aufputzt, revolutionärer oder sonst welcher. Hofmannsthal hat diese Zukunft geahnt, weil er sie als seine Gegenwart überwunden hatte.

Seine regenerative Kraft war außerordentlich oder wie man sonst diese hohe Fähigkeit nennen will, die sich immer wieder Leben integriert zu stärkerer Entfaltung eingeborner Art. Alle, die ihm nahestanden, sind darin einig, daß zauberische Wirkung von ihm auch dann ausgegangen wäre, wenn er nichts geschrieben hätte. Nie rückte er anders sein Geschriebenes ins Gespräch als gewissermaßen handwerklich oder als ob er um einen Rat bäte. Er bezog sich nicht daraus und nicht darauf. Er baute es für den Zuhörer, nicht vor sich auf mit jener Selbstgefälligkeit, die hinter einer Ritze das beifallheischende Auge blinzeln läßt. Er war weit reicher in seinem Wesen, als daß er sich beglückt und stolz auf dessen Ertrag im Werke zurückgezogen hätte. Er ist bis zur letzten Stunde ein junger Mensch gewesen und wäre nie ein alter Herr geworden. Daß der physischen Hülle dieses jungen Geistes solches nicht widerfahre, nahmen ihn die Götter, die ihn gesegnet hatten, zurück mitten aus seiner Jugend. Wie andere gleich ihm Gesegnete. Ich weiß schon, welchen Anteil an solchem Figürlichen das Bedürfnis hat, sich mit dem Tode eines geliebten und bewunderten Menschen zurechtzufinden, von dem man wußte, daß er noch voller Mitteilung war. Es ist eine Art, mit dem Schmerz zurechtzukommen. Aber auch den Tod sinnvoll in ein Leben zu schließen, das sich nie dem nichts als Zufälligen überließ.

51.

Eine alte Dame

Die deutschen Truppen haben 1918 das Schlößchen von Folembray beim Rückzug in die Luft gesprengt. Dabei ging auch der kleine Friedhof mit und was nach zwölfjähriger Ruhe im Grabe noch übrig war von der Schloßherrin, der Baronin Annette de Poilly. Hofmannsthal und ich, wir gehörten zu den jüngsten ihrer Gäste mit unsern Dreißigern und waren für sie schon aus gar keiner Zeit mehr, die sie interessierte. Wir schrieben 1902. Ihre Zeit war die um 1860 gewesen, als d'Aurevilly, damals schon mehr ein älterer Herr, als er sie zum erstenmal erblickte, ausrief, er möchte der Sohn dieser Semiramis sein. Noch als alter blinder Herr kam er auf Schloß Folembray, und nur von ihm erzählte Smain, die nichts und nie aus Vergangenem erzählte, eine kleine Anekdote und auch diese wohl nur, um etwas, das Bourget von dem Connétable der französischen Literatur erzählt hatte und das ihr vielleicht nicht paßte, auszulöschen. Der blinde Barbey, der ja der Geburt nach nur ein gewöhnlicher Barbey und von keinerlei Adel, aber mit Leidenschaft reaktionär war als ein uradeliger d'Aurevilly, in royalistischen und orthodox katholischen Traditionen aufgewachsen – der blinde Barbey nahm sich beim Frühstück einen Flügel vom Huhn heraus und legte ihn, er sah ja fast nichts, statt auf, neben seinen Teller. Darauf aufmerksam gemacht, hatte er sofort die Erklärung: »So aß man das Geflügel in Valognes, als ich jung war.«

Bourget hatte aber vom Connétable erzählt, wie ihm einmal beim Spiel jemand plötzlich gesagt hat: »Mir kommt vor, Sie mogeln.« Und d'Aurevilly darauf diese Antwort gab: »Das ist möglich, Verehrter, aber ich gestatte nicht, daß man mir das sagt«, und sich zwei Tage darauf mit dem Unvorsichtigen auf Pistolen schoß.

Seit wann, wie und warum man sie Smain nannte, die Baronin Poilly, das wußte niemand mehr. Auch sie selber nicht. Einmal vor einem halben Jahrhundert hatten die Kinder ihr, wie das Kinder lieben, einen Namen gegeben und von ihm war dieses »Smain« als Rest übriggeblieben. Aber dieses Wort paßte damit, daß es nur sich selber bedeutete, wie die Namen, welche die Götter tragen, durchaus auf dieses seltsame idolhafte Wesen, um das auch immer wie um ein Götterbild ein feiner blauer Rauch nebelte, wirklich so und nicht metaphorisch damit die staunende Verehrung ihrer Gäste gemeint, denn es war der Rauch ägyptischer Zigaretten, die sie ohne auszusetzen qualmte, ob sie nun, höchst praktische Menagère, im Hof ihrer genauen Geflügelzucht herumwirtschaftete und Hahn und Henne von ihrem Wägelchen aus mit der Zigarette in der einen Hand, einen Rosenkranz in der andern, kommandierte, oder ob sie beim Diner, in der Rechten die Gabel, in der Linken die Zigarette, in den Schälchen ihrer besonderen Gerichte mehr stocherte als aß, denn sie wollte, wie sie sagte, nicht dick werden und habe eine gefährliche Anlage dazu. Die Anlage war immerhin schon auf zweihundertdreißig Pfund gediehen. Aber eingebettet in diese Masse, doch nicht von ihr vergraben, sondern sichtbar immer noch war die ehemalige Schönheit dieser Frau, so barbarisch derb und wie aufgeklebt rote Schminke auch auf den dichtbepuderten Wangen lag, und wie geschmacksicher war auch dies, das Götzenbildhafte zu betonen, das diese unförmliche Frau besaß. Aber auch immer noch ihr blauschwarzes Haar, das sie zum Turm aufgebaut trug, von dem Locken auf die Schulter fielen – und es waren wahrhaft kleine Orangen hineingeflochten wie in eine Girlande, richtige echte Mandarinen. Wir hatten hinten im Park das Theaterchen gezeigt bekommen, wo Smain amateurisch Marivaux und Sedaine und einmal auch ein chinesisches Stückchen ihrer ebenso beleibten Freundin Judith Gautier spielte mit ihren Gästen aus der Literatur und der Bühnenwelt – waren diese Früchte im Haar, diese seltsam geschnittenen Kleider in Stoffen, die wir als kleine Kinder an unsern Müttern gefühlt hatten, diese mit Ringen über und über bedeckten Finger, die knalligen Rosen auf den Wangen, war die Harfe, in der sie Akkorde griff zu einem Lied von Massenet, das sie mit einer feinen, immer noch klingenden Stimme sang – war das von der Liebe zum Theater übriggebliebener zigeunerischer Rest oder aus dem exotischen Blute von Vaters Mutter her, die eine Kreolin von der Isle Bourbon gewesen war?

Ihr Vater, ein bretonischer Baron Hallays-Coëtquen aus jener mit Chateaubriand verwandten Familie, glaubte, er müsse die frühreife Annette schon mit vierzehn Jahren verheiraten, so Angst hatte er vor dem Mädchen, das wohl von ihm die grüngrauen Katzenaugen, aber von der kreolischen Großmutter das brennende Feuer darin hatte. Sie heiratete mit siebzehn Jahren einen Grafen Brigode und war zwei Jahre darauf Witwe. Auch die zweite Ehe mit dem Baron de Poilly dauerte nur ein paar Jahre. Dann lebte sie ihren Launen, die so lange dauerten wie das Geld, das sie ausgiebig verschwendete und das zu Ende war mit ihrer Jugend. Genau zum gleichen Datum.

Es blieb nichts übrig, als ohne Launen, aber mit Ökonomie auf Folembray zu leben. Und alt zu werden. Mit den vielen und häufigen Gästen zusammen, die mit ihr Schritt im Altwerden hielten. Smain liebte Rosen, und überall im Park gab es ihren schweren Duft, als wir zu dritt, Montesquiou, Hofmannsthal und ich, spät in der hellen Juninacht jenes Jahres da spazierten. Und über Smain und das Los der alten Frauen sprachen. Wie sie in einer bitteren Verlassenheit zu Ende lebten, »mit einem Herzen aus Asche«, wie Hofmannsthal sagte. Montesquiou meinte, es gäbe eine Lösung und Erlösung davon, wenn sie es machten wie die Tochter des Herzogs von Morny, die Marquise von Belbeuf, die sich jetzt Marquis Mora nenne und sich als Mann kleide. In den Kreisen nannte und kannte man sie unter dem Namen Missi. Als alte Marquise hätte sie den Anblick der jungen Mädchen nicht ertragen, aber als alter Marquis war er ihr mehr als sympathisch. »Sie hat einen Ausspruch ihres Vaters, den Sie bei Goncourt finden, wahr gemacht, que la tribadie raffine la femme, la parfait, l'accomplit.« Hofmannsthal, immer gepeinigt, wenn menschliche Figur ins Fratzenhafte gewendet wurde, gab gleich dem Gespräch eine andere Richtung, indem er an ein Wort Smains erinnerte, das ihm in der Unterhaltung aufgefallen war: »Ich habe nur viele Neffen und Nichten und bin die Tante Annette, aber niemand nennt mich Großmutter.« Nicht weil ihre Schwiegertochter, die blonde zarte Brigode, um fünfundzwanzig Jahre jünger und schlank war, haßte sie sie, sondern weil sie keine Enkel von ihr hatte.

52.

André Gide

André Gide kam mit seinem Freunde Jean Schlumberger – er hat sich erst zehn Jahre darauf als ein sehr interessanter Schriftsteller vorgestellt –, und wir fuhren anderentags nach Wien, wo man am Deutschen Volkstheater Gides »König Kandaules« spielen wollte. Ich bleibe dabei, daß man es wollte, auch wenn man es spielte. Der Regisseur, ein Schüler Reinhardts und ein junger Mann namens Vallentin, vermochte nichts gegen die alten, beim Publikum so beliebten Schauspieler, die machten, was sie wollten. Kandaules feixte immerzu zweideutig, Rhodope ersetzte, was ihr an Jugend und Schönheit fehlte, mit großem theatralischen Getu und Gekreisch, und Gyges bedauerte, daß ich das Stück nicht in Jamben übersetzt hätte – das Original ist, wie man weiß, in Prosa – denn »bei Jamben sprechen bekäme man doch was zwischen die Zähne«. So ersetzte er die ihm zu sparsam zugeteilten Worte mit nicht aufhörendem Rollen seiner schönen Augen. Man spielte die drei gar nicht mit dem Erotismus Hebbels, sondern ganz anders beschäftigten Akte wie ein Ritterstück dreimal. Ein Berliner Theater stellte die Aufführung schon nach zwei Malen ein, die sich, wie ich hörte, dadurch ausgezeichnet haben soll, daß alle Schauspieler im Flüsterton sprachen, als hätte es sich um den ›Intruse‹ von Maeterlinck gehandelt. Die Rezensenten nahmen die von Gide verletzten Hebbelschen Interessen des Stoffes wahr. Sie machten sich die Sache leicht.

Als Gide nah den Sechzig war, sah er aus und zeigte die Art eines Menschen von dreißig. Damals in Wien, nicht viel über dreißig, war er ein alter junger Mann von der gelblichen Hautfarbe eines am Magen und an Schlaflosigkeit Leidenden. Ein mächtiger Schnauzbart à la Vercingetorix sah aus wie angeklebt, die rechts und links über das Kinn hängenden Spitzen wehten im Winde. Die etwas zu hohe Stimme neigte zum Kippen. Gang und Geste waren unsicher, scheu, schwankend. Nie verließ er das Hôtel ohne sein festgebundenes Notizbuch in der Hand. Mit sechzig Jahren saß die braune Haut fest über dem guten Gerüst seines Schädels, die Augen hatten Lebendigkeit, Gang und Geste zeugten von einer geschmeidigen guten Muskulatur: der sein Leben als ein Greis begonnen hatte, war ein junger Mann geworden. An diesem Prozeß ist der Schriftsteller Gide Buch um Buch wesentlich beteiligt. Bloß so autorlich die Heilwirkung der Nourritures terrestres zu verkünden und als Person aus krankem Magen ihrer nicht teilhaftig zu werden – zu diesem »kleinen Betrug« des Dichters war dieser interessante Mann eines durchaus dialogisch geführten Lebens dichterisch nicht begabt genug. C'est en écartelé que j'ai vécu. Nicht in Widersprüchen, sondern mit ihnen, ja aus ihnen hat er gelebt.

Wer sich wie Gide selber beim Denken zuschaut, dürfte schließlich dahin geraten, daß er eine Art spiritueller Selbstbefriedigung treibt; er wird nur eine partiale Existenz besitzen. Eine Jugendschrift Gides ist der »Traktat vom Narciß«. Es drohte ihm das Verdorren. In den dumpfen Stuben eines asketischen Paulinismus aufgewachsen, war er auf das Absterben vorbereitet. Und als er in die Reife kam zum Wege in die »sündige Welt des Fleisches«, fand er ihn in einem kardinalen Punkte noch um dieses ungangbarer, daß er seiner sexuellen Artung nach nicht in dessen vielbefahrne Gleise rutschen konnte, mit Herzklopfen und geschlossnen Auges wie die andern. Männer zogen ihn an, nicht Frauen. Diese Abweichung mußte seine Aufmerksamkeit auf sich um viele Grade zu einer etwas ungesunden Höhe treiben, die für sein Leben nicht mehr zu verlassen war, außer mit diesem Leben selber.

Als ein vom Leben weggezogener Protestant trat er, ein junger Mensch von achtzehn und sich einen Dichter fühlend, auf die dürre Wiese des zeitgenössischen Symbolismus und war zwiefach ein Verlorner, wenn ich mich des Wortes des alten Renoir erinnere, der einmal sagte: »Un peintre, qui a le sentiment des fesses et du téton, c'est un homme sauvé.« Im Augenblick dürfte die Dürre dieser symbolistischen Askese stärker auf Gides Hunger gewirkt haben als die Dürre des Protestantismus. Er befreite sich davon in der Satire »Paludes« und in dem Hymnenbuch der »Nourritures«. Gleich darauf las er Nietzsche und erfuhr beglückt Bestätigung. So wie er sie brauchte. Keineswegs im Sinne Nietzsches. Wir waren in jenen Wiener Tagen einmal mit Rudolf Kaßner zusammen, dem Manne, dem aus den anständigsten Gründen diese Schrift abscheulich sein muß. Als das Gespräch auf Nietzsche kam, machte er kritische Einwendungen, zur großen Bestürzung Gides. Er schien nicht zu merken, daß Kassners Bemerkungen weniger auf Nietzsche gingen als auf Gides psychologische Zurechtlegung der Doktrin vom Guten und Bösen als einer Art Freibriefes, was immer zu tun, wenn es nur mit aller Intensität gefüllt ist. Ein Dutzend Jahre zuvor war mir Nietzsche in nicht anderer Weise »der Befreier« gewesen, wenn auch nicht so stürmisch entzückt empfangen wie von dem protestantisch geplagt und in zwei feindliche Welten geteilt gewesenen Gide, der nun für eine kurze Weile, die des heftigsten Rückschlages, aus einem Puritaner so was wie ein Impuritaner wurde; er gewann rasch sein Gleichgewicht zurück, jenen für ihn so wesentlichen Zustand der Schwebe in den Möglichkeiten, von denen er keine besonders auszeichnen will, denn dies bedeutete eine andere opfern, wofür kein Grund zu finden, wohl aber der Effekt zu merken: Vereinseitigung, Verengung, Verarmung, Routine, nachdem die christliche Lehre, dieses irdische Leben um des ewigen geistigen Lebens willen zu verneinen, für ihn bedeutungslos geworden war. Worauf er etwa sagte: »Wenn ich, wie Sie sagen, der Ewigkeit so oder so teilhaftig bin, dann lassen Sie mich den kurzen Augenblick der unewigen Unseligkeiten dieses Lebens beglückt hinnehmen. Zum Anschauen des Ewigen habe ich dann ja eine ewige Zeit.«

Soll ein Zustand des Nicht-wählen-Könnens in der Dauer ertragbar sein, muß er sich schreibend manifestieren. In Zwischengebilden einer Literatur, deren eine Voraussetzung die immer etwas verlegene Aufrichtigkeit ist. Diese Literatur systemisiert sich weder zur Philosophie noch zu dem, was man eine Kunst nennt, denn da und hier würde sie ihre Voraussetzung, ohne die sie nicht sein kann und überhaupt nicht wäre, die Aufrichtigkeit, aufgeben müssen. Dieses Zwischengebilde kann so etwas wie ein scheinbar figurierter Roman sein wie »Die Falschmünzer«, eine Erzählung wie »Die enge Tür«, aber auch ein Theater. Laune kann auch eine Boutade mit dem artistischen tour de main schaffen wie »Die Verliese des Vatikan«. Alles das, Gide weiß es, sind nur Scheinlösungen. Auch die schärfste Kontur seiner Figuren zeigt jenen farbigen Rand der Denkbrechung. Am Ende gibt das gewiß einen verfehlten »Künstler«, d. h. Täuscher, und einen höchst neugierigen Amateur für sich selbst. Der Narciß des Anfangs neigt sich auch am Ende dieses Lebens über sich selber und seine innere Wahrheit als die einzige, die es gibt, wenn man aufrichtig bleibt, das heißt: sich nicht vorzieht. »Schriebe ich nicht, würde ich mich umbringen«, sagte Gide einmal zu Valéry. Das ist die Angst, ohne die literarische Entladung kriminell zu werden.

Als Gide die Zeit gekommen glaubte, offen sich zu seinem mutuellen Onanismus zu bekennen und nachgenießerisch von seinen bezüglichen Freuden zu erzählen, rückte er da nicht seine ganze bisher manifest gewordne schreibende Person ins Fragwürdige, Kuriose und Skurrile eines Falles Gide? Hätte der Onanismus eine wirkliche gegenständliche Bedeutung – und er hat sie so wenig wie die Homosexualität, deren psychischer Ablauf ja keine andern Äußerungen zeigt als die Heterosexualität –, so besäße er längst die seiner Bedeutung entsprechenden künstlerischen Monumente. Ich muß wohl nicht erst bemerken, daß ich zu dieser Angelegenheit ein sittliches Urteil bei aller Mühe, die ich mir, die Sache bedenkend, gebe, nicht aufbringe. Ich bin außerstande, eine sittliche Leistung etwa darin zu sehen, daß einer, dessen Neigung zu Knaben geht, diese Neigung bekämpft, um sie Mädchen zuzuwenden. Wo da der sittliche Gewinn festzustellen ist, kann ich nicht sehen, außer ich akzeptiere die Bibelvorschrift des »Mehret Euch« als ein den Menschen eingebornes sittliches Gebot. Und das wäre wohl lächerlich. Es könnte mit solcher Ab- und Zuwendung höchstens ein sozialer oder gesellschaftlicher Vorteil verbunden sein, wie bei dem ungläubigen Juden, der sich um solcher Vorteile willen taufen läßt, was noch niemand einen sittlichen Akt genannt hat. Wer sich von der jeweiligen Haltung und Anschauung der Gesellschaft erpressen läßt, der dürfte wohl nicht als ein besonders sittlicher Mensch gelten. Sondern als das Gegenteil. Plagte ihn nicht eine gewisse Neigung zum Prädikantentum, so fände ich es ohne Einschränkung sittlich überaus reizvoll, wie Gide von seinen genossenen Freuden mit Freuden berichtet. Und noch eine Einschränkung wäre zu machen: daß Gide als ein reicher und deshalb gänzlich unabhängiger Mann die Probe auf seine Widerstandsfähigkeit gegenüber den gesellschaftlichen Erpressungen nie aufgelegt bekommen konnte. Als er vor dreißig Jahren seine Artung zwischen den Zeilen lesen ließ, las man auch überrascht mit, daß er sich gegen etwas verteidigte, dessen ihn niemand anklagte, denn damals kursierte noch nicht jenes alberne Epigramm:

La maison d'André Gide est des plus singulières,
Il lui manque un devant, mais elle a deux derrières.

Was ihn anklagte, war sein Gewissen, das damals noch ein »schlechtes« war, heute, nach der confessio, ein »gutes« ist.

Zwischen Elbe und Oder geboren, wäre Gide wahrscheinlich ein monströser Autor geworden. So aber legt die Urbanität der französischen civilité über das Selbstzerstörerische seines nie verhafteten und sich eindeutenden Wesens den Zauberschleier ihrer Sitte, ihres Taktes, ihres Formgefühles, ihrer nachbarlichen Güte, ihrer Grazie.

53.

Marcel Schwob – Rémy de Gourmont

Die Trennung von einem geliebten Wesen verstärkt unsere Liebe. Das ist nicht nur Angst vor der in jeder Stunde des Zusammenseins auferlegten Probe und daß unser exaltiertes Gefühl sie nicht bestünde. Es ist auch dieses, daß wir, ist ein Freund hingegangen, wissen, wir können nun nie mehr diese Enttäuschung erleben, ihm nur mit diesem unsern Gefühle identisch oder gar unter ihm zu begegnen. Wir leiden, aber die Klage verstummt.

Seit jenem kurzen Besuch vor Jahren, der einem verehrten Geiste galt, aber nur einen von Krankheit verheerten Leib antraf, hatte ich Marcel Schwob nicht mehr sehen wollen, den man im Februar 1905 zu Grab brachte im siebenunddreißigsten Jahr seines Alters.

Es ist heute ein fast vergessener Name, nicht bei uns, wo das Buch von Monelle, das ich 1903 verdeutschte, damals so wenig gelesen wurde wie heute, wo es Jakob Hegner mit andern, den besten Schriften Schwobs, wieder herausgab. Der odiose Schutthaufen des französischen Symbolismus – er bedeckt trotz Valérys mallarméistisch-eklektischer Renaissance immer noch die lyrische Wiese Frankreichs –, er ist zu trostlosen Gedenkens, als daß man das wenige achtete, das da Grünes gesprossen war, eben diese paar dünnen Bändchen von Schwob, Gides Urians Reise, Valérys Soirée des Herrn Teste. Und Schwobs imaginative Kraft versagte Jahre vor seinem Tode; seine Liebe zu Stevenson führte ihn nur zu einer verzweifelten Reise nach der Südsee, wo er den Verehrten nicht mehr unter den Lebenden traf, aber sonst über Pläne und Noten zu abenteuerlichen Romanen nicht hinaus und wieder zurück in den Nihilismus seiner jungen Jahre: die Fragwürdigkeit der Kunst.

In dem kleinen Trauergefolge hinter Schwobs Sarg gingen

zwei Chinesen. Der eine war echt und Schwobs Diener. Der andere sah nur aus wie ein Mandarin und war Rémy de Gourmont. Er soll ein sehr schöner Mensch gewesen sein, bis ihn Mitte der Dreißiger die Krankheit traf, die, es war Lupus, sein Gesicht völlig zerstörte. Als er wieder ausgehen konnte, fuhr er mit seinem Bruder Jean nach dem Stammgut seiner Familie, nach Coutances. Der Vater erwartete die Söhne am Bahnhof, sah Jean mit einem fremden Reisenden auf sich zukommen und fragte ihn: »Hast du Rémy nicht mitgebracht?« Der Vater erkannte den Sohn nicht, der vor ihm stand.

Die Krankheit, die ihn zerfraß, hat das moralische Weltbild Chamforts, der ein Genüßling war, wesentlich gefärbt. Er fand die Welt weit schlechter, als sie ihm ohne die Krankheit vorgekommen wäre. Bei Gourmont hat ein solches Ressentiment gewiß nicht seine Denkart bestimmt; und wenn auch das sehr zurückgezogene Leben eines klaustrierten Mönches, das er führte, nicht unbeeinflußt gewesen sein dürfte von seiner Deformation – er stotterte zudem noch –, so behielt es doch die Richtung, die es in den jungen Jahren genommen hatte: ins Spirituelle sogar in jenen Bereichen, wo der junge Mensch sonst die plastische Erfahrung vorzieht. Vielleicht hat dieser im Geiste so frühreife normannische Aristokrat wie nicht selten junge sensible Männer so etwas wie Angst vor den Frauen gehabt; vielleicht stand ihm seine lebhafte Intelligenz im Wege, im Verkehr mit ihnen jene raffinierte Unbefangenheit der Sinne zu treffen, die zum Geben und Nehmen entscheidet. Ein Freund traf ihn einmal bei der Niederschrift eines Romanes, und Gourmont hatte zur nötigen Korrektur seiner Liebespsychologie Stendhals »De L'Amour« neben sich liegen. Er hatte Angst vor der Naivität eines Gefühles und gefiel sich darin, es überaus artifiziell zu komplizieren, besonders mit dem Religiösen und in seinen ersten Romanen, die er schrieb, als der Mercure de France, dessen Ruhmestitel Gourmont ist, noch in der rue l'Echaudé-Saint-Germain installiert war, in einem Hause zwischen der alten Kirche und zwei alten Bordellen. Aber auch in seinem viel späteren und besten Romane, der Nacht im Luxembourgpark, lächelt Christus wie Epikur ein Liebet einander, das gar nicht evangelisch gemeint ist. Er stand da unter Huysmans' Einfluß, wenn er auch selber meinte, daß er damit eine unbewußte Rache an einer allzu religiös geplagten Jugenderziehung nehme, von der er sich nicht frei machen könne. Wie bei Gide, dem Hugenotten, wirkte Nietzsche bei dem Katholiken Gourmont befreiend zu sich selber, aber innerhalb der klassischen Ordnung französischer Kultur, nicht der anarcho-romantischen.

Die Erweckung, die sowohl Gide wie Gourmont durch Nietzsche erfuhren, war pascalisch vorbereitet, nicht von jenem kranken Pascal, der sich der Nachtseite des Todes, sondern von dem andern, der sich der Tagseite des Lebens zuwendet als ein Realist und Kritiker und der nicht wie Descartes sich einbildete, daß er mit seinen Erfindungen die Wahrheit aufdecke. Hofmannsthal sprach damals ablehnend vom unfruchtbaren Pyrrhonismus Gourmonts, und ich hatte Grund, anzunehmen, daß er auch mich damit meinte. Ich mußte ihm, da er sie bezweifelte, die Stelle bei Pascal zeigen, wo dieser sagt, daß selbst der frömmste Katholik zuweilen ein Pyrrhonist sein müsse und daß es nicht zu unsern Fähigkeiten gehöre, zu wissen, was Gott ist, noch daß er existiert.

Ich meine nicht jenen Pascal, dessen asketische Selbstvernichtung Nietzsche als zu leicht und zu billig ablehnte, weil sie ein ganz schwacher Leib betrieb, sondern den andern, den Antirationalisten, der zweihundert Jahre vor Nietzsche geschrieben hat: »Wenn die Wahrheit einer Sache unbekannt ist, so ist es gut, daß ein gemeiner Irrtum besteht, welcher das menschliche Denken fixiert.« Der nach dem Absoluten hungrige Pascal wußte, tiefe Intelligenz, die er war, daß dieses Absolute nicht mit rationalen Mitteln zu erreichen und daß ein rationales Absolutes eine Contradictio ist, denn das einzige Absolute, das ein Mensch glauben kann, ist ein irrationales. Il n'y a rien si conforme à la raison que ce désaveu de la raison.

Also die ex definitione nicht-menschliche Offenbarung als echtes Absolutum. Aber hier setzt die Relativität ein, denn wir erfahren diese Offenbarung nur durch ihre Einbettung in Menschliches, woraus auch der pascalische Versuch, die historische Wahrheit der Offenbarung zu demonstrieren, nicht herausführt. Denn es gibt keine historische Wahrheit. Was wir darunter meinen, ist eine Funktion unserer Unwissenheit plus unserer Vorurteile.

Sie ist eine vitale Lüge, wie auch der nicht unterzukriegende Rationalismus eine solche vitale Lüge ist, die das Leben stimuliert, wenn dies auch dem rationalistischen System der Abstraktionen weit schwächer gelingt als etwa der polytheistischen Mythologie. Denn sie ist eindringlicher, weil sie geformt ist. In des skeptischen Euripides Trojanerinnen spricht Hekuba so zu Helena: »Aphrodite, sagst du, kam mit meinem Sohne in des Menelaos Haus. Wie lächerlich! Als du Paris erblicktest, war es dein Gedanke, der Aphrodite wurde. Aphrodite ist der Name für jede menschliche Narrheit.«

Gourmonts analytische Exegese, seine Tätigkeit der Dissociation des Idées, seine Passion, die offiziellen Werte des sozialen Spieles als individuell falsch aufzudecken, und sein Wissen darum, daß die Abstraktionen, diese intellektuellen Bilder, die man sich aus der erfahrenen Welt geschnitten, zur Basis einer sozialen Realität gemacht werden, aber keinerlei individuell-menschliche Realität besitzen (wie die Hüter der Sozietät behaupten) – diese Passion machte den in allen Künsten des Schreibens sehr gewandten Mann in der Wahl seiner argumentativen Mittel nicht sehr wählerisch. Es ließ sich daraus erklären, daß Gide ihn ablehnend einmal einen Küster der Enzyklopädie nannte, aber weise genug auf diesem Urteil als einem definitiven nicht bestand und rasch eine polemische Gegnerschaft aufgab, während Gourmont bei seinem Mißverständnis Gides verharrte.

54.

Rudolf Borchardt

Man bekommt es heute immer häufiger zu hören, der Dichter sei unzeitgemäß, und gäbe es ihn nicht aus der bloßen Bildungstradition, diese unsere heutige Zeit würde Dichter und Gedicht nicht aus ihren Bedingungen zeugen. Die Bildung unzählbarer Bildungsdichter, also jener, die da lernen, was zu lernen ist – und man kann bis zur höchsten Perfektion hier lernen, wie Valéry zeigt –, hat es verbreitet, daß Apollo den Marsyas zu Tode geschunden hat, aber das war nicht der Fall. Der Marsyas ist unsterblich. Er malte vor Apoll an die Wände der Höhlen und schrie skandiert in die aufgehende Sonne. Er war der Exzeß. Der Dichter ist der Exzeß.

Dieser verlangt eine feste lebendige Ordnung der umgebenden Welt, damit er das Gleichgewicht halte. Ob jene Ordnung nun weltlich oder geistlich ist. Herrscht die Unordnung, so wird der Dichter gezwungen, selber ein geistiges System einer Ordnung zu schaffen. Es gibt Fälle eines kritischen Nihilismus, wo er das nicht mehr vermag. Dann flieht er die Dichtung wie Rimbaud, wendet sich mit Grausen von ihr ab. Aber das sind Fälle, nicht die Regel. Diese ist, daß das immer unzeitgemäße, weil zutiefst in den Zeiten liegende Phänomen des Dichters sich der Zeit, in der es auftritt und die ihm widerständig ist, zu insinuieren sucht durch die Aufstellung einer Ordnung, die – so seit der Revolution – der Zeit fehlt. Daß er diese Ordnung, diesen Rahmen nicht im Utopischen errichtet, das in irgendeiner näheren oder ferneren Zukunft topisch werden soll, wo sich etwa heutige Gegensätzlichkeiten in einem juste milieu der Mediokrität ausgleichen, das – auch das – bestimmt ihn als den Dichter. Alle diese oft außerordentlichen Ordnungsgebilde haben darum einen restaurierenden Charakter. Sie müssen aus der menschlichen Erfahrung sein. Sie müssen aus dem menschlichen Potential sein. Sie müssen eine Gliederung, eine Ordnung der Gegensätze besitzen nach allen Dimensionen. Also im erfahrenen geschichtlichen Raum, nicht in der abstrakten Ebene. Die Ketten, an die sich die so gefährliche wie gefährdete gewisse Bestialität des Dichters zu legen gezwungen empfindet, um sich konvenabel mitteilen zu können, müssen sehr starke und sehr fein gearbeitete Glieder haben.

Die gegliederte Ordnung eines katholischen Europa ging zu Bruch. Hugo Ball sagt den Effekt dieses Bruches der geistlichen Gewalt in die profane mit diesen Worten: »An die Stelle des Ablasses ist der Aderlaß getreten. An die Stelle der Ohrenbeichte die Detektivpolizei. Die großen moralischen Werte der Menschheit – Seele, Friede, Vertrauen, Achtung, Freiheit und Glauben – werden nach dem Erfolg berechnet und als Mittel zur Erreichung von Zwecken betrachtet, die der traditionellen Bedeutung dieser Worte entgegengesetzt sind. Das klerische Collegium de propaganda fidei ist ersetzt von einem journalistischen de propagando bello, und die Freude und der Stolz, mit denen man solchem Systeme dient, geben die Beleuchtung zu einem infernalischen Totentanz.« Nur ist das nicht auf die protestantischen Völker und Christen zu beschränken, es gilt, wenn auch gemildert von ehrwürdiger Tradition, von den katholischen Völkern und Christen. Aber diese Milderung scheint hinzureichen, daß, wo immer unter katholischen Nationen dieser Exzeß des Dichters auftritt, solche Nation ihm mit dem systemisierten Exzeß ihres Religiösen begegnen kann, ihm Schale und Rahmen gibt, Willkomm und Herd, Halt und Würde. Er findet einen Boden vor, der, wenn auch entkräftet, sein stürmisch keimendes Wesen aufnimmt und nährt. Der Berliner Rudolf Borchardt nannte Wien die antikste aller Städte Europas, italienischer als alle Städte Italiens, wo man aus europäischer, aus menschlicher und aus ungebrochner deutscher Vergangenheit unbefangen besaß als unerkämpftes Erbe und keinerlei gebildete oder gelehrte Renaissance zu treiben brauchte, um sich dessen bewußt zu werden. Wien war organischer Kulturausdruck der letzten deutschen Universalmonarchie, durch die Sprache und in der Sprache den ganzen älteren Bestand der Bildung besitzend, durch das lebendig gebliebene Barock die Renaissance und die Antike in geschichtlich verfeinerten und ätherisierten Formen, durch österreichische Nachzeugung Italien bis nach Byzanz und Spanien, durch die blühende archaische Mundart eines homogenen Volksstammes soviel Mittelalter, als man brauchte, durch die heiter erhalten gebliebene Lebensform höfischer Stände zugleich ein der letzten deutschen Klassizität von selber blutsverwandtes, leise über das Alltägliche und Papierne ins Wandellose gesteigertes Idiom. Damit ist nicht nur der Umkreis von Hofmannsthals Dichten umschrieben, sondern auch der für diesen zarten und zärtlichen Genius überaus glückliche Umstand, daß ihm diese wienerische Kultur als ein vorhandenes Faktum es nicht abzwang, was seit Hölderlin jeder deutsche Dichter mit und neben seinem Gedicht heraufbeschwören mußte: einen Kulturstand deutscher Nation inmitten von dem wachsenden Verfall, also dessen geschichtlichem Gebiet.

Während einer der seltenen Anwesenheiten Borchardts in Deutschland ergab es der Zufall, auch der naher Quartiere, daß wir uns im gastlichen Hause einer jungen Frau des Abends trafen, eine Woche durch, und die Abende verlängerten sich immer in die Nacht, und es war hell, wenn wir uns trennten. Der uns so wach erhielt, war der erzählende, improvisierende, in die weiten Räume seiner geistigen Kapazitäten ausschwärmende Geist Borchardts, der, nannte man etwa Robert Herrick, sofort das schönste Gedicht dieses barocken Engländers zitierte, bezweifelte man Voltaires lyrische Qualität, alsogleich dem mit einem Gedichte Voltaires widersprach, das er französisch zitierte, um dem gleich eine außerordentliche Verdeutschung folgen zu lassen. Oder er gab Akt um Akt, Szene um Szene Bericht von einer Iphigenie als einem, wie er sagte, niedergeschriebenen Werke, aber jedem, der diesem im Gemach etwas aufschlürfenden Schrittes auf und ab schreitenden Manne zuhörte, war es deutlich, daß er diese Tragödie jetzt und in dieser Stunde erfand. Denn man spürte diese sich mitteilende Berauschtheit der Findung und Erfindung und daß sich hier nicht einer an seine Niederschrift erinnert. Borchardt liebte Beer-Hoffmann um dieser seiner Gabe willen, zu improvisieren, weil er selber diese Fähigkeit und in weit stärkerem Maße besaß als ein Dichter und ein außerordentlicher Herr des gesprochenen Wortes und ein wenig auch als Schauspieler, der die unmittelbare Wirkung köstlich erlebt.

Ich bin nie einem Menschen begegnet, der sich so wie Borchardt in einem fast dauernden Zustand der Euphorie befand, beglückter Begnadung und Elevation. Gewiß gab es da aus den ephemeren Zufällen des physiologischen und wirtschaftlichen Daseins Pausen und depressive Rückschläge, aber der überaus trainierte Wille dieses Mannes ließ sich davon nicht weichmachen und auflösen. Es gab welche, die von seiner menschlichen Härte und Kälte sprachen, weil er in diesen Pausen nicht erlag und seine Wunde zeigte, um dem andern Anlaß zu einem schäbigen Mitgefühl zu geben. Diese zogen dann aus solcher Haltung der Scham und der Würde den raschen Schluß auf Borchardts Werk, indem sie da nichts als ein geistig Gewolltes, aber kein menschlich Gefühltes sahen, womit sie ihm den Wert abzusprechen meinten.

Daß keine Ermüdung ihn in den Schlaf zwänge, sagte in jenen Nächten Borchardt. Aber einmal geschah es uns allen, daß wir in eine Somnolenz fielen, sogar die Frau des Hauses selber, und das war, als ihr Mann glaubte, uns ein selbstgemachtes Römerstück in vielen Akten vorlesen zu müssen. Wir konnten mit gutem Gewissen nicht hinhören, denn uns war aus andern literarischen Äußerungen dieses Mannes schon geläufig, daß hier ohne jede Begabung nichts als das Geltungsbedürfnis eines Dilettanten sich äußerte, und wir schwiegen, als der Vorlesende zu Ende war. Borchardt, der wohl sah, daß seine Anwesenheit der Anlaß dieser Vorlesung gewesen, sprang höflich in den Abgrund dieses Schweigens und holte ein paar Sätze hervor, die voll Rücksicht auf den Gastgeber doch alles sagten, was ihm zu sagen war, und er hatte dieses Urteil aus Art und Gesicht des vorlesenden Mannes gewonnen, denn vom Stücke hatte er kaum mehr als ein paar Seiten gehört. Und als ihn ein anderes Mal ein lauter Schlaf überfiel, erklärte er es damit, daß unser Gespräch sich so gleichgültigen Dingen wie der Arbeiterfrage zugewandt hätte und man nicht verlangen könne, daß er sich derlei anhöre. Damit wehrte sich durch strikte Ablehnung nicht nur ein eingeborner geschichtlicher Instinkt gegen ein chaotisches Hin und Her und eine sozialistische Behauptung, daß eine anders organisierte Wirtschaft der Pol sei, nach dem sich die Kräfte der Gesellschaft hinbewegen und ordnend lagern. Damit wehrte sich das Urphänomen des Dichters, das sich, dunkle seltsame Bestialität, die es ist, eine Topik in der geschichtlich erfahrenen Welt geben muß, damit sich der davon Befallene sinnvoll in Gebilden befreie. Er muß sein Blut erlösen, daß es die Seele tröste. Der Begriff des Erbes steht im Mittelpunkt nicht nur von Borchardts Gedicht, nicht nur bestimmt er sein Denken, sondern er ist sein zentrales persönliches Leben, Ausgangspunkt aller seiner Auseinandersetzungen, vor allem derer mit sich selber. Rückblickend heißt's im Selbstbildnis des Durant: »Also war sein Adel Überwildert vom Tadel, Daß er das Maß nicht hatte, Nicht das höfische und glatte, Sondern in sich das Maß: Das noch keiner besaß Durch Meister noch durch Schulen, – Man kann es nicht erbuhlen; Der's nicht mochte im Blute erben, Muß es lebend erwerben Oder er wird verderben.« Der beglücktere Wiener Hofmannsthal war ein Erbe, der mit Weisheit sich darauf beschränken und verschwenden konnte. Der nicht beglückte Berliner Borchardt war nur im dämonisch Bösen ein Erbe, das ihn vernichtet hätte ohne die von einem außerordentlichen historischen Instinkte als Bedingung seiner Existenz geleitete und geleistete Arbeit des Erwerbens einer Welt – seiner Welt, wie einer sagen mag, der sich an William Blakes Wort hält: »Do what you will, this world's a fiction.« Gibt man der Welt das Epigramm, sie sei eine Fiktion, dann ist's auch diese Deutung und jede und es kommt dann nicht auf deren nachweisbare Richtigkeit an, denn diese Richtigkeit ist eben nicht nachzuweisen, sondern ihre deutende und bedeutende Kraft. Der Historismus, eben das, was Borchardt das Erbe nennt, ist große deutsche Tradition seit Herder. Die Wiedergeburt, der Erwerb des Erbes, die er an sich selbst mit höchstem Erfolge: den Erhalt seiner dichterischen Person, vollzogen hat, fordert Borchardt für das Ganze seines Volkes als die einzige Garante von dessen kultureller und politischer Erhaltung, damit die Möglichkeit gegeben wäre, »sich durch einen Wink, wie es unter Vettern geschieht, kurz zu verständigen«. Der Begriff einer gesitteten Nation schwebt ihm vor als kulturelle Leistung, nicht der einer schlechthin reichen oder gewalttätig mächtigen. Ich bin nicht, wie der Leser dieser Schrift auch sonst gemerkt haben wird, Genosse dieser Zeit, welche die Alternativen ihrer Einzel- und Gesamtbedeutung dem amerikanischen Schema Reich/Arm entnimmt, und bin also der dem so gerichteten deutschen Zeitgenossen höchst abstrus vorkommenden Meinung, welche Borchardt in dem Satz formuliert: »Ganz allgemein wird es von der Einbeziehung des echten, nicht des romantischen deutschen Mittelalters in unser Erbe abhängen, ob wir als Nation wieder zu Vermögen und Kontinuität gelangen oder nicht.« Wann diese Renaissance eintritt und ob sich jetzt davon schon Zeichen sichtbar machen, darüber kann man Meinungen haben. Es entscheidet da das Temperament und die Notwendigkeit eines Glaubensverhaltens, das sich auch von Enttäuschungen und Irrtümern nicht bedrängen läßt und lassen darf, dann, wenn dieses Glaubensverhältnis wie im Falle des Dichters Borchardt die immer optimistisch nur sein könnende Voraussetzung der dichterischen Äußerung überhaupt ist. Auch

Borchardt nannte mich einmal einen Pyrrhonisten und muß, aus seinem integralen Optimismus heraus, dazu kommen, mich für einen »überzeugten« Skeptiker zu halten, der ich nur bin, soweit ich, da ich eine dichterische Bestialität in mir kaum behause, keinerlei Restauration als ein gedankliches System zu produzieren als zwingende Not empfinde wie einer, der mit pindarischer Zunge geboren. Ich fühle mich nicht unter der Not erpressender Leidenschaften stehend, denen Transfiguration im Gedichte zu geben mir vom Gotte zugewiesene Aufgabe ist. An der Kapazität von Borchardts Arbeit – sie schließt den Gelehrten höchsten Ausmaßes ein – kann man die Bedeutung seines Gedichtes ahnen und die dunkelblütige passionelle »Überwilderung« seines menschlichen Adels, die zum Lichte dieser Gedichte drängte, als welche für die Eternität allein entscheidend sind.

Jeder Irrtum im politischen Detail des Tages ist bei solchen Konzeptionen der Tiefe möglich. Borchardt weiß das. Er lebt seit dreißig Jahren, mit der Unterbrechung des von ihm ganz nur heroisch gesehenen Krieges, in Italien und abseits in Italien, auf Villen außerhalb der Städte, um deutsche Konfrontationen zu meiden und sich seine Liebe zu dem Volke zu erhalten oder nicht verwirren zu lassen, in das er geboren ist und das er in sich als Dichter wiedergeboren hat. Das Blinkfeuer des Täglichen soll ihn nicht blenden. Sein ungeduldiger Optimismus soll ihn nicht eben jene Zeichen der Wiedergeburt seines Volkes dort sehen lassen, wo gar keine sind. Er kann da Phantasmen erliegen aus leidenschaftlichem Glauben. Im September 1914 nahm er große Schritte in meiner Stube, erzählte, daß er von Ludendorff käme und daß, wie er sagte, unser Geschick in ehernen Händen bei diesem Manne ruhe. Und daß Schweden den übernächsten Tag auf deutscher Seite in den Krieg treten werde. Und daß Italien nie daran denken würde, seine Neutralität aufzugeben. Es ist in jenen Tagen kühleren Männern passiert, daß sie ihre Wunschgebilde für Urteile hielten, und es wäre sehr falsch, daraus Schlüsse auf ihr Urteilsvermögen zu ziehen, das sich einmal zugunsten lebhafteren Lebens lieber aufgab, als die aus nichts eindeutig zu beweisende Meinung zu vertreten, Deutschland würde den Krieg verlieren. Das kann nur Leute befriedigen, denen es den überaus bescheidenen Spaß macht, einmal recht gehabt zu haben. Wobei nicht auszumachen ist, ob sie im weiteren wirklich recht hatten. Es kommt ganz auf das davon betroffene Volk an, ob ein verlorener Krieg in jeder Hinsicht ein Verlust ist, wenn man nicht bloß an zwei Ziffern denkt: die Ziffer der Gefallenen und die Ziffer der Kosten.

55.

Die Münchner Klubs – Manuel – Melchior – Schennis – Schrenck-Notzing

Das konviente Wesen dieser unverbindlichen Stadt München setzte sich auch bei den Nicht-Münchnern und Fremden, die da wohnten oder sich auf der Durchreise für etliche Tage hier aufhielten, durch: als ob alle Gegensätzlichkeiten tagsüber nur zum Scheine und damit ein Spiel seien, behauptet worden wären, lockerte sich, wenn der Abend sich in die Nacht begab, solcher Rigorismus streitbarer Haltung in ein geselliges Konvenü, das die Gegensätze nicht aufhob, aber ihrem Ausdruck die milderen Formen liebenswürdiger Bosheit oder heiteren Spottes gab, aber auch dieses nur gewissermaßen an der Peripherie des Interesses, dort, wo es in jene Bezirke der Indifferenz übergeht, die halb Weisheit, halb Schwäche sich eingesteht, daß das alles in hundert Jahren sehr gleichgültig sei. Dem stierhaften Ernste eines verfolgten Arbeitszieles war solche Entspannung nicht zuträglich, wie sie in der Atmosphäre dieser Stadt liegt, aber das unmittelbare Leben hatte seine Vorteile davon, wenn man sich nicht auf das Haus und die dahin geladenen Nahestehenden beschränkte, sondern in der Stadt aß. Also in einem der drei oder vier gut geführten Lokale, die man Bars nannte, weil sie so eine Anrichte auch wo enthielten, aber sonst noch Räume wie ein Restaurant. Um 1908 gab es da weder Musik noch Tanzen und was damit zusammenhängt: unerzogene Kellner, schlechtes Essen und zweifelhaftes Trinken. Diese Bars waren, was man als äußerste deutsche Möglichkeit Klubs nennen könnte, wenigstens für das nicht zu große München.

Der nur sehr wenig gesellige Deutsche hat für diese lockere Form des Klubs keine Vorliebe. Er ist für straff organisierte Vereine mit Zielen, Zwecken und genauen Statuten, Vorständen und allerlei Regulativen. Anders findet er nicht zum andern, wie es scheint. Er muß sich unter einen Zwang begeben. Lieber noch eine Uniform anziehen, die ihm gesellschaftlichen Halt gibt. Er ängstigt sich immer um sein soziales Prestige, seine Fassade, seine Titel. Er ist mißtrauisch gegen den andern, solang er dessen Namen, Rang, Stellung und Einkommen nicht kennt. Als man in Deutschland mit der Gründung von Klubs begann, las man an den Wänden der Klubräume Plakate, die einschärften: Man stellt sich nicht vor! Aber das war zuviel verlangt, und der in das gesellschaftliche Anonymat gebetene Gast mied den Klub, in dem man ihm zumutete, nichts als ein Herr zu sein. In einem systemisierten Untertanenlande scheint diese Legitimation verlorengegangen.

Doch muß man gleich zugeben, daß sich der abgedankte junge König Manuel von Portugal zwar cavalierement, aber nicht ganz wie ein Herr benahm, wenn er sich mit dem Barkeeper Melchior – er mixte im Reginahotel und war ein Mann von ganz ungewöhnlichem common sense – darüber unterhielt, ob er Versuche zu seiner Restaurierung anstellen solle, und Melchior ihm mit wirklich guten Gründen davon ab- und dazu zuriet, es besser mit der Restaurierung einer jungen Dame namens Gaby Delys zu versuchen, die solches, etwas abgerissen, aber begabt, weit nötiger habe als ihn die ebenfalls abgerissenen, aber weniger begabten Portugiesen. Manuel konnte sich den guten Gründen Melchiors nicht verschließen und überließ Portugal seinem republikanischen Schicksal und sich selber seiner schönen Büchersammlung und der noch schöneren Madame Delys, einem interessanten ehemaligen tschechischen Dienstmädchen, das sich mißtrauisch gegen einen Scheck über zehntausend Mark gezeigt hatte, ihr ausgestellt von einem andern gerade anwesenden Gaste, dem rheinischen Industriellen G. Das sei ihm jetzt schon zum zweiten Male passiert, erzählte er, und es bliebe ihm für diese Fälle eben nichts anderes übrig als künftig diesen Betrag immer in bar bei sich zu tragen. G. war ein Herr entre deux âges und etwas ungeduldig in weiblichen Sachen und von kurzer dafür verfügbarer Zeit bedrängt.

Man verlor mit solchen Bekanntschaften und Unterhaltungen in den genannten Klubs gewiß etwas Zeit, wenn man sich seiner Arbeit erinnerte und der ihr so nötigen Sammlung, wenn das dabei zum Vorschein kommen sollte, was man sich davon erwartete. Aber man hatte Ausreden, auch solche, die der natürlichen Neigung des Menschen zur Faulheit entgegenkamen. Man bezweifelte mehr als erlaubt die Fähigkeit oder das Talent, das solche Opfer des Fleißes verlangen. Man fand sich so psychologische Theorien, daß, bestünde solches Talent in einem exorbitanten Ausmaß, es schon bei sich selber und seiner Äußerung bleiben und sich von nichts wegdrängen lassen würde. Oder sagte sich, daß ein so in die Mannigfaltigkeit sich verlierendes Leben die nötigen Korrekturen an der Arbeit anbringe und so noch eine Menge, was der Bequemlichkeit entgegenkam. Man hatte etwas übrig für den ungeschriebnen guten Satz und die Intensität des Augenblickes. Figuren bestätigten das Theorem, daß die objektiv feststellbare Leistung ein mehr oder weniger fragwürdiger Wert, die lebendig empfundene eigentümliche Gegenwart eines Menschen aber ein Faktum sei, dem Wert zukäme. Man wußte vom Sagenhören, daß dieser ältere, überaus elegant auftretende Herr von Schennis mit dem auf blond gefärbten Haar und den überlangen Fingernägeln – er spielte, wie er sagte, das

Tristanvorspiel mit Kastagnettenbegleitung – vor Zeiten ein Düsseldorfer Maler von Begabung gewesen sei, aber es bedeutete das nichts und hätte auch bei großem Ruhme dieser Bilder nichts bedeutet neben diesem Herrn, der die spaßigsten Dinge sagte, die alten griechischen und lateinischen Autoren glossatorisch zitierte, in einer müßigen Stunde sich damit beschäftigte, unter die Blätter seines Scheckbuches seinen Namen zu schreiben, das Scheckbuch dann zu verlieren und bei der Bank gerade zurecht zu kommen, wie sich ein Finder das Gesamtvermögen dieses Herrn von Schennis auszahlen ließ. Er war in jungen Jahren ein so berühmt schöner und kräftiger Mensch gewesen, daß ihm die Gräfin d'Agoult, um sich und ihrem Papa, dem Abbé Liszt, ein optisches Vergnügen zu bereiten, die schönsten Kokotten aus Paris nach Weimar kommen ließ. Besuchte man ihn des Vormittags, so trug er einen Strohhut auf dem Kopf über dem eben applizierten Farbmittel und saß über alten Handschriften und machte Emendationen. Er sprach lateinisch oder griechisch mit seinem Besucher, je nach dem Autor, den er gerade vorhatte. Von neuerer Literatur hatte er nur den Dante und den Faust gelesen, dessen letzte Seiten er in Goethes Handschrift besaß, in alten Samtbrokat eingewickelt. Er zeigte aber diese Kostbarkeit nie anders als in ihrer Umhüllung.

Es war die Zeit, da ich im »Hyperion« die großen Gedichte von Borchardt druckte, aber auch die Spiritualitäten wie Paul Scheffers Unterhaltungen mit einer Kaltsinnigen, des Baron Gebsattel fingierte Briefe an Chendollé und Reinhold von Walters autobiographische Fragmente, und in der ich des späteren Peter Gan Essais gedruckt hätte, für die heute Max Rychner in Zürich den hohen Platz seiner »Neuen Schweizer Rundschau« hat.

Es war auch die Zeit, da Offenbachs »Schöne Helena« durch Reinhardt im Münchner Ausstellungstheater ihre Wiedergeburt erlebte, also nicht nur der Tiefsinn ans Licht des leichten Sinnes drängte, sondern auch der Leichtsinn sich die nötigen

Profondeurs gab, um Genuß zu werden. Eine besondere Figur des Münchner Lebens war um diese Zeit auch der Arzt und Okkultist Schrenck-Notzing. Er hatte weder als Arzt noch als Gelehrter jenes Ansehn, das sein nicht geringer Ehrgeiz verlangte. Er führte ein großes Haus, aber eine kleine Praxis. Durchaus keine auf das Übersinnliche eingestellte Natur, sondern den guten diesseitigen Freuden des Daseins mit großem Vergnügen ergeben, trug hier dieses Vergnügen vielleicht doch die ihm oft gepaarte Enttäuschung stärker in sich, als er zeigte. Vielleicht daher sein Interesse für ein Jenseitiges, das er, sich exakt-wissenschaftlich meinend, so materiell sich offenbarend sehen wollte wie eine schön gerichtete Diner-Tafel. Aber ich war es wohl, den er für einen »Materialisten« hielt, wenn ich seine Einladungen zu den mediumistischen Sitzungen, die er arrangierte, ablehnte, auch wenn die Medien noch so berühmt waren. Und er hielt es für Ironie, wenn ich bedauerte, daß sie als geschickte Taschenspieler entlarvt wurden oder als famose Akrobaten, die ihr Bein bis ins Unwahrscheinliche verlängern konnten, um einem kleinen Tischchen einen Tritt zu geben. Denn mir wäre ein richtiger Tritt aus dieser Geisterwelt weit lieber gewesen, weil man da endlich genau gewußt hätte, welcher Welt und welchen Geistes diese Geister sind. Als dann einmal einem Medium ein Gebilde wie aufgelöstes Zeitungspapier in großen Massen aus dem Munde kam, war Schrenck-Notzing entzückt über das, was er gleich das Ektoplasma nannte und das für ihn die längst gesuchte materiale Seelen-Substanz war. Ich war froh, ihm erklären zu können, daß ich mir die heutige Seele schon immer aus Zeitungspapier gebildet vorgestellt hätte und mich über die Bestätigung meiner Vermutung freue. Wie auch darüber, daß diese Geister seines Kabinetts Glocken läuten und Stühle in die Höh werfen, da ich nicht wüßte, was Geister sonst Gescheites tun könnten, wenn sie schon auf das Zitiertwerden hereinfallen und ihre ätherischen Gefilde für den Carolinenplatz verlassen müssen. Der Professor trieb, ausgerüstet mit vorzüglichen photographischen Apparaten und seelenempfindlichen Platten, seine interessanten Beschäftigungen weiter und holte um so energischer durch den Krieg hervorgerufene Versäumnisse nach dem Kriege, wo die Medien wieder reisen konnten, nach, darin sehr unterstützt von dieser Nachkriegszeit, für die man ja eine starke Neigung zum Wunderglauben leicht voraussagen konnte, zum Wunder plötzlicher großer Vermögen, zum Wunder unerhörter politischer Neugestaltung, zum Wunder des »großen Führers«, zum Wunder der Wunder: dem höchst persönlichen Eingreifen des lieben Gottes. Man hatte vier Jahre lang so viel Sinnloses erlebt, daß einem »der Verstand stillstand«, mit dem es ja auch schon nicht weit her war, als er sich noch bewegte. In Wien machten sich auffallend viele Offiziere um die »okkulten Phänomene« verdient, was den hundertundvierundsiebzigjährigen Dr. Eckstein veranlaßte, diesen ganzen Komplex die Metaphysik des Oberleutnants zu nennen. Dr. Eckstein hat, wie jeder in Wien weiß, noch den Grafen von Saint-Germain gekannt. Es gibt welche, die sagen, er sei es selber gewesen.

Im Jahre 1927 tagte in Paris ein Kongreß der spiritistischen Religion. Aus Litauen brachte einer einen Hund, der mit Steißwackeln Antworten auf menschliche Fragen gab, die darnach gewesen sein dürften. Schrenck-Notzing brachte einen Münchner Oberlehrer, der sich einen Meter über den Boden erheben und zwanzig Sekunden frei in der Luft schweben konnte. Ein Herr aus Ostpreußen zeigte ein Pferd, das Kubikwurzeln mit Hufscharren löste. Als Religion ist das alles höchst respektabel, aber ein bißchen unklug. Denn die spiritistische Religion appelliert immer an die behauptete Wahrnehmung dieser und anderer höchst ungewöhnlicher Phänomene. Es ist so, als wenn die Kirche aus der Transsubstantiation, der mystischen Verwandlung der Hostie in den wahrhaften Leib Christi, ein auf dem Altare mit den Sinnen wahrnehmbares Experiment machte. Diese Religion verlangt den Glauben auf Grund einer sinnlichen Zeugenschaft, allerdings mit der Einschränkung, daß sie jenen diese Zeugenschaft refüsiert, welche den Glauben nicht haben. Wer nicht glaubt, der sieht nichts.

Nicht nur die okkulten Doktrinen, sondern auch die okkulten Phänomene sind von einer verdächtigen Modernität. Alte Tradition ist, daß den Menschen Geister erscheinen. Die christliche Lehre sieht darin größtenteils Blendwerke des Teufels, zu einem kleinen Teil sind es Seelen aus dem Fegefeuer mit einem göttlichen Permesso, zu erscheinen und zu warnen. Dieser Geisterglaube ging als ein recht nebensächliches Detail im Ganzen eines Glaubens auf, zu dessen Grunddogmen die Unsterblichkeit der Seele gehört, was als Dogma keinerlei materiellen Beweises bedarf. Das okkulte Phänomen, daß sich ein Geist auf Anruf meldet, passierte zum erstenmal in einer amerikanischen Methodistenfamilie im Jahre 1847, welcher die Auszeichnung zuteil wurde, sich mit dem Geiste Benjamin Franklins unterhalten zu dürfen. Erst von da ab gibt's jene privilegierten Individuen, die sich eines direkten Rapportes mit der Geisterwelt erfreuen. Sie haben dafür, daß christliche Heilige Botschaften aus dem Jenseits erhielten, nur ein Lächeln. Denn in den Gesichten der Heiligen hätte sich nur Zuständliches dieser Personen manifestiert, aber nicht die objektive Wirklichkeit. Dem entsprechen auch die okkulten Doktrinen, die sich alle, gar nicht mehr kirchlich, in Sätzen bewegen wie: Geburt, Tod, Wiedergeburt und Fortschritt bis zur letzten Vollendung. Diese Mythologie ist der metaphysische Aspekt einer politischen Doktrin, die im 19. Jahrhundert aufkam, jenes mystischen Demokratismus, der in einem perfektionierten Geisterleben die Ungleichheiten dieser Welt ausgleicht. Wie am Anfang, so steht auch am Ende das Paradies. Mit einer großen Armut an Phantasie bilden sich die Okkultisten eine jenseitige Welt genau nach der ihnen bekannten diesseitigen. Und ein paar Gläubige, denen diese Vorstellung doch etwas zu dumm geworden ist, produzieren eine Theorie, nach der es lebende Wesen gäbe, die einen überindividuellen Zustand erreichen, in dem sie direkt mit den Abgestorbenen in Verkehr treten können. Also eine Art transzendenter Hellseherei, die nichts weiter mit jenen sinnlichen Kommunikationen zu tun hat, die man mediumistisch nennt.

Diese sich bescheiden stellenden okkultistischen Gelehrten behaupten, so exakt zu sein wie Zoologen. Aber darin irren sie sich wissenschaftlich-exakt, weil sie sich philosophisch irren. Sie bewegen sich vom Beginn an in einem fehlerhaften Kreis. Die Fakten, welche die Metapsychiker zu kennen behaupten, sind nicht willentlich realisierbar. Sie setzen vielmehr ein Glaubensverhältnis des Experimentators voraus, das mit den experimentellen Bedingungen der in der Materie arbeitenden Wissenschaft nichts zu tun hat. Sollten auch alle möglichen Experimente ein negatives Ergebnis haben, so ergäbe sich daraus noch durchaus nicht die absolute Verneinung eines Verkehrs mit den Geistern. Denn dieser Verkehr ist ja nicht der Kontrolle durch ein Laboratorium unterwerfbar.

Wenn da ein gläubiger Katholik sagt: »Ich mißachte nicht die experimentellen Beweise für die Wahrheit meines Glaubens«, so ist das für die Glaubenshaltung dieses Christen höchst erstaunlich, aber auch sehr charakteristisch für eine Zeit, die zum Mysterium des Göttlichen einen Weg geht, der in ein Laboratorium führt, wo das Mystische aufhört, mystisch, also göttlich zu sein. Ein okkultistisch gesinnter Kritiker schreibt: »Ohne Kontrolle – Phänomene. Bei mäßiger Kontrolle – weniger Phänomene. Bei absoluter Kontrolle gar nichts.« Aber was beweist das? Nichts gegen die virtuelle Existenz von Phänomenen und nichts für sie. Warum soll es keine Wunder geben? Es gibt nur keine, die permanent und zu Händen des nächstbesten Thaumaturgen wären und sich photographieren lassen.

56.

Die Kirche – Die Zeugen

Alles Religiöse ist mit dem seelisch Kranken verwurzelt. Vielleicht mit der Angst vor dem Tode, der Nacht, der Ohnmacht. Die krankhaft gewordne Todesfurcht produziert immer aufs neue diese sonderbaren Abwehr- und Schutzformen des Religiösen, denn der Mensch will leben. Zum Schutze im wehrlosen Schlafe gab sich der Mensch den Nachtwächter, aus dem der Staat wurde. Ihn vor den dunklen Gewalten seiner geängstigten Seele zu schützen, dazu sind die Kirchen da. (Wenn eine große kirchliche Beamtenschaft von dieser Angst lebt, ihr Einkommen daraus hat, wird sie bemüht sein, diese Einkommensquelle nicht versiegen zu lassen.) Die Kirchen kanalisieren das trübe, morastige Gewässer, bauen Schutzwehren und Dränagen, geben Gott was Gottes, dem Leben was des Lebens ist. Sie besitzen so das am feinsten ausgebildete politische Instrument. Die Kirche ist der rationelle Faktor im Irrationalen des religiösen Zustandes. Nie gab eine Kirche das Gebot, die Vernunft nicht zu gebrauchen. Eine ihrer Aufgabe bewußte Kirche wird darum immer mißtrauisch gegen Wunder sein, mögen sie sich auch noch so sehr in die geläufigen Formen einer dogmatischen Orthodoxie begeben. Sie sieht in dem Grob-Materiellen solcher Erscheinungen durchaus keine erwünschte Bestätigung ihrer ganz auf das Spirituelle gerichteten Arbeit und Lehre. Sie weiß aus alter Erfahrung, daß wo immer solche vom Religiösen Besessene auftauchen, ein trüber Schwall von allerlei Aberglauben einbricht, der nur zu oft die geistliche Macht zwingt, die weltliche Macht des Gendarmen anzurufen, also abzudanken.

Die großen Heiligen aller Religionen haben sich immer gegen das Wundertun gewehrt. Sie haben es nie als ihr Wesen charakterisierend erkannt, denn sie waren nicht aufgestanden, um zu verblüffen, Staunen zu erregen, als Magier zu gelten. Jesus hatte nicht wenige wundertätige Zeitgenossen. Nur Mitleid mit der hilfsbedürftigen Kreatur mochte ihn dazu bringen, heilend die Hände aufzulegen. Aber Beweis seiner Mission war das mitnichten. Und eine Legitimation seiner Lehre war es ihm nie.

In einem abgelegenen Dorf der Oberpfalz machte sich da eine Magd bemerkt, die, wie in der Großstadt ein Mädchen ein Filmstar, eine Heilige werden wollte. Eine seit Jahren erkrankte Seele hatte Macht über den sie behausenden Leib gewonnen, so sehr, daß sie über Nacht einen eiternden und des Morgens wieder gesunden Blinddarm bekommen konnte, seit der Kindheit ans Bett gefesselt und an ein Dasein so grausigen Stumpfsinnes, wie nicht vorzustellen. Mit dem Katechismus als einziger Lektüre. Sie bekam Wundmale an den Füßen und Händen, und an jedem Freitag floß ihr Blut aus den Augen. Sie hatte die Visionen der Kreuzigung. Es wäre erstaunlich, wenn dies alles nicht aufgetreten wäre; diese Magd hätte eine ungewöhnliche Ausnahme dargestellt in der langen Theorie der religiös Besessenen, denen Stigmata und sentimentales Miterleben der Kreuzigung die fast immer erreichte Höchstleistung ihres Gleichgewichtverlustes ist. Denn das ist solche individuelle religiöse »Erfahrung« – Verlust des Gleichgewichtes zwischen dem Leben im Geiste und dem Leben in der Gesellschaft. Man stelle sich eine Epidemie solcher seelischer Erkrankung vor, Hunderttausende Frauen einer Stadt, Millionen eines Landes davon ergriffen – jede Form Lebens würde ins Chaotische stürzen, irdisches Leben würde ein Tollhaus werden und das spirituelle Leben würde zugrunde gehen im Wahnsinn. Es gab solche Epidemien, und die Kirche als Ratio trat dagegen auf, wenn nicht anders, so mit Feuer und Schwert die Schwarmgeisterei vernichtend in ihren Trägern. Die Kirche weiß, daß sie im gefährlichsten Material arbeitet, welches das Religiöse ist. Sie manipuliert mit stärksten Sprengstoffen. Sie kann nicht vorsichtig genug sein. Denn diese Vorsicht ist ihre wesentliche, vielleicht ihre einzige Aufgabe. Sie weiß, daß sie einen Widerspruch lebt und einen Kompromiß darstellt, der ein latentes Paradoxon ist. Sie muß diesseitig und jenseitig sein, starr und elastisch. Sie darf die die Kirche speisenden Quellen des Religiösen nicht unterdrücken, muß aber gefaßt sein und ist es, daß sie am unbewachtesten Ort aufbrechen. Sie muß überall für Posten sorgen, die wachen. Sie weiß, die Geschichte der Kirche ist im Grunde eine Geschichte der Häresien. Sie verstellt keiner religiösen Kraft den Weg, denn sie nähme sich damit ihr Lebendiges. Sie folgt dieser Kraft, sofern diese stark genug ist, selber Weg zu weisen. Das zeigen alle erst nicht gewollten, oft behinderten, ja verfolgten großen Heiligen: Bernhard, Franz, Ignaz.

Aber die kleinen kranken Bauernmägde mit dem großen Ehrgeiz einer Rolle sind solche Kräfte nicht. Ihr Beispiel, wenn es schon eines wäre, ist religiös wertlos. Wenn nicht schädlich. Es ist weder für den Glauben noch für die Kirche, noch auch für eine rechte Lebensführung etwas damit gewonnen, wenn sich in jenem Dorfe oder in einem andern noch einige arme Mädchen zu Bett legen und Blut absondern und hungern »um Gottes willen«. Was der Leib alles aushält, wenn eine starke Seele über ihn Gewalt hat, weiß man. Auch was er alles erträgt, wenn eine kranke Seele über ihn Gewalt bekommt. Das mag nur jene verblüffen und als ein Wunder berühren, die glauben, der Mensch bestehe nur dank gutverdauter blutiger Beefsteaks.

57.

Der Mann ohne Eigenschaften

Wenn einer nicht von äußeren Zwängen und Nöten bestimmt wird, den einen Weg nach der einen Richtung zu gehen; wenn weiter vielfache Neigungen und Anlagen noch keinen das sogenannte Schicksal bestimmenden Druck durch ein außer sich setzendes Erlebnis erfahren haben, das jene Vieldeutigkeit zugunsten einer Eindeutigkeit aufhebt, das Mehrere zugunsten eines Einen zum Verkümmern bringt, so daß er das bekommt, von dem ihm Hofmannsthal vor kurzem gesagt hatte, daß man es mit fünfunddreißig haben müsse, ein fixiertes Profil nämlich –: wenn dem so ist, wird der Aspekt eines solchen so versuchten wie versuchenden Menschen der eines Abenteurers sein, der immer unterwegs und nicht stellbar ist, wenn nicht am Kreuzweg. Da solches Leben zu allem hin als eine sozial nicht bestimmbare Daseinsform in den entscheidenden Jahren zwischen dreißig und vierzig geläufig wurde, also in einer Zeit, wo sonst die Visitenkarte unter dem Namen Stand, Würde, Amt und Funktion als den Griff aufführt, an dem für die Sozietät das Messer zu packen, blieb es auch bei dieser Form des abenteuernden Daseins bis ins Alter, das ihm so, da sich nichts änderte, auch gar nicht als Alter vorkam: er blieb sozusagen immer ein Herr zwischen dreißig und x; er setzte kein Fett an; sein Rücken hatte sich unter keiner Last zu krümmen; er besaß keinerlei Würde aus erstarrten Vokabeln, die ihm Respekt heischende Falten ins Gesicht gegraben hätten; kurz: er hatte es zu nichts gebracht.

Ich erkenne diesen Menschen wieder in dem Ulrich, einer Gestalt in Robert Musils großem Romanwerke »Der Mann ohne Eigenschaften«, aus einer Stelle, wo er ihn so beschreibt: »Der Geist hat erfahren, daß Schönheit gut, schlecht, dumm oder bezaubernd macht. Er zerlegt ein Schaf und einen Büßer und findet in beiden Demut und Geduld. Er untersucht einen Stoff und erkennt, daß er in großen Mengen ein Gift, in kleineren ein Genußmittel sei. Er weiß, daß die Schleimhaut der Lippen mit der Schleimhaut des Darmes verwandt ist, weiß aber auch, daß die Demut dieser Lippen mit der Demut alles Heiligen verwandt ist. Er bringt durcheinander, löst auf und hängt neu zusammen. Gut und bös, oben und unten sind für ihn nicht skeptisch-relative Vorstellungen, wohl aber Glieder einer Funktion, Werte, die von dem Zusammenhang abhängen, in dem sie sich befinden. Er hat es den Jahrhunderten abgelernt, daß Laster zu Tugenden und Tugenden zu Lastern werden können, und hält es im Grunde bloß für eine Ungeschicklichkeit, wenn man es in der Zeit eines Lebens noch nicht fertigbringt, aus einem Verbrecher einen nützlichen Menschen zu machen. Er anerkennt nichts Unerlaubtes und nichts Erlaubtes, denn alles kann eine Eigenschaft haben, durch die es eines Tages teilhat an einem großen neuen Zusammenhang. Er haßt heimlich alles was so tut als stünde es ein für allemal fest, die großen Ideale und die Gesetze und ihren kleinen versteinten Abdruck, den gefriedeten Charakter. Er hält kein Ding für fest, kein Ich, keine Ordnung; weil unsere Kenntnisse sich jeden Tag ändern können, glaubt er an keine Bindung, und alles besitzt den Wert, den es hat, nur bis zum nächsten Akt der Schöpfung, wie ein Gesicht, zu dem man spricht, während es sich mit den Worten verändert.«

Jener Ulrich möchte zu glauben geneigt sein, daß von der Wirkung des Geistes nichts als Zerfall übrigbleibe; daß ein Zuwachs an Macht in einen fortschreitenden Zuwachs an Ohmacht münde und daß man doch nicht davon lassen könne und ob es nicht am Ende bloß daran fehle, daß der Geist selber keinen Geist habe? Ich möchte darauf sagen: er hat ihn nicht. Könnte der Geist eine solche Abstraktion seiner selbst aus sich herausstellen, dann höbe er sich mit seinem ganzen wirklichen Wesen auf und wäre nicht das, was er ist. Von und in Abstraktionen lebt der Geschäfts- und der Fachmann, lebt der Realpolitiker, lebt die große Zahl aller beruflich tätigen Menschen, die den Tag mit dem ausfüllen, was sie eine praktische Tätigkeit nennen. Alle diese Praktiker und sich Realisten des Lebens Vermeinenden leben in und von Abstraktionen, gezwungen so, damit sie ihre soziale Funktion möglichst reibungslos erfüllen, womit ihr politisch-sittlicher Wert, aber nur dieser gerettet ist, sonst weder ihr religiöser noch ihr geistiger. Aber inmitten der Wirklichkeiten und aus ihnen leben jene Ulriche mit dem Kompaß, daß die Wahrheit nichts sonst ist als ein Symbol des Denkens, ein konstruktives Hilfsmittel für die wechselnd wie die Wellen des Ozeans auf- und niedertauchenden Wirklichkeiten.

Es gibt einen hochmütigen und darum etwas schiefen Ausspruch von Wilde: die Imagination ahmt nach, bloß die Kritik erfindet. Solcher Austausch lang eingeübter Rollen hat vielen Beifall bei vielen gefunden, die als Kritiker und Rezensenten künstlerischer Äußerungen darunter litten, daß ihre Tätigkeit als eine solche untergeordneter Gattung mißwertet oder gar abgelehnt wurde, und sie haben, zuweilen mit Berufung auf Lessing, vielerlei darüber geschrieben, daß die Kritik ein Kunstwerk sei, meist angesichts der schoflen Tatsache, daß das kritisierte Theaterstück ein Ausbund von Unsinn war. Sie haben sich an Stelle des unproduktiven Dichters als produktive Schriftsteller etabliert, auf einem Umweg, der aber die Kategorie nicht verließ. Denn es hat ja der Kritiker nur peremptorisch erklärt, daß er der Dichter sei, der Schöpferische, der Erfinder. Und das Merkwürdigste ist: es stimmt. Wenigstens was diese Zeit betrifft und deren Belliteratur: es ist da durchaus zu sagen, daß der Kritiker seinen Affekten erliegt, also keiner ist.

Bis ins letzte die Motivationen eines Menschen aufzudecken wie dieses Menschen hier, dessen Leben ich erzähle, das geht über jedes Vermögen, welches Unvermögen wohl auch ein dunkler Wille, der ans Leben bindet, unterstützt. Denn von einer gewissen Tiefe ab lotet jede Sonde das Bodenlose des Allgemeinen und hebt das, wovon man als dem Individuellen oder so vermeinten lebt, völlig auf. Es ist eine vom Organismus produzierte und genährte Weisheit, die vor solcher Selbstzerstörung schützt, und wen hier sein Organismus, sein Leib im Stich läßt, der wird um seines Lebens willen zur Gottheit flüchten müssen, deren Liebe ihn blind macht, denn er legt seine Augen in den göttlichen Schoß. Oder er wird in den Wahnsinn gerissen, der aber, wie unlängst ein junger Gelehrter aus Anlaß Nietzsches sagte, durchaus nicht immer identisch mit Unsinn ist.

Was dieser hier erzählte Mensch nicht war, das ist zur Eindeutlichkeit seiner Art wichtig zu sagen oder zu wiederholen, wenn es im Verlauf dieser Schrift andeutend schon gesagt sein sollte. Krank war er nie gewesen, also auf solche Weise auf sich aufmerksam gemacht worden. Er besaß keine Ehrgeize auf Leistung oder Geltung, die enttäuscht worden waren, so daß er Ressentiments ausschwärte, seien diese Unterwertungen der Welt oder Überwertungen der ihrer nicht würdigen oder von ihr mißverstandenen eigenen Person. Armut mit allen ihren Begleiterscheinungen drehte ihm nicht die Augen aus dem Kopf. Innen und außen gerade gewachsen, erregte er keinerlei absondernde Aufmerksamkeit, die ihn zu kompensatorischen Krücken gezwungen hätte, das Gleichgewicht zu behaupten. Sein jugendliches Freiheitsgefühl erlitt keine besonders spürbare Bedrückung; der Spielraum, in dem es lief, war nie so eng, daß er sich an den Wänden wund gescheuert, nie so weit, daß er sich darin verlaufen hätte. Er fühlte sich nicht »unglücklicher«, als es in einer lebhaft fühlenden Jugend der Brauch ist. Was er in dem Becher an Bittrem fand, den Trank schmackhafter zu machen, das war, so kam es ihm vor, ganz eigne Zutat und aus einer nicht zu erklärenden Lust an Negation hineingetan, die inmitten überschwenglichsten Gefühles erinnert bleiben wollte, daß man immer etwas gegen sich selbst sein mußte, um sich nicht an die Bindungen der Welt zu verlieren. Es dürfte das ein asketischer Zug sein, etwas wie ein Sichversagen, das sich aber immer auf die Probe stellen, in die Welt und Gefahr begeben muß, um zu dem Rechte seines Daseins und seiner Lust daran zu kommen. Führe uns in Versuchung: einziger Satz seines Paternosters, dem er zustimmte. Die extensive Weltlichkeit, die der erzählte Mensch lebte, verlangte wahrscheinlich als ein die Lust danach reizendes Antidotum solche formale Askese, die nichts mit jener Übung zu tun hat, in der sich die Eremiten der Thebais gefielen oder die modernen Sportsleute gefallen, nämlich dem Rekordbrechen, und in welcher Betätigung diese modernen Asketen jene alten mönchischen so weit hinter sich gelassen haben. Die Leistungen des Palladius sind ja ein Kinderspiel, verglichen mit der Ausdauer eines heutigen Hungerkünstlers oder jener Paare, die ununterbrochen vierzig Stunden und mehr Foxtrott tanzen, oder des Mannes, der sich in einem Faß um die Erde rollen läßt. Als der heilige Franz ein Kriegsgefangener in Perugia war, pflegte er zu seinen Genossen zu sagen: »Ihr werdet sehen, es wird ein Tag kommen, da wird mich die ganze Welt verehren.« Und etwas danach ließ er sich, mit nicht geringen Kosten für diesen kleinen Mann des Mittelstandes, einen Trousseau als fahrender Ritter machen, verließ Assisi und ritt zu Walter von Brienne nach Apulien, dessen vornehme Genossen ihn schon in Spalato auslachten und heimschickten. Aber in der Beschämung blieb, von ihr genährt, der Wille stark: ein großer Fürst zu werden. Er wurde es durch die humilitas. Er küßte des Aussätzigen abfaulende Hand, aus seinem freien Willen so, aus seinem Willen zur Macht. Er liebte es, sich zu erniedrigen, solange er diese Erniedrigung für sich brauchte. Nicht darüber hinaus. Er bewahrte die römische Würde des Hexameters Et mihi res, non me rebus subjungere conor, denn die Selbsterniedrigung ist akzidentiell, nicht essentiell. Ist ein Mittel, nicht ein Zweck.

Den fünfzigsten Geburtstag des sich hier erzählenden Menschen nahm dessen bewegtester Freund Gütersloh zum Anlaß einer Schrift, die sich als einem Paradigma mit ihm, eigentlich aber mit dem Schriftsteller in der Katholizität befaßt, und er setzte ihr diese Inschrift voran: »Zum vergessenen 50. Geburtstag eines Mannes, den weder Welt noch Kirche zu binden verstanden haben, weil er größer war als ein Mittel zum Zweck und zu klein, um zu dienen: Gott oder dem Teufel. Doch lebt er noch, und so ist Entscheidung sein letzter Eros.« Ich weiß nicht, wer es war, der in mein Exemplar dieses Buches mit seiner Hand diesen Satz unter die Inschrift gesetzt hat: ma la morte, o dolce poeta Satanas, è certa e fa tacere ogni decisione significandola. Als ich heute nachdachte darüber, von wem dieser Satz sein könnte, fiel mir das Wort jenes Cecco d'Ascoli ein, das er sprach, als er sein Haupt auf das Schafott legte, denn es schien mir auf eine gewisse Weise jenes vom Tode Gesagte schon für den noch Lebenden vorwegzunehmen, wenn er wie der hier erzählte Mensch sich schreibend manifestiert aus der gewissen Not des Geistes zum Selbstverrat, der ihn für die Welt zu etwas macht, was er nur scheinbar, aber nicht wesentlich ist: zum Schriftsteller. Jener Cecco sagte: guerra nell' alma e sulla bocca pace. Solches Gleichgewicht zwischen den himmlischen und höllischen Mächten, den obern und den untern Engeln – wobei ich nicht sagen kann, welche für pace und welche für guerra stehen – schiene mir schon für den Lebenden, wenn er nur so weit ist, allem Gesagten das Schweigen gegenüberstellen zu können, schiene mir, sage ich, schon für den noch Lebenden etwas wie eine Lösung des Dilemmas zu bedeuten und etwas wie eine Dezision, für welche jener Satz als definitiv den Tod nennt. Aber ist vom Lebenden Entscheidung zu fordern, damit dieses Dilemma sich aufhebe, nicht das christliche Paradox der ambianten Demütigung, indem der Christ einmal das Fleisch vor dem Geiste demütige, dann aber wieder, auf daß den Geist nicht Hochmut befalle, Demütigung eben dieses Geistes durch das Fleisch, also die Sünde, damit das wird, was man als Reue produzieren muß, wenn man ein Christ ist? Wie aber, wenn einer diese christliche Voraussetzung so absoluter Labilität seines sittlichen Gleichgewichtes und die die Waage haltende Hand Gottes nicht hinnehmen kann? Es nicht fertigbringt, für den Zufall seines Daseins einen göttlichen Gnadenakt als möglich zu arrogieren, falls er nur, ja was tut? Es lebt der Mensch ja weder im kontinuierenden Fleische noch im kontinuierenden Geiste, sondern nur in der Fiktion einer kontinuierenden Personalitas, die sich schon durch das Gestrüpp des überraschenden Lebens durchschlagen würde. Abtötung des Fleisches – bedeutet das nicht die Hälfte des Lebens unterschlagen, um eine dadurch ganz fragwürdig geworden andere, nun in der Luft hängende Hälfte hypertrophieren zu lassen? Es ist dasselbe, als ob man die spirituelle Hälfte unterschlüge, also Abtötung des Geistes triebe, um das Fleisch hypertrophieren zu lassen. Von woher soll man dem einen Wert über den andern Teil geben, wo eines ohne das andere nicht ist?

Es handelt sich hier nicht um die Leidenschaften oder gar um jene Leidenschaft, welche die Welt in schönes Mädchenfleisch verwandelt, um daraus einen physiologischen Katzenjammer zu haben. Bis zum nächsten Mal. Läge nichts weiter als das zwischen Frau Welt und Mutter Kirche, dann wäre der Gegensatz eine Banalität. Denn er gibt den Dingen etwas, das sie von sich aus gar nicht haben: das Maß. Das Maß der Dinge aber ist ihr Sein, und damit sie sind, muß der Mensch dazwischentreten. Welches Wort Mensch an mens denken läßt und an des Cusaners Herleitung von mensura, Maß, aus mens. So bekommt der verlächerlichte Ausspruch des Protagoras vom Menschen als dem Maß aller Dinge, gereinigt von allem Subjektivismus der Positivisten und Relativisten, wieder seinen guten und wahren Sinn und seine Einsetzung als Richtigkeit, nachdem die Dummheit aus ihm den »messenden Menschen« gemacht hatte, also ein abstraktes Gespenst, das theoretisch lebt, das heißt: fallweise. Wo es allein darauf ankommt, bei dem Bedingungslosen und Unbedingten alles Lebens, in »letzten Gesamthaltungen« zu leben, wie Ortega y Gasset das bezeichnet. Also mit dem Satze des lateinischen Dichters so, daß er, wenn es sein muß, wohl die res sich zu unterwerfen wagt, aber, wenn es sein muß, unter res auch seinen Leib und seine Instinkte einbegreift. Um, befreit von jeder christlichen Färbung, die Substanz des Hexameters, wenn es sein muß, so auszudrücken, daß er lautet: Et mihi res, et me rebus subjungere conor. Leben und lebendig ist nur das, was Problem ist. Wo mens die mensura gibt. Daraus gewinnt die dialektische Substanz des theologisch-dogmatischen Denkens ihre Unerschöpflichkeit, – bis auf weiteres so. Denn das mathematische Denken hebt sich als ablösende Möglichkeit über den Horizont. Man muß heute, wo die Kirche eifrig dabei ist, ihren Genius nutzbar zu vertalentieren, und ihr Gold nur mehr als Kupfermünze kennt, schon ein tüchtiger Häretiker sein, um jener Menschlichkeit innezuwerden.

58.

Das Experiment des Denkens und das Irrationale des Eros

Sagte ich, daß dieser F. B. nur zufällig, aber nicht wesentlich ein Schriftsteller gewesen sei, so möchte der Leser des nicht gerade wenigen, das dieser Mann geschrieben hat, solche Aussage sinnlos finden, und ich muß sie ihm erklären. Dieser zufällige Schriftsteller legte kein Talent auf Zinsen an. Es war ihm nicht darum zu tun, mit »der hypothekarischen Hilfe eingebürgerter Formen das Großformatige zu verrichten«, wie der Freund Gütersloh es ausdrückt. Wo ihm solches Malheur, selten genug, passierte, fiel es ihm durch ein schlampiges Loch in der Tasche, konnte also nichts »bedeuten«, weil an es kein bewußter Arbeitswille gewandt war. Daß eine dogmatisch entbundene liberale Schriftstellerei auf dem großen Umwege durch das Vage von Gefühligkeiten und Sittlichkeiten das Winzige einer möglichen Mitteilung zu Umfang und damit allein zu »Bedeutung« bringt, indem sie aus Rede Gerede macht, das ergab sich aus dem Liberalismus, der auch vom Schriftsteller keine Entscheidungen verlangt, sondern nur das Talent, in den ihm geschenkten Gebieten dieses unerschöpflichen Vagen zu schweifen und auszuschweifen. Der Satz, daß die kürzeste Verbindung zwischen zwei Punkten die Gerade sei, gilt für alle, nur nicht für den liberalen Schriftsteller einer Belliteratur, und zu seiner Entschuldigung kann man nur sagen, daß er ja auch die zwei Punkte gar nicht besitzt, sondern, was er da zieht, ein übermäßiges Ornament in der Luft ist, ein sowohl im ausgesagten Was wie im formierten Wie völlig Irrelevantes, wie es die Zivilisation, der er zugehört, von ihm wünscht und wie er es billigt, um in der Unentschiedenheit nicht endend und nie schließend sein Talent es weitertreiben zu lassen.

Nicht als ob heute die Haltung der Menschen sich in der Wertgebung ihres höchsten Typus geändert hätte, nenne ich die Jahreszahlen 1906 und 1908, sondern weil damals die Neigung zu diesem Werttypus deutlich wurde, die in jedem wissenschaftlichen Spezialisten wohl eine wichtige Notwendigkeit sah, besonders wenn sich mit den praktischen Ergebnissen seiner Spezialität Geld verdienen ließ, ihn aber sonst für einen minderwertigen Trottel hielt, der ganz im Rationalen eingefangen als ein wohl nützlicher, aber ganz minderwertiger Typ weder den Höhen noch den Tiefen der Menschheit verbunden daraus weder genährt wurde noch dahin etwas abschwitzte. Die Bewunderung, die einer Figur wie Walther Rathenau allseitig zuteil wurde, erklärt sich aus der Zeithaltung, die in dieser Erscheinung ihren idealen Werttypus verwirklicht sah: ein Mann großer Geschäfte und bedeutenden Reichtumes, der auch bei Verwaltungsratssitzungen den Wert seelischer Güter wie z.B. franziskanischer Armut betonte und inmitten anstrengender geschäftlicher Transaktionen immer Zeit fand, sich in allen Gebieten des Wissens und der Künste »auf dem laufenden« zu halten, ja selber sowohl Gedichte machte wie Bilder malte, wirtschaftliche Einzelfragen in Monographien darlegte und Kolonialfragen diskutierte, aber ebenso auch göttliche und philosophische, jedem aus jedem Berufe Ratschläge erteilen konnte und einem Universalismus der Tätigkeiten und Betätigungen hingegeben war, der, wie das ja nicht anders sein kann, jede einzelne dieser Tätigkeiten um ihre Genauigkeit brachte, selbst die geschäftliche, wie wenigstens

Rathenaus geschäftliche Kollegen versicherten, indem sie nie den hohen Schwung seiner Seele bezweifelten, wohl aber deren Fähigkeit, sich zu dem Geschäft eines guten, gewinnbringenden Abschlusses herabzulassen. Während hinwieder die in ihren gedanklichen Bereichen Genauen, wie Scheler oder Musil, ihn für einen sehr tüchtigen Geschäftsmann hielten, aber in seinen philosophischen Expektorationen nichts als mit Geschmack arrangierte Belesenheit eines Mannes sahen, der Zeit und Geld hatte, es sich also leisten konnte, über alles in der Welt sich etwas zu denken und diesem Insgesamt von Denkungen mit einer über alles hingezognen Art seelischer Substanz so etwas wie einen Einheitsbezug zu geben, woraus dann sich die Persönlichkeit wie von selbst ergab, nicht ganz lichtvoll nur deshalb, weil sie von der Kümmerlichkeit der Zeitumstände wechselvoll beschattet stünde.

Wodurch es dazu kam, daß die Menschen dieser Zeit gerade im ungenauen Menschen, für den nichts bestimmte Kontur hat und der mit Hilfe einer Art seelischen Auflösungsmittels halb religiöser, halb sittlicher Art alles in alles übergehen läßt – daß gerade ein solcher Typus als der höchstwertige aus dem menschlichen Potential angesehen wurde, hat seine Gründe und Ursachen, an deren Beschreibung mir aber hier nichts liegt. Ich stelle nur das Faktum als um so auffallender fest, weil sich jeder einzelne Mensch im Umfange seiner einfacheren oder komplizierteren täglichen Verrichtungen gar nicht ungenau verhält, sondern auf Genauigkeit dessen schaut, womit er werkt. Merkwürdigerweise verlangt er aus diesem seinen genauen Verhalten in dem, was ihn unmittelbar angeht, gar nicht auf ebenso genaues Verhalten in dem, was ihn nur mittelbar angeht. Vielleicht, weil er es nicht wichtig findet. Oder gar überflüssig. Oder komisch. Ohne zu ahnen, daß er von Profiteuren dieser seiner Ungenauigkeit von Fall zu Fall und immer wieder hereingelegt wird. Ob das nun patriotische Aufrufe sind oder Romane. Da stellt es sich denn heraus, daß die sonst so Genauen sich mit Erfolg ein X für ein U vormachen ließen, weil sie in diesen Materien eben nicht so genau waren wie dann, wenn sie einen zu erwerbenden Hammer in der Hand schwangen, um seine Brauchbarkeit zu prüfen, oder die zehn Mark nachzählten, die sie im Wechseln des Papierscheines dafür bekamen.

Glaubt man einen begegneten Fremden für einen Bekannten, so wird man an dieser Täuschung nicht festhalten. Anders ist das mit jenen Täuschungen, die nicht sofort als solche erkennbar, also nicht offensichtliche Irrtümer sind. Nicht nur, weil sie sich als Irrtümer erst spät im Verlauf der Zeiten herausstellen können, sondern weil es gar nicht auf das Irrtümliche einer Erkenntnis oder Einsicht ankommt, sondern auf deren Tragfähigkeit im Ablauf des Lebens. Man glaubt sie oft damit zu verstärken, daß man da weder von Irrtum noch von Illusion spricht, sondern daß das, was man da habe, eine »ewige Wahrheit« sei. Dieses Attribut scheint die Labilität zu mindern, falls sie derlei überhaupt zeigen wird, denn keine solche Illusion ist widerlegbar; sie besitzt einen dogmatischen Charakter. Sie stirbt nur gewissermaßen ab mit ihrer Tragfähigkeit, um einer andern Illusion Platz zu machen, die ihre Funktion brauchbarer erfüllt. Die Geschichte läuft in Irrtümern ab, die jeweils für Wahrheiten dienen müssen. Sie läuft also in Wahrheiten ab, aber nie wahr.

Man muß es aus dieser Neigung unserer Zeit heraus erklären, die schon beim geringsten Widerstande, den das Rationale erfährt, rasch einen Ausweg in das findet, was sie als das Irrationale vermeint, wenn dies auch meist weiter nichts ist als rationale Unzulänglichkeit der Wahrnehmung. Eine Vernunft, die nicht weit her ist, hält nicht nur nichts von dieser ihrer Vernunft, sondern von der ratio überhaupt. Also geht sie ihrer geringen Funktion überdrüssig auf den Rausch los, den des Alkohols, des Sexualvergnügens, der politischen oder soldatischen Prügeleien, aber auch des Hellsehens, des Gottsehens, des Okkulten, des Musikgenusses samt den ihr entsprechenden poetischen Derivaten und was man sonst noch als das Irrationale vermeint; weil es das Ungenaue ist und weil man sich in diesem Ungenauen so angenehm vergessend geborgen fühlt und als »man«, das man ist, die Illusionen eines gefühlten »ich« »erlebt«, was erst recht das »man«-Dasein des Verfalles charakterisiert. Alle »mans« wollen ja, da sie nicht leben, »erleben«.

Keinerlei mit der ratio getriebener Mißbrauch, wie so einer die Aufklärung war und noch ist – denn die vermeinte Deutung eines Phänomens durch ein neues Wort folgt immer noch den Spuren der Aufklärung –, wird einen mit Leidenschaft genauen Geist von dieser Akkuratesse abbringen, ja er wird hier lieber pedantisch übertreiben als auch nur ein Geringstes nachgeben. Denn er weiß, daß er nicht präzise genug sein kann, ja daß er besser überpräzise ist, denn dafür, daß ein Ausgesagtes ungenau werde, sorgen schon die Menschen selber, die es aufnehmen und mit einer bloß dreißigprozentigen Genauigkeit ihren Lebensaufwand bestreiten. Musil hat da einen trefflichen Ausdruck gefunden. Gewiß sei, denkt man an die Trompeten des Jüngsten Gerichtes, eine heutige Abhandlung über die Ameisensäure etwas lächerlich Dünnes an Stimme. Aber wer kann sagen, ob die Ameisensäure zu den Zeiten des Jüngsten Gerichtes nicht eine überragende Rolle spielen werde?! Nur ein heutiger Irrationalist wird da »nein« sagen und das sofort, wie eben diese heutigen Irrationalisten schon sind, zu beweisen versuchen.

Gewiß ist an der Intelligenz des Menschen nicht viel dran. Aber daß er deshalb ihre rationalen Quellen verstopfe, wie die zahlreichen Mystagogen meinen und lehren, so gering ist diese Intelligenz doch wieder auch nicht. Treten schon, wie es ja wohl immer wieder sein muß, Überschwemmungen des rationalen Geländes durch das Irrationale ein, muß man es als ein bis auf weiteres Unabwendbares hinnehmen. Aber solche Überschwemmungen herbeizuführen, dauernd zu machen und als den tiefsten Sinn des Daseins über jeden andern Sinn zu stellen, das dürfte doch nur der Exzeß ins Malheur geratener Ratio sein, die sich damit hilft, andere ins Malheur zu bringen, um daraus wieder ihr Bonheur zu finden. Einmal hieß das Romantik. Heute ist's bloßer Schwachsinn. Substanz aus den nicht räsonierenden Schichten des menschlichen Wesens, seiner Tier- und Gottgebundenheit – man nennt sie mit Lidersenken oder Augenaufschlag Seele – dringt oder steigt wie Grundwasser jeweils und immerzu in die denkende Schicht hoch, dieses nicht ohne die intelligente Anstrengung genauer Dränagen gewonnene und behauptete, kaum fadentiefe Klarwasser-Gebiet des Geistes, soweit dieser in der Schwebe bleibt und sich nicht als bloßer Verstand wo fixiert. Es gibt Situationen, wie zum Beispiel jene der subumbelikalen Spannung, in denen das Hochsteigen dieser Grundwasser als ein Zeichen dafür begrüßt wird, daß man Liebe empfindet, also mit Distinktion geschlechtlich ist. Damit dieses werde und Ausdruck finde, nimmt man es hin, daß sich jene klare Substanz verwolke und trübe, solange der damit verbundene Lusteffekt vorhält, der auch das sein kann, was man Schmerz nennt. Ähnlich die religiöse Situation, nur daß wer sich in ihr befindet – da er nicht wie der Erotische das Werk immer wieder von neuem beginnen muß mit nachlassender Lust daran – mit einem einmaligen Akt des Glaubens schon die Grundberauschung eines andauernden Zustandes geschaffen hat, den zu erhalten es nur darauf ankommt, daß er als Knecht Gottes in den Dienst des Partners tritt, der hier nicht mehr das ihrer selbst unsichere geliebte Menschenwesen ist, sondern der definite und doch in seinen Inhalten so grenzenlose und entgegenkommende Gott. Verliebte sind scheu, ziehen sich zu sich selber zurück und propagieren ihren Zustand geistiger Trübung, die bis zur Verblödung gehen kann, mitnichten. Vielleicht aus so schlechtem Gewissen, wie der Liebhaber Gottes ein überaus gutes und empfehlenswertes zu haben glaubt, so daß er seine Mitmenschen damit belästigt. Jener hat nur einmal gerade angelegt, glaubt sich aber angekommen. Dieser ist »zu Hause«.

Der Mensch, von dem hier die Rede, zieht es vor, als ein »Rationalist«, ja sogar als ein »öder Rationalist« mißverstanden zu werden und lieber trivial vom so beliebten Irrationalen zu sprechen, als ihm eine huldigende Reverenz zu bezeigen, um damit beim Zeitgeschmacke besser zu fahren, an dem oder dessen Zustimmung ihm nicht das geringste liegt. Ist es, wie zu erwarten, dem Leser schmerzlich, dieses Menschen Leben nicht nach »höheren Zielen« hin orientiert zu sehen und aus der geäußerten Ehrfurcht vor diesen Zielen seinen Wert zu beziehen, so möge solcher Leser über solchem bedauerlichen Schmerz den Gewinn nicht vergessen, den er immerhin aus dem nicht zu häufigen Falle einer Aufrichtigkeit zieht, die ich mich mehr kosten lasse, als er ahnt, nämlich die Überwindung eines gewissen Schamgefühles – ich habe keine andere Bezeichnung für die innern Effekte einer gebrochnen Diskretion.

Ich will es mich noch mehr kosten lassen, also noch schamloser sein. Ich will mich der interessanten Deutung von der an diesem Menschen merkbar, ja auffällig gewordnen Neigung anschließen, die ihn immer wieder die Welt als das Fleisch schöner Mädchen sehen ließ, in die er sich als ein vom Rationalen seines Denkens Erschöpfter stürzte, weil er hier, in der Lust, auf »eine ihm äußerst bequeme Weise den höchsten, ihm erreichbaren Grad von Irrationalität und Abenteuerlichkeit erlebte, Mörder, Schicksal und Gott sein konnte«. Auch wenn man, wie es dieser Mensch tat, dem Körperlichen noch soviel ihm eigenen sozusagen magischen Verstand gibt, also etwas wie einen animus – daß der da bloß allein walte, war natürlich nicht anzunehmen. Und daraus, daß dieser hier immer auch und wenn auch noch so zurückhaltend andere Sinn, der nicht des Körpers ist, mitspielt, wird es bei der körperlichen Dominante immer so herauskommen, als habe diese Liebesgeschichte den verkehrten Ablauf, sei also pervertiert und um das Stahlbad ihres Irrationalen gebracht, indem die letzten Geschehnisse die ersten waren und daß hier nach den Worten des Freundes »das reine Gefallen zweier Menschen aneinander, dieses schlichteste und tiefste der Liebesgefühle, das der natürliche Ursprung aller andern ist, bei dieser psychologischen Verkehrung überhaupt nicht vorkommt«. Also nichts auch hier in der irrationalen Sphäre sich vollzieht, sondern günstigsten Falles in der ratioiden Sphäre der halbgeschlossenen Augen. Also der Inselfahrer der Liebe nicht den schwierigen Hafen dieser anfährt, sondern den bequemeren der Lust, und der Lotse dahin einen rationalen Wimpel führt, das verglaste Auge im höllenroten Felde – vielleicht das »blaue Sadistenauge«, das Hugo Ball in des gepeinigten Max Scheler Antlitz zu sehen glaubte? Damals, wo der Philosoph der Sympathiegefühle überglüht vom »Genius des Krieges« in der Kasuistik der Jesuiten eine Katholizität so großen Stiles fand, daß sie ihm, der unter dem Mißverhältnis seines Geistes zu seiner fleischlichen Schwäche litt, weil diese ganz ohne den Adel jenes war, beides ließ: die Sünde und die Zerknirschung, indem sie ihm gab, was er aus sich nicht aufbringen konnte: den täglichen Beichtvater, der im steten Wechsel das tägliche Mädchen ablöste, und umgekehrt. Das waren zwei Ruhepunkte auf der Flucht aus der Welt.

War das, ist das so bei diesem Menschen, der hier breit, lang und bloß auf dem Untersuchungstisch liegt? Er kam gewiß nicht wie und als ein verblüffender Dieb und zweckhaft adaptiertes Männchen oder Wunschbild des Männchens heimlich und direkt in dieses Hauses der Liebe letztes und innerstes Gemach, sondern betrat es durch die vorbereitende Halle des »reinen Gefallens zweier Menschen aneinander«. Aber vielleicht nahm er, der Schlichtheit und Tiefe des seelischen Dekors mißtrauend, den Schritt durch diese Vorräume zu rasch? Oder es merkte oder teilte solches Mißtrauen die andere leitende Hand, und deren Besitzerin beschleunigte deshalb das Tempo, das darum noch lange nicht Sturmschritt zu werden brauchte? Beide auch dessen sicher, daß in einem währenden Nachher ein Versäumtes nachzuholen und die speisende Quelle der höheren Gefühle durchaus nicht erschöpft wäre. Die Hinbewegung zum möglichen Partner geschieht in der relativen Freiwilligkeit eines als natürlich empfundenen Triebes mit einem leisen Zwang, und das dürfte, wo auch immer chronologisch sie stehen, schon jene angespielten »schlichten und tiefen Liebesgefühle reinen Gefallens aneinander« mit sich tragen. Anders wird es nur dort sein, wo eine bestimmte Not als gräßlicher Zwang jedes verliebte Wesen und die Fülle und Mannigfaltigkeit seiner Ausdrucksformen gänzlich ausschließt und der von einem bösen Blute so Ausgezeichnete wahrhaft von einer unsichtbaren Peitsche in seine Hölle gejagt wird, um hier im Dienste seiner Not für den scheußlichen Anblick sich von ihr zu befreien, im Dreckfressen zum Beispiel. Da stehen gewiß nur die Teufel um das zu purem Zweck verdammte Lager, daraus sich zu entwinden ein so entsetzlicher Leerezustand sein muß wie es aufzusuchen. Denn um die Hölle zum furchtbarsten Ort eines vorgestellten Lebens zu machen, genügt eines: daß sie die vollkommene Leere ist.

Man hat nun aus gewissen Publikationen unseres Mannes geschlossen, daß er ein das Normale übersteigendes Interesse an dieser Sphäre des Erotischen nehme, was schon hinreiche, ein Equilibrium zu stören, und den so Gestörten, wenn auch nicht mitten in die Gesellschaft der sexuellen Verkrüppeltheiten stelle, so doch unter deren Nachzügler. Aber damit deutet man Interesse an den menschlichen Bemühungen, den sinnlichen Affekt durch eine Formierung in Vers und Prosa zu sublimieren, um in so was wie eine physiologische Parteinahme, von der bei jener Anthologie, die »Amethyst« hieß, so gar nicht die Rede sein kann, wie bei dem fünfundzwanzig Jahre später gewagten Versuch einer Darstellung und Beschreibung dessen, was man die Stilformen der Liebe nennt.

Vielleicht war die Willfährigkeit, mit der dieser sonst so streng denkende Mensch den Liebesaffären nachgab, der Anlaß dazu, sich in Nach- und Vorgedanken mit diesen Phänomenen auseinanderzusetzen. Vielleicht suchte er daraus so etwas wie ein Schutzserum zu gewinnen. Sicher ist, daß ihn die gedankliche Beschäftigung damit nicht in falsche Hitze brachte, sondern in jener Kühle beließ, die jeder Art Untersuchung eigentümlich; was man bekanntlich Objektivität nennt. Nicht weniger sicher dürfte es aber auch sein, daß ihm diese Beschäftigung jenen naiven Realismus verkümmern ließ, jene Selbstüberlassenheit eines anschwellenden Zustandes, in dessen sanfter Wärme diese zarten Empfindungen als Vorboten intensiverer Gefühle sprießen, die dann in der eher tropischen Wärme des Sinnlichen aufkommen. Kurz gesagt: er trat nicht als ein Wissender an, aber auch nicht als ein Nichtwissender oder als einer, der vor Überraschung alles vergessen hat. Er liebte es in späteren Jahren, zu versichern, daß er nicht liebe, aber es vortrefflich verstünde, so zu tun, als ob er liebte. Er bekam da von in dieser Materie nicht weniger unsichern Frauen zuweilen die Antwort, daß das auf dasselbe herauskomme in der Wirkung. Das, wie gleich gesagt sei, zu einer Zeit, wo mit den Gefühlen, zumal denen der Liebe, in Operetten und Kinostücken der abundanteste und ekelhafteste Mißbrauch getrieben wurde, was einen sauberen Mann veranlassen konnte, lieber derlei Gefühle als in ihm vorhanden zu leugnen als zuzugeben. Eine Art verständlicher Snobismus.

Aber sind nicht die Gesten der Liebe eben schon die Liebe selber? Es ist ja auch beim Schmerz nicht so, daß man da erst so ein Gefühl hat, dem dann die Tränen als Effekt folgen. Sondern die Tränen sind eben der Schmerz, und von da zu einer kleinen Überlegung zurücklaufend konstatiert man: Gefühl. Ist aber nur eben Konstatierung. Man teilt sich mit, daß man ein Gefühl habe. Nicht ohne daß solches weitere Rührung auslöst, weil es einen freut, ein Gefühl zu haben, auch wenn es ein schmerzliches ist.

Der Leser wird es gemerkt haben, daß der Verfasser dieser Erzählung eines Lebensablaufes keinerlei Plan dieses Lebens aufzudecken geneigt ist, aus dem ganz einfachen Grund, weil nichts derlei wahrnehmbar, soweit man sich als ein sozusagen naiver Realist dazu verhält. Als ein solcher lebt man gewissermaßen in den Tag hinein, teils mit Vorsätzen, teils ohne solche, was, wenn die Vorsätze nicht ausgeführt und vergessen werden, auf dasselbe herauskommt. Man ist sich ja zum größten Teile gänzlich unbekannt und versucht, mit sich selber bekannt zu werden. Es kommt aber über diese Versuche nicht hinaus, als welche etwa gelten: die Beziehung zum andern Menschen, die Tat, die Leistung. Hier obwaltet so etwas wie ein im einzelnen planender Wille, von welchen fiktiven Aussichtspunkten man verführt wird, auf ein planvolles Ganzes zu schließen, – gelingt das wie meistens nicht, so wird der liebe Gott eingeladen, der schon ex definitione genau wissen müsse, was er mit einem und dem Ganzen vorhat. Das Leben des Verfassers ergab aber keinerlei Situationen, die ihn auf den sinnenthaltenden lieben Gott rekurrieren ließen mit der einladenden Geste des Gebetes etwa, sich der ganzen nun auf ihn abgestellten Affäre des Lebens anzunehmen. Daran war im geringsten sein konstitutioneller Unglaube beteiligt. Gott hat sich ja im Verlauf seiner Geschichte allerlei weltanschauliche Interpretationen gefallen lassen, die auf die von der Not erpreßte Frage nach dem Sinn des Lebens Antwort in der Richtung des tieferen und letzten Sinnes geben, in dem jedes Einzelne auf ein Ganzes Bezug hat und der über alles beruhigende Begriff einer »höhern Ordnung« herausspringt, in den sich das überaus unordentlich hinlebende Individuum mit seiner vagen Geschichte einbettet wie die Milbe in den Käse. Aber der Verfasser besaß nicht einmal das, was man eine Weltanschauung nennt; es gab in seinem Leben keinerlei Situationen, die ihn fluchtartig dazu emporgerissen hätten. Er besaß einen heillosen Respekt vor allen Großartigkeiten und zog es aus Anstand vor, klein zu bleiben, als sich mit Wolkenpaketen unter den Füßen zu erhöhen und als sinnvoll auszugeben, was er mit solchem Vokabularium bepackt nur noch sinnloser wahrnahm, als es war.

Während einer vier Tage lang währenden Verhandlung vor dem Münchner Geschworenengericht hatte der wegen Vergehens gegen die Sittlichkeit, begangen durch die Presse, Angeklagte Zeit genug, sich über die Ursachen und Anlässe seines nun ein Vergehen genannten Unternehmens Gedanken zu machen, welches Unternehmen in einer Anthologie jener schriftstellerischen Erzeugnisse der Völker und Zeiten bestand, die man die erotischen nennt. Ein Dutzend Sachverständige führte aus, daß sie mitnichten von dieser Anthologie auf schlimme Gedanken gebracht worden seien. Aber ein anderes Dutzend bäuerischer Geschworener lächerte es, wenn der gerichtliche Vorleser dieser Sammlung etwa Schwänke aus dem deutschen 17. Jahrhundert las; sie lachten genauso, wie die Zeitgenossen jener Erzähler, Wegverkürzer und Zeitverbreiter lachten, als ein naives Volk, das Spaß hat am angeführten Ehemann. Und wären unter diesen Geschworenen so geistvolle Leute wie die zeitgenössischen Leser des Lafontaine gesessen oder so anmutige junge Araber, wie es wohl jene waren, die auf ihre Dichter hörten, dann hätten sie auch zu diesen Stücken gelächelt oder verzückte Gesichter gemacht. Aber es waren die zwölf nur oberbayrische Bauern mit ihrem Verstand, der gerade nur bis zu jenen Schwänken reichte. Der anklagende Staatsanwalt wurde nachdenklich, und es war etwas matt, was er vom sittlichen Empfinden des Normalmenschen sagte, das zwischen dem Erotischen und dem Pornographischen keinen Unterschied mache und sich vor beidem entrüste – meist nach gehabtem Vergnügen daran. Und da der sagenhafte Normalmensch sich über das Vergnügen nicht entrüsten könne, also über sich selber, so eben über den Anlaß dazu als einen kecken Eingriff in den Dauerzustand seiner sinnlichen Harmlosigkeit und dessen momentane Verwirrung. Nach dem Freispruch erhielt der vergeblich Angeklagte von neunen der zwölf Bauern Briefe, die ihn um das inkulpierte Buch baten. Weniger sympathisch waren ihm im nachfolgenden Leben getroffne Richter und

Staatsanwälte, die mit einem pikant anzwinkernden Auge den Namen des ihnen Vorgestellten quittierten. Wenn der bürgerliche Mannstyp unter sich ist, gibt er sich gern so was wie vermeinte Freiheit im Erzählen und Anhören schweinischer Späße. Hätte der Anthologist so etwas wie eine pädagogische Absicht gehabt, seinen deutschen bürgerlichen Zeitgenossen jenes insinuierende Zwinkern abzugewöhnen, mit dem sich der Gatte über seine Ehelichkeit wegsetzt, um sich einem als ein »verfluchter Kerl« vorzustellen, dann wäre jener »Amethyst« ein Mißerfolg gewesen. Denn immer noch begibt sich dieser Mannstyp zum Wochenende in das have a good time des für ihn arrangierten Zigeunerischen des »Schwofens«, wie man in Berlin sagt, um da den von sich erlösten und befreiten Bürger zu spielen, diese überaus spaßige Figur des funktionsentbundenen »Bürgers an sich«, der sich vergnügen läßt, was ohne pikante Weiblichkeit oder die Vorstellung davon nicht vor sich geht. Als unser Held zwanzig Jahre später von einem Buchverleger eingeladen wurde, ihm ein Buch über die Liebe zu schreiben, und er das als einen ideengeschichtlichen Versuch traktierte, war der Besteller, der an Zehntausende zwinkernder Käufer dachte, aufs äußerste davon enttäuscht. Drei Jahre überlegte er, wie dem Buche die gedachte Kundschaft zuzubringen, und fand dann den Ausweg, den Text, der dazu nicht den geringsten Anlaß bot, zu bebildern. Über diese Bilder sollte der Blätterer im Laden verlockt werden, sich das Buch zu kaufen, das zu lesen er nach den ersten Seiten für immer verzichtet haben wird. Der sympathischeste Zug an Wedekind war, daß er nie einen sexuellen Witz erzählte. Als er den Herrn Bayros, den Zeichner von Pikanterien, in einer Gesellschaft kennenlernte und der glaubte, ihn entsprechend unterhalten zu müssen, gerann Wedekind der Ekel im Munde, den er, als er mir tags darauf von dem Treffen erzählte, in den Worten »ein Viechskerl« ausspuckte.

59.

Carl Sternheim – Der Schauspieler

Die Lebensregel, die mangels sonstiger Güter der alte Sternheim seinem Sohn Carl vermachte, hieß: sorge immer dafür, daß du beim ersten Schneider der Stadt Kredit hast, und es wird dir nichts zu deinem Fortkommen fehlen. Der eher kleine Carl, schmächtig-zierlichen Wuchses, hatte den guten Rat befolgt, und da die Schneider schon auf Kredit arbeiten mußten, gaben sie dem Manne das un peu de trop der Figurinen ihrer Modejournale 1906, das Sternheim durch keinerlei physiognomische Auffälligkeit irritierte. Es vollzog sich die Magie des Wortes von den Kleidern, welche Leute machen: Sternheim redete die Mondänitäten und Eleganzen, die er auf dem damit gut zugedeckten Leibe trug. Er gewann daraus Haltung und den schnoddrigen Ton des Mannes von Welt, dessen Welt die Frauen, das Spiel, die Schneider und die gesellschaftliche Position sind. Aber auch das war un peu de trop. Denn er war ein Literat und fand es daher nach deutscher Mode schick, von Literaten und Literatur mit äußerster Verachtung zu sprechen, so, als ob sie auf keinem Gebiete eine Kompetenz hätten, nicht einmal auf ihrem eigenen. Homme de lettres: die Bezeichnung, die eine Figur vom Ausmaß Barrès' für sein Œuvre trugt, meidet wie einen Schimpf der nächstbeste deutsche Verfasser irgendeines Zeitungsromanes und läßt sich für sein Geschludere den Titel Dichter gefallen. Ein kleines Geschlecht ist hier wie auch sonst groß in Superlativen.

Zwischen zwanzig und dreißig schien Sternheim alle Energien darauf verwandt zu haben, dem väterlichen Rat zu folgen; er behielt nichts übrig für sein dichterisches Geltungsbedürfnis, das sich in verschmierten Schulheften äußerte, deren Drucklegung er bezahlte. Absurde Verse, denen er den Titel »Fanale« gab, Stücke wie von einem Sudermann, den die Gicht geschlagen. Jetzt war er angekommen durch eine zweite

Ehe. Er baute in der Umgebung Münchens ein Schloß. Reichtum, endlich erreichtes, von Jugend an ersehntes Ziel, macht Menschen meist so unsicher, wie sie sich sicher zu geben vermeinen. Der zugelegten Attribute sind so viele, daß das sie tragende Subjekt fast verschwindet oder eine Karikatur an Kleinheit wird. Sie bestaunen sich selber, daß sie es erreicht haben, und maskieren durch Allüren. Im Kontrast zu seiner im Reichtum aufgewachsenen Frau Thea, die sich in diesem von ihr protestierten Schloß mit einem Zimmer begnügte und keine Neigung zeigte, im Park promenierende Schloßherrin zu spielen, spielte Sternheim den Schloßherrn, aber heraus kam dabei nur der Fremdenführer durch sein Schloß, eine sich selbst entlarvende Allüre. Aber der andere Sternheim gab mir die etlichen dreißig Szenen seines Don Juan zu lesen. Daß hier sprachlich vieles entlehnt, das Lyrische aus zweiter Hand und Reminiszenz aus Lektüre war, das bedeutete nichts gegen das Feuer, die mitreißende Kraft dieser dramatischen Epopöe. Mein Enthusiasmus sparte nicht mit Worten, und aus der anfangs so gar nicht sympathischen mondän-schnoddrigen Verpackung löste sich ein Sternheim, naiv, unsicher, rührend unwissend, verschreckt, heimatlos. In Bruchstücken erzählt, kam früheres Leben zutag, altkluge Kindheit, frech-dreiste Jugend. Ich machte ihm Mut zu sich selber: ich lud ihn ein, als Mitherausgeber des »Hyperion« zu zeichnen und sich dafür mit dem Abdruck des Don Juan zu legitimieren. Der Mut wurde manchmal Übermut. Sternheim suchte Geltung durch Überbetonung seines Wertes, durch Unterbetonung jedes andern Wertes. Der äußere Erfolg kam ihm nicht rasch genug; und als er kam, sprach er in nicht-literarischen Kreisen, denen er begreiflicherweise den Vorzug vor den literarischen gab, nicht nur von seinen Verdiensten, sondern auch von seinem Verdienen, nannte hohe Zahlen, weil er, im Schatten solcher Geschäfte aufgewachsen, wußte, wie hier solches allein imponiere. Von Zeit zu Zeit liest man in den Zeitungen, die sich eines exakten Handelsteiles rühmen können, Notizen über die hohen Einkommen dieses oder jenes Schriftstellers, wodurch sie ihn als legitimen Wert in die Geschäftswelt bringen und daß ihn diese ihres Umgangs würdige, ohne Angst vor dem Angepumptwerden zu spüren.

Sternheims Geltungsbedürfnis kannte nicht das Maß seines begrenzten Talentes, als welches das eines Theaterschriftstellers war. Er hatte für sich das Vorurteil eines in der ästhetischen Kategorie überaus ungenauen deutschen Publikums und hielt sich für einen Dichter schlechthin. Auch für einen Kunstkenner. Die Sammlung Sternheim bestand 1907 aus einer modernen Kopie der Io des Corregio. Als ich im »Hyperion« Zeichnungen von van Gogh veröffentlichte, den Sternheim nicht kannte, war er nichts als Gelächter darüber. Und entdeckte dagegen den Zeichner H. Kley. Erst als ich ihn auf einer Berliner Reise zu Tschudi und der uns in den Keller der Nationalgalerie führte, wo er die Bilder van Goghs vor dem kaiserlichen Auge versteckt hatte, gefiel ihm der Maler, aber doch nur, weil sich der prächtige Herr von Tschudi selber bemüht hatte, Sternheim in den Keller zu führen. Von seinen philosophischen Kenntnissen behauptete er, sie Rickert zu verdanken. Aber die beiden Bücher des Heidelberger Philosophen standen bis auf die zehn Seiten Einleitung des einen unaufgeschnitten in Sternheims Bibliothek. Nur in musikalischen Sachen war er sozusagen von Haus aus zu Haus, besonders in der Oper und Operette, wovon er eine Menge mit einer etwas fisteligen Tenorstimme auswendig zu singen verstand. Wie oft solche Menschen eines melodiösen Ohres war er ohne Organ für den Vers und dessen stumme Musik. Seit jenen »Fanalen« des Jahres 1901 hat er keinen Vers geschrieben. Aber in der Vorrede zu dem Büchlein steht dieser Satz: »Mag einem, dem Natur das Talent in die Wiege gab, auch die Möglichkeit nicht genommen sein, in starkem Erleben die angestammte Herrlichkeit zu genialer Größe zu vervollkommnen. So muß ich dankbar sein, daß mir in Kinderjahren die klare Gestalt eines jungen Weibes Anlaß war, an allerlei zu glauben und dann zu verzweifeln. Gänge eines Einsamen durch die Welt, Stunden der Sehnsucht nach rückwärts und vorwärts machen zum Menschen. Auf weiten Pfaden fand ich einen Strauß blasser Blumen. Da sie standen, wo weniger Fuß hintritt, und farbenprächtig waren, einige zu erfreuen, pflückte ich sie und lege sie lächelnd in die Hände eines jungen Weibes, das Anlaß war.« Bei diesem Schema des Dreiundzwanzigjährigen ist der weitere Sternheim geblieben, wann immer er erzählende Prosa schrieb: er hatte nichts zu sagen und tat daher so vielsagend. Er hatte die Rede eines die Zeitung lesenden Kommis und meinte, das mit grammatischen und syntaktischen Willkürlichkeiten zu kaschieren. Er machte einen abundanten Gebrauch von der Partizipialkonstruktion. Wie der ältere Handelsbriefstil. Was die komische Originalität der Figuren seines Theaters ausmacht, das beanspruchte er erzählend als Originalität für sich, aber als ernste.

Die Bürger in den ersten Komödien Sternheims waren Kleinbürger der Provinzstädtchen. Man mißverstand sie satirisch im Stile des »Simplicissimus«. Fortgeschrittne hielten davon, daß ihr Verfasser offne Türen einrenne. Aber er holte nur weit aus und nannte, auf den verbindenden Gedanken hinweisend, seine Reihe Stücke aus dem bürgerlichen Heldenleben. Die Bezeichnung des Bürgers als Held unserer Zeit war gar nicht ironisch gemeint. Er sollte durchaus nicht lächerlich gemacht werden. Sondern Courage zu sich selber bekommen, zu seinen innersten Wünschen, seinem coûte qui coûte Geld verdienen wollen, seinen Sentimentalitäten und Schweinereien, seinen Imperialismen. Sternheims Sympathien sind durchaus bei ihm, wenn Maske forsch aufs Ganze geht, der sozialdemokratische Bürger Ständer seine Klassengenossen hereinlegt, der bürgerliche Outcast Schippel zum Vollbürger gemacht wird. In allen diesen famosen Stücken trifft die Satire nur die Schwarmgeister gegen den Bürgergeist und jene, die bürgerliche Ziele nur mit halben Mitteln verfolgen. Aber alle Sympathien haben die deften Burschen, die sich von einem andern Geist als dem ihren nicht das Konzept verderben lassen. Sternheim kam im Gespräch immer wieder darauf, daß er, seiner innersten Neigung folgend, Geldverleiher für kleine Leute hätte sein wollen, die ihr Bettzeug versetzen.

Der kleine Beamte Maske lebt in den Gründerjahren. Maske Junior ist 1913 ein alter Mann, der von Tochter und Schwiegersohn, welche den von Sternheim gewünschten bürgerlichen Härtegrad haben, hereingelegt wird. Erst durch den Krieg kam er wohl darauf, daß der deutsche Bürger bis in seine sozialdemokratische Variante eines solchen Zuspruchs gar nicht bedurfte. Und da kam, nicht davon allein begründet, der Umschlag.

Private Erlebnisse aus dem Kriege braucht man, so unangenehm sie auch für den Betroffenen sein mögen, nicht in Rechnung zu stellen. Auch nicht, daß der ruhmsüchtige Sternheim unsagbar darunter gelitten hat, daß man Jahre hindurch nur die Namen der Generäle nannte, nicht den seinen. Der Umschlag in die fast nur mehr parteipolitisch bestimmte Aggression des »bürgerlichen Helden« kam, als Sternheim am Kriege und seinem Verlauf merkte, daß die Pädagogik, die er bis 1914 an den deutschen Bürger gewandt hatte, außenpolitisch und militärisch vergeblich gewesen war. Die Predigt: »Werde hart, Bürger, indem du mit aller Rücksichtslosigkeit deiner schlechten Instinkte das wirst, was du bist« – sie hatte Sternheim vergeblich gehalten. Er sah, dieser Bürger hatte bei ihm nichts gelernt, vor allem das Rechnen nicht. Er sah, was für ein unheilbarer Phantast dieser Bürger bis zur einen Hälfte seiner geistigen Existenz blieb, mit der er den Krieg anfing und verlor.

Im Frühjahr 1918 unterhielten sich der Baron Nostiz und Sternheim über Marx. Das Gespräch wurde lebhaft, und erst nach einer Stunde merkten die beiden, daß der eine den Marx und der andere den Prinzen Max von Baden gemeint hatte.

Schon der jugendliche Abgesandte in »1913« deklamiert Nationales und Soziales, das nicht auf besondere Einsichten schließen ließ. Und das blieb so. Die Satire der Schriften nach dem Kriege ging auf Personen und Dinge, welche gänzlich unter dem Niveau des überhaupt noch Bemerklichen lagen, auf Bramarbasse, kaiserlichen Unsinn, Schranzentum und derlei, womit der Simplizissimus in den ersten Jahren seine Nummern bestritt. Die erfinderische Phantasie, die zu keiner Zeit besonders war, ließ nach. Sternheims Stärke war, wie immer für den guten Theatraliker, das Auge gewesen. Er sah gut rund um die Figuren, faßte ihre Bewegung dort, wo sie in die groteske Linie kommt, welche die bühnenmäßig drastische ist. Er wollte lessingisch der deutschen Bühne ein spielbares Theater verschaffen. Er faßte das so sehr als handwerksmäßig möglich, daß er von einer Schule sprach, als deren Leiter er jungen Leuten die Aufgaben stellen wollte. Es glückte auch einmal, als er in La Hulpe, seinem belgischen Landsitz unmittelbar vor dem Kriege, den Dr. Hugo Kamnitzer, der bei ihm zu Gast war, mit einem Szenarium in ein Zimmer sperrte. Nach fünf Tagen hatte es der Eingesperrte geleistet: das Stück »Die Nadel« ist ein amüsantes Stück auf sternheimisch. Der vergewaltigte Verfasser mußte aber nach dieser Tour de force acht Tage das Bett hüten und hat sich nie mehr ganz erholt. Aber er hat sich taufen lassen und ist ein berühmter Katholik geworden.

Max Reinhardt sagte mir einmal, die schauspielerische Begabung sei weit häufiger, als man denke – jeder zweite Mensch könne Theater spielen. Der Dr. Robert war der Meinung, ich sei jeder zweite, als er mich 1912 ersuchte, ich möge die Rolle des Scarron in Sternheims »Hose« spielen, welches Stück damals noch »Der Riese« hieß und wegen der verlornen Hose der Frau Maske und aus keinem andern Grunde von der Münchner Zensur verboten und nur für eine einmalige geschlossene Aufführung erlaubt wurde. Die ausgezeichnete Frau Ida Roland, die in der Aufführung eben jene Frau

Maske spielte, brachte es mir bei, wie ich meine Stimme verstärken müsse, ohne ins Deklamatorische zu geraten. Mit allem andern, was ich schauspielerte, war sie darüber höchst belustigt einverstanden. Ich habe in der weiteren Zeit diese Figur recht häufig gespielt, worunter ich für meine kleine Schauspielerei improvisiert verstehe, indem ich der Laune nachgab, sowohl die Gestalt als was sie sprach zu erfinden. Das gelang mir nur in einem Stücke nicht, das es sehr nötig gehabt hätte. Im Jahr 1913 wollte mich Hugo Ball als Stückeschreiber »entdecken« und führte in München ein Stück »Die Welle« auf, das ich fünfzehn Jahre zuvor geschrieben hatte. Auch dieses Stück gab die Polizei nur für eine einzige Aufführung frei, die vor einem geladenen Publikum stattfand. Ich spielte einen jungen Mann, der in Amerika alles getrieben hat, was zwischen Pferdedieb und Börsenspekulant liegt, und der nach der Erfolglosigkeit dieser Bemühungen nach Europa zurückkehrt. Und einer ehmals geliebten und von ihm bestohlenen Frau, die auf eine schiefe Ebene gerutscht – aber das Stück ist zu grauslich, als daß ich es erzählen kann. Ich konnte es nicht anhören und flüchtete in die Garderobe, wenn ich auf der Bühne nichts zu tun hatte.

Es gibt gewiß weit mehr Schauspieler, als man, auf ein spezifisches seltsames Talent schließend, meint; und das aus einer irrtümlichen Annahme über das Wesen der Gefühle. Man nimmt oder nahm an, im Leben würden unsere Empfindungen von einem Anblick, einer Nachricht ausgelöst und diese Empfindungen bestimmten nun unsern physiognomischen Ausdruck, das Lachen, die Tränen, Aufleuchten und Erlöschen des Blickes usw. Aber eben diese Ausdrückungen der Empfindungen sind diese selber! Es ist nicht erst ein Gefühl da, dem der Ausdruck zeitlich folgt. Weil und solange man das glaubte, gab es ein Paradox des Schauspielers. Bei ihm aber wurde es nur deutlich, daß er mit einer Geste anfängt, um mit der Empfindung zu enden. Er weint, bevor er traurig, er lacht, bevor er lustig ist. Durch die Tränen kommt er zur Empfindung der Trauer, durch das Lachen zur Lustigkeit. Indem er »spielt«, kommt er zur Empfindung – indem er vor einem Publikum spielt, und das ist das Entscheidende.

Das halbvolle Parkett der Generalprobe besteht meist aus Schauspielern, aus Leuten vom Bau. Das ist nicht das Publikum, von dem diese überaus heftige und sehr spezifische Wirkung auf das nervöse System ausgeht, der man den besonderen Namen Lampenfieber gegeben hat. Dieses Fieber erfaßt den auf sein Stichwort hinter der Szene wartenden Schauspieler: es ist ihm, als hätte er alle Worte seiner Rolle vergessen, als könnte er kein Glied rühren; Ohrensausen wechselt mit unheimlicher Stille; das Blut drängt zu seinem Quell zurück. Da fällt das Stichwort und die Entscheidung.

Es gibt Schauspieler – es sind immer solche, welche das Lampenfieber erleben –, die von eben diesem Fieber sehr schlecht sprechen und es ihm übelnehmen, daß es da ist, weil sie darunter zu leiden glauben. Aber das Eintreten dieses Fiebers ist die Voraussetzung der schauspielerischen Wirkung; es ist die einzige spontane und direkte Empfindung, die der Schauspieler haben kann. Sie ist das emotionale Reservoir, aus dem er seine nervöse Spannung bezieht, die ihn befähigt, auf das Publikum nicht nur, sondern vor allem auf sich selber zu wirken, um seine Rolle gefühlsmäßig »zu erleben«. Ohne das Lampenfieber bliebe und bleibt der Schauspieler ein Automat, der Worte aufsagt.

Wie seltsam schemenhaft, fast unbelebt, traumhaft-marionettenhaft ist das Spiel des Schauspielers auf den Proben. Er kann da nur andeuten. Er spielt aus dem Leeren ins Leere, mit einem Gefühl des Unbehagens, des Gequältseins. So auch vor sehr schlecht besetztem Parkett. Denn sechs Leute bilden da kein Publikum und verursachen kein Lampenfieber. Wie Gespenster ihrer selbst kamen sich die Schauspieler vor, die vor dem dunklen Zuschauerraum spielen mußten, in dem niemand sonst saß als versteckt in einer Loge der Bayernkönig Ludwig. Sie kamen, weil das Lampenfieber sich nicht einstellen konnte, nicht zum Gefühl ihrer Rolle. Sie spielten wie Automaten. Und litten darunter. Sie genierten sich. Man kann sich nicht selber was vorspielen.

Man hört oft Erstaunen sich äußern, wie der Schauspieler X., dessen Dummheit doch so notorisch sei, so bedeutungsvoll spiele. Oder der Schauspieler Y., den man bar jeder Empfindung wisse, im Spiel so außerordentliche Sensibilität zeige. Aber auch, wie dieser so intelligente Schauspieler N. seine Rolle so dumm auffasse, und der Z. wieder, ein so sensibler Mensch, so ohne jede Empfindung spiele. Es ist nicht auszumachen, was Intelligenz und Empfindungsvermögen für den Wert und die Leistung eines Menschen bedeuten. Aber in der Psychologie des Schauspielers haben sie keine seine Kunst entscheidende Rolle. Die Voraussetzungen seiner Leistung und seiner Bedeutung sind ein reicher und schöner Organismus, begabt mit großen Mitteln des Ausdrucks in Stimme, Gestalt, Geste: besitzt er das nicht, kann ihm weder die Intelligenz noch die Sensibilität dafür auch nur den geringsten Ersatz schaffen.

Am Kinodarsteller, der nie vor einem Publikum spielt, wird das deutlich, was der nervöse Schock des Lampenfiebers bedeutet: besser als jeder Berufsschauspieler und weit stärker in der Wirkung wird da immer der Mensch sein, der nicht und nichts spielt, sondern so ist, wie er ist. Je mehr im Kino »gespielt« wird, um so unerträglicher und falscher wird es, besonders in einem natürlichen, nicht gebauten Dekor. Der Schauspieler im Theater spielt nach der Konstitution eben des Theaters. Das ist im Kinostück, welches »das Leben gibt«, nicht möglich. Das zeigen die vielen falschen Kinostücke, welche Theater imitieren. Kommen in einem Kinostück Kälber und rauschende Bäume, also bewegte Natur, vor, dann empfindet man es widerspruchsvoll und störend, daß nicht auch natürliche Menschen dieser Landschaft, also Bauern, vorkommen, sondern gespielte Bauern. Aber der Mensch knüpft Unbekanntes an Bekanntes an, also das Kinostück ans Theaterstück, den Kineasten an den Schauspieler. Die Kinostücke ihrer eignen Art sind noch überaus selten. Wie deren Darsteller.

Ich machte einmal eine Figur in einem Kinostück. Dabei fiel mir auf, daß die Masse für die Herstellung ihres ordinärsten Vergnügens ihre ordinärsten, ungebildetsten Individuen als Verfasser und Regisseure und Produktionsleiter delegiert. Die überaus seltenen Ausnahmen bestätigen die Regel, die in Ordnung ist.

60.

Rainer Maria Rilke

In der bürgerlichen Betrachtung gilt der Dichter als Ausnahmemensch, von wo es zum Unzurechnungsfähigen nicht weit ist. Aber er ist nur insofern ein Ausnahmemensch, als er der Mensch ist, der auf Ausnahmen achtet. Er ist weder der »Rasende« noch der »Seher«, noch »das Kind«, noch irgendeine Verwachsenheit der Vernunft. Er verwendet auch gar keine andere Art und Fähigkeit des Erkennens als der rationale Mensch. Der bedeutende Mensch ist der, welcher über die größte Tatsachenkenntnis und die größte ratio zu ihrer Verbindung verfügt – auf dem ratioiden wie auf dem nichtratioiden Gebiet. Nur findet der eine die Tatsachen außer sich und der andere in sich, der eine findet zusammenschließende Tatsachenreihen vor, der andere nicht. Auf dem nicht-ratioiden Gebiete ist das Verständnis jedes Urteils, der Sinn jedes Begriffs von einer zarteren Erfahrungshülle umgeben als Äther, von einer persönlichen Willkür und nach Sekunden wechselnden persönlichen Unwillkür. Die Tatsachen dieses Gebietes sind unendlich und unberechenbar. Dieses aber ist das Heimatsgebiet des Dichters, das Herrschaftsgebiet seiner Vernunft. Während sein Widerpart das Feste sucht und zufrieden ist, wenn er zu seiner Berechnung soviel Gleichungen aufstellen kann, als er Unbekannte vorfindet, ist hier von vornherein der Unbekannten, der Gleichungen und der Lösungsversuche kein Ende. Die Aufgabe ist: immer neue Lösungen, Zusammenhänge, Konstellationen, Variablen zu entdecken, Prototypen von Geschehensabläufen hinzustellen, lockende Vorbilder, wie man Mensch sein, wie man den innern Menschen erfinden kann. Diese Beispiele hoffe ich deutlich genug, um jeden Gedanken an »psychologisches« Verstehen, Erfassen und dergleichen auszuschließen. Das Psychologische gehört in das ratioide Gebiet, und die Mannigfaltigkeit seiner Tatsachen ist auch gar nicht unendlich, wie die Existenzmöglichkeit der Psychologie als Erfahrungswissenschaft lehrt. Was unberechenbar mannigfaltig ist, sind nur die seelischen Motive, und mit ihnen hat die Psychologie nichts zu tun.

Dem Dichter, der schreibt, entspricht ein Dichter, der nicht schreibt, der diese Tätigkeit scheut – er bildet das reaktive Seitenstück zu dem aktiven Teil des Typus. Den man als einen Menschen beschreiben könnte, dem die rettungslose Einsamkeit des Ich in dieser Welt und zwischen den Menschen am stärksten zu Bewußtsein kommt, weil er in seinen ihm eingebornen Urelementen die individuelle Anonymität der Gemeinschaft besitzt. Als den Empfindlichen könnte man ihn auch beschreiben, für den nie Recht gesprochen zu werden vermag; dessen Gemüt auf die imponderablen Gründe viel mehr reagiert als auf gewichtige, der die Charaktere verabscheut mit jener furchtsamen Überlegenheit, die ein Kind vor den ein halbes Menschenalter früher sterbenden Erwachsenen voraus hat; der noch in der Liebe und in der Freundschaft den Hauch von Antipathie empfindet, der jedes Wesen von den andern fernhält und der das schmerzlich-nichtige Geheimnis der Individualität ausmacht; der selbst seine eignen Ideale zu hassen vermag, weil sie ihm nicht als die Ziele, sondern als die Verwesungsprodukte seines Idealismus erscheinen. Ihnen allen entspricht oder liegt zugrunde eine bestimmte Erkenntnishaltung und Erkenntniserfahrung wie auch die dieser entsprechende Objektwelt.

Der sterbende Rilke verweigerte sich jedem ärztlichen Eingriff. Er wolle, sagte er, seinen eignen Tod sterben, nicht den Tod der Ärzte. Er hatte sich sein Leben lang seinen eigenen bestimmten Tod präpariert, gewissermaßen mit ihm und von ihm gelebt, und nun durfte solches Leben nicht im höchsten Augenblick ein Desaveu bekommen durch den Zufall einer ärztlichen Spritze – durch den Zufall, diesen »gelehrigen und geschickten Affen des Gesetzes«, wie er in einem Briefe schrieb.

Der knabenhaft schmale, zerbrechlich schwache Leib dieses Dichters – er blieb auf Spaziergängen stehen, in der Nähe einer Laterne, um sich daran zu halten –, er trug ein Haupt, dem der etwas melancholisch herabhängende Schnurrbart vergeblich die Männlichkeit eines Übereinkommens zu geben versuchte. Jene Männlichkeit der überkommenen robusten Art, die auszieht, den Drachen zu bekämpfen. Das übliche Liebesgedicht, das sich in Leid und Freud gleich wohl fühlt, war, das konnte man diesem Gesicht ansehn, nicht von ihm zu erwarten. Für derlei hatte er keine Rückendeckung in den hingenommenen Gegebenheiten irgendeiner moralischen oder ästhetischen Ideologie. Seine Problematik war ganz Interieur geblieben. Er schaute mit seinen großen blassen etwas schief geschlitzten Augen aus dem einzigen Fenster seiner Welt, seines Zimmers, in dem es ganz leise und geliebt nach Kranksein roch. Sein schwächlicher Leib stellte ihn unter ein Diktat: du lebst sterbend, du stirbst lebend. Wenn Leben die Kunst ist, hinreichende Schlüsse aus unzureichenden Prämissen zu ziehen, so ist die am wenigsten unzureichende Voraussetzung die Tatsache, daß wir sterben. Diese Tatsache in das Leben als einem Sterbensprozeß zu integrieren oder das Sterben als einen Prozeß des Lebens in Evidenz zu halten: Rilke war auf das vortrefflichste damit ausgestattet. »Ist die Krankheit nicht der entscheidendste Aufbruch der Natur zur Gesundheit?« schrieb er. Menschen, denen das Sterben so von frühauf geläufig ist, verspüren etwas wie Scham, daß sie leben. Vielleicht wäre ihnen der Tod ohne diese Scham unbegreiflich. Rilke sprach mit einer großen Zärtlichkeit vom Tode, mit einer gewissen gedämpften Freudigkeit. Als ob er vom Leben und der Gesundheit spräche.

Robert Musil sagte in seiner Gedächtnisrede zum Tode des Dichters, daß bei Rilke die Dinge wie in einem Teppich verwoben seien. Wodurch sich das Aussehen der Dinge ändere und sonderbare Beziehungen zwischen ihnen entstünden. Er beziehe das Kleinste ins Größte ein, nicht als Gleichnis, nicht als Vergleich, überhaupt nicht in der Art einer Anschauung über Kunst, welche in ihr Erholung, Zerstreuung, spontane Erhebung sehe, also eine Art Divertissement, die sich denkerisch oder spielerisch neben die Wirklichkeit setze, als Philosophie oder Skepsis. Sondern es sei ein Lebensgefühl, in dem Welt wie Gefühle unfest seien, wenn auch innerhalb sehr verschiedner Grenzen oder mit sehr gleitenden Grenzen, die wir nur aus praktischen Gründen für fest halten. »Es ist die ewige Tätigkeit des Lebens und zugleich sein Erhaltungstrieb, die Wirklichkeit fest und eindeutig zu gestalten. Die Schwierigkeiten dafür verstärken sich überall dort, wo das Gefühl beteiligt ist. Wir schalten es daher nach Möglichkeit aus, wenn wir Wahrheit, Ordnung und Fortschritt wollen. Zuweilen schalten wir es aber vorsichtig wieder ein, z.B. im Gedicht oder in der Liebe. Es gibt ein Gedicht, das die im ganzen Dasein versteckte Unruhe, Unstetigkeit und Stückhaftigkeit nicht vergessen kann. Das ist das Gedicht Rilkes. Alle Dinge und Vorgänge in seinen Gedichten sind untereinander verwandt und tauschen den Platz wie die Sterne, die sich bewegen, ohne daß man es sieht. Rilke sah in einer neuen, innern Weise.«

Mein Freund sagte in seiner Rede einen Satz, der uns immer wieder in diesen Jahren hemmte und antrieb: daß wir nicht nur einer großen Problemstellung des Verstandes, sondern auch der Seele entgegengehn. Musil figurierte diesen Prozeß in seinem großen Roman »Der Mann ohne Eigenschaften«. Als Beispiel einer Haltung zu der Problematik der Seele nannte er Rilke, wobei nicht in Frage komme, ob er ein großer Dichter oder ein kleiner wäre. Zumal ja Dichter immer ihr eignes Maß nur haben und nur im Sinn der sekundären Form formal aneinander meßbar sind.

Rudolf Borchardt hat in seinen »Ewigen Vorrat deutscher Poesie« kein Gedicht von Rilke aufgenommen; er sagte von ihm einmal, er läge in unsaubern Windeln, und hat sein Urteil nicht geändert, und es ist richtig. Aber auch Musils Urteil, sosehr er es auch einschränkt, indem er nichts Einzelnes in Rilkes Büchern las, sondern alles in allem, und schon beglückt war über den einen Fund der seelischen Fluidität – weg zu einem kommenden Weltbild über das humanistische Kulturideal. Vielleicht sah er, so lesend, mehr als da war, und sah das, was zu sehn ihm am Herzen liegt, gleichgültig ob das einzelne Gebilde geglückt war oder nicht, ob es »von Innen her« Gedicht war, worauf Borchardt, der als Träger eines humanistischen Kulturideals ein »Neues« in der Dichtung bestreiten muß, den Akzent legte, denn alles Vollendete ist es fortwährend und so immer »neu«. Ihn, der kein Romancier ist wie Musil, beschäftigt das jeweils »Neue« gar nicht, oder es ist ihm das variierte »Alte«. Er denkt in weitesten Zeitspannen und durchaus synthetisch, als der Mensch der heroischen Elevation. Er ist für das starre System, Musil für das halbstarre. Er ist ein Krieger, Musil ein Jäger. Aber ich will zwei der am schärfsten profilierten Köpfe meiner Zeit nicht an einem gequälten Vergleich verzerren.

Leicht manipuliert sich einem in Versen und Reimen die Welt. Es dürfte das mit des Lyrikers Musikalität zusammenhängen und mit dem bildhaften Ausdruck. Mehr als jedem andern ist ihm zu assoziieren eigentümlich. Und schwer tut dies der Dichter, denn er wird, um den Sinn seines Gedichtes zu erfüllen, immer die gespürte Gefahr vermeiden müssen, die in der Leichtigkeit liegt, mit der die Anwesenheit einer Idee die andern Ideen ruft durch das Mittel des artifiziell in die sich assoziierenden Ideen eingeführten Wortes. Von Rilke gibt es bis zu den »Duineser Elegien« eigentlich nur Jugendgedichte, und seine vermeinte Erkenntnis, welche in die Zukunft seelischen Landes führt, ist nur das Nichtwiderstehenkönnen dessen, dem alles zum Vers wird. So wechseln Hell und Dunkel aus dem Zufall des Wortes. Das Erregende solchen Verschwimmens, das auf die Nerven Wirkende solchen Schaukelns zwischen Hell und Dunkel ist nicht bestreitbar. Aber damit ist nicht der eine Kristall widerlegt, als welcher das Gedicht ist, an das Borchardt denkt.

Als Rilkes erste Bücher erschienen, stand ihnen der Inselverlag zu Gevatter, der sich in der Vorstellung der Lesenden als etwas Esoterisches festgesetzt hatte, noch von den Inselheften her, die Bierbaum mit seiner Zuckerspritze garnierte. Aber in diesen selben Heften war auch Dehmel mit seinem sich abgeschwitzten Romanzyklus »Zwei Menschen« umfangreich zu Wort gekommen, und doch erst zu Wort und Ansehen des repräsentativen Lyrikers seiner Zeit, als seine Bücher im Hause Fischer erschienen. Die knallige Sonne Dehmels, des großen Lyrikers neben dem großen Dramatiker des Hauses, ließ Rilke nur das Dämmerplätzchen einer stillen Gemeinde mit verschränkten Händen, dunkelgeranderten Augen und von allen Sehnsüchten bedrückten Herzen, bis die brillante Stimme eines Rezitators das Lesebuchstück vom Cornet so populär machte, daß es Rilke schon wieder schadete, denn die zunehmenden Verehrer drängten zur Kirchenbildung. Rilke war diesen Gläubigen ein wärmender Mond, eine helle Nacht, der Schatten eines Nichts, das sich spiegelt. Man konnte feststellen, daß unter den Lesern der Belliteratur die verunglückten Frauen wieder bedeutend zugenommen hatten.

61.

Robert Musil

Robert Musil kam auf dem schwierigsten Wege zur Literatur, als welcher, wie heute diese Dinge liegen, der ungewöhnlichste, aber erträgnisreichste ist. Er machte mit siebzehn keine Gedichte und richtete sich also nicht auf Grund solcher erstaunlicher, aber sehr allgemeiner Begabung auf ein besonderes Talent ein und es zu pflegen. Sind solche begabte junge Leute Söhne reicher Eltern, die sich ein Talent in der Familie erlauben können, so studieren sie Sprachen, Literatur- und Kunstgeschichte. Sind es Söhne weniger bemittelter Eltern, so gehen sie in den Handel oder werden Versicherungsbeamte und derlei. Haben aber deren nebenbei immer wieder betriebne Talentproben Erfolg, so geben sie oft die Stellung auf und setzen das Dichten als Beruf fort und je nachdem sich durch. Nebenbei hören etliche von ihnen auf der Hochschule die Kollegien, die traditionellerweise mit ihrer dichterischen Tätigkeit zusammenzuhängen scheinen, nämlich wie, warum und wozu andere, frühere Dichter gedichtet und gelebt haben und gestorben sind. Manche von ihnen machen in diesen zweifelhaften Wissenschaften ihre Doktorexamen, andere nicht, weil in ihnen der Drang zum Dichten mächtiger war als der Drang zum Lernen. Langt das Einkommen aus ihren dichterischen Erzeugnissen nicht zum Lebensunterhalt, so begeben sie sich in eine Zeitung oder ein Theater, werden Redakteure oder Dramaturgen. Wodurch sie wenigstens ihre Brauchbarkeit zu irgendwas erweisen, wenn auch nicht für die Literatur, die sie sozusagen am Rande ihres festen Einkommens, dort wo ihr »Erleben« beginnt, weiter treiben. Niemand war stolzer auf seine makellose Dummheit als ein moderner deutscher Dichter der achtziger Jahre des vorigen Jahrhunderts. In dessen neunziger Jahren und später hat sich dies nur insofern geändert, als der da moderne Dichter seine

Verachtung der Intelligenz zum System machte. Es hieß, besaß er schon Gehirn, dies wieder in Ganglien zurückbilden. Kurz vor dem Marasmus trat die mächtige Hilfe Bergsons auf, der den Belletristen und Dichtern sagte, einmal: daß der Künstler sich nicht um die Dinge bewege, sondern in ihrem Innern installiert selber diese Bewegung sei; und dann: daß die aus ihrem Wesen heraus bewußte reine poussée vitale, indem sie sich dilatiere und distendiere, ihrer selbst bewußt und fähig werde, über ihr Objekt zu reflektieren. Toute naissance est co-naissance, sagte mit chinesisch-ernstem Gesichte Paul Claudel, als ich ihn in Prag über Rimbaud sitzend traf. Anders gesagt: die Empfindung wird ganz von selber Wissen um die Empfindung, der Baum ganz von selber Botanik, und der Ladenjüngling braucht nur Liebschaften zu haben, um ein Wissen über die Liebe wie Stendhal zu bekommen. Denn das Wesen einer Sache sei Koinzidenz von Person und Sache, ließe man nur die poussée sich dilatieren und sich an einer gewissen Stelle zwar als poussée aufheben – »zu sich selbst zurückwenden«, wie Bergson sagt, um Intelligenz zu werden. Wie diese Unmöglichkeit mit der Natur der reinen poussée vereinbar ist, darauf gibt Bergson mit Augenniederschlagen nur die Antwort: Ces choses de la vie profonde, l'instinct seul les trouverait, mais il ne les cherchera pas. Und Strindberg fing an, mit dem bloßen Instinkt im Kachelofen eines Berliner Zimmers aus Schwefel Gold zu machen. Die Belletristen aber wurden durch solche Zeithaltung, für die Bergson nur Ausdruck ist, ungemein stolz, wie man bald merkte. Denn was sie machten, war ja nicht mehr eine bestimmte Haltung der menschlichen Intelligenz zu den Erscheinungen des Lebens und daraus sich ergebende Transzendenz, sondern war etwas ganz und gar Neues, nämlich das Leben selber in seiner emotionalen Aktivität. Der neue Dichter vorletzten Datums ist also der immediate Ausdruck des Lebens, das er nicht etwa perzipiert, sondern mit dem er identisch ist. Er war sehr stolz. Fiel ihm doch das absolute Alles-Sein zu, ohne

Mühe. Und genau wie der naturalistische Belletrist von 1880 verachtete der expressionistische von 1920 die Intelligenzia als alles deformierend, was sie berührt, und sie nennen sich die »Geistigen« als die Besitzer des wahren Intellektualismus und suchen den »andern« als pedantische Vernünftelei zu entwerten.

Die außerordentliche Solidität der Musilschen Arbeiten, ihre materiale Dichtigkeit sozusagen, wie auch den zeitlich langsamen, weil überlegten, immer wieder nachgeprüften Weg ihres Zustandekommens möchte ich, von spezifischen Anlagen absehend, in der Disziplin sehen, welche das Studium der exakten Wissenschaften, genauer der Physik und der Mathematik, seinem Denken gab. Eine Gleichung mit drei Unbekannten löst man, aber nicht beiläufig. Die Konstruktion einer Brücke errechnet man, aber vor dem Resultat genügt dem Ingenieur nicht das Gefühl, es werde schon stimmen. Hier hängt das Resultat nicht nur vom Befolg einer genauen Methode ab, sondern ist mit ihr logisch identisch. In der Geometrie kann man nicht eine den Gesetzen des Raumes widersprechende Figur durch ihre Koordinaten darstellen, oder die Koordinaten eines Punktes angeben, der nicht existiert.

Für Musil ist die Psychologie das, was sie ist: eine Naturwissenschaft. Nicht schon, wie für die psychologischen Romanciers, die Sache selber. In den »Verwirrungen des Zöglings Törleß« ist der Sechzehnjährige nichts als eine List. Verhältnismäßig einfaches und darum bildsames Material für die Gestaltung von seelischen Zusammenhängen, die im Erwachsenen durch zuviel anderes kompliziert sind. Aber die Darstellung eines Unfertigen, Versuchenden und Versuchten ist natürlich nicht selbst das Problem, sondern bloß Mittel, um das zu gestalten oder anzudeuten, was in diesem Unfertigen unfertig ist. Alle Psychologie in der Kunst ist nur der Wagen, in dem man fährt. Wenn man von den Absichten Musils nur die Psychologie sieht, hat man also die Landschaft im Wagen gesucht. Im Anfang war das Erzählen eines starken und begriffsarmen Menschen gewiß reaktives Nocheinmalbetasten guter und schrecklicher Geister von Erlebnissen, unter deren Erinnerung sein Gedächtnis sich noch krümmte, Zauber des Aussprechens, Wiederholens, Besprechens und dadurch Entkräftens. Aus dieser Herkunft des Erzählens hält der heutige Romancier daran fest, ein begriffsarmer Mensch zu sein, mit Recht oder Unrecht. Meist mit Recht. Dieses aber unterscheidet Musil, daß er die Schilderung der Realität zum dienenden Mittel des begriffsstarken Menschen macht, mit dessen Hilfe er sich an Gefühlserkenntnisse und Denkerschütterungen heranschleicht, die nicht allgemein in Begriffen, sondern im Flimmern des Einzelfalles, mit weniger konsolidierten, aber darüber hinausragenden Teilen zu erfassen sind. Er überzieht das zu messende Feld mit einem Netz, das feinere Maschen hat. Weil ihm Bedürfnis ist, genauer, ja überhaupt genau zu sein, geradezu von einer phantastischen Genauigkeit. Die Lebendigkeit ist schließlich nur ein Mittel und nicht der Zweck des Romans. Als welches ein Mittleres ist zwischen Begrifflichkeit und Konkretheit. Gewöhnlich erzählt man in Handlungen, und die Bedeutungen liegen neblig am Horizont. Oder sie liegen klar, aber dann waren sie schon mehr als halb erkannt. Den sachlichen Zusammenhang der Gefühle und Gedanken auszubreiten und nur das, was sich nicht mehr mit Worten allein sagen läßt, durch jenen vibrierenden Dunst fremder Leiber anzudeuten, der über einer Handlung lagert: dies ist das Procédé Musils. Der als der »Schöpfer« angesprochne Dichter »überaus lebendiger« Gestalten gleicht dem umständlichen Gotte der Theologen, der den Menschen einen freien Willen verleiht, damit sie ihm den seinen tun. Er zieht durch die Handlung nur wieder heraus, was er zuvor an Gedanken und Gefühlen und sonstigen menschlichen Werten in sie hineingelegt hat, aber mit der Geste des daran unschuldigen Zauberers. Musils Bemühen gilt, einer größeren Ungenügsamkeit in menschlichen Angelegenheiten den Weg zu bahnen und das Erzählen vom Kinderfrauenberuf zu emanzipieren. Die Frage, ob ein Kunstwerk aus Schwäche seines Urhebers dunkel ist oder aus Schwäche des Lesers diesem dunkel erscheint, ließe sich erproben. Man müßte die geistigen Elemente, aus denen es sich aufbaut, einzeln herauslösen. Die entscheidenden dieser Elemente sind, trotz eines bequemen Vorurteils der Dichter, Gedanken. Musil redet keinerlei Rationalismus das Wort und weiß, daß Kunstwerke nie restlos in angebbare Bedeutungen aufzulösen sind, sondern, wenn man ihren Inhalt beschreibt, dies wieder nur geschieht durch neue Verbindungen des Rationalen mit Arten des Sagens, mit Vorstellungen der Situation und anderen irrationalen Momenten. Aber schließlich heißt Dichten doch erst über das Leben nachdenken, und dann es darstellen. Und den menschlichen Inhalt eines Kunstwerkes verstehen heißt, nicht nur dem eklatanten Ideengehalt, sondern auch den absoluten und undefinierbar runden Einfällen der Diktion, dem Schimmer der Gestalten, dem Schweigen und allen Unwiedergeblichkeiten das unendlich gebrochne Vieleck einer Gefühls- und Gedankenkette einzeichnen. Dieser asymptotische Abbau, durch den allein wir die seelischen Kraftstoffe dauernd unserm Geist assimilieren, ist der menschliche Zweck des Kunstwerkes, seine Möglichkeit dessen Kriterium.

Starke bloße Gefühlserlebnisse sind fast so unpersönlich wie Empfindungen; das Gefühl an und für sich ist an Qualitäten arm, und erst der es erlebt, bringt die Eigenheit hinein. Die paar Unterschiede, die es in der Art und im Ablauf der Gefühle gibt, sind unbedeutend; was der Dichter an großen Gefühlen schafft, ist ein Ineinandergreifen von Gefühl und Verstand. Es ist das ursprüngliche Erlebnis, innerlich zum Mittel zwischen mehreren andern gemacht, die intellektuell-emotionale Nachbarschaft und die Verbindungswege. Durch kein anderes Mittel ist das Gefühl des Franz von Assisi, das polypenartige, verzackte, mit tausend Saugnäpfen gewaltig das Weltbild verdrehende – o meine Brüder, ihr Vöglein! – von dem eines verzückten kleinen Pfarrers zu unterscheiden, und die letzte Wehmut, an und für sich betrachtet, um den Entschluß Heinrich von Kleists herum ist keine andere als die eines anonymen Selbstmörders. Hält man sich hierin klar, so verfällt man nicht der Sage von den angeblich großen Gefühlen im Leben, welchen Quell der Erzähler nur zu finden und sein Töpfchen darunterzustellen hat. Diese Sage aber beherrscht die Kunst. Wo uns ein Mensch aber erschüttert und beeinflußt, geschieht es dadurch, daß sich uns die Gedankengruppen eröffnen, unter denen er seine Erlebnisse zusammenfaßt, und die Gefühle, wie sie in dieser komplizierten wechselwirkenden Synthese eine überraschende Bedeutung gewinnen. Die gilt es darzustellen, wenn es heißt, einen Menschen, mag er gut oder verwerflich sein, zu einem Gewinne für uns zu gestalten. Aber statt ihrer findet man stets nur die naive Voraussetzung ihres Vorhandenseins, und erst um diese Annahme herum, die wie ein Hohlgerüst in den Menschen steckenbleibt, wird die Durcharbeitung begonnen. Man schildert, wie man glaubt, daß sich jetzt solche Menschen innerlich und äußerlich benehmen werden; wobei dieses psychologische Innerliche im Vergleich mit jener zentralen Persönlichkeitsarbeit, die erst hinter allen Oberflächen von Schmerz, Verworrenheit, Schwäche, Leidenschaft beginnt, eigentlich nur ein zweiter Grad von außen ist. Man gibt damit – und das gilt eben von der seelischen Schilderung so sehr wie von der Handlung – nur die Folgen dessen, was an Menschen das Wesentliche ist, nicht aber dieses selbst; es bleibt undeterminiert wie alles, wo bloß aus Folgen auf Ursachen geschlossen werden muß. Diese Kunst kommt weder an den Kern der Persönlichkeit noch an einen wohlgemessenen Eindruck von ihren Schicksalen heran. Diese Kunst, die so großen Wert darauf legt, hat streng genommen keine Handlung und keine seelische Stringenz und steht, als Ganzes betrachtet, unerschöpflich in neuen Wendungen still und ist recht eigentlich »unaktuell«, je mehr sie »aktuell« zu sein glaubt, denn das

Aktuelle wäre ja nie aktuell geworden, wenn es nicht schon mit vorkünstlerischen Mitteln ergriffen werden und ergreifen könnte. In den heutigen Romanen fahren zwar die Menschen im Auto und im Flugzeug, aber das behauptet nur der Verfasser. Gesehen und beschrieben sind sie immer noch, als ob sie in der literarischen Postkutsche führen. In allen heutigen Romanen bis auf die Odyssee von Joyce.

Man kann von einer Entdeckung Musils sprechen. Und wie nach einem Worte Valérys jede wahrhafte Entdeckung von ihrem Entdecker bezahlt wird mit einer Minderung der Importanz seines »Ich«, so kommt Musil dazu, den »Mann ohne Eigenschaften« festzustellen. Jeder Mensch bleibt hinter dem zurück, was er Bestes geschaffen hat. Er fällt nicht auf. Er führt ein privates Leben, das sich in gar nichts von den Millionen privater Leben unterscheidet. Er ist sozusagen ganz uninteressant, hat keinerlei Abenteuer und vermeidet, sich in Situationen zu begeben, die derlei potentiell enthalten. Das private Leben Einsteins ist das irgendeines Philisters, aufgeputzt mit Geigenspielen und Segeln, also keinen ruchlosen Extravaganzen. Ludwig Wittgenstein hat auf ein sein Leben ihm unangenehm komplizierendes großes Erbe verzichtet, um mit keinem größeren Einkommen als dem eines Dorfschullehrers in den Alpen seine Entdeckung zu machen, niedergeschrieben in dem »Tractatus logico-philosophicus«. Das einzige Interessante seines privaten Lebens war der Verzicht, und der lag vor seiner Entdeckung. Robert Musil: ein außerordentlich begabter Körper, an dem er sich freute und den er zu einer Zeit, wo der Sport noch nicht im Theater des Rekordbrechens bestand, sportlich übte bis in den kleinsten Muskel, daß der spielte und federte und das Maximum leistete, das man überhaupt von ihm verlangen kann. So das Ohr, das Auge, die Nase. Dieser so beschaffne und geübte Körper verhinderte als ein Pair das Hirn, daß dieses Auswüchse bekam und entartete, wie es kompensatorisch der Fall bei minderem Leibe ist. Dieser vollkommene Leib setzte das Hirn nicht in den Fall, Ressentiments auszubilden. Und dieses Hirn hinderte den Leib daran, ein bloßer Athlet zu werden. Und beides in einem Hautsack ergab die feinste Membran für das anstürmende Emotionale.

Ich beschreibe damit einen Menschen, nicht wie er ist, sondern wie er, geht alles mit rechten Dingen zu, zu sein hat. Notabene, wenn er ein Dichter ist. Entgegen heutigen Anschauungen, welche im Dichter ein mystisches Sprachrohr Gottes oder der »Menschheit« sehen; oder ihn als eine pathologische Erscheinung in die Nähe des Verbrechers oder des Minderwertigen und Überkompensierten stellen; welche beide Anschauungen insofern identisch sind, als sie die künstlerische Person übermenschlich machen, zu einem Halbgott oder zu einem Halbidioten, also zu einem Dementen mit wechselndem Vorzeichen. Ein allgemeines Merkmal aller geistigen Demenz ist ein psychischer Automatismus, der von der Schwäche zu synthetischen Urteilen abhängt; und gerade das Gegenteil, nämlich die Stärke der synthetischen Kraft, zeichnet die künstlerische Person aus, als höchste sittliche Stärke, wie den Narren größte sittliche Schwäche: jenen als einen Menschen stärksten Verantwortungsgefühles im Zusammenhange mit der Menschheit, den Narren als einen jeden solchen Gefühles Entbundenen, aus der Menschheit Isolierten.

62.

Gütersloh

Als ich im Jahre 1917 Gütersloh traf – nach dem Treffen Musils der zweite Glücksfall meines spirituellen Lebens – und wir miteinander die Aufsätze in der »Rettung« schrieben gegen das Liberal-Ungenaue einer Werktätigkeit, die aus bloßer Übung von Talenten besteht, die sich und ihren Auswirkungen, und seien sie auch noch so groß, eine Eigenbedeutung geben, wie es diese Zeit zum System erhoben hat, an dem sie zugrunde geht, da nahmen wir und wollten wir an einem geläufigen Beispiel, dem der Künste nämlich und im ganz Speziellen dem der »Belletristen«, aufweisen, was Begabungen in diesem liberalen Zeitalter sind. Gütersloh antwortete: »Herabgekommene Religion. Herabgekommene Idee. Verwischter Gott. Getrübter Persönlichkeitsbegriff.« Aber sie wären nicht Begabungen, besäßen sie nicht die fingerfertige Geschicklichkeit, ihre Werke mit Gott, Religion, Idee und Persönlichkeit herzurichten und aufzuputzen, nur damit man die Begabungen für höchste nehme und damit das Werk »Niveau« habe. Und zuweilen gelingt es, mit diesem Christbaumschmuck vorzutäuschen, daß es von innen her und aus dem Keime gewachsene Blüten und Früchte sind. »Es gehört mit zu den schwersten Aufgaben, dem Werke, dem wir unser Leben sowohl geben wie danken, nur eine symbolische, nur eine stellvertretende Bedeutung zu vindizieren. Es bedurfte eines, ich möchte sagen dürfen: innigen Anblicks des Kreuzes, dieser Selbst- und Ansich-Bedeutung des Werkes Kehle und Augen zuzudrücken«, schrieb Gütersloh, für den die Künste »physiologische Reinigungs- und Heilmittel ersten Ranges zu sein scheinen, aber nur dann, wenn man sie selbst bereitet und appliziert«.

Wenn wir, wo sich unser Leben dem Ende zuneigt und sich unser »Wald entlaubet«, nicht mehr gewonnen haben, als daß wir uns unserer Werke erinnern als unserer »bedeutendsten Leistung«, hinter der wir als kümmerliche Greise verschrumpeln, dann hätten wir ja gar nichts gewonnen, denn wir hätten uns selber geistlich verloren. Das nun eintretende Schweigen muß uns eine lautere Stimme haben als alles unser früheres Reden. Die Sonne, die auf uns scheint, muß dann eine andere sein als die fahle »Sonne des Ruhmes«. Der Wald, in dem wir rasten, ein anderer als der Bücherwald. Denn die Bücher waren keine Ziele, sondern nur Zeichen auf dem Wege zum Ziele, und wem diese Wegmarken rückschauend nicht in die verdeckende Erde gesunken sind, der ist nicht den spirituellen Weg gegangen, der zum Ziel, sondern den Irrweg der Eitelkeiten, der ins Leere führt.

Daß wir sozusagen das Kind mit dem Bade ausschütteten, indem wir, wie Doderer in einer Schrift über Gütersloh sagt, »die Entgeistung und Frivolisierung der Künste zu einem ihnen innewohnenden Gesetze machten«, wobei der Dichter und Maler Gütersloh den Dichter und Maler überrannte, aber mit einem Mittel, das selber wieder ein dichterisches war, als das zu diesem Zwecke einzig nur mögliche des Essays, des Versuches, zu dem ich ihn als der Nicht-Dichter und darum Essayist versuchte – wobei für mich fraglich bleibt, ob es mir nur an den vollen Taschen des Talentes fehlte oder ob es, falls solche vorhanden, an der Stärke meines sittlichen Widerstandes scheiterte, solche zu öffnen –: daß es für Gütersloh, den Dichter und den Maler, zur Überwindung einer Krise nötig war, die Akten in einem gegen sich selber geführten Prozeß so rigoros zu revidieren: das war seine Rettung zum Dichter und zum Maler. Die zeitlichen Umstände waren diesem Prozesse in ihrer Ungunst günstig. Es geschahen die Jahre 1917, 1918, 1919, und mit ihnen zurechtzukommen war das Flöteblasen nicht nur das letzte, sondern das lächerlichste Mittel. Dem Erleben dieser Jahre nackt ausgesetzt, daß wir es erlitten, ließ vergessen, daß vom widerlichen Leiden der Kämpfe um Troja das berauschende Gedicht als ein Monument über den Kadavern jenes Kampfes steht. Das ästhetische Entzücken über die Tragödie des Macbeth weicht dem Schauder, wenn wir den so Entzückten fragen, ob er ein Mitglied dieser Familie Macbeth gewesen sein wollte oder ob er möchte, daß sich seine Familie in eine solche Familie Macbeth wandelte. Wir vergaßen über dem heftig bedrängenden Zeitgeschehen, daß alles Geschehen und So-Sein zufällig ist und daß, was es nicht-zufällig macht, nicht in der Welt liegen kann, denn sonst wäre dies wieder zufällig. Und daß es keine Sätze der Ethik, die transzendental ist, geben kann, weil sich die Ethik nicht aussprechen läßt, denn sie hat mit Strafe und Lohn nichts zu tun; die Fragen nach den sich ereignenden Folgen eines Tuns sind belanglos; der ethische Lohn und die ethische Strafe müssen formgebend in der Handlung selber liegen. Wir vergaßen für den Moment, daß Ethik und Ästhetik eins sind.

63.

Das Philosophieren – Max Scheler

»Die Zeit zum Handeln ist gekommen« – angebrochen hätte es auch heißen können in der Erklärung, die der Herausgeber und Eigentümer der »Weißen Blätter« im August 1914 an die Zeitungen verschickte, wo wir sie erstmals lasen, denn wir waren von Erik Ernst Schwabach, dem sonst Bedächtigen, der im Sturm den Hut verlor, nicht gefragt worden. Angebrochen wie die endliche Morgenröte eines ersehnten neuen Tages nach schlafloser Nacht, in der man die warmen Kissen immer wieder umdrehte. Die Tat, das Handeln: fast waren diese Begriffe synonym mit Gesundheit, jedenfalls mit Wirklichkeit. Und da hatten wir Schreibende in der Täuschung gelebt, wir buken das Brot des Lebens und nicht dessen Zuckerwerk, eine nichts als »ästhetische« Angelegenheit des zweiten Bücherbrettes unserer Bibliothek. Aber wir waren ja nicht Schreibende in einem Departement unseres Daseins, auch nicht in dem Sinn, daß wir es halt so gut wie möglich machen wollten. Wir waren es so, daß der Weg zu uns hin sich im Schreiben manifestierte und dieses den Exponenten unseres Daseins bedeutete, unsere raison d'être. Wir spielten nicht mit einem hohen Einsatz, sondern setzten uns ein. Unser Gewinn mußte dem entsprechen. Sollte dem entsprechen, wenn wir das immer Unzulängliche unserer Begabung in die Rechnung stellen. Aber um das Intentionale haben wir uns nie betrogen. Taten es nicht um einen Pfennig billiger. Vielleicht ist, was man unsere »Leistung« nennt, ungenügend, hinfällig, dunkel, spärlich, im wesentlichen des Spirituellen, auf das es uns ankam, nur erratbar, zweideutig deutbar. Vielleicht riß uns Ungeduld, begreiflich aus dem Begrenzten irdischen Daseins, weg über die immer wieder aufgetürmten Hindernisse unseres Vordenkens, und es wurde, was wurde, nicht das oder nicht ganz das, was sein sollte. Wir bauten auf dem Grundriß eines großen Hauses versuchsweise eine kleine Stube aus, nicht nur zum Schutz vor Regen. Aber wir vergaßen nie, daß es um das Haus geht. Waren darum nicht zu erbitten im Urteil über die kleinen Vogelbauer der gefälligen Talente, auch wenn der darin Hausende noch so sehr die Stimme des Adlers nachkrächzte. Welche das Wir dieser Sätze bilden, das kann der Leser auch ohne Aufzählung den Seiten dieses Buches entnehmen.

Aber nun bekamen wir es quittiert, daß wir gespielt und geträumt hatten von einem Mitträumer, der, wie er glaubte, erwacht war. Wie verkommen muß das Denken oder das, was man heute so darunter versteht, geworden sein, um in einem solchen ausschließenden Gegensatz zum Handeln gebracht werden zu können! Wie sehr muß das Handeln nichts mehr weiter als Handel, Welthandel meinetwegen bedeuten, mit bedenklich vereinbar, aber nicht mehr mit gedanklich! Aus welchem Denk- und Handelskreise ja auch Sache und Wort der »Realpolitik« stammt, die einer immer wieder zu treiben vorschlägt, wenn er rein nichts politisch zu denken hat, sondern nur »handeln« will.

Nicht übel hat jemand das Denken ein verhaltenes Handeln und Sprechen genannt. Die denkende Vernunft ist eine Kraft, die sich in Arbeit zu transformieren sucht; sicher hat sie ihr mechanisches Äquivalent, und alle Denker, alle wahrhaft Denkenden leiden nicht nur nicht an sozialer Anästhesie, sondern fühlen sehr lebhaft die soziale Mission der Wahrheit. Descartes war, was immer er auch dagegen sagen mochte, verzehrt vom Proselytismus, und Leibniz träumte, wenn er seinen Instinkten Lauf gab, von einem Dienertum der Mikrokephalen und Anthropoiden und der Retablierung des Despotismus zugunsten der denkenden Gattung. Wenn Renan lächelnd die Macht zu verachten vorgab, so, weil er ein verstümmelter Aristokrat war und zu stolz, um sich zu beklagen; aber sein Lächeln war nicht das eines glücklichen Menschen, sondern voll Bitterkeit des Ressentiments. Auch wenn die Denker die Indifferenz gegenüber der populären Demenz empfehlen, so tun sie das im Bewußtsein ihrer numerischen Schwäche und der indiskutablen materiellen Allmacht des Irrtums; darum affektieren sie lieber die Empfindlichkeit, als daß sie einen ohnmächtigen Haß zugeben. Aber sie leben wahrhaft nicht in behaglicher Ruhe neben dem Irrtum, denn dies ist nicht möglich. In jedem Denker ist die Leidenschaft eines Ikonoklasten.

Aber der Krieg machte dann die Entdeckung allgemein, daß in einer Tat weit weniger tiefe Wirklichkeit vorhanden sei, als man sich bisher einbildete. Und daß die Tat weit davon entfernt ist, die Projektion unserer Persönlichkeit zu sein, als deren Karikatur, deren Defekt. Daß die Tat die fällige Resultante von Gewohnheiten, Reflexen, verdrängten Impulsen ist, die aus der wirrsten Tiefe unseres Unbewußten bricht, und daß sie durchaus nicht einfach, nicht gesund ist und uns durchaus nicht repräsentiert. Die Tat, dieses Abbild der Kraft, der Wirklichkeit, der Gesundheit offenbarte der Krieg als das Produkt der modernen Unstetigkeit, Unständigkeit, als einen der Pole der heutigen Zyklothomie, als eine Phase der Ausdehnung, auf welche unmittelbar eine Periode der Depression, der Erschlaffung folgt.

Ein Geringstes genügt, um uns den Kontakt mit uns selber, den wir doch im Gemeinsten unseres privaten Lebens haben, verlieren zu lassen. Gehen wir den Gründen und Argumenten nach, den dieses Geringste, das uns zu handeln veranlaßt, in sich trägt, so verstehen wir nicht. Aber wir versuchen, damit fertig zu werden. Die einen mit der Revolte. Die andern mit der ironischen Loslösung. Die dritten mit der hinnehmenden Resignation. Für alle diese Haltungen gibt es Doktrinen. Ihr Gemeinsames: sie sind unzureichend. Wer immer sich einer dieser Doktrinen anschließt, der hat das Gefühl, sich einen Zwang anzutun. Denn wir sehen, daß das Leben sich selber eine Ordnung schafft, daß es immer zu sich selber recht behält. Und daß diese Ordnung, die sich das Leben selber schafft, im nicht zu überwindenden Gegensatz zu einer Ordnung steht, die der den Sinn im Unsinnigen suchende, »geschichtlich« verfahrende Mensch der Welt geben will, was immer nur Tendenz bleibt. Es geschieht eigentlich nichts als das Leben, und es geschieht uns. Denn wir können nicht wissen, was es sozusagen anderes vorhat, als daß es uns geschieht. Daß morgen die Sonne aufgehe, ist nur eine Annahme, aber wir wissen es nicht. Die sogenannten Naturgesetze sind ja keine Erklärungen der Naturerscheinungen. Sie sind Weltbeschreibung nach einer bestimmten Methode in der Richtung auf eine einheitliche Form, welche die logische Form ist. »Außerhalb der Logik ist alles Zufall.« Die eine Methode glaubt, die Welt besser zu beschreiben, indem sie sie mit einem quadratischen Netzwerk überzieht, die andere glaubt, genauer zu beschreiben mit einem Netzwerk aus sechseckigen Maschen. Über die Welt sagt es nichts aus, daß sie sich durch das Netz beschreiben läßt, sondern nur, daß sie sich so durch das Netz beschreiben läßt, wie es eben der Fall ist. Wir können ja nur, nach dem Ausdruck Hertz', gesetzmäßige Zusammenhänge denken, aber »Gesetze« sind des Netzes, nicht dessen, was das Netz beschreibt. Was sich beschreiben läßt, das kann auch geschehen, aber es muß nicht. Und wenn uns die Welt nicht den Gefallen tut, sich vollkommen nach dem einen Netz beschreiben zu lassen, so tritt der Fall einer wissenschaftlichen Unruhe ein, die zu einem feiner gearbeiteten Netz führt, die jene »Ausnahme« oder »Regelwidrigkeit« als »Norm« einfängt, also ein genaueres Bild der Welt gibt.

Ob es nun die Hegelsche »List der Idee« ist, die sich unserer Leidenschaften bedient, um den »Weltgeist« durchzusetzen, oder ob es »Gottes unerforschlicher Ratschluß« ist, daß in der Welt alles ist, wie es ist, und alles geschieht, wie es geschieht: eines wie das andere möchte uns als ein wesentliches Religiöses – oder Mystisches – die Demut und den Glauben an jene Logik des Herzens abringen, von der Pascal spricht. »Aber es ist nicht das Mystische, wie die Welt ist, sondern daß sie ist. Der Sinn der Welt und des Lebens liegt außerhalb ihrer, nicht in ihr. Denn alles Geschehen ist zufällig. Und was es nicht zufällig macht, kann nicht in der Welt liegen, denn sonst wäre dies wieder zufällig« (Wittgenstein).

Scheler war einen beschwerlichen und beschwerten Weg gegangen, bis er dahin kam, ein ewiger Protestant gegen alle bloße Wirklichkeit zu werden, indem er diese Welt durch Ideierung entwirklichte. Sein triebhaftes Leben war außerordentlich stark, aber es äußerte sich in Seltsamkeiten, um die seine Intelligenz wußte, daß es Seltsamkeiten waren. So litt er darunter. Aber auch dieses Leiden war ihm interessant so sehr, daß er indiskret wurde bis zur Schamlosigkeit. Es bereitete ihm den Genuß der Qual, wenn andere über seine Indiskretionen indiskret wurden. Sein Philosophieren war derart, daß es sich unter die Kontrolle seiner Triebe begeben mußte – es war ein asketisches Philosophieren. Gewissermaßen ein Philosophieren in der Schwebe. Von der Phänomenologie her behielt er die Einstellung, daß das uns ontisch Nächste das ontologisch Fernste ist – durch sein Triebleben als dem ihm nächsten und auffallendsten war er als dem Problem seines Menschen diesem Nächsten verbunden. Als er katholisch wurde, war die Kirchlichkeit nur eine Vorlösung, da sie ihn, was die Lösung bedeutet hätte, nicht zum Heiligen machte, das heißt: die Gnade des organischen Vergessens wurde ihm nicht zuteil. Er war da nur ein Gläubiger wie zum Schein, der die Handlungen geteilt in »Tugenden« und »Sünden« sieht. Die Überzeugung wurde nicht restlos zur Eigenschaft, worin, wie Gütersloh sagt, die Tugenden als bloße Symptome des heiligen Zustandes auch ohne Menschenliebe denkbar sind und der Heilige »Sünden« nicht begeht, da er nicht mehr »versucht« wird, da ja der Heilige nicht denkbar als einer, der die Versuchung »überwindet« und hoffärtig ob solcher gelungenen Askese wird, die »unaufhörlich sittliche Toilette macht«. Das Nicht-Zufällige liegt außerhalb der Welt, also lassen sich ethische Sätze nicht aussprechen. Denn einem »du sollst ...« begegnet der Gedanke: was dann, wenn ich es nicht tue? Franz Kafka, dieser ganz Einsame, der den wahrhaft christlichen Weg ging, als welcher der ohne Gnade, ohne Heil, ohne Gott und als der irdische Weg immer einer der Peinigungen, der Wirklichkeiten, der Erniedrigungen, der Verstricktheiten ist und so der rechte und gerechte Weg – dieser heilige Kafka hat in Gleichnissen davon gesprochen in Büchern, die nicht belletristische Einkleidungen eines Vorgestellten sind, sondern der immer wiederholte Versuch seines Gewissens, die Last dieser trivialen Wirklichkeit, die eine Verirrung ist, auf sich zu nehmen.

Wenn einer eine unheilbare Krankheit hat, richtet er sich mit seinem Leben darauf ein, das Beste aus diesem Umstand herauszuholen. Als ein höchst vitaler Typus Mensch mußte Scheler mit den ihm gegebenen Inhalten des Hautsackes, der Scheler hieß, zurechtkommen so, wie es die eingleisige Bahn des Spirituellen verlangte, als welche keine Weichen und Wechsel kennt. Der Geist ist eine reine Form, ohne Macht, ohne Tätigkeit, ohne Kraft: er ist eine »Gruppe von Intentionen«. Musil hat das im Romane »Der Mann ohne Eigenschaften« weit intensiver bewiesen als Scheler in seinen Ausführungen. Indem Musil es aufzeigte. Daß sich der Geist betätige, gewinnt er erst durch die ihm zufließende Tätigkeit der verdrängten Triebe. Geist ist nicht sublimierter Trieb; er liefert nur die Energie, ohne die der Geist keine schöpferische Kraft besitzt. »Der Grund der Dinge mußte, wenn er seine deitas, die in ihm angelegte Ideen- und Wertfülle verwirklichen wollte, den weltschaffenden blinden Drang enthemmen, um im zeithaften Ablauf des Weltprozesses sich selbst zu verwirklichen.«

Die Gottheit ist nicht Anfang, sondern sie wird. Das klingt wie Schellings »Das Leben ist eine Tendenz zur Individuation«. Aber für Scheler waren Leben und Geist eine funktionelle Einheit. Den Scheler seiner letzten Jahre beschäftigte eine Wissenschaft vom Menschen. Er wurde gewahr, daß die bisherigen Philosophen ihre Probleme nur von Hörensagen kannten und daß die meisten sprachliche Mißverständnisse, also Nicht-Probleme, waren. Er begann, sich mit den genau arbeitenden Wissenschaften zu beschäftigen. Er ahnte, daß mit der Beantwortung aller möglichen wissenschaftlichen Fragen die Frage nach dem Problem des Lebens nicht berührt wird – weil danach eben keine Frage mehr bleibt und dieses eben die Antwort ist.

Vier Wochen vor seinem Tode verbrachten wir miteinander eine Nacht. Wir unterhielten uns philosophisch, das heißt: wir sagten nichts, als was sich sagen läßt, also wissenschaftliche Sätze. Dann schwiegen wir wohl eine Stunde lang. Weil wir wohl klar den Sinn des Lebens schauten, und der ist das Unaussprechliche.

Wenn ein Inselvolk des Stillen Ozeans vom Aussterben bedroht ist, macht es eine immer wieder beobachtete biologische Anstrengung, eine letzte: die Weiber des Stammes wachsen in Länge und Breite über ihr bisheriges Maß hinaus und im gleichen Verhältnis sinken die Männer im Format. Deren parasitäre Existenz als Befruchter wird ebenso überdeutlich, wie die die Zukunft garantierende Existenz der Fruchtträgerin, die das Doppelte von Fleisch und Knochenpaketen aufgeladen bekommt zum Schutze der Frucht. Je mehr die realen Werte des Lebens atrophieren – und sie tun das fast sichtbar von Tag zu Tag unter dem Druck der mechanisierenden Kräfte heutiger Lebensform –, um so hypertropher wird im Denken der Philosophen nicht nur der Begriff des Lebens, sondern die Idee des Lebens. Je geringer und weniger faktisch gelebt wird in einem geistigen Sinne – es wird nur funktioniert –, um so passionierter baut sich ein Philosophieren auf aus Begriffen wie Leben, élan vital, Vitalität, das Organische, Intuition, Wesensschau, Mythus, Okkultismus. Auf der Flucht vor der Wirklichkeit – oder in die Flucht geschlagen von ihr – bepacken die Philosophierer dieser Zeit ihren Reisewagen mit einer Begriffs- oder Formelwelt, die nicht von heute, fast schon nicht mehr von gestern ist, sondern nur mehr so allgemein für einen Kulturbesitz gilt, ohne besondere Geltung für diese Zeit. Das ist ein Topf mit alten Münzen, sehr schön geprägt, aber ohne jeden Kurs. Es ist nicht die Philosophie, die, wie die eitlen Philosophen behaupten, eine Krise durchmacht, sondern die Philosophie macht eben die Krise dieser Zeit durch. Ihr als Wert entsterbend, bepackt sie sich mit allem, was sie je besaß, wie mit Schwimmgürteln, um die große Flut zu bestehen.

64.

August 1914 – Rietzler – Jaurès

»Krieg oder nicht Krieg, das entscheiden dreißig Minuten, um die zu kurz verhandelt wird« – diese These hielt in einem nächtlichen Gespräch Walter Rietzler, einer der Verfasser des »Deutschen Weißbuches«, aufrecht gegenüber Max Scheler, der ein Elementarereignis wie den Krieg nicht in so zufällige Abhängigkeit von um dreißig Minuten mehr geäußerter menschlicher Intelligenz bringen lassen wollte. Scheler hat seine andere Anschauung in einem zu rasch hingeschriebenen Buche zu beweisen gesucht, dem »Genius des Krieges«. Diese dreißig Minuten Rietzlers schienen mir begreifliche Überschätzung des eigenen politischen Berufes und Befangenheit darin, wofür es in allen Memoiren und Korrespondenzen von Diplomaten eine Menge Beweise gibt. Bismarck schreibt, daß es keinen deutsch-französischen Krieg gegeben hätte, wenn Clarendon am Leben geblieben wäre. Obwohl nicht zu sehen ist und Bismarck darüber auch nichts sagt, was Frankreichs kühler Freund hätte tun können. Der Gedanke solcher Verknüpfung von Krieg und Einzelperson bleibt unheimlich, und etwas in uns sträubt sich dagegen. Wahrscheinlicher nur ist, daß ein Krieg vermieden werden kann, wenn die Diplomatie nicht redet. Der Sezessionskrieg brachte die Gefahr eines englisch-amerikanischen Krieges außerordentlich nahe. Mason und Slidell waren an Bord des »Trent« in Haft gebracht worden, und sechs Wochen lang war der britische Botschafter, Lord Lyons, der einzige Mann in den Staaten, der zu der Sache absolut nichts zu sagen hatte. Als dann seine Instruktionen kamen, übergab er sie auf der Stelle, die Gefangenen wurden freigelassen, und Lord Lyons bekam das Großkreuz des Bathordens. Daß es noch kein Kabel gab, verhinderte, sagt man, den anglo-amerikanischen Krieg. Sechs Wochen Warten kühlt die Kriegslust ab, die übrigens Lyons auch für kürzere Zeit nicht warm erhalten hätte. Er war ein sehr kluger, schweigsamer Typ John Bull, ohne feinere oder gar elegante Manieren, ohne Abenteuer, ohne Nerven, ohne verliebte oder andere Schwächen. Sein Dossier auf der Pariser Polizeipräfektur enthielt, wie sein Biograph Lord Newton erzählt, nur einen einzigen Eintrag: On ne lui connaît pas de vice.

Es bleibt dabei doch immer eines auffallend: die außerordentlich suggestive Kraft einer Kriegserklärung auf das Volk. Schlüge man ihm irgendein sehr praktisches Gesetz vor, so wäre ein Monate währender Streit darüber in Zeitungen und Versammlungen die Folge. Schlägt man dieses Äußerste des Krieges vor, dieses für die weit überwiegende Zahl der einzelnen so ganz Unpraktische und so Unfaßliche wie der Tod, so geschieht der Krieg mit einer unheimlichen Selbstverständlichkeit. Das Irrationale hat die stärkste Wirkung – das weiß der rationale Kriegsmacher, und seine Verantwortung ist ungeheuer. So braucht er vielleicht diese »dreißig Minuten zu wenig«, um für den schlimmen Fall eine entlastende Ausrede zu haben, die ihm den Kopf retten soll.

Als nach dem verlorenen Kriege bei uns die heftigsten Beschuldigungen gegen die Führer des Krieges erhoben wurden, antwortete die Logik des Herzens darauf so, daß sie eben denselben Führern die tiefste Reverenz erwies und ihnen weiter voller Vertrauen die Führerschaft zusprach. Den Grund für dieses merkwürdige Verhalten sagte für viele Hunderttausende gleichurteilender Deutscher eine kleinbürgerliche Frau und Mutter, welche drei Söhne im Kriege verloren hatte, sie sagte: »Wäre es so, daß unsere Heerführer und Politiker so leichtsinnig oder lügnerisch gehandelt hätten, wie gewisse Leute bei uns behaupten, dann könnte ich die schwere Last meines Lebens nicht ertragen. Ich muß glauben, daß meine Kinder von guten Händen und in bestem Glauben für eine große Sache geopfert wurden. Anders müßte ich den Verstand verlieren.«

In den ersten Augusttagen 1914 staubte ein Sturm durch die Berliner Gassen, aber er war Effekt der die Arbeitsstätten und Wohnräume verlassenden, auf die Straße stürzenden Menge, war vom Fieber des Erwartens bewegte Luft. Des Erwartens, daß es zum Kriege kommen würde. Jeder hoffte durch den Krieg in ein besseres als das bisher gekannte und geführte Leben zu kommen, besser nur deshalb, weil es ein von Grund auf anderes Leben war. In diesen ersten Tagen zeigten nur die alten Leute, Männer und Weiber, das blutlose Zahnfleisch der in Angst vor dem Ungewissen aufgesperrten Münder. Diese alten Leute packte der wilde wortspeiende Blutrausch erst später, als die ersten Verwundeten in den Straßen auftauchten.

»Hoffentlich kommt es zum Krieg« – das war der Gedanke der Masse, welche vom Kriege sich die Sensation, die große Änderung in einem verdumpften, verstockten Leben versprach, jener großen Masse, die wie aufgelöst das Arbeitsgerät, zu dem sie sich wie verflucht vorkam, hinschmiß, um lachend und lärmend in das Indianerbüchel ihrer Jugend einzutreten. Dieses Büchel ist nur dann etwas zu dick geworden.

Die Lektüre dauerte zu lange, als daß die erste Spannung anhalten hätte können. Und wie bei jenen Bücheln bangte man nicht um den »guten Ausgang«, an den bei den ersten Seiten jeder glaubt. Jahrzehntelang in bewundernder Andacht vor dem Militär erzogen und aufgewachsen, glaubte man, es als militärische Macht mit der ganzen Welt aufnehmen zu können, die ja auch ihrerseits, das wußte man, von dieser deutschen Macht mit ängstlichem Respekt immer gesprochen hatte. Man nahm Abschied für drei Monate und empfahl den Zurückbleibenden, das Brandenburger Tor für den Einzug der Sieger frisch streichen zu lassen. Der europäische Mensch dieser Zeit scheint dem Leben, das er im Alltag führt, außerordentlich wenig attachiert zu sein. Man braucht nur eine Trommel zu rühren und Fahnen aus dem Fenster zu hängen, um es ihn aufgeben zu machen. Er hat es verlernt, dem Leben einen Wert zu geben – es scheint ihm nichts, es in einem Kriege zu riskieren. Daher hatten es die Redner so leicht. Sie kamen mit zwei, drei Substantiven aus, denn die Masse brüllte den ganzen Text schon zuvor auswendig.

Drei Wochen vor diesen Augusttagen war ich in Brüssel gewesen und hatte in der Maison du Peuple vor etlichen dreihundert deutschen Arbeitern und Gewerbsleuten über die deutsche Sozialdemokratie gesprochen. Mich interessierte die mögliche Reaktion meiner Zuhörer weit mehr als mein etwas akademischer Vortrag, der ausführte, daß das treibende Gewicht jeder künftigen Revolution immer nur bei der Masse der Arbeiter sein könne, was aber nicht bedeute, daß die Masse auch die sie antreibende Idee automatisch aus sich erzeuge. Marx sei eine Theorie, aber kein Gesetz. Theorien hätten ihre Zeit, aber nicht die Ewigkeit. Sie können brauchbar, müssen aber deswegen nicht richtig sein. Der Effekt eines andern Verhaltens sei an der politischen Stagnation der deutschen Sozialdemokratie abzulesen. Im kritischen Augenblick würde sie zu merken bekommen, daß ihr nicht der Bauch, aber der Kopf fehle. Es war dann wie vor zwanzig Jahren. Der Verteidiger der Partei, der sich alsbald erhob, war inzwischen nur noch etwas korpulenter, würdiger und beamtenhafter geworden. Er sagte dasselbe wie sein inzwischen wohl verstorbener Vorgänger auf diesem Posten, nur nicht mehr, wie jener noch, mit einiger Leidenschaft, sondern mit der Selbstzufriedenheit eines braven Schülers, der weiß, er hat sein Pensum gelernt. Solches sagte ich dem Manne in meiner lebhafteren Erwiderung und daß, komme es zum Kriege, die deutsche Sozialdemokratie unter jedem Schlagwort marschieren werde. Jamais! Jamais! rief da eine Stimme. Es war Jaurès, der – er hatte im Hause mit belgischen Genossen konferiert – den Kopf zur Tür hereinsteckte. Die gütige Kugel eines gedungenen Mörders bewahrte ihn davor, das fatale Echo seines Jamais in den Reichstagsreden seiner deutschen Genossen zu hören.

Der gedrungene Körper mit den zu kurzen Armen und dem mächtigen Nacken, der jeden neuen Anzug in einer Stunde Tragens zu einem alten machte, gab der Herzlichkeit dieses lebhaften und gescheiten Mannes eine vertrauenerweckende Uneleganz und hob alles Professorale in diesem Professor auf. Der witzige Léon Blum sagte über ihn: »Ich bin seiner viel sicherer als meiner selbst.« Jaurès war kühn und schamhaft, und große Worte widerten ihn an. Er lebte immer in einer falschen Situation und verbrauchte sich darin. Alle profitierten von ihm für ihre kleinen Geschäfte.

65.

Die Revolution in Wien

Mai 1918 sprach ich dienstlich mit einem Herrn vom österreichischen Generalstab. Was er sagte, veranlaßte mich – ich trug ja Zivilkleider, hatte nicht stramm zu stehen und konnte mich geben, wie ich war, erleichtert von der sympathischen Figur des Mannes – zu der Bemerkung: »Ich glaube, derlei

Verordnungen werden eher revolutionär wirken als kriegsbegeisternd.« Worauf Herr von G. lachend sagte: »Aber ich bitte Sie, die Revolution, die kommt sowieso.« Und drei Wochen später, als der Oberst-Chef des Bureaus auf acht Tage in Urlaub ging. Ich fragte: »Was sollen wir tun, wenn während Ihrer Abwesenheit die Revolution ...?« Er: »Die rote Fahne hinaushängen!«

Jetzt, im November, hing sie überall heraus. Alles plätscherte im Glücke einer gewissermaßen amtlich erlaubten Anarchie, die der Verpflichtung zum gegenwärtigen Dasein enthob, das vier Jahre lang unerträglich gelastet hatte. Jetzt lebte man, wie das geliebte Wort hieß, nur mehr in der Zukunft und fühlte sich nur mehr als Glied der ewigen Kette, der zeiträumlichen Fiktion. Das letzte Nichts kam auf diese Weise mit der Mindestanstrengung eines Kokardenwechsels zu einem Gefühle, das sich selber genoß. Alles war bereit, als Brücke in die Zukunft zu dienen, sich auf den Leib steigen zu lassen. Immer marschierte wo ein Zug mit roten Fahnen, hielt wo, einer gestikulierte, Werfel oder Kisch. Dieser Weg in die Zukunft ging, da er um den Ring herumzog, im Kreise, wahrhaft im Kreise. Schließlich, nach ein paar Tagen, mußten die beruflichen Politiker, für eine kurze Weile nur verdrängt von den Augenblickspolitikern ihres rednerischen Temperamentes, sich ihres Geschäftes wieder annehmen. Mußten ihre Klugheit zeigen, welche darin besteht, sich solche Fragen möglichst gar nicht stellen zu lassen. Die vollzogene Revolution wurde also als eine Tatsache mit Statisten vor und auf der Tribüne gefeiert. Die Freiheit, eine schmeichelnde Vorschrift, war da. Die Wahrheit ließ, wie es hieß, durch den Mund ihrer Redner sagen, sie sei frei. Das hatte natürlich nicht viel Sinn. Denn was kann der Wahrheit an der Freiheit liegen, wenn sie wahr ist? Es machte nur deutlich, daß es Wahrheit ohne Menschen nicht gibt, die sie mit sich herumtragen. Nackt ist sie nur in ihrem Brunnenloch. Zieht man sie da heraus, muß man sie anziehen, und da gibt ihr eben jeder seine Kleider. Aber man meinte mit der Freiheit der Wahrheit nur die Abschaffung der Zensur. Also die Freigabe der Meinungsäußerung. Die Journalisten beeilten sich, die neue Meinung auszukundschaften und zu haben, mit der beruflichen Geste, als ob sie sie immer schon so gehabt hätten. Und die Politiker beeilten sich, die Journalisten auszufragen. Man hatte die Zensur der Presse abgeschafft, aber die Zensur durch die Presse bestand weiter. Das ahnten die sechs Kinder nicht, die da eines Nachts die Redaktion der »Neuen Freien Presse« besetzten und die bisherigen Hersteller hinausjagten. Die Setzer weigerten sich, die neuen Artikel zu setzen, erklärten, die früheren hätten das gleiche entsprechender geschrieben, wenn man es ihnen nur gut auseinandergesetzt hätte.

Inzwischen saßen, wie immer in der Politik, Sieger und Besiegte an der gleichen Tafel, und ein Publikum, stolz darauf, das Diner zu bezahlen, verschlang die abfallenden Brosamen. Die neu zur Macht Gekommenen begannen Geschmack an der Macht zu finden und überlegten, wie sie am besten die Politik ihrer Bratröhren ändern lassen könnten. Arbeiteten daran, das Kamel recht klein zu machen, damit es durch das Nadelöhr gehe. Um frei zu sein, brauche man Geld, sagten die Politiker. Aber man hört eben auf, frei zu sein, wenn man das Geld verdienen muß. Wie das der Bettler Krzyzanowski wußte, der es von sich wies, auch nur einen Heller sich zu verdienen.

Irgend in einem Winkel politischer Christenheit versuchten sich Stimmen in der Entrüstung, die in der Politik immer das Zugeständnis ist, unterlegen zu sein. Aber es hatte der kleinste Sieg, der hier nicht schwer war, mehr Wirkung als die schönste Indignation. »Ein christliches Minimum ist noch immer ein tödliches Ultimatum für diese Welt«, sagt Chesterton. Was wissen diese indignierten Christen einer christlichsozialen Zeitung von einem solchen Minimum! Das sind nur so weiche Fanatiker, die kein Wort des Textes, den sie anrufen, verändert haben wollen, die Kirche in den Salon und den

Salon in die Kirche verpflanzen und viel zu arm an Glauben sind, um Häretiker zu sein. Als das Herz zum Kreuz verurteilt wurde, wusch sich die Politik die Hände. Schon ließen sich unsere christlich Indignierten das Waschbecken reichen. »Sport und Salon, Zeitung für die vornehme Welt« erschien nach wie vor, aber jetzt trug sie als Titelbild das Porträt des Wiener Kardinalerzbischofs Piffel, eines gewaltigen Jägers. Wenn Christus sagte: mein Reich ist nicht von dieser Welt, hat er nach der Meinung des Kardinals wohl die vornehme Welt ausgeschlossen, die in einem Atem vom Kardinal und von einem neuen Deckhengst redet.

In diesem neuen österreichisch-deutschen Staatswesen entstand alles, wie dieses Staatswesen selber, als ungewollter, unüberdachter, automatischer Effekt von anderer Leute und Völker etwas überlegterem Denken und Handeln. Als sowohl das K. und K. wie das K. K. davonlief, konstituierte sich der Rest zunächst als Rest, was man zwei Tage später einen Staat nannte. Und indem man rasch einige Dummheit und Unsittlichkeit des alten Regimes beseitigte, meinte man, nicht etwa einen den Mindestansprüchen an öffentliche Moral leidlich genügenden Zustand wiederhergestellt, sondern die Freiheit etabliert zu haben, die sich höflich mit Nestroy meldete: »Ich bin so frei, so frei zu sein.« Und schon dieser überaus bescheidenen Dame gegenüber, die nicht einmal Platz nehmen wollte, waren die Politiker in größter Verlegenheit, da sie nicht wußten, was mit ihr anfangen, was mit ihr sprechen. Sie bleiben heißen, war peinlich, aber immer noch sicherer, als sie auf die Straße hinauszukomplimentieren, wo man sie nach den Erfahrungen dreier Tage schon gar nicht haben wollte. Nun, damit sie nicht zu Wort kam, hat man am besten gefunden, unausgesetzt Reden an sie zu halten. Es gab in Paris eine Schriftstellerin, die sehr den Papst verehrte, aber an Gott nicht glauben zu können erklärte. Seit Jahrzehnten, so sagte sie, bestürme sie ihn und da hätte er sich ihr doch schließlich zeigen können. Als sie das erzählte, meinte jemand: »Vielleicht haben Sie ihn nie zu Wort kommen lassen, Madame.« So war's mit der Madame Freiheit in Österreich November 1918.

Im Jahr 1915 hatte ich geschrieben: »Der Krieg hat den schleppenden Gang einer Schwangeren. Er trägt die Frucht eines neuen Wesens in sich, dem Wiege und Windel nicht passen werden, wie auch immer man sie ihm bereitet.« Das Buch – es hieß »Menschliche Betrachtungen zur Politik« – wurde von der Zensur eines deutschen Oberkommandos verboten, trotzdem das gemeinte Wesen nicht genannt war, als welches die Revolution gemeint war, Aufstand der Zahl und Aufruhr der Seele. Nun aber, November 18, glaubte ich dieses Wesen und das des Krieges besser zu kennen: er war das Paradoxe einer Konterrevolution vor der Revolution. Ihr wollte man zuvorkommen, nicht nur in Österreich-Ungarn. Die angegebenen Motive des Krieges waren nur der Situation wegen verschieden, und man bestritt sich ja auch einhellig das Zurechtbestehen dieser Motive, indem jeder jedem erklärte und zu beweisen versuchte, er nicht, sondern der andere sei der Angreifer, das heißt der, den bei Mißlingen der Konterrevolution die Schuld treffe, nämlich sie begonnen zu haben, sie und nicht den Krieg, der nur ihre unbewußte Camouflage war. So wurde Sowjet-Rußland der große General-Schuldige, denn hier mißglückte die Konterrevolution. Überall sonst sind Sieger und Besiegte in einer identischen Position, die nur in Graden verschieden ist, nicht im Wesen. Die Konterrevolutionäre kamen in Zivil aus ihren Häusern heraus, so tuend, als ob sie nie aus den Fenstern geschossen hätten. Wo es Dynastien gab, die den militärischen Krieg, aber nicht die Konterrevolution verloren haben, wurde nach den gekrönten Köpfen geschrien, um die eigenen zu retten. Um ihnen heimlich und mit einem Kreditbrief ins Ausland zu verhelfen. In den demokratischen Staaten der Entente hätte der im Falle des Kriegsverlustes Schuldige nicht so bequem »Haltet den Schuldigen« rufen können, wie es bei uns geschah, wo es alle auf einmal so sehr nicht gewesen sind, daß sie keine geeigneteren An- und Aufwärter für die neuen Republiken finden zu können behaupteten als ihre erprobte Wenigkeit. Und es war ohne weiteres zuzugeben: als Arrangeure der Konterrevolution und altgesottene Verschwörer gegen die Menschen kannten sie ja alle Schlingen und Schleichwege, Fuchsfallen und Wolfsgruben, spanischen Reiter und giftigen Gase der Politik weit besser als die sozialdemokratischen Kleinbürger des Reiches, deren Politik, wenn was sie taten schon den Namen verdient, dem Auftrag der sie argwöhnisch kontrollierenden Massen entsprechen mußte, wobei sich nicht viel mehr lernen ließ als das Kunststück, seinen kleinen Posten zu behaupten.

Es ist dem Meier nicht zu verargen, sich jetzt Müller zu nennen, weil er als Müller jetzt besser zu Wort – und das ist Brot – kommt denn als Meier. Es gab erst das einstimmige Überlaufen aus der Konterrevolution in die Revolution, das bißchen alter verbrauchter Atmen zischte aus einem Ventil, aber Müller war Meier und umgekehrt, so wie der kleine Affekt sich ausgeflucht hatte.

Jetzt konnte irgendein Preßjunge drucken lassen, die Familie Habsburg sei genausoviel wert wie die Familie Wokurka, was niemanden als diese letztere ehrenwerte Familie erschüttern konnte. Daß man dann offiziell in Weimar die Hohenzollern absetzte, dabei konnte einem Nicht-Preußen nur auffallen, daß die Deutschen sie so lange ertragen hatten, ohne daß sie ihnen eine üble, aber unentbehrliche Gewohnheit geworden war. Kritik der Untertanen an sich selber wäre, wenn schon nötig, da sicher plazierter gewesen als Kritik des eben noch verehrten Herrn, dessen Flucht ja alle Kritik in die Flucht hätte schlagen müssen.

Das gute österreichische Revolutiönchen strich in einem so sanften Winde, daß es ihren Trägern die Mäntel ganz von selber ohne ihr Zutun und allgemein unbemerkt auf die andere Seite drehte. Aber es waren diese Republikaner im Windumdrehen den paar irrtümlichen Schüssen dankbar, weil sie ihnen vor Gott und der Umwelt, der aufschauenden, so etwas wie eine laute Bestätigung des ja noch kaum Geglaubten gaben, daß man nämlich Revolution gemacht hatte, unblutig zivilisiert, aber doch und immerhin Revolution, genau wie 1789 und nur in den, unseren feineren Zeiten entsprechenderen, äußern Formen.

Ein paar Schüsse beim Parlament. Sie riefen mich und den Freund, der bei mir weilte, ans Fenster, denn meine Wohnung war nah dem Platz. Menschen liefen die Gasse herauf, die wir bis zum Ring übersehen konnten, liefen vor Schüssen davon, deren einer zu Tode traf. Und ein Bub wurde zertreten. Zwei Opfer, nicht mehr, dem Umfang und der Tiefe der Revolution als ein Zufall entsprechend. Anderntages lasen wir es in einer Zeitung, groß aufgemacht, daß wir, Gütersloh und ich, die Kugel wohl nicht aus dem Lauf gelassen, aber das Gewehr geladen hätten. Einige Nummern eines Wochenblattes, das wir gemeinsam schrieben und »Die Rettung« nannten, waren erschienen und kaum sonst bemerkt worden als vom schlechten Gewissen jener, die vier Jahre lang mit ihrer nie sauber gewesenen Feder das unsaubere Geschreibe der Kriegspressequartiere besorgt hatten und da die letzten Monate als sehr unbeteiligte Kollegen und gar nicht mitmachende Kameraden gesehen hatten. Diesen zweien, man konnte nicht wissen, was sie noch vorhatten mit ihrer »Rettung«, mußte rasch der öffentliche Kredit genommen werden, am besten, indem man ihnen Blutschuld gab an einem zwölfjährigen Buben und einem alten Mann. Kam die Beschuldigung nicht weiter, als daß sie durch die Münder aller Müßiggänger der Stadt lief, tauchten nicht zwei bewaffnete Amtspersonen auf, uns zu verhaften, so nicht, weil man es in einem Amte nicht gern geglaubt hätte, sondern nur, weil sich die Ämter in einem etwas labilen Zustand befanden und noch nicht wußten, ob sie sich weiter würden dienen können wie bisher.

Wir schrieben hungernd, frierend und ohne Entgelt unsere Zeitung in eine gedachte, erhoffte Welt hinaus, die nicht nur dann zu leben meint, wenn es sich bezahlt macht. Daß Not unseres Leibes unserm Denken nicht falsch souffliere, hatten wir angespannteste Sorge und wollten, so lockend er sich auch mit roter Farbe anstrich, dem Politiker die Beute nicht lassen, den vor dem aufgerissenen Rachen des Redners erstarrten, ihm im kostbarsten Augenblicke schon zu verfallen bereiten Menschen des simplen Lebens. Es hätte sich ja in diesem kostbaren Augenblick entscheiden können, daß jeder nur soviel Wert besitzt, als er durch die Liebe des andern wert ist und er nichts mehr seinem Kleid, Abzeichen, Titel, Amt verdankt, ja nicht einmal seinem Talent, das nichts oft ist als Niedrigkeit. Es hätte sich – man schlägt sich immer auf die Seite des Hoffens – verwirklichen können, daß in dem Leben wie in der Liebe nichts sonst gilt als die Schönheit der Muskel, die Fähigkeit zu lieben und die Jugend, und wo es nicht mehr so leichtgemacht wäre, an sich zu glauben, weil man selber leben muß und nicht nur gelebt werden. Wir wollten diese Zeit aus dem tiefsten asiatischen Gedanken grüßen, den bei uns Heraklit geformt hat: daß Zerstörung und Erneuerung unzertrennlich sind. Aber die Politiker waren schon am altgewohnten Werke, sich gegen Zerstörung und Erneuerung zu behaupten. Und dazu brauchten sie nur wieder da zu sein. Mehr Aufwand war nicht nötig. Und schon waren sie da.

65.

Die Wiederkehr der Politiker

Der letzte Kaiser von Österreich trank ein Glas Pilsner ums andere, in geliebter Gewohnheit, aber auch in Durst gebracht von dem halb Dutzend hitzig auf ihn einredenden Herrn aus dem Hochadel, vorragenden Mitgliedern des Jockeyklubs, gegen die revolutionierende Straße die Garnison zu mobilisieren. »Hätte der Kaiser nachgegeben«, erzählte der Graf Sternberg, der um seines Ausdruckes willen, der immer lebhaft persönlich war, populäre Frondeur, der die Straße nicht zu fürchten brauchte wie die andern seines Standes, »ein paar hundert von uns wären gehenkt worden und der Kaiser mit«. Er erzählte es später, in der Bar des Grand Hotel, des öftern, wie sein heftiger Widerstand, die Soldaten gegen das Volk zu schicken, entscheidenden Eindruck auf den Kaiser gemacht hatte, diesen gutmütigen, einfachen Mann des Durchschnittes, über den auch eine längere Erziehung zum Berufe eines Kaisers von Österreich nicht vermocht hätte, sich zu seinem habsburgischen Blutteile zu entscheiden, denn die wachsame sächsische Mutter war immer stumm warnender Finger vor dem leichtsinnigen und gottlosen Leben und Sterben des jungen Vaters, und der kalte finstere Ernst des Thronfolgeronkels, der den alten Franz Josef haßte wie dieser ihn, erleichterten es Karl, sich auf das Sächsische seiner Abstammung zu legen, braver Gatte und Familienvater zu sein, militärisch höchstens ein Oberleutnant bei der Infanterie und politisch, was die ehrgeizige Gattin für ihn plante. Bei seiner Warnung dachte Sternberg wie die andern Herren seines Standes an gefüllte Cadres einer Garnison, die es längst nicht mehr gab. Wer von diesen heimströmenden österreichisch-ungarischen Soldaten seine Flinte nicht wegschmiß, sondern behielt, der dachte nicht daran, damit Thron und Altar zu verteidigen. Es wären dafür kaum mehr die hundert Burggendarmen mit ihren Hellebarden zu haben gewesen, die vor den Portalen standen und darüber diskutierten, was ein Soldatenrat sei und ob man es nicht mit einem Gendarmenrat versuchen solle, um auf den neueren Sinn der Burggendarmen zu kommen.

In diesem Schloßzimmer saß die Macht ohne die Gewalt. Auf der Straße war die Gewalt ohne die Macht. Die Gewalt allein ist nur in Dahomey ein Regierungsmittel. Aber jene müssen sie haben, die zur Macht kommen wollen. Müssen wissen, wann sie ja und wann sie nein zu sagen haben. In diesem neuen Österreich kratzte sich sowohl die Macht wie die Gewalt drei Tage lang am Kopf, verlegen. In Deutschland dauerte es unterirdisch länger als drei Tage, so daß der Dieb für einen Finanzmann, der Mörder für einen patriotischen Helden, der Feigling für einen Pazifisten gelten konnte. Bis die Politiker wieder da waren und die Amtsvorstände schmunzelten.

Uns grauste vor der Masse. Nicht aus ästhetischem Dünkel. Nicht aus Skepsis. Nicht, weil die Masse sich heute so und morgen anders begeistern lassen kann. Das Prinz-Eugenlied war ebenso leerer Schall wie das von den gleichen Mündern vier Jahre später gesungene Die Arbeit Hoch. Was da als Wert erlebt wird, ist der sentimentale Nervenkitzel des gemeinsamen Rhythmus. Das gemeinsam heruntergeleierte Gebet der Wallfahrer gehört zum selben, wie vieles im Kult der Kirche, die en masse lieber arbeitet, weil es sich leichter arbeitet. Immerhin ist in der kultischen Gemeinschaft ein gemeinsames Wahrheitsgefühl, wenn schon kein geistiger, so doch ein menschlicher Wert. Hat so etwas noch die moderne Masse? Spricht ihr jetzt So, ihr morgen So nicht aus, daß sie, im Grunde skeptisch, jeden beliebigen Inhalt dogmatisieren kann? Und was das Grausige dieses Verhaltens ist, dogmatisieren muß, notwendig so, weil dieses das Politische verlangt, das aus dem Geist der Zeit notwendig Politische.

Wenn mit irgendwas sich deckend, müßte sich der Begriff der Politik mit dem der Gerechtigkeit decken. Sosehr das heute verdunkelt ist von einer sogenannten Interessenpolitik, die Geschäft ist. Aber die reine Politik, aus dem Geistigen geboren, ist, wie unser Freund Hermann Broch es definierte, die zum formalen Gebilde gewordene reine sittliche Forderung. Sie ist nur in der körperlichen Welt möglich, verlangt darum Dogmatisierung, ausschließlicher und direkter als jede zeitlich früher liegende Zweckpolitik, denn sie wendet sich ihrem Wesen nach direkt an den Menschen. Darum ist reine Politik nicht nur Demokratie, sondern hat in der Masse ihr einziges Formungsobjekt und einziges Movens. Das Geistige muß leeres Massenschlagwort werden, Verluderung, Sturz in den

Dreck. Aber nun ist diese Masse keine Gemeinschaft, und das Geistige ist ein von außen hineingehängtes Leitseil. Darum tritt als abscheulichstes Mittel der Einpassung der Genuß hinzu. Der Kampf um politische Freiheit verflicht sich mit dem Kampf um den höhern Lohn, wie ihn der Marxismus inauguriert hat. Womit sich der sozialdemokratische Arbeiter dort einreiht, wohin er seiner Ideologie nach gehört: als Schwanzstück der Bourgeoisie. Da reiht er sich ein und richtet sich ein. Verkauft um den bewilligten höheren Arbeitslohn welche immer sonst von ihm geforderten Freiheiten. Ganz wie dies der Bürger tut, wenn es sich um den höheren Profit handelt. Von Zeit zu Zeit wird das zu leerem Nichts reduzierte Geistige des Politischen in Vokabeln und Silben von Tribünen und Balkonen gebrüllt zur Masse hinunter. Das Politische ist die letzte und böseste Verflachung des Menschen.

Den ich in diesen Frühtagen der neuen Republik aufsuchte, ich hatte ihn seit Jahren nicht mehr gesehen und gesprochen; ich fand ihn als einen Sterbenden, den Mann, der mir vor mehr als dreißig Jahren das erste Buch von Marx gegeben hatte. Er sprach von seinen Söhnen, dem einen, der nichts als seine Vorzüge, dem andern, der nichts als seine Fehler geerbt hätte und beide beides in der Übertreibung zur Groteske. Er fragte nach meinen Kindern. Viktor Adler, der Arzt, wußte, daß jeder ihm noch gewährte Tag Lebens ein Geschenk war, aber dieser bis zur letzten Minute lebendige Geist fiel nicht für einen Augenblick in die Flachheit jener melancholischen Resignation oder gar des billigen Dankgefühles, daß es »ihm vergönnt wäre, diesen Tag des Sieges zu erleben«. Kein Wort solcher Art sprach er, den ich sprechen ließ und nichts fragte. Nur einmal verlockte mich die Wiederkehr seines alten guten Ironismus zu einer Frage: ob er nun, wie er einst gesagt hatte, sofort in die Opposition gehen würde, nun, da es soweit sei mit dem Sozialismus in Rußland. »Man würde mich an die Wand stellen und damit ganz recht haben«, sagte er. Dann holten ihn Parteifreunde ab, trugen ihn fast in den Wagen. Er mußte den Cid auf den Mauern Wiens spielen.

Ich suchte die beiden russischen Emissäre auf. Man trank Tee und diskutierte bis tief in die Nacht hinein. Wie vor Jahrzehnten in Zürich. Sie sprachen, wie die ersten Christen oder die ersten Schüler des heiligen Franz nur hätten sprechen können: von der Geschichte als einem irrsinnigen Vorurteil des sein Einzelleben überschätzenden Einzelnen. Dreißig Jahre perikleisches Athen seien für den nachgebornen Einzelnen sicher interessanter als dreihundert Jahre amerikanische Geschichte oder tausend Jahre Lebens eines Inselvolkes im Stillen Ozean. Aber dieses Interessante sei nichts als eine historische Sensation müder Nerven und durchaus gleichgültig. Die großen Männer in der Geschichte Europas dieses letzten Jahrhunderts? Alle führten sie ihre Völker zum Untergang, und keine ihrer Eroberungen hat länger gehalten als vierzig Jahre. »Wir wollen die Geschichte durch den Kommunismus zum Aufhören bringen. Das Wir-Wollen ist nur die notwendige transitorische Aktion zur Beschleunigung eines Prozesses. Wir sind nur die lebendige Kraft gewordenen Partikel eines mechanischen Prozesses mit zufälligen Namen. Natürlich entwickelt sich immer etwas, was soll es denn sonst tun? Aber dies und die Erkenntnis, daß die Wirtschaft sich zum Kommunismus entwickelt, schaltet uns nicht zu stummen Zuschauern aus, die mit verschränkten Armen dabeistehen und das Geschehen höchstens mit ermunterndem Zuruf begleiten. Wir sind keine Entwicklungsbeamten wie die deutschen Sozialdemokraten, die einen ideologischen marxistischen Sonntag zum Spazierengehn und bürgerlich-kapitalistische Wochentage zum Verdienen haben. Wir demonstrieren nicht, wir arbeiten und dienen. Wir machen da lieber ein bißchen Unsinn, als daß wir auf der Suche nach dem immer Sinnvollen gar nicht zum Tun kommen. Wir sind unserer sehr viele, und das korrigiert Fehler des einzelnen. Wir verbinden den Kommunismus gar nicht mit irgendeiner Staatsform. Er ist bestimmte Ordnung einer Wirtschaft der Menschen. Nur die Wahrscheinlichkeit aus der historischen Erfahrung spricht gegen kommunistische Wirtschaft in einer absoluten Monarchie, sonst nichts. Der Staat, irgendein Staat, das ist uns nichts. Erst in der Faszinierung durch das kommunistische Ideal kam der individualistische Kapitalismus dazu, sein eigenes Ideal zu erkennen und als das ›wahre‹ Ideal zu verteidigen samt und mit allen Schutzvorrichtungen, welche die historische Existenz eines Staates ihm gibt, alles davon in seinen Dienst beugend, Dynasten, Priester, Kirche, Schule, Kunst, Wissenschaft. Weshalb dieses Staates im Moment der proletarischen Reife sich zu bemächtigen, um die sozialistische Wirtschaft zu etablieren, von den Sozialdemokraten als ihre Aufgabe erkannt wurde – nicht aber, wie die deutschen Sozialdemokraten sagen, um das bedrohte Staatswesen durch den Sozialismus zu retten, sondern um ihm durch den Kommunismus völlig den Garaus zu machen. Wir wollen, endlich, die Politik vernichten. Mit ungeheuren Anstrengungen ist es bisher Europa gelungen, sich gegen die Politik zu behaupten, indem es an die Politik nichts von seinen wirklichen großen Werten und Besitztümern abgab, sondern nur sein Schlechtestes, Schwächstes, Niedrigstes, Worte ohne Sinn, alte Kleider, taube Erinnerungen, verfallene Idole, schmutzige Instinkte, lauter Dinge, welche weder die europäische Wissenschaft noch die europäische Kunst mehr brauchen mochten und ertragen konnten. Daraus entstand dann der Kehrichthaufen, den man europäische Geschichte nennt, das allerübelste Produkt menschlichen Intellekts, aus dem die Sumpfgase und Gifte aufsteigen, welche das Volk in falsche Ekstasen setzen, in wirre Träume bringen, ihm eiternde Wunden schaffen, es verbittern, leer und unerträglich machen und daß es zuckt und zerrt in Konvulsionen und Krämpfen. Woraus dann diese Nichtstuer von Historikern die Zukunft zu deuten sich ermessen. Das haben die römischen Auguren besser verstanden und wühlten dazu nur im Eingeweide geschlachteter

Hühner. Die Geschichte – damit kann man, was man will, beweisen, denn alles ist in ihr, weil sie nichts enthält. Für alles, was man will, liefert die Geschichte Beispiele. Wir aber lachen auf die Geschichte. Wir haben keinerlei Vergangenheit, aus der unsere Zukunft zu lesen wäre. Wir sind durchaus Anfang. Wir sind unvergleichlich. Wir sind nicht russisch. Wir sind weltlich. Nichts ist auf eine Lokalität beschränkt. Das Geschick jedes einzelnen von uns ist von allen Ursachen der Welt bestimmt. Wir leben nicht in synchronistischen Tafeln, durch deren Vertikale ein Zufall zuweilen eine Horizontale zieht. Schießt man in Shanghai, donnert das Echo am untern Broadway und am Kap. Alles, was geschieht, bekommt sofort eine Fülle von simultanen und nicht voneinander trennbaren Bedeutungen. Nichts ist da zu berechnen und vorauszusehen, weder mit dem aus einer Historie gewonnenen politischen Kalkül noch mit der Gewalt. Die Masse: das ist das nicht Errechenbare. Das ist das nicht Besiegbare.«

Sie sprachen wie die ersten Christen vom Verlöschen in Gott. Zunächst aber, das wußten sie, war es nötig, die Geschichte auf ein Pulverfaß zu setzen. Was sie verfolgten, war nicht die goldne Uhrkette, die dem Bürger am Bauch baumelt, sondern jene, die nach der Uhrkette schielten, jene, die den alten Stall ja ganz wohnlich, nur ein bißchen unsauber fanden und zur Schippe kommandierten.

Während wir sprachen, konstituierte sich, was vom alten Parlament übriggeblieben war als das Parlament des neuen Österreich und beriet ein demokratischeres Wahlrecht, um durch den Stimmzettel draufzukommen, was die Österreicher jetzt so wollen.

67.

Der Antichrist

Wir setzten an den Schluß der letzten Nummer jener Zeitung, die wir Die Rettung nannten, den apokalyptischen Ruf: »Es lebe der Kommunismus und die katholische Kirche.« Das kam jenen, welche in beiden Lagern den Ruf hörten, dem christlichen und dem kommunistischen, die sich prinzipiell gegensätzlich wähnten, als ein Witz vor. Aber wir brachten damit das, was wir erst in der Summa, dann in dieser Rettung an der Mannigfaltigkeit des Phänomens variiert hatten, auf seinen kürzesten und gedrängtesten Ausdruck: wir konfrontierten auf engstem Raume, so daß sie einander in die Augen sehen konnten, den Baal und den Belial. Der kommunistische Belial zwinkerte wohl sein Visavis, den christlichen Baal, an, aber dieser sah nicht direkt in den Spiegel, als welcher dieser Belial war, sondern blickte schief an ihm vorbei, aus dem letzten Rest eines schlechten Gewissens. Da erhob der kommunistische Belial seine Stimme und las die Worte aus dem Jesaias, und es waren dieselben, die Jesus in Nazareth gelesen hatte: »Des Herrn Geist ist über mir, darum weil er mich gesalbt hat, Armen die frohe Botschaft zu bringen, mich gesandt hat, zu verkünden Gefangenen Befreiung und Blinden Gesicht, zu entlassen Verwundete in Freiheit, zu verkünden des Herrn angenehmes Jahr.« Dazu heißt es weiter im Lukas: »Und es wurden alle voll Unwillens in der Synagoge, als sie dieses hörten, und standen auf und warfen ihn zur Stadt hinaus, und brachten ihn an den Rand des Berges, um ihn hinabzustürzen. Er aber ging mitten durch sie hin.« Genauso taten wie diese Juden in der Synagoge die Christen dieser Zeit: sie wurden voll Unwillens, brachten den Kommunismus an den Rand des Berges, um ihn hinabzustürzen, und da, an diesem Rande, ringen sie beide noch, Baal und Belzebub. Aber am Ausgange dieses Ringens kann nur zweifeln, wer nicht wahrhat, daß die christliche Kirche sich gänzlich ihrer spirituellen Macht begeben und sich völlig verweltlicht hat und daß ihr der Kommunismus in der Verweltlichung über ist.

Die geistliche Macht, welche die Christen als die Kirche herausgestellt hatten, damit sie aufpasse und alles tue, den in jedem Christmenschen enthaltenen Antichristen zu überwachen und zu bändigen – diese geistliche Macht, dazu erwählt, daß sie den Einzelnen zu sich selber Distanz nehmen lasse, und wäre es auch nur eine solche von zwei Schritten, sie hat gänzlich ihren heiligen Geist und damit den Quell ihrer vornehmsten Aufgabe, die Prophetie, an den weltlichen Geist verloren. Die christliche Kirche ist Politik geworden und dienende Politik den weltlichen Mächten, dem Gold, dem Öl, der Baumwolle, den darum bemühten Regierungen und Armeen, nicht mucksend gegen deren Befehl, aufhorchend und gehorchend deren Pfiff. Für ein kleines Entgelt, nutzbringend für die herrschenden Mächte angelegt: daß man ihr, der Kirche, die Schule überlasse, damit sie die Jugend zu hinnehmenden Dienern der weltlichen Macht erzöge, denn was anderes sollte sie, nun, wo die Kirche ja unter dem Staat und von dem Staat lebe, also auf Verderb und Gedeih mit ihm verbunden sei? Sie empfahl sich der weltlichen Macht als eine ihr am besten dienende politische Partei, denn sie verbände die Klugheit der Schlange mit der Sanftmut der Taube. Damit sei es ihr z. B. gelungen, eine katholische Arbeiterfrage zu behaupten und katholische Maschinen. Es gäbe Christen und Tischlergesellen, aber sie hätte den christlichen Tischlergesellen erfunden, indem sie dem Tischlergesellen Schutz seines Glaubens und dem Christen eine Lohnerhöhung versprochen habe.

Als Pius X. das französische Gesetz über die Trennung des Staates von der Kirche in einer feierlichen Enzyklika als Gotteslästerung verfluchte, weil es der Kirche die Freiheit raube, glaubte der Christ in der Katakombe schlecht gehört zu haben, denn er war der Meinung, daß dieses Gesetz der

Kirche die an den Staat verlorne Freiheit wiedergebe. Als man der deutschen Republik in Weimar die Verfassung gab, wußte die Kirche bereits, daß der darin enthaltene Artikel, der den Begriff der Staatskirche abschaffte, nur eine Geste war, die zu republikanischen Verfassungen eben gehöre. Wichtig war ihr, daß ein anderer Artikel die Kirchensteuer bestimmte und daß die weltliche Behörde sie mit allen ihren Zwangsmitteln eintreibe. Sie mißtraute ganz mit Recht ihren Gläubigen, daß diese freiwillig für die spirituellen Leistungen der Kirche die materiellen Mittel stellen, denn sie hatte ein Wissen davon, daß sie schon längst nicht mehr in der Lage sei, diese spirituellen Hilfen zu spenden, weil sie eben selber keine spirituelle Macht, keine höchste Appellation mehr war, sondern bestenfalls Instanz auf dem Wege weltlicher Instanzen. Der kirchliche Baal ist eifersüchtig auf den kommunistischen Belzebub, weil dieser weltlich mächtiger ist in seiner Gottlosigkeit als diese gesamte europäische Christenheit, die ihre weltlichen Geschäfte geistlich camoufliert. Und weil der Kommunismus nicht auf diese Camouflage hereinfällt, der im Priester nicht den Priester verfolgt, der er nicht ist, sondern den Kontrerevolutionär, der er ist.

Dies aber ist der Sinn des Krieges: einer sich so nur vermeinenden Christenheit zu zeigen, daß der christliche Aeon abgelaufen ist und der Antichrist gesiegt und sein Zwischenreich errichtet hat. Man sucht den am Kriege Schuldigen und findet immer nur den Beschuldigten. Weil die Kirche das Wort nicht sprach und nicht sprechen konnte, denn sie besaß es nicht mehr. Was sie redete und tat, war durchaus weltlich. Was sie sprach und tat, war nicht der Christus, sondern der Antichristus. Weil sie längst ihren Auftrag verloren hat. Die Kirche, diese Zeitlosigkeit in der Zeit: daß es sie nicht mehr gab, zeigte sich im Kriege und der ihm folgenden Not der Kreatur. Daß sie ihr verlorengegangenes geistliches Reich nicht mehr wiedergewinnen wird, das wird die Zukunft zeigen.

Was, um nun zu schließen, Sterben und Tod des hier erzählten Lebens betrifft, so setzen besondere Umstände, auf die literarische Tätigkeit des Betreffenden zurückführbar, den davon Betroffenen in die Möglichkeit, den Leser auch darüber zu informieren und ihm ein Buch vorzulegen, das ihn über die weiteren Schicksale des fragwürdigen, aber immerhin Helden nicht im bloßen Raten läßt. Klappt also der Leser dieses Buch zu, so geschieht es mit einem Geräusch, als ob er die Türe eines Hauses zufallen ließe, in das je künftig den Fuß zu setzen kein Anlaß, denn der es bewohnte hat es, les pieds devant, für immer verlassen.

Im Punkte dieses Todes, wirklich ein Punkt, erfüllten sich alle Erwartungen, die mit diesem so überaus endgültigen und letzten Geschehnis zu verbinden unserm Helden liebe Gewohnheit seiner letzten Lebensjahre geworden war. Die Sache verlief wie nach einem vorüberlegten Programm, und wenn es nicht etwas unpassend wäre, dieses Wort bei einem, der in extremis liegt, zu gebrauchen, könnte man sagen, er erlebte an diesem Umstand einige Freude. Es erwies sich, daß er das seinem letzten Arzte geschenkte Vertrauen an keinen Unwürdigen verschwendet hatte, denn dieser heitere Dr. M. S. besaß als einen sichern Besitz weit mehr Menschlichkeit als immerhin fragliche medizinische Kenntnisse, deren aber doch genug, um eine simple und sichere Krankheit zum Tode festzustellen. Aber wenn er sich auch darin geirrt haben sollte, so ist das von geringer Bedeutung dann, wenn der Patient über die Sechzig ist und nichts mehr Rechtes vor sich hat, das Leben genannt zu werden verdient. Genau zu wissen, woran so einer stirbt, ist ein Schulstreit, recht gleichgültig dem Umstrittenen, der sich in seiner platt aufs Lager gedrückten Situation sagt, daß, woran einer stirbt, vielleicht die Weiterlebenden, ganz bestimmt aber den Sterbenden nur mäßig interessiert.

Das heißt: es kommt darauf an. Was in diesem Falle als die sichere Krankheit zum Tode festgestellt wurde, zeichnete sich nach allen bisherigen Erfahrungen als eine langwierige Geschichte aus, von der nur das Ende sicher feststeht. Ein monatelanges Hinsterben pflegt nun von recht depressiven Gefühlen und Vorstellungen begleitet zu sein, und unser Held war mitnichten so Held, daß er sich da eine stoische Ausnahme zugetraut hätte. Wozu noch kam, daß er, arm wie er war, sich solche zeitraubende Krankheit gar nicht leisten konnte. Also entschloß er sich, das als unvermeidlich diagnostizierte Ende zeitlich um ein bedeutendes näher zu rücken und dem zu lange dauernden Sterben mit einem sehr kurz dauernden zuvorzukommen. Und da erwies sich die schöne Humanität jenes Arztes: ein Wort brachte ihn ganz auf die Seite des Sterbenden und diesem das nötige halbe Gramm Giftes, fähig in ein paar Sekunden das zu besorgen, wozu die Krankheit Monate brauchte – wie um sich vor Verwandten und Bekannten und dem Sterbenden selber aufzuspielen und in ihrer Macht zu genießen.

Er ordnete, was ihm als pater familias oblag. Legte die nötigen Schriftstücke, die Geld, Abschied und Lebwohl betrafen, in einen Umschlag. Dabei fiel ihm der gute Brauch ein, daß der Sterbende ein letztes Wort sagt, das die Hinterbliebenen eine Zeitlang gerührt zu zitieren pflegen, wenn sie Besuch bekommen. Nun würde aber niemand an seinem Lager stehn, dieses Wort zu hören, also schrieb er es auf einen Zettel und legte diesen zu den übrigen Papieren, und auf dem Zettel stand: »Ich nehme alles zurück.« Er schrieb das mit einem Ernste hin, der ihn selber überraschte, und hatte so etwas wie ein feierliches Gefühl und einen Ton im Ohr, wie wenn nach langem tiefen Läuten die Glocken schweigen und man die plötzlich einsetzende Stille zu hören meint.

Es war am frühen Morgen eines Augusttages, als er diese letzte kleine Ordnung traf. Er hatte seinen Sohn Peter, mit dem er die Wohnung teilte, im Nebenraum sich rühren hören, es war sechs, um halb sieben mußte der Junge das Haus verlassen und sich an seine Arbeitsstätte begeben. Er rief ihn. Bat ihn, den Rolladen vom Fenster zu ziehen. Nun stand der große schlanke Mensch, nackt aus dem Bade, im ganzen Sonnenlicht. »Du wirst jetzt vierundzwanzig, nicht?« sagte der Vater und stützte sich im Bett auf den Ellbogen, streckte dem Jungen die Rechte hin, drückte die gute warme Hand. Nicht länger als sonst, wenn man sich um diese Morgenstunde sah und Lebwohl sagte. Bald darauf fiel die Tür ins Schloß, und er war allein. Und würde es bleiben, denn heute kam das Weib nicht, das die Wirtschaft des kleinen Haushaltes besorgte. Würde es bleiben bis in den späten Nachmittag, wo der heimkommende Sohn ihn noch immer hier auf das Lager gestreckt finden würde und entschlafen, und die zianotische Färbung des Gesichtes, so hatte ihm der Arzt gesagt, dauere nur eine Stunde oder so nach dem eingetretnen Tode und begänne dann zu schwinden und das Gesicht sehe aus wie sonst. Aber der Bereite nahm sich doch vor, ein Taschentuch sich übers Gesicht zu legen, wenn er soweit wäre und der Ablauf ihm den Moment für diese Bewegung gestatte. Es könnte sich eine Fliege ... und es sollte nicht eine wer weiß wie garstige Grimasse den Eintretenden schon an der Tür anfallen.

Nichts mehr war zu denken. An nichts mehr war zu rühren. Und wie aus eigenem Willen sammelte sich alle Kraft der Imagination, die Gestalten jener zu beschwören zu eindringlichster Präsenz in dieser äußersten Minute des noch schlagenden Herzens, von denen Abschied zu nehmen war. Oder es war die Angst, daß aus diesem ganz plötzlich über den zum Sterben Entschlossenen ihn überschwemmend gekommenen Gefühle grauenvoller Einsamkeit die Todesfurcht wie eine Kröte oder Spinne aus einem Winkel schlupfe und ihn verwirre, daß er diese Gestalten um sein Bett versammelte wie eine schützende und die Einsamkeit absperrende Wand vertrauter und freundlicher Gesichter. Und da standen sie, Sohn und Tochter, leuchtend, als ob sie die Sonne, die ins Zimmer schien, aufgesogen hätten und von sich strahlten, und ein bißchen verblaßter zwischen ihnen die Mutter, über die es wie ein feiner Schleier floß aus dem Silber ihres Haares, ein Schleier, den Erinnerung nicht hob, die Geliebte von einst darunter zu finden, damit die schönen Antlitze der Kinder sich nicht wegwenden mit ihrem Blick auf ihn, aus diskreter Scham. Nur die Gegenwart, das Sein dieses Augenblickes, drängte ein dunkler Wille hervor, denn nichts war zu denken, nichts zu erinnern. Und wie auf figurenreichen Tafeln von Greco Gestalten den Plan füllen unbekümmert darum, ob sie mit ihren Leibern auch Platz haben und mit ihren Beinen auf einem Boden stehn, so traten neben die drei deutlich die mit dem Blick auf ihnen gerichteten Köpfe der Freunde. Güterslohs verfaltete Stirn über den großen Himmelsaugen, aus denen sich die theologische Nase nach vorn schraubte, um vom vollippigen Munde desavouiert zu werden. Carl Schmitts in jedem Nerv gespanntes, von eindringenden Augen überleuchtetes Gesicht, der Mund wie mit dem Lachen eines Knaben geladen. Und Musil: wie durch eine die brennende Intensität dieses Antlitzes verschleiernde Maske, aus einer hautzarten Alge gebildet, blickte das halbgeschloßne Auge ihn an, öffnete sich leicht der Mund. Paul Scheffers aus vielem Rund gepolstertes und immer durchblitztes Gesicht stand, wie es sich für die beiden metaphysischen Ironisten gehörte, neben Hermann Brochs schmalem Kopf mit der zerdachten Stirn und den angstvollen Augen. Und wie die Pagen bei Greco links Max Rychner, rechts Peter Gan und Victor Plessen. Und für den Aufblitz eines Sekundenteilchens sah der Sterbende sich selber unter den Freunden stehen und auf etwas hinschauen, das soeben das Glas Wasser ergriffen hatte, das Pulver hinunterzuspülen, und noch die Zeit gefunden hatte, das bereitgelegte Tuch übers Gesicht zu legen – und schon nichts mehr war als ein Kadaver. Ob er es aussprach, weiß niemand, aber so etwas wie ein Wort wollte sich aus dem

Wasserschlucken und einem Gefühle noch bilden. Es hätte vielleicht »hinunter« geklungen.

Dann legte sich das steinerne Schweigen der Jahrhunderte über das, was in eine Haut versammelt Franz Blei geheißen hatte.

ANHANG

Selbstporträt eines galanten Abbés beim Ablegen sämtlicher Ordensgewänder

von Ursula Pia Jauch

I Vorab eine altmodische Koketterie

»Erzählung eines Lebens«: was für ein schlichter, unprätentiöser, heruntergestapelter Titel. Liegt so ein Buch einmal im Schaufenster, am Kurfürstendamm, am Stephansplatz, an der Maximilianstraße, wird es mit seinen wenigen Reizen heftig wuchern müssen, um aus dem vorbeiflanierenden Menschen einen Käufer zu machen. *Schon wieder eine Lebenserzählung?* wird dieser vielleicht denken; schon wieder einer, der aus dem Würfelkleid seiner Existenz, diesem schauderlichen Gemisch aus Energie und Zufall, ein »Leben« herausdestillieren zu können meint, nur weil sich sein kleines Dasein am Hilfsfaden einer »Erzählung« zu einem Ganzen zusammenbuchstabieren läßt? Vielleicht denkt der mögliche Käufer auch weniger kompliziert. Vielleicht ist er gar ein Menschenkenner und also ein Misanthrop.

Dann wird er, kultivierter Mensch, der er ist, vor der im Schaufenster lockendenden »Lebenserzählung« höflich sich verneigen und ihr in angemessenem Ton mitteilen: Werte Dame, sie versprechen mir das Glück einer Erzählung. Ich aber weiß, wie es sich mit des Menschen Erinnerungsvermögen verhält, wenn es ums Eigene geht. In der Rückschau legen wir einen rosigen Schleier über das, was einmal war, und jedes faserige Stück Rinderlende wird im Nachhinein so angerichtet, als ob es sich um jenes Dutzend getrüffelter Gänseleberpasteten handelte, das ein besagter Grimod de la Reynière III seinen Gästen in den 1790er Jahren jeweils auftragen ließ zur fröhlichen Erinnerung daran, daß just an diesem Gericht seinerzeit – wir sprechen von 1756 – sein Großvater, Reynière I, erstickt war. (Solches sei, so unser Flaneur, nachzulesen bei dem längst vergessenen Wiener Literaten Franz Blei. Besagter Herr Blei nämlich habe dem Kulinariker Reynière III eines seiner schön gemalten Porträts gewidmet. In früheren Tagen noch sei es zu finden gewesen in einem für deutsche Ohren freilich etwas schlüpfrig anmutenden Sammelband des Titels »Die galante Zeit«).

Wir wollen den koketten Disput zwischen der »Erzählung eines Lebens« und ihrem künftigen Käufer nicht weiter belauschen. Tatsache ist: Für zwanzig Euro gehen ein paar Minuten später 345 bedruckte Seiten über den Ladentisch, immerhin ein ganzes Leben. Das ist ein guter Kauf, am Kurfürstendamm, am Stephansplatz und an der Maximilianstraße. Ob es das Rosige der versprochenen Erinnerungen oder der günstige Ankauf einer fremden Existenz war, was den Flaneur zum Geldbeutel greifen ließ: wir werden es nie wissen. Doch auch hier tut sich, wie in jeder echten Notlage, ein dritter Weg auf. Vielleicht hat ja der künftige Leser hinter dem Titel »Erzählung eines Lebens« die fingerdicke Tiefstapelei eines Autors entdeckt, der in seinem »galanten« 18. Jahrhundert nur allzu gut bewandert war. Auch Casanova hat seine Lebenserinnerungen nur mit dem schlichten Titel »Histoire de ma vie« versehen; keine Auster, kein Strumpfband, kein ungedeckter Scheck in der Überschrift. Wie? Franz Bleis »Erzählung eines Lebens« in der Spurlinie von Giacomo Casanovas »Histoire de ma vie«?

Das ist nur auf den ersten Blick absurd. Zu den Nebenwidersprüchen wollen wir zählen, daß Casanovas »Histoire« in einer ersten, verstümmelten und zensierten, noch dazu deutschen Fassung 1821 in der Zeitschrift »Urania« erschien. Das war just 23 Jahre nach Casanovas Tod, am 4. Juni 1798, auf dem böhmischen Schloß Dux. Umgekehrt verhält es sich mit Franz Blei, der schon zum Schluß seiner »Erzählung eines Lebens« den eigenen Tod imaginiert. Aufwendig verabschiedet er sich im Kapitel 67 von seinem Leser, nicht ohne von der »schönen Humanität« eines Arztes zu sprechen, der ihm das nötige halbe Gramm Gift besorgt, womit er sich, ein Sokrates des 20. Jahrhunderts, aus der kalt und hektisch gewordenen Welt der späten 1920er Jahre zu verabschieden gedenkt. Um das Sterbelager haben sich (hier darf man sich von Jacques-Louis Davids Inszenierung des sterbenden Sokrates anregen lassen) die letzten treuen Blei-Jünger versammelt: Albert Paris Gütersloh, Carl Schmitt, Robert Musil, Paul Scheffer, Max Rychner, Peter Gan und Victor Plessen. Auch Bleis Tochter Sibylla und der Sohn Peter sind ans Sterbelager zugelassen, sogar deren Mutter wird für einmal geduldet.

Das ist alles schön und aufwendig und herzergreifend arrangiert. Franz Blei aber wird seinen autobiographisch vorweggenommenen Tod um mindestens zwölf Jahre überleben. Wo also für Blei sogar das Ende aller eigenen Dinge noch zum Gegenstand der literarischen Maskerade wird, waltet bei Casanova (auch er ein begabter Maskenträger) wenigstens beim Sterben eine vernünftige Logik. Zunächst wird ordentlich gestorben, erst viel später gelangt die »Histoire de ma vie« unters Volk. Einsam aber sind sie beide aus der Welt gegangen: Casanovas Sterbelager in Dux wird flankiert nur von seiner Hündin Finette und dem zweifelhaften Neffen Carlo Angiolini. Blei stirbt am 10. Juli 1942 in Westbury, New York, in einem besseren Armenhospital. An seinem Bett einzig der herbeigeeilte Gütersloh.

Nun ist diese Parallelisierung zwischen dem alten Casanova und dem gealterten Franz Blei nicht einfach nur eine literarisierende, ansonsten aber mit historischer Gewalt herbeigezerrte Passung. Giacomo Casanova nimmt im September 1785 das Angebot des Grafen Waldstein an, seine kommenden Jahre auf Schloß Dux zu verbringen. Daß es die »letzten« Jahre sein werden, war ihm bewußt. Es waren keine glücklichen Jahre, wollen wir den Aufzeichnungen des Fürsten von Ligne glauben: Derbe Mägde, mokante Köche, Haushofmeister, die dem Venezianer das Leben nach allen Regeln der Kunst schwer machten. Ligne richtet das alles zu einer giftigen Anekdote an:

> »Es gab keinen Tag, an dem er [Casanova] sich nicht über seinen Kaffee, seine Milch oder den Teller Makkaroni beschwerte, den er täglich verlangte. Der Koch hatte ihm keinen Maisbrei bereitet, der Stallknecht hatte ihm, als er mich besuchen wollte, einen schlechten Kutscher gegeben, die Hunde hatten in der Nacht gebellt. Unerwartete Gäste hatten ihn gezwungen, an einem Nebentisch zu essen. Ein Jagdhorn hatte seine Ohren durch Dissonanzen verletzt. Ein Pfarrer hatte ihn dadurch verärgert, daß er ihn bekehren wollte ...«[1]

Eine Karikatur, ohne Zweifel. Doch ein Lebemann, der ins Alter kommt, ist nach den Regeln der Kunst eine traurige Figur. Freilich, gerade diese letzten dreizehn Jahre in Dux sind die fruchtbarsten und – im gnädigen Vergessenkönnen – wohl auch glückliche. Es ist nicht ohne Ironie, daß Casanova just 1789, als das *Ancien Régime* unwiederbringlich zusammenbricht, die Lebensbedingungen jener Epoche in den »Memoiren« als literarisches Monument wiederaufzubauen beginnt. In nur drei Jahren hat er die erste Fassung der »Histoire de ma vie« geschrieben.

1927, am Ende, in Berlin

Von hier ergibt sich in größter biographischer Bequemlichkeit der Sprung von Giacomo Casanova zu Franz Blei. Der eine sitzt ab 1785 allein in Dux, verarmt und von blödsinnigen Alltagsquerelen gegängelt. Der andere sitzt – rechnen wir 142 Menschenjahre vorwärts – 1927 allein in Berlin, verarmt und gleichfalls von häßlichen kleinen Plagen gequält. Blättern wir kurz zurück: Schon im Sommer 1926 hatte Blei seine Wiener Sachen zusammengepackt und war – ein zweites Mal – nach Berlin gezogen. Ein kurzer Brief an den Staatsrechtler Carl Schmitt, noch datiert »Wien 9, Widerhofergasse 8, 6. Juli 1926«, trug damals schon die gar nicht mehr malerischen Züge der Verzweiflung:

> »Lieber Dr Schmitt,
> ich kann Ihnen heute nicht sagen, wo ich im Oktober sein werde. Nicht einmal, ob ich noch sein werde. Es geht mir gar nicht gut. Erschöpft von der Arbeit für den Berliner Verleger[2], die ich Ende Juni mit solcher Seite 840 abschloß, mußte ich die Freundin verlieren, die dreieinhalb Jahre Motor meines Daseins war, sie verlieren mit wochenlangem Zureden, mich zu verlassen, zu heiraten usw. Dann fügte ein Zufall das Weitere. Nun bin ich seit fünf Wochen allein, komme mir entsetzlich verlassen vor und habe das mich erdrückende Bewußtsein, ein Gnadengeschenk, die freiwillige Liebe eines anderen Menschen, von mir gewiesen zu haben. Ich bin ohne jede Lust zur Arbeit, ohne Schlaf und, auch dies noch, ohne Geld. Und sehe dem zu wie erstarrt. Ich glaube nicht mehr lang. Ohne dieses Ornament der Liebe einer Frau – Sie müssen sich dabei nichts Sinnliches denken, das ist nur so ein letztes Siegel, in dem man sich allein und wortlos versteht – ohne dieses Ornament ist mir das Leben ganz lächerlich. Und denken Sie, daß dazu noch kommt, daß ich mit 54 Jahren und nach

einigem Tun, wie die Leut sagen, nicht zu essen habe. Das ist doch eine glatte Quittung über die völlige Irrelevanz dieses meines Lebens und Tuns. Ich nehme sie ohne jeden Groll entgegen, denn Fakten sind Fakten. So legt sich eines zum andern zu einem Packen, den zu schleppen man weder Lust noch Kraft hat, der Weg geht doch immer in der Irre, wie er auch geht.

Ich finde in mir nicht den kleinsten Platz, auf dem stehend ich mir zureden könnte, sei es vernünftig, sei es, die Augen in die Höhe zu reißen. Das mit den Prüfungen ist ein lieber Selbstbetrug, weil sich der Mensch geniert, an Gott zu denken, wenn es ihm übel geht, weil er nicht an ihn dachte, als es ihm gut ging. Also daher kommt nichts zu mir, weil nichts von mir dahin geht. Eine nie vorhandene Brücke in diesem Augenblick zu bauen, das wäre eine Gemeinheit.

Verzeihen Sie, lieber Freund, daß ich Ihnen mit diesem Briefe die Stunde beschwere. Aber ich wollte und mußte Ihnen schreiben und da mußte es ja doch die Wahrheit sein, wie es um mich steht. Schlecht. Punktum.

Herzlichst grüßt Sie

Ihr f Bley«[3]

Im Sommer 1926 also stand es schlecht um den Literaten Franz Blei. Der vermeintliche »Snob« geht nach Brot. Das wäre nur eines, wohl ein Kleines. Schlimmer noch: Dem »galanten Abbé« ist die Liebe abhanden gekommen und ebenso das Gedankenabenteuer an die tröstende und stabilisierende Kraft eines Gottes. Kein Ismus, weder Sozialismus, Kommunismus noch Katholizismus, das weiß Blei längst, kann dem denkbeweglichen Menschen einen Ort bieten. Etwas später, im Januar 1927, in Berlin, hat sich die Situation ein bißchen entschärft. Von Wien ist Blei nur deshalb nach Berlin gezogen »weil man hier etwas sichrer und rascher zu dem Gelde kommt, das man so braucht zum leben«. Drei hübsche Zimmer habe er sich gemietet, damit ihn die Häßlichkeit der Stadt nicht weiter geniere. Weiter vermeldet er Schmitt –

> »Da sitz ich nun und versuche meinen Vertrag mit dem Verlag P. List in Leipzig zu erfüllen, der mich engagiert hat, die »Erzählung eines Lebens« bis zum Juli zu schreiben, wie ich das nenne, was man mit viel Entgegenkommen auch meine Erinnerungen nennen kann. Noch plage ich mich um eine Form, durch die ich das völlige Desinteressement an meiner historischen Person, zumal der gewesenen vergangenen, überwinde. Es kostet mich sehr viel Mühe, mir den Kopf so zu drehen, daß das Gesicht im Nacken steht. Ich glaube ja immer noch, daß erst alles kommt, vor mir liegt, vorne. –«[4]

Das also ist die Situation des Schreibenden. Franz Blei weiß darum, daß seine Zeit vorbei ist, auch wenn er noch Mühe damit bekundet, »den Kopf so zu drehen«, daß er nicht mehr noch vorne, sondern zurück schaut. Eine Epoche ist vorüber, der »Literat« (eine »strafrechtlich zugelassene Bezeichnung für Zuchthäusler«, wie Blei anderswo mokant bemerkt[5]) ist ein Schmock, ein lästiges und welkes Überbleibsel aus Tagen, als man noch hinter müßiggängerischer Maskerade in der Sonne liegen und der Schönheit huldigen konnte. Nun aber geht es um Vitales, um Völkisches, um Erhebung und Kraft, Carl Schmitt wird hier mittun, Franz Blei wird Abschied nehmen, sich der Erinnerung widmen, das kalte Deutschland schon vor dem unseligen Januar 1933 verlassen. Von Mallorca, wo Blei sich nicht zuletzt der niedrigen Lebenshaltungskosten wegen niedergelassen hat, wird er 1936, bei Ausbruch des Spanischen Bürgerkrieges, nochmals nach Österreich gespült und von da noch etliche Stationen weiter. Der Briefwechsel mit Carl Schmitt bricht schon 1933 ab. 1939 erscheinen – vordatiert auf 1940 – im Amsterdamer Verlag Allert de Lange Bleis »Zeitgenössische Bildnisse«. Sie sind Franz Bleis letztes

Buch. Es findet sich darin ein Porträt über Carl Schmitt, das die Freundschaft nicht verleugnet, dem ehemaligen Seelengenossen aber mit allem Anstand die Gefolgschaft aufkündet.

> »Als mir Schmitt seine kleine Schrift ›Staat, Volk, Bewegung‹ (1933) zusandte, schrieb ich ihm, daß ich ihm nach wie vor gratia und amicitia bewahre, nur mit der reverentia ginge es nicht mehr so ganz.«[6]

II Kleiner Exkurs

Eine Freundschaft und ihr Ende, oder: Vom Führerstaat ...

Wie die Freundschaft zwischen Schmitt und Blei zustande kam, ist bislang nicht geklärt. Der Briefwechsel scheint erst 1917 einzusetzen, es ist aber nicht auszuschließen, daß Blei schon früher auf Schmitt aufmerksam geworden ist. Dafür spricht eine kleine Besonderheit im »Großen Bestiarium der modernen Literatur«, Bleis heute wohl noch bekanntestes Werk. Der aufmerksame Leser, der das »Vorwort zur ersten Auflage« von 1920 nicht überschlägt, wird an dessen letztem Satz hängenbleiben: »Bei meinem Freund, dem Dr. Negelinus, muß ich mich noch bedanken für seinen auf Spezialstudien gegründeten Beitrag, die Beschreibung der Fackelkraus.« Daß dieser besonders lange und nicht sonderlich freundliche Eintrag über Karl Kraus der Feder Carl Schmitts entsprungen ist, ist mittlerweile bekannt. Der Dr. Negelinus freilich feiert noch einen zweiten Auftritt, nämlich im ebenso schönen wie literarisch kapriziösen Anhang über die »Quellenschriften des Bestiarium«. Auch da hat sich Franz Blei – getreu dem Motto, das sich, was nicht ist, zur Belehrung und Unterhaltung des Lesers auch erfinden läßt – als geistreicher

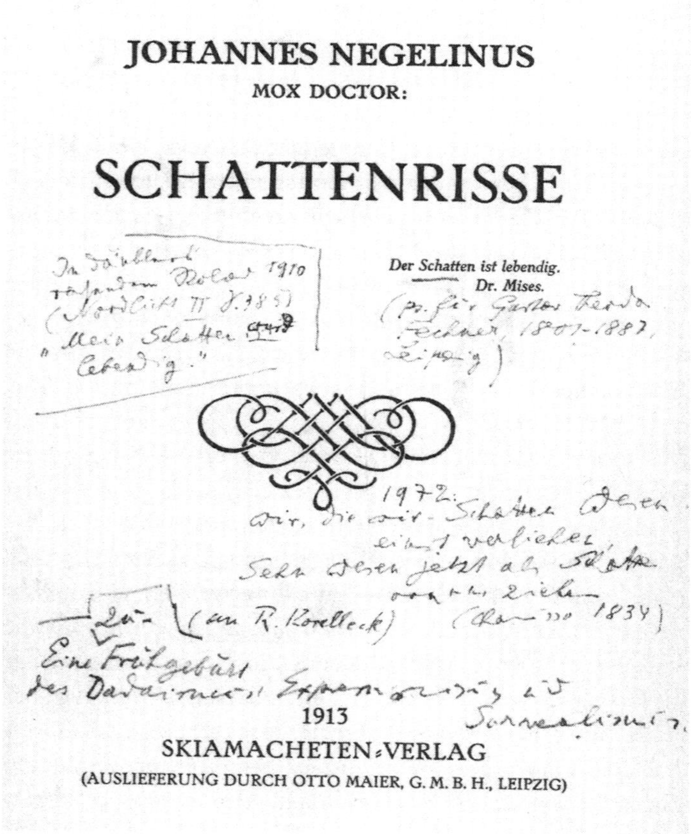

JOHANNES NEGELINUS
MOX DOCTOR:

SCHATTENRISSE

Der Schatten ist lebendig.
Dr. Mises.

1913
SKIAMACHETEN-VERLAG
(AUSLIEFERUNG DURCH OTTO MAIER, G. M. B. H., LEIPZIG)

Titelblatt der »Schattenrisse«, die Carl Schmitt 1913 unter dem Pseudonym Johannes Negelinus in einem fingierten Verlag erscheinen ließ. Die kleine Geheimschrift steht wohl am Anfang der Freundschaft zwischen Carl Schmitt und Franz Blei. Die Anmerkungen auf dem Titelblatt stammen von Carl Schmitt.

Schöpfer von Abhandlungen betätigt, die es meist noch zu schreiben galt. So findet sich zwischen »*Carol Smith*, Die Darmverschlingungen des Däublers. München 1920«, »*Stünzi-Käsly*, Das Zahn, ein Schweizer Original-Export-Artikel.

Luzern 1900« oder »*Pringsheim*, Die familiären Antinomien des Thomasmann. Bonner Diss. 1920« auch der Eintrag »*Johannes Negelinus*, Schattenrisse. Leipzig 1913«.

Im Gegensatz zu den 62 anderen, erfundenen, verfälschten oder sonstwie entstellten Quellenverweisen ist einzig dieser bibliographisch korrekt, will heißen: Das Buch existiert in dieser Form. Carl Schmitt hatte dieses Werk in geradezu klassisch klandestiner Weise unter dem Pseudonym Johannes Negelinus in einem ebenfalls fingierten Skiamacheten-Verlag erscheinen lassen; auch das Druckdatum 1913 dürfte gefälscht sein. Schon hier tun sich dem heutigen Interpreten Abgründe auf, auch wenn er etwa noch herausfinden mag, daß ein Magister Petrus Negelinus im 18. Brief der 1515 ebenfalls anonym erschienenen »Dunkelmännerbriefe« kurzzeitig als Autor erscheint.[7] Franz Blei, der zeitlebens jeder Art der Maskerade, auch der literarischen, sehr zugetan war, dürfte Schmitts anspielungsreiches Werk schnell aufgefallen sein, zumal ihn dessen Botschaft – eine komplexe Form der konservativen Kulturkritik – interessiert haben wird. Daß die erste Rezension der »Schattenrisse« just 1913, und zwar im 4. Heft des »Zwiebelfisch«, erschien, dessen Mitherausgeber Franz Blei seit 1909 war, berechtigt erst recht zur Annahme, daß Blei selbst den nicht gezeichneten Hinweis auf die »Schattenrisse« geschrieben haben dürfte.

Man könnte nun die kriminalistische Recherche der Blei-Schmitt'schen Seitenwege noch um etliche Petitessen weitertreiben, allein wir wollen das fröhliche, philologische Tun hier mit dem Hinweis beenden, daß die »Schattenrisse«, beispielsweise Seite 60, etliche Antizipationen des kommenden »Bestiariums« enthalten, wovon wir hier nur den einen Eintrag »Büchner: Bekannter Kraftstoffel« hervorkramen wollen.

Fassen wir für den vielleicht schon etwas verwirrten Leser zusammen: Zwischen Blei und Schmitt hat sich seit 1913 eine Freundschaft entwickelt, die die beiden scharfsinnigen Denker in ein fast intimes Seelenverhältnis setzte. Nirgendwo redet Blei so offen über seine desolate Lage in den späten 1920er Jahren wie in den Briefen an Carl Schmitt. Kurzzeitig finden sich beide im Umfeld der – von Blei zumindest als Option geprüften – »Konservativen Revolution«; eine komplizierte Katholizität steht oft im Mittelpunkt des Gedankenaustauschs. Doch ab 1930 kühlt die Beziehung merklich ab. Blei wird Schmitts Weg nicht nur nicht teilen, er wird sich bald öffentlich von ihm abwenden. Konsultieren wir nochmals Franz Bleis Schmitt-Porträt von 1939 –

> »Wie konnte dieser römische, rheinländische, gänzlich unromantische Katholik, der die klassische Schrift »Römischer Katholizismus und politische Form« geschrieben hat, dem Leviathan Staat unterliegen? [...] Wie dieser betrachtende, stille, weinfrohe Mann, der in seiner rheinischen Heimat mit ihrem Römischen und Christlichen den Humanismus erfüllt sah, solch lärmendem Berserker-Deutschtum [unterliegen]?«[8]

Und schließlich, hellsichtig und illusionslos: Die von Schmitt für den »totalen Führerstaat« als notwendig erachtete »totale Artgleichheit« der Menschen bestehe auch dann nicht,

> »wenn man alle deutschen Juden aus Deutschland ausgetrieben haben wird. Auch nicht, wenn man den letzten Insassen der Konzentrationslager umgebracht hat und den letzten deutschen Katholiken für den Reichsbischof Wodan Müller gewonnen hat. Abschaffung der Gegner ist ein negatives Tun und schafft noch nichts.«[9]

Die Vielheit der Menschen ist für Blei eine anthropologische und kulturelle Qualität, die der preußische Untertan »bei all seiner Lust und Begabung zum blinden Gehorchen« und trotz den »bedeutendsten Kerker- und Mordleistungen« des

Führerstaates niemals auslöschen könne. Blei hat damit zwar recht gehabt, aber der historische Preis dieses Rechthabens ist schlechthin unmenschlich.

… zurück zum alten Verführer

Doch gehen wir noch einmal in die späten 1920er Jahre zurück. Parallel zur »Erzählung eines Lebens« arbeitet Blei an einem Band, der 1929 unter dem Titel »Ungewöhnliche Schicksale und Menschen« beim Rowohlt-Verlag in Berlin erscheint. Da ist Einiges darin, das – wie bei Blei so oft – schon anderswo und unter anderer Verpackung zur Vorstellung kam. Unter den zwanzig Porträts freilich findet sich eines, das mit einigem Herzblut und in der ungewöhnlichen »Ich«-Form[10] zum Leser spricht: »Casanovas letzte Niederschrift«. Da überkreuzen sich Porträtierender und Porträtierter, der alte Casanova in Dux trifft auf den alt und *demodé* gewordenen Blei in Berlin.

> »Nun hat mich die Jugend, ja mehr noch, hat mich die Mannheit verlassen: es bleibt mir aber die Klarsichtigkeit meines Verstandes, dies zu erkennen und zuzugeben. Das letzte Bett, das mir das Schicksal hier aufschlug, ist weich, aber es hat sein Ungeziefer. Da mir alle Mittel fehlen, es gegen ein anderes einzutauschen, wie ich es früher getan hätte, so muß ich mich abfinden. Ich muß die Wärme und Weiche des Lagers dafür verantwortlich machen, daß es sich auch die Wanzen darin gefallen lassen. Es langt nur zu einem Fluch mehr, nicht weiter. Und dazu, die Nacht zu überwinden am Tische hier mit der Feder in der Hand als einem Zauberstab, damit die Erinnerung heraufzubeschwören.«[11]

– Wer spricht? Casanova oder Blei? Und weiter:

»Denn wo das Seiende nichts mehr bedeutet und die Hoffnung keinerlei Trugbilder einer Zukunft vorgaukeln kann, da sinkt der Geist zurück in das Vergangene. Was einmal süß gewesen ist, das bekommt, so erinnert, eine frische Herbheit, weil anders es ein schaler Trunk wäre. Und das, was einmal bitter geschmeckt hat, als das Leben den Becher reichte, das bekommt nun von der Erinnerung als Schenkin[12] eine kleine Süße. Aber all dies ist nur dem Alter eigen und ist seine schöne Täuschung.«[13]

– Wer spricht? Casanova oder Blei? Und schließlich:

»Ich kann, das weiß Gott, mein Leben und wie ich es führte, nicht als ein nachahmenswertes Beispiel für einen braven Christenmenschen hinstellen. Wohl aber sagen, daß so wie ich war und wie die Umstände waren, in die mich das Los stellte, ich es anders nur mit dem völligen Verlust meiner selbst hätte leben können.«[14]

– Wer spricht? Kartesisch klar und deutlich: Es spricht Casanova durch Blei. Oder Blei durch Casanova. Denn wozu hier personale Trennlinien aufbauen, wo Lebensverhältnisse und Seinserfahrung in schönstem Zigeunermoll miteinander harmonieren? Blei läßt seinen Casanova erzählen, es habe ihm der Fürst von Ligne dringend geraten, seine Erinnerungen aufzuschreiben, um aus den Duxer Verschattungen herauszufinden. Blei läßt seinen Casanova antworten: »Ich habe den Rat befolgt. Ich habe mein Leben angeschaut rückgewandten Auges, indem ich es aufschrieb.« Diese Stelle aus »Casanovas letzter Niederschrift« ist die biographische Passung zu jenen an Schmitt gerichteten Sätzen aus dem Januar 1927, wo es um das Projekt der niederzuschreibenden »Erzählung eines Lebens« geht. Auch sie ist ein Akt der Rekonstruktion des eigenen Seins über die Gnade nachsichtigen Erinnerns.

Noch hat Blei nicht wirklich angefangen mit seiner »Histoire de ma vie«, noch meint er vermelden zu müssen, es koste ihn »sehr viel Mühe, mir den Kopf so zu drehen, daß das Gesicht im Nacken steht«, noch tut er so – es gehört zu den letzten Maskenspielen einer gleichsam habituellen Eitelkeit –, als ob er glaubte, »daß erst alles kommt, vor mir liegt, vorne.« – Zwei Jahre später ist die »Erzählung eines Lebens« mehr oder weniger fertig geschrieben. Sie ist ein uneinheitliches Werk, im ersten Teil ein glänzendes Erinnerungsbuch mit großartigen Passagen, im zweiten Teil mitunter ein schnell zusammengestellter Porträtband, wie man ihn vom »Literaten« schon kannte und nun eben nicht mehr schätzte. Das sei hier schon vorweggenommen. Dennoch ist dieser Selbstroman ein in doppeltem Sinne geglücktes Werk. Zum einen hat er für Blei just den humanen Wert des eigenen Daseins neu erfahrbar gemacht. Dieses Häufchen Materie, 1871 in die Welt geworfen, hat »etwas« aus sich gemacht; hat gefühlt, gezweifelt, erkannt, genossen, geliebt, gelebt. Wohl hat der Silberblick der Rückschau dem Kantigen und Brüchigen der gelebten Existenz einen wohlgerundeten Leib verpaßt. Wettgemacht wird dieses vermeintlich Runde hingegen durch die gehörige Portion Sarkasmus, mit der die Erinnerungen immer wieder abgeschmeckt werden. Aber eine innere Kohärenz hat dieses Leben just aus sich selbst heraus, aus der genutzten Freiheit, etwas aus sich machen zu können. Das ist das eine (und es steht niederen Geistern unbelassen, es »Selbsttherapie«, »Täuschung« oder »Alterstrost« zu nennen). Das andere ist das literarische Monument: Auch hier darf wieder an den alten Venezianer erinnert werden. Genau so, wie Casanova nach dem Kladderadatsch von 1789 das Lebensgefühl des vermeintlich »süßen« *Ancien Régime* zumindest als literarisches Monument zu rekonstruieren verstand, so errichtet Franz Blei – das muß einmal gegen alle

Blei-Ignoranten, Blei-Verächter und Blei-Nichtleser gesagt werden – dem literarischen und kulturellen Befinden des frühen 20. Jahrhunderts ein einzigartiges Monument; eines, das verfaßt worden ist in der heiligen Dreieinigkeit eines klugen Kopfes, eines empfindsamen Herzens und einer launigen Seele.

III Erinnerung, sprich

Nach diesen kurvenreichen, aber notwendigen Prolegomena in eine jede Geschichte des Erinnerns sind wir gestärkt genug, mitten in die »Erzählung« hineinzuspringen. Gewidmet hat Franz Blei das keineswegs schmale Buch – mit 494 Oktavseiten sogar eines der umfangreichsten seiner Werke – der »Familie«, also der Ehefrau Maria Blei-Lehmann, der Tochter Maria Sibylla, dem Sohn Peter Maria. Das mag erstaunen, denn ein Familienmensch war Franz Blei nie. »Billi«, die Tochter, wurde am 22. März 1897 in Zürich geboren. Blei zählt bei der Geburt seines ersten Kindes 26 Jahre, sehr gelegen kommt dem damals schon professionellen Bohemien die Vaterrolle nicht, was auch in der »Erzählung« nicht verschwiegen wird. Kapitel 35, das sich just in der Mitte des Bandes findet und den zweiten Teil eines Selbstgesprächs zwischen dem knapp 60jährigen und dem knapp 30jährigen Blei enthält, philosophiert recht trübselig über den Umstand, daß aus dem »Gnadenakt der Liebe« dann so etwas wie eine Ehe, häusliche Verhältnisse, gewendete Kissen und andere irdische Beschwernisse entstanden seien. Zu diesen Imponderabilien gehört zweifelsohne auch, daß man als Schriftsteller, 1897, etwas tun müsse, »wenn man in einer Ehe lebt und das vor einem halben Jahr geborne Kind zwei Zimmer weiter schreien hört«.[15] Dreiunddreißig Jahre später wird Franz Blei just diesem damals schreienden Säugling die Erinnerungen widmen – wer will, kann darin den späten Versuch sehen, um

Verständnis für den selbstbezogenen Kurs einer durch und durch literarischen Existenz zu bitten.

Von der Wahrheit der Lüge

Wozu überhaupt über das eigene Leben berichten? Wer interessiert sich für einen Verfasser, dessen Name den meisten nichts mehr bedeutet »als ein Zufall von vier zusammengewürfelten Buchstaben«? – Schon hier, auf den ersten Seiten, stellt Blei jeden Lebensplan, jeden Versuch, eine Ordnung in die eigene Existenz zu bringen, als Verblendung heraus. Die menschliche Existenz ist absurd, und was man im Nachhinein als »Biographie« ausgibt, ist eine Verkettung von eitlen Zufällen und zufälligen Eitelkeiten. Gäbe es ein Gesetz, das jeden Menschen im 50. Lebensjahr zur biographischen Rechenschaft zwänge, so müßte in den meisten dieser Rechenschaftsberichte der melancholische Satz vorkommen, »daß man ein Schweinehund oder ein Narr gewesen«. Alles andere wäre gelogen. Da aber das meiste, was Menschen hervorbringen, gelogen sei, könne man genauso gut in der Lüge den eigentlichen Wahrheitstext der Menschheit sehen. Er, Franz Blei, sei sich dieses Gesetzes durchaus bewußt, und also könne der Leser von der »ungeschminkten Wahrheit« der vorliegenden Lebenserzählung »nicht gering genug denken«. Und sowieso täusche sich der Mensch, wenn er meine, dem Erinnern komme eine befreiende Wirkung zu. »Vergessen ist wohltuender.«

Mit dieser paradoxen Selbstermunterung tritt Franz Blei sein Geschäft einer wohligen Selbstrekonstruktion mit dem Mittel der lebensdienlichen Amnesie an. Was er einst auslöschen wollte – nämlich die bescheidene Herkunft seiner Eltern, den Analphabetismus des Vaters –, das wird nun dem Vergessen entzogen und so rekonstruiert, als ob es zu den notwendigen Vorbedingungen eines späteren Paradieses gehörte. Vielleicht ist das sogar das erste Wunder dieser Autobiographie: Der elegante Abbé, der vielgetadelte Snob, der ästhetische Überflieger taucht ein in eine Welt aus Notwendigkeit, Sparsamkeit und Kleinstbürgersinn. Schon im ersten Kapitel kommen die »Kräfte der Armut« zur Darstellung, als ob sich mit ihnen eine neue Experimentalphysik begründen ließe. Peinlich genau werden die Hochzeitskosten der Eltern notiert (2 Gulden), und Blei erspart uns auch nicht den Hinweis, daß es sich um einen Sondertarif handelte, ohne Glockengeläut und Orgelvorspiel, wohl auch ohne Gäste, denn die Eltern heirateten frühmorgens um sechs Uhr. Sparsamkeit ist da, in der Elterngeneration, noch nicht einmal eine Tugend, sondern schiere Notwendigkeit. Der Heranwachsende wird sich wohl oft geschämt haben für diese auf eine reine Kosten-Nutzen-Rechnung hinuntergeschraubte Lebensphilosophie. Es sind kleine, wie nebensächlich aus der Feder gelaufene Sätze, die das vermeintliche Kinderpastell ins Schamhafte einfärben – »Oh, die auf den Vierzehnjährigen von der Mutter umgearbeiteten Vaterhosen mit ihren lächerlichen Weiten, die sich, saß man, als ein aus der Schamgegend aufsteigender Sack blähten.«

Dazu die »Sommerfrische« des zu Verwandten aufs Land verschickten Heranwachsenden: Auch das sind Winkelschnitte aus tiefster Ärmlichkeit, kleine Bauern, Tuchscherer, Töpfer, ein Katechet in Schlesien, »Kleingütler«, Weber und Waggonarbeiter in Obermähren. Noch immer hat der bald 60jährige den Armeleutegeruch in der Nase, leichthändig – aber auch leicht geniert – rekonstruiert er das dumpfe Dahinexistieren dieser seiner Vorfahren, tagsüber hüten sie Kühe, abends stricken sie Strümpfe, auch die Männer. Dann übergangslos der kleine Satz »Mein Vater hat also weder lesen noch schreiben gekonnt«, hingeschrieben von einem Sohn, dessen größtes Kapital das Schreiben und der literarische Spürsinn sind. Doch es ist gerade dieser »schriftlose« Vater, vor dem der Sohn auch in den späten Jahren den Hut ziehen wird; vor dem Leser steht dieser väterliche Analphabet wie ein Naturereignis von einem Menschen da, der sein Unvermögen im Umgang mit Buchstaben so wenig als einen Defekt empfand wie ein Skifahrer, der in der Urgeschichte der Tinklit-Indianer nicht Bescheid weiß.

Vaterherz, Muttermaschine

Gar nicht kleinlich ist Blei in seiner späten Hommage an den Vater, den er als stillen und milden Zuschauer und als einen Meister im Gewährenlassen skizziert, wohingegen der »Wissenschaft« der Mutter – etwa das schnelle Zins- und Zinseszins-Kopfrechnen – der Gusto des Kleinlichen anhaftet. Ohne der Mutter Rechenkünste wären die Baugeschäfte des Vaters wohl in die roten Zahlen gelaufen, dennoch: Alle Fertigkeiten der Mutter machen aus ihr doch nur jene große Zuchtmeisterin, die den Emotionshaushalt der sechsköpfigen Familie so eisern im Griff hält wie die Bautätigkeit des Vaters, der, ein begnadeter Autodidakt, halb Wien mit Häusern überzieht. – Später dann, das Vermögen ist längst erschaffen (und erst der einzige Sohn wird es, im Verein mit zwei windigen Schwiegersöhnen, ruinieren), geht der Vater einfach weg. Weg von einer ewig rechnenden Frau, weg von den Gestellen der Existenz, weg von den Quisquilien der Notwendigkeit.

Merkwürdig verkehrt scheint da das Geschlechterverhältnis: Der Vater ist der Mensch, die Mutter eine herzlose Automate, er rührt, »von keinerlei erlesenen Kenntnissen gestört«, an das Glück des Seins; sie ist das Opfer der Moderne; auf Leistung, Erfolg und Profit getrimmt. Und man darf den Verdacht äußern, daß hier wohl auch der Quell von Franz Bleis nicht zu übersehender Misogynie liegt. Es sind die Frauen, die angekettet sind an das Gängelseil des ewigen Wollens: Erst Heirat, Kinder, Häuser, dann Wertpapiere, Lebensversicherungen, Enkelkinder; schließlich Ehrentitel, Privatärzte und bitte auch noch einen Logenplatz im Himmel. Und wozu das alles? Die ganze Aufregung, der sinnlose Betrieb? Merkwürdig die ins Anti-Zerebrale gewendete Schlußpassage von Kapitel 2: Da wird – 1930! – eine Art Schopenhauer'scher Kultur-Quietismus entworfen, zweifelsohne inspiriert vom Glücksbild des buchstabenfreien Vaters, aber doch auch auf die durch Kultur und Fortschritt sinnlos entzauberte Moderne gemünzt –

> »Ich glaube, es wäre für die Menschheit ein sehr großer Gewinn, wenn sie einige Generationen hindurch weder lesen, noch schreiben, noch rechnen lernte. Die Gehirne würden sich prachtvoll ausruhen. Das nunmehr mündlich Weitergegebene würde sich höchst ausdrucksstark gestalten und würde nur das Wesentliche formieren müssen, das Schicksalshafte. Die mythenbildende Kraft würde wieder gewonnen werden, die mir wichtiger zu sein scheint als die wissensbildende.«[16]

Wollte man diesen Familienroman weiterzeichnen, und in ihn eingeschlossen die kleinen Tragödien der Adoleszenz, so fände man dann aber doch einen Jüngling vor, der einzig gegen den Vater zu opponieren beginnt. Bewehrt mit dem dritten Band des Marx'schen »Kapitals« und bewaffnet mit angelesenen Mehrwert- und Ausbeutungstheorien, wird der verwöhnte Sohn den stillen Vater zum bösen Kapitalisten hochstilisieren. Der kleine Nebenwiderspruch, daß der Vater nur ein Häuserbesitzer ist und kein ordentlicher Bilderbuchfabrikant mit rauchenden Schloten und einer Heerschar von ausgezehrten Arbeitern, läßt sich im zarten Alter von siebzehn Jahren bequem eskamotieren. Just so, wie der Jüngling 1887 aus der katholischen Kirche austritt und mit mutwilligem Stolz dem Vater das entsprechende Papier präsentiert, just so wird er in der gleichen Zeit vorübergehend den

Schutz einer anderen Kirche suchen. Doch ob Christus oder Marx: Für den Rückschauhaltenden sind 1930 längst alle Kirchen mitsamt ihren Heilsversprechen auf Grund gelaufen. Kein Katholizismus, kein Marxismus, schon gar kein Nationalsozialismus. Einzig das Schöne – Gefühltes, Erfahrenes, in der Erinnerung sich Rekonstruierendes – verleiht kurzzeitig Erleichterung aus der »Not der armseligen Selbsterhaltung«.

Im Garten

Wo ankert das Schöne? Wo ist Bleis Paradiesgarten? In der »Erzählung eines Lebens« jedenfalls findet er sich höchst anschaulich im Kapitel »Haus und Garten«. Wir sehen den künftigen Literaten noch im Kindergewand, aber schon im höchsten Glück, das dem Menschen überhaupt möglich ist. Der Garten hinter dem Wiener Elternhaus ist »so groß, daß heute ein kleines Stadtviertel darauf steht«. Dorthin verzieht sich der Knirps, verliert sich in der zwanglosen Weite jenseits jeder Pflicht, um erst, »wenn es dämmerte, wieder sichtbar zu werden«. Vor dem Garten gibt es Treibhäuser, einen Hühnerstall, es gibt Remisen und Schuppen, einen Weinkeller und andere Stätten wirtschaftlicher Notwendigkeit. Das ist uninteressant. Dahinter aber öffnet sich das Traumreich der Vegetation, ein Stück Gartenland »ausgelegt wie ein kostbarer, bunter Teppich«. Hier herrschen die Gesetze des Pflanzlichen und des Animalischen, die Erwachsenenlogik – und mit ihr alles Zerebrale und Rationale – hat keinen Zutritt. Gelegentlich hantiert da ein alter Gärtner, bezeichnenderweise ist er taub, eher ein Gewächs denn ein Mensch, und ebenso gewiß zählt der alte Dackelhund unter die Menschen. Daß Blei fünfzig Jahre später noch mit einer geradezu botanischen Emphase just von diesem Kindheitsgarten spricht und von der darin genossenen »strotzenden Üppigkeit pflanzlichen

Für-sich-Seins«, mag doch als Fingerzeig gelten auf eine unversiegbare Quelle des Glücks im reinen Dasein.

Für-sich-Sein-Können zwischen vegetabilem Gewächs, Für-sich-sein-Können zwischen literarisch Gewachsenem: glücklich, wer dieses Kapital mitbekommen hat. Franz Bleis Kindheit ist randvoll mit Kinderglück, da ist nichts Gebrochenes und Gedrücktes, und es ist ein gütiger Vater, der am Rand des Tableaus steht und dem einzigen Sohn nicht nur pekuniäres, sondern vor allem menschliches Kapital mitgibt. Liegt dann Schnee im Garten der Kindheit, setzt der Vater den Knaben auf den Schneepflug und saust mit ihm durch Sonnenlicht und aufstäubendes Zauberweiß, »daß man vor Glück schrie«.

Eigentümlich, wie die Distanz zwischen dem schreibenden und dem beschriebenen Ich immer größer wird mit der steigenden Seitenzahl dieser Autobiographie. Das Kind, der Jugendliche, die Wiener »Bubenangelegenheiten« und noch die Leiden des Zöglings im Melker Stift – wie ähnlich übrigens die Verlassenheitsgefühle dieses Melker Törless' mit denjenigen seines Musil'schen Zwillingsbruders – werden berichtet aus der schlichten Warte der Selbsterfahrung. »Wir flogen zu fünft hinaus als Diebe und Bösewichter«: wenn Franz Blei 1930 von jenem *consilium abeundi* berichtet, das seiner Melker Gymnasialzeit ein vorzeitiges Ende setzt, sind ihm diese relegierten Schüler nahe Seelengefährten, ein Stück des jugendlichen Anführers wohnt noch immer im nun Grauhaarigen. Auch die Berichte über die ersten eigenen Lektüreerfahrungen – daß man mit Schopenhauer-Extrakten die Schwestern mißhandeln konnte, daß der selbstentdeckte Jean Paul weitaus mehr beflügelte als der in spröde Schulstoff-Einheiten zerlegte Pädagogen-Goethe – werden 1930 nicht revidiert.

Geist, auf Flaschen gezogen

Aufs Anschaulichste beschreibt Franz Blei in der »Erzählung eines Lebens« das Elend dieses Gymnasialunterrichts, der Literatur erst dann zuläßt, wenn sie von jedem sinnlichen Vergnügen befreit und aufs Ödeste trockengelegt ist. In kaum einer anderen Biographie des 20. Jahrhunderts finden sich so deutliche Angriffe gegen diesen ganz und gar deutschen Reflex, jedes mögliche menschliche Vergnügen unter Beamtenkuratel zu stellen. Was die Verschmelzung von Literatur und Untertanengeist hervorbringt – Franz Blei berichtet davon, und es lohnt sich, solche Stellen noch einmal zu bedenken, denn sie sind nicht wirklich veraltet. »Die Zerarbeitung der Schullektüre zu Unterrichtsstoff war in den unteren Klassen so entscheidend gewesen, daß es auch in den oberen Klassen bei dem Gefühl blieb, die alten Autoren hätten nur geschrieben, damit spätere Buben an ihren Schriftwerken Latein und Griechisch lernen konnten. Zu keinem anderen Ziel, als etwas später einmal ebensolche Unterrichtsbeamte zu werden für eine neue Generation Buben.« Das »schulmäßige Traktement« macht aus Literatur einen »Klassiker«, und die Schule insgesamt ist eine einzige Fälscherwerkstätte, wo Literatur umgemünzt wird »nach ganz verblaßten sittlichen und ästhetischen Begriffen, aufgestellt zu pädagogischen Zwecken und dann insgesamt ausgeübt von Vorgesetzten, die als Pädagogen nichts als einfältige Quälgeister, als Lehrer nichts als Beamte waren, die ohne jedes persönliche Interesse das Pensum ihres Jahres abhaspelten.«

Ebenso harsch wird Blei später, nicht nur in Zürich, das Gros der Hochschuldozenten aburteilen. Überhaupt die Universitäten: Sie sind Horte falscher Lehrer und unechter Schüler, sie produzieren Rechtsanwälte und Geistesbeamte, sie reduzieren denkende Menschen auf trockene Systembauer und agile Begriffsjongleure. Als begabt gilt einer, wenn er es versteht, sich mit der Tochter des Professors zu liieren, wenn er gute Beziehungen zum Unterrichtsministerium unterhält, wenn er fleißig Gutachten schreibt, sich gesunde Nebenverdienstquellen zu beschaffen weiß und kleine Pfeile vergiftet, »einen Kollegen abzuschießen«. – Auch diese Passagen lesen sich heute (sogar ohne jedes *mutatis mutandis*) absolut frisch. Und prophetisch (mit Blick auf die verelendeten und mit kommissarischem Fleiß heruntergewirtschafteten Hochschulen des 21. Jahrhunderts) sind Bleis Bemerkungen, wonach die Universitäten »längst überholte Institute im Sinne ihrer Gründung sind« und die zunehmende Anzahl von Universitäten alles andere als eine »zunehmende gelehrte oder sonstige Bildung« bedeutet. »Es müßte auch ein wunderlicher Zustand eines Landes sein, wenn alle die vielen Professoren der Philosophie wirkliche Philosophen wären. Oder alle Geschichtsprofessoren Historiker. Die Herren haben davon meist nur den Dünkel und das Gehabe.« Daß dies mittlerweile auch auf Professorinnen zutrifft, ändert nichts an der Gültigkeit der Aussage.

Die Grundlinie von Bleis Hochschulkritik ist auch hier wieder seine Sensibilität gegenüber jener lebensweltlichen Erstarrung, die vom deutschen Geist ausgeht, wenn er versucht, sich in Körperschaften zu formieren. Mit Organisation und Bürokratie kann man jeden noch so schüchternen geistigen Funkenschlag ersticken. Und zur Hochform läuft die deutsche Universität dann auf, wenn sie ihre Reglemente und Prüfungsverordnungen auf den neuesten Stand gebracht hat. »In solchem universitätlichen Beamten- und Prüfungsbetrieb sind die Gelehrten, die wir besitzen, eingesprengt wie Fremdkörper und suchen sich, so gut es geht, mit Hilfe vieler Urlaube zurechtzufinden. Man hat sie, um das Prestige der Anstalt mit einem klangvollen Namen zu erhöhen, berufen. Jedoch, was sie zu sagen haben, läßt sich nicht nur in grober Verfälschung auf den Prüfungsgegenstand herunterbringen, der ja nur für einen Beruf, nicht für eine Berufung was ausmacht.« Daß der Doktor Franz Blei, trotz in Aussicht gestellter Professur, 1895 die Universitätslaufbahn definitiv quittiert: es wird niemanden überraschen.

IV Von der wundersamen Verwandlung eines Marxisten zum Literaten

Kehren wir zurück ins Jahr 1890. – Der Garten der Kindheit ist verlassen, die Quälereien im Melker Stift, das sozialistische Lehrgesellentum, die ersten Liebeleien im Wien der späten 1880er sind ausgestanden und finden sich, gebannt in fröhlich fließendes Aquarell, nun in den Kapiteln 12 bis 16. Nicht sehr gnädig geht der alte Blei mit dem Jungpolitiker um. Die pubertäre Rebellion, vier Monate Herumtreiberei auf zweifelhaften Matratzen und ohne die Segnungen des elterlichen Herdfeuers, ist nicht mehr viel mehr als das Dummejungenstück eines Schauspielers, der vor seinen neuen Freunden aus der Arbeiterschicht bestehen möchte. »Man war frei, aber man wußte nicht recht wozu. Lief man nicht vielleicht einem Blendwerk nach?« Der verlorene Sohn, der nach Hause zurückkehren will, muß feststellen, daß in der Zwischenzeit der vermeintlich konservative Vater den viel radikaleren Schritt gemacht hatte; Familie, Wohlstand, bürgerliche Gesellschaft hinter sich lassend »mit dem Instinkt des alten Tieres, das sich von der Gemeinschaft absondert«. Das Konstrukt Familie ist zerbrochen, die Eltern sind ins »erschreckend Einzelhafte« ihres Seins zurückgeworfen. Diese Erfahrung – und kaum die vermeintlich hereditäre Misogynie des literarischen Bohemien – ist wohl entscheidend für Bleis lebenslange Skepsis gegenüber dem Unternehmen Kleinfamilie.

Was tun? Auch Blei reist nach Zürich. Und wir verdanken der »Erzählung eines Lebens« ein paar der hinreißendsten Momentaufnahmen aus dem Zürich vor der Wende zum 20. Jahrhundert.[17] Im September 1890 kommt der mittlerweile Neunzehnjährige im schon etwas glanzlosen Sozialistenparadies Zürich an. Doch Vorsicht. Wer darin die Lineaturen einer politischen Adoleszenz bewiesen sieht, kann sich täuschen. Daß in Zürich zwei Monate zuvor Gottfried Keller gestorben war, ist für den Neunundfünfzigjährigen in der Rückschau wichtiger als ein penibles Sittenbild der versprengten deutschen Sozialistengemeinde. Die ist längst durch Behäbigkeit und interne Streitigkeiten blockiert, die »Züricher Genossen« sind sowieso eine Art genetisches Kuriosum zwischen Protestantismus, »viereckigem« Schweizertum und biedermännischer Weltfremdheit. Kein Wunder, findet Franz Bleis bösartig ziseliertes Porträt des Zürcher Sozialistenführers Grimm bei späteren Genossen keinen Wiederhall: Der wird geschildert als Männchen, aus »dessen vielem Bart es nach neuem Wein roch«, den Zeiten nachtrauernd, wo sogar in der Schweiz Bajonette und Gendarmen gegen die Revoluzzer aufgeboten wurden. Aus dem einstigen Verschwörer Grimm – sofern er denn je einer war; ein Buchbindermeister, der gefährliche Schriften in kostbares Kalbleder bindet, muß noch kein politischer Sprengmeister sein – ist ein gewöhnlicher Quartalsäufer geworden. Überhaupt versteht es Blei prächtig, die Zürcher Provinzialität aufs Possierlichste abzukupfern.

Zürich ist keine Hauptstadt der deutschen Sozialdemokratie mehr, nicht einmal ein marxistisches Kleinstädtchen. Dem puritanischen Geist entspricht viel mehr der möglichst alkohol- und sündenfreie Geist des Grütlianertums, eine »enge und bornierte« Angelegenheit, die der abgesprungene Katholik Blei schon in Wien verabscheute. Mit größtem Understatement – nah an der Grenze zur Geschichtsfälschung – spielt Blei auch seine eigenen Aktivitäten in jenem schütteren Restmarxismus hinunter, der sich nur noch in hämischen Streitereien um exegetische Quisquilien niederschlägt. Sarkastisch schraffiert der alte Blei jenes absonderliche jüngere *alter ego*, das meinte, in revolutionärer Geschäftigkeit aufgehen zu müssen, obwohl ihm doch längst bewußt war, daß es dafür »weder Art noch Neigung« besaß.[18] Daß einer Marxist war, war ja weiter nichts besonderes, »wo es jeder war«: der Satz von 1930 ist auch mit Blick auf die Massenbekehrungen der 1968er Jahre nicht falsch.

»Weshalb ich Kautsky ohrfeigen mußte«

Verlassen wir freilich den hier sehr selbstmokanten Ton der »Erzählung«, so finden wir den jungen Franz Blei viel intensiver in die letzten politischen Grabenkämpfe um den einen und einzigen Marxismus verwickelt, als der alte Blei dies später wahrhaben will. In der Ausgabe vom 14. September 1892 berichtet die »Arbeiterstimme«, ein »Wochenblatt für das arbeitende Volk der Schweiz«, käuflich im Monatsabonnement zu »50 Cts. gegen Vorausbezahlung«, von tumultuösen Ereignissen im deutschen Vereinshaus »Eintracht«. Da hatte ein Student namens Hans Müller am 21. Juli dem ehrenwerten sozialdemokratischen Herrn Kautsky nach dessen Referat eine saftige Ohrfeige verpaßt. Bei der folgenden Versammlung sei ein Herr Blei aufgestanden und habe den Ohrfeiger gegen den Geohrfeigten mit dem Argument »Da derselbe in der Diskussion Hans Müller einen Verleumder nannte und ihm hierfür keine Genugtuung leisten wollte, so begreifen wir Hans Müllers That« verteidigt. Die ganze Posse wird in der Vereinspresse ausführlichst protokolliert, auch, daß besagter Hans Müller am 17. August 1892 ein Flugblatt des Titels »Warum ich Kautsky ohrfeigen mußte« verteilt. Schließlich wird Müller ausgeschlossen, mit ihm verlassen 29 Jünglinge die deutsche Sozialdemokratische Partei, unter ihnen Franz Blei. Im Dezember 1892 tritt ein radikalisierter Blei, nun selbst Wort- und Rädelsführer, gegen den Genossen Bebel an: Dieser habe die deutsche Sozialdemokratie in eine dauerhafte Krise geführt. Bebel kontert, er habe es satt, von jungen Schnöseln abgekanzelt zu werden, die nach Zürich geflohen seien und hier »mit geputzten Schuhen« lebten. Diese Herren, so der Originallaut der »Arbeiterstimme«,

> »›haben es immer im Brauch gehabt, vor Krethi und Plethi uns zu verunglimpfen! Diese Leute leben nur von Verleumdung!‹« Bley: ›Was verstehen sie unter Krethi und Plethi?‹ Bebel: ›In erster Linie verbummelte Studenten!‹ (Stürmische Heiterkeit) …«[19]

Blei mag wohl ein etwas verbummelter Marxist gewesen sein, dem schon damals die Fähigkeit zum Glauben an das sozialistische Paradies abging. Ein verbummelter Student im planen Sinn des bloßen Zeitvertuns war er gewiß nicht. Seine Sensibilität, seine späterhin geradezu manische Neugier für interessante Themen und Menschen, zeigen sich schon in den Zürcher Jahren. Es gibt – neben den »politischen« Köpfen – kaum eine Person des literarischen Lebens, die Blei nicht in kürzester Zeit kennenlernt. Daß er die in Zürich studierenden deutschen Kommilitoninnen nicht mit jenem feministischen Eifer feiert, mit dem hundert Jahre später daselbst feierlichst an den Beginn des Frauenstudiums erinnert wird: soll man ihm das übel nehmen?[20] Für ideologische Rührseligkeiten hatte Blei immer herzlich wenig Sinn. Daß Zeiten begonnen hatten, in denen Frauen nicht mehr mit dem »nichts als Weiblichen« durchs Leben kommen konnten, hatte er sehr wohl verstanden, und man sollte aus ihm auch keinen Frauenfeind machen, nur weil er gegen den weiblichen »Studierverstand« stichelt, denn noch gnadenloser geht er mit dem auf »Glasröhren« gezogenen männlich-universitären Durchschnittsverstand um. Daß Blei in der »Erzählung eines Lebens« die »eulenäugige Ricarda Huch« freundlichst abschildert, nämlich »schlank und aufrecht hinter ihrem Pult in der Stadtbibliothek stehend, ein bißchen verträumt, ein bißchen vage und immer mit großer Delikatesse gekleidet«, die nämliche Ricarda Huch in ihrem Zürcher Erinnerungsband »Frühling in der Schweiz« aber hochsinnig den ihr durchaus bekannten Franz Blei übergeht, gehört wohl auch in das Puzzle. Irgendwann ist es »unfein« geworden, sich mit Blei näherhin einzulassen. Doch dazu später.

1927: Lenin gegen Blei

Im Wintersemester 1890, so wird es üblicherweise wiedergegeben, beginnt Blei ein Studium der Nationalökonomie an der Eidgenössischen Technischen Hochschule in Zürich. Daneben ist er – ab dem Sommersemester 1891 und unter der Matrikelnummer 9218 – an der gegenüberliegenden Universität als Student der juristischen Fakultät geführt. Orientieren wir uns hingegen an der »Erzählung eines Lebens«, so sehen wir Franz Blei schon früh als kundigen Philosophen und Literaten, der nicht nur bei Schopenhauer, Nietzsche, Kierkegaard und Gottfried Keller zu Hause ist. Die Zürcher Hochschuldozenten sind ihm gerne etwas zu staubig und zu seicht, namentlich der in der Schweiz so hochgehaltene Historiker Meyer von Knonau. Vom Ökonomen Julius Wolf – bei ihm wird Rosa Luxemburg 1897 ihre Dissertation schreiben – hält Blei auch nicht viel, dieser habe nämlich die allgemeine sowie die marxistische Theorie der Wirtschaft erst von den zwei Studenten Müller und Blei während eines Marx-Seminars gelernt. Die Studenten hätten da ihren Marx »im kleinen Finger« gehabt, gerade auch »in den wahrscheinlichen Deduktionen des noch nicht erschienenen dritten Bandes

Ein Briefumschlag aus dem »Umbruchsjahr« 1895: Kaum zum »Doktor« geworden, verabschiedet sich Franz Blei auch schon von der akademischen Karriere. Nun beginnt die freie Literatentätigkeit. Eines der ersten Projekte Bleis ist ein Essay über den belgischen Symbolisten Fernand Khnopff, was dieser – im abgebildeten Briefumschlag – sehr begrüßt.

und der in ihm zu lösenden Probleme«: Nur hier etwa gibt der 60jährige einen kleinen Fingerzeig auf die Gründlichkeit seiner ökonomischen Studien. Gemeint ist der erst 1894 erscheinende dritte Band des Kapitals, der ins feine Geäst der »Kritik der politischen Ökonomie« führt bis hin zum Gesetz des tendenziellen Falls der Profitrate. Ebenso snobistisch unterschlägt Franz Blei im Schlußabsatz des – Lenin gewidmeten – Kapitels 24 der »Erzählung«, was für ein prominenter Gegner er, Blei, für den Genossen Lenin-Uljanow in Tat und

Wahrheit gewesen ist. Man öffne Lenins 1927 erscheinenden »Materialismus und Empiriokritizismus«. Der große Lenin braucht da immerhin vier volle Textseiten, um Bleis »kleine Arbeit«[21] als reaktionäres Elaborat zu widerlegen. Welches Kuriosum aus vergangener Zeit: 1927, da hatte Blei längst jede fallende Profitrate vergessen, und mit sarkastischer Distanz sah er dem eigenen Niedergang zu.

Lebenskämpfe: Mit Schopenhauer im Ehestand

Merkwürdig genug diese Vielfalt: Der vermeintliche Marxist ist schon als Student im Grunde ein Literat mit einem beachtlichen Penchant zur philosophischen Weltbetrachtung. In gewisser Hinsicht ist er wohl auch ein Kauz und ein unverbesserlicher Eigenbrötler, der für das Gestänge der bürgerlichen Existenz schon deshalb nicht geschaffen ist, weil er sich gern als Epikureer geriert. Das Drama seiner Ehe mit Maria Lehman, der »schönen Schwarzwälderin«, gondelt wie eine havarierte Barke durch viele Kapitel der »Erzählung«. Daß »Liebesgeschichten in die Tragödie« kamen, war ihm als Literaten bekannt, als Autobiograph hingegen hat Franz Blei längst (oder wieder?) eine Schopenhauer'sche Position bezogen: »Etwas aus der Art geschlagene Tiere, die wir als Menschen sind, scheint uns der nichts als sexuelle Vorgang der Funktion so etwas wie eine Adelung nötig zu haben, als welche die Liebe eben ist.«[22] Ein blondes und ein dunkles Tier ertasten sich die Wunder ihres Leibes, dieses Unmittelbare kennt solange »keine Ökonomie«, bis die Sexualität in die Drainageröhren der Ehe überführt wird. Am 9. Mai 1894 wird in Zürich die »Eheverkündigung« zwischen dem Wiener Franz Carl Bley und der Offenburgerin Maria Franziska Lehmann publiziert, am 4. Juni 1894 wird die Ehe standesamtlich geschlossen. Trauzeugen sind die spätere Radikalfeministin

Verlobungsfoto Maria Lehmann – Franz Blei. Die Ehe wurde am 4. Juni 1894 auf dem Zürcher Zivilstandesamt geschlossen. Trauzeugen sind die spätere Radikalfeministin Anita Augspurg und der Publizist Wilhelm Bölsche.

Anita Augspurg und der Publizist Wilhelm Bölsche.[23] – Das Kapitel 22 der »Erzählung« kommentiert:

> »Ein weiser, aber so auch ein alter, also ein ungehörter Mann hätte diesem Paare prophezeien können, daß es sich um die Gnade und den Wert des gemeinsamen Alterns bringe, das aneinander so etwas wie einen lächelnden Trost findet und diese Katastrophen vermeidet, welche jene treffen, die, ohne den Genossen der Jugend zur Seite, die Linie überschreiten, jenseits welcher die ausfallenden Haare und Zähne beginnen und diese kleinen gelben Fleckchen erschöpfter Haut an den Händen, und wo eine letzte Liebe verlieren so viel zu bedeuten scheint, wie das Leben verlieren; und wo dann die große Probe auf das Leben gemacht wird: das Alleinseinkönnen ohne Unruhe, ohne Angst und ohne gewendete Kissen in den Nächten.«[24]

Schön und elegant wird da das Scheitern dieser Ehe, überhaupt der Hoffnung auf eine haltbare Liebe zwischen den Geschlechtern, zu Sätzen modelliert. Blei, als Literat und Philosoph immer ein Anhänger eines ästhetischen Idealismus, wischt die häßlichen Furchen des Alltags großzügig weg.

Andere aber führen doch Bilanz, berichten aus der Nähe von Küche, Herd, Kindergetümmel und Männlichkeitswahn. Der abgehobenen Desinvolture der »Erzählung« gänzlich entgegengesetzt sind die Zeilen aus dem Tagebuch Thea Sternheims, der zweiten Gattin des Literaten Carl Sternheims. 1907 hatte sie Blei kennengelernt, findet ihn zunächst sympathisch. Der Tagebucheintrag vom 28. April 1908 notiert: »Franz Blei hat etwas von einer alten Kupplerin an sich und ist ohne Kontrolle seiner Gefühle. Wäre er eine Frau und jung, gäbe er eine Hure allerersten Ranges ab. Pfui doch!«[25] Am 23. August 1908 ein wieder anderes Bild: »Blei war in diesen Tagen sehr freundlich zu mir. Er hat mir ein Bild ge-

Porträtstudie von Franz Blei im Alter von 39 Jahren, 1910 aufgenommen von Thea Sternheim während eines der vielen Aufenthalte, die Franz Blei in »Bellemaison« verbrachte, dem damaligen Wohnsitz von Thea und Carl Sternheim in Höllriegelskreuth bei München.

schenkt, das er selbst malte; entzückend für einen Menschen, der nie einen Pinsel in Händen gehalten.«[26] Am 18. Oktober 1911:

»Frau Blei beklagt sich über das Münchner Leben. Sie wolle auch ihr Dasein genießen. Blei müsse mehr verdienen.«[27] Am 27. Dezember 1911: »Große Besprechung: Wie kann Franz Blei Geld verdienen? Seine Nonchalance ist gigantisch. In seinem Phlegma erinnert er mich an meinen Bruder Theo, der, als man ihm wegen seiner Faulheit Vorwürfe machte und ihm Strafen drohte, erwiderte: ›Mehr als totschlagen kann man mich nicht.‹ Für solche Naturen stellt nichts eine Grenze, und keine Angstvorstellung wäre groß genug, sie abzuschrecken. Sind sie im letzten nicht die glücklichsten?«[28]

Am 10. Juni 1912:

»Der Verkehr mit Frau Blei wird immer schwieriger. Nur Mißgunst und Ehrgeiz für ihre Kinder. Sie sagt: ›Nun habe ich Loge [F. B.] bestimmt, deutscher Bürger zu werden, damit Österreich später, ist Billi [Sibylle Blei] erst eine große Schauspielerin geworden, keinen Anspruch auf sie machen kann.‹ Er verkauft uns einige Bücher. Ein Goldstück, das er dafür bekommt, versteckt er sorgfältig unter einer Decke. Selig über den Tausch (Blei bekommt täglich für seine persönliche[n] Bedürfnisse von seiner Frau eine Mark ausgezahlt) flüstert er mit kindlicher Verschlagenheit: ›In meiner Weste findet sie's. In meinem Schreibtisch auch!‹«[29]

Am 4. Januar 1915: »Ich freue mich besonders, Blei wiederzusehen. Er hat seinen guten Tag und spricht vortrefflich.« Am 9. Februar 1915: »Herzliche Beziehung zu Blei; er ist immer sanft, nachgiebig, klug, gar nicht eitel.« Am 11. Juli 1915:

»Blei spricht sehr intelligent über das achtzehnte Jahrhundert in Frankreich, besonders über Diderot, den er [Wort

Franz Blei mit seinem neunjährigen Patenkind Klaus Sternheim, aufgenommen von Thea Sternheim – so in ihrem Tagebuch vermerkt – am 9. Mai 1915, im Garten des Sternheimschen Hauses in Königstein.

geschwärzt] höher schätzt als Voltaire. Der Komplex Diderot. Diderot der Litterateur. Der Begriff Litterateur. Der Mangel an solchem in Deutschland. Da steckt der bezaubernde Charme Bleis. Das ist, ohne Emphase, klar, intelligent, von sich fort geredet. Warum ist Blei nicht imstande, seine Gedanken mit der gleichen Selbstverständlichkeit, wie er sie ausspricht, niederzuschreiben? Deutschland hätte einen einsichtigen, erstklassigen Kritiker!«

Insgesamt finden sich in Thea Sternheims Tagebüchern deutlich mehr als hundert Einträge über Franz Blei. Es sind vier Rollen, in denen er auftritt: A) Als moralisch verkommener Verführer und notorischer Frauenverbraucher, der auch vor den billigsten Huren nicht zurückschreckt. B) Als gänzlich überforderter Familienvater und Ernährer, der unter der Kuratel einer bösen und literarisch verständnislosen Ehefrau steht, die nur Augen hat für das Fortkommen der hübschen Tochter. C) Als sympathischer Freund, der viel weiß, sensibel und klug ist, obwohl ihm das Leben übel mitspielt. D) Als hellsichtiger Literat, Dixhuitièmist und Publizist, der zwar manchmal über die Stränge schlägt, aber einer der größten Kritiker Deutschlands sein könnte.

Zweifelhafter Charakter? Schlüpfriger Mensch?

Es gibt keine Gründe, Bleis unter A) und B) zum Ausdruck kommende – nennen wir es: bürgerliche – Defizite wegzureden. Ihn sich als verläßlichen Ehepartner vorzustellen, der die matrimonialen Treuepflichten so penibel wie diejenigen eines zartsorgenden Familienvaters wahrnimmt, fällt allerdings schwer. Abgesehen davon gibt es keine kausale Verbindung zwischen dem »anständigen« Leben, das einer führt, und der Tiefe seiner literarischen Existenz. Ein zweifelhafter Charakter? Wie viele derjenigen, die Franz Blei für den deutschen Sprachraum wieder erschlossen hat – Ninon de Lenclos, Pietro Aretino, Choderlos de Laclos, Meursius, François Villon, Crébillon fils, der Marquis de Sade, Louvet de Couvray und viele andere[30] – waren denn »unzweifelhafte« Charaktere?

Mag Blei in seiner Lebensführung Exzentrisches gehabt haben: weshalb wäre das tadelnswert? Ist Bleis Problem nicht – wie schon die hellsichtige Thea Sternheim erkannte – das deutsche Umfeld, das im Eros immer das böse Schlüpfrige zugange sieht? Man kann es drehen und wenden, wie man will. Im deutschen Kulturraum scheint einzig die Hohe Minne, etwa in »Tristan und Isolt« des Gottfried von Straßburg und also weit zurück, den Ruf des sittlich geeichten Kulturgutes zu genießen; schon Thomas Manns »Tristan« ist nicht über jeden Verdacht erhaben, ganz zu schweigen vom »Felix Krull«. Der Eros aber, der bleibt »niedere Minne« und ein »welscher« Abkömmling sowieso. Und folglich ist Franz Blei, der mit beidem, dem »Welschen« und dem Eros, in gutem Sinn und produktiv verbandelt war, ein schlüpfriger Geselle, ob er nun eine kritische Lenz-Ausgabe[31] veranstaltet, ob er die ersten Gedichte von Robert Walser publiziert, ob er Robert Musil protegiert oder auf den noch unbekannten Franz Kafka hinweist.

Daß dies freilich ein Rezeptionsschicksal ist, auf das sich der bekennende Epikureer im ersten Jahrzehnt des zwanzigsten Jahrhunderts nun wirklich und mit bewundernswürdiger Sorglosigkeit gleich selbst eingelassen hat, mag man auch wieder nicht von der Hand weisen. Wer ein solches Frühwerk – und darüber hinaus ein so umfangreiches – vorlegt, muß ja wohl ein »Pornograph« sein: Das sind erotische Komödien, die, wie es sich für diese Kategorie zu gehören scheint, im »Privatdruck« publiziert werden und im Titel, nicht immer einfallsreich, Worte wie »Sehnsucht« oder »Kußmal« tragen. Dazu schreibt Blei, seine ästhetische Distanz gegenüber der Moderne kaum kaschierend, »Über die galante Zeit und ihr Ende«, »Von amourösen Frauen«, hinzu kommen auflagenstarke Titel wie die berüchtigte »Puderquaste. Ein Damenbrevier« oder dann »Das Lesebuch der Marquise«: Das alles ist dem gründlichen deutschen Geist ein bißchen zu ästhetisch und zu wenig philologisch, zu eklektisch und zu wenig systematisch und sowieso: mit einem Hang zum Boudoir. Symptomatisch dafür dürfte ein Ereignis aus dem Jahre 1907 sein, das in einer vier Tage währenden Verhandlung vor dem Münchner Geschworenengericht kulminierte, wo Franz Blei des Vergehens gegen die Sittlichkeit angeklagt war, begangen durch den gedruckten Buchstaben. Zur Debatte stand eine erotische Anthologie, die Blei unter dem Titel »Amethyst« 1906 im Privatdruck hatte erscheinen lassen. Das Verbot kam postwendend.

Freilich endete die Angelegenheit dann mit einem Freispruch. 1930, in der »Erzählung«, wird Blei noch hinzufügen, daß der vergeblich Angeklagte nach dem Freispruch von neun der zwölf Geschworenen um die Zusendung des inkulpierten Buches gebeten wurde. – Nur eine weitere Pointe, ein Aperçu mehr? Franz Blei hatte, darüber besteht kein Zweifel, neben Vielem und Buntem auch einen soliden Hang zur Selbstmystifikation.

Auch wenn heute Franz Blei als Entdecker und Förderer – etwa Franz Kafkas, Robert Musils, Robert Walsers, Hermann Brochs – und überhaupt als literarischer Mittler wieder bescheidene Anerkennung gefunden hat,[32] so muß hinzugesetzt werden: Als *Dixhuitièmist*, als einer, der dem deutschen Sprachraum ein Gutteil der französischen Philosophie und Literatur des an schillernden Figuren so reichen 18. Jahrhunderts vermittelt hat, hat Blei bislang zu wenig Anerkennung gefunden. Bleis Instinkte für den produktiven Grenzverkehr zwischen Literatur und Philosophie sind untrüglich. Wenn die – nicht sehr gelungenen Schlußkapitel der »Erzählung eines Lebens« – wieder ins Porträthafte fallen, so ist das nur die vermeintliche Schattenseite jener großen Generalbegabung des Wiener Analphabetensohns, nämlich eben: die Qualitäten anderer unter Hintanstellung der eigenen Person herauszustellen.

V Die »Erzählung«: literarisches Monument und Zeitdiagnose

Wir haben oben, zu Beginn dieses Essays, die Parallele zwischen Casanovas »Histoire de ma vie« und Bleis »Erzählung eines Lebens« herausgestellt. Nicht die Anzahl der konsumierten Frauen – eh alles nur Altherren-Angeberei – steht zur Debatte, sondern die Fähigkeit beider Literaten, einer Epoche ein literarisches Denkmal zu setzen. Maria Blei, diese doch ziemlich mäkelnde Ehefrau, hat auch das kaum verstanden, wenigstens, sofern wir Thea Sternheims Tagebucheintrag vom 19. September 1930 folgen:

> »Am Nachmittag besucht mich Maria Blei [...]. Herabsetzend spricht sie von den nun von ihm [F. B.] begonnenen Erinnerungen, wie er jedes Ereignis seines Glanzes entkleide, alle Dinge mit einer versteckten Bosheit erfülle. Mein Zimmer ist, als das arme Weib gegangen ist, verhängnisvoll mit Verzweiflung erfüllt. Ich mache alle Fenster auf [...]«[33]

Muß man Glanz über Ereignisse legen, die vielleicht so glanzvoll gar nicht waren? Versteckte Bosheit? Sicher, ein gewisser Zynismus, ein ätzend-detachierter Ton herrscht oft vor in der »Erzählung eines Lebens«. Aber gerade das macht sie interessant. Kein Zuckerbäcker war hier am Werk, sondern einer, der die Erschütterungen der Zeit – und die sich anbahnenden Katastrophen – mit offenen Augen gesehen und auch nicht beschönigt hat. Desinvolture, oft auch eine Portion

Eine Dame mit Doktorhut: 1898 erwirbt Maria Blei-Lehmann in Philadelphia den »Doctor of Dental Surgery«.

Rankühne, aber gewiß.[34] Was die agierenden Literaten betrifft, da gibt die »Erzählung eines Lebens« einen lebendigen Abriß einer entschwundenen Zeit.

Aber unterschätzen wir nicht den Zeitdiagnostiker Blei. Gnadenlos erkennt er im gläubigen Atheismus des Parteiführers Lenin und seiner »Diktatur des Proletariats« jene zeitlose Unmenschlichkeit, die jederzeit gewillt ist, über Berge von Leichen zu gehen. 1930: Da liegen sowohl die stalinistischen Schauprozesse wie diejenigen vor dem Freislerschen »Volksgerichtshof« noch in der Zukunft. Doch schon da geißelt Franz Blei mit Sarkasmus jene »politischen Führer«, die den Tribut von »zwanzigtausend, hunderttausend jetzt Gehenkten und Erschossenen«[35] als kleinen Preis erachten für ein dereinst gereinigtes, in einem roten oder brauen »Sozialismus« aufgehendes und stramm nach Kommando zum Glück marschierendes Volk. Und die amerikanischen Verheißungen? Wir sehen, nach der Zürcher Episode und nach der in Bern über den Abbé Galiani abgelieferten Dissertation, einen von den meisten jugendlichen Illusionen – dazu gehört auch die Vorstellung einer »wissenschaftlichen« Karriere – befreiten Siebenundzwanzigjährigen. Ganz »vogelfrei« ist er nicht, wie er 1898 nach Philadelphia aufbricht, die Tochter und die Ehefrau kommen mit, Maria Lehmann-Bley wird in Amerika ihre Ausbildung zur Zahnärztin abschließen.

Amerika: Vom Geist der Maschine

Was macht der allen bürgerlichen Obliegenheiten nicht zugeneigte Wiener Bauherrensohn während dieser langen amerikanischen Monate? Nicht viel. Er scheint in Bibliotheken gelesen und den damaligen *american way of life* studiert zu haben. Wer aber die Kapitel 37 und 38 der »Erzählung« liest, erhält frei mitgeliefert eine soziologische Studie über das Amerika des späten 19. Jahrhunderts, bei deren Lektüre der spätere Amerika-Hasser Theodor W. Adorno hätte lernen können, daß es noch andere Formen der Kulturkritik gibt als das permanente Nörgeln. Mit welch lächelnder Souplesse versteht es Blei da, seinen kurzzeitigen Aufenthalt im Polizeigefängnis von Baltimore in ein Lehrkapitel über die amerikanischen Freiheiten umzumünzen. Skurril karikiert er die in die USA ausgewanderten Deutschen, die singend beim Wälderroden mittun und, Karl May und all die »fröhlichen Indianerbüchel« im Hinterkopf, ein paar Millionen ausgerottete Indianer als angemessenen Preis für den Fortschritt erachten. Überhaupt die »höheren« Werte: »Kunst und Moral sind Departements, die der amerikanische Mann, ganz damit beschäftigt, im Dschungel seiner Fabrikschornsteine und Hochhäuser seinen Gott anzubeten, der amerikanischen Frau überlassen hat, die sie durchaus im Interesse ihrer Ehelichkeit verwaltet.« Auch die Betrachtungen über den als »Metaphysik« geltenden amerikanischen Pragmatismus, über den »Geist der Registrierkasse«, über den maschinellen Fortschritt, über die Befindlichkeit der Seele im Zeitalter der Technologie: das alles zeigt Blei nicht als jenen galantesken Rokoko-Schwadroneur, als den man ihn gerne tadelt, sondern als einen Melancholiker, der allzu viel weiß über das Verhältnis zwischen Fortschritt, Entzauberung und Verlust. Man lebe, so Blei 1930 über das Amerika um 1899,

> »nirgends unkomfortabler als in diesem Lande, dessen Bewohner aus hundert verschiedenen Völkern auf einen allen gemeinsamen Rhythmus gebracht werden müssen, den allein die Maschine gibt. Der sozialistische Traum ist hier von der andern Seite her Wirklichkeit. Du sollst der Maschine dienen, auf daß du lange lebst und es dir wohl ergehe auf Erden. Aber als was nur? Als Diener am Ganzen, sagt der Sozialismus, und läßt das Ganze im Vagen des Nicht-Definierbaren. Hier hat es sich konkretisiert: als die Maschine. Wo blieb der Mensch? Ich möchte fast sagen, ich habe den Menschen hier nur bei den Negern gefunden. [...]
> Es stimmt: kaputte Stiefel werden nicht gesohlt, sondern weggeworfen. Einen gestrandeten Einsiedler zu finden,

der das Sohlen noch besorgte, könnte ja mit großem Zeitaufwand noch gelingen, aber wozu? Die Arbeitsteilung zerreißt immer mehr diese durch Jahrhunderte fruchtbar gewesenen Freundschaften zwischen Mensch und Materie, die er in wundervollem Zusammenklang mit seinem innern Rhythmus bearbeitete, mit der Hand, mit dem Kopf.«[36]

Blei, 1930 längst jedem Ismus, jeder »großen« Idee abgeneigt, beschwört in einem fast mystischen Ton die untergehende Freundschaft zwischen Mensch und Materie. Auch das gehört zum Epochenporträt des 20. Jahrhunderts. Wo Casanova in seiner »Histoire« die Farben des *Ancien Régime* noch einmal vor des Lesers Augen zaubert, da gibt Franz Blei uns zwar ein Pastell aus seiner glücksstrotzenden Kindheit und Adoleszenz. Daß es aber einmal besser werde, daß der Mensch seine Verhältnisse, die einstige Eintracht zwischen dem Ding und dem Sein, wieder ins Lot bringen könne: dieses Gnadenbrot wird uns Blei verweigern. Die Sätze sind erbarmungslos analytisch und erbarmungslos gültig, auch im frühen 21. Jahrhundert: »Jetzt befindet sich diese Zivilisation mit ihren drei Mythen: Geld, Materie, Menschenrechte in einer Sackgasse voll Katzenjammer.« Noch immer scheint es so zu sein, »daß die Fähigkeit des Menschen, zu erfinden, im umgekehrten Verhältnis zu der Fähigkeit steht, seine Erfindungen zu beherrschen.«

VI Entzauberung, Abschied, Aufbruch

Was bleibt? Vielleicht doch vor allem die schwermütige Bilanz einer im heiteren Ton vorgetragenen Rückschau. Der Geist des Rokoko, die ziselierten Porträts der großen Ästheten von Grimod de la Reynière, Beau Brummell, Stendhal und Baudelaire: das sind Zufluchtsorte für einen, der den Sprung in den Glauben nicht mehr hat tun können, auch wenn er 1919 wieder in die katholische Kirche eingetreten ist. – Betrachtet man die »Erzählung« von einer strukturellen Warte, aus der banalen Perspektive ihres formalen Aufbaus, so fällt eine geradezu numerologische Angelegenheit auf: Das Buch hat 67 durchgezählte Kapitel, dazu eine »Einleitung« und eine »Verabschiedung des Lesers«. Just in der Mitte dieser 69 Texteinheiten finden sich die Kapitel 34 und 35. Beide schildern »interessante Begegnungen«, diejenigen nämlich des Autors mit sich selbst, also literarische Selbstgespräche.

»Rückwärts blickend« sieht Franz Blei sich selbst, sein etwas blasses und schmales Gesicht, um dessen deutlich linierte rote Lippen ein blondrötlicher Bart steht. Die zwischen dem 60jährigen und dem 30jährigen bestehende Beziehung ist aus naheliegenden Gründen überaus intim. Wenn der Ältere zum Jüngeren sagt: »Menschen wie Sie sollten nicht heiraten«, so ist wohl nicht nur die Absage an das Gestell der Ehe gemeint, sondern mehr noch: hier kokettiert einer mit dem Abwerfen aller all zu lange andauernden Zweckdienlichkeiten. Fluchtgedanken sind bei Blei so oft zu finden wie Neuanfänge – neue Bücher, neue Autoren, neue Bekannte, neue Projekte, neue Wohnungen, neue Zeitschriften, neue Liebschaften. »Es gab das eine Leben, durch das etwas der Wind pfiff.« Nicht wenig Anziehungskraft üben da allerlei Fortbewegungsmittel aus. In Kapitel 35 schildert der Junge dem Alten die Vorzüge des Fahrrades mit den Worten, man könne damit das »Kleine, Alltägliche, Gemeine« schnell hinter sich lassen. Alles nur ein spätpubertärer Traum, versteinert zu einer lebenslänglichen Illusion? Doch zwischen Leben und Denken tun sich immer die Abgründe des banalen Geschicks auf; wer sich als »Jakobiner der Idee« sieht, kann dennoch leben wie ein Angestellter im Denkministerium, von 8 bis 12 und von 14 bis 18 Uhr. Was einer denkt, kann – wir finden den Satz schon im Kapitel 12, wo der Kirchenaustritt kommentiert wird – »das Gegenteil seiner praktischen Biografie« sein.

Existenz in der Glasröhre

Wie einem flügelschlagenden Insekt beim Suchen nach etwas Nektar und Erleuchtung schaut Blei sich selbst beim Dasein zu. Die »Erzählung eines Lebens« zieht die eigene Existenz auf die Glasröhre und examiniert das so eingefangene Häufchen zuckenden Lebens auf seine auffälligen Eigenschaften hin. Die Beobachtungshaltung ist kühl, oft spöttisch und launisch, der Laborbericht freilich dann so, daß dessen Lektüre ein echtes Vergnügen ist. Das Dunkle und Zweifelnde, ob denn dieser Existenz mehr als nur ein biologischer Sinn zukomme, finden sich auf jeder Seite; nicht nur dort, wo Pascal oder Kierkegaard ausdrücklich auftreten dürfen. Soll man versuchen, etwas Vernünftiges zu tun? Etwa Schreiben? Im Selbstgespräch des Kapitels 35 argumentiert der junge Blei, philosophisch figulant, für das Tun:

> »Wäre das Ganze des Lebens nicht absurd, sondern sinnvoll, so wäre alles, was man tut, ein verzweifelter Wahn. Aber da man das Absurde des Ganzen wohl hinnehmen, aber nicht im Absurden leben kann, setzt man das Sinnvolle seines Lebens gegen das Absurde der Welt. Und zum sinnvollen Leben gehört Tun.«

Darauf argumentiert der alte und abgeklärte Vielschreiber Blei, philosophisch nicht minder figulant, für das Lassen:

> »Was wir denken, ändert sich ja unausgesetzt, und es wäre doch sinnlos, etwas zu schaffen, dessen Anfang wir nicht mehr verständen, wenn wir das Ende schrieben. Ich neige dazu, die Seiten, die man schreiben wollte, für viel anziehender zu halten als jene, die man ausgeschrieben hat. Es gibt Sätze, welche über die umfangreichsten Bücher lächeln machen. Alles Schreiben ist doch meist nur ein Aufhören des tiefen Denkens. Oder Verzicht des Schrei-

bens die Nährung eines Aberglaubens, daß man tief denke. Man möchte eben nicht vor sich selber durchfallen.«

Auch wenn in den weiteren Kapiteln dieser autobiographischen Selbstannäherung entscheidende Begegnungen und bedeutende Menschen geschildert werden, so bliebe doch jede noch so prominente Liste – Adler, Avenarius, Bakunin, Beardsley, Bebel, Bierbaum, Borchardt, Bruckner, Dauthendey, Gide, Gütersloh, Hauptmann, Heymel, Huch, Jaurès, Kolb, Kubin, Lenin, Musil, Platter, Rilke, Rod, Scheler, Schwob, Sternheim, Swinburne, Walser, Wedekind ... – ein papierener alphabetischer Leporello. Eine bloße Aufzählung. Ein leeres Abécedaire. Lebendig machen kann diese Begegnungen, das Entstehen etwa des literarischen Geistes aus dem im Münchner Insel-Institut vor sich hin schwelenden Kolbenbrenner, nur derjenige, dem das Erzählen gegeben ist. Franz Blei ist ein begnadeter Erzähler und ein begnadeter Porträtist. Seine Charakterstudien haben etwas von der Tiefenschärfe einer guten Kamera, vom schnell schraffierenden Stift eines genialen Zeichners.

Die »Erzählung«: Magischer Realismus

Franz Blei wußte das sehr wohl. Und auch der Leser der »Erzählung« wird, wenn er auch nur etwas Sinn hat für das genußvoll Subjektive und Surreale, für das Vergrößernde und Verkleinernde der guten Beobachtung, hier nicht mit Anerkennung geizen. Ein magischer Realismus, ins Plastische und Gegenwärtige gehend, springt aus all diesen Seiten, auch wenn gelegentlich einer, Carl Sternheim etwa, sein Fett abkriegt. Am gnadenlosesten geht Blei mit sich selbst um, nicht nur mit seiner pubertären Jagd nach dem »Fleisch schöner Mädchen«[37], sondern auch mit der Art und Weise, wie er sein Talent auf immer wieder neue Pferde setzt, immer wieder

»neuen« Zielen entgegenzujagen meint. Am Schluß sind diese Ziele dann doch nur Illusionen, heißen sie nun Sozialismus, ewige Seligkeit oder literarischer Ruhm. Das Leben ist ein biographischer Irrläufer. Auch im Nachhinein gab und gibt es keinen Plan des Blei'schen Lebens aufzudecken, »aus dem einfachen Grund, weil nichts derlei wahrnehmbar ist« und man als Realist in den Tag hinein lebt. Die einen leben nach Wahrheiten und Vorsätzen, die andern sehen in eben diesen Wahrheiten und Vorsätzen nur die zweckdienliche Form des allgemeinen Irrtums über die Lebensmöglichkeiten selbst. So viel ist an der Intelligenz des Menschen nicht dran, daß es sich lohnt, sich was drauf einzubilden. Sowieso der Mensch: ein bißchen Seele bei viel gutverdautem Beefsteak.

Selbstgespräch und Selbstbeschrieb: Als Schlußakkord – nicht auf den Literaten, sondern auf den neoromantischen Skeptiker Franz Blei – können uns Kapitel 57 und 58 dienen, gehalten nach dem Motto »Weshalb soll ich mich selbst beschreiben, wenn ein anderer das schon besser getan hat?« Robert Musils »Mann ohne Eigenschaften« ist ein literarischer Staatsstreich zur linken Hand, insofern dessen Ulrich ebenso gut Franz Carl hätte heißen können. Das ontologische Gütesiegel der Eigenschaftslosigkeit ziert sie beide. Ulrich oder Franz: Die Visitenkarte bleibt so unbestimmt wie das Alter, der Leib setzt kein Fett an, der Rücken krümmt sich nicht unter Lasten und Würden, »kurz: er hatte es zu nichts gebracht«. Auch mit Musils Bestimmung der zugehörigen philosophischen Unbestimmbarkeit ist Blei so nahtlos einverstanden, daß er sie gleich übernimmt, als handele es sich um einen biographischen Autopiloten:

> »Er hält kein Ding für fest, kein Ich, keine Ordnung; weil unsere Kenntnisse sich jeden Tag ändern können, glaubt an keine Bindung, und alles besitzt den Wert, den es hat, nur bis zum nächsten Akt der Schöpfung, zu dem man spricht, während es sich mit den Worten verändert.«[38]

Ein glücklicher Mensch trotz allem, einer, der vom Trittbrett der jeweiligen Illusion noch abspringen konnte, solang diese sich noch nicht von ihrer »falschen«, enttäuschenden, leerlaufenden Seite gezeigt hat. Auch hat er »keine Ehrgeize auf Leistung oder Geltung« besessen, die in Ressentiment umgeschlagen haben. Die spätere Armut (schon in den 1910er Jahren ist das väterliche Vermögen aufgebraucht) dreht ihm »nicht die Augen aus dem Kopf«. Innen und Außen gerade gewachsen, moralisch und körperlich intakt, hat er den Lebensspielraum zum Freispiel nutzen können, ohne an dem gelegentlich Bitteren zu ersticken.

»Führe uns in Versuchung: einziger Satz seines Paternosters, dem er zustimmte«.[39] Vom starken Staat, vom Führer und anderen unfreien Geistern hat sich just Franz Blei, wir haben es oben schon gesagt, nicht verführen lassen. Ein spätes Photo, wohl eines der letzten, zeigt ihn in seinem freiwilligen Exil, in Cala Ratjada, am östlichsten Zipfel von Mallorca. Am 21. Mai 1932 hatte Blei, noch von Berlin her, einen der letzten Briefe an Carl Schmitt geschrieben. Noch scheint die Freundschaft intakt zu sein, jedenfalls ist Bleis 1932 bei Rowohlt erscheinender »Talleyrand« noch Carl Schmitt gewidmet. Da, im ganz zu Beginn unseres Essays schon erwähnten Brief, heißt es, in größter Offenheit und eigentlich ganz ohne Lebenspanik –

> »Lieber Dr Carl Schmitt, ich deutete Ihnen gestern an, daß meine Ausreise (und Rettung) von 400 M[ark] abhängt, die ich zuvor für schuldige Mieten etc zahlen muß. Können Sie mir den Betrag leihen oder wissen Sie jemanden, der das könnte? Ich würde dafür Einkünfte cedieren, die Mitte September d.J. bei Rowohlt aus dem Verkauf von Uebersetzungsrechten des Talleyrand-Buches [kommen], dreißig Pfund, also mehr als hinreichend, den geliehenen Betrag zu decken. Rowohlt zögert noch mit dem Abschluß, da vier englische Verlage um das Buch kompettieren.[40]

Mein Reisegenosse, der mich in seinem Auto mitnehmen will, drängt, spätestens am 1. Juni zu fahren. Daß ich später mit der Bahn nachkomme, ist ziemlich unwahrscheinlich, da mir dafür das Geld fehlen dürfte. Die Situation bliebe dann weiter so, daß ich mit einem Minimum in Berlin leben müßte, überaus schlecht, und dieses selbe Minimum auf Mallorca ein Maximum wäre, und gut. Da keine Möglichkeit besteht, meine monatlichen Einkünfte über 450 Mark hinauszutreiben, wovon ich 250 M. für Frau Blei aussetzen muß, blieben mir 200 Mark, von denen man in Berlin nur überaus reduciert existieren kann (und auch sonst unerfreulich), auf den Balearen dagegen mit dem Betrag sein volles Auskommen findet. Bitte, lieber Doktor, lassen Sie mich Ihre Antwort wissen.

Herzlichst Ihr frBlei«[41]

Und doch: ein glücklicher Mensch

Ob der Doktor Schmitt dem Doktor Blei die 400 rettenden Mark hat zukommen lassen, wissen wir nicht. Gesichert ist, daß Blei im Sommer 1932 nach Mallorca übersiedelt. Noch vier Briefe gelangen von Cala Ratjada an den in Deutschland verbliebenen Freund. Ein geradezu enthusiastischer Blei berichtet vom malerischen Süden, von reizender Beschäftigung und genußreichem Faulenzen. Der längst und gründlich defroquierte politische Utopist hat hier, wer hätte es gedacht, doch noch sein Arkadien gefunden –

»Wenig Fliegen, gar keine Mücken, Flöhe und derlei. Dafür das liebenswürdigste Volk der Welt, das europäisch aussieht, aber mehr afrikanisch ist mit seinem fröhlichen mañana, das mir das spanische nitschewo zu sein scheint. Alle Türen bleiben offen, die Koffer unverschlossen, es gibt weder Diebe noch Bettler noch reiche Leute.«[42]

Ein letztes Bild, ohne Buch und ohne Maske: Franz Blei in seinem arkadischen Exil in Cala Ratjada, am östlichsten Zipfel von Mallorca. »Wenig Fliegen, gar keine Mücken, Flöhe und derlei. Dafür das liebenswürdigste Volk der Welt ...« Aufgenommen vor 1936, vor dem Ausbruch des spanischen Bürgerkriegs.

Deutschland? Zuweilen denkt Blei daran, etwas gegen die »wachsende schauerliche Wirklichkeit des totalen Staates« zu schreiben, aber wozu? Blei hat vieles, sehr vieles, hinter sich gelassen. Im letzten Brief an Schmitt, August 1933, findet sich, als wär's eine Quisquilie, die Bemerkung: »Ich las meinen Namen im Buchhändlerbörsenblatt unter den für öffentliche Büchereien verbotnen Autoren, vor einigen Monaten.

Wahrscheinlich hielten mich die Listenverfasser für einen Juden«. Es sei ihm dieses »aber nicht so wichtig als daß ich veranlaßt wäre, das richtig zu stellen.«[43]

Der Rest ist bekannt: Nach dem Ausbruch des spanischen Bürgerkrieges muß Blei aus seinem Arkadien fliehen. Von da geht es zur Tochter, nach Wien, 1938, nach dem »Anschluß« nach Lucca, zu Rudolf Borchardt, von da nach Cagnes-sur-Mer, dann nach Marseille, von da über Lissabon 1941 in die USA.

Hungerödeme, ein geschwächtes Herz oder völlige Desinvolture: Franz Bleis Tod in einem Spital in Westbury, N.Y., am 10. Juli 1942, sollte nicht darüber hinwegtäuschen, daß hier ein Mensch gestorben war, der zeitlebens eine große Begabung auch zum Glück gehabt hat. Einiges davon läßt sich in der »Erzählung eines Lebens« wiederfinden. Auch die letzte Photographie von Mallorca zeigt einen glücklichen Menschen in einer gartenähnlichen Küstenlandschaft. Da steht der Bücherwurm, der galante Abbé, der Literat nun da, in der Sonne, ganz ohne Buch und ohne Maske. Der glückliche Sohn eines glücklichen Analphabeten.

Anmerkungen

1 Ligne, Charles de: *Fragment sur Casanova.* In: Ligne, *Œuvres mêlées en prose et en vers.* Vol. 15, Wien 1807.

2 Gemeint ist Ernst Rowohlt, der 1919 den Rowohlt-Verlag in Berlin neu gründete.

3 Der Brief ist ediert in Franz Blei: *Briefe an Carl Schmitt 1917–1933.* Herausgegeben von Angela Reinthal, Heidelberg 1995, S. 70f.

4 Ebenda, S. 72.

5 Siehe die »Briefe an einen strebsamen jungen Mann« im *Großen Bestiarium der Modernen Literatur*, Hamburg 1995, S. 264.

6 *Zeitgenössische Bildnisse*, Amsterdam 1940, S. 21.

7 Carl Schmitt hat dieses Geheimnis im Gespräch später selbst preisgegeben, siehe dazu: Ingeborg Villinger: *Carl Schmitts Kulturkritik der Moderne. Text, Kommentar und Analyse der »Schattenrisse« des Johannes Negelinus.* Berlin 1995, S. 69.

8 *Zeitgenössische Bildnisse*, ebenda, S. 21f.

9 Ebenda, S. 29.

10 Einzig das Porträt über Klemens von Disemberg ist gelegentlich in der Ich-Form gehalten. Da es sich dabei auch um eine Selbstmystifikation des Maskenliebhabers Blei handelt, bestätigt dies nur unsere These.

11 *Ungewöhnliche Menschen und Schicksale.* Berlin 1929, S. 90.

12 Ein vermeintlich schönes Beispiel für Bleis allzu freien Sprachgebrauch, und doch: »Schenkin« findet sich im Grimmschen *Wörterbuch.* Vol 8, Sp. 2557.

13 *Ungewöhnliche Menschen und Schicksale.* Berlin 1929, S. 90f.

14 Ebenda, S. 91.

15 Siehe in diesem Band S. 269.

16 Siehe in diesem Band S. 30.

17 Daß Arlette Kosch, die Autorin des Bändchens *Literarisches Zürich*, noch im Jahr 2002 Franz Bleis lange Zürich-Passage nicht kennt, sagt mehr als viele Worte.

18 Als Kuriosum sei erwähnt, daß noch der junge Peter Sloterdijk 1978 in seiner im Hanser Verlag erschienenen Dissertation *Litera-*

tur und Organisation. Autobiographien der Zwanziger Jahre sich bemüßigt fühlte, Franz Bleis *Erzählung eines Lebens* als Produkt eines saturierten Bürgerssohnes zu tadeln, der nicht genügend Ernst für die marxistische Sache aufgebracht habe.

19 *Arbeiterstimme*, Ausgabe Zürich, 7. Januar 1893, Rubrik »Einsendungen«.

20 Weniger gut hingegen ließe sich feiern, daß zu Beginn des 21. Jahrhunderts der Professorinnenanteil dem mittlerweile in vielen Fächern über 50 % betragenden Studentinnenanteil ganz und gar nicht entspricht.

21 »Die Metaphysik in der Ökonomie«. In: *Vierteljahresschrift für wissenschaftliche Philosophie*, Leipzig 1895, S. 378–390.

22 Siehe in diesem Band S. 205.

23 Zu Maria Blei-Lehmann vgl. Gabi Einsele: »Dieser Kreis – sagen wir – um Maria Lehmann«. In: Dietrich Harth (Hg.): *Franz Blei, Mittler der Literaturen*. Hamburg 1997, S. 223 ff.

24 Siehe in diesem Band S. 206.

25 Thea Sternheim: *Tagebücher 1903-1971*. Herausgegeben und ausgewählt von Thomas Ehrsam und Regula Wyss. Göttingen 2002, Band 1, 1903–1925, S. 27.

26 Ebenda, S. 37.

27 Ebenda, S. 116.

28 Ebenda, S. 126.

29 Zitiert aus dem ungekürzten Original des Tagebuchs, ebenso die nächsten drei Tagebucheinträge.

30 Nur schon ein Blick in Bleis *Kuriositätenkabinett der Literatur*, Hannover 1924, böte noch zwei Dutzend weitere Namen.

31 J. M. R. Lenz: *Gesammelte Schriften*. Kritische Gesamtausgabe in 5 Bänden. Besorgt von Franz Blei. Georg Müller, München 1909 ff.

32 Vgl. etwa Detlev Steffen: *Franz Blei (1871–1942) als Literat und Kritiker der Zeit*. Göttingen 1966; Gregor Eisenhauer: *Der Literat. Franz Blei – ein biographischer Essay*. Tübingen 1993; Dietrich Harth (Hg.): *Franz Blei, Mittler der Literaturen*. Hamburg 1997 und Helga Mitterbauer: *Die Netzwerke des Franz Blei. Kulturvermittlung im frühen 20. Jahrhundert*. Tübingen 2003.

33 Thea Sternheim, *Tagebücher*, Band 2, S. 297.

34 Ätzend aber ist auch eine der ersten Besprechungen: Eduard Korrodi – auch er ein leicht zerzauster Gast in Bleis *Bestiarium* – rezensiert die *Erzählung* in der *Neuen Zürcher Zeitung* vom

9. November 1930. Mit einigem Gift greift er den »verehrten Herrn Doktor« Blei zunächst wegen etlicher Druckfehler an, so etwa, daß »Möricke« mit ck geschrieben sei und Bleis Deutsch doch eigentlich eher ein Österreichisch sei usf. Nach der Absonderung von zwanzig Zeilen Gift hat sich Korrodi dann wieder so weit gefangen, daß er anerkennend sagen kann: »Es geht ja in diesem Buch nicht um gutes Deutsch, sondern um die Lebensexperimente eines sehr gescheiten, immer anregenden, oft durch Legenden mißdeuteten Mannes«.

35 Siehe in diesem Band S. 221.

36 Siehe in diesem Band S. 279–280.

37 Siehe in diesem Band S. 392.

38 Siehe in diesem Band S. 380. Die Stelle ist identisch mit dem entsprechenden Wortlaut in Musils *Mann ohne Eigenschaften.*

39 Siehe in diesem Band S. 382.

40 Bleis *Talleyrand* ist nie ins Englische übersetzt worden, dafür ins Französische: *Talleyrand, Homme d'État.* Traduit de l'Allemand par René Lobstein. Paris, Payot 1935.

41 *Briefe an Carl Schmitt,* S. 78.

42 Ebenda, S. 81.

43 Ebenda, S. 84.

Bildnachweis

S. 467: Privatbibliothek Ursula Pia Jauch, Photo: Ursula Pia Jauch.

S. 487: Fernand Khnopff an Franz Blei, 8. 1. 1895. Signatur: Zentralbibliothek Zürich, Autogr. Bebler B 101/abphotographiert.

S. 489: Privataufnahme von Gertrud Fritz.

S. 491: © Heinrich Enrique Beck-Stiftung, Basel; Foto: Thea Sternheim.

S. 493: © Heinrich Enrique Beck-Stiftung, Basel; Foto: Thea Sternheim.

S. 498: Privataufnahme Gertrud Fritz.

S. 508: Schiller Nationalmuseum. Deutsches Literaturarchiv, Marbach.

Für die freundliche Vermittlung der Abbildungen S. 489 sowie S. 498 danken Verlag und Herausgeberin Frau Gabi Einsele, Zürich, sowie Frau Gertrud Fritz, Heidelberg.

Zeittafel[1]

1871 Franz Carl Blei wird am 18. Januar in Wien geboren. Die Eltern kommen aus bescheidenen Verhältnissen. Der Vater, ursprünglich Schuster, bleibt zeitlebens ein Analphabet. Dennoch erwerben die Eltern ein ansehnliches Vermögen im Immobiliengewerbe. Die Familie, zu der noch drei jüngere Schwestern hinzukommen, wohnt in Wien-Döbling, Glockengasse 18. Von einer im Haushalt lebenden französischen Gouvernante erhält F. B. früh Zugang zur französischen Sprache und Kultur.

1881 Tritt in das Gymnasium der Benediktinerabtei Melk ein, das der empfindsame Schüler als regelrechte Zuchtanstalt empfindet.

1885 Wegen »Unfug« (unerlaubte chemische Experimente) erhalten der vierzehnjährige F. B. und zwei weitere Gymnasiasten das *consilium abeundi*. Besuch eines Wiener Gymnasiums.

1887 Tritt aus der katholischen Kirche aus, was ihm sein Vater nicht verzeihen kann, aber auch nicht der Staat: F. B. hat das städtische Gymnasium zu verlassen.

1888 Externe Matura. Begeisterung für den Sozialismus, besucht den österreichischen Sozialistenführer Viktor Adler, liest Marx, Engels, Dietzgen, wird Mitglied in einem sozialistischen Studentenverband. Bekanntschaft mit Alfred Adler.

1889 Redner an der Trauerfeier für den verstorbenen Ludwig Anzengruber. Vorübergehender Bruch mit dem Elternhaus, treibt sich zwischen Arbeiterzirkeln und Vorlesungen (etwa bei Franz Brentano und bei Anton Bruckner) herum.

1890 Rückkehr ins Elternhaus. Doch der Vater hat in der

Zwischenzeit die Mutter verlassen. Die Familie fällt auseinander. Blei entscheidet sich, Wien zu verlassen. Kommt im September 1890 in Zürich an.

1890–92 Verkehrt in den in Zürich aktiven sozialdemokratischen Zirkeln. Studiert an ETH und Universität vorwiegend Nationalökonomie, aber auch Geschichte und Literatur. Bemängelt (mit wenigen Ausnahmen, etwa Richard Avenarius) die Qualität der akademischen Lehrer. Mitarbeit an Avenarius' »Vierteljahresschrift für wissenschaftliche Philosophie«. Lernt Maria Lehmann, seine spätere Frau, eine aus dem Süddeutschen stammende Medizinstudentin, kennen.

1892 Studium in Genf beim Literaturhistoriker Eduard Rod. Entdeckt die damals noch unveröffentlichten Tagebücher Amiels. Zunehmende Entfernung vom Politischen.

1893 Die erste eigene literarische Arbeit »Die rechtschaffene Frau«, ein Drama in drei Akten, wird in Berlin gedruckt. Lernt in einem Genfer Studentenzirkel Lenin kennen.

1894 Wechselt an die Universität Bern, wo er beim Ökonomen August Oncken über die »Dialoge des Abbé Galiani« promoviert. Degout an der wissenschaftlichen Arbeit; verkauft seine ökonomische Fachbibliothek. Am 4. Juni Eheschließung zwischen Maria Lehmann und F. B. in Zürich.

1895 Publikation der Dissertation sowie des Aufsatzes »Die Metaphysik in der Nationalökonomie«. Definitiver Verzicht auf die akademische Karriere. Rückkehr nach Zürich.

1897 Entdeckt im Berner »Bund« Gedichte von Robert Walser. Gibt bei Reclam die Gedichte von Novalis heraus. Am 22. März wird in Zürich die Tochter Maria Sibylle Blei geboren.

1898 Übersiedlung nach Philadelphia, wo Maria Blei den Titel »Doctor of Dental Surgery« erwirbt.

1899 Reisen durch die USA, Arbeit in amerikanischen Bibliotheken. Wird von Otto Julius Bierbaum zur Mitarbeit an der »Insel« eingeladen.

1900 Rückkehr nach Europa. Übersiedlung nach München, Arcisstraße 19/3.

1901 Blei ist literarisch tätig für den Fischer Verlag und für die Insel. Ab jetzt setzt eine vielseitige Tätigkeit als Literat, Übersetzer und Herausgeber ein. In München betreibt Maria Blei einige Jahre eine Zahnarztpraxis.

1904 Am 17. Juni wird der Sohn Peter Maria Blei geboren. Lernt André Gide kennen.

1906 Der »Amethyst«, herausgegeben von F. B., wird verboten, Franz Blei der »Unsittlichkeit« angeklagt. Der anschließende Prozeß endet mit einem Freispruch.

1907 Bekanntschaft mit Carl Sternheim. Gründung der »Gesellschaft der Münchner Bibliophilen« zusammen mit Carl Georg von Massen.

1911 Über den Literaten F. B. kann längst niemand mehr hinwegsehen. Seine feine Nase für literarische Talente wird anerkannt, seine Freundschaften, Bekanntschaften und Verbindungen sind zahllos. Dennoch ist sein Ruf – nicht nur in München – bedenklich. Er gilt als Schmock und Poseur, als Meister der literarischen Erotomanie. Das ererbte Vermögen geht zur Neige.

1913 Maria Blei übersiedelt mit den Kindern nach Berlin.

1916 Im Frühjahr wird Blei zum Österreichischen Militär eingezogen, darauf wegen eines Herzleidens ins Kriegspressequartier übernommen. Beginn der Freundschaft mit A. P. Gütersloh und Carl Schmitt. Wohnt wieder in Wien.

1918 Nach dem Krieg wird Blei der »Gesinnungslumperei« bezichtigt; man wirft ihm Opportunismus vor.

1919 Rückkehr nach München. Wiedereintritt in die katholische Kirche, die Kinder werden nachträglich katholisch getauft. Tätigkeit für den Verlag Georg Müller

(u. a. als Herausgeber der 14bändigen Stendhal-Ausgabe u. v. m.)

1920 Das »Bestiarium Literaricum« – an dem unter dem Pseudonym Dr. Negelinus auch Carl Schmitt mitgearbeitet hat – ist Bleis letzter großer Erfolg, ein echter *succès de scandale.*

1927 Übersiedlung nach Berlin. Beginn der Arbeit an der »Erzählung eines Lebens«. Spielt in einer Verfilmung der Maria Stuart (Drehbuch Anton Kuh, Regie Friedrich Féher) den Kardinal.

1932 Übersiedelt im Sommer nach Cala Ratjada, Mallorca.

1933 Bleis Bücher werden in Deutschland in den öffentlichen Bibliotheken verboten und aussortiert.

1934 Aufgefordert von einem Rundschreiben des Rowohlt-Verlages, lehnt F. B. es ab, in die »Reichsschrifttumskammer« einzutreten.

1936 Flieht nach dem Ausbruch des spanischen Bürgerkrieges nach Wien, wo die Tochter Billi Blei lebt. Finanzielle Situation desolat. Zur Isolation kommen die alten Herzprobleme hinzu.

1942 Nach Stationen in Lucca, Cagnes-sur-Mer, Marseille und Lissabon flieht Franz Blei nach New York, wo er am 10. Juli 1942 stirbt.

1 Diese »Zeittafel« kann die vielen Schriften Bleis nicht anführen. Für eine umfaßende Bibliographie vgl. etwa Detlev Steffen: *Franz Blei (1871–1942) als Literat und Kritiker der Zeit. Göttingen 1966, S. 480–511.*

Personenregister

Inhalt

ANHANG